KB210309

종교로 본 서양문화

종교로 본 서양문화

최영수 · 임영상 · 노명환 외

역민사

2002. 12.

서 문

　사람들의 삶의 방식을 결정하는 요소로서 종교의 중요성은 아무리 강조해도 지나침이 없다. 이러한 맥락에서 어느 특정 지역을 연구할 때에도 그 지역에 대한 종교 연구가 선행되고 있다. 즉, 이는 지역 연구에서 가장 중요한 대상 중의 하나가 종교에 대한 이해임을 의미한다. 왜냐하면 종교 의식(儀式)은 사람들의 집단심성(collective mentality)을 형성하는데 결정적인 영향을 미치고, 종교 교리는 사람들의 일상생활 규범의 주요 원천이 되기 때문이다. 예를 들어, 교육, 식관습, 복장, 사회적 금기사항, 사람들 사이의 예절관행 등에는 종교 의식과 교리 등이 보이게 안보이게 세세히 녹아들어 있기 때문이다.

　세계 각 지역의 역사와 문화에 대한 연구를 토대로 지역연구를 수행하고자 하는 한국외국어대학교 '세계역사문화연구회'와 '역사문화연구소'는 위에서 언급한 관점에서 세계의 종교와 종교 의식 및 교리 그리고 일상생활에 대해 지난 수년 동안 공동연구를 진행해 왔다. 이 공동작업은 각 지역 현지에서 수학하며 생활한 필자들이 해당지역의 종교생활문화를 문헌자료는 물론 관찰경험과 체험을 바탕으로 연구하여 학기 중 매월 개최되는 정기 콜로키움에서 발표하고 타 지역의 종교생활문화와 비교·검토하는 과정을 통해 완성되었다.

　본 주제 연구의 직접적인 도화선은 연구회와 연구소가 세계 각 지역의 음식 문화 연구를 수행하여 《음식으로 본 서양문화》와 《음식으로 본 동양문화》를 출간하는 작업과정에서 점화되었다. 음식문화에 대한 분석을 통해 세계 각 지역인들의 생활방식을 관통하는 문화코드(cultural code)를 파악하고자 했던 연구진은 음식문화를 이해하는데 있어서 그 지역의 종교문화에 대한 통찰이 선행되어야 함을 절실히 깨달았다. 예를 들어, 금기시되는 음식 및 축제기간의 식문화 등이 갖는 본원적인 사회·문화적인 의미는 종교 의식 및 교리 등에 대한 이해 없이는 충분히 파악될 수 없다는 결론에 이르렀다. 그리하여 필자들은 서양의 종교와 종교 의식 및 교리를 일상생활의 맥락에서 분석하여 서양인들의 삶의 방식에 흐르는 문화코드를 들여다보는 작업의 삽질을 시작하였다.

그 결실로서 이제 내놓게 되는 《종교로 본 서양문화》의 집필을 통해 연구진은 그 동안 소기 목적의 많은 부분을 이룰 수 있었다. 그러기에 연구진은 또한 본서가 지역문화에 대한 일반적인 이해를 필요로 하는 독자들 또는 전문 지역연구자들에게 소중한 도우미가 되었으면 하고 소망한다.

본서는 4부로 구성되어 있다. 1부 〈종교와 서양〉, 2부 〈동방교회 문화권〉, 3부 〈서방교회 문화권 1 - 유럽〉, 4부 〈서방교회 문화권 2 - 아메리카〉로 이루어져 있다.

1부 〈종교와 서양〉은 3개의 논문으로 짜여져 있는데, 서양종교 일반과 종교의 분리 그리고 각 종파에 따른 생활문화 특징에 대해 설명하고 있다.

첫 번째 논문에서 신화와 인간 및 종교와 인간의 문제를 집중 연구해 오고 있는 박희영 교수가 '우리는 왜 종교에 대해 살펴보고자 하는가? 종교란 어떠한 의미를 지닐 수 있는 것인가? 하는 문제제기에 따라 고대의 신화적 세계관에서 현대 기독교에 이르기까지 종교 의식과 교리형성 과정을 철학적 관점에서 분석·개괄해 주고 있다.

두 번째 논문에서는 역사에서 문화코드 읽기에 큰 관심을 가지고 있는 노명환 교수가 유럽 각 지역에 자리잡은 기독교 각 종파들, 즉 가톨릭, 동방정교 그리고 개신교 제 분파들의 교리적 특징과 이들과 관련된 유럽 각 지역의 생활문화 특징을 역사적인 관점에서 조망해 주고 있다.

세 번째 논문에서는 역사적 관점에서 러시아의 정교회와 한인(고려인) 연구를 수행하고 있는 임영상 교수가 동방교회와 서방교회가 어떻게 분리되어 오늘에 이르고 이 과정에서 동방문화권과 서방문화권의 기틀이 어떻게 형성되었으며 동방교회와 서방교회의 교리와 생활문화상의 차이가 무엇인가를 정리해 주고 있다.

2부 〈동방교회 문화권〉에서는 정교회 문화권 국가별 사례연구로서 그리스, 불가리아 그리고 러시아의 종교와 그와 관련한 생활문화가 분석되고 있다.

첫 번째 논문에서 유재원 교수가 정교회가 그리스인의 통과의례, 교회력 그리고 세시풍속 및 인생관 형성에 어떠한 영향을 미쳤는지를 알기 쉽게 분석·설명해 주고 있다. 유교수는 오랜 기간 동안 그리스에서 유학한 언어학자이면서 그리스신화와 그리스정교회 전문가로서 그리스인들의 생활 속에 녹아들어 있는 종교문화를 그만큼 생생하게 그려주고 있다.

두 번째 논문에서는 최권진 교수가 불가리아인의 종교와 종교 의식을 가족제도 및 가족생활에 비추어 그들의 관혼상제 문화를 사실적으로 소개해주고 있다. 최교수는 불가리아에서 유학하고 그곳의 대학에서 교수생활을 하고 있기 때문에 더욱 그들 가족생활을 한 폭의 풍경화처럼 담아내 주고 있다.

세 번째 논문에서는 러시아 문학 및 문화 전문가인 김현택 교수가 러시아인의 종교와 종교 의식이 그들의 정신세계와 일상의 삶에 어떠한 영향을 미쳤는지 그리하여 현재 어떻게 투영되고 있는지를 서정적으로 소개해주고 있다.

3부 〈서방교회 문화권 1 - 유럽〉에서는 가톨릭·개신교 문화권 국가별 사례연구로서 이탈리아, 프랑스, 스페인, 포르투갈, 헝가리 그리고 체코의 종교와 그와 관련한 생활문화가 분석되고 있다.

첫 번째 논문에서는 이탈리아 문화와 종교에 대해 수준 높은 안목을 가지고 있는 김정하 교수가 로마 가톨릭의 본거지인 이탈리아에서의 성인숭배에 대해 사실적이고 명확한 분석을 가해 서술하고 있다. 이는 가톨릭에 대한 우리의 이해를 돕는데 크게 기여하는 바라고 생각된다.

두 번째 논문에서는 프랑스에서 오랫동안 수학한 김복래 교수가 프랑스 내의 여러 종교들을 소개하고 특히 기독교 축제를 흥미롭게 상술함으로써 프랑스인의 종교와 종교 의식을 친밀하게 그려주고 있다.

세 번째 논문에서는 스페인에서 교회사로 학위를 받은 이은해 박사가 스페인의 가톨릭교와 성모 마리아 및 성인숭배 문화를 집중적으로 분석하여 스페인 사회와 그들의 정신세계 그리고 집단심성을 흥미롭게 추적해 주고 있다.

네 번째 논문에서는 포르투갈 및 브라질 전문가인 조이환 교수가 다양한 종교축제에 대해서 상술해주고 포르투갈 내 제 종파의 사회적 분포를 분석하여 포르투갈의 사회·문화 특징을 명료하게 그려주고 있다.

다섯 번째 논문에서는 헝가리 언어 및 문화 전문가인 이상협 교수가 헝가리 내에서 기독교의 제 종파들이 정착되는 역사적 과정과 사회적 분포 및 생활문화 특징에 대해서 친절하게 안내해주고 있다. 특히 이교수는 사회주의 시기의 국가와 종교의 관계에 대한 밀도 있는 사례를 제공해 주고 있다.

여섯 번째 논문에서는 체코 전문가 김신규 박사가 이교와 기독교의 혼합 그리고 가톨릭과 개신교의 화해의 역사라는 관점에서 체코의 기독교 유입 역사를 상술해주고 종교 의식과 축제를 생생하게 묘사해 주고 있다. 특히 서유럽국가들과는 다르게 공산주의 시기를 겪은 체코인들이 현재 종교생활에서 어떠한 변화를 맞이하고 있는지를 명료하게 지적해 주고 있다.

4부 〈서방교회 문화권 2 - 아메리카〉에서는 유럽의 식민지로서 기독교화된 아메리카 대륙의 국가별 사례연구로서 북미의 미국, 중미의 멕시코 그리고 남미의 브라질의 종교와 종교생활이 다루어진다.

첫 번째 논문에서는 미국에서 수학한 미국문학 전문가 성경준 교수가 미국인의 종교생활을 축일과 축제를 중심으로 재미있게 묘사해주고 있다. 또한 신흥종교들의 사회적 함의를 분석함으로써 현대 미국인의 의식구조의 한 단면을 명료하게 예시해주고 있다.

두 번째 논문에서는 멕시코에서 오랫동안 수학한 라틴아메리카 문학 및 문화 전문가인 서성철 박사가 멕시코인의 과달루페 성모 숭배의 역사와 현재적 의미를 분석하여 멕시코인의 집단심성을 흥미롭게 해부하고 있다. 이 집단심성을 토대로 멕시코의 독립전쟁 등 역사를 새롭게 해석하고 있다.

세 번째 논문에서는 포르투갈 및 브라질 전문가인 최영수 교수가 다양한 인종 사회인 브라질을 다양한 기원을 갖는 종교 의식들과 관련하여 설명해주고 종교 축제들에 대한 분석을 통하여 그들의 생황방식 및 집단심성을 흥미롭게 소개해주고 있다.

본서에서 영국, 독일, 네덜란드, 북유럽 국가들, 폴란드 등 유럽의 개신교 또는 가톨릭 주요 국가들 일부가 여러 가지 사정으로 빠져 있다. 앞으로 후속 연구를 통해 그 결과가 필히 발표되어야 할 부분이다.

 오랜 시간이 걸려 본서가 출간되게 되었다. 그 동안 한국외국어대학교의 '세계역사문화연구회' 임원진과 '역사문화연구소' 소장 및 책임연구원이 교체되는 가운데서도, 본서의 발간을 위해 독려를 멈추지 않았던 연구회와 연구소 관계자 선생님들께 심심한 감사의 말씀을 드린다. 또한 그 동안 콜로키움에 꾸준히 참여하여 많은 조언과 훌륭한 토론을 해주신 집필진과 참석자들에게 깊은 감사를 표한다. 아울러 매월 개최되는 콜로키움의 원만한 진행을 위하여 그리고 본서의 발간과정에서 기꺼이 열심히 봉사해 준 대학원 사학과 학생들에게도 고마움을 전한다.
 옥고를 내주시고 오랜 동안 정성껏 탈고해 주신 필진에게, 그리고 기다림과 애정과 열정으로 원고들을 다듬어서 이 책의 출판을 가능하게 해 준 역민사 최종수 사장님과 직원들에게도 감사드린다.

2002년 12월
최영수, 임영상, 노명환 씀

차 례

2부 동방교회 문화권

3부 서방교회 문화권 1 - 유럽

4부 서방교회 문화권 2 - 아메리카

종교로 본 서양문화

1부 종교와 서양

1. 철학적 관점에서 본 서양의 종교

박희영 / 한국외국어대학교 철학과 교수

1. 가장 근원적인 것에 대한 갈망
2. 새로운 삶에 대한 선택으로서의 종교
3. 신화적 세계관과 교리 형성의 관계
    1) 전체에 대한 공관적·개념적 사유의 표현으로서의 신화
    2) 의식
    3) 성스러움과 삶의 계율 그리고 희생정신
4. 내면의 빛을 찾아 떠나는 여행으로서의 현대 종교

1. 가장 근원적인 것에 대한 갈망

　과학과 정보 그리고 자본의 시대라고 불리는 오늘날, 우리는 왜 종교에 대하여 살펴보고자 하는가? 이른바 문명 사회 속에서, 이성이 진리라고 판단하는 것만을 받아들이고, 자신에게 이익이 되는 것만 쫓아다니도록 길들여져 있는 오늘날의 인간에게, 종교란 과연 어떠한 의미를 지닐 수 있는 것인가? 진정한 의미에서의 종교가 무엇인지에 대한 탐구는 현대인에게 특히 우리 한국인에게 절실한 작업이라 할 수 있다. 사실 우리 한국인은 인터넷 사용 인구비율과 휴대폰 보급률 세계 1위를 기록할 만큼 최첨단 기술문명에 가장 잘 적응하고 있고, 주식 운용과 부동산 투기 등과 같은 돈버는 지혜에도 조예가 깊을 만큼 자본주의 문화에 남달리 익숙해져 있다. 그러면서도 동시에 우리는 입시 합격, 사업 번창, 결혼 및 인생의 성공 등을 위해, 종교적 사원(절, 성당, 교회)뿐만 아니라, 이른바 운명철학관이라 불리는 점집도 스스럼없이 찾아간다. 물론 이러한 현상은 논리적 관점에서만 보면, 극단적 모순으로 보일 수밖에 없다. 그렇다면 우리 한국인의 종교적 태도는 그러한 모순을 함축하고 있기 때문에 비합리적이고, 서구인들의 종교적 태도는 그러한 점을 지니지 않고 있기 때문에 합리적인가? 세속적인 가치에 대한 추구는 종교적 삶에서는 죄악시될 뿐인가? 종교에서 말하는 피안의 세계, 내세와 연관된 교리들은 과연 현세의 목적들과는 아무런 상관이 없는 것인가? 이러한 물음에 대한 진정한 답은 인간의 세속적 삶과 유리된 이론적 차원에서의 종교에 대해서가 아니라, 그 삶 속에 녹아 있는 종교에 대한 철학적인 고찰을 통해서만 찾아질 수 있다. 바로 그러한 고찰을 통해, 우리는 서양 종교와 우리의 종교를 함께 아우르는 본질적 의미에서의 종교가 무엇인지를 규정할 수 있게 된다.
　무릇 인류의 문명은 일차적으로 인류가 자연 속에서 살아남기 위해 노력하는 가운데 발전하였지만, 이차적으로는 단순한 생존의 차원을 넘어 가치로운 삶의 방식(Modus Vivendi)에 대해 탐구하는 가운데 더욱 발전하였다고 볼 수 있다. 종교철학적 관점에서 볼 때, 이러한 이차적 삶의 방식은 자신들을 대우주(Macrocosmos)인 자연과 끊임없이 의사소통(communicatio)을 하는 소우주(Microcosmos)로서 생각하고, 모든 것을 성스러운 것(to hieron)의 현현(顯顯; phainein)으로 여기며 살았던 고대인들의 자연 종교적 삶, 모든 존재자의 존재 근거와 가치를 절대자인 유일신 속에서 찾으며 살았던 서구 중세인들의 일신주의(一神主義)적 종교적 삶, 신의 존재 자체에 대하여 회의를 느끼면서 신 중심의 종교적 삶에서 점차 벗어나 인식과 행동의 기준을 인간의 이성 속에서 되찾기 위해 노력하며 살았던 근세인들의 인본주의적 삶을 거쳐, 현대에 이르고 있다. 일견 고도로 발달된 과학과 기술 문명 속에서 사는 현대인은 물질적 풍요로움 속에서 인간 중심적 삶을 영위하고 있기 때문에, 과거 그 어느 때보다도 가장 행복한 삶을 영위하고 있는 것처럼 보일 수 있다. 그러나 물질적 풍요로움 이면에 엄연히 존재하는 어두움--이성 중심의 기술 문명에 의해 파괴된 자연 내지 오염된 환경, 피폐된 도덕과 종교--속에서 영위되는 현대인의 삶을 과거인의 삶보다 더 행복한 것으로 여기는 사람은 아무도 없다. 사실 현대인은 비록 인문주의적 가치에 대한 추구 속에서 세속적인 관점에서 만족스러운 삶을 영위할 수는 있지만, 성스러움의 현현으로서의 우주 전체와 자신을 일치시키는 것과 같은 고대인들이 가졌던 성스러운 체험은 가져볼 수 없기 때문에, 정신적으로 가장 근원적인 것에 대한 갈망을 충족시키지 못하는 형이상학적 허무감 속에서 살아가고 있다. 바로 그러한 이유 때문에, 현대인은 과거의 사람들에 비해 훨씬 비종교적인 삶을 살아가면서도, 다른 한편으로는 이성과 과학을 초월하는 정신 세계 내지 종교적 세계에 대한 탐구의 욕망을 그들보다 훨씬 더 강하게 지니기도 한다.

논리적 관점에서 보면, 종교는 주로 비합리적 특성들로 이루어져 있기 때문에, 과학적인 것이 지배하는 현대 사회에서 곧장 사라질 것처럼 판단될 수도 있다. 그럼에도 불구하고, 종교는 현대 사회에서도 여전히 건재하고 있을 뿐만 아니라, 어떤 나라에서는 오히려 더 번창하고 있다. 그것은 인간의 삶이 단지 순수이성의 산물들로만 이루어진 단순한 것이 아니라, 감정이나 의지 그리고 믿음과 같은 여러 요소들이 함께 어우러져 이루어진 복합적인 것이기 때문이다. 사실 우리 인간은 순전히 이성적인 판단에 따라 냉철하게 객관적 진리만을 인식하고, 항상 자기에게 이익이 되는 것을 꼼꼼하게 따져서 획득하는 삶만을 영위하는 것은 아니다. 즉 인간은 다른 한편으로 계산적 이성의 관점에서 보면 분명히 자기에게 손해가 됨에도 불구하고, 아름답고 멋있는 것을 추구하는 심미주의적 삶 내지, 정신적으로 가치 있다고 판단되는 것을 위해 자신의 목숨을 바치는 삶을 영위하기도 한다. 따라서 정신적으로 가치 있는 것 내지 아름다운 것에 대한 추구의 정열이 메마르지 않는 한, 종교는 인간 사회에서 다른 종류의 가치 추구와 함께 영원히 존속하게 될 것이다.

역사적으로 종교가 그렇게 오랜 생명력을 지니고 오늘날까지 건재한 이유는 종교라는 문화현상이 우리들 삶의 모든 부분들 하나 하나와 밀접하게 연결되어 있기 때문이다. 사실 종교는 맹목적인 믿음과 같이 전적으로 비이성적인 것으로부터, 실제 생활에서 구체적으로 지켜야 할 계율과 같은 합리적인 것, 신학적 원리와 같은 초이성적인 것에 이르기까지 여러 이질적인 것들을 그 안에 모두 포괄하는 복합적인 문화현상이다. 오늘날 이른바 보편적 종교라고 불리는 것들이 이러한 이질적 요소들을 모두 아우르는데 성공한 종교들임은 잘 알려진 사실이다.

그렇지만 우리는 어느 특정의 종교가 그러한 요소들을 모두 다 갖추지 못하고 있다고 해서, 그 종교를 무조건 배척할 수는 없다. 그것은 인간의 삶이란 것이 각 문화권의 상대적 조건에 따라 독특하게 형성된 것이기 때문이다. 여기에 우리가 유일신 사상과 교리적 체계가 없는 종교는 하급 종교이거나 종교가 아니라는 일부 서구권 학자들의 주장에 쉽게 동조하지 않는 이유가 있다. 물론 우리는 서양의 기독교가 '신앙을 이성에 정초시켜야 한다.'는 기준을 갖고 있었기에, 그들의 교리를 그리스 철학이라는 이성적 원리에 근거 지움을 통해, 보편적 종교로 쉽게 발돋움 할 수 있었음을 잘 알고 있다. 그러나 그러한 기준에 대한 지나친 집착은 다른 한편으로 그러한 기준을 지니지 못한 여타의 모든 종교를 하등종교로 간주하는 편협한 종교관을 갖게 만든다. 그런데 편협한 종교관은 일상 생활의 차원에서, 성과 속, 선과 악, 기독교인과 비기독교인으로 나누는 것과 같이, 모든 것을 지나치게 단적으로 가르는 사유의 태도를 습관화시키게 되는 경우, 단순히 신앙적 차원 이상의 심각한 문제를 발생시킨다. 그러한 예를 우리는 특히 이러한 사유가 정치적 목적으로 권력을 가진 집단에 의해 다른 집단을 지배하는 수단으로 쓰여질 때, 가장 잘 발견할 수 있다.

이분법적 사유는 참과 거짓을 명확히 구별해야 되는 학문적 인식의 차원에서는 절대적 가치를 지니나, 참과 거짓 또는 선과 악에 대한 구분보다는 왜 그러한 거짓과 악이 나오게 되는지 그 근본적 원인을 찾아 문제를 해결해야 되는 실생활의 차원에서는 도구적 가치밖에 지니지 못한다. 사실 실생활의 차원에서 더 중요한 것은 시시비비를 가리는 행위 자체에만 집착하여 옳은 사람과 그른 사람 사이의 관계를 아예 단절시켜버리는 사유보다는, 잘잘못에 대한 구분을 넘어 그 사람들 사이에 성립할 관계 자체를 중시하는 포용적 사유이다. 그러한 포용적 사유를 실생활의 차원에서 습관화시키지 못하고 경직된 이분법적 사유만을 지니고 있는 종교인은 자기와 종교가 다른 사람을 사람으로 간주하지 않고, 자신이 종교인이면서도 다른 종교인을 살해하는 가장 비종교적 행위를 자행하는 결과를 낳게 된다.[1] 경직된 이분법적 사유가 일으킬 수 있는 바로 이러한 병폐를 고려에 넣어야만, 우리는 왜 앞서 언급된 기준에 가장 충실한 종교에서 파생된 두 문명 즉 기독교 문명과 이슬람 문명 사이에서 충돌이 가장 빈번하고 극렬하게 오늘날까지도 계속되고 있는지를 이해할 수 있게 된다.

반면에 신에 대한 절대적 신앙이나 교리에 대한 인식보다 가치로운 삶으로 인도해 줄 생활의 원리를 찾고 그것을 실천함을 중시하는 경향이 강한 비서구 문화권의 종교는 유일신이라는 최고류 아래 만유를 귀속시키는 것과 같은 체계적 이론으로 무장을 못하였기 때문에, 역사적으로 기독교만큼 그렇게 강렬하게 융성하지는 못했다. 그럼에도 불구하고, 이러한 넓은 의미에서의 종교들은 서구 종교가 스스로에게 부과한 것과 같은 그러한 편협한 이성적 기준의 굴레에 얽

---

1) 우리는 그러한 예를 종교전쟁에서의 인명 살상은 말할 것도 없고, 서구 중세에 평상시에도 비가톨릭인을 그 속에 가두어 새에 의해 쪼아 먹히도록 만든 독일의 뮌스터 성당의 종 탑에 걸려 있는 인롱(人籠)에서, 그리고 이슬람교도들에 의해 눈이 모두 파내어진 채 남아 있는 중국 위구르의 베체크릭 천불동 안의 눈먼 천불상들에서 극명하게 볼 수 있다.

매어 있지 않았기 때문에, 잘잘못에 대한 구분보다는 인간 사이의 조화로운 관계 자체를 중시하는 포용적 사유를 생활화시킬 수 있었다. 물론 그러한 사유는 진리 인식이나 문제 해결의 방법을 발견함에 필수적인 논리적 사유를 약화시키는 단점을 지니고 있다. 그럼에도 불구하고, 그러한 사유는 실생활에서 이분법적 사유보다도 훨씬 더 유연하게 문제에 접근하고 해결하는 실용적 가치를 지닌다. 이러한 관점에서 볼 때에만, 우리는 포용적 사유를 신자들에게 습관화시키는데 성공한 종교들이 왜 역사 속에서 유일신 중심의 종교들과 다르게 심한 종교적 분쟁을 일으키지도 않았고, 오늘날에도 일반인들에게 그 종교적 영향력을 여전히 유지하고 있는지를 이해할 수 있게 된다. 그러나 역사적으로 건재하다는 사실이 곧장 그러한 종교가 다른 종교보다 더 우월하다는 것을 의미하는 것은 아니다. 사실 이성적 기준을 지니지 못한 종교는 어떤 면에서 맹목적 신앙이나 신비주의에 빠지기 쉬운 경향을 지니고 있기 때문에, 이성적 기준을 지닌 종교보다 훨씬 더 사이비 종교의 창궐 등과 같은 사회적 문제들을 일으키는 취약점을 지니고 있다.[2] 이러한 관점에서 볼 때, 우리는 종교의 근본적 중요성이 특정의 교리를 지닌 특정의 종교를 믿는다는 사실 자체에 들어 있는 것이 아니라, 어느 종교를 갖든 참된 종교적 태도를 습득하고 그것을 실천함 속에 들어 있음을 알 수 있다.

바로 이러한 이유에서, 본 글은 어느 특정 국가 또는 문화권 안에서 발달된 특정 종교의 교리에 대한 신학적 논증이나 특수한 종교적 현상에 대한 사실 과학적 분석을 하려는 것이 아니라, 모든 인간들에게 보편적으로 존재하는 종교적 심성은 어떠한 것이고, 그러한 심성에 기초한 사유와 생활 태도는 현대 과학문명 속에서 어떻게 정립되어야 하는지에 대한 하나의 가치과학적 이정표를 제시함에 그 목표를 둘 것이다. 그러한 목표를 달성하기 위하여, 필자는 우선 종교의 본래적 의미를 그 개념에 대한 어원적 고찰을 통해 천착해 본 다음, 종교적 교리 형성과 예식 발달의 밑거름이 되었던 고대의 신화와 의식에 대해

2) 그러한 피해는 이성적 기준에 근거한 하나의 신앙 체계로서의 유일신 종교가 그러한 기준이 없는 신앙 체계를 지닌 문화권에 유입되어 번창할 경우에 가장 극심하게 나타난다. 자신이 믿는 종교를 비판하는 사람을 살해하는 정도에까지 이르는 극단적 광신주의나, 교주를 신의 아들과 동일시하는 사이비 종교의 창궐이 그 좋은 예이다.

살펴보고, 마지막으로 현대 사회에서 요구되는 종교는 어떠한 성격을 지녀야
하는지에 대하여 고찰해 보고자 한다.

2. 새로운 삶에 대한 선택으로서의 종교

종교라는 현상은 앞서 말했듯이 비이성적 감정의 차원, 이성적 차원, 초이성적 차원을 모두 포괄하는 공간에서 발생하는 것이기 때문에, 종교에 대한 탐구는 이 세 차원 모두에 대한 총체적 고찰을 통해서만 이루어질 수 있다. 그런데 그러한 고찰은 학문적 분석과 종교적 체험을 종합하는 입장에서, 즉 교리에 대한 인식과 종교적 수행이 합일된 경지에서만 완전히 이루어질 수 있다. 따라서 종교 현상에 대해, 오직 인식론적 입장에서 그것이 지니는 특성을 다른 ·것과 구별하여 규정함을 통해 설명하려는 학문적 작업은 근본적으로 한계를 지닐 수밖에 없다. 그럼에도 불구하고, 우리가 학문적 입장에서 종교에 대해 정의 내리는 작업에서 출발하려 함은, 종교의 본질에 대한 인식이 선행되어야만 오늘날의 사회에 알맞은 종교 및 종교적 태도를 찾아낼 수 있기 때문이다. 그런데 학문적 입장에서의 종교의 본질에 대한 규정은 종교 현상들을 지칭하는 몇 개의 기본적인 용어들(religio, sacer, sanctum, sacrificium)에 대한 분석과, 원시 종교의 두 축을 이루는 신화와 의식(ritus)에 대한 고찰을 통하여 가장 잘 이루어질 수 있다.

일반적 의미에서의 종교의 본질은, 믿음의 체계 일반의 특성들을 최초로 유(類)개념의 차원에서 규정하고 있는 라틴어 'religio'에 대한 고찰을 통해 가장 잘 규정될 수 있다. 여성형 추상명사인 'religio'가 어원학적으로 동사 'religare'와 'relegere' 중 어느 것으로부터 파생되었는지에 대해서는, 두 학설이 로마 시대부터 현대에 이르기까지 대등하게 주장되어 오고 있다.3) 의미론적 관점에서

---

3) 예를 들어, Lactance와 Tertulianus, 그리고 현대의 Ernout-Meillet와 Pauly-Wissowa는 religio 가 동사 religare에서 파생되었다고 주장하는 반면, Cicero와 현대의 Otto와 Hofmann, Schilling은 동사 relegere에서 파생되었다고 주장한다. E. Benveniste, Le vocabulaire des institutions indo-européennes, T. 2, Pouvoir, droit, religion, pp. 268-272. 이 주제에 관한 본격적 고찰은 언어학적 관점에서 긴 논의를 필요로 하므로, 다음 기회로 미룬다.

보면, 첫 번째 견해는 철학적 관념의 차원에서 '신과 인간을 다시(re) 묶어주는 (ligare)' 이미지를 곧장 떠올리게 한다는 점에서, 역사적으로 널리 받아들여져 왔고, 오늘날에도 언어학에 별로 조예가 없는 사람들에 의해서는 아무런 무리 없이 받아들여지고 있다. 그러나 우리는 여기에서 '인간을 신에게 묶어 준다.'는 것이 고대인들에 있어서는 현대인이 생각하는 것과는 전혀 다르게 표상된다는 사실에 주의를 기울일 필요가 있다. 사실 오늘날의 관점에서 보면, '신과 인간의 결합'은 신앙적 관념의 차원에서든 종교적 실천의 차원에서든, 순전히 한 개인이 펼치는 신과의 존재론적 의사소통 내지 신앙적 합일을 의미한다. 반면에 고대인에게 있어서 그것은 한편으로 철학적 차원에서 신과의 직접적 합일에 대한 열망으로, 다른 한편으로 실용적 차원에서 종교적 관습에 스스로 구속됨을 의미한다. 즉 신과의 직접적 합일에 대한 열망은 일찍이 트라키아의 디오니소스 의식에서처럼 '신들린 상태에로의 몰입'(enthousiasmos)을 통한 감각적·직접적 합일이라는 원초적 단계에서 출발하여, 엘레우시스 의식에서처럼 '신적 진리에 대한 직관'(epopteia)을 통한 상징적·간접적 합일의 단계를 거쳐 구현된다. 다른 한편으로 종교적 관습에의 합일은 생활 속의 종교적 내지 도덕적 규범에 대한 준수로 구현된다.

사실 성스러운 존재들이 인간이 사는 사회 속에서 함께 살고 있다(colo)고 생각했던 고대인들은 그 신적 존재들의 뜻에 거스르지 않기 위해, 생활 속에서 항상 그들을 위해 의식(cultus deorum)을 거행하고, 일정한 계율을 지키며 살았다. 그러한 삶을 영위함의 근저에는 만약에 그렇게 살지 않으면, 언제인가는 신의 처벌을 받게 될 것이라는 두려움 내지 꺼림직함이 자리잡고 있다. 따라서 '해야 할 행동'과 '해서는 안 될 행동'에 대한 판단기준으로서의 종교적 의례 내지 계율에 자기 자신을 속박시킨다는 것은 그들에게 있어 매우 자연스러운 것이었다. 이 같은 관점에서 보면, religio는 고대인들에 있어 정신적 차원에서 신과 만나겠다는 초월적 의지와 실용적 차원에서 나쁜 일을 당하지 않기 위해 관습을 따르겠다는 일상적 의지가 함께 작용하며 발전해 왔다고 볼 수 있다. 이러한 점을 고려에 넣어야만, 우리는 현대인이 실용적 차원에서의 종교적 관습에 자신을 묶는다는 관념 자체를 갖고 있지 않으면서도 왜 이 첫 번째 견해를 아직도 당연한 것으로 받아들이려는지 이해할 수 있다. 즉 키에르케고르처럼 신앙의 본질이 교회를 중개자로 하여 신과 간접적으로 만나는 데 있는 것이 아니라, 명상과 기도를 통해 신과 단독자로서 직접 만나는 데 있다고 생각하고 있는 현대인들은 아직도 정신적 차원에서의 신과의 합일에 대한 아련한 형이상학적 갈망을 갖고 있기 때문에, 이러한 첫 번째 의미의 종교를 받아들이고 있는 것이다.

그러나 religio의 어원을 religare에서 찾는 이러한 견해는, 그것이 지닌 철학적 유의미성의 매력과 신앙적 태도의 전형성에도 불구하고, 언어학의 형태론적 관점에서 받아들여질 수 없음이 최근 벤베니스뜨에 의해 판명이 되었다.4) 인도유럽어에 대한 비교 언어학적 관점에서 종교적 용어들에 대한 상세한 분석을 통하여, 그는 religio가 '다시(re) 선택하다(legere)'를 뜻하는 relegere에서 유래된 것임을 밝힐 수 있었다. 그런데 이 견해는 첫 번째 견해보다 종교인이 지녀야 할 근본적인 태도가 어떠한 것이어야 되는지를 훨씬 더 분명하게 나타내 준다. 사실 우리는 한평생을 살아가는 동안, 지금까지 자신이 살아왔던 삶을 근본적으로 되돌아보게 만드는 계기에 여러 번 부딪치게 된다. 주체철학적 차원에서의 반성을 촉발시키는 그러한 계기는 한계상황에 대한 직접적 경험(전쟁, 불치병, 경제적 어려움 등)이나 간접적 경험(책이나 타인의 이야기 등)을 통해서 주어지기 마련이다. 그러나 중요한 것은 그러한 경험을 했다는 사실 자체에 있는 것이 아니라, 그러한 경험들을 단순히 망각 속으로 흘려 보내지 않고, 잘 활용하여 자신이 지금까지 살아왔던 방식과는 전혀 다른 새로운 삶의 방식을 선택함에 있다. 이러한 관점에서 볼 때, 우리는 relegere가 정신적으로 '다시(re) 태어남(naître)' 내지, '새로운 존재 방식에의 귀의'라는 종교적 태도의 본질을 더 잘 나타내 줌을 알 수 있게 된다.

그러나 새로운 존재 방식의 선택 내지 귀의란 무엇인가? 이에 대한 규정은

---

4) 벤베니스뜨는 첫째 ligare에서 ligio가 나온 예가 하나도 없고, 둘째 3군동사로부터 어미 '-io'형을 지닌 추상명사가 형성되는 것은 legirupio (rumpere), deliquio(linquere), oblivio(oblivere), legio(legere)의 예에서 볼 수 있듯이, 극히 드물며, 셋째 religare의 추상명사형은 religatio이어야 한다는 근거에서 religare로부터 religio는 나올 수 없다고 주장한다. E. Benveniste, 앞의 책, p. 271.

종교적으로 매우 중요한 것인 바, 그 이유는 종교와 철학의 공통점과 차이점이 바로 그러한 규정 속에서 가장 잘 드러나고 있기 때문이다. 사실 철학이나 도덕에서 말하는 삶의 존재 방식은 일상 생활 속에서 세속적인 가치관을 실현함과 연결되어 있는 반면, 종교에서 말하는 새로운 삶의 존재 방식은 특정의 교리와 예식을 절대적으로 믿고 실천함과 연결되어 있다. 그러나 두 종류의 삶에 공통되는 가장 기본적인 선행 조건은 단순히 생각 내지 믿음의 차원에서뿐만 아니라, 행동의 차원에서도 새로운 삶을 실천함에 있다. 역사적으로 그러한 삶의 실천은 순수이성과 실천이성을 모두 아우르는 넓은 의미의 이성(logos)을 지니고 살았던 근세 이전까지의 사람들에 있어서는 어떤 의미에서 자연스러운 일이었다. 따라서 근세 이전까지의 철학자들이나 이른바 교양인(Mousikos Aner)5)이라고 불리는 사람들이, 삶의 지상 목표를 개념적 차원에서 표상된 선(bonum)을 행위의 차원에서 실천하는 삶 즉 지덕합일의 삶 속에서 찾은 것은 당연한 현상이라 할 수 있다.

그러나 근세 이후 넓은 의미의 이성(logos) 대신 계산적 이성(ratio)이 발달함에 따라 진리에 대한 인식과 그것에 대한 실천 사이에 괴리가 생기면서부터, 지덕합일의 삶을 영위함은 점점 더 어렵게 되었다. 그것은 이제 좁은 의미의 이성에 의해 지배를 받게 된 인간이 진리라는 개념을 '대상의 진상 및 법칙에 대한 앎'이라는 객관적 의미의 진리와 '주체적 삶의 방식에 대한 깨달음'이라는 주관적 의미의 진리를 모두 포괄하는 것으로 보지 않고, 완전히 분리시켜 생각하게 되었기 때문이다. 현대에 들어와서 특히 철학은 그 양가적(兩價的) 진리의 균형감을 잃을 만큼 첫 번째 의미의 진리에로 편중되면서, 그러한 진리 탐구의 선봉장인 과학과 지나치게 가까워지고, 반대로 주관적 진리 탐구의 수호자인 종교로부터 멀어지게 되었다. 그 결과 삶의 방향을 인도해 줌에 있어, 종교와 함께 동반자적 역할을 수행했던 철학은 이제 그 역할 분담을 포기하였고, 종교도 또한 철학의 도움 없이 홀로 그 역할을 수행해야 하는 어려움에 직면하게 되었다. 그런데 철학과 종교의 이러한 약화가 윤리적 삶의 차원에서 초래한 결과는 매우 심각하다. 사실 오늘날 비종교인보다 더 진실해야 할 종교인이 실제

---

5) H-I. Marrou, Histoire de l'éducation dans l'Antiquité, p. 153.

행동에서 아무런 죄책감도 없이 쉽게 거짓말을 한다거나, 가장 정의로워야 할 법조인이 일반인보다 더 부정을 교묘하게 저지르는 사례가 빈번히 일어나는 것은 바로 그러한 영향 때문이라 할 수 있다.

그렇다면 인식과 실천이 분리되고, 철학과 종교의 관계도 대립적으로 되어버린 오늘의 현실 속에서, 새로운 존재 방식에의 귀의는 과연 어떠한 방향으로 나아가야 하는가? 물론 현실을 있는 그대로만 받아들이고, 그것을 고쳐나갈 의지를 지니지 못한 에피메테우스적인 사람 내지 닫힌 영혼을 지닌 사람은 그 약화된 현재의 종교와 철학에 만족할지도 모른다. 그러나 항상 현실을 개혁하려는 의지를 지닌 프로메테우스적인 사람 내지 열린 영혼을 지닌 사람은 현재의 종교와 철학에 만족하지 않고, 양자의 관계를 다시 연결시켜 새로운 삶의 방식을 찾아내는 수단으로 삼고자 할 것이다. 그러나 종교와 철학을 다시 연결시켜 새로운 삶의 방식을 찾는다는 것이 과거의 종교적 삶으로 단순 회귀함을 뜻하는 것은 아니다. 사실 현대인은 '새로운 존재 방식에의 귀의'를, 특정 종교의 교리를 무비판적으로 따르며 그 믿음 체계에 자기 자신을 완전히 맡기는 삶을 선택하는 것으로 해석하기에는 지나치게 이성적으로 사유하는 습관에 젖어 있다. 따라서 '다시 선택한 삶'을 오늘날의 개념 체계에 맞게 규정하기 위해서, 종교는 세속적 삶과 가치들을 전면 부정하는 편협성에서 벗어나야 하고, 철학은 종교적 지혜로부터 훌륭한 삶의 방식을 찾아내어 활용하는 유연성을 지녀야 한다. 그것은 가치로운 삶을 실천하는 것 자체가 중요한 것이지, 그러한 삶을 실천함에 쓰일 도구는 그 어느 것--성직자 내지 신앙인의 삶이든, 세속적 일상인의 삶이든--이 되어도 아무런 상관이 없기 때문이다.

현대적 관점에서의 가치로운 삶의 길을 찾기 위해 철학과 종교를 새로운 관계 속에서 종합하려면, 우리는 인류 문화의 역사 속에서 꽃피었던 종교적 신앙 및 가치 체계 그리고 명상의 결과를 참조하지 않을 수가 없다. 그 이유는 종교적 사유야말로 여러 다른 가치과학적 사유와 더불어 인류 정신 세계의 뿌리를 이루고 있어, 그것에 대한 참조 없이는 우리가 현대인의 가치로운 삶에 대한 최상의 탐색을 할 수가 없기 때문이다. 그렇다면 우리는 그 수많은 종교적 사유들 중에서 어떤 것들을 참조해야만 하는가? 물론 우리는 가장 발달된 형태의 고등종교에서 이미 이론적으로 완벽하게 정리된 종교적 원리들--창조·섭리·심판의 유일신, 인간의 역사와 개인의 일에 관여하는 인격신, 이성이 아니라 기도 및 은총을 통해서만 인식될 수 있는 신, 도덕적 판단과 행위의 기준으로서의 신 등-- 내지 종교가의 명상들을 참조하는 편한 길을 갈 수도 있다. 그러나 본 글에서 필자는 그러한 것들이 아직 체계화되지 못한 원시종교적 사유에 대하여 참조하는 어려운 길을 갈 것이다. 필자가 험하지만 이러한 새로운 길을 개척하려는 이유는 우리가 인류의 원초적 사유가 활발하게 작용하고 있는 원시종교 속에서, 오히려 현대적 관점에 알맞은 종교적 심성의 본질을 탐구하기에 더 적합한 야생적 사유를 발견할 수 있기 때문이다.

3. 신화적 세계관과 교리 형성의 관계

만약에 우리가 '새로운 삶의 방식에 대한 선택'이라는 어원적 규정을 가지고 종교를 정의함에 만족한다면, 우리는 종교의 본질적 심층(가장 깊게 자리잡고 있는 비이성적 감정의 층과 가장 높은 차원에 있는 초이성적 믿음의 층)까지 아우르는 완전한 의미에서의 정의에 도달하지는 못하게 된다. 그것은 또한 방금 우리가 규정한 의미에서의 종교라는 개념 자체가 형성되지 못했던 시대 및 문화권에서는 진정한 의미에서의 종교적 삶이 없었다고 주장하는 것이 된다. 사실 고등종교의 입장에서 보면, 그러한 시대의 종교들은 미신에 가까운 원시 종교로 여겨질 수밖에 없다. 예를 들어, 우리는 트라키아 지방에서 행해졌던 디오니소스제--신의 가면을 쓰고 포도주를 마신 다음 대지 위에서 미친 듯이 뛰어대는 디오니소스 신도들이 디오니소스 신과 합일하기 위해, 그 신으로 분장한 동물 내지 사람을 갈기갈기 찢어 먹는 의식--을 현대적 관점에서 종교적 의식이라고 이해하기가 힘들다. 그렇다면 이러한 원시종교는 어떠한 과정을 거쳐 훗날 고등종교로 발전하게 되었는가?

무릇 모든 종교는 자연과 우주에 대한 해석을 하나의 그럴듯한 이야기(mythos)로 표현한 신화 속에 들어 있는 '세계에 대한 이해 방식'을 심화시키고, 그 신화의 내용을 드라마로 재현하는 의식을 통해 그 신화가 함축하고 있는 진리를 일상 생활의 규범 속에 내재화시킴으로써, 교리와 예식이라는 정형화된 체계를 갖추게 되었다. 그러나 아무리 심오한 진리도 고정된 틀 속에 형식화되어 시간의 흐름 속에서 단순히 되풀이되기만 하면, 그 본래의 상징과 의미를 상실하기 마련이다. 따라서 우리는 현재 남아 있는 종교들의 교리와 예식 형성에 있어 밑거름의 역할을 하였던 고대의 신화와 의식이 지니는 본래의 의미를 살펴볼 필요가 있다.

1) 전체에 대한 공관적 · 개념적 사유의 표현으로서의 신화

오늘날 우리가 신화라는 용어를 들으면서 가장 먼저 떠올리게 되는 것은 하나의 문학적 허구로서의 그리스 · 로마 신화와, 절대적 믿음의 원리를 제시하는 종교적 이야기로서의 기독교 창조 신화일 것이다. 사실적 언어에만 지나치게 집착해 가고 있는 현대인에게 허구로서의 이야기는 비록 그것이 기표와 기의를 다 포함하고 있지만, 그 기표가 지시하는 대상이 실재적인 것이 아니기 때문에, 버커트가 잘 지적하고 있듯이,[6] '비합리적 · 잘못된 그리고 때로는 해로울 수도 있는' 이야기로 밖에 여겨지지 않을 수도 있다. 마찬가지로 자연과학적 세계관에만 젖어 있는 사람에게 종교적 이야기는 한낱 유치한 이야기로 밖에 여겨지지 않는다. 그러나 신화에 대해 이렇게 생각하는 사람들은 적어도 인류 문명의 뿌리가 되는 학문정신과 종교정신이 그러한 신화적 사유와 깊이 연관되어 있음을 인식하지 못하는 사람들이다. 사실 그리스 · 로마 신화나 기독교 창조 신화는 말할 것도 없고, 모든 신화들은 그 속에 문학적 상상과 종교적 사유보다 훨씬 더 깊은 원형적 사유 체계--인류 문명의 연속성을 보장해 주는 지배원리로서의 시대정신과 세계에 대한 학문적 설명의 모태로서의 개념 체계--를 함축하고 있다.

신화에는 본래 제의 신화, 원인 설명적 신화, 창조 및 종말론적 신화, 영웅 신화 등과 같이 여러 유형의 것이 있다. 이러한 여러 종류의 신화 중에서, 필자가 주목하고자 하는 신화는 우주 현상이나 인간의 제도가 왜 생겨났는지 그 까닭(aitia)을 설명하려는 원인 설명적 신화(aetiological myth)와 의식에서 신통력을 얻기 위해 외우는 주문으로서의 제의(祭儀) 신화(ritual myth)이다. 그 이유는 첫 번째 종류의 신화가 후에 발달될 모든 종교적 교리 형성에, 두 번째 종류의 신화가 종교 예식 형성에 유전자적 구실을 하고 있기 때문이다.

그렇다면 원인 설명적 신화는 어떠한 의미에서 종교적 교리 형성의 씨앗이 되었다고 볼 수 있는가? 이러한 점을 밝히기 위해, 우리는 먼저 신화적 사유 및 표현 체계 발달과 인간의 사유 및 표현 체계 발달 사이에 존재하는 상관관계

---

6) W. Burkert, Structure & History in Greek Mythology & Ritual, p. 1.

를 드러내야만 한다. 사실 인간이 지닌 '이야기하는 기능'(la fonction fabulatrice)
의 발현체로서의 신화는 인간의 사유능력 일반의 발달과 병행하여 발달해 왔
다. 지성사적 관점에서 볼 때, 신화의 발전 그리고 그에 따른 인간 사유의 발
전은 기원전 3,200년 경 수메르에서 문자가 발명되면서 획기적인 계기를 맞게
된다. 즉 처음에 단순한 기억의 도구로서 쓰이던 그림문자(pictogramme)는 보
테르가 잘 지적하였듯이,[7] 한 대상을 지시하는 하나의 관념을 표현하기 위해
쓰이는 뜻문자(idéogramme)의 단계를 거쳐, 셈족 사람들이 발달시킨 표음문자
(phonogramme) 체계로 종합되면서, 인간의 사유 및 판단을 문장으로 표현할
수 있는 음절문자(syllabogramme) 수준으로까지 발달하게 된다. 이러한 문자
체계의 발달은 사유 체계의 발달을 촉진시켰고, 사유 체계의 발달은 다시 문자
체계의 발달을 촉진시켰다. 이러한 두 체계의 변증법적 상호 발달은 자연스럽
게 신화적인 기술 체계의 발달에도 영향을 끼쳤다. 그 결과 이제 신화는 단순
한 주제에 관한 단편적 생각을 표현하는 이야기의 단계에서, 기승전결의 구조
속에서 여러 주제들을 유기적으로 관계 맺어주는 줄거리를 지닌 긴 이야기의
단계에로 발전하게 되었다.

  그러나 인간의 대상에 대한 인식 능력의 발달과 그 인식된 것에 대한 표현
능력의 발달은 인류 문화의 역사 속에서 어느 날 갑자기 단숨에 이루어진 것
이 아니다. 문자를 통한 긴 이야기(macrologia)를 만들 수 있는 단계에 이르기
까지에는 오랜 동안의 기초적 과정들이 있었는 바, 우리는 그 과정을 이해하기
위해, 구·신석기인들이 자연의 신성한 힘들 그 중에서도 특히 자연력을 상징
하는 여신의 신격을 어떻게 표현했었는지를 살펴볼 필요가 있다.[8]

  우리는 물론 구·신석기 시대에 존재했었을 것으로 추측되는 여신의 이야기
에 대해, 그것이 기록된 문자로 전해지지 못하고 있기 때문에, 엄밀한 의미에서
신화라는 용어를 적용할 수는 없다. 사실 문자가 없었던 시절의 구·신석기인

---

7) J. Bottero, Mésopotamie, pp. 111-194.
8) 구·신석기 시대의 위대한 어머니 여신의 신격은 메소포타미아 문화권의 경우, 신화 속에서
   는 청동기 시대의 신격에 흡수되어 사라지지만, 문자가 아닌 하나의 상으로 표현된 모습 속
   에서는 본래대로 나타난다. 우르(Ur)에서 발견된 기원전 40세기 시대의 '아기에게 젖을 먹이고
   있는 뱀머리(蛇頭) 여신상'이 이를 잘 나타내 준다. B. Johnson, Lady of the beasts, p. 153.

들은 모든 존재자들의 생명을 관장하는 자연이라는 신성한 힘을 동물 모습(Thériomorphisme)이나 인간 모습(Anthropomorphisme)을 한 신의 이미지 또는 상징적 기호들로 밖에는 표상할 수가 없었다. 그러나 문자로 기록되지 않았음이 그 당시에 '말해지는 언어'(langue parlée)도 없었음을 의미하는 것은 아니다. 사실 인간은 '말해지는 언어'만으로도 대상에 대하여 나름대로의 설명--비록 그러한 언어를 통해 표현된 이야기가 대상에 대하여 매우 초보적 단계의 묘사 밖에는 할 수 없지만--을 할 수 있다. 따라서 우리는 이미지나 기호로 표현된 그러한 상징적 텍스트들 속에서도, 구·신석기인들이 자연에 대하여 품고 있었던 사유 체계 내지 말해지는 언어로써 표현했을 이야기를 충분히 읽어낼 수 있다.

아기에게 젖을 먹이고 있는 뱀머리의 여신상
(우르. 이라크. B.C. 4000경)

우선 우리는 그 상징적 텍스트 속에서, 고대인들이 초자연적 신성한 힘(potentia sacra)들로 가득 찬 대우주로서의 자연과 끊임없이 교통관계를 맺고자 한 의지와 그러한 관계 맺음을 통해 자연 속에서 자신이 원하는 것을 얻고자 했던 마술적 사유의 흔적을 찾아볼 수 있다. 예를 들어, 오른손에 열세 줄의 빗금이 쳐진 초생달을 들고 왼손은 임신으로 불룩한 배를 가리키고 있는 로쎌 동굴의 여신상은 단순히 달의 변화로 상징되는 자연의 리듬과 인간이 생산해 내는 생명체의 리듬 사이에 존재하는 관계를 나타내 주는 것만은 아니다.[9]

로쎌 동굴의 여신상(프랑스. B.C. 2200~1800)

9) A. Baring & J. Cashford, The myth of the goddess. p. 44.

　그것은 더 나아가 그러한 관계맺음을 통하여, 어린아이의 생산뿐만 아니라, 먹을 것 내지 마을 사람의 생명 전체에 대한 생산과 안녕을 보장해 달라는 기원을 표현하고 있는 것이다.[10] 같은 문맥에서, 창에 찔려 죽어있는 들소, 그 옆에 누워 있는 새의 탈을 쓴 샤만(Bird shaman), 새 모양의 손잡이를 지닌 지팡이(skeptron)가 그려 있는 라스꼬 동굴의 벽화는 새의 탈을 쓴 주술사가 자연력을 상징하는 들소로부터 생명의 힘[11]을 받아 저승의 세계에서도 안내자(지팡이)의 인도를 받아 다시 부활할 것을 기원하는 의식을 나타내 주고 있는 것이다.

라스꼬 동굴의 샤만 벽화(프랑스. B.C. 1500~1200)

---

10) 여신상이 동네로 들어가는 입구에 위치해 있었음이 그러한 사실을 증명해 준다.
11) 샤만의 남근이 발기되어 있음이 이를 상징한다. A. Baring & J. Cashford, 앞의 책, p. 36.

　자연이라는 신성한 힘과의 교통을 통하여 자신이 원하는 것을 얻고자 하는 인간의 이러한 의지는 청동기에 접어들면서 도시국가가 발전함에 따라, 단순히 먹을 것을 얻는 일과 같이 인간과 자연 사이의 관계맺음이 일어나는 차원에서만 작용하는 것이 아니라, 정치적 지배나 전쟁과 같이 인간과 인간 사이의 관계맺음이 일어나는 사회적 차원에서도 작용하게 된다. 그 결과 이제 고대인들은 인간과 자연의 관계뿐만 아니라, 인간과 인간 사이의 관계에 대해서도 나름대로의 그럴듯한 설명을 해야 할 필요성에 부딪치게 되었다. 그런데 단순한 이미지나 기호들만으로는 이러한 복잡한 관계를 묘사할 수 없었기 때문에, 고대인들은 그것을 이야기를 통해 서술하는 방식을 발달시키게 되었다. 이러한 종류의 이야기들이 청동기에 들어 발달한 인구 집중형 도시 국가 체제 안에서 인간과 인간 사이의 관계가 많이 일어났던 문화권--메소포타미아, 이집트, 그리스 문화권--안에서 특히 많이 발생한 사실은 결코 우연이 아니다.

　바로 이러한 근거에서, 우리는 왜 이 시대에 주로 우주 창조 신화와 결합된 건국 신화들이 발달했는지를 이해할 수 있다. 우주 창조신과 자기 부족의 조상신을 동일시하는 이러한 신화들은 구·신석기의 농경문화권에서 발달한 원인 설명적인 자연 신화에 청동기의 전사 문화권에서 발달한 인간 중심의 주관주의적 세계관을 반영한 신화를 결합시키고 있다. 바로 이러한 점을 고려에 넣어야만, 우리는 이러한 종류의 신화를 정확히 이해할 수 있게 된다. 사실 대부분의 신화학자들은 일반적으로 신화를 '위대한 대지모 여신'(Magna Terra Mater) 중심의 구·신석기의 신화와 '하늘의 아버지 남신'(Pater Ouranius) 중심의 청동기·철기의 신화로 크게 나눈다. 이러한 구분에 근거하여, 일부 학자들은 구·신석기의 여신 중심의 신화를 '인간과 자연을 조화시키는 사유 방식'의 원천으로, 청동기·철기의 남신 중심의 신화를 '자연에 대한 정복 사상 내지 남근 중심주의 사상'의 원천으로 간주하면서, 인류의 사유 방식 자체를 자연에 순종하는 태도와 자연을 정복하는 태도로 지나치게 단정적으로 이분화 시켜버린다. 그러나 필자는 이러한 신화에 대한 이분법과 그에 따른 사유 방식의 이분법에 동의하지 않는다. 그 이유는 우리가 이러한 경직된 이분법을 따를 경우, 두 종류의 신화 및 사유 체계 사이에 존재하는 상관 관계를 간과하게 되기 때문이다. 사실 두 종류의 사유 체계는 그것들을 서로 대립된 관계로서 바라보는 관점보다, 한 차원 더 높은 경지(類的 차원)에서 하나로 통일될 종적 차원에서의 대립 관계로서 바라보는 관점에서 파악될 때에 그 인식론적 가치가 더 잘 평가될 수 있다. 그것은 자연 정복의 사유도 객관적 자연 법칙에 대한 인식에 근거해서 펼쳐지는 것이지, 그러한 인식 없이 순전히 주관적인 상상에 의해 펼쳐지는 것이 아니기 때문이다. 따라서 필자는 신화를 원인 설명적·객관적 신화와 자아 및 사회의 중심을 정립하는 주관적 신화로 구분한다. 이러한 두 종류의 신화의 대표적 예로, 우리는 메소포타미아 문화권에서 수메르 시대에 발달한 인안나-둠무지 신화와 바빌론 시대에 발달한 티아마트-마르둑 신화를 들 수 있다.

소의 머리를 한 이시스 여신이 곡물이 자랄 수 있도록 물을 주고 있는 장면.
오시리스가 곡물의 혼령신으로 표현되어 있다(이집트 이시스 사원).

　자연과 인간의 관계를 원인 설명의 관점에서 개념적으로 체계화하여 묘사하는 이야기가 기록상 최초로 나타나는 것은 수메르의 인안나-둠무지 신화에서이다. 훗날 에집트의 이시스-오시리스 신화, 그리스의 데메테르-디오니소스 · 데메테르-페르세포네 신화, 아나톨리아의 키벨레-아티스 신화 등의 원형을 이루게 되는 이 신화는 어머니 여신과 아들 및 연인으로서의 남신 사이의 관계를 묘사하면서, 자연력 내지 영원한 생명력(zoe)을 어머니 여신으로, 유한한 생명력(bios)을 아들 남신으로 표상한다.

　따라서 이 신화는 봄에 싹이 터서 여름에 성장하고 가을에 열매를 맺은 다음 겨울에 죽었다가 그 다음 해 봄에 새로운 싹을 터뜨리는 식물의 종족 보존의 법칙과, 비록 자신은 죽지만 자식을 남겨서 종족 차원에서 생명을 영속시키는 동물의 종족 보존의 법칙을 의인화하여 표현하고 있다. 그런데 우리는 자연의 법칙에 대해 이야기로 표현하는 이러한 작용 속에서, 인류의 사유 자체가 근본적으로 탈바꿈되어지는 것을 발견할 수 있다. 즉 하나의 현상에 대해 줄거리를 짜서 이야기함 속에서, 인간은 그 현상에 대한 감각 내지 경험을 단순히 시간적 순서에 따라 나열하여 이야기하는 수준에서, 그 현상이 앞서 일어났던 현상과 어떤 관계에 있는지에 대해, 논리적 인과 관계에 따라 이야기하는 수준으로 나아가게 된다. 이러한 이야기함의 작용 속에서, 인간은 이야기하는 주체(話者)로서 사건 전체에 대한 공관적(共觀的, synopsis) 바라봄의 능력과 자연 현상에 대해 나름대로 설명하는 이야기의 앞 부분과 뒷 부분을 인과적 범주의 구조 속[12]에서 이해하고 표현하는 개념적 사유의 능력을 동시에 발휘하게 된다.

　이야기를 만드는 기능(Mythopoiesis) 속에서 발달하게 된 인류의 이러한 공관적 · 개념적 사유는 단순히 자연 현상이나 인간 세계의 제도들이 왜 발생하였는지 그 원인을 설명하는 인식론적 차원에서만 작용하는 것이 아니라, 그 원인에 대한 인식을 바탕으로 인간이 어떻게 살아야 되는지 삶의 방식을 결정하는 자아 및 사회의 중심을 정립하는 존재론적 차원에서도 작용하게 된다. 바로 그러한 차원에서, 삶의 방식을 어떻게 결정할지 그 주관적 · 심리적 결단에 관해 가장 단적으로 표현하고 있는 신화가 바빌론의 티아마트-마르둑 신화이다. 메

---

12) P. Ricoeur, Du texte à l'action, pp. 11-38.

소포타미아 문화권의 저 유명한 창조의 서사시(Enuma Elish)[13]의 근간을 이루는 이 신화는 무시무시한 염수(鹽水)의 여신 티아마트를 증손자 마르둑이 살해하고, 그 여신의 몸을 질료로 이 세계를 재창조하는 과정을 그리고 있다.

티아마트를 살해하고 있는 마르둑(이라크 아씨리아 부조물. B.C. 900)

---

13) J. Pritchard, 편저, Ancient Near Eastern Texts, 참조.

　　그런데 우리가 만약에 이 신화를 우주가 처음에 어떻게 형성되었는지에 대한 자연 과학적 관찰 내지 생각을 객관적으로 기록한 우주론적 이야기로 해석한다면, 우리는 그 본질적 의미를 놓치게 된다. 사실 이 신화는 지상 세계의 통치자인 왕에게 벨 마르둑14)과 같은 신적 통치의 능력을 전수해 주기 위해, 그 신성한 힘을 끌어들이려는 일종의 마술 의식15)을 거행할 때 쓰이는 주문으로서의 이야기인 것이다. 창조의 서사시를 기록한 여섯 번째 점토판에 그의 각각의 권능을 상징하는 이름들이 50개나 써 있다는 사실이 이를 증명해 준다. 이 이름들은 마치 초기 신비주의 기독교의 카발라 방식과 마찬가지로, 이름의 마력을 실재의 세계에 구현시키기 위한 기원 속에서 불려졌던 것이다. 따라서 이 신화는 정기적으로 치러지는 신년제(akitou) 또는 왕위 즉위식에서 대사제에 의해 암송되어졌었고(legomena)16), 더 나아가 치열한 전쟁을 치른 후나 극심한 자연적 재해를 입은 후 또는 새로운 왕조를 창건할 때 거행되었던 특별한 의식의 경우에는 언제나 점토판에 새롭게 각인되었고, 그 새로 쓰여진 이야기가 읽혀졌던 것이다.17) 이러한 의식은 바빌론의 함무라비왕 때 치러진 것이 가장 유명하지만, 본래 그 이전에 이미 존재하고 있었고, 또 그 후에도 계속되었을 뿐만 아니라, 다른 문화권으로도 퍼져 일반화되었다. 이러한 관점에서 볼 때, 우리는 이러한 종류의 창조 신화가 단순히 문학 작품으로 읽혀지기 위해서가 아니라, 한 개인 및 국가가 어려운 상황에 부딪쳤을 때 그 난관을 헤쳐나가기 위해 심리적 차원 내지 존재론적 차원에서 '세계의 축'(Axis Mundi)을 다시 정립하는 의식용 작품으로 사용되었음을 알 수 있다.

　　이같이 창조 신화는 인간 중심적이고 주관주의적인 관념 체계와의 연관관계

---

14) 마르둑의 여러 권능 중에서 특히 주인 내지 통치자의 기능을 강조할 때에는, 언제나 그 앞에 벨이라는 수식어가 붙는다.

15) 메소포타미아인들 뿐만 아니라, 일반적으로 고대인들은 신들이 인간들에게 자연 현상을 통해 보이지 않는 세계의 법칙 내지 진리를 항상 전해 주고 있다고 믿었다. 따라서 그들이 그러한 법칙을 표현하고 있는 문자 자체에 자연의 신성한 힘이 들어 있다고 믿었던 것은 당연한 현상이라 할 수 있다.

16) 이 신화는 신년제 제 4일 째에 읽혀진다. M. Rutten, Babylone, pp. 89-105.

17) 몽골군의 침략을 받았던 고려 시대에, 우리의 조상들이 팔만대장경을 각인함을 통해 적군을 물리치려고 했던 것도 이와 동일한 개념 체계 속에서 이루어진 것이라 할 수 있다.

속에서 고찰되어질 때, 그 본질적 의미가 가장 잘 드러난다. 즉 창조 신화는 우주의 기원에 관하여 과학적으로 설명해 보려는 우주발생론(cosmogonia) 내지 우주론(cosmologia)이 아니라, 우주에 대한 인간의 자각의 기원을 추적하는 일종의 전의식(前意識)적 과정들에 대한 표현인 것이다.[18] 그러면 우리 인간들은 객관적 지식의 발견과 전혀 상관이 없는 주관적·심리적 창조 신화를 왜 만들어냈는가? 그것은 창조 신화란 것이 본래 사회 현상을 자연적 현상과의 연관 속에서 설명함을 통해, 인간 사회의 문제들을 해결하려는 의도에서 만들어졌기 때문이다. 사실 인간은 개인적이든 집단적이든, 어떤 어려움에 부딪치게 되면 처음에는 중심을 잃고 혼란상태에 빠지지만, 어느 정도 시간이 흐르면 그러한 상태에서 가능한 한 빨리 벗어나기 위해 노력하기 마련이다. 바로 그 순간에 창조 신화는 심리적으로 절대 흔들리지 않는 중심점을 잡아주기 때문에, 혼란 상태에서 벗어나려는 작업에 가장 중요한 역할을 수행하게 된다. 따라서 근원적 혼돈을 질서 지우기 위해 그린 지상의 지도 내지 하늘의 지도로서의 창조 신화는 개인에게 있어서는 마음의 지도와 같은 것이다. 우리는 개인 또는 집단이 나아가야 할 길을 제시해주는 심리적 종교적 지도의 예를 세계수(World Tree), 승천의 사다리(Ladder of ascension)[19], 우로보로스,[20] 만달라,[21] 신전[22]의 개념 속에서 쉽사리 찾아 볼 수 있다.

---

18) M-L. von Franz, Les Mythes de création, pp. 8-9.
19) J. Campbell, Creative Mythology, p. 118.
20) '꼬리를 문 뱀'을 의미하는 우로보로스는 타자를 필요로 하지 않는 완전성을 상징하기 때문에, 그리스인들에 의해 신에 대한 표상으로서 사용되었다. E. Neumann, The Origins & History of Consciousness, pp. 5-38.
21) Yantra로 불리는 이러한 만달라는 의식을 집중시키기 위한 하나의 도구이다. K. G. Jung, Mandala symbolism, p. 72.
22) 바빌론의 지구라트, 그리스의 델피 신전, 태국의 앙코르왓트 사원, 멕시코의 태양의 제전, 서양의 가톨릭 성당 등의 예에서 볼 수 있듯이, 모든 신전은 지상의 세계와 천상의 세계를 연결해 주는 장소이다.

　이러한 모든 것들은 천상과 지상 그리고 지하의 세계를 관통하는 하나의 축 즉 세계의 축을 형성해 줌으로써, 혼란에 빠진 개인 또는 집단으로 하여금 자신의 중심23)을 되찾도록 만들어 준다.

　그렇다면 이러한 신화들은 어떠한 의미에서 종교적 교리의 형성에 영향을 끼쳤다고 말해지는가? 앞서 살펴보았듯이, 신화는 모든 것을 우주 전체와의 연관 관계 속에서 설명함을 통해, 공관적 사유와 관계맺음의 범주를 이용하는 개념적 사유를 발달시켜 주었다. 따라서 신화는 우리의 감각 지각에 나타나는 모든 현상을 언제나 그것을 존재하게 해주는 근거와의 연관 관계 속에서 바라보도록 해 줌을 통해, 형이상학적 사유 내지 종교적 교리 형성에 결정적인 역할을 수행하게 된다. 즉 원인 설명적 신화는 모든 존재자의 존재 근거를 자연신 내지 철학신 안에서 찾는 자연 신학적 교리의 형성에, 중심 정립적 신화는 모든 인간 행위의 근거를 종교신 내지 인격신 안에서 찾는 구원 신학적 교리 형성에 직접적인 영향을 끼치게 된다.

꼬리를 문 뱀(Ouroboros)의 형상

---

23) 우리 인간은 그러한 중심을 잡음으로 해서, '내가 나임'을 인식할 수 있게 된다. M. Eliade, Le mythe de l'éternel retour, pp. 17-32.

종교사적 관점에서 볼 때, 이러한 구원 신학적 교리가 자연 신학적 교리보다 훨씬 더 강력하게 인류의 신앙 생활을 지배하였었음은 잘 알려진 사실이다. 이러한 교리에 근거하여 발달된 종교는 만유의 존재론적 가치를 전능의 유일신을 기준으로 판단하기 때문에, 신앙의 태도에 있어서 자연 신학적 교리에 근거한 종교와는 근본적으로 다른 체계를 형성하게 된다. 즉 그러한 믿음 체계는 절대적 존재자와 그의 위대한 업적 자체에 대해, 더 나아가 그 절대자를 중심으로 형성된 모든 종교적인 것(경전·예식·상징 체계 등)에 대해 한 점의 의심도 없이 절대적으로 믿고 따를 것을 요구한다. 그러한 절대적 신앙의 근거는 테르툴리아누스가 '나는 불합리하니까 믿는다.'(credo, quia absurdum est)고 주장하였듯이, 믿음이라는 것을 순수이성적 판단을 초월하는 정신 작용으로 간주하는 관념 속에 들어 있다. 그러나 절대적 믿음의 태도는 한편으로 신앙을 심화시켜 주는 역할을 하지만, 다른 한편으로 이성적 사유의 생명인 의심과 비판을 전적으로 부정하는 경우에는, 종교적 사유 자체를 석화(石化)시켜 버리는 결과를 낳을 수도 있다. 따라서 주관적 차원에서의 깨달음도 명상을 통한 자기 자신의 능동적 깨달음이 아니라, 절대자인 주님으로부터 빛(Lumen) 내지 은총(Gratia)을 부여받아야 비로소 깨닫게 되는 수동적 깨달음(illuminatio)이 되기 쉽다. 더 나아가 인식론적 관점에서의 진리도 만약에 그것이 절대자 위에 정초되어 있지 않으면, 더 이상 참다운 진리로서 받아들여지지 않는다. 그 이유는 그러한 진리가 이성적 차원에서 탐구되는 객관적 진리가 아니라, 초이성적 차원의 절대신이 계시해주는 주관적 진리이기 때문이다. 따라서 그것은 언어로 명제화되고 증명을 받아야 비로소 진리로 성립하는 그리스 철학의 비은폐성(Aletheia)으로서의 진리[24]와는 다르게, 상징 내지 은유를 통해 체험 내지 실천되어져야 하는 것으로 규정된다.

---

24) 박희영, Polis의 형성과 Aletheia의 개념, 참조.

2) 의식

원인설명적 신화이든 중심정립적 신화이든, 신화가 인간과 자연 내지 신 그리고 인간과 인간 사이의 관계를 개념적 차원에서 사유하고 이해하도록 만들어 줌을 통해, 만유를 신이라는 하나의 원리에 관련짓는 종교적 교리 형성해 줌에 결정적인 역할을 수행하였다면, 의식(儀式, ritus)[25]은 그러한 신화를[26] 통해 깨달은 진리를 우리가 구체적인 행위의 차원에서 실천할 수 있도록 도와주는 역할을 수행하게 된다. 그것은 의식이 우리가 실생활의 차원에서 어떠한 행동을 실천하며 살아야 되는지에 대해 끊임없이 되돌아보도록 해줌을 통해, 신앙의 태도 및 종교의 예식 발달에 효소적인 역할을 하였기 때문이다.

인류가 원시 사회부터 최근 직전까지만 해도 평생 동안에 수많은 의식을 치르면서 살아왔음은 잘 알려진 사실이다.[27] 일반적으로 한 단계에서 다음 단계로 넘어가게 해주는 의식은 모든 세속적인 것을 성스러운 것 에 근거지워야만 비로소 완전성을 느꼈던 고대인들에게 있어, 자신을 둘러싼 성스러운 것(가족·사회·우주)과 합일함을 통해 본질적 자아를 실현시킬 수 있도록 해주는 유일한 수단이었다. 따라서 그들에게 있어, 다른 세속적인 의식들--한 집단의 구성원으로서의 동질성을 확보해주는 계기로서의 사회학적 기능을 지닌 통과 의례, 다른 차원의 신비의 세계로 이끌어 주는 심리학적 기능을 지닌 입문식 등--도 모두 종교적 성격을 띠게 됨은 전혀 이상한 일이 아니다. 그러나 의식을 통해 실현하려고 하는 본질적 자아란 무엇인가? 우리는 흔히 본질이라 하면 '사물의 영원불변한 모습'을 떠올리기가 쉽다. 그러나 진정한 의미에서의 본질이란, 그러한 고정된 모습이 아니라, 시간의 흐름 속에서 주체의 노력에 따라 가능태에

25) 의식은 하나의 완성된 믿음의 체계로서 확정된 종교가 나타나기 훨씬 전부터, 인류가 사는 곳이면 어디에서나 나타나는 보편적인 현상이었다. 우리는 농경문화권에서 발달한 의식으로 신년제, 기우제, 추수 감사제 등을, 전사문화권에서 발달한 의식으로 출정식, 승전식 등을, 종교적 의식으로서 여러 비밀 입문식들을, 사회적 통과의례로서 탄생식, 성인식, 결혼식, 장례식 등을 들 수 있다.
26) 이때의 신화는 물론 의식을 거행할 때 '실제로 읽혀지는 이야기'(true myth)를 의미한다.
27) 국가 행사로서의 의식이 매달 하나에서 넷까지 있었던 그리스의 아테네 도시 국가가 그 단적인 예이다. J. E. Harrison, Prolegomena to the Study of Greek Religion, p. 29.

서 현실태에로 끊임없이 바뀌는 역동적 모습 자체인 것이다. 따라서 한 단계의 현실태를 매듭지어 주고, 새로운 가능태로서의 다음 단계의 시작을 분명하게 자각시켜 주는 의식은 인간에게 자아 실현의 계기들을 지속적으로 제공해 주는 기능을 수행한다.

물론 현대인들에게 고대의 수많은 종교적 의식들은 미신적이고 비합리적이며, 가치로운 삶의 인도와는 아무런 상관이 없는 것으로 여겨질 수도 있다. 그러나 그것은 인류가 세월이 흐름에 따라 그러한 의식들이 본래 지니고 있었던 의미 내지 상징 자체를 잃어버리고, 단지 형식적인 절차에 따라 특정의 제스처만을 반복하게 되는 경우에만 그렇지, 오늘날에도 그 의미 내지 상징을 존재론적으로 자신의 것으로 만들 수 있는 사람의 경우에는 전혀 그렇지가 않다. 이같은 문맥에서 볼 때, 중요한 것은 의식을 치르는 행위 자체에 있는 것이 아니라, 그 의식을 치름을 통해 얻게 되는 철학적 깨달음 내지 존재론적인 변모에 있는 것이다.

여러 문화권에서 다양한 형태로 나타났던 수많은 의식들 가운데에서도, 훗날 신앙적 태도의 형성에 가장 큰 영향을 끼치게 되는 의식으로 우리는 그리스의 디오니소스제와 엘레우시스제를 예로 들 수 있다. 우선 후대에 가장 극단적으로 상반된 평가를 받고 있는 디오니소스제를 살펴보자. '죽었다가 다시 태어난다.'는 신화적 주제를 모티브로 하여 치러지는 이 의식은 신화 속에서 디오니소스 신이 티탄들에 의해 당하는 죽음을 실제로 재현하기 때문에 인류 역사상 가장 야만적인 의식이라고 평가를 받아 왔다. 사실 디오니소스 신자들이 디오니소스 신과 합일하기 위해, 그 신으로 분장한 동물 내지 사람을 산채로 갈기갈기 찢어 먹는(Homophagia) 의식은 분명히 이성적 관점에서 볼 때, 이해하기 힘든 특이한 종교 현상이다.[28]

그럼에도 불구하고, 우리는 이 가장 비합리적인 의식 속에서, 종교의 가장 깊은 비이성적 부분과 가장 높은 초이성적 부분을 동시에 발견하게 된다. 사실 그리스인들에 의해 사랑을 받은 디오니소스제는 트라키아에서 치러졌던 초기 형태의 것이 아니라, 아테네에서 변형된 후기 형태의 것이다. 이질적인 것을 받

---

28) C. Kerenyi, Dionysos, 참조, 박 희영, 디오니소스 신화와 의식의 철학적 의미, 참조

아들여, 새로운 자기들의 것으로 재창조하는 작업에 천재적이었던 그리스인들은 '날 것'으로서의 신의 몸체를 실제로 먹음으로써 '신과의 육체적 결합'(physical communion)을 시도하는 이방에서 들어온 이 초기 형태의 야만적 의식을, 디오니소스 신의 가면을 쓰고 그 가면에 자기 자신을 동화시키는 상상을 통하여 '신과의 영적인 결합'(spiritual communion)을 시도하는 보다 발전된 문화적 의식으로 승화시킨다. 가면(prosopon)은 자신의 눈(opon) 즉 얼굴에 직접 갖다 대고(pros) 쓰는 것이기 때문에, 일단 가면을 쓴 사람은 자신의 대자적(對自的) 모습을 직접 보지 못하고, 그 모습에 즉자적(卽自的)으로 동화된다. 물론 이러한 동화는 감각적 차원에서가 아니라, 상상적 차원에서 일어나는 것인 바, 바로 이러한 상상적 차원에서는 문학적 · 종교적 · 철학적 상상력이 모두 함께 작용한다.

가장 원초적 단계에서의 '인간과 신의 결합'은 평상시의 이성적 상태가 아니라, 엘리아데가 말하는 특수한 신화적 시 · 공 안에서만 형성되는 일종의 비이성적 상태인 '신(theos) 안에(en) 들어간 상태(enthousiasmos)'에서만 가능한 것이다. 물론 물리적 신들린 상태에로의 몰입은 레비-브륄이 이야기하였듯이, '신비스러운 함께 함'(la participation mystique)의 법칙에 따라, 나와 나의 부족의 토템을 동일시하는 토테미즘 사상에 기초해서만 이해되어질 수 있다.[29] 같은 문맥에서, 우리는 생식(生食)의 의식도 신의 생명력이 들어 있는 동물 자체를 먹음으로써, 그 신의 생명력을 자기의 것으로 동화시키려는 토테미즘적 사유에 연원하고 있음을 알 수 있다. 바로 이러한 '함께 함'의 법칙을 이해할 때에만, 우리는 훗날 '기도와 명상을 통한 절대자 하느님과의 영적인 합일'이라는 이른바 초이성적 차원에서의 '함께 함'도 이해할 수 있게 된다. 그것은 이러한 가장 높은 차원에서의 '신인합일사상'이 원시인들의 가장 비이성적 감정(pathos) 차원에서의 '신인합일'의 경험에서 시작하여, 그리스인들의 가면을 통한 철학적 상상의 차원에서의 '신인합일'의 경험을 거쳐 형성된 것이기 때문이다.

디오니소스 의식이 이렇게 원시종교의 육체적 차원에서의 신과 인간의 함께 함의 경험을 고등종교의 영적 차원에서의 신인합일사상에로 승화시켜주는 중간

---

29) L. Levy-Bruhl, Les Fonctions Mentales dans les Sociétés Inférieures, 2 장, 참조.

자의 역할을 하였다면, 엘레우시스 의식은 종교의 발달에 있어 어떤 역할을 하였는가? 개체의 종적 생명력의 영속성이라는 주제를 표현하고 있는 데메테르-페르세포네 신화를 모티브로 하여 전개되는 엘레우시스 비밀 의식은 무엇보다도 신화에 담겨 있는 진리에 대한 깨달음 자체를 목표로 한다. 아직 그 진리를 모르는 정신적으로 낮은 수준에 있는 입문자(Mystes)[30]를 정신적으로 보다 높은 수준의 깨달은 자(Teleutes)의 단계에로 인도함을 주된 목표로 삼았던 이 의식은 훗날 종교적 예식에 참여하는 사람의 마음가짐이 어떠한 것이어야 되는지에 대한 전형을 보여준다. 사실 이 의식이 종교 발달사적 관점에서 중요한 위치를 차지하는 이유는 그것이 종교 의식의 진정한 의미가 단순히 그 의식에 참여함 자체에 있는 것이 아니라, 그 참여를 통해 얻게 될 개인적 깨달음에 있다는 사실을 일반화시켜 주었기 때문이다. 바로 이러한 개인적 차원에서의 정신적 깨달음(Epopteia)에 대한 중시야말로 교회를 나가는 행위 자체보다 단독자로서 신과 관계맺음을 더 중시한 키에르케고르 사상의 단초가 된다.

그러나 특정의 장소에서 일정한 때에만 치러지는 이러한 종류의 의식들은 참가자의 깨달음을 순간이라는 시간의 제약성으로 묶어버리게 된다. 바로 그러한 시간의 제약성을 벗어나, 필요할 때면 언제라도 깨달음의 기회를 가질 수 있고, 그 깨달은 진리를 생활의 흐름 속에서도 지속적으로 실천할 수 있도록 하기 위해, 인간은 훗날 의식을 하나의 종교적 예식으로 정형화시키게 된다. 사실 우리 인간은 망각의 동물이기 때문에, 깨달은 것을 어느 순간에도 항상 잊지 않고 생활 속에서 실천하기는 매우 어렵다. 바로 그러한 이유 때문에, 인류는 삶을 영위하여 가는 가운데 올바르고 가치 있게 사는 길을 망각하였거나 잃었을 때, 그것을 다시 찾을 수 있는 기회를 언제라도 갖기 위해, 종교적인 모든 것들을 세속적 공간에 하나의 제도로서 정형화시키게 되었다. 인류 문화의 역사 속에서 나타났던 대부분의 종교가 교리 자체보다도 신자들의 구체적인 생활을 인도해 주는 예식적 행위를 더 중시하였던 것도, 그것이 인간의 존재를

---

30) '눈을 감다, 귀를 막다'를 의미하는 그리스어 myo 동사의 현재 분사형 mystes는 '눈을 가린 자'를 뜻한다. 엘레우시스 의식에서 입문자의 눈을 가린 것은 육체의 눈을 감고, 정신의 눈으로 진리를 직관하도록 하기 위해서이다. 박희영, 엘레우시스 비밀 의식의 철학적 의미, 참조

지속적으로 탈바꿈(Metamorphosis)시켜 줌에 있어 다른 그 어떤 것보다도 결정적인 역할을 수행하였기 때문이다.

3) 성스러움과 삶의 계율 그리고 희생정신

　깨달은 진리를 실제의 삶 속에서 지속적으로 실천함은 '해야 할 일'과 '해서는 안될 일'을 구별함과 같이, 구체적인 행동의 원리들을 하나의 습관(Ethos)으로 정착시킴을 통해서만 가능하게 된다. 인간이 '해야 할 일'과 '해서는 안될 일'을 이성적 차원에서 정확히 구별하고, 더 나아가 행동의 차원에서 실천함은 모든 규율 준수의 원동력이 되는 바, 이는 인류 문화에 있어 종교적 가치 체계와 계율 준수의 오랜 역사가 축적되었기 때문에 가능하게 된 것이다. 겉으로 볼 때, 아무런 상관이 없어 보이는 규율 준수의 정신과 종교적 예식 사이의 관계는, 라틴어 sacer와 sanctum 사이에 내재해 있는 연관 관계를 분석해 보면 분명하게 드러난다.[31]

　현대어로 '성스러운, 성스러운 것'으로 번역되는 sacer는 현대인에게는 '숭고하고, 찬란하며, 장엄한, 그러면서도 우리 인간이 그것에 다가가 개인적 관계를 맺을 수 있는' 뉘앙스를 지닌 '성스러운 것'으로 받아들여진다. 그것은 인류가 역사 속에서 오랜 동안의 종교 생활을 통해, 개인적 차원에서 성스러운 것과 관계 맺는 습관을 형성해 왔기 때문이다. 반면에 고대인들에게 있어 sacer는 본래 '그것을 침범하면 당장 목숨을 잃을 것이기 때문에 두렵고, 외경스러운', 따라서 개인적 관계를 맺기는커녕 감히 쳐다보지도 못할 대상에 대해 느끼는 성스러움을 의미하는 것이다.[32] 사실 그들에게 있어서 성과 속은 엄격하게 구분되어진 것이기 때문에, 특별한 몇몇 존재자들(신들린 사람이나 동물, 성직자 등)을 제외하고는, 성스러운 것과 개인적 관계를 맺음은 상상할 수도 없는 것이었다.

---

31) A. Ernout, & A. Meillet, Dictionnaire étymologique de la langue latine, pp. 585-587.
32) 일본에서 제 2차 세계대전이 끝나기 전까지, 많은 사람들이 태양을 상징하는 천황을 육안으로 바라보면, 실제로 눈이 먼다고 생각한 것은 고대적 의미의 성스러움(sacer)이 뜻하는 바를 단적으로 보여주는 좋은 예이다.

그러나 성스러운 것을 성스러운 것으로 지켜줌은, 그 영역을 침범하면 처벌을 받게 됨의 실제가 생활 속에서 관습화되었을 때에만 가능하게 된다. 따라서 금역을 침범하면 죽음의 벌을 받는다는 뉘앙스로서의 성스러움을 의미하는 sanctus는 신성 모독을 방지하는 규율을 실제 행동의 차원에서 준수하게 만드는 원동력이 된다.[33]

이렇게 관념상의 성스러움(sacer)이 종교적 예식 속에서 행동상의 성스러움(sanctus)으로 규범화되어 우리의 행동 하나 하나를 지배하는 원리로 작용하였기 때문에, 우리 인류의 삶은 문화적인 것으로 가꾸어질 수 있었다. 사실 보이지 않는 세계에 대한 두려움이나 어떤 금기를 저질렀을 때 받을 처벌에 대한 두려움의 역사가 축적되지 않았다면, 인간은 야만의 상태에서 문명의 상태에로 넘어가지 못했을 것이다.[34] 이러한 관점에서 볼 때, 종교적 예식은 한편으로 인간에게 항상 신성한 영역에 대한 관념을 잃지 않게 해주며, 다른 한편으로 살아가면서 망각하기 쉬운 진리를 필요할 때마다 재발견할 수 있는 기회를 끊임없이 부여해 줌을 통해, 인간이 정신적으로 다시 태어나는 체험 속에서 가장 가치로운 삶을 살 수 있도록 인도해 주는 역할을 한다.

모든 종류의 의식 내지 종교적 예식은 이렇게 생활의 차원에서 가치로운 삶의 실현을 도와주는 점 외에도, 다른 한편으로 신앙 생활에 있어 가장 중요한 희생정신을 형성시켜 줌에 결정적인 역할을 수행한다. '그 무엇을 위해 자신의 목숨을 바친다.'는 희생 관념의 원형은 여러 신화 속에 이미 깊이 새겨져 있다. 사실 하나의 생명이 자기 동일성을 유지하기 위하여 타자의 생명을 필요로 하는 것이 자연의 법칙이고, 신화는 그러한 자연의 법칙을 의인화하여 표현한 것

---

33) '엘레우시스 비밀 의식에서 보고, 들은 것을 외부에 발설하면 안 된다.'는 규율을 어긴 자가, 세속적 처벌을 받지 않았는데도 신전에서 저절로 죽었다는 기록은 고대인들의 종교적 관념 체계가 행동 체계를 어느 정도까지 지배하였었는지를 단적으로 보여준다. 세속적 처벌 중 가장 무거운 사형식(apotympanismos)도 본래는 죄인의 더러움을 종교적으로 깨끗하게 씻어주는(catharsis) 여러 방법 중의 하나로서 채택된 것이다. L. Gernet, Droit et Institutions en Gréce antique, pp. 157-174.

34) 문명의 상태란 질서 존중과 도덕 및 법률에 대한 준수의 에토스가 전통을 통해 지속되는 상태를 의미한다. 현대 사회에서 경제는 발전하였어도 법과 질서가 잘 지켜지지 않는 나라는, 모두 그 사회에 전통적으로 내려 왔던 종교적 터부를 지키는 관습이 무너졌기 때문이다.

이기 때문에, 여러 신화에 희생의 관념이 나타남은 당연한 현상이다. 그러한 희생의 관념은 원인 설명적 신화에서 그 해의 곡물을 상징하는 탐무즈·둠무지·오시리스·디오니소스 등이 다음 해의 곡물이 새로 태어나도록 희생됨이나, 중심정립적 신화에서 마르둑이 증조 할머니 여신 티아마트를 희생시킴 등의 예에 잘 나타나 있다. 그러나 아무리 신화 속에 그려진 희생 정신이 자연의 법칙이고 진리라 하여도, 인간이 그 법칙을 자신의 행위 속에서 실현한다는 것은 매우 어려운 일이다. 그러면 심리학적 관점에서 볼 때, 인류는 어떻게 그러한 희생 정신을 자신의 것으로 기릴 수 있었는가?

희생을 지칭하는 라틴어 sacrificium은 본래 '성스러운 것(sacrum)을 만들어내는 것(facio)'(聖化)이라는 어원이 말해주고 있듯이, 남에 의해 수동적으로 당하는 희생이 아니라, 내가 그 무엇을 위해 내 자신을 바침으로써 스스로를 성스러운 존재로 만드는 능동적 노작을 의미한다. 이러한 의미에서의 노작을 단적으로 나타내 주는 예를 우리는 아즈텍의 틀랄테우틀리 신화에 기초한 희생 의식과 그리스의 디오니소스 신화에 기초한 희생 의식에서 발견할 수 있다. 아즈텍 문명권에서 왕은 곧 신이기 때문에, 만약에 가뭄이 들 경우, 태초에 신이이 우주를 만들어내기 위하여 자신의 몸을 희생하였듯이, 자신의 몸을 희생시키는 의식을 치러야만 한다.35) 디오니소스 의식에서도, '그 해의 다이몬' (Eniautos Daimon)36) 즉 디오니소스로 뽑힌 자는 디오니소스 신이 티탄들에 의해 죽음을 당했던 신화적 사건을--자신을 바로 그 신으로 생각하기 때문에-- 재현하기 위하여 기꺼이 희생을 당한다. 우리는 신의 행위를 모방하려는 이러한 의식 속에서, 옛사람들이 왜 '성스럽게 만드는 것'과 '자신을 희생시키는 것'을 같은 것으로 여기게 되었는지 그 심리적 철학적 근거를 발견할 수 있게 된다. 즉 엘리아데가 말했듯이, 인간은 신성한 그때(in illo tempore)를 재현시키는

---

35) 퀘자코아틀(날개 달린 뱀)과 테쯔카틀리코파(연기나는 거울의 신)는 틀랄테우틀리 여신의 몸을 X자로 찢어서, 여신의 찢어진 신체 부분들로부터 하늘과 땅 그리고 신들을 만들어 내었다. … 중략 … 그 여신을 위로하기 위하여, 모든 신들은 그녀로부터 인간들이 필요로 하는 모든 과일이 나오도록 율법을 정했다. 그러나 그녀는 사람의 심장을 가져올 때까지 울었다. 그녀는 사람의 피로 흥건히 젖을 때까지 열매들을 맺지 않았다. J. Campbell, Historical Atlas of World Mythology, Vol. II, Part I, Sacrifice, p.37, M. D. Coe, The Maya, p.184.

36) J. E. Harrison, Themis, pp. 222-224.

종교적 의식 속에서 자신의 목숨을 바치는 행위가, 신이 자신의 몸을 희생시키는 행위를 모방하는 것이기 때문에,[37] 성스러운 것으로 생각할 수 있게 된다.

그러나 신화 및 의식에 나타나 있는 이러한 희생의 관념을 일상 생활 속에서 종교적으로 '그 무엇을 위해 나 자신을 희생시킴'으로 실천함은 sanctus의 경우처럼 자신의 목숨을 바치는 것과는 상관없이 생활 속에서 특정 계율의 준수를 습관화시키는 정도만으로는 불가능하다. 그것은 relegere의 경우에서처럼, 전혀 새로운 가치 체계와 삶의 방식을 절대적으로 수용하는 마음가짐과 '신과의 합일'을 위하여 어떠한 희생도 감내하겠다는 마음가짐을 통해서만 가능하게 된다. 사실 자기 자신의 동일성을 유지하려는 에로스적 본능이 매우 강한 인간이 그 본능에 모순되는 이러한 자기 희생의 관념을 행동의 차원에서 실행함은 자기 자신을 희생시켜 우주적 일자와 합일시킴 속에서 한 단계 더 높은 차원의 즐거움을 발견할 수 있다는 신념 체계와 행동 체계를 갖고 있지 않으면 전적으로 불가능한 일이다. 이른바 프로이드가 말하는 타나토스적 본능[38]으로만 이해될 수 있는 이러한 정신적 작용이야말로 자신을 희생하는 신들의 신성한 행위를 창조적으로 모방 내지 반복(repetitio)함 속에서[39] 얻게 될 존재론적인 탈자(脫自, Ekstasis) 내지 변모(Metamorphosis)의 체험을 통해, 보다 더 가치 있는 것을 위해 자기 동일성을 해체시키는 행위의 기쁨을 찾는 독특한 희생 문화를 창출하게 만든 원동력이 아니고 무엇이겠는가?

그러나 '그 무엇을 위하여 자신의 몸을 바칠 정도로 정성을 다하는 정신적 자세'라는 종교적 태도의 원형을 확립시켜준 이러한 희생정신도 자의식이 발달함에 따라, 자연스럽게 변하여 그 희생의 대상을 자기가 아닌 타자로 대체(substitum)시키게 된다. 즉 아즈텍 문명의 예를 보면, 처음에는 왕이 자신의 몸을 성물로서 태양의 제전에 바쳤지만,[40] 후에는 왕자의 몸, 적군의 몸, 동식물

---

37) 기독교 신자가 예수의 고난을 모방함(Imitatio Christi)을 통해 성스럽게 될 수 있다고 생각함도 이와 동일한 관념에서 나온 것이다.
38) 프로이드의 타나토스적 본능을 죽음의 본능으로 해석함은 지나치게 단순한 해석이라 할 수 있다. 그것은 자신을 만물과 다른 것으로 구별하는 개별자의 차원에서는 죽음의 본능이지만, 자신을 만물과 동일한 존재자로 보는 차원에서는 한 단계 더 높은 생명의 본능이 된다.
39) M. Eliade, 앞의 책, p. 73.
40) 왕이 허약해졌음에도 불구하고 왕권을 내놓지 않는 경우에 대비하여, 여러 문화권에서는 일

들의 몸을 바치는 것으로 바뀌게 된다. 마찬가지로 기독교 신자들도 처음에는
예수와 마찬가지로 자신들의 목숨을 바쳤지만[41], 후에는 자신에게 가장 중요한
것(아들·남근·머리카락·혀 등), 비기독교인들의 생명이나 동식물들을 대신
바치게 된다. 희생물을 타자로 대체시킴의 역사 속에서, 우리는 인류가 점차로
본래 의미의 희생정신을 상실하고, 더 나아가 그러한 희생정신에 기반을 둔 종
교적 태도도 점점 계산적으로 세속화되어 가는 과정을 보게 된다. 사실 나의
목숨만큼 소중한 것이 아닌 것을 대신 바치면서, 게다가 이제는 그 대신 바칠
성물들을 돈으로 살 때도 자신이 직접 사서 마련하는 정성마저도 기울이지 않
게 된 현대인이 어떻게 성스러운 것을 느끼며, 더 나아가 희생정신을 가질 수
있겠는가.

마야의 인간희생 의식(유카탄 반도 치첸 이차 사원)

정한 기간이 지나면(크레타의 경우 8년) 노약한 왕을 제거할 수 있는 '왕 시해 의식(Regicida)'
　이라는 제도가 만들어지기도 하였다. J. Frazer, 황금가지, 참조.
41) 이러한 종교적 순교는 물론 기독교에만 국한된 것이 아니고, 모든 다른 종교에서도 나타나는
　보편적인 현상이다. 그러한 순교가 오늘날에까지도 나타나는 것은 그 정신의 통시적 보편성
　을 단적으로 나타내 준다.

4. 내면의 빛을 찾아 떠나는 여행으로서의 현대 종교

지금까지 우리는 종교 현상을 지칭하는 기본적 용어들(religio, sacer, sanctus)에 대한 분석과, 신화와 원시종교 의식이 교리와 예식 형성에 끼친 영향에 대한 분석을 통하여, 종교의 본질 및 교리, 그리고 예식의 참뜻이 무엇인지를 고찰하여 보았다. 그러한 고찰을 통하여, 우리는 참다운 종교의 본질이 '새로운 삶의 선택'에 있음을 알았고, 신화에 나타난 세계 이해 방식이 각각의 교리 및 종교 체계 형성의 토대를 이루며, 의식을 치르면서 에토스화 된 희생 정신과 성스러움을 외경하는 관념이 특정의 가치를 위해 자신을 희생시킬 수 있는 종교적 헌신과 계율 준수 정신의 모태를 이루고 있음을 알 수 있었다. 그렇다면 우리는 종교의 이러한 기본적인 정신과 원칙들을 어떻게 현대 사회의 특수한 상황에 맞추어, 오늘날에도 보편적으로 받아들여질 수 있는 종교를 기릴 수 있는가.

모든 것이 과거 그 어느 때보다도 빠른 속도로 변화되어 가는 현대 사회는 피상적 관점에서 보면, 과거와의 단절 속에서 전통적 개념이나 가치 체계가 점차 해체되어 가는 사회처럼 여겨지기 쉽다. 그러한 인상은 20세기에 들어, 순수이성의 인식도구로서의 과학에게 기대했던 절대성이 깨어지고, 실천이성에 의해 이념 실천의 도구로서 사용되었던 이데올로기 안에 관념적 허구성이 내재해 있음이 폭로된 뒤로 더욱 강하게 부각되었다. 철학적 사유 내에서도 이성 · 의미 · 전체를 중심으로 사유함의 극치를 이루었던 헤겔 철학에 대한 회의가 일어나면서부터, 현대의 많은 철학적 사조가 반주지주의 · 비합리주의를 기치로 내걸고 있는 것처럼 여겨지는 것도 이 같은 인상과 무관하지만은 않다. 사실 의식(意識) 중심의 사고 및 문화에 대하여 무의식 세계의 독자적 가치성을 밝혀줌(프로이드), 이성의 가면을 벗기고 '힘에의 의지'로 가득 찬 욕망의 세계를 들춰냄(니체), 이성에 의해 역사 속에서 무의미한 것으로 낙인찍혀 묻혀져 버린 흔적들에 대한 고고학적 발굴의 시도(푸꼬), 의미부여의 중심을 주변적인 것에로 옮김을 통해 주체를 해체시킴(데리다) 등과 같은 작업들은 모두 합리주의와는 반대 방향으로 흐르는 것처럼 보이기 쉽다. 그러나 우리는 이러한 시도들이 지금까지 지나치게 동일성, 논리적 진리치에 부합하는 유의미성, 한 체계 안에서의 무모순성 중심의 강력한 합리주의적 안광에 의해 석화된 철학적 사유에 타자성, 담론적 공간에서의 다의미성, 각 체계마다 다를 수 있는 개별자의 차이성 등으로 만들어진 페르세우스의 거울을 비춰주는 역할을 하고 있음을 알 수 있다.

그러나 이 페르세우스의 거울은 과연 현대의 종교에는 어떠한 모습을 비춰줄 수 있는가. 그것은 현대의 종교가 단순히 유일신 중심의 교리 체계와 절대자에 대한 맹목적 신앙만으로 무장해서는 현대인에게 과거만큼 그렇게 강력한 호소력을 지니지 못할 것임을 여실히 보여 준다. 사실 우리는 오늘날 차이의 존재론 덕분에, 과거에 철학적 탐구의 대상에서 의식적으로 제외시켰던 것들에 대해서 그 가치성을 인정해 주고, 그 결과 그것들을 사유와 담론의 대상으로 떠올린다. 즉 우리는 이제 종교·철학·도덕 외에도, 정보·자본·대중매체·사이버 공간뿐만 아니라 더 나아가 성·광고·소비·몸의 즐거움 등도 현대 사회를 지배하는 신화(롤랑 바르뜨가 사용하는 의미에서)로서 받아들인다. 현대 사회가 이러한 종류의 신화들에 의해 지배를 받고 있다면, 현대적 의미의 종교는 과연 어떠한 모습으로 변신을 해야 하는가.

현대 사회의 특성에 맞춰 변신되어야 할 새로운 종교란 현대인의 본능적 욕구를 그대로 모두 받아들이는 종교를 의미하지는 않는다. 그것은 새로운 종교가 방법론적으로 과거의 전통에 무조건적인 방법을 답습해서는 안되지만, 그렇다고 해서 현대인을 지배하는 감각적 쾌락주의와 이기주의·찰나주의에 영합해서는 안됨을 의미한다. 그러한 역할을 효과적으로 수행하기 위해서, 현대의 종교는 종교인으로 하여금 무엇보다도 먼저 종교 자체의 본질을 깨닫고, 어느 종교가 되었든 그 종교에서 말하는 참된 삶의 존재 방식을 실천하기 위해 노력하도록 이끌어 줄 수 있어야 한다. 물론 그러한 노력은 일차적으로 전통적인

방법에 따라, 각 종교의 경전에 숨겨져 있는 진리를 찾아내어, 그 진리에 맞는
삶을 실천함을 통해서 이루어질 수 있다. 그러나 현대인은 그러한 전통적 방법
외에 오늘날에 맞는 방법을 결합시킬 수 있다. 즉 현대인은 컴퓨터 앞에서 각
각의 종교에 관하여 세계적으로 퍼져 있는 여러 정보의 풀을 뜯어먹을 수 있
고, 원시 종교 의식을 치르며 인류의 조상들이 느꼈을 감정을 가상적 공간에서
의 모의적 체험을 통해 함께 느낄 수도 있다.

그런데 전통적 방법을 사용하든, 새로운 방법을 사용하든, 중요한 것은 각
개인이 참된 삶의 존재 방식을 찾기 위해 노력함 자체에 있다. 사실 경전에 숨
겨져 있는 진리는 일종의 암호와 같아서, 그것을 해독하려고 노력하는 자에게
만 그 빛을 나타내 준다. 그 빛을 찾아냄은 경전에 대한 전통적 주석에 따른
자귀적 해석이 아니라, 상징과 비유의 암호 풀이를 통해서만 이루어질 수 있다.
그러한 창조적 암호 풀이에 대한 사랑만이 삶의 총체적 의미를 바라보는 시
각42)과 자기 반성의 태도를 상실한 채 정신적 황무지에서 방황하고 있는 현대
인에게, 정신적으로 새로 태어나기 위해, 내면의 빛을 찾아 떠나는 모험의 여행
을 시도하도록 해 줄 것이다.43)

---

42) 그러한 시각들은 엘레우시스 비밀 의식의 마지막 단계에서의 우주 진리에 대한 직관
(Epopteia)이나, 라스꼬 동굴의 사슴 탈을 쓴 샤만의 보이는 세계와 보이지 않는 세계를 연
결해 주는 응시의 예에서 찾아볼 수 있다.
43) 이러한 여행은 점차 물질숭배사상이 확산되어 가고 타종교를 종교로서 인정하지 못하는 편
협성이 심해져 가는 우리나라 사람들에게 특히 중요한 의미를 지닌다. 사실 세계에서 유일하
게 사월 초파일과 크리스마스가 모두 공휴일로 지정되어 있을 만큼 종교적 심성이 강한 우
리나라 사람들은 긍정적 관점에서 보자면, '다양한 종교를 모두 수용할 수 있는 포용적 민족'
으로, 부정적 관점에서 보자면, 일단 받아들여진 종교는 습관적으로 맹신하는 무반성적 민족
으로 해석될 수도 있다. 그러나 중요한 것은 어떠한 종교를 갖고 있든, 그 형식에 상관없이
내면 세계의 진리를 끊임없이 탐구하는 진정한 의미에서의 종교적 생활을 영위하는 것이다.

참고문헌

박희영, (1994), 《Polis의 형성과 Aletheia 개념, 삶의 의미를 찾아서》, 이문출판사.

_____, (1997), 〈엘레우시스 비밀 의식의 철학적 의미〉《한국외국어대학교 논문집》 제 30호.

_____, (1997), 《그리스 정신이 인류 정신사에 끼친 영향, 문명의 전환과 한국 문화》, 철학과 현실사.

_____, (2001), 〈디오니소스 신화와 의식의 철학적 의미〉《한국외국어대학교 인문학 연구》 제 6집.

Baring A. & Cashford J. (1993), *The Myth of Goddess*, Arkana, London.

Benveniste, E. (1969), *Le Vocabulaire des institutions indo-européennes*, T.2, *Pouvoir, droit, religion*, Les Editions de Minuit, Paris.

Burkert, W. (1979) Structure & History in Greek Mythology & Ritual. U. of California Press.

Campbell, J. (1988), Hitorical Atlas of World Mythology, Vol. II, The way of the seeded earth, Part I. Sacrifice, Harper & Row, N. Y.

_____. (1991), Creative Mythology, Arkana.

Chantraine, P. (1983), Dictionnaire étymologique de la langue grècque, Editions Klincksieck, Paris.

Coe, M. D. (1994), *The Maya*, Thames & Hudson, London.

Eliade, M. (1969), *Le mythe de l'éternel retour*, Gallimard. Paris.

Ernout A. & Meillet A. (1985), *Dictionnaire étymologique de la langue latine*, Gernet, L.(1982), Droit et Institutions en Grèce antique, Flammarion, Paris.

Frazer, J. (1981), 황금가지 1, 2. 장병길 옮김. 삼성출판사.

Harrison, J. E. (1922), Prolegomena to the Study of Greek Religion, Cambridge U. P.

_____. (1962), Themis, The World Publishing Company.

Johnson, B. (1994), *Lady of the Beasts*, Inner Traditions International.

Jung, C. G. (1973), Mandala Symbolism, Princeton U. P.

Kerenyi, K. (1991), *Eleusis, Archetypal Image of Mother & Daughter*, Princeton U. P.

_____ . (1976). *Dionysos*. Princeton U. P.

Levy-Bruhl, L. (1922). *Les fonctions mentales dans les sociétés inférieures,* Librarie Felix Alcan, Paris.

Marrou, H. I. (1964), *Histoire de l'éducation dans l'Antiquite,* T. I, Editions du Seuil.

Neumann, E. (1970), *The Origins & History of the Consciousness.* Princeton U. P.

Pritchard, J. Ed. (1955). *Ancient Near Eastern Texts,* Princeton U. P.

Ricoeur, P. (1983). *Temps et Récit,* Tome I, Editions du Seuil, Paris.

＿＿＿＿. (1986). *Du texte à l'action.* Editions du Seuil.

Rutten, M. (1966), *Babylone,* Q. S. J. N. 292, PUF.

Vernant, J-P., (1988), Mythe et pensée chez les Grècs, Editions Découverte, Paris.

2. 유럽의 종교와 생활문화 특징에 대한 사적 개관

노명환 / 한국외국어대학교 사학과 교수

1. 머리말

유럽의 정체성을 나타내는 요소 중에서 기독교가 으뜸이라는 사실에 누구도 부정하지 못할 만큼 유럽인들의 삶에서 기독교가 차지하는 의미는 지대하다. 중세 말기, 특히 종교개혁이 일어나기 전 15세기 말에는 유럽과 기독교는 동일 개념으로 이해되었다. 근세와 산업화 시기를 거쳐 현대에 이르면서 유럽 사회가 많이 세속화되었다고는 하나 오늘날에도 사람들은 거대한 성당, 수도원, 십자가 그리고 성화 등을 떠올리지 않고는 유럽을 생각하기 힘들다. 즉, 유럽의 일상생활, 정치, 경제 그리고 위대한 예술과 학문들에 이르기까지 기독교는 지대한 영향을 끼쳐왔다. 예를 들어 교회윤리에 기반한 일상의 관습들, 기업문화 그리고 기독교 정당 등은 그 대표적인 예들이다. 그런가하면 유럽의 예술문화 유산인 레오나르도 다빈치의 최후의 만찬, 미켈란젤로의 다비드상과 시스틴 예배당의 천정벽화, 하이든의 메시아, 그리고 사르트르 대성당, 쾰른 대성당과 같은 건축물은 모두 기독교 문화의 결정체들이다. 아퀴나스의 《신학대전》, 단테의 《신곡》, 밀턴의 《실락원》 등이 또한 기독교 문화권에서 추구된 학문과 문학의 대표적 결과물들이다.

이러한 긍정적인 측면 외에 기독교는 또 유럽인들의 비극적 삶과 애환 즉, 전쟁과 학살 등에 많은 원인을 제공했다. 예를 들어 마녀사냥, 성 바르톨로뮤 대학살, 30년전쟁 등은 참으로 잔인한 사건들이었으며 유럽인들의 삶을 황폐화시키고 이들을 비극의 끝으로 몰아세웠다. 그러면 이러한 기독교는 유럽에 어떻게 유입되어 발전해왔고 어떠한 방식으로 유럽인들의 삶을 규정하였으며 오늘날 유럽인들의 생활과 어떠한 관계에 놓여 있는가. 본고에서는 이러한 문제제기들을 중심으로 분석·서술하고자 한다.

2. 유럽 고전·고대의 다신교 전통과 기독교

기독교가 들어오기 전에 유럽인들은 다신교 문화를 향유했다. 이것은 인도·
유럽어 족의 전형적인 특징이었는데, 이들은 정령신앙(animism) 체계를 발전시켰
다. 그들에 따르면 바위, 산, 숲 그리고 강들과 같은 자연의 물체들이 정령을 소
유한다는 것이다. 그들은 또 놀라우리 만큼 많은 남신과 여신들을 가지고 있었
는데, 이들이 전쟁·출산·숲·고원·동굴·수확·죽음·여명·항해·지진
·화산·달·태양 그리고 바람 등을 관장한다고 믿었다. 예를 들어 고대 독일
지역의 하늘을 관장하는 토르 신은 천둥을 퍼붓고 그리스의 아프로디테 여신은
사랑과 다산을 관장하며 로마의 마르스신은 전쟁을 통제했다. 특히 지중해 지역
사람들은 다산과 사랑의 대모신(大母神, magna mater)을 그들이 가장 가까이 해
야 할 신으로 여기며 숭배했다.1)

페르시아로부터 온 남성 신, 즉 '영원히 지지 않는 태양신'인 미트라스는 유
일신인데도 다신교 풍토의 로마제국 내에서 인기를 누렸고, 특히 로마의 군사
계급에서 폭넓게 수용되었다. 이러한 가운데 일신교인 기독교가 들어와서 미트
라스교와 경쟁하여 승리했다.2)

사회해방의 복음으로 전파된 기독교는 로마제국 사회의 피지배층 사이에서
폭넓은 지지를 받았으며 지배층에게 가공할 압력 세력으로 성장해 갔다. 이리
하여 기독교도들은 지배층으로부터 처절한 박해를 받게 되었다. 그런데 다행히
이들은 그 처절한 박해의 파고를 넘어 313년에 황제 콘스탄틴으로부터 기독교

---

1) Terry G. Jordan, The European Culture Area, 3. edt. (1996), p. 81-84. 유럽의 종교와 생
활문화에 대한 사적 개관을 하고 있는 본 논문은 Jordan의 위 저서 중 종교(Religion) 편에서
많은 도움을 받았음을 밝힌다. Jordan은 지리학자로서 유럽의 지리와 역사·생활문화 관계를
매우 명료하고 흥미롭게 정리해주고 있다.
2) *Ibid.*

공인을 이끌어냈다. 이 기독교 공인은 경쟁관계에 있던 미트라스교를 물리치고 다신교 전통의 로마제국 내에 기독교 문화를 뿌리내리는 결정적인 계기가 되었다.

기독교의 신은 본래 중동지역 신으로서 셈족의 양치기, 즉 목자의 이미지를 가진 유일신이었다. 따라서 농경문화권의 다신교 신도들인 인도·유럽족들에게 는 적합하지 않은 것으로 보였다. 유목민들에게는 단일 목자의 역할이 결정적 으로 중요하며 농경민들은 성공적인 농사를 위해 필수적인 여러 종류의 보호신 들을 필요로 하였다.[3]

그러나 그럼에도 어떻게 그렇게 빠른 시간 안에 기독교가 유럽인들의 단일 종교로 자리잡을 수 있었을까 하는 의문은 계속 남는다. 그런데 이 의문에 대 한 답을 찾는 동안 사람들은 사도 바울의 역할에 주목하게 된다. 그는 세심한 논리로 셈족 문화권과 다신교의 고대 유럽 문화권 사이의 교량 역할을 하였다. 바울은 원래 근엄한 율법주의자로서 율법을 경시하는 기독교도들을 박해하였 다. 그러나 도중에 그는 깨달음을 갖고 믿음과 사랑과 소망의 복음 그리고 신 앞에 만인은 평등하다는 종교철학을 대변하는 전도사요 종교사상가가 되었다. 바로 이러한 기독교의 가치를 강조하는 그의 전도사업은 그로 하여금 위에서 언급한 양 문화권 사이의 중개자로서의 역할을 수행하게 하였던 것이다. 즉 그 는 헤브라이즘과 헬레니즘이 습합(褶合, syncretism)되는데 촉매역할을 하였다.[4]

이렇게 유럽에서 정착한 기독교가 셈족의 일신교 문화전통과 유럽 고대의 다신교 문화전통의 습합 위에서 발전하였다고 할 때 이를 입증하는 사례들을 우리는 유럽의 생활문화 유산에서 찾을 수 있다. 예를 들어 로마의 태양신에 바쳐진 날인 일요일(sunday)은 기독교 안식일이 되었다. 고전·고대 유럽인들 은 신비의식을 통해 영생을 얻고자 하였는데, 이 신비의식은 가톨릭의 성찬식 으로 그리고 영생을 상징하는 부활이라는 의식을 통해 기독교 문화 전통에 계 승되었다.[5] 기독교의 여러 성자들이 유럽 고대 신들의 위상과 역할 그리고 이

---

3) *Ibid.*
4) *Ibid.*; Henry Chadwick, The Early Christian Community, in: John Mcmanners (edit.), The Oxford Illustrated History of Christianity, Oxford/New York 1990, pp. 53-55.
5) 이 신비의식(mystery cult)은 그리스의 엘레우시스(Eleusis)의 것이 가장 유명하다. 이 신비의식 이 행해진 엘레우시스라는 지방 이름에서 '피하다, 비밀에 부쳐주다.'를 뜻하는 elusive 라는

미지를 대신했다. 예를 들어 대모신에 대한 숭배는 마리아에 대한 신앙으로 대체되었다. 오늘날에도 마리아 숭배는 대모신 신앙이 뿌리깊게 자리잡았던 지중해 지역에 널리 퍼져 있다는 사실이 매우 흥미롭다. 특히 남부 유럽의 가톨릭 문화권에서 마리아 숭배가 열렬하다. 많은 학자들의 연구 결과 이 지역에서 기독교의 신은 유럽 고대의 인간적인 신, 예를 들어, 그리스의 제우스 그리고 로마의 주피터의 이미지로 그 연장선상에서 받아들여진 것으로 나타난다. 그리하여 일부 학자들은 오늘날 이탈리아 기독교인들의 세속적인 생활양식은 바로 이러한 역사적 연유에서 비롯되었다고 주장한다.[6]

많은 경우 기독교의 교회나 성소는 고대의 신전 터 위에 세워졌다. 예를 들어 스코틀랜드의 한 시골교회는 고대 이래로 숭배 대상이 된 한 작은 인공으로 만들어진 산 위에 세워졌다. 스웨덴의 중남부 지역에 있는 알베스트라 수도원은 기독교 도입 이전인 고대로부터 신앙의 대상이 되었던 입석 옆에 자리잡고 있다. 영국 성공회의 본부인 켄터베리 대성당은 태양신을 경배하는 사원 주춧돌 위에 세워져 있다. 따라서 유럽의 종교문화는 그리스·로마 그리고 다른 유럽지역의 토착적인 다신교 전통과 기독교 사이의 습합에서 그 기반을 다졌다고 말할 수 있다.

그런데 이러한 습합에 의거하여 뿌리내린 유럽의 종교문화가 점차적으로 성경에 근거하여 정체성을 확립해 가면서 자신의 다른 한 뿌리인 유럽의 토착적인 다신교 전통을 부정하고 이를 털어 내기 시작했다. 즉, 기독교도들은 인간을 자연의 일부로 보는 다신교의 정령신앙 체계를 해체하고 '신의 백성들인 인간들로 하여금 자연을 관리하라.'고 한 성서의 내용을 실천하고자 했다. 이를 실천하기 위해서는 신의 뜻을 전하는 사제들의 지침을 엄격하게 받들어야 했다. 이러한 경향은 정·교 일치의 사회를 구현하게 하였으며 인간 개인의 자유로운 의지가 제대로 반영될 수 없는 사회체계를 배태시켰다. 이러한 현상이 정점에 이르는 시기가 유럽의 중세이다.

영어 단어가 파생했다.

6) *Essential History of Europe:* Italy, ein Film by BBC Enterprise (United Kingdom), Programme Number: 50/LDO C415P.

르네상스 시기에 이르러 유럽 고전·고대의 다신교 문화 전통에 내재했던 그리고 중세에 부정되었던 이른바 인간 중심주의적이라 말하는 즉, 세속적인 문화전통이 부활되기 시작했다. 이 시기에 기독교는 많은 변화를 겪게 된다. 이것은 종교개혁이라는 사건들로 대변되는데 성서에 근거한 신앙을 통해 신과 인간의 직접적인 만남이 강조되고 이는 후에 이른바 유럽의 합리주의 문화와 그 발전의 궤를 같이 한다.

초기에 기독교는 주로 도시에서 도시로 확산되었다. 이는 교구가 도시에 있고 교구 조직의 위계질서(hierarchy)[7]를 통하여 주로 전도사업이 이루어졌기 때문이다. 시골지역을 의미하는 라틴어 단어 'pagus'에서 'pagan'과 'peasant'가 파생되었는데 이는 각각 '이교도'와 '농부'를 의미한다. '이교도'와 '농부'가 동의어가 될 만큼 초기 기독교는 도시의 종교라고 할 수 있다. 같은 맥락에서 시골지역의 히스나무가 무성한 황무지를 뜻하는 단어 'heaths'에서 이교도를 의미하는 'heathen'이 파생되었다.[8]

---

7) 일반적으로 '계서제'를 의미하는 hierarchy는 '성직의'를 뜻하는 hiero라는 접두 결합사와 '지배체제'를 의미하는 archy의 합성어다. 따라서 hierarchy는 본래 '성직자 계급제도'를 예시하는 용어로서 이것이 일반적인 '계서제'를 의미하게 된 것은 이 사회가 기독교 사회임을 함축한다. hierarch는 '고위 성직자'를 뜻한다.

8) *Ibid.*, p. 84.

3. 동 · 서 교회의 분열과 동 · 서 유럽 정체성의 확립

로마제국 황제 콘스탄틴에 의해 313년 기독교가 공인된 후 기독교의 전파속도가 빨라졌고 국교로 발전하는 기틀이 닦여졌다. 그런데 콘스탄틴이 비잔티움에 새로운 수도를 정해 콘스탄티노플로 명명함으로써 로마와 콘스탄티노플의 두 도시가 각각 상이한 기독교의 중심지로 발전하였다.[9] 로마가 라틴문화권의 중심지가 된 반면 콘스탄티노플은 그리스 문화를 계승 · 발전시키는 센터가 되었다. 그런데 이는 로마제국이 동로마제국과 서로마제국으로 분열되고 로마와 콘스탄티노플이 각각 동로마제국과 서로마제국의 수도로 발전하는 계기가 되었다. 교회도 각기 로마 가톨릭과 그리스 정교회로 분열되어 갈등의 역사를 반복하다가 1054년에 완전 분리되었다.

서로마제국의 수도 로마에 본부를 둔 교회들은 4~5세기에 지중해 북 · 서쪽으로 급속히 확산되면서 오늘날의 이탈리아, 프랑스 그리고 이베리아 반도 지역의 주민들을 개종시켰다. 이들 지역의 영토로 침입해 온 게르만족들이 또한 신속히 개종되었다. 또 로마 가톨릭 지도자들은 게르만 지역에 선교사들을 파견하여 그 지역 주민들을 포교하고자 하였다. 이때에 선교사들은 아일랜드와 영국을 먼저 선교한 다음에 북유럽 게르만 지역으로 옮겨가 선교했다. 예를 들어 패트릭 선교사가 432년 아일랜드에 도착하여 복음을 전했고, 계속해서 그의 추종자들과 함께 패트릭도 영국에서 활발한 선교작업을 이끌었다. 이러한 활동은 400~600년 사이 성공적으로 전개되었다. 그 중에서도 특히 보니파키우스는 게르만족들의 거주 지역인 북유럽에서 전도사업을 훌륭히 수행하였다. 600년에

---

9) 콘스탄티노플은 기독교를 공인한 로마 황제 콘스탄틴의 도시라는 뜻이다. 이 도시가 1453년 이슬람 세력에 의해 점령된 이후 오늘날까지 이스탄불로 불리는데 이는 이슬람의 도시라는 뜻이다. G. Delanty, *Inventing Europe. Idea, Identity, Reality,* London 1995, pp. 35-37.

서 800년대 초에 이르는 시기에 게르만인들 대부분이 개종하였다. 같은 시기에 이들은 또한 로마 가톨릭을 스칸디나비아인들과 슬라브족에게 전파했다.10)

이리하여 800년대 초에는 샤를마뉴의 정복사업이 완성되었고 로마 가톨릭의 유럽(서로마제국)이 뚜렷한 실체를 드러내게 되었다.11) 이 시기에 로마 가톨릭에 의해 개종된 슬라브인들은 오늘날의 폴란드인들과 일부의 우크라이나인들 그리고 발틱 3국, 즉 에스토니아·라트비아·리투아니아의 주민들이다. 정복사업과 함께 진행된 가톨릭화는 지역의 군주를 세례 받게 하여, 그로 하여금 그의 신민들을 집단적으로 가톨릭화 하게 하는 전도방법으로 진행되었다. 대표적인 예로써 966년 폴란드 대제후가 세례를 받고 지역민들에게 칙령을 내려 로마 가톨릭으로 개종하게 한 것을 들 수 있다. 이러한 유사한 사건이 973년 헝가리에서 재연되었다. 이러한 로마 가톨릭의 선교작업은 1386년에 완성되었다.12)

그런데 동로마제국의 수도 콘스탄티노플에 본부를 둔 동방 정교회는 위의 전도방법, 즉 일정 지역의 통치자를 먼저 개종시키고 신민들로 하여금 그를 따르게 하는 전도방법을 채택하는데 있어서 가톨릭권보다 훨씬 적극적이었다. 왜냐하면 이 방법이 매우 효과적으로 나타났기 때문이었다. 988년에는 우크라이나의 키에프 공국에서 블라드미르 대공이 기독교를 받아들이고 동시에 주민들도 이를 수용하여 세례를 받도록 포고령을 내렸다. 바로 이 점이 동방 정교회권에서 정교일치의 전통이 강하게 된 이유 중의 하나이다.13)

정교회들은 서로마 제국의 교회들처럼 활발히 선교를 하지는 않았다. 다만 도나우 강 남쪽에 거주하고 있던 슬라브족을 개종시키는 데는 심혈을 기울였다. 그 결과 도나우강 남쪽 대부분의 슬라브인들이 그리스 정교회를 받아들였다. 도나우강 북쪽으로의 선교는 쉽지 않았다. 왜냐하면 아시아족들이 567~1048년에 발라키아 평원과 스텝 회랑을 통하여 지속적으로 침략해왔기 때문이다.14)

---

10) *Ibid.*, pp. 23-29; Henry Mayr-Harting, *The West: The Age of Conversion (700-1050)*, in: John Mcmanners (edit.), op. cit., pp. 92-97.

11) 샤를마뉴는 교황으로부터 A.D. 800년 크리스마스 날에 서로마제국의 황제로서의 축성을 받았다.

12) Kallistos Ware, *Eastern Christendom*, in: John Mcmanners, op. cit., pp. 151-155.

13) *Ibid*; 최소영, 러시아 농민의 기독교 수용 - 생활문화의 변화시기를 중심으로 - , 한국외국어대학교 대학원 사학과 석사논문, p. 8.

　로마 가톨릭 선교사들이 위에서 열거한 지역민들을 개종시키면서 라틴어와 라틴어 알파벳을 확산시켰다. 이리하여 이 지역에서 라틴어 알파벳이 사용되게 되었다. 반면에 그리스 정교회 선교사들이 전도를 한 슬라브 지역에서는 끼릴이라는 선교사가 그리스어 자모를 바탕으로 '끼릴문자'를 만들어 전파시켰다. 즉, 이는 라틴 문자권의 서로마제국과 그리스 문자권의 동유럽 지역(동로마제국권)이 형성됨을 의미한다. 이리하여 서로마제국과 동로마제국은 오늘날 서유럽 문화권과 동유럽 문화권을 가르는 바탕이 되었다. 오늘날 우리가 행하는 서유럽과 동유럽의 일반적인 구별은 각기 상이하게 발전한 종교사적 차이에 가장 크게 기인한다.

　그런데 여기에서 한 가지 재미있는 사실은 같은 슬라브인들로서 같은 언어(남슬라브어)를 사용하는 슬로베니아, 크로아티아, 세르비아인들이 서로 다른 종파에 의해 선교됨으로써 서로 다른 문화적 정체성을 형성시켜 왔다는 점이다. 앞의 두 지역, 즉 슬로베니아와 크로아티아는 로마 가톨릭에 의해 전도되어 라틴문자를 사용하게 되고 세르비아 지역은 동방정교회에 의해 전도되어 끼릴문자를 사용하게 되었다. 가톨릭・라틴문자권의 슬라브인들은 서유럽 정체성을 강하게 가지게 되었고 정교・끼릴문자권은 강력한 동유럽 정체성을 형성해 갔다. 즉, 같은 슬라브인들로 구성된 발칸반도의 이 지역들이 오늘날까지도 동・서유럽의 서로 다른 문화적 정체성의 경계를 이루고 있다.[15)]

　이 지역에는 또한 이슬람이 세력의 한 축을 이루고 있었는데 이는 오랜 역사에서 연원한다. 7세기 말에서 8세기 초에 이슬람 세력은 로마 가톨릭이 확산되어 있었던 북아프리카 지역을 장악하였다.[16)] 이베리아 반도도 711년부터 5～7세기 동안 이슬람의 수중으로 넘어갔다. 반면 그리스 정교회는 북・동지역 즉, 남슬라브 지역으로 확장되는 동안 남부 유럽인 지중해 지역에서 세력을 잃었다. 1200년대 후반부터 동로마제국이라 불리던 비잔틴제국이 터키의 압력에 의해 쇠약해지면서 소아시아를 상실하고 급기야는 1453년 동방 정교회의 요람

---

14) Terry G. Jordan, op. cit., p. 88.
15) *Ibid.*
16) 이 지역이 이슬람화 되지 않았다면 유럽이 되었을 것이다. 이는 유럽정체성의 기준으로서 기독교의 비중을 나타낸다.

인 콘스탄티노플을 이슬람세력에게 내주게 되었다. 이후 발칸반도 지역은 대부분 이슬람 세력의 침략을 받아 그들의 오랜 지배상태에 놓이게 되었다. 따라서 이슬람 세력의 지배를 완전히 벗어난 20세기에 이르러서도 이들의 영향이 이 지역에 강하게 남게 되었다. 발칸반도는 가톨릭, 정교 그리고 이슬람 문화권이 서로 격돌하기도 하고 또 세력균형에 의해 겨우 평화를 유지하는 불안정한 숙명의 역사를 축적해 왔다.17)

유럽지도에서 볼 때 발칸반도로부터 북쪽으로 곧게 올라가서 만나게 되는 폴란드는 슬라브계 종족들로 이루어진 국가인데 그 주민들이 가톨릭에 의해 개종되었고 폴란드인들 대다수는 가톨릭에 기반한 서유럽 정체성을 선호하게 되었다. 따라서 폴란드와 발칸반도를 잇는 유럽 중부의 종단선이 동·서유럽 정체성의 문화적 경계선이 된다고 할 수 있다. 로마 가톨릭은 이 종단선 서쪽에서 뿌리를 내려 서방교회가 되고 정교회는 그 동편에서 자리를 잡아 동방교회가 되었다. 이러한 가톨릭과 정교회의 분계선이 유럽을 동·서로 나누는 경계선으로 오늘날까지 유럽에 남아있다. 즉, 동·서 교회간의 교리와 이에 따른 문화상의 차별점은 천여 년이 흐르는 동안에도 별 변화 없이 동유럽과 서유럽의 서로 다른 정체성을 나타내주는 기준이 되었다.

---

17) G. Delanty, op. cit., pp. 49-58.

유럽의 종교분포 현황

4. 개신교 종파들의 성립과 남·북 유럽문화권의 성립

또 한번의 유럽의 큰 분열은 가톨릭으로부터 개신교가 갈라져 나온 1500년 대 전반기에 이루어 졌다. 이 시기에 남부 유럽은 대부분 로마 가톨릭으로 남고 북부 유럽은 개신교의 지리적인 중심이 되었다.[18] 개신교 운동은 여러 다른 지역에서 순차적으로 또는 동시 다발적으로 전개되었다. 이것은 여러 세기 동안 로마 가톨릭 내부에 축적되어 온 부패와 타락상을 시정하기 위해 그리고 로마에 집중되어 있던 경제·사회·정치적 지배권으로부터 독립을 이루기 위하여 북부 유럽의 대다수 주민들이 일으킨 사회개혁 운동으로 보아야 할 것이다. 가장 결정적인 사건은 1517년 독일 비텐베르크 대학의 신학 교수이며 신부였던 마틴 루터가 면죄부 판매의 부당성을 알리는 95개조의 반박문을 내걸고 구원은 오로지 성서에 근거한 개인의 신앙만을 통해서임을 설파했을 때 일어났다. 그는 또 라틴어 성서를 독일어로 번역하여 독일 지역에서 누구나 성서를 읽을 수 있도록 했고 로마 중심의 교회 체제에 반기를 들었다. 특히 전 유럽의 교회 수입이 로마에 집중되고 있었는데, 바로 이 점이 루터의 종교개혁운동을 독일 내의 많은 영주들이 지지했던 이유였다. 루터의 대의는 독일의 북·서 지역 그리고 스칸디나비아 지역에 급속히 확산되었는데 이 과정에서 국가 지도자들 또는 봉건제후들의 역할이 크게 작용했다. 이 결과 루터교가 성립되었다.[19]

칼뱅은 루터의 대의를 심화시켰는데 1530년대에 스위스의 제네바에 본부를 두고 예정조화설과 직업소명관을 설파하였다. 사람들의 구원은 신에 의해 이미

---

18) 남과 북의 경계는 대체로 도나우강과 라인강에 의해 설정된다. 도나우강의 북쪽 지역이면서 라인강의 오른쪽에 속하는 지역을 북부 유럽으로 칭한다. 이 지역은 로마제국의 통치를 받지 않았고 따라서 로마문명권에 직접적으로 속하지 않았던 지역이다.

19) Patrick Collinson, *The Late Medieval Church and its Reformation (1400～1600)*, in: John Mcmanners, op. cit., pp. 233-239.

예정되어 있으며 신도들은 자신이 구원되었다고 믿고 감사하는 마음으로 자신에게 주어진 직업을 신의 소명으로 알고 열심히 행하며 신앙생활을 해야 한다고 강조했다.20) 그는 근면, 검소 그리고 절제의 윤리를 강조했으며 이에 근거한 부의 축적을 신의 축복의 표시로 받아들여야 한다고 보았다.21) 그의 교리는 잉글랜드 지역으로 퍼져 이의 신봉자들이 청교도(Puritan)가 되었고 스코틀랜드 지역에서는 장로파(Presbyterianism)가 되었다. 청교도라는 명칭은 칼뱅 추종자들이 영국국교는 기득권 보존에 그 목적을 두고 성립한 것이라고 판단하여 종교개혁을 철저히 수행하여 정화한다는 의지를 표현한 데서 비롯되었다. 청교도혁명 때에 청교도들에 의해 장로파의 입지가 약화되었으며 이 청교도들은 후에 국교회 교도들의 박해를 받으면서 북아메리카로 이주하여 청교도 중심의 미국사회를 건설하였다. 프랑스에는 칼뱅 추종자들이 위그노라는 이름으로 자리잡았고 네덜란드에서는 고이센이라 불리면서 뿌리를 내렸다. 칼뱅과 비슷한 취지에서 쮜리히에서는 그보다 먼저 울리히 쯔빙글리가 종교개혁운동을 주도했었다.22)

1534년에는 영국의 헨리 8세가 로마 가톨릭으로부터 독립을 선언하고 스스로 영국교회의 수장임을 선포하였다. 이는 영국 국교회(Anglican Church) 성립의 기초가 되었는데 우리에게 성공회로 알려져 있다. 영국 성공회는 교리에 있어서는 루터주의를 받아들였고 의식(ceremony)에 있어서는 가톨릭을 계승했다. 영국 국교회의 성립은 문화·사회 개혁 차원에서 이루어진 종교개혁을 반영하는 것이 아니라 영국 지배체제의 강화를 의미했다. 서로 다른 종파들의 정착은 국민국가 발전과 맞물리면서 그 국민국가의 문화적 정체성 형성에 중요한 역할을 수행했다.23)

한편, 사회 개혁·혁신 운동으로서의 종교개혁이 재세례파(Anabaptist Protestant)

20) 루터는 성서번역 동안 '직업'이라는 독일어 단어를 'Beruf'를 사용함으로써 직업소명을 피력했다. Max Weber(박성수 옮김), 《프로테스탄티즘의 윤리와 자본주의 정신》, 문예출판사(서울) 1988, pp. 59-70; Ibid., p. 136.

21) 막스 베버는 이 점과 관련하여 기독교 윤리와 자본주의 정신을 설명했다. Ibid., p. 137.

22) Patrick Collinson, op. cit., pp. 257-260.

23) Ibid., p. 260-263; Frédéric Delouche (edit.), Illustrated History of Europe. A Unique Portrait of Europe's Common History, London 1997 (english version), p. 237.

교도들에 의해 추구되었다. 재세례파는 네덜란드와 북·서부 독일 지역 그 중에서도 뮌스터시를 중심으로 하여 활동하였는데 이는 스위스의 형제단과 네덜란드의 메노니트파를 포함했다. 이들은 일체의 조직과 의식을 부정하고 개인의 양심을 강조하는 종교적 급진주의자들이었다. 이들은 공동체 의식이 강했기 때문에 대체로 공동생활을 했고 또한 사유재산제도를 인정하지 않았다. 따라서 이들의 급진적인 사상들은 다른 교파들과 충돌하게 되어 그들 가운데는 박해를 피해 신대륙 북아메리카로 건너간 경우가 많았다. 침례교, 퀘이커, 메노니트, 애미쉬 교도들은 모두 이들의 후예들이었다. 이 신도들은 유아세례를 반대했다. 그들은 세례는 오로지 성인 신도들에게만 주어져야 한다고 주장했다.24)

가톨릭과 개신교로의 분열은 유럽을 북유럽 문화권과 남유럽 문화권으로 구별하게 만들었다. 이 경계는 가톨릭과 개신교간의 평화공존을 약속한 1555년 아우구스부르크 종교회의를 거치면서 1570년대에 이르러 뚜렷한 윤곽을 드러냈다. 30년전쟁이라는 신·구교간의 가공스러운 골육상쟁을 치르고 난 후 1648년에 체결된 베스트팔렌 조약을 통해 이 신·구교 지역들의 경계가 설정되었다.

이 30년전쟁은 가톨릭과 개신교의 두 문화권이 서유럽의 핵심지역을 차지하기 위해 벌인 싸움이었다. 이 전쟁으로 인해 독일과 체코의 많은 지역에서 엄청난 인명피해가 일어나고 양국은 황폐화되었다. 이보다 2세기 전에 후스의 종교개혁 운동에 의해 야기된 유사한 전쟁도 엄청난 참화를 초래했다.

서방 가톨릭과 동방 정교회의 분열, 그리고 구교와 신교의 분열은 유럽을 이제 세 개의 주요 종교지역으로 구분하였다. 로마 가톨릭이 남부 유럽에서 유지되고 북부 유럽에서는 주로 프로테스탄트가 자리잡고 동유럽에서는 동방정교가 뿌리를 내려 오늘날까지도 남유럽, 북유럽 그리고 동유럽이라는 세 개의 유럽 지역의 문화적 특성이 이어져 내려오고 있다.

---

24) Terry G. Jordan, op. cit., p. 90.

유럽의 종파별 신도수와 전체 인구에 대한 비율 [25)]

그룹	신도수(명)	유럽 인구 대비율
기독교도	475,500,000	69%
로마 가톨릭	248,000,000	36%
동방정교회	130,000,000	19%
개신교	90,000,000	13%
유니아트교	6,000,000	1%
아르메니아교	1,500,000	<1%
이슬람교도	16,000,000	2%
유대교도	2,600,000	<1%
무종교	190,000,000	27%
기타 또는 알려지지 않은 종교	12,200,000	2%
유럽 인구	696,300,000	100%

25) Eurobarometer 1991.

5. 기독교 윤리와 생활문화

　이 장에서는 가톨릭과 개신교의 교리와 의식의 특징을 살펴보고 이들이 어떻게 실제의 생활에 서로 다른 영향을 미치는지를 파악하고자 한다. 구교가 주로 자리잡고 있는 남부 유럽 지역과 신교가 주로 뿌리내리고 있는 북부 유럽 지역은 바로 이러한 교리와 의식의 특징이 실제 생활에 영향을 미치는 과정 속에서 형성된 중층적 역사를 통해 오늘날 서로 다른 문화적 특징을 갖추게 되었다. 구교의 경우 집단주의와 온정주의 등을 그 특징으로 들 수 있는데 다음과 같은 사실에 주목할 필요가 있다. 로마 가톨릭이 체계를 잡아가는 과정에서 교리를 정립하는 동안 명목론과 실재론의 대 논쟁이 있었다. 명목론은 아벨라르와 윌리암 오캄이 주장했던 것으로 신의 뜻은 개개인들에게 나타나 있으며 사회와 국가는 개인들을 모아놓은 집합체에 불과하다고 보았다. 이에 반해 실재론을 주장한 토마스 아퀴나스 같은 경우는 개인은 전체에 속하며 사회나 국가는 개인들을 포함하는 전체로서 실존하는 가치체계임을 주장하였다. 신학의 주류로서 실재론이 채택되어 스콜라철학의 기반이 되었다. 교회나 국가의 통치자들의 입장에서 볼 때 실재론이 매력적으로 나타났을 것임은 당연하다. 실재론을 따르는 가톨릭의 윤리는 집단주의적인 성격을 강조하며 전체 안에서 개인의 위치, 즉 전체를 개인보다 먼저 생각하는 생활태도를 권장한다. 이리하여 가톨릭에서는 집단조직의 권위에 대한 존중이 중요한 가치 항목이 되었으며 이는 계서제에 대한 존중 즉, 성직자들의 권위에 대한 인정을 가장 중요한 윤리로 여기는 결과를 가져왔다. 이에 따르면 구원을 위한 기도는 사제를 통해서만 신에게 전달될 수 있다. 사회적으로는 가부장적 가족주의와, 온정주의가 뚜렷한 특징이었다. 같은 맥락에서 경제와 정치영역에서는 조직의 권위에 의한 중앙통제가 정당화되었다. 길드제도는 경제 영역에서 나타난 현실적인 표현이라고 할 수 있다. 이러한 경제제도에서는 시장가격 형성은 불가능하고 공동체 생활 터전의 중요성이 강조되었다. 이것이 타락할 때는 법치보다는 인치가 주요하게 작용했다. 직업은 신이 계획에 의해 부여한 직무일 뿐 부의 축적 수단이 되어서는 안되었다. 따라서 이자수입을 목적으로 돈을 빌려주는 행위는 있을 수 없고, 불로소득은 죄악시되었다. 돈과 재물을 멀리하는 금욕의 윤리가 강조되었으며 수도원 생활이 높이 평가되었다. 이러한 윤리관에 의해 지배되는 사회에서는 금융업이 태동할 수 없고 자본주의가 발전할 수 없다.[26] 이에 따르면 인간에 의한 역사의 진보란 있을 수 없으며 새로운 것이 있다면 그것은 단지 신의 뜻에 의해 이미 존재하는 것이 발견될 따름인 것이다. 우주는 신이 제정한 영원히 변치 않는 자연법에 의거하여 창조된 것이다. 이것은 가톨릭의 보수주의적인 세계관의 기초를 형성하였다.[27]

이에 반해 개신교는 개인의 신앙을 강조하면서 가톨릭 교회의 계서제적인 교리와 의식으로부터 벗어나고자 하였다. 개신교도들은 가톨릭 성직자들이 교리와 의식으로 일반 신도들을 얽어매어 부패하고 타락한 사회를 만들었다고 보았다. 그들은 개인적인 신앙만이 그 개인을 구원시킬 수 있다고 생각하였다. 이는 중세의 대논쟁에서 개인의 가치를 우선시하던 명목론이 개신교의 대의에서 살아났다고 볼 수 있게 하는 측면이다. 이와 함께 개인주의, 합리주의, 이성주의, 법치주의 그리고 계약주의가 큰 특징으로 발전해 갔다. 개신교 권에서 금욕주의가 특히 강조되었는데 금욕정신은 근면, 검소 그리고 절제의 생활윤리를 실천시킬 수 있는 바탕이었고 그 결과로서 부를 축적하는 수단의 의미를 갖게 되었다. 막스 베버의 평가에서처럼 수도원의 금욕주의 대신 시장의 금욕주의가 추구되었던 것이다.[28] 직업은 소명이며 이를 성실하게 수행함으로써 부를 축적할 수 있다면 이는 신의 예정된 구원의 표시 내지는 축복으로 볼 수 있는 것이다.[29] 이자수입에 대한 정당화는 금융업을 촉진시켰고 이는 자본주의 발달의 원동력이 되었다. 이러한 역사논리의 맥락은 산업혁명이 북유럽 지역에서 활발

26) Terry G. Jordan, op. cit., p. 97.
27) Collin Morris, *Christian Civilization (1050-1400)*, John Mcmanners, op. cit., pp. 215-216.
28) Max Weber (박성수 옮김), op. cit., p. 122.
29) Max Weber (박성수 옮김), op. cit., p. 137.

히 일어났고 오늘날에도 북유럽 지역이 경제적으로 앞서 있는 이유를 부분적으로 명료하게 설명해 준다.[30] 개신교는 루터교, 영국 성공회, 칼뱅교, 재세례파 등으로 크게 네 가지로 분류해 볼 수 있는데 가톨릭과 가까운 정도를 기준으로 하여 이념적으로 구분해 보면 영국 국교회와 루터교가 우파에 칼뱅교가 중간파에 재세례파가 좌파에 속한다.

'진실'과 '거짓'의 대비.
루터와 교회 지도자가 각기 설교하고 있으며, 오른쪽 아래에서는 면죄부를 팔고 있다.

---

30) Josef Mooser, "christlicher Beruf" und "buergerliche Gesellschaft". Zur Auseinandersetzung über Berufsethik und wirtschaftliche Inferiorität im Katholizismus um 1900: in W. Loth (hrsg.), Deutscher Katholizismus im Umbruch zur Moderne, Stuttgart 1991, pp. 124-126.

1) 가톨릭 문화권의 생활문화 패턴

앞에서 제시된 통계에 의하면 오늘날 약 2억 4천 8백만 가량의 유럽인들이 가톨릭교도들이다. 이 숫자는 유럽 전체 인구의 대략 36%에 해당한다. 가톨릭교는 남으로는 이베리아 반도 및 이탈리아 반도로부터 북으로는 리투아니아 서로는 아일랜드로부터 동으로는 크로아티아와 헝가리에 이르기까지 거대한 지역에 걸쳐 분포되어 있다. 폴란드, 포르투갈, 아일랜드 그리고 이탈리아 등은 전체 국민의 90% 이상, 스페인에서는 전체 인구의 86%가 가톨릭교도이다. 가톨릭이 아닌 종교를 가진 사람은 1%에도 못 미친다. 이는 가톨릭교가 유럽에서 폭넓게 퍼져 있으며 특히 남유럽에서는 압도적인 절대 다수를 이루고 있음을 말해준다. 가톨릭교의 전체적인 조직은 바티칸 교황을 정점으로 세계적인 단일 지도체계를 형성하고 있으며 중앙집권적인 통제체제를 갖추고 있다. 유럽뿐 아니라 전 세계적으로 가톨릭교는 교황, 대주교(수도원장), 주교, 신부 등의 순으로 이어지는 철저한 계서제에 기반한 공동체 조직을 이루고 있다.

바티칸시는 고도로 중앙집권화 된 세계 가톨릭 공동체의 행정수도이다. 가톨릭 문화권에서는 계서에 대한 존중, 충성과 신의가 주요한 덕목이며 하나의 공동체, 하나의 가족이라는 정서가 지배적이다. 그런데 주목할 점은 가톨릭 문화권이 세계적으로 통일적인 계서제를 가지고 있지만 각 민족적 또는 지역적으로 독특한 전통문화와 정서를 인정한다는 점이다. 따라서 유럽 내에서도 국가별로 또 지역별로 특색 있는 가톨릭 문화권이 존재하게 된다. 예를 들어 스페인의 가톨릭 문화가 이탈리아의 그것과는 다른 양상을 띤다. 이는 국가적인 성인들이 다르게 제정되어 있는 데서 찾을 수 있다. 스페인의 그라나다 남부에 있는 베티카 산맥에 라스 알퓌자라스라는 매우 독특한 지역이 있다. 이곳의 우지자르읍 주민들은 마르티리오라는 성소를 가지고 있는데, 마르티리오는 우리의 성녀 마리아라는 뜻이다. 그들은 이 성소에 대해서 절대적인 자부심을 가지고 있다. 마리아는 라스 알퓌자라스의 수호성인이다.[31]

가톨릭 문화권에서는 수호성인의 이미지에 따라 일정한 장소 또는 지역에

31) Terry. G. Jordan, op. cit., p. 91.

특별한 의미가 부여된다. 각 지역 토착 문화와 가톨릭 문화가 습합되는 과정에서 이러한 특색들이 나타날 수 있으며 특히 민족국가의 형성과정에서 그러한 특징들이 강조되거나 조성되었다.

가톨릭교도들은 그들의 신앙심을 가시적인 표현물을 통해서 나타내는데 이는 뒤에 설명할 개신교도들과 큰 차이를 나타낸다. 이러한 특징들이 가톨릭 문화권에서는 지리적인 풍광을 형성한다. 가톨릭교회들은 장중하게 건축되고, 성인, 성물, 성서이야기 등을 섬세한 조각으로 표현하는가 하면 스테인드 글라스로 담아낸다. 첨탑, 수도원 정경, 교회 경내와 일반 거리에서 볼 수 있는 성인들의 상, 성물, 성소들이 또한 지리적 풍광을 이룬다. 지리학자들은 이를 가톨릭 문화 풍광지대라고 부르기도 한다. 특히 도로변의 성소들은 가톨릭 지역의 특징 중의 특징이라 할 수 있다.[32]

가톨릭권에서는 도시, 지방, 그리고 마을의 도로와 거리 그리고 구역의 이름들에서도 신도들이 그들의 신앙심을 가시적으로 표현하려는 의지가 엿보인다. 이들 지명들은 많은 경우 성자들의 이름을 땄다. 간혹 성자를 나타내는 접미사들이 이미 존재하는 지역 이름에 첨가된 경우도 있다. 예를 들어 스페인의 알카자르 데 산 주안의 경우가 그렇다. 그러나 북부 지역으로 갈수록 성자 이름을 딴 도시 이름들의 빈도수가 감소한다. 이는 남부 유럽의 가톨릭 문화권과 북부 유럽의 프로테스탄트 문화권과의 차이를 드러내 주는 대표적인 현상이라 할 수 있겠다. 예를 들어 독일의 남부, 즉 가톨릭권의 도시와 마을들의 이름에 3/4 정도가 성스러움을 의미하는 'Sankt'를 갖는다는 연구가 나와 있다. 북독일(프로테스탄트 문화권) 지역으로 갈수록 Sankt가 잘 안 나타난다.[33] 종교축일이 비교적 지역민들의 일상생활과 밀접한 관계를 맺으면서 화려한 행사들을 통해 지켜지는 지역이 가톨릭 지역인데 이것 역시도 신앙심의 가시적인 표현의 욕구와 관련 있는 것으로 볼 수 있다.

---

32) 가톨릭교도들이 그들의 신앙심, 즉 추구하는 가치를 가시적인 실체를 통해 표현하는 전통은 오늘날 가톨릭 문화권의 사람들이 외모와 옷 그리고 매너에 대해서 아주 민감한 태도를 보이는 것과 매우 유관한 것으로 지적되는 점이 흥미롭다. T. G. Jordan, op. cit., p. 91.
33) 이러한 경계가 독일의 경우 우연하게도 가톨릭권은 로마제국에 포함되었던 독일 지방들과 일치한다. 라인강 좌안과 도나우강 아래쪽이 가톨릭권에 해당한다. Terry G. Jordan, op. cit., p. 91.

　현재까지도 카니발이 성대하게 치러지는 곳은 가톨릭 지역이다.[34] 카니발이 이렇게 성대하게 치러지는 곳에서는 호텔, 여관 등 숙박업과 요식업이 함께 발달하여 전체적으로 보아 관광산업이 크게 발달하였다. 가톨릭 지역들에는 많은 관광명소들이 있다. 이것은 바로 가톨릭권이 가시적인 신앙의 표현물들을 많이 가지고 있기 때문이다. 가톨릭의 순례지가 대부분 관광명소로 발전하였는데, 순례지로 가장 유명한 곳은 로마이다. 바티칸시는 매년 수백만의 가톨릭교도들을 로마로 불러들인다. 유명한 순례지로서 또한 루드가 있다. 이 루드는 아키텐 분지에 있는 피레네 기슭의 프랑스 도시로서 특히 동정녀 성 마리아가 환영으로 나타났던 곳이라는 설로 유명하다. 폴란드의 체스토초바와 리스본 북부에 자리잡은 파티마 또한 순례지로 유명하다. 체스토초바에는 폴란드 내 가장 큰 가톨릭 이콘이 있고 또 흑인 동정녀 성 마리아가 머물렀던 곳이라는 주장으로도 유명하다. 파티마는 매년 400만의 순례객을 끌어 모은다. 반면 5백만 정도의 순례객들이 루드를 방문한다. 루드에서 이른바 '동정녀 성 마리아 발현일' 100주년 기념행사가 치러진 1958년 2월 11일부터 7월 16일 사이에 8백만의 순례객이 내왕했다. 바로 여기에서도 보여지듯이 16,300명의 인구를 가진 작은 도시인 루드는 호텔수에 있어서는 파리 다음으로 많다는 놀라운 기록을 보유하고 있다. 이렇게 순례지는 관광사업의 형성에 큰 영향을 미쳐왔으며 이는 종교문화와 경제의 관계를 설명해주는 주요한 예라고 할 수 있다. 또 순례지를 잇는 도로가 뚫리고 다리가 세워지는 등 순례지가 교통망 형성에도 큰 영향을 끼쳐왔다.[35]

　이외에도 종교문화와 경제생활이 상호 관련된 예로서 금요일과 여러 다른

---

34) 그런데 신앙심의 가시적인 표현 욕구들은 유럽 고대의 다신교 문화전통 시대와 일맥상통 한다고 볼 수 있다. 카니발은 그리스의 디오니소스 신을 위한 제사, 즉 로마의 농경축제와 연관이 있다. 그리스 시대의 신전 등의 물적 대상과, 제사와 축제 등의 생활을 통해 신앙심을 표현했던 것이다. 프로테스탄트 종교개혁에서 개인의 신앙심을 강조하는 시기부터 이 전통이 약화되거나 단절되기 시작한다고 볼 수 있다. 그래서 다음 절에서 설명하는 바와 같이 프로테스탄트 지역에서는 가시적인 표현물이 적다. 그런데 물적 대상을 통해서 신앙심을 표현하는 지역에서는 정신적인 문화와 가치관이 강조되었고 내적 신앙심을 강조하는 프로테스탄트 지역에서는 근검, 절약의 정신을 바탕으로 자본주의가 발달하여 물질적 문화와 가치관이 만개하게 되었다.

35) T. G. Jordan, op. cit., p. 94.

기독교 축일에 육식을 피하고 생선을 먹는 가톨릭 전통을 들 수 있다. 이는 어업의 발전 또는 쇠퇴와 깊은 연관관계를 맺고 있다.[36] 이탈리아나 스페인과 같이 풍부한 어장을 소유하지 못한 나라들은 유럽의 대서양 연안 국가들로부터 말려서 저장한 생선, 즉 건어포를 수입해 왔는데 이는 냉동선이 없던 시대에 주로 금요일의 식사를 위해서였다. 이로 인해 대서양 해안의 어부들은 특별한 수요를 즐겼다. 그들은 신의 섭리에 대해 자부심 강한 어부들로서 어부 출신인 예수의 수제자 베드로는 이들의 수호성인인 경우가 많았다.

금요일의 생선 식사 전통과 어업의 관계는 영국에서 성공회가 성립된 1534년 이후 영국 어업계에 나타난 큰 위기에서 잘 보여진다. 이 위기는 가톨릭 지역 영국에서 개신교인 성공회가 탄생하면서 금요일에 육식을 피하고 생선으로 대신하는 규정이 폐기되었고 결과적으로 생선 수요의 극적인 감소와 공급과잉으로 어업계에는 큰 불황이 닥쳤다. 결국 많은 어부들은 선원으로 직업을 바꾸었고, 이렇게 해서 어부들의 숫자가 줄어들면서 공급과잉의 문제가 해결되었다. 많은 학자들은 이러한 사건이 영국 해군력의 강화에 크게 기여했다는 점을 지적했다.

일상생활에 대한 종교문화의 영향이라는 관점에서 가톨릭권과 개신교권 사이의 몇몇 다른 차이점들 또한 매우 흥미로운 예들을 제공해 준다. 성인 특히 마리아 숭배로 특징을 갖는 가톨릭 지역에서는 성모 마리아 승천절(8월 15일)과 모든 성인들에 대한 제사일(11월 1일)이 축일로서 휴일이다. 이에 반해 개신교 지역에서는 이 날들이 평일이다.

---

36) T. G. Jordan, op. cit., p. 92. 최근에는 교황 칙서에 의해 금요일에 육식을 피하는 의무적인 관행이 자유화되었다.

서유럽의 주요 성지

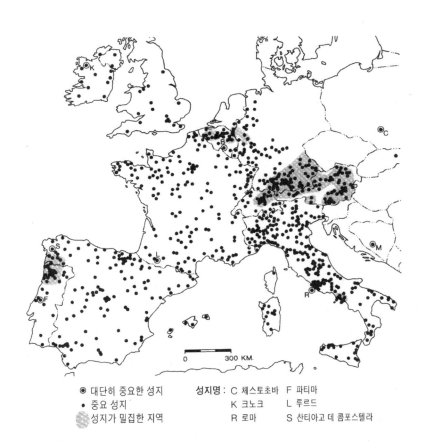

- ◉ 대단히 중요한 성지
- • 중요 성지
- ▨ 성지가 밀집한 지역

성지명 : C 체스토초바   F 파티마
         K 크노크   L 루르드
         R 로마   S 산티아고 데 콤포스텔라

2) 개신교 문화권의 생활문화 특징

앞의 통계표에서 보듯 주로 중·북부 유럽 지역에 분포되어 있는 개신교도
는 1991년 현재 9천만 명 정도에 이르며 유럽 전체 인구의 약 13%에 해당한
다. 가톨릭과의 뚜렷한 대조점은 가톨릭이 통일적인 교파라고 한다면 개신교는
여러 교파로 갈라져 있다는 사실이다. 개신교 안에서도 각 교파에 따라 교리의
차이가 있고 이는 전체적으로 지역 문화적 차이를 나타내는 원인이 된다. 이러
한 여러 개신교 교파들이 존재하게 된 데에는 종교개혁을 주도했던 지도자들의
서로 다른 철학과 영향력에 근거한다. 개신교권 중에서 루터교는 가장 폭넓게
확산되어 있다. 스칸디나비아 국가들, 아이슬랜드, 에스토니아, 라트비아 그리고
독일의 절반에 해당하는 지역에 루터교가 퍼져 있다. 스웨덴과 노르웨이에서
루터교는 국교다. 성공회는 영국의 국교다. 칼뱅교는 특히 네덜란드에서 튼튼한
뿌리를 내려 오늘날 이 지역 개신교도의 대부분을 차지하고 있으며 영국의 스
코틀랜드 지방에서는 장로교도라는 이름으로 확산되어 있다. 스위스에서는 일
부의 개신교도들이 칼뱅교도들이고 다른 일부가 루터와 쯔빙글리의 영향이 혼
합된 교회에 속한다. 후스의 후계자들이 20만 명의 신도를 가진 체코 형제단
공동체로 그 명맥을 유지하고 있다. 이 형제단 공동체의 한 교구가 독일의 헤
른후트에 자리잡고 있다. 재세례파 운동의 후예들이 우크라이나와 러시아에 산
재되어 있다.[37]

유럽 개신교의 다양성으로 인해 단일한 개신교 지역 풍광이 조성되지는 않
았다. 프로테스탄트 지역에서는 교회 사이에 중앙집권적인 권위가 존재하지 않
고 교회마다 독립권을 가지고 있다. 게다가 가시적인 신앙의 표현물에 의미를
두지 않는 루터의 전통에 의해 개신교 교회 건물에는 성자와 성물 등의 장식
들이 비교적 덜 부착되어 있다. 극단적인 경우에는 첨탑도 없고 스테인드 글라
스도 없어 낯선 사람들은 이를 교회로 인식하기 어려울 정도다.

개신교 지역의 길가에는 성소도 거의 없다. 이는 의식과 형식에 무게를 두는
가톨릭에 비해 이른바 '개인적인 신앙에 중점을 두는' 개신교의 특징에 기인한

37) T. G. Jordan, op. cit., p. 95.

다고 할 수 있다. 따라서 종교문화와 관련한 관광사업이라는 측면에서 개신교
지역이 가톨릭 지역에 비해 매우 열세다. 그러나 프로테스탄트 윤리의 생활문
화에 대한 영향력은 다른 측면에서 찾아진다. 많은 학자들의 견해에 따르면 개
인주의가 유럽 근대문화의 핵심적인 특징인데 그것의 뿌리가 프로테스탄트 종
교개혁에서 비롯된다고 주장한다. 이 점이 매우 흥미롭다. 유럽을 근본적으로
뒤바꾼 산업혁명은 바로 이 개인주의에 기초를 두고 있다는 것이다. 이들의 견
해에 따르면 프로테스탄트 윤리로부터 상속된 역동성, 변화를 갈망하는 신도들
의 의지, 스스로 개선을 위한 노력, 그리고 근면, 검소 및 자제의 생활전통이
산업혁명과 자본주의 발전에 큰 동력으로 작용했다. 특히 가톨릭과는 달리 이
자수입을 허용하는 프로테스탄트 문화권의 경제원리 등은 자본주의 발전과 산
업혁명을 위해 필수적인 조건들을 제공했다는 것이다.[38]

  유럽 근·현대사를 분석해 볼 때 산업주의는 프로테스탄트 지역에서 일어났
다. 이 산업주의는 뒤에 로마 가톨릭과 정교 지역으로 전파되었다. 물론 자본주
의 발전의 동력으로서 프로테스탄트 윤리의 역할을 단적으로 입증할 수는 없
다. 왜냐하면 예를 들어 석탄 광산의 유무와 같은 비종교적인 요인들이 또한
산업혁명의 발생과 발달의 원인을 규명하는데 중요한 요소들이기 때문이다. 그
럼에도 유럽의 역사는 산업·자본주의의 발전과 프로테스탄트 윤리와의 깊은
연관관계를 여러 사례를 통해 제시해 주고 있다. 산업·자본주의의 형성기에
프랑스 가톨릭교도들의 칼뱅교도인 위그노들에 대한 박해는 프랑스 산업발달의
쇠퇴를 야기했다. 왜냐하면 개신교도들 가운데는 많은 숙련 기능공들과 상인들
이 포함되어 있었는데, 이 숙련공들이 박해를 피해 북부 독일과 네덜란드 그리
고 영국으로 이주해 갔기 때문이다. 이 개신교도들을 받아들인 나라들은 산업
발달을 위해 결정적인 원동력을 얻었다. 이에 반해 가톨릭 지역인 프랑스는 심
각한 퇴보를 경험했다. 따라서 프로테스탄트 문화권과 가톨릭 문화권의 경계선
이 유럽을 북과 남으로 구획짓고 수세기 동안 생활방식의 차이를 지속시켜왔다
는 사실은 새삼 놀랄 일이 아니다.[39]

---

38) Max Weber (박성수 역), op. cit., p. 136-137; Terry. G. Jordan, op. cit., pp. 96-97; Thomas Nipperday, *Religion im Umbruch Deutschland 1870-1918*, 1988 München, pp. 77-84.

30년 전쟁 종결 이후 두 문화권은 평화롭게 그리고 상호 존중하면서 사는 것을 배워왔다. 그러나 현재에도 이 문제는 해결된 것이 아니다. 예를 들어 북부 아일랜드에서 전체 인구의 52%가 프로테스탄트이고 42%가 가톨릭인데 대립과 갈등이 계속되고 있다. 1600년대에 가톨릭이었던 북아일랜드에 영국의 프로테스탄트가 침투해왔다. 영국 프로테스탄트들은 아일랜드를 식민지화 했고 그 중에서도 북아일랜드를 수세기 동안 지배하면서 지역 주민들을 개종시키는 정책을 추진했다. 북아일랜드를 제외한 남아일랜드는 1922년에 독립하였다. 최근 몇십 년 동안 이 지역은 영국으로부터 독립을 요구하는 북아일랜드의 가톨릭교도들과 이에 맞서고 있는 프로테스탄트들의 대립 그리고 그 중에서도 양 종교집단들의 극단주의자들에 의해 자행되는 테러활동으로 인해 엄청난 고통을 당해오고 있다. 그 결과 프로테스탄트와 가톨릭교도들은 고립된 이웃으로 떨어져 산다. 1998년 이후 진행되고 있는 평화정착 노력이 어느 정도 결실을 맺을지 주목되고 있다.[40]

유럽의 프로테스탄트 교세가 근대에 들어서 눈에 띄게 약화되는데 이러한 현상은 특히 1900년 이래로 두드러진다. 다음 장에서 설명하는 바와 같이 개신교는 강한 세속화 물결 때문에 그 교세가 계속 축소되고 있다. 그러나 주목할 사항은 미국에서 들어온 신개신교도(Neo-Protestantism)들이 교세를 확장해 가고 있다는 사실이다. 지난 몇십 년 동안 주로 미국에 기반을 둔 복음주의의 근본주의자 그룹들이 적극적으로 유럽에서 선교하기 시작했다. 이 신개신교도들은 특히 이전의 공산권 동유럽 지역에서 활발한 선교활동을 하고 있다. 예수재림교(Pentecostals), 여호와의 증인, 제칠일안식일교, 침례교 등이 속한다. 스칸디나비아 지역에서는 사미, 즉 랩족과 같은 소수 종족들이, 영국에서는 남아시아인들이 신개신교에 많이 가입했다. 동유럽의 나라 중에서 루마니아는 16만 명의 개종자를 가지게 됨으로써 이러한 추세의 한 전형을 보여주고 있다. 러시아에서는 신개신교도들이 1992년 이후 급격히 증가하고 있다. 많은 학자들은 이러한 경향을 인간의 열정적인 감성에 호소하는 복음주의 교회들이 산업사회에서 지친 일부 소외계층에 효율적으로 파고든 결과라고 보고 있다.[41]

---

39) T. G. Jordan, op. cit., pp. 97-98.
40) *Ibid.*

6. 세속화 및 탈기독교화와 유럽의 정체성

앞에서 제시된 통계표에서 보듯이 1991년 현재 유럽 전체 인구의 약 27%가 비종교인이다. 이는 1억 9천만 명에 이르는 인구이며 이들은 스스로를 무신론 자이거나 불가지론자라고 말한다. 유럽이 곧 기독교였던 시대에 비추어 볼 때 엄청난 세속화 과정이 일어났음을 알 수 있다. 그렇다면 이러한 거대한 세속화의 원인이 무엇인가.

첫 번째 원인으로 계몽주의, 이성주의 그리고 개인주의 시대의 전개와 더불어 산업화가 급속히 진전되고 그 결과 물질주의가 팽배하게 되었으며 신앙보다는 과학과 기술이 더 중요성을 얻게 된 사실을 들 수 있다. 찰스 다윈이 《종의 기원》에서 밝힌 진화론은 당시대인들에게 엄청난 충격으로 다가섰다. 유산계급과 무산계급 사이의 갈등이 심화되는 상황에서 이데올로기가 중요해지기 시작했다. 즉, 기독교 신앙의 자리를 부분적으로 이데올로기가 대신했다. 이는 특히 냉전시대에 그 극에 달했다. 탈냉전 탈이데올로기의 시대에 들어와서도 종교신앙이 다시금 강조되는 것이 아니라 과학과 기술 그리고 물질적 소비가 그 자리를 대신했다. 합리주의와 산업화가 개신교와 깊은 관계에 있다고 볼 때 개신교에서 세속화가 더욱 활발히 일어났던 사실은 어렵지 않게 이해할 수 있다.

현대의 젊은 세대들은 교회의 기득권 향유, 교회세 징수 등과 같은 제도적으로 보장된 권한 행사, 보수적인 지향성 등으로 교회에 대한 거부감을 갖게 되었다. 이 젊은 세대들은 특히 영계의 신비보다는 점점 현세의 지적인 자유를 더 추구하게 되었다.42)

그런데 이 세속화는 어느 지역에서 많이 일어나는가. 세속화의 지리적인 분

---

41) T. G. Jordan, op. cit., p. 96.
42) T. G. Jordan, op. cit., pp. 102-104.

포를 보면 일정한 패턴으로 나타나지는 않는다. 그럼에도 몇 가지 지역적인 특징들이 나타나는데 우선 절반 이상이 세속화된 지역으로 눈에 띄는 곳은 유럽의 북·동 지역이다. 이전의 동유럽 공산권 중 개신교 지역이 여기에 포함된다. 이전의 동독 지역, 체코(보헤미아) 그리고 헝가리에서 이 세속화 현상이 뚜렷이 목격된다. 또한 북유럽, 즉 스칸디나비아 국가들과 독일 북부, 네덜란드 등에서 탈기독교화 비율이 높게 나타난다. 다른 한편 프랑스의 지중해 유역에서 세속화 현상이 또한 두드러졌다.

이와는 대조적으로 기독교의 활력이 왕성한 지역은 폴란드로부터 우크라이나를 거쳐 루마니아까지에 이르는 벨트지대이다. 세속화 현상이 매우 낮게 나타나는 지역은 그리스의 대부분, 남부 이탈리아, 서부 이베리아, 서부 아일랜드 그리고 알프스와 포강의 베네토 평원이 겹치는 지역 등이다. 여기에서 특이한 것은 공산정권 아래서 수십 년 동안에 걸쳐 박해를 받았던 일부 지역, 즉 구 공산권 가톨릭 지역에서 세속화 현상이 거의 나타나지 않고 있는 사실이다. 다시 말해 어떻게 폴란드 가톨릭과 루마니아 정교 그리고 우크라이나의 유니아트교가 그렇게 성공적으로 공산정권의 박해를 막아낼 수 있었는가 하는 의문이 제기된다. 전체적으로 볼 때도 가톨릭이 비교적 성공적으로 세속화의 물결을 극복해 내고 있다. 반면에 개신교는 세속화의 거친 파도에 휩쓸려 오고 있다고 말할 수 있다. 예를 들어 루터교가 지배적이던 라트비아에서는 1991년 현재 전체 인구의 7.5%만이 프로테스탄트 교도로 파악되었다.[43]

이에 대한 이유로는 가톨릭은 전통을 중시하는 지역에 퍼져 있고, 특히 동유럽 지역의 많은 사람들은 가톨릭을 통해 민족 정체성을 수호했기 때문이라는 점이 지적되고 있다. 이에 반해 개신교는 개인주의와 합리주의 성향을 발전시킴에 따라 이러한 성격을 본질로 하는 세속화(secularisation)에 취약해진 것이다.

---

43) T. G. Jordan, op. cit., pp. 101-103.

7. 유럽의 비기독교 종교

유럽에서 기독교 이외의 종교로서 본고의 논의 대상이 될 수 있는 크기의 종교는 이슬람교와 유대교다. 다른 종교들은 유럽에서 이렇다 할 뿌리를 못 내렸는데, 이는 그만큼 유럽이 철저한 기독교 사회라는 것을 반증해준다.

1) 이슬람교

이슬람이 유럽에 들어오게 된 것은 군사적인 침략에 의해서였다. 711년에 현재의 지브롤터를 통해 침입해 들어가 이베리아 반도를 점령하고 732년에는 피레네 산맥을 넘어 오늘날의 프랑스 지역까지 침략하였으나 패퇴하여 피레네 산맥 이남으로 내려와 13세기 중엽까지 이베리아 반도 전체를 그리고 15세기 말까지는 남부 지역만을 지배하였다. 이 시기가 이슬람이 유럽에 들어간 첫 번째 시기다. 그런데 이베리아 반도를 재정복한 기독교도들은 이슬람의 흔적을 지우고자 모든 이슬람의 요소를 없애 나갔다. 오늘날 이베리아 반도에 이슬람교도는 거의 없고 그 문화유적들의 일부가 남아있을 뿐이다. 일반적으로 기독교와 이슬람의 경계선은 많은 지역에서 뚜렷하게 나타나지 않는다. 그런데 지브롤터에서는 명백한 구분이 보여진다. 이것은 바로 몇 세기 전에 이루어진 스페인의 이슬람에 대한 조직적인 '인종청소'에 기인했다. 두 번째 시기는 이슬람 해상세력이 지중해를 석권한 기간인데 시칠리아와 남부 이탈리아 등이 이슬람의 영향을 깊게 받았다. 이 지역에서도 역시 이슬람 세력이 노르만 족에 의해 패퇴하면서 그 영향력이 일소되었다.[44]

---

44) G. Delanty, op. cit., pp. 24-25.

　그 다음 시기를 오스만 제국(터키 이슬람 세력)이 다르다넬스 해협을 건너 1453년 콘스탄티노플을 함락시키고 그 이후 계속해서 동유럽국들을 유린하고 신성로마제국 수도 빈을 세 번씩이나 포위했을 때이다. 이때부터 오스만 터키 이슬람은 동유럽 지역을 19세기 말까지 지배했으며 이 지역에서 이슬람을 전파시켰다. 특히 오늘날의 보스니아와 알바니아에서 그 뿌리를 깊게 내렸다. 작금의 보스니아와 코소보 사태의 일단은 이와 같은 역사적 맥락에서 이해될 수 있다.

　그런가 하면 근대화를 이룬 유럽이 중동지역을 식민지화 했고 식민지 모국으로 중동의 이슬람교도들이 유럽으로 유입되었다. 많은 알제리인과 튀니지인이 프랑스에, 그리고 이라크와 이집트 지역 사람들이 영국으로 이주하였다. 독일이 제 1차 세계대전기에 터키와 동맹을 맺으면서 독일과 터키 사이의 교류가 깊었고, 제 2차 세계대전 후 서독의 재건기에 터키 노동자들이 많이 유입되었다. 그 다음에 중동지역으로부터 많은 정치적 망명자들이 유럽에서 피난처를 얻었다. 유럽인이 이슬람교도가 된 경우는 동유럽 지역을 제외하고는 거의 없으며 유럽 내 이슬람교도들은 유입된 사람들이거나 이들의 후손들이다.

　1991년 현재 1천 6백만 무슬림들이 유럽에서 살고 있다. 이들 중에 1천만 명은 대부분 조상 대대로의 터전에서 살고 있는데, 디나릭 산맥 지역의 슬라브족 무슬림들인 보스니아인, 불가리아와 마케도니아의 포마크스인, 알바니아인, 터키인, 코카서스에 사는 일련의 소수민족들인 그루지아 압카지스와 아즈하르, 남러시아의 체첸족과 잉구쉬족, 동유럽 평원의 변방에 사는 타타르족 그리고 다양한 그룹의 터키족들이 그들이다. 현재 유럽에서 거주하고 있는 1천 6백만의 무슬림 인구 중에 6백만 명은 최근에 유럽으로 이주했다. 이들은 특별히 터키, 북아프리카 그리고 파키스탄 등으로부터 왔다. 프랑스는 250만 내지 300만의 이슬람계 이민을 받았는데 대체로 아랍계다. 독일에는 170만의 이슬람계 이민들이 들어왔는데 대체로 터키인들이다. 많은 유럽인들은 무슬림들을 그들의 문화적 정체성에 대한 위협으로 여긴다.[45]

　이러한 경향이 계속되는 한 유럽에서 무슬림과 유럽인은 쉽게 동화될 수 없

---

45) Terry, G. Jordan, op. cit., pp. 104-106.

을 것이다. 주로 가톨릭교도들인 크로아티아인들과 정교회의 세르비아인들은 함께 1990년대에 보스니아의 무슬림들과 전쟁을 했다. 이는 십자군 전쟁 이후 계속되는 기독교와 이슬람 간의 긴장관계가 전쟁이란 현실로 나타나는 것으로 보여 전 세계의 이목을 집중시켰다. 1990년대 초 유럽의 남부에서는 기독교도 아르메니아인들이 아제르바이잔 무슬림들과 무력충돌을 일으켰다. 현재 정교회 신도들인 그리스계 사이프러스인들과 무슬림들인 터키계 사이프러스인들 사이의 적대감은 매우 높다. 정교권의 그리스와 이슬람권의 터키 사이의 긴장은 여전히 이완되지 않은 채 두 나라는 1920년대와 같이 1990년대 후반에도 전쟁 일보 직전으로까지 갔다. 체첸, 잉구쉬 그리고 타타르의 무슬림들은 러시아 지배를 거부하고 있다. 유고슬라비아의 세르비아인들은 알바니아계 무슬림들의 근거지인 코소보를 인종청소 하고자 했고 어느 정도 실현하는 단계에까지 이르렀다. 불가리아는 최근 1989년 35만 명의 터키 무슬림들을 추방했다. 그들 수의 반 정도가 후에 귀환했다. 그러면서 동시에 이슬람을 유럽인들은 유럽인의 정체성을 해치는 바로 그것으로 받아들인다. 이러한 측면에서 본다면 터키가 빠른 시일 내에 유럽연합(European Union)에 가입할 것으로 기대할 수는 없다.

이슬람 원리주의는 대부분의 유럽 무슬림들에게는 낯설다. 우리는 가끔 세속화된 무슬림들과 비기독교화 된 유럽인들 사이의 싸움을 목격한다. 이것은 종족주의가 종교주의를 계승하여 이전의 양자간 대결이 지속되고 있음을 의미한다. 이슬람은 그것의 존재를 문화적 풍광에서 뚜렷하게 표현한다. 이슬람 교회의 첨탑(minaret)은 기독교의 뾰족탑처럼 공격적으로 하늘을 꿰찌른다. 기독교인들이 무슬림 지역을 정복하면 가장 먼저 이슬람 사원을 파괴하거나 사원 첨탑인 미나렛을 교회의 첨탑으로 대체시켜 기독교 교회로 개조시켰다. 역으로 무슬림들이 기독교 지역을 점령하면 그 반대의 경우가 발생하였다. 1453년 무슬림들에 의한 콘스탄티노플 정복 이후 정교회 사원인 성 소피아 성당이 미나렛이 있는 이슬람 교회가 된 것은 유명한 예이다. 도시 이름도 앞에서 언급한 것처럼 콘스탄티노플에서 '이슬람의 도시'라는 뜻의 이스탄불로 바뀌었다.

2) 유대교

이슬람 다음으로 큰 유럽의 종교적 소수그룹은 유대교 신도들로 이루어져 있다. 오늘날 유럽에 260만 명 정도의 유대인들이 살고 있는데 그들의 1/5이 넘는 수가 우크라이나에 산다. 제 2차 세계대전 발발시기인 1939년까지만 해도 유럽은 유대인들의 주요 안식처였다. 950만에 이르는 유럽 거주 유대인들은 전 세계 유대인의 60%를 차지했다. 1880년에 미국으로 대량 이민을 가기 전까지 는 전 세계 유대인들의 90%가 유럽에 거주했다. 이들 유럽 거주 유대인 가운 데 아인슈타인, 멘델스존, 디즈레일리, 프로이트 그리고 하인리히 하이네와 같 은 사람들이 특히 유럽의 학문과 문학 그리고 예술의 발달에 크게 기여하였다. 유럽의 상·공업 및 은행업 발달에 유대인들이 끼친 영향 또한 지대하였다.[46]

유대인들이 로마시대에 강제적으로 팔레스타인으로부터 추방되어 세계 각 지 역으로 이산된 후에 그 대다수가 지중해 유럽으로 모여들었다. 유대인들의 초 기 유럽 내 주요 집단 거주지는 무슬림 아랍인들이 지배하는 이베리아 반도에 서 형성되었다. 거기에서 유대인들은 관용적인 처우를 받았으며 상·공업에 능 하여 자신들의 거주 지역을 번성시켰다. 유대인들의 수는 계속 불어나 이베리 아 반도 인구의 1/5을 차지하게까지 되었다. 그러나 이들은 기독교도들에 의한 재정복이 있은 후에 추방당했거나 가톨릭교도로 강제적으로 개종되었다. 그리 하여 이른바 '비밀유대인, 즉 마르나노스'들이 많이 생겨났다.[47] 유대인의 게토 들이 텅 비어 가고, 아름다운 유대 교회들(synagogues)은 기독교 성전들이 되었 다. 상·공업에 능한 많은 유대인들이 이베리아 반도를 탈출하여 영국이나 네 덜란드 그리고 프로이센 같은 프로테스탄트 지역에서 새 보금자리를 찾았다. 이러한 역사적 사실은 스페인의 상·공업이 더 이상 융성하지 못하고 유럽의 산업혁명기에 낙오하는 현실과 일정부문 관련이 있다. 역으로 영국과 네덜란드 가 해상세력으로 부상하고 프로이센의 산업이 눈부시게 발전하는데 있어서 이

46) Nachum T. Gidal, *Die Juden in Deutschland. Von der Römerzeit bis zur Weimarer Republik*, Gütersloh 1988.
47) 오늘날까지도 북포르투갈의 특정 산악도시에는 마르나노스들이 존재한다. 그들은 겉으로는 가톨릭교도로서 행동하지만 실제에 있어서는 유대의식을 행하며 살고 있다.

들 유대인들의 유입이 중대한 역할을 했다고 보는 관점은 크게 주목을 받는다.

다른 또 하나의 주요 유대인 집합지는 중세에 독일 서·남부에서 형성되었다. 여기에서 독일어로부터 파생된 이디쉬(Yiddish)라는 유대어(Jewish)가 기원했다. 이 지역에서 둥지를 튼 유대인들이 소위 말하는 아쉬케나즈 유대인[48]들의 시조가 되었다.

중세 후기에 아쉬케나즈 유대인들이 폴란드 왕국으로부터 관용의 칙서와 정착허가를 받음으로써 이곳으로 이주하기 시작했고 동유럽에서 가장 큰 집단거주지를 형성했다. 그러나 스페인과 독일 서·남부에 이어 형성된 이 세 번째 유대인 집단거주지는 제 2차 세계대전 중 독일 나치의 유대인 멸종 정책에 의해 파괴되고 말았다. 제 2차 세계대전 중 많은 유대인들이 나치의 박해를 피해 미국으로 또는 유대땅으로 이주하였다.

이렇게 큰 희생을 치른 유대인들의 문제는 오늘날 유럽에서 매우 민감한 사회·정치적 토론의 쟁점이다. 그러나 유럽에서 유대인들의 수가 현저하게 줄어들기 때문에 20세기 후반에 이어 21세기에도 유럽 거주 유대인들의 활동은 매우 미미할 것으로 예견된다. 다만 유럽을 떠나 미국으로 이주하여 성공한 유대인 또는 시오니즘의 깃발 아래 이스라엘을 건국한 유대인들은 세계적인 영향력을 행사할 수 있게 되었다.

이렇듯 유대인들이 유럽에서 극심하게 박해를 받게 된 배경으로는 중세 이래의 역사를 들 수 있다. 중세 이래 학문과 예술 그리고 상·공업 분야에서 성공한 유대인들은 유럽인들의 질시의 대상이 되었다. 특히 가톨릭과는 많은 면에서 다른 교회윤리를 가지고 있는 유대인들의 생활태도와 그들의 배타적인 결집력은 유럽인들의 적대감을 자극했다. 유럽인들간의 갈등에 끼어 유대인들이 속죄양이 되는 경우도 많았다. 1894년 프랑스에서 발생한 '드레퓌스 사건'이 그 대표적인 예이다.

---

48) Terry. G. Jordan, op. cit., pp. 106-107.

8. 맺음말

기독교는 유럽의 정체성을 나타내는 가장 중요한 기준이다. 유럽의 정체성을 나타내는 3가지 주요 요소, 즉 기독교, 코카서스 인종, 인도-유럽어족 중에서 기독교의 의미가 가장 크게 주목을 받는다. 왜냐하면 유럽인들의 전체적인 심성, 즉 의식구조와 세계관은 바로 기독교에 바탕을 두고 있기 때문이다. 유럽인 이라는 정체성은 이슬람의 침략을 받으면서 기독교에 바탕해서 형성되었고 유럽의 분열은 기독교의 분열과 궤를 같이 한다. 생활양식의 차이를 수반한 동유럽과 서유럽 그리고 남유럽과 북유럽으로의 구별 시점은 바로 기독교의 분열이었다. 서로 다른 기독교 분파들이 자리잡은 유럽 지역들에서 생활 패턴의 일부가 달리 나타나는데 이는 부르디외(Pierre Bourdieu)가 말하는 아비튀스(cultural habitus)[49]의 형성에 종교가 심대한 영향을 미칠 수 있음을 나타내주는 지표라고 하겠다.

이러한 측면에서 볼 때 세속화의 역사는 유럽의식을 약화시키는 과정이었다고 말할 수 있다. 동시에 세속화의 역사는 과학과 기술의 발달을 촉진시키고 개인주의 및 합리주의의 세계관을 강화시켰다..

그런데 거센 세속화의 물결에도 불구하고 기독교는 여전히 유럽인들의 일상생활에 그리고 문화 전반에 그 혈류로서 깊이 스며들어 있다. 즉, 기독교로 초석을 삼은 유럽문화는 기독교가 아무리 세속화되더라도 이미 일상생활에 침투되어 있는 기독교적 문화를 근본적으로는 벗어날 수 없을 것이다. 따라서 기독교에 대한 이해 없이 유럽에 대한 이해는 불가능하다. 강력한 기독교적 유럽 정체성은 타종교에게 설자리를 내주지 않았다. 이슬람교도는 불구대천의 원수

---

49) Pierre Bourdieu(1979), *La Distinction. Critique sociale de jugement*, Paris, 최종철 역 (1996), 《구별짓기: 문화와 취향의 사회학》, 서울.

였고 유대교도는 상호 공존할 수 있는 파트너로 인정하면서도 적대시하고 유럽 사회의 속죄양 역할을 하게 하는 경우가 많았다.

　이미 탄력을 받고 있는 세속화 과정 그리고 유럽 통합과 세계화 현상이 심화되고 있는 유럽사의 현 단계에서 기독교에 기반한 유럽의 정체성이 앞으로 어떠한 방향성을 띠고 전개될지 그 귀추가 주목된다.

3. 동방교회와 서방교회 : 분열과 차이

임영상 / 한국외국어대학교 사학과 교수

1. 머리말

2001년 5월 5일 "교황, 정교회에 '십자군전쟁 유감' … 800년만의 사과"라는 제목의 기사가 국내 일간지에 실렸다. 로마 가톨릭교도인 십자군이 1204년 동로마제국의 수도이자 동방 정교회의 중심지인 콘스탄티노플(현 이스탄불)을 점령함으로써 동방 정교회와의 관계를 완전 단절시킨 것을 공식 사과한 것이다. 엿새 일정의 그리스, 시리아, 몰타 순방을 위해 5월 4일 그리스 아테네 공항에 도착한 교황은 도착 성명에서 "성지를 수호하기 위한 십자군전쟁이 신앙의 형제들(동방 정교회)에게 등을 돌리게 된 것은 비극적인 일로 심히 유감스럽다."고 말했다. 이 날 교황과 만난 그리스 정교회의 수장인 크리스토둘로스 대주교는 "한마디 사과가 두 교회 간 모든 갈등을 해결하지는 않겠지만 미래의 공동사회를 이루는 데는 도움을 줄 것"이라고 화답했다. 이에 따라 1054년 서방교회인 로마 가톨릭과 동방교회인 그리스 정교회가 분리된 이후 관계가 끊겼던 양측이 1천여 년만에 화해할 가능성도 조심스럽게 점쳐지고 있다.[1]

동방교회와 서방교회의 화해는 먼저 양측이 분열하게 된 배경과 차이점을 상호간에 분명하게 인식해야 하는 것이 순서로 보여진다. 기독교 세계가 단순히 지리적인 차이를 넘어서 그리스 정교회를 중심으로 한 동방교회와 로마 가톨릭교회인 서방교회로 크게 양분되고, 다시 서방교회에서 다양한 개신교회들이 분리되어 생성되었다는 것은 이제 상식적인 수준이 되었다. 가톨릭교회와 개신교회의 한국선교가 각기 2세기와 1세기를 넘었고 또 한국의 현대사에 깊숙이 관련된 관계로, 이들 교회는 이미 불교와 함께 한국인의 3대 종교로 자리를 잡았기 때문이다.

그러나 동방교회에 대한 우리의 이해 수준은 일천하다. 동방교회인 러시아

---

1) 중앙일보 2001년 5월 5일 자.

정교회가 한국 땅에 들어와 첫 미사를 가진 것이 1900년 2월 17일이다.[2] 따라서 동방교회도 벌써 선교 2세기를 맞았다. 그럼에도 불구하고 러시아 정교회의 역사와 문화를 제외하고는 동방교회 일반에 대한 연구는 소수에 불과하다. 심지어 동방교회와 서방교회의 분리과정과 기본적인 차이조차 명확히 정리되지 못한 실정이다.

이에 본고에서는 먼저, 325년부터 제 7차에 걸쳐 개최된 에큐메니칼 공의회 (ecumenical or general council)를 통한 교리논쟁과 교회가 동방과 서방으로 공식 분열되는 과정을 살펴본다. 이어서 서방교회와는 다른 양상을 보이는 동방교회의 특성을 수도생활(monasticism)을 중심으로 검토한 후, 동방교회와 서방교회의 차이점들을 소개하고자 한다. 이를 통해 동방교회와 서방교회 문화권의 차이를 확인하고, 나아가 기독교의 교회일치를 위한 에큐메니칼 운동의 접점이 어느 분야에서 가능한지를 살펴보고자 한다.

---

2) 러시아 정교회의 한국선교에 대해서는 다음을 참조. 임영상, 〈러시아 정교회와 한국: 서울 선교부의 설립과정과 초기활동〉, 《슬라브연구》 제12권(한국외국어대학교 러시아연구소, 1996), 125-157쪽.

2. 교리논쟁과 교회의 분열

A.D. 1세기 사도 바울에 의해 신앙체계를 확립한 기독교가 세속국가의 전폭적인 지지를 받게 된 것은 324년 동방의 정제(正帝) 리키니우스를 물리치고 명실공히 로마 제국의 황제가 된 콘스탄티누스 1세의 치세에 의해서였다. 313년 밀라노 칙령을 통해 기독교를 공인한 콘스탄티누스 1세는 325년 니케아(현 이즈니크)의 자신의 궁전에서 제국 내의 전 주교들을 초청하여 공의회를 개최했다. 황제가 공의회를 개최한 것은 제국의 동쪽 지역에서 통치를 어렵게 할 정도로 교리논쟁이 치열하게 전개되고 있었기 때문이었다.

392년 기독교가 로마의 국교로 제정되기 이전, 서방에 위치한 로마와 달리, 제국의 동쪽에는 콘스탄티노플 이외에도 알렉산드리아, 안디옥, 예루살렘에 주요 4주교좌가 성립된 상태였다. 이들 도시의 주교들은 451년 제 4차 칼케돈 공의회 이래 해당 도시 자체뿐만 아니라 주변 지역까지도 관할하는 주요 주교좌로 인정받게 되었다. 덧붙여 이들 4주교좌 이외에 보다 동쪽에 위치한 에뎃사는 시리아 언어권 기독교의 중심지로서 기능하고 있었다. 처음에는 아시아의 모든 그리스도인들이 그리스어, 시리아어, 콥트어, 혹은 아르메니아어 등 사용 언어에 상관없이 성만찬을 나누었다. 그러나 제국의 동쪽에 위치한 교회는 5세기와 6세기의 교리논쟁에 따른 교회의 분열로 그리스어를 사용하는 콘스탄티노플의 비잔틴 교회와 비잔틴 교회측으로부터 이단으로 정죄된 교회들이 존재하게 되었다. 흔히 네스토리우스파로 잘못 알려진 동양교회(the Church of the East)와 보통 단성론자(Monophysite)로 불려지는 이집트의 콥트 정교회, 시리아 정교회, 에티오피아 정교회, 남인도 말라바의 시리아 정교회, 아르메니아 교회 등 칼케돈 공의회에서 이단으로 정죄된 5개의 비 칼케돈 교회들(non-Chalcedonian churches)이 이에 해당된다.[3)]

그러면 제국의 동쪽에 위치한 교회들이 분열되고 나아가 기독교 세계가 동방교회와 서방교회로 분리된 근본적인 배경을 이루는 에큐메니칼 공의회의 교리논쟁과 9세기 중반 이후의 양측의 갈등관계가 '대분리'로 전개되어간 과정을 살펴보자.

1) 에큐메니칼 공의회와 교리논쟁

4세기부터 9세기까지 일곱 차례의 에큐메니칼 공의회가 열렸던 비잔틴 시대 초기 500년사는 끊임없이 교리를 탐구하던 시기였다. 현대인의 관점에서 볼 때 흔히 난해하고 무미건조한 것처럼 보이지만 당시의 논쟁들은 대중들의 열광적인 관심을 일으켰다.

7차례의 공의회 시기 동안의 교리에 관한 토론은 크게 3단계로 구분된다. 먼저, 제 1단계로써 4세기 동안에 관심의 초점은 삼위일체 신학이었다. 하나님 아버지에 대한 그리스도의 관계는 무엇인가? 어떤 의미에서 하나님이 아버지, 아들, 그리고 성령이 될 수 있으면서도 하나가 될 수 있는가? 325년 니케아의 콘스탄티누스 궁전에서 318명의 주교들이 참석한 가운데 개최된 최초의 공의회는 하나님 성자는 근본적으로 하나님 아버지보다 열등하다는 아리우스(Arius)의 견해를 거부했다. 즉, 니케아 공의회는 성자가 성부와 동일본질(*homoousios*, one in essence)이라는 니케아 신경(Creed)를 채택했고,[4] 로마가 기독교 세계(Christendom)의 첫 번째 주교좌이고 기도는 선 채로 드려져야한다 등 85항목의 교회규범을 규정했다. 이어서 381년 콘스탄티노플의 성 이레네 교회에서 150명의 주교들이 참석한 제 2차 공의회는 니케아 신경을 확대하고 다듬어, 성부와 성자와 성령 3자가 동일본질이라는 삼위일체 교리를 재확인한 '니케아 - 콘스탄티노플 신경'을 확립했

---

3) Kallistos Ware, "Eastern Christendom", John McManners(ed.), *The Oxford Illustrated History of Christianity* (Oxford University Press, 1990), 123쪽.

4) 공의회를 소집한 콘스탄티누스의 입장에서 니케아 공의회는 신민들 사이의 정치적 투쟁의 약화라는 또 다른 목적을 가졌는데, 결국 이는 교회와 국가가 각각의 영역에 간섭하도록 이끌었다. Anna G. Edmonds, *Turkey's Religious Sites* (Istanbul, 1997), 66쪽.

으며, 주교들은 다른 교구의 문제에 간섭할 수 없으며, 콘스탄티노플의 주교가 로마 다음의 지위임을 확인했다.5)

삼위일체론에 이어 제 2단계(431년부터 681년까지) 교리 토론의 주제는 그리스도론이었다. 알렉산드리아 학파를 대변하는 알렉산드리아의 주교 성 키릴과 안디옥 학파에서 수학한 콘스탄티노플의 주교 네스토리우스는 그리스도가 삼위일체 중의 한 분이시며 완전한 하나님이시라는데 동의했으나, 그리스도의 인성을 묘사하고 한 인격 안에서 하나님과 인간이 결합되어 있음을 설명하는 방법에 있어서 의견을 달리했다. 네스토리우스는 그리스도의 인성의 완전성을 주장하고 성모 마리아를 테오토코스(Theotokos), 즉 '하나님을 잉태한 자' 혹은 '하나님의 어머니'라고 부르는 것은 그리스도의 신성과 인성을 혼동시키는 것으로 생각했다. 따라서 그는 성모 마리아는 다만 '인간의 어머니' 또는 '그리스도의 어머니'로 불려져야 한다고 주장했다.6) 200명의 주교들이 431년 에베소에서 모인 제 3차 공의회는 예수 그리스도가 마리아의 태내에서 성령으로 잉태된 후 신성이 우세한 상태로 탄생했다는 입장에 서서 성모 마리아를 '하나님의 어머니'라고 부르는 것이 무방하다고 보았던 키릴의 주장에 지지를 보냈다. 그리스도의 신성과 인성이 완전한 균형을 이루어 두 본성이 서로 교통하는 양성병존을 강조한 네스토리우스 학파의 입장이 그리스도의 신성을 강조해 온 알렉산드리아 학파의 주장에 밀려 이단이 되었다.7) 그러나 449년 에베소에서 두 번째 개최된 공의회에서 그리스도에게는 오직 신성만이 있을 뿐이라는 단성론(Monophysitism)이 제기되자, 마침내 공의회 사상 최대인 630명의 주교들이 모인 451년 칼케돈 회의에서 그리스도론 논쟁에 대해 최종 결론이 내려졌다.

제 4차 공의회로 알려진 칼케돈 공의회는 그리스도는 신성과 동시에 인성을 겸비하고 있다는 로마교회의 정통 신조를 다시 주장하고, 양자의 차이는 하나로 결합되었다고 하여 소멸되는 것이 아니라 차라리 각각의 특성이 유지되고

---

5) Stanley Samuel Harakas, "The Counsels of Christ : The Orthodox believe Jesus' voice can still be heard in the seven ecumenical councils", *Christian History*, Spring 1997 (http://www.christianitytoday.com/ch/54h/ 54h038. html).

6) Timothy Ware, The *Orthodox Church* (Penguin Books, 1964), 32-33쪽.

7) 이장식, 《아시아고대기독교사(1 ~ 16세기)》 (기독교문사, 1990), 73쪽.

양자는 한 인간과 한 위격(hypostasis) 안에서 결합함을 확인했다. 또한 칼케돈 회의는 30항의 교회규범을 통과시켰는데, 사제와 수도사들은 사업이나 군무에 종사하는 것이 금지되었고 여성들은 40세 이전에 보제로 서품될 수 없었다. 또한 주교의 사망시에 사제나 보제들은 그들 주교의 재산을 차지할 수 없었다.8) 성육화(聖肉化)한 그리스도 안에서 다양성과 통일성이 모두 허용됨으로써 안디옥 학파의 그리스도론이 힘을 얻은 셈이었다. 이에 대해 알렉산드리아, 이집트, 시리아 등의 키릴의 추종자들은 칼케돈의 결론이 지나치게 네스토리아주의에 가깝다고 주장했다. 그들은 그리스도가 '두 본성에서 나온' 것은 기꺼이 인정했으나 '두 본성 안에 존재하는' 점은 인정하려 하지 않았다.9) 이로써 431년 에베소 공의회에서 네스토리우스파가 그러했듯이, 451년 칼케돈 공의회에서는 키릴파인 단성론자들이 이단으로 정죄되었다.

칼케돈 공의회는 그 중요성에도 불구하고 그리스도론의 종결점이 되지 못했다. 553년에 이어 681년 콘스탄티노플에서 개최된 공의회 결과, '영광의 주님과 삼위일체의 주님이 육신의 형태로 십자가에 못박혔다.'라는 신칼케돈적인 양보나 그리스도 안에는 두 본성이 있으나, 그는 단지 한 의지(意志)만을 가진다는 단의론(Monothelitism) 또한 거부되었다. 결국 그리스도에게 '두 개의 본래적인 힘'과 '두개의 본래적인 의지' 즉, 신적인 의지와 인간의 의지가 속해 있다는 결론이 내려졌다. 이로써 칼케돈의 양성 그리스도론은 분명히 재확인되었다.

그런데 이 무렵 콘스탄티노플의 제국 정부는 비잔틴 제국의 경계 밖까지 다다른 무슬림의 팽창에 맞서고 있었는데, 마리아 숭배를 공식화한 에베소 공의회가 주로 비잔틴 제국의 경계 밖의 페르시아 제국에 살고 있는 동부 시리아와 메소포타미아의 그리스도인들을 콘스탄티노플 중심의 비잔틴 교회와 항구적으로 분리하도록 이끌었듯이, 칼케돈 공의회 또한 5개의 비 칼케돈 교회와 영속적으로 분리하도록 이끌었다. 비 칼케돈 교회는, 비록 그리스도의 완전한 인성을 부인하지 않지만, 그리스도를 '하나의 본성'으로 서술하는 키릴을 따른다는 이유로 흔히 단성론자로 명명되었다.10)

---

8) Stanley Samuel Harakas, 같은 곳.
9) John McManners(ed.), 140쪽.

교리논쟁의 제 3단계는 그리스도, 성모 마리아, 천사나 성인들의 그림인 이콘(icon, 성화상)에 관한 논쟁이었다. 이콘은 페인트칠을 한 나무 패널의 형태를 취했다. 그러나 교회벽의 모자이크화나 프레스코화, 자수품, 금속에 새겨진 초상화, 혹은 동방교회의 예술에서는 비록 3차원 인물상이 아주 드물지만 조상(彫像) 등도 동등하게 이콘으로 인정될 수 있었다.

사실상 120여 년간 지속된 이콘논쟁은 726~780년과 812~842년간의 두 시기로 나눌 수 있다. 먼저 첫 시기는 동로마 황제 레오 3세가 726년 종교개혁과 토지개혁이라는 두 가지 목적에서 이콘에 대한 공격을 가했을 때 시작되어 780년 황녀 이레나가 박해를 중지했을 때 끝났다. 레오 3세가 이콘파괴주의(iconoclasm) 정책을 단행한 것은 거대한 영지를 소유하고 있는 수도원의 수도사들이 이콘 숭배를 확고하게 지지하고 있음에 주목했기 때문이었다.[11] 레오 3세의 이콘숭배금지령은 780년 황녀 이레네가 어린 아들 콘스탄티누스 6세(780~797)를 대신하여 섭정을 맡으면서 종결되었다. 황녀 이레네는 먼저 이콘파괴주의자들을 관직에서 제거하고 이콘파괴주의자인 총대주교 파벨이 죽자 속인 티라시우스를 그 후임에 임명했다. 뒤이어 티라시우스는 교황과 동방의 총대주교들에게 이콘숭배 문제를 해결하기 위한 공의회를 개최하자고 제의했으며, 결국 787년 니케아에서 367명의 주교들이 회합한 제 7차 공의회는 그리스도와 성인들을 이콘으로 묘사하고 예배의식에서 이들 이콘에 영예를 부여하는 것이 신학적으로 온당하다고 선언했다.[12] 두 번째 시기는 아르메니아인 레오 5세가 다시 이콘을 공격한 812년에 시작되어 843년 황녀 테오도라가 최종적으로 거룩한 이콘을 복원시킴으로써 종결되었는데, 843년 이콘공경의 승리는 후대에 '정교 신앙의 승리'로 알려져 매년 사순절 첫 번째 일요일에 기념되고 있다. 여기에서 동로마(비잔틴) 황실 내 이콘숭배의 주역이 두 차례나 여성이었다

---

10) 임영상, 〈동방정교회의 역사적 전개〉, 《외대사학》 12집(한국외국어대학교 역사문화연구소, 2000), 635쪽.

11) 임영상, 〈동방교회와 서방교회: 교회와 국가의 관계〉, 임영상·황영삼 편, 《소련과 동유럽의 종교와 민족주의》(한국외국어대학교출판부, 1996), 386쪽.

12) 제 7차 공의회는 또한 22항목의 교회규범을 제정했는데, 이에 따라 성직자들은 세속 당국에 의해 임명될 수 없으며 여성들은 주교의 저택 혹은 남자 수도원에 머물 수 없었다. Stanley Samuel Harakas, 같은 곳.

는 점이 흥미롭다 하겠다.[13)

　이콘논쟁이 기독교세계에 가져온 파장과 관련 없이 비잔틴 그리스도인들은 787년 제 7차 공의회에 이은 843년의 '정교 신앙의 승리'로 교리문제가 완전히 해결되었다고 생각하게 되었다. 이제 더 이상 덜어낼 것도 보탤 것도 없으며, 기록된 것이든 그렇지 않은 것이든, 전해져 온 교회의 모든 전통을 일체의 변화 없이 보존하면 된다는 것이 전통에 대한 비잔틴인들의 전형적인 존경이었다.

구약의 성 삼위일체 이콘(안드레이 부블레프 작)

---

13) 임영상, 〈동방정교회의 역사적 전개〉, 636쪽.

2) 교회의 분열 : 갈등에서 대분리로

1054년 어느 여름날 오후, 콘스탄티노플의 성 소피아 대성당에서 예배가 막 시작하였을 때, 추기경 홈베르트와 로마 교황의 다른 두 대표들이 들어와 지성 소로 가서는 봉인된 교황의 '칙령'을 제단 위에 놓고 밖으로 나갔다. 추기경이 서쪽 문을 통해 나갔을 때, 그는 발에 묻은 먼지를 털고서는 "하나님, 보시고 심판하소서."라고 말했다. 칙령의 내용을 짐작한 한 보제가 황급히 홈베르트의 뒤를 쫓아가서는 그것을 도로 가져갈 것을 간청했다. 홈베르트가 거절하자 보 제가 그것을 길에 떨어뜨렸다. 교황의 칙령은 콘스탄티노플의 총대주교와 그 측근들을 파문한다는 내용이 명시되었고, 이에 총대주교도 추기경측을 파문 조 치했다. 따라서 1054년 사건은 정교 동방과 라틴 서방 사이의 대분리(Great Schism)의 결정적인 순간으로 묘사된다. 그러나 이는 영속적인 분리의 도상에 서 일어난 많은 사건중의 하나에 불과했다. 오늘날까지 지속되고 있는 양측의 단절에 봉인을 한 사건은, 아이러니하게도 비잔틴(동로마) 황제가 로마 교황에 게 요청하여 이루어진 십자군전쟁의 와중에 일어났다. 1204년 제 4차 십자군에 의해 3일 동안 콘스탄티노플에서 자행된 유혈사건이 동방교회의 그리스인들로 하여금 영원히 라틴 서방교회의 사람들을 교회와 민족의 적으로 간주하게 하 였던 것이다.

동방교회와 서방교회의 갈등관계가 대분리로 발전된 분열의 배경에는 역사 적으로 복합적이며 복잡한 원인들이 있었다.14) 먼저 '정치지리적인 현실'이 분 열의 원인을 제공했다. 사도시대 동안 로마 제국은 긴밀히 연결된 정치 – 문화 적인 단일체였다. 그러나 200년대 후반이 시작되면서 제국은 이론상으로는 하 나이지만 동방과 서방으로 나뉘어 각각의 황제의 지배를 받았다. 심지어 콘스 탄티누스 황제는 330년 제 2의 수도를 동방의 그리스의 옛 식민지 비잔틴움에 건설하고 이를 '제 2의 로마'로 명명했으며, 395년 테오도시우스 황제가 사망하

---

14) 이하 내용은 별도의 각주가 없는 경우, Mark Galli, "The Great Divorce of East and West," *Christian History,* Spring 1997(http://www. christianitytoday.com/ch/54h/54h10a.html)에서 요약.

면서 제국은 동로마와 서로마로 공식 분열되었다. 이어서 476년 서로마 제국의 멸망 이후 서방은 고트족, 롬바르디아족, 프랑크족, 반달족 및 다른 게르만 부족의 지배하에 들어갔다. 동방의 비잔틴 사람들은 여전히 로마 제국을 만인의 국가로 간주했으나, 실제로 그리스 동방과 라틴 서방의 정치적 분리는 이제 항구적인 것이 되었다. 여기에 600년대에 이슬람의 대두로 지중해 지역 대부분이 아랍의 지배로 떨어지면서 동·서 지중해 세계 사이의 문화적인 접촉은 한층 더 어려워졌다.

8세기 중반 이후 로마 가톨릭교회와 프랑크 왕국의 제휴가 사태를 더 복잡하게 만들었다. 수세기 동안 로마 교황들은 당연히 콘스탄티노플의 황제에게 군사 및 경제적인 도움을 요청했다. 그러나 754년 교황 스테판 2세가 동방과 단절하고 롬바르디아족의 공격을 막아내기 위해 프랑크 왕국의 피핀에게 도움을 구한 이후,15) 교황권은 점차 프랑크의 영향 아래 들어가기 시작했다. 마침내 보다 상징적이고 극적인 사건이 800년 성탄일에 일어났는데, 당시 교황 레오 3세가 로마를 방문한 샤를마뉴를 '신성로마제국의 황제'로 대관한 것이다. 샤를마뉴는 즉각 비잔틴의 황제에게 이를 인정해 줄 것을 요청했다. 그러나 비잔틴 황제는 자신만이 여전히 통합 로마 제국의 황제이며, 샤를마뉴는 침입자요, 교황의 대관식을 교회를 분리시키는 행동으로 간주했다.

동방과 서방교회의 분열은 샤를마뉴의 치세와 함께 처음으로 명백해진 '문명의 분리'에서도 원인을 찾을 수 있다. 샤를마뉴에 의한 '카롤링거의 르네상스'는 처음부터 문학, 신학, 정치에서 강력한 반(反) 그리스적인 편견으로 특색을 드러냈으며, 비잔틴 사람들은 프랑크 사람들 모두를 야만인으로 무시했다. 이러한 상호 편견은 언어 문제로 심화되었는데, 식자층의 이중언어 사용이 종결되

---

15) 교황은 726년 동로마 황제가 성상숭배를 금하는 칙령을 내렸을 때, 이에 반대하는 입장을 표명하면서 당시 프랑크 왕국의 실질적인 지배자인 궁재 칼 마르텔에게 지원을 요청했다. 그러나 당시 이슬람의 침입을 막아야 했던 프랑크 국가로서는 교황의 요청을 수용할 수 없었다. 그러나 751년 칼 마르텔의 아들 피핀이 메로빙거 왕조를 폐하고 카롤링거 왕조를 개창하고자 교황의 도움을 청했을 때, 교황은 이를 받아들여 게르만인의 사도라 칭함을 받았던 보니파키우스를 통해 피핀을 축성했다. 이로써 양자의 제휴가 이루어졌는데, 754년 교황의 요청에 따라 롬바르디아족을 제압한 피핀이 교황에게 라벤나 일대를 기증함으로써 교황령의 기초가 되었다.

었기 때문이다. 450년 무렵 서방에서는 소수만이 그리스어를 읽을 수 있었으며, 600년 이후 비잔틴은 여전히 자신을 로마 제국으로 불렀지만 비잔틴 사람이 라틴어를 말하는 것은 드문 일이었다. 9세기 콘스탄티노플의 대학자인 포티우스도 라틴어를 읽을 수 없을 정도였다. 덧붙여 식자층 사이에도 중요한 차이가 있었다. 비잔틴에서는 교육받은 속인들이 신학에 적극적인 관심을 보였으나, 서방에서는 정치적인 혼란과 문화적인 후퇴로 신학은 오직 사제들만의 영역이 되었다. 이로써 신학도 서방과 동방에서 다른 방향으로 나아가, 보다 실제적인 라틴과 보다 사변적인 그리스적인 접근으로 특징을 드러내게 되었다. 그리스도가 십자가에 못박힌 것에 관해서, 라틴인들은 먼저 그리스도를 십자가상의 희생으로 생각했으나, 그리스인들은 그리스도를 사망에 대한 승리로 생각했다. 라틴인들은 죄인의 구속에, 그리스인들은 인류의 성화(deification)에 대해 더 많은 관심을 표명했다.

몇몇 실제적인 차이점들도 드러났다. 그리스인들은 결혼한 사제를 용인했으나, 라틴인들은 사제의 독신을 주장했다. 양측은 금식에 관해 다른 규칙을 가졌으며, 성만찬시에 그리스인들은 발효된 빵을, 라틴인들은 발효되지 않은 빵을 사용했다.

교회의 분열은 '공개적인 갈등'이 중요한 원인으로 작용했다. 6세기 이후부터 로마와 콘스탄티노플 사이에는 수많은 논쟁이 일어났다. 그러나 858년 콘스탄티노플의 총대주교 이그나티우스가 비잔틴 황제에 의해 총대주교직을 사임하고 속인 포티우스가 총대주교로 지명되면서 시작된 갈등은, 어떻게 동방과 서방이 소원해졌는지를 단적으로 드러냈다. 관례에 따라 포티우스는 로마 교황 니콜라스 1세에게 서한을 보내 그의 취임을 통보했다. 보통 때와는 달리 니콜라스 교황은 즉각 새로운 총대주교를 승인하던 전례를 유보했다. 아직도 포티우스가 찬탈자라고 주장하는 전임 총대주교의 지지자들이 있다는 소식을 들었던 것이다. 교황은 사건의 진상을 조사하기로 결정하고 861년 콘스탄티노플로 사절단을 보냈다.

당대의 '가장 훌륭한 학자, 가장 뛰어난 정치가, 가장 노련한 외교관'으로 불려졌던 포티우스는 교황권을 가지고 논쟁하기를 원하지 않았기 때문에 사절단

을 극진하게 대접했다. 그는 심지어 그들을 초청하여 현안을 해결하기 위한 종
교회의를 주재하도록 했는데, 바로 그 회의가 포티우스를 적법한 총대주교임을
결의하였다. 그러나 사절단이 로마로 돌아갔을 때, 교황은 그들이 권한을 넘어
선 행동을 했다고 비난하고는 자신이 직접 로마에서 사건을 재심했다. 결국 포
티우스의 주장이 거부되고 그에게서 모든 사제직을 박탈하고 이그나티우스를
총대주교로 인정한다는 것으로 종교회의가 종결되었다. 비잔틴 사람들은 로마
의 종교회의가 내린 결정을 무시하고 교황의 서한에 답변하기를 거절했다.

양측의 이와 같은 논쟁은 동방과 서방 사이에 또 다른 문제로 대두되고 있
었던 교황권 문제에 집중되었다. 동방의 교회들 사이에서는 주교들은 상호 평
등하다는 의식이 강했다. 수많은 도시 교회들이 한 사도에 의해 세워졌다고 주
장해왔기 때문이다. 따라서 동방에서는 교황을 기독교의 제 1의 주교이지만 단
지 동등자 중의 1인자로만 인정하고 있었다. 서방에서는 오직 단 하나의 위대
한 도시 교회만이 사도가 토대를 세웠으며, 바로 로마를 사도적인 주교좌로 간
주하였다. 서방교회는 교황이 교황령의 수반으로 중앙집권화되었는데, 비잔틴
사람들은 교황이 동방에 간섭하지 않는 한 상관하지 않았다. 강력한 세속권력
인 황제가 건재한 동방과는 달리 황제의 권위가 약화된 서방에서는 로마의 행
정 업무에 있어서 로마 주교가 차지하는 중요성이 더욱 커지고 있었다. 특히
453년 레오 1세가 앗틸라를 설득하여 훈족의 로마 공격을 막아낸 후[16], 교황
은 점차 성직자들뿐만 아니라 세속의 지배자들에게도 명령을 내렸다. 이 점에
있어서도 동방교회는 교황이 절대권을 단지 서방에서만 주장하는 한 개의하지
않겠다는 입장을 보였다.

한편, 니콜라스 1세는 개혁 교황으로서, 865년의 한 서한에서, '온 땅, 즉 모
든 교회에' 대한 권세가 교황에게 부여되었다고 믿었다. 따라서 총대주교직의
승계와 관련하여 콘스탄티노플에서 논쟁이 일어났을 때, 그는 동방교회에까지
자신의 보편적인 관할권을 주장할 수 있는 절호의 기회라고 생각했다. 교황이
이러한 생각을 갖게 된 것은, 역설적이게도 교황의 우월권에 대한 확인이 아니

---

16) 로마의 주교 레오 1세는 455년에는 성과는 없으나 반달족과 협상을 시도했다. 임영상,
   〈동방교회와 서방교회: 교회와 국가의 관계〉, 379쪽.

라 외교적인 예의로써 포티우스가 초기에 사절들에게 보여준 공손함이 문제였음이 입증되었다. 자신의 권위를 과시하기 위하여 니콜라스 교황이 새로운 종교회의를 소집했던 것이다. 동방과 서방에서 각기, '교황 니콜라스의 분리'와 '포티우스의 분리'라고 불려지는, 교황의 권위를 놓고 일어났던 양자 사이의 사건은 폭발적인 잠재력을 가지고 있었다. 그러나 보다 민감하면서도 똑같이 분열을 야기시킨 또 다른 문제가 있었다.

바로 이 시기에 동방교회와 서방교회에서 시작된 슬라브인들에 대한 선교과정에서 일어난 '선교사 정치'가 교회를 분열시킨 요인으로 작용했다. 동방 정교회권에서 '슬라브인의 사도'로 추앙받는 키릴과 메소디우스가 862년 모라비아에서 선교활동을 시작한지 얼마 되지 않아 당시 동·서방 교회의 중간지대인 발칸반도의 불가리아에서 독일인 선교사들과 조우하게 된 것이다. 지배민족인 원(原) 불가리아인이 다수의 슬라브족에게 흡수 동화되어 형성된 불가리아 왕국은 9세기 슬라브 주민들이 이미 기독교화되어 있는 트라키아와 마케도니아까지 영토가 확대되자 나라 전체를 기독교화 하려는 시도가 강화되고 있었다. 마침내 9세기 중반 기독교는 박해받던 종교에서 불가리아의 국교가 되었는데, 콘스탄티노플과 로마 교회가 불가리아를 그들의 영역으로 추가하고자 갈망했던 것이 바로 이 시기였다.[17]

기독교를 수용한 공후 보리스 1세는 처음에는 독일인 선교사에게 세례를 요청하려 했으나, 비잔틴의 침입에 위협을 느끼고는 마음을 바꾸어 864년 그리스인 사제로부터 세례를 받았다. 그렇지만 그는 불가리아 교회의 독립을 원하여 콘스탄티노플에게 다른 동방의 총대주교 교회들처럼 교회자치를 요구하였다. 이를 콘스탄티노플 교회가 거절하자, 그는 다시 보다 좋은 조건을 찾아 서방교회로 향하였다. 불가리아에서 선교활동이 허용되자, 라틴 선교사들은 즉각 비잔틴의 관행이 라틴교회와는 다른 재속 성직자, 금식규정, 무엇보다도 필리오케(filioque)를 지적하며 그리스인들을 거칠게 공박하기 시작했다.

필리오케는 니케아 신경의 내용 가운데 성령이 '아버지로부터'라는 구절을

---

17) 불가리아의 기독교화와 기독교가 미친 영향에 대해서는 다음을 참조 바람. 최권진, 〈불가리아 정교회와 민족주의〉, 임영상·황영삼 편, 《소련과 동유럽의 종교와 민족주의》, 330-350쪽.

아버지 다음에 '아들로부터'(라틴어로 필리오케)라는 말을 덧붙인 것을 의미했다. 이는 원래 6세기 예수의 신성을 부정한 아리우스주의에 대한 맞선 보호수단으로 스페인에서 시작되었는데, 프랑스와 독일로 퍼져서 마침내 794년 샤를마뉴가 기꺼이 받아들인 프랑크푸르트 종교회의[18]에서 채택되었다. 그러나 로마에서는 11세기 초까지 필리오케를 사용하지 않았다. 808년 교황 레오 3세는 샤를마뉴에게 보낸 서한에서, 그 자신도 필리오케가 교리상으로는 정통한 것으로 믿지만 신조의 말을 함부로 변경한 것은 실수라고 간주했다.

니케아 - 콘스탄티노플 신경(381년 공의회에서 다듬어진)의 원래 형태에 어떤 변경도 하지 않은 채 현재까지 사용하고 있는 정교도 그리스인들은 9세기까지는 필리오케에 관심을 부여하지 않았다. 그러나 일단 관심을 가진 후부터는 강력하게 반발했다. 정교회가 필리오케에 반대했고 지금도 반대하고 있는 것은 두 가지 이유 때문이다. 첫째, 전 교회의 공동산물인 신경이 변경되어야 한다면 에큐메니칼 공의회에서 전 교회에 의해 이루어져야 하기 때문이다. 두 번째로 대부분의 정교도들은 필리오케가 신학적으로 잘못된 것으로 믿고 있다. 삼위일체 교리의 미묘한 균형을 변경시켰기 때문에 이단이라는 주장이다.

교황 니콜라스는 독일 선교사들이 불가리아에서 필리오케의 사용을 주장하자 이를 지지했다. 콘스탄티노플의 총대주교 포티우스는 비잔틴 제국의 바로 접경지역에서 이러한 상황이 전개되는 것에 경악했다. 867년 그는 동방의 다른 총대주교들에게 보낸 서한에서 필리오케의 사용을 상세히 비난하고는 이를 사용하는 사람들을 이단이라고 비난했다. 이어서 그는 콘스탄티노플에서 종교회의를 소집하여 교황 니콜라스를 파문에 처하고 그를 '주님의 포도원을 유린하는 이단자'라고 칭했다. 결국 서방교회의 교황에 이어 동방교회의 총대주교마저

---

18) 794년 프랑크푸르트 종교회의는 또한 이콘숭배와 관련하여 동·서방교회가 다른 시각을 갖게 된 계기를 제공했다. 787년 제 7차 에큐메니칼 공의회의 결정 사항이 로마교회를 비롯한 전 교회 대표들의 연서로 그 정통성을 인정받았다. 그러나 794년 샤를마뉴가 소집하여 300명이 넘는 주교들이 참석한 프랑크푸르트 종교회의가 이콘의 사용을 인정하면서도 어떤 교의나 예배의식에서의 중요성이 아니라 단지 교회의 장식으로서라는 결정사항을 교황이 인정한 것인데, 이것이 정교회에서 교회의 언어요, 신적인 계시의 표현이자 예배의 중요한 일부인 형상(image)이 라틴 서방에서 결코 이러한 역할을 하지 못한 이유였다. Leonide Ouspensky, *Theology of the Icon* (St. Vladimir's Seminary Press, 1978), 172쪽.

상대방을 파문함으로써 기독교세계는 분리될 위기에 처해졌다.

그러나 상황이 급변했다. 867년 바로 그 해에 비잔틴 황제가 살해당하고, 찬탈자가 포티우스를 총대주교직에서 해임하고 전임 황제에 의해 물러났던 이그나티우스에게 이를 계승하도록 한 것이다. 바로 같은 시기에 교황 니콜라스도 사망했다. 결국 반 포티우스로 알려진 종교회의는 포티우스가 주재한 종교회의에서 결정된 사항을 번복하고는 불가리아 교회가 콘스탄티노플 총대주교좌에 속한다고 결의했다. 로마가 비잔틴보다도 더 많은 독립적인 지위를 허용하지 않을 것임을 인식한 불가리아의 공후 보리스는 이러한 결정을 수용했다. 870년 서방 선교사들이 축출되고 필리오케는 불가리아에서 더 이상 암송될 수 없게 되었다. 그 후 콘스탄티노플에서는 이그나티우스와 포티우스가 화해하고, 877년 이그나티우스가 사망하자 포티우스가 다시 한번 총대주교로서 그의 뒤를 이었다. 879년 다시 종교회의가 개최되어 과거 포티우스에 부과했던 모든 비난이 철회되었다. 로마도 필리오케 문제를 강요하거나 동방에서 교황권을 강화시키려는 시도도 하지 않았다. 이로써 교회의 분리는 외면상 잠정적으로 치유되었다.

그러나 동방교회와 서방교회는 '외교적인 실수'로 1054년 공식적인 분리에 이르게 되었다. 1014년 로마에서 거행된 신성로마제국 하인리히 2세 황제의 대관식에서 니케아 신조가 편집된 형태로 영창되었다. 더욱이 1049년에서 1054년까지 재위하면서 추기경단을 창설하는 등 일련의 교회개혁을 단행한 교황 레오 9세에 의해 교황의 입법권 및 사법권이 수 세기만에 처음으로 알프스 이북에서도 효력을 발휘하게 되었다.[19] 보편적인 관할권에 대한 교황의 주장도 자연스럽게 부활되었다. 사태가 더 악화되었다. 1050년대 초반 노르만족이 침공하여 비잔틴 지배하의 남부 이탈리아의 그리스인들에게 라틴 예배의식을 따르도록 강요하고, 상업 도시국가인 베네치아가 이탈리아와 소아시아 지역 비잔틴의 비즈니스를 잠식하게 된 것이다. 총대주교 미카엘 케루랄리우스는 보복조치로 콘스탄티노플의 라틴 교회들에게 그리스 예배의식을 채택하도록 요구한 후, 라틴 사람들이 이를 거절하자 그들의 교회들을 폐쇄시켰다.

---

19) 임영상, 《동방교회와 서방교회: 교회와 국가의 관계》, 393쪽.

1053년 총대주교 케루랄리우스가 보다 태도를 누그러뜨려 교황 레오 9세에게 예배의 관례에 관한 쟁점을 해결할 것을 제안했다. 이에 1054년 레오 9세는 추기경 홈베르트를 대표로 하는 3인의 사절단을 콘스탄티노플에 보냈다. 미래의 그레고리 7세인 추기경 홈베르트와 총대주교 케루랄리우스 두 사람은 경직되고 비타협적인 인물로서 그들의 만남이 선의를 증진시킬 것 같지는 않았다. 사절단은 총대주교를 방문해서는 교황의 서한을 불쑥 내밀고 통상의 인사도 없이 물러갔다. 실제로 서한은 홈베르트가 작성한 것으로 그 논조가 상호 용납될 수 없는 것이었다. 총대주교는 더 이상 사절단을 상대해주지 않았다. 평상심을 잃은 홈베르트는 총대주교에 대한 파문을 담은 교황의 칙서를 작성했다. 홈베르트는 그리스인들이 니케아 신조에서 필리오케를 생략한 것을 비난하고는 즉각 콘스탄티노플을 떠났다. 그는 이탈리아에서 사건 전체를 로마의 위대한 승리로 단언했으나, 케투랄리우스와 비잔틴교회는 홈베르트를 파문에 처함으로 응수했다. 화해를 위한 시도가 사태를 이전보다 더 악화시킨 것이다. 그럼에도 불구하고 1054년 이후에도 우호적인 관계는 계속되었다. 기독교세계 양측은 아직 그들 사이의 깊이 파인 간격을 의식하지 못했다. 그와 함께 하나의 오해로 인식된 이번 사건도 기지와 외교로써 해소될 수 있을 것이라고 인식했던 것이다.

그러나 역설적이게도 비잔틴제국의 황제가 요청하여 교황이 주도한 십자군운동(1096~1270)과 함께 모든 희망이 영원히 사라져버렸다. 제국의 수도이자 동방교회의 센터인 콘스탄티노플을 공격한 십자군의 '신성모독' 사건으로 동·서방교회가 영속적인 대분리의 길을 가게 된 것이다. 제 1차 십자군은 군사적인 면에서 대성공을 거두었다. 1098년 안디옥, 1099년에는 예루살렘을 터키의 지배로부터 해방시켰다. 그러나 회복된 성지를 라틴 주교가 관할할 것인가 아니면 그리스 주교가 담당할 것인가의 문제로 평신도들조차 분열되었다. 결정적인 순간이 온 것은 1204년이었다. 원래 이집트로 향했던 제 4차 십자군이 뱃머리를 돌려 콘스탄티노플을 통해 우회하도록 했는데, 이는 베네치아의 상인들과 비잔틴의 쫓겨난 황제 이삭 안겔루스의 아들 알렉시우스에 의해서였다. 십자군에게 재정지원을 하고 있던 베네치아 상인들은 자신들의 이익을 위해 비잔틴의 상황을 동요시키고자 했으며, 알렉시우스는 자신뿐만 아니라 그의 부친을 권좌에 복위시키고자 했다. 그러나 서방측의 간섭은 원활히 진행되지 않았으며, 결국 비잔틴의 정치에 넌더리가 난 십자군들은 참지 못하고 도시를 약탈하기 시작했다.

3일 동안 콘스탄티노플에서 자행된 끔찍한 약탈은 역사상 유례 없는 사건이었다. 900년 동안 이 위대한 도시는 기독교 문명의 수도로 기능해 왔는데, 고대 그리스의 미술 작품들과 비잔틴의 장인들이 만든 정교한 걸작들로 이루어진 이 도시가 십자군에 의해 더럽혀졌다. 특히 베네치아 출신의 많은 약탈자들은 이 보물들을 실어 날라 그들 고향 마을의 광장과 교회들을 장식했다. 군인 폭도들이 거리를 따라 내려가면서 집집마다 들어가 번쩍이는 것이면 무엇이든지 잡아챘으며 가져갈 수 없는 것은 파괴해 버렸다. 수도원과 교회, 도서관 어느 곳도 화를 면할 수 없었다. 그들이 약탈행위를 멈춘 것은 단지 사람을 죽이거나 강간, 혹은 원기 회복을 위해 노천 포도주 창고를 부수기 위해서였다. 수녀들이 자신의 수녀원에서 강간을 당했으며, 피를 흘리는 여자들과 아이들이 거리에 쓰러져 죽었다.

그리스인들이 무엇보다도 충격을 받은 것은 십자군의 방자하고 조직적인 신성모독 행위였다. 술에 취한 십자군들이 성 소피아 성당의 제단과 이콘이 그려진 칸막이를 산산조각 냈으며, 거룩한 책들과 이콘들이 밟아 뭉개졌다. 병사들이 제단의 제기(祭器)들을 가지고 즐겁게 술을 마시는 동안, 한 창녀가 총대주교의 옥좌에 앉아 음탕한 프랑스 노래를 불렀다. 이 같은 장면을 직접 목도한 그리스인들은 십자군을 그들과 같은 의미의 그리스도인으로 보지 않았다.[20] 콘스탄티노플은 1260년 다시 비잔틴 제국의 수도가 되었지만 결코 회복되지 못했다. 그 후 200여 년에 걸친 투르크인의 공격으로 비잔틴 제국은 영속적으로 약화되었다. 마침내 1453년 위대한 도시가 함락되자 비잔틴 문명은 종말을 고했으며, 동방교회는 적대적인 문화 속에서 영원히 소수자로 남게 되었다.

동방 기독교세계는 1204년의 학살과 약탈을 결코 잊지 못했다. 비잔틴사가 런시만은 "십자군은 평화가 아니라 칼을 가져왔으며, 그 칼로 기독교세계가 분

20) Timothy Ware, 68-69쪽.

리되었다."라고 평가했으며, 당대 한 정교회 역사가가 항의하였듯이, "어깨에
그리스도의 십자 표시를 단 십자군과 비교할 때 오히려 사라센인들이 자비롭
고 친절했다." 이 사건 이후 당연히 대부분의 그리스인들은 라틴세계 사람들을
교회와 민족의 적으로 보았다. 따라서 그리스 대표들이 참석한 1274년(리용)과
1438~1439년(피렌체)의 종교회의에서 기독교 교회의 재통합이 선언되었지만,
각각 문서상의 협정에 머무를 수밖에 없었다. 대표들 사이의 결정사항을 정교
세계의 압도적인 다수의 사제와 일반 신도들이 거부했기 때문이다.[21]

성 소피아 대성당

---

21) 러시아 정교회가 콘스탄티노플 총대주교의 간섭을 배제하고 독립적인 교회가 된 것도 이 같
   은 배경에서였다. 피렌체 종교회의에서 서방교회의 입장을 지지했던 그리스 출신 러시아 교
   회의 수좌 대주교 이시도르가 1441년 3월 모스크바로 돌아와 리투르기아(예배의식)에서 교회
   통합의 결정사항을 발표했을 때, 그는 즉각 체포되어 구속되었다. 결국 1448년 러시아 교회
   는 독자적으로 러시아인 수좌 대주교를 선출했다. 임영상, 〈러시아 민족과 러시아 정교회〉,
   《소련과 동유럽의 종교와 민족주의》, 42-43쪽.

3. 동방교회의 특성과 서방교회와의 차이

1992년 소련의 해체 이후, 지성사에서 교회사로 연구방향을 바꾼 필자는 정교 문명권의 정치문화를 이해하는 코드로써 '교회 – 국가 관계'에 주목해왔다. 이에 필자는 흔히 '황제교황주의'라는 용어가 동방교회의 교회 – 국가 관계를 설명하는 개념으로 부적절함을 밝힌 바 있다.22) 그러나 필자는 동방 정교회에 관한 자료를 읽고 러시아와 그리스, 우크라이나, 불가리아, 루마니아 등 정교권 수도원들을 탐방하는 가운데, "수도생활(monasticism)은 그것이 생성된 이래 줄곧 동방 정교회의 본질적인 특성이 되어왔으며, 수도생활의 전통을 이해하지 않고는 정교회를 이해할 수 없다."고 지적한 미국의 정교 신학자 크리쌉기스의 지적에 동의하게 되었다. 이에 동방의 수도생활을 통해 동방교회의 특성을 개괄한 다음에 동방교회와 서방교회(가톨릭교회, 개신교회)와의 차이를 소개하겠다.

1) 동방교회의 특성 —— 수도생활 23)

수도생활은 270/271년의 한 일요일 아침에 이집트의 어느 마을에서 시작되었다. 그 날 예배 중에 "예수께서 이르시되 네가 온전하고자 할진대 가서 네

---

22) 이미 서방 학계에서는 잘못된 인식으로 판명난 동방교회의 교회 – 국가 관계를 '황제교황주의'로 이해하고 있는 것이 우리 학계의 실정인 바, 필자가 이를 처음 제기한 것은 러시아 정교회 연구의 일환으로 작성한 졸고, 〈동방교회와 서방교회: 교회와 국가의 관계〉(《슬라브 연구》 제 10집, 1994년)에서였다. 다시 필자는 지난 1998년 8월 '세계 역사상의 국가 권력과 종교'라는 공동주제로 열린 역사학회의 여름 심포지엄에서 〈皇帝敎皇主義와 러시아 정교회〉(《역사상의 국가 권력과 종교》, 일조각, 2000)라는 제목으로 문제를 제기한 바 있다.
23) 수도생활에 대한 내용은 별도의 각주가 없는 경우, John Chryssavgis, "The Spirit-Bearers," Christian History, Spring 1997 (http://www. christianitytoday.com/ch/54h/54h024.html)에서 요약.

소유를 팔아 가난한 자들에게 주라. 그리하면 하늘에서 보화가 네게 있으리라. 그리고 와서 나를 따르라."(마태복음 19 : 21)라는 성경이 낭독되었다. 집회에 참석했던 청년 안토니는 성경말씀을 듣자마자 단순히 상대적인 빈곤이 아니라 철저한 은둔자의 생활을 찾아 나섰다. 그가 사람이 살고 있지 않는 사막에서 시작한 은둔생활은 외부는 고사하고 심지어 그의 마을 안에서도 잘 알려지지 않았다. 그러나 그가 106세에 사망하자 그의 친구이자 전기 작가인 알렉산드리아의 아타나시우스가 이를 알렸다. 아타나시우스는 수많은 사람들이 정규적으로 성 안토니(251~356)를 찾아와 가르침을 받았다는 의미에서 "사막이 도시가 되었다."라고 썼다.

하나의 독특한 운동으로써 수도생활이 출현한 것은 4세기 초반 이집트에서였다. 그러나 그것은 하나의 혁신이라기보다는 오히려 처음부터 기독교에 내재한 금욕적인 정신의 신선한 표현이요, 그리스·로마 세계가 중시했던 쾌락과 부와 명예뿐만 아니라, 가정생활과 시민권 등에 대한 절대 부정을 의미한 것이었다. 그리스도교인에 대한 박해가 종결되고 피의 순교가 끝나갔을 때, 기독교 세계의 눈에는 평생 끊임없는 기도와 금식으로 밤낮을 지새우는 금욕주의자들이야말로 신앙의 산 증인들이며 초자연적 세계의 실체로 앞서 순교자들이 차지하고 있던 위치를 차지하는 존재로 비쳐졌다.24) 바로 금욕생활을 하는 수도자들이 하나님의 왕국이 이 세상에 속하지 않는다는 것을 그리스도인들에게 일깨워주었던 것이다.

당시 이집트에서는 대체로 지리적인 위치에 따라 세 가지 형태의 수도생활이 발전하였다. 첫째, 이집트 남부에 분포한 '은자' 생활로 바로 성 안토니가 모델이다. 이곳에서 수도사들은 격리되어 엄격한 기도생활을 영위했다. 둘째, '공동체' 생활로 주로 이집트 북부에 분포되었다. 성 안토니의 동료인 성 파코미우스(286~346)가 수도자들이 공동의 규칙 아래 함께 기도하고 일하며 살아가는 공동체를 형성했다. 셋째, 앞의 두 형태인 중간적인 '반 공동체'(semi-eremitic) 생활로 나일강 어귀의 서쪽에 위치한 니트리아와 세티스가 중심지였다. 이는 고도로 조직화된 단일 공동체 대신에 한 원로의 인도 아래 2~6인의

24) Christoper Dawson, 《西歐文化와 宗敎》, 노명식 역(현대사상사, 1975), 50-51쪽.

형제들이 생활하는 작은 공동체들이 느슨하게 결합된 집단이었다.

　수도원 때문에 4세기의 이집트는 제 2의 성지로 간주되어 예루살렘으로 여행하는 사람들은 나일 지방의 암자들이 포함되지 않은 순례를 불완전한 것으로 느낄 정도였다. 그러나 동방의 수도생활의 중심은 이집트로부터 300년대 후반에 소아시아, 400년대에는 팔레스타인, 500년대에는 시나이 지방, 그리고 900년대에는 '거룩한 산'으로 알려진 그리스의 아토스 반도로 옮겨졌으며, 이곳에는 지금도 세 가지 유형의 수도생활이 존재하고 있다. 시리아에서는 '기둥 위의 고행자들'(stylites)이, 카파도키아에서는 소아시아 카에사리아 출신의 대 바실의 영감과 지도 아래 보다 학문과 예배, 사회활동에 관심을 기울인 수도생활이 등장했다. 또한 518년 경 콘스탄티노플 도시에도 약 70개의 남자 수도공동체가 있었다.

　일반적으로 동방에서의 수도생활은 서방에 비해 보다 융통성이 있고 덜 획일적이라는 점에 특성이 있었다. 동방은 수도자들에게 엄격한 규칙을 만든 어거스틴이나 베네딕트 같은 인물이 없었다. 성 바실이 만든 《규칙》은 결코 체계적이지 못했는데, 그의 긴 규칙은 일련의 설교이고 짧은 규칙은 바실이 교구 내의 수도원들을 방문했을 때 수도사들이 제기한 질문에 대한 답변에 지나지 않았다. 일반적으로 수용된 규칙이 없었던 정교회의 개개 수도원은 각 수도원장의 지시를 받는 하나의 자치단위였다. 따라서 동방교회에서 수도자는 공동생활을 하는 사람이라기보다는 오히려 혼자 사는 사람이었다.[25] 동방에서는 수도승과 수녀들이 한평생 한 수도원에서 살아야 한다는 요구사항, 즉 '안정성'이 덜 강조되었다. 수도자들은 종종 수도원을 바꾸기도 했다.

　자신의 암자에 앉아 있는 '잠 못 이루는 사람들'의 모습은 동방의 수도생활이 보여주는 또 다른 중요한 특성으로 지적될 수 있다. 암자는 무엇보다도 기도 장소였으며, 기도는 비잔틴 수도사의 우선적인 사회봉사였다. 대부분의 동방의 수도원들은 문명세계로부터 멀리 떨어진 황량한 지역에 위치해 있어 기도하는데 도움이 되었다.[26] 물론 동방의 수도승들과 수녀들도 교육과 전도 및 자

---

25) John McManners(ed.), 131쪽.
26) 성지 요르단 계곡의 성 사바 수도원, 시나이 산의 성 카테린 수도원, 아토스 산의 수도원 공

선사업에 종사했으나, 이러한 활동은 수도생활의 주요 소명인 기도에 대해 부차적인 것으로 간주되었다. 기도와 그리고 모든 수도생활의 목표는 하나님과 연합하는 것이었는데, 그러한 연합은 오로지 영적인 정화의 생활과 물질 및 지적인 면에서의 전면적인 포기를 통해서만이 가능했다. 따라서 흔히 서방에서 수도원들이 학문의 산실이 되었지만, 동방에서 수도원들은 항상 영성의 센터였다. 콘스탄티노플의 한 수도원은 아코이메토이(*Akoimetoi*), 문자 그대로 '잠 못 이루는 사람들'이라고 불렸는데, 그곳에서는 수도자들이 교대로 하루 24시간 기도를 계속했다. 수도사는 동방교회에서 성령의 임재를 증언하는 '성령의 잉태자'가 되었던 것이다.

메테오라 암벽 수도원

화국, 그리고 그리스 중부 테살리 지방의 가파른 퇴적암 꼭대기에 위치한 '공중에 매달려 있는'의 뜻을 가진 메테오라(meteora)의 수도원들이 정교회의 전통을 대변하고 있다.

2) 동방교회와 서방교회의 차이·

서방의 일부 신학자들은 정교회를 노골적으로 평가절하해 왔는데, 19세기 교회사가 하르낙(Adolf von Harnack)은 "정교회는 그 전체 구조가 복음에 이질적이며, 기독교가 왜곡되고 고대 이교의 수준으로 변형된 것이다."라고 쓰기도 했다. 반면에 정교회만이 그리스도의 유일하고 진실한 교회라고 주장하는 정교회 사상가들은, 로마 가톨릭과 개신교인들의 영적인 상태를 논하면서 일부는 여전히 서방교회 교인들을 이단자로 간주하고 있다.27) 개인적으로 개신교 신자이면서 정교회사를 공부하는 사학도의 입장에서, 필자는 각기 정교회와 서방교회의 입장에서 동방교회와 서방교회의 차이를 논한 글을 가감 없이 소개하려 한다. 기독교 신앙을 가진 사람뿐만 아니라 일반인들에게도 궁금한 사항이기 때문이다.

먼저 정교회와 로마 가톨릭교회의 차이에 관해서는, 거의 1천 년 전 정교회와 가톨릭교회가 분리된 이래 발전되어 온 차이점을 서술한 아즈쿨 신부의 〈무엇이 정교회와 로마 가톨릭교회의 차이점인가〉를 요약한다.28) 서방교회의 입장에서는 반박의 여지가 있을 것이다.

① 신앙과 이성(Faith and Reason)

정교회는 과학과 철학을 신앙을 지키고 설명하는데 사용하고 있으나, 신앙과 이성을 조화시키려 하지 않는다. 그러나 물리학, 생물학, 화학 혹은 철학이 교회의 가르침을 지지한다면, 정교회는 그것들을 거부하지 않는다. 그렇다고 정교회는 인간의 지적인 업적에 절하지 않으며, 교회의 신앙을 변경하여 인간의 사

---

27) Daniel Clendenin, "Little-known or fascinating facts about Eastern Orthodoxy," *Christian History*, Spring 1997(http://www. christianitytoday.com/ch/54h/54h02.html).

28) Michael Azkoul 신부의 글은 The Orthodox Christian Witness(Vol. ⅩⅩⅦ, Vol. ⅩⅩⅧ, 1994)에 게재된 것이다. Father Michael Azkoul, "What are the Differences between Orthodoxy and Roman Catholicism?"(http://www.ocf.org/OrthodoxPage/reading/ortho-cath.html).

상과 과학의 결과에 일치시키지 않는다. 반면에, 로마 가톨릭교회는 인간 이성에 높은 가치를 부여한다. 예를 들어, 13세기의 신학자이자 철학자인 토마스 아퀴나스는 '기독교'를 아리스토텔레스의 철학에 합류시켰다. 요컨대, 로마 가톨릭교회는 기독교의 신학, 신비적 교의, 제도를 급진적으로 변경시켰다.

② 교리의 발달(The Development of Doctrine)

정교회는 그리스도의 가르침이 때때로 변해왔다는 입장에 동의하지 않는다. 20세기의 정교는 1세기, 5세기, 10세기, 15세기의 정교가 믿었던 바를 정확히 믿고 있다. 물론 정교회도 외적인 변화(예: 성직자의 제의, 수도생활의 관습, 새로운 축일들, 에큐메니칼이나 지역[국가] 종교회의 교회규범들 등)를 인정하고 있다. 그러나 신앙(교리)면에서 어떤 것도 추가되거나 제외되지 않았다. 반면에, 로마 가톨릭교회는 신앙의 연속성을 보여줄 수 없고 새로운 교리를 정당화시키기 위해 '교리의 발달'이라는 이론을 정립했다. '교황 무오류성'과 '성모 마리아 무흠설'과 같은 이론들이 정당화되어 구원에 필요한 것으로 신자들에게 제시되고 있다.

③ 하나님(God)

로마 가톨릭교회는 인간 이성이 하나님의 존재를 입증할 수 있다고 가르친다. 심지어 그 분은 영원하고 무한하며 선하고 육체가 없으며 전능하고 모든 것을 아신다 등으로 추론한다. 라틴 중세시대에 형성된 로마 가톨릭교회의 하나님은 "아브라함, 이삭, 야곱의 하나님이 아니라, 학자와 철학자들의 하나님이다." 그러나 교부를 따르는 정교회는 하나님에 대한 지식은 인간 본성에 심겨져 있으며 그것이 우리가 그가 존재함을 아는 방법이라고 가르친다. 로마 가톨릭교회는 또한 재림의 시기에 인간은 그의 지식과 은혜에 힘입어 하나님의 본성을 볼 것이라고 가르친다. 그러나 교부들은 하나님 자신 안에서 하나님을 본다는 것은 불가능하다고 선언한다. 결국, 로마 가톨릭교회는 성령은 "아버지와 그리고 아들(필리오케)로부터 발현한다.”라고 가르친다. 11세기에 에큐메니칼 공의회가 아니라 교황의 권위에 의거 니케아 신조에 필리오케를 덧붙여 변경했던 것이다.

④ 그리스도(Christ)

왜 하나님은 인간이 되었는가? 이 문제에 대한 로마 가톨릭교회의 답변은 정교회의 가르침과 다르다. 정교회는 그리스도가 십자가 위에서 ‘그의 생명을 많은 사람들을 위한 대속물’(마태복음 20 : 28)로 주었다고 가르친다. 인간 그리스도는 자발적으로 십자가 위에서 자신의 목숨을 바쳤다. 그러나 그는 사망으로부터 살아나셨는데, 사망과 죄로부터 자유로워지면 우리는 ‘하나님처럼 되어’(성화) 영원히 그와 함께 살 수 있다. 로마 가톨릭교회의 신학에 따르면, 하나님이 인간이 된 것은 아담의 죄가 범한 하나님의 정의를 이루기 위해서였다. 그런데 하나님이자 인간인 그리스도만이 이러한 ‘영광의 빚’을 갚을 수 있었다.

⑤ 교회(The Church)

로마 가톨릭교회의 교회론은 정교회의 가르침과 다르다. 라틴 사람들은 교회의 보이는 우두머리가 베드로의 후계자인 교황이라고 가르친다.[29] 교황은 보편교회(the Catholic Church)의 주교요, 교회의 선생이며 지상에서 그리스도의 대리인이다. 그가 전 교회에 이야기할 때, 성령께서 그에게 오류를 범하도록 허용하지 않는다. 따라서 그는 도덕과 교리의 문제에서 오류가 없다. 다른 주교들은 그의 부관들이다. 정교회는 모든 주교들이 동등하다고 가르친다. 확실히 주교들(총대주교, 대주교, 주교)에는 다양한 등급이 있으나, 그럼에도 불구하고 주교는 주교이다. 이러한 차이는 주교의 본성이 아니라 교회 혹은 교회집단의 운영[치리]에 적용된다.

---

29) ‘너는 베드로라 내가 이 반석 위에 내 교회를 세우리니’(마태복음 16 : 18).

⑥ 교회규범(The Holy Canons)

교회규범은 교회를 운영[치리]하기 위한 '규칙' 혹은 '가이드'이다. 교회규범은 사도들, 교부들, 지역 혹은 에큐메니칼 공의회들에 의해 만들어졌다. 라틴교회와 달리, 정교회는 규범을 법률, 즉 인간관계를 규정하거나 인간권리를 확보하는 것으로 생각하지 않는다. 차리리 정교회는 규범을 순종을 통해 '새로운 인간' 또는 '새로운 피조물'로 연마시켜 가는 수단으로 본다. 라틴교회는 그들의 규범을 계속 새로운 것으로 바꾸고 있다. 반면에 정교회는 시간과 장소에 따라 규범을 덧붙이기는 해도 결코 옛 것을 폐기시키지 않는다. 왜냐하면 옛 규범 역시 성령의 감화로 나온 것이기 때문이다.

⑦ 성사(The Mysteries)

정교회와 로마 가톨릭교회 모두 최소한 7성사를 인정하고 있다. 성체 혹은 성만찬(Eucharist), 세례(Baptism), 견진(Chrismation, Confirmation), 신품(Ordination), 고백 혹은 고해(Penance, Confession), 결혼(Marriage), 병든 자를 위한 성유(Holy Oil) - 가톨릭의 경우 죽어가는 자를 위한 종부성사(Extreme Unction)가 있다. 일반적으로 성사에 관하여, 정교회는 성사의 물질적인 요소들(빵, 포도주, 물, 성유 등)이 성령의 부르심으로 은혜가 충만하게 된다고 가르친다. 로마 가톨릭교회는 성사들이 '그리스도의 인격 안에서' 행하는 사제 때문에 효력을 발한다고 믿는다. '신품' 성사와 관련하여, 로마 가톨릭교회는 신부의 결혼을 허용하지 않으나 정교회는 허용한다.30) 또한 '결혼'에 대한 양자의 입장도 흥미롭다.

---

30) 정교회의 신부는 결혼생활을 선택할 수 있으나, 신부로서 안수 받기 전에 결혼할 수 있을 뿐이다. 안수 받은 다음에는 결혼할 수 없다. 결혼한 신부는 결코 주교 이상의 직위에 오를 수 없다. 평생 한 성당의 교구 신부로서 살아가는 것이 보통이다. 결혼한 신부는 보통 흰색의 가운을 입는다. 그래서 결혼한 신부를 백승이라고 하고, 독신 신부들을 검정색 옷을 입는다 하여 흑승이라고 부른다. 19세기까지는 가톨릭교회 신부가 정교회 신부로 개종하려고 할 때, 다시 안수를 받아야 했으나, 지금은 가톨릭교회, 영국성공회 신부가 정교회로 개종할 때 다시 안수식을 하지 않고 간단한 예식만 한다. 물리적으로 사도들의 계승을 이어받은 것으로 인정하기 때문이다. 그러나 루터교를 제외한 개신교 목사는 만일 정교회로 개종하려면 다시

가톨릭교회에서, 결혼은 표면상 파기할 수 없는 하나의 계약이다. 남자와 여자는 결혼에 대한 증인으로 그들 앞에 서 있는 '교회'(주교 혹은 사제)와 더불어 상호 배우자가 된다. 그러므로 어떤 조건하에서도 이혼이 불가하다. 정교회에서, 결혼은 계약이 아니다. 그것은, 그리스도와 교회를 모방하여, 주교 혹은 원로를 통해 '하나님의 전 백성'의 면전에서 치러지는 한 남자와 한 여자의 신비로운 결합이다. 이혼은 마찬가지로 금지되지만, 인간의 약점에 대한 양보로써 간음으로 인한 경우는 허용된다. 두 번째와 세 번째의 결혼이, 합법적인 것은 아니지만, 자비로써 허용된다. 덧붙여 정교회는 7성사 이외에 왕권, 수도생활, 물에 대한 축복 등도 성사로 인정한다.

⑧ 인간의 본성(The Nature of Man)

인간의 타락과 인간의 조건에 대하여 로마 가톨릭교회는 정교회와 다른 입장이다. 히포의 어거스틴을 따르는 라틴교회는 아담과 이브가 하나님에 거역하여 죄를 지었다고 가르친다. 그들의 죄의식은 모든 남자, 여자와 그들의 자녀에 의해 유산되어, 모든 인류는 그들의 '원죄'를 면할 수 없다. 교부를 따르는 정교회는 아담이 하나님께 죄를 지었을 때에 그가 세상에 죄를 가져왔다고 생각하고 있다. 아담과 같은 인류에서 태어난 까닭에 모든 인간은 죽음에 이르게 하고 열정(분노, 미움, 정욕, 욕심 등)과 질병과 노화를 야기시키는 죄를 유산으로 받는다. 정교회는 항상 기도, 금식과 자발적인 순종과 정규적인 성만찬 참여를 통해 '열정의 극복'을 강조해왔다. 따라서 그리스도인의 삶의 최고의 형태는 수도생활이다. 여기에서 모든 인간의 에너지는 구원을 향한 노력에 바쳐진다. 가톨릭교회에서는 이러한 의미에서의 수도생활이 거의 사라졌으며, 이른바 '초자연적인 종교'로써 가톨릭교회는 점차 '이 세상적'—세속적으로 되어갔다.

안수를 받아야 한다. 루터는 사제였으나, 장로교회의 창시자인 칼뱅은 성직자가 아니었기 때문이다. 사도의 계승이 단절되었다고 보고 있는 것이다.

⑨ 성모(The Mother of God)

정교회와 로마 가톨릭교회는 동정녀 마리아가 '하나님의 어머니'(Theotokos)임을 믿는다. 그러나 정교회는 1854년 12월 8일 교황 비오 9세가 규정한 성모 마리아의 '원죄 없는 잉태설'(Immaculate Conception)을 거부한다. 실제로 마리아는 모든 다른 사람들과 같이 태어났으며, 성령께서 그녀에게 성모로서의 역할을 준비시켰다. 그럼에도 불구하고 그녀는 그녀의 아들이 부활하기 전에 죄를 지었다. 성 요한 크리소스톰은 그녀가 예수를 가르치려 한 가나의 혼인잔치를 언급한다.[31] 여기에서 그녀는 죽음을 면할 수 없는 운명임이 입증되었다.

⑩ 이콘(Icons)

이콘은 그리스도, 성모와 성인들을 예술적으로 묘사한 것이다. 하나님 아버지는 결코 모습을 드러낸 적이 없기 때문에 그림으로 그려질 수 없다. 로마 가톨릭교회는 3차원적인 동상을 경배의 대상으로 삼고 있다. 정교회는 오직 평면에 그려진 이콘만을 인정하고 이콘을 공경하고 입맞춤하지만, 이콘은 우상이 아니며 정교도는 이콘을 경배하지 않는다.

⑪ 연옥(Purgatory)

정죄계(淨罪界)라는 뜻의 연옥은 죽은자가 최후의 심판을 받기 전의 한 조건이다. 가톨릭 신학에 따르면, 하늘나라에 가게 될 영혼들은 정죄 혹은 정화의 상태를 견뎌야만 한다. 그들은 지상에서 지은 죄들이 씻어져야만 한다. 나머지는 영원한 형벌로 지옥에 간다. 그리스도, 성모, 성인들이 모아준 공적이나 여분의 은총으로 면벌부[32](免罰符, indulgences)가 부여될 수 있다. 정교회는 영혼

---

31) 요한복음 2장 3-4절: 포도주가 떨어진지라 예수의 어머니가 예수에게 이르되 저들에게 포도주가 없다 하니 예수께서 이르시되 여자여 나와 무슨 상관이 있나이까 내 때가 아직 이르지 아니하였나이다.

32) 박준철 교수는 indulgences의 번역을 면죄부가 아니라 면벌부라고 주장한다. 죄는 고해성사

이 육신을 떠난 후에 죽은 자의 거처, 하데스[33])로 여행한다고 가르친다. 천사들에 의해 하늘로 바로 옮겨진 성모 마리아와 같은 예외가 있으나, 나머지는 대기상태로 남아 있어야만 한다. 도래할 영광을 미리 알고 있는 사람도 있고, 그들의 고통을 예상하는 사람도 있기 때문에, 기다림의 상태는 '특별한 심판'이라고 불린다.

⑫ 그밖의 차이들(Other Differences)

정교회와 로마 가톨릭교회 사이의 보다 사소한 차이들은 다음과 같다. 첫 번째, 정교회는 (성 토요일을 제외한) 토요일 혹은 일요일에 금식을 하지 않으나, 가톨릭교회에는 그러한 제한이 없다. 두 번째, 정교회는 일요일에 무릎을 꿇지 않으나, 가톨릭교회는 꿇는다. 또한 정교회에는 십자가의 길[그리스도의 수난을 나타내는 14처의 그림(조각)]이 없으나, 가톨릭교회에는 있다. 세 번째, 정교회의 주교를 제외한 사제와 보제는 서원 전에 결혼할 수 있으나, 가톨릭교회의 성직자는 독신이다. 네 번째, 정교회는 동쪽을 향해 경배하나, 가톨릭교회에서는 반드시 그럴 필요가 없다. 다섯 번째, 정교회의 전례에서, 성만찬의 '빵'은 '발효된 것'이나, 가톨릭의 미사에서는 '발효되지 않은 것'이다. 여섯 번째, 정교도는 성만찬에서 '그리스도의 살'과 '그리스도의 피' 두 가지를 받으나, 가톨릭은 단지 '빵', 즉 제병(祭餠, wafer)만을 받는다. 일곱 번째, 정교회의 수도사(남자, 여자)들은 가톨릭교회의 예수회, 도미니쿠스, 베네딕투스 등과 같은 수도회가 없다. 여덟 번째, 정교회 성직자는 수염을 기르나, 가톨릭의 성직자들은 일반적으로 수염을 기르지 않는다.

정교회와 개신교회의 차이에 대해서는 러시아 모스크바 국립대학에서 객원

를 관장하는 사제가 신을 대리하여 사(赦)하지만, 죄에 따르는 벌은 여전히 남는다. 연옥에서 받을 벌을 현세에서 대신하는 것이 참회고행이며, 따라서 1343년 교황 클레멘스 6세가 참회 고행의 일환으로 제정한 면벌부의 구매는 죄가 아니라 벌을 면하게 하는 기능을 한다. 한편 1476년 교황 식스투스 4세는 이미 사망하여 연옥에서 형벌을 받고 있는 가족이나 친지들에게도 면벌부의 효력이 적용된다고 규정하였다.
33) Hades. 고대 그리스 올림포스 12신 가운데 하나로 지하세계를 관장한다.

교수를 역임한 바 있고, 스스로 철저한 개신교도라고 밝힌 미국 스탠퍼드 대학 클렌데닌(Daniel Clendenin)의 〈정교도가 믿는 것: 정교도와 개신교도 사이의 네 가지 핵심 차이들〉을 간략히 정리한다.[34]

① 불가지(不可知)한 자에 대한 찬양(Praising the Unknowable)

러시아 출신의 저명한 정교신학자 로스키(Vladimir Lossky, 1958년 사망)는 '동방교회의 전체 신학 전통에서 근본적인 특성'이라고 할 수 있는 부정(否定)의 신학을 다음과 같이 규정했다. "하나님의 완벽한 초월 앞에서의 인간사고의 와해 … 철저하게 파악할 수 없고 객관화할 수 없고 불가지한 살아있는 하나님 앞에서의 꿇어 엎드림." 정교회에서는 이러한 하나님에 대한 이해할 수 없는 신비가 찬양과 경배의 대의이며, 신학은 영성 혹은 경배의 한 연장이다. 따라서 기도하는 사람만이 진실한 신학자인데, 진실한 신학자가 진실로 기도하기 때문이다. 반면에 개신교도들에게 하나님의 신비는 흔히 분석과 설명을 위한 대의이다. 유럽 계몽주의의 후예로써, 신학적인 명제를 포함한 모든 진리에 대한 주장들은 이성의 잣대로 처리된 테스트를 통과해야만 한다는 것이 개신교도들의 입장이다. 과장의 위험이 있지만, 서방에서는 '신학이 도서관의 책 속에서' 행해지나, 동방에서는 '지성소의 전례 속에서' 행해진다고 말할 수 있을 것이다.

② 색채 신학(Theology in color)

동방에서는 미학이 신학에서 중요한 역할을 수행하고 있고, 서방에서는 우선적으로 텍스트 분석을 선호하고 있다. 우리는 이러한 차이를 단순히 '이콘과 프레스코들이 실제로 교회 벽면 구석구석을 덮고 있는' 정교회 사원을 들어섬

---

34) Daniel Clendenin, "What the Orthodox Believe: Four key differences between the Orthodox and Protestants," *Christian History*, Spring 1997. (http://www.christianitytoday.com/ch/54h/54h032a.html)

으로써 인지할 수 있다. 러시아문화사 연구서인《성상과 도끼》(*The Icons and the Axes*)의 저자인 빌링턴(James Billington)은 이콘이 초기 러시아 정교회의 '가장 존경받는 신학 표현의 형태'이며, '정교신학은 사상보다는 차라리 이미지에서 구체화하는' 경향이라고 언급했다. 따라서 이콘은 '색채 신학'이며, 이것이 바로 정교의 사제가 교회에서 더 많은 교리를 가르치지 않느냐는 질문을 받았을 때, "이콘이 우리가 알 필요가 있는 모든 것을 우리에게 가르쳐준다."라고 답변하는 이유이다. 반면에 개신교회는 문어(文語)를 강조한다. "이미지는 책의 자리를 대신할 수 없다."라고 말한 칼뱅은 제네바의 개혁교회 벽면들을 하얗게 회칠해 버렸다.

③ 오직 성서라는 생각을 물리쳐라(Away with sola scriptura)

1520년 12월 10일 루터는 비텐베르크의 엘스터 문에서 가톨릭의 교회규범집을 불태웠다. 그가 그렇게 한 것은, 성서만이 유일하게 표준적인 가치이며 '전승'(tradition)은 제아무리 가치가 있다 하더라도 단지 부차적일 뿐이라는 개신교의 근본적인 정체성을 극적으로 보여주기 위해서였다. 그러나 대부분의 정교도들은 다른 입장이다. 1992년에 사망한 정교신학자 메옌도르프(John Meyendorff)는 "그리스도인의 믿음과 경험은 오직 성서라는 관념과 또 성서를 제외한 모든 교회에 관한 권위의 부정과 결코 양립될 수 없다."고 주장했다. 또 다른 정교신학자는 성서를 교회 위에 올려놓은 것은 '종교개혁의 죄'라고 했다. 더 나아가 정교도들은 하나님의 성령이 사도적인 전승을 통해 그의 백성들에게 말한다고 믿고 있다. 물론 이러한 전승은 확실히 성서를 통해서 표현되고 있다. 그러나 또한 일곱 차례의 에큐메니칼 공의회와, 또 보다 낮은 단계로 교부들, 예배, 교회규범 및 이콘들을 통해서도 전승이 표현된다는 것이 정교회의 입장이다.

④ 하나님처럼 되는 것(Becoming like God)

종교개혁은 중요한 문제를 제기했다. 사람이 어떻게 하나님 앞에서 올바로 설 수 있는가? 나는 어떻게 구원받을 수 있는가? 전통적인 개신교도들에게 이 문제에 대한 답변은 '오직 믿음으로 의롭게 된다.'는 사도 바울의 교의에서 표현된다. 그런데 정교의 역사와 신학에서 믿음으로 의롭게 된다는 교의가 완전히 없음을 알게 된 것은 아주 재미있는 일이다. 대신에 정교회에는 신격화(theosis)의 이념이 핵심을 이루고 있다. "하나님이 인간이 되었기 때문에 사람들은 신이 될 수 있다." 그러면 '하나님이 된다는 것'은 무슨 의미인가? 먼저, 정교회는 범신론의 어떤 단서도 절대적으로 거부한다. 신격화는 인간 본성의 본질이 상실되는 것을 의미하지 않는다. 차라리 그것은 하나님과 신자들의 실제적이며 진정한 신비적인 연합을 말한다. 우리가 점점 더 그리스도와 같이 되고 타락에서 영생으로 옮겨가는 것이다.

4. 맺음말 : 분열에서 일치로

20세기를 불과 수년 남겨 놓은 1995년 이후 유럽의 동남쪽 발칸 반도는, 20세기 초반의 '세계의 화약고'에 이어, 민족 - 종교 분쟁으로 '인종청소'가 일어난 지역으로 역사에 남게 되었다. 구 유고연방의 내전 속에서, 정교회의 세르비아와 가톨릭교회의 크로아티아간의 전쟁에 이어 세르비아와 이슬람의 보스니아 사이의 전쟁에서 세르비아 군인들이 보스니아의 무슬림 군인과 여인에 대한 만행이 저질러졌던 것이다.

그런데 세르비아와 크로아티아, 보스니아와 크로아티아 사이의 경계가 실상은 395년 고대로마 제국의 분리에 따른 동·서로마 제국의 경계와 다름 아니라는 사실이다. 결국 4세기 로마 주교와 콘스탄티노플 주교 사이의 관할권 경계가 바로 문명의 차이로까지 발전하여 1500여 년이 넘도록 반목과 갈등이 지속되어 왔음을 확인시켜주었다.

유럽 사회와 문명을 동방의 정교회 문명권과 서방의 로마 가톨릭/개신교 문명권으로 양분시켰던 교회의 분열은, 1948년 암스테르담에서 세계기독교협의회(WCC)가 발족하면서 새로운 전기를 맞았다. 비록 개신교회와 정교회가 적극적인 태도를 보인 반면에 로마 가톨릭교회가 아직 WCC에 참여하지 않고 있으나, 세계의 기독교 교회들의 친교와 협력을 도모해온 점은 주목할 가치가 있다.

새로운 밀레니엄이 시작되면서 기독교 교회의 교회일치운동은 새로운 전기를 맞게 되었다. 2001년 4월 5일 WCC는 "올해는 그레고리력을 채택하고 있는 개신교 및 가톨릭의 부활절과 율리우스력을 채택하고 있는 정교회의 부활절 날짜가 일치함으로써 전세계 기독교인들이 동일한 날에 부활절 예배를 드리게 된다."며 세계 각국 교회들이 이 같은 사실을 모든 교인들에게 주지시켜줄 것을 촉구하였다.[35]

이에 따라 한국기독교교회협의회(KNCC)와 기독교한국루터회, 한국정교회, 한국가톨릭교회가 부활절인 15일 정교회 주관으로 공동기도회를 가진 바 있다. 나아가 가톨릭 주교회의의 '교회일치와 종교간 대화위원회'와 KNCC, 한국정교회, 기독교한국루터회 등 한국의 기독교계는 2002년 교회일치주간(1월18일～25일)을 기념하기 위해 1월 21일 오후 1시 서강대학교 운동장에서 천주교, 개신교, 성공회, 루터회 등 기독교 성직자 60여 명이 운동복 차림으로 모였다. 몸과 몸이 격렬히 부딪치는 축구를 통해 교회일치의 정신을 드높이자는 취지에서였다.[36]

이제껏 교회의 분열과 차이를 검토하는 가운데, 우리는 분열된 기독교교회가 교회일치를 위해 선결해야 할 과제로서 '필리오케' 논쟁으로 유발된 신앙의 신조에 대한 고백 문제가 핵심적인 사항이라는 데에 이의를 제기하지 않을 것이다. 주지하듯이 기원후 1세기 예루살렘과 안디옥, 그리고 소아시아에서 형성된 초대교회는 선교 과정을 통해 전례의 토착화를 겪어왔다. 이로 인해 지역과 국가마다 예배의 절차와 의식에서 차이를 드러냈다. 그러나 신앙의 본질이라 할 수 있는 정통교리에 입각한 신앙의 신조를 '같이' 고백하는 방향으로 나아갈 경우 기독교교회의 에큐메니칼운동은 접점을 찾는데 어려움이 없을 것으로 보인다.

신경 또는 신조(Creed)라 함은 그리스도교 신앙의 진리를 간결하게 요약해 놓은 신앙고백문으로 사도시대 이후 초기 그리스도교 시대에 나타난 것으로 사도신경, 성 아타나시오스 신경, 니케아 - 콘스탄티노플 신경(간단히 니케아 신경)이 있다. 그 중에서 가장 권위 있고 모든 교회에 의해 신앙고백의 표준으로 받아들여진 것이 325년 제 1차 니케아 공의회에서 채택된 후, 381년 제 2차 콘스탄티노플 공의회에서 확인된 니케아 - 콘스탄티노플 신경이다.[37] 신경에

---

35) 현재 러시아 정교회를 비롯한 대부분의 정교회는 기원전 45년 율리우스 시저가 정한 태양력인 율리우스력에 따라 부활절을 지켜오고 있다. 반면 가톨릭과 개신교는 1582년 로마 교황 그레고리 13세가 율리우스력을 보완 수정한 그레고리력을 기준으로 부활절 날짜를 정하고 있다. 이에 따라 로마 가톨릭과 정교회 사이에 부활절의 불일치 문제를 놓고 지난 수세기 동안 이른바 '부활절 논쟁'을 벌여왔으며, 최근 들어 개신교를 비롯한 세계 교회 지도자들 사이에도 많은 토론이 있어왔다. 국민일보, 2001년 4월 10일 자.

36) 중앙일보 2002년 1월 23일 자.

37) The Nicene - Constantinopolitan Creed (니케아 - 콘스탄티노플 신경)

I believe in One God, the Father Almighty, Maker of Heaven and Earth, and of all things visible and invisible.

And in one Lord Jesus Christ, the Son of God, the Only- Begotten, begotten of the Father before all ages; Light of Light; True God of True God; begotten, not made; of one essence with the Father, by Whom all things were made; Who for us men and for our salvation came down from Heaven, and was incarnate of the Holy Spirit and the Virgin Mary, and became man. And He was crucified for us under Pontius Pilate, and suffered, and was buried. And the third day He arose again, according to the Scriptures, and ascended into Heaven, and sits at the right hand of the Father; and He shall come again with glory to judge the living and the dead; Whose Kingdom shall have no end.

And in the Holy Spirit, the Lord, the Giver of Life, Who proceeds from the Father; Who with the Father and the Son together is worshipped and glorified; Who spoke by the prophets.

And in One, Holy, Catholic, and Apostolic Church.

I acknowledge one baptism for the remission of sins. I look for the resurrection of the dead, and the life of the world to come.

1. 한분이신 하느님 아버지, 하늘과 땅과 유형무형한 만물의 창조주이신 하느님을 믿나이다.
2. 그리고 또 오직 한분이신 주 예수 그리스도를 모든 세대에 앞서 성부로부터 나신 하느님의 외아들이시며, 빛으로부터 나신 빛이시요, 참 하느님으로부터 나신 참 하느님으로서 창조되지 않고 나시어, 성부와 일체이시며, 만물이 다 이 분으로 말미암아 창조되었음을 믿나이다.
3. 우리 인간을 위하여, 우리의 구원을 위하여, 하늘에서 내려오셔서, 성신으로 또 동정녀 마리아께 혈육을 취하시고 사람이 되심을 믿으며,
4. 본디오 빌라도 시대에 우리를 위하여 고난을 받으시고, 십자가에 못 박히시고 묻히심을 믿으며,
5. 성경 말씀대로 사흘만에 부활하시고,
6. 하늘에 올라 성부 오른편에 앉아 계시며,
7. 산 이와 죽은 이를 심판하러 영광 속에 다시 오시리라 믿나니, 그의 나라는 끝이 없으리이다.
8. 그리고 주님이시며, 생명을 주시는 성신을 믿나니, 성신은 성부께서 좇아 나시며, 성부와 성자와 더불어 같은 흠숭과 같은 영광을 받으시며, 예언자를 통하여 말씀하셨나이다.
9. 하나인, 거룩하고, 공번되고, 사도로부터 이어오는 교회를 믿나이다.
10. 죄를 사하는, 하나의 세례를 알고 믿나이다.
11. 죽은 이들의 부활과
12. 후세의 영생을 굳게 믿고 기다리나이다. 아멘.

(한글 번역 : 한국정교회에서 http://www.orthodox.or.kr/korean/main.html)

대한 논의가 필요할 때라고 생각된다.

참고 : The Apostles' Creed (사도신경)

I believe in God the Father almighty, Creator of heaven and earth:

And in Jesus Christ His only Son our Lord; who was conceived by the Holy Sprit, born from the Virgin Mary, suffered under Pontius Pilate, was crucified, dead, and buried, descended to hell, on the third day rose again from the dead, ascended to heaven, sits at the right hand of God the Father almighty, thence he will come to judge the living and the dead;

I believe in the Holy Spirit, the holy catholic Church, the communion of saints, the remission of sins, the resurrection of the flesh, and the eternal life. Amen.

나는, 전능하사 천지를 만드신 하나님 아버지를 믿습니다.
나는 그의 유일하신 아들 우리 주 예수 그리스도를 믿습니다.
그는 성령으로 잉태되사
동정녀 마리아에게서 나시고,
본디오 빌라도에게 고난을 받으사,
십자가에 못박혀 죽으시고,
장사된 지 사흘 만에 죽은 자 가운데서 다시 살아나셔서
하늘에 오르사,
전능하신 하나님 아버지 우편에 앉아 계시다가,
거기로부터 살아 있는 자와 죽은 자를 심판하러 오시라.
나는 성령을 믿으며,
거룩한 공교회와,
성도가 서로 교제하는 것과,
죄를 사함받는 것과,
몸이 다시 살아나는 것과,
영원히 사는 것을 믿습니다. 아멘.

(나채운 목사의 바로잡은 번역)

2부 동방교회 문화권

1. 그리스인의 종교와 종교 의식

유재원 / 한국외국어대학교 언어인지과학과 교수

1. 그리스 정교회의 역사적 개관

1) 신앙심이 깊은 그리스인

"아테네 시민 여러분. 내가 보기에 여러분은 여러 모로 강한 신앙심을 가지고 계십니다."(사도행전 17 : 22) 2천년 전 사도 바울이 아테네의 아레이오스 파고스 언덕 한가운데에 서서 한 말이다. 사도 바울의 말대로 그리스인들은 고대부터 매우 종교적인 민족이었다. 그리스도교가 들어오기 전에 그리스인들은 제우스를 비롯한 올림포스 신들을 깊이 숭배했고 국가적 사업은 물론 사사로운 일상사까지도 모두 델포이 신전의 신탁을 받아 처리했다. 귀족들을 중심으로 한 올림포스 신앙 이외에도 민중들 사이에는 오르페우스가 창시했다는 '오르피즘'(秘敎)가 널리 성행하고 있었다. 고대 그리스의 비교 가운데 특히 '엘레우시스' 비교가 유명하다. 기원후 1~2세기에 걸쳐 살았던 철학자 플루타르코스는 이 비교 의식에 참가한 뒤, 자신이 경험한 종교 제전 가운데 가장 숭고하고 아름다운 의식이었다고 찬탄했다.

고대 그리스인들은 각기 고유한 직분을 가진 다양한 신을 숭배했다. 그러나 사막의 유목민이었던 셈족의 유일신 종교에 뿌리를 둔 그리스도교가 그리스에 전해지면서 다신교였던 올림포스 신앙은 세력을 잃어 갔다. 사도 바울과 그의 후계자들의 열성적인 전도에 힘입어 그리스인들은 점차 그리스도교로 개종했다. 그리스인들은 유럽 최초의 그리스도교도였다. 313년에 콘스탄티누스 황제가 그리스도교를 공인했을 때 그리스인들은 이미 굳건한 그리스도교도가 되어 있었다. 392년 테오도시우스 황제가 그리스도교를 로마제국의 국교로 공표하자 상류사회와 지식인들 사이에서 명맥을 유지하던 이교도 신앙은 그리스도교인들의 박해로 거의 자취를 감추었다. 그 이후 그리스인들은 그리스도교의 가르침과 전통에 충실한 민족이 되었다.

2) 초기 그리스도교의 신학 논쟁과 동방 정교회

그리스인들이 받아들인 그리스도교는 서방의 로만 가톨릭이 아니고 자신들의 지역에 뿌리를 둔 동방 정교회였다. 동방 정교회란 원래 제국의 수도였던 로마를 중심으로 하는 서방 교회에 대해 콘스탄티노플과 예루살렘, 안티오크, 알렉산드리아의 교회를 가리키는 일반적 명칭이었다. 동방 교회와 서방 교회의 경계는 그리스어 사용 지역과 라틴어 사용 지역의 경계와 대부분 일치한다.

동방과 서방의 두 교회의 구분은 처음에는 신학적인 것이 아니었다. 초기 그리스도교의 신학 논쟁은 그리스도교가 공인된 지 얼마 안 되어 이미 시작되었다. 325년 니케아 종교회의에서 정통파 대주교들은 '성부와 성자, 성신이 한 존재의 다른 세 위격(Hypotasis)'이라는 '삼위일체설'을 부정하고 '성부와 성자가 별개의 존재'라고 주장한 아리우스파를 이단으로 단죄하였다. 381년 콘스탄티노플에서 열린 제 2차 종교회의에서는 삼위일체 가운데 성신을 제외하려는 성령파와 예수에게는 신성만이 있고 인성은 없다고 주장한 아포리나리오스파가 이단으로 몰려 파문당했다. 또 451년 칼케돈에서 있었던 제 4차 종교회의에서는 예수 그리스도 안에는 신성과 인성이 서로 독립적으로 공존하는 것이 아니라 신성과 인성이 하나로 섞여 복합적으로 존재한다고 주장한 이집트와 시리아, 이디오피아의 단성론자들을 이단으로 판정하였다. 단성론자와의 종교 논쟁은 동방 교회를 완전히 분열시켰다. 지금까지도 그리스 정교회와 단성론을 주장하는 이집트, 시리아, 이디오피아, 그루지아 정교회는 서로 대립하고 있다.

알렉산드리아와 예루살렘, 안티오크는 콘스탄티노플이 제국의 수도가 되기 훨씬 이전부터 로마와 함께 제국의 중요한 중심지였다. 콘스탄티노플은 381년에 이르러서야 겨우 주교청으로 승격한 신흥 세력의 중심지였다. 칼케돈 종교회의의 결과에 대해 다른 동방 교회들이 승복하지 않은 배경에는 이런 신학 외적 요소가 작용했다. 7세기에 이슬람교가 일어나 비잔틴의 영토인 시리아와 이집트를 쉽게 점령할 수 있었던 것은 종교 분쟁으로 그리스도교인들 사이가 분열될 대로 분열되어 있었기 때문이다.

동방 정교회의 신학적 논쟁은 '성상(聖像) 파괴 논쟁'(iconoclasm)에 이르러 최고조에 달하였다. 성상이란 예수와 성모 마리아를 비롯한 성자들의 모습이나 성서의 중요한 사건들을 그린 그림이다. 정교회 지역에서 이 성상에 대한 숭배가 지나쳐 미신에 가까운 지경에 이르렀다. 특히 금욕적인 생활에 젖은 아나톨리아와 아르메니아 출신의 젊은 군인들은 성상 숭배를 미신이라고 매도하며 성상을 파괴하는 극단적인 행동을 했다. 이에 대해 수도원을 중심으로 하는 성상 숭배주의자들은 성상에 대한 경배는 성상 자체에 대한 것이 아니라 성상을 매개로 하여 영적으로 이어지는 예수나 성모 마리아, 성자에 대한 것이라고 반론했다. 결국 두 번(726년~787년, 813년~842년)에 걸친 성상 파괴 논쟁은 843년 성상을 인정하는 것으로 결론이 났다. 이 논쟁을 통하여 정교회 신자들은 성상에 대한 미신적 예배와 진정한 숭배를 신중히 구분하게 되었다. 이 논쟁 이후 정교회에서는 고상(苦像)을 비롯한 모든 종교적인 조각이 사라졌다. 오늘날 정교회 성당에서 성화 이외에 고상을 비롯한 일체의 조각품을 볼 수 없는 까닭은 이 때문이다.

시나의 예수상

3) 동서 교회의 분열

비잔틴 제국은 동로마의 전통을 잇기는 하였으나 인종적으로나 문화적으로 그리스적 요소가 절대적으로 우세했다. 그리스적 요소는 세월의 흐름에 따라 점차로 점점 더 강해졌고 로마적 요소는 사라져 갔다. 유스티니아누스 1세(527년~565년)는 라틴어를 모국어로 한 마지막 황제였다. 특히 7세기에 이집트와 시리아 지방의 영토를 이슬람에게 잃은 뒤 비잔틴 제국의 그리스화는 더욱 더 급속하게 진행되었다.

비잔틴의 그리스화는 동방 정교회와 서방의 로만 가톨릭 교회 사이의 거리를 더욱 크게 만들었다. 전세계 그리스도교의 대표들이 모여 신학적 문제를 논의하는 공의회는 제 7차 니케아 종교회의(787년)를 마지막으로 다시는 열리지 않았다. 특히 성상 파괴 논쟁에서 성상 숭배를 편들었던 로마 교회는 726년과 815년에 두 번씩이나 성상 파괴를 명령한 비잔틴 제국의 황제와 대립한 이후로 두 교회 사이는 급속히 냉각되었다.

860년대에 그리스 정교회가 불가리아 교회를 정교회의 관할로 편입하자 로마 교황청은 심하게 반발했다. 정교회가 '필리오게'(filiogue) 문제, 즉 사도신경 제 8조의 '성신은 성부에서 나온다.'라는 구절을 '성부와, 그리고 성자에서 나온다.'라고 잘못 번역한 가톨릭 교회의 신학상 오류를 지적한 것도 바로 이때였다. 10세기에 들어 정교회는 로마 교황들의 타락과 부패를 지적하며 가톨릭 교회를 더욱 비난하였다.

11세기 초에 노르만족이 비잔틴의 영토였던 남부 이탈리아 지방을 점령하고 그곳의 교회와 교회 수입을 교황의 관할로 돌리자 두 교회의 갈등은 절정에 달했다. 남부 이탈리아의 교회를 빼앗긴 데에 대해 불만을 품은 그리스 정교회의 총대주교는 다시 필리오게 문제를 들고 나와 로마 교황청의 비위를 건드렸다. 그러자 교황 레오 9세는 정력적이고 고집이 센 훔베르트 추기경을 콘스탄티노플로 보내 총대주교와 담판하게 하였다. 두 교회의 대표는 서로를 믿지 못하고 해결점을 찾기보다는 상대방을 비난하기에 더 열중했다. 드디어 1054년 두 교회는 서로 상대방을 파문했다. 그 후 동서 교회는 다시는 하나가 되지 못했다. 이 사건 이후 그리스인들은 서유럽인들을 터키인들보다 더 싫어하게 되었고 반대로 서유럽인들은 그리스인들이 나약하고 교활한 민족이라는 선입견을 갖게 되었다. 후에 비잔틴이 오스만 터키의 공격을 받았을 때, 같은 그리스도교도인 서유럽이 아무런 도움을 주지 않은 까닭은 이런 반목질시가 있었기 때문이다.

4) 오스만 터키 시대의 그리스 정교회 역할

1453년, 오스만 터키에 의해 마지막 보루였던 콘스탄티노플(지금의 이스탄불)이 함락되자 명맥만 이어 오던 비잔틴 제국은 완전히 사라졌다. 이로부터 1821년 독립을 선언할 때까지 그리스는 거의 400년 동안 오스만 터키의 지배를 받게 된다. 터키의 지배를 받는 동안에도 그리스 정교회는 제국의 네 '밀라'(원래는 민족 또는 공동체를 뜻하는 말이었으나 오스만 터키 시대 이후로는 이슬람, 그리스 정교회, 아르메니아 정교회, 유대교의 제 종교적 집단을 나타내는 말로 뜻이 바뀌었다. 각 밀라는 종교, 문화, 교육 활동에 있어 자치권을 가지고 있었다) 가운데 하나로 계속해서 그리스인들의 생활을 지배했다.

오스만 제국의 술탄은 정교회의 총대주교를 그리스 정교회 밀라의 수장으로 임명하여 정교회 신자들의 자치와 교육을 감독하도록 했으며 또 정교회 신자들 사이의 분쟁을 조정하도록 했다. 따라서 정교회는 오스만 터키 시대에도 그리스인들에 대한 권위와 지배력을 상실하지 않았을 뿐만 아니라, 그 암울한 시대에 교회 안에 비밀학교를 운영하여 그리스인들의 민족 정신을 고양하기도 하는 등, 민중의 정신적 지주로서의 기능을 다 하였다. 1821년 3월 25일에 있었던 그리스의 독립 선포도 마침 성모 마리아가 그리스도를 잉태하였다는 소식을 들은 날을 기념하는 성모희보 축일 예배를 보기 위해 많은 사람이 모인 한 수도원에서 이루어진 것이다. 독립 전쟁 기간에도 교회는 그리스 민중의 편에 서서 용감히 싸움으로써 민중의 존경과 지지를 얻었다.

미트라스 비잔틴 마을의 성당

아기오스 콘스탄티노스 항구의 성당

2. 그리스인과 정교회 전통

1) 정교회 신앙

비잔틴 시대를 거치면서 그리스 정교회의 영향은 한 개인의 일생에 중요한 단계를 결정하는 통과의례에서부터 일년의 생활을 정하는 세시풍속에 이르기까지 그리스인들의 생활 구석구석에 스며들었다. 이런 의미에서 현대 그리스인은 정신적으로 고대 그리스 이교도의 후예가 아니고 그리스도교 국가였던 비잔틴 제국의 후예이다.

현재 그리스 국적을 가진 사람들 중에 95% 이상이 그리스 정교회 신자이다. 나머지 5% 인구 가운데 대부분은 이슬람을 믿는 터키인들임을 감안하면 모든 그리스인이 정교회 신자라고 할 수 있다. 정교회 신자가 아닌 그리스인은 상상하기 어렵다. 미국이나 호주로 이민을 한 그리스인들은 3대나 4대가 지나 비록 그리스어는 잃을지라도 종교만은 그리스 정교를 지키는 것이 보통이다.

2) 그리스인의 인생관

그리스인들은 정교회에서 그들의 민족적 정체성을 찾는다. 그리스인에게 있어서 그리스 정교회는 신앙이라기보다는 생활 그 자체이다. 정교회의 전통이 이렇게 뿌리 깊기 때문에 그리스인들은 쉽게 흥분하고 즉흥적으로 행동하는 지중해 민족 특유의 다혈질과 함께 깊은 신앙심을 가진 사람들에게서만 볼 수 있는 의연하고 침착한 면을 동시에 가지고 있다. 속상하는 일이나 어이가 없는 일을 당했을 때, 암과 같은 불치의 병에 걸렸을 때, 또는 그 이외의 어려운 일을 당했을 때 그리스인들이 흔히 하는 말은 "하느님께서 다 뜻이 있다."는 의미를 가진 "Echei o Theos."라는 표현이나 "하느님께 영광이 있다."라는 뜻의 "Doxa to Theo."라는 말이다. 예기치 않은 불행이나 감당하기 힘들어 보이는 어려움을 당했을 때에도 그리스인들의 태도는 의외로 담담하고 침착하다. 외아들의 갑작스러운 죽음을 당한 어머니가 장례식에서 죽은 아들에게 마지막으로 한 말이 "(하늘 나라에서) 다시 만나자."의 의미를 가진 "Kali antamosi."였다고 하니, 이들이 얼마나 죽은 이들의 부활과 영생을 굳게 믿고 있는가를 짐작할 수 있다. 빈소를 찾는 문상객의 인사도 "하느님께서 죽은 사람을 평안히 해 주시기를 …"의 뜻을 가진 "Na ton anapapsi o Theos."이다. 또 먼 길을 떠나거나 시험을 보러 가는 사람들에게는 "하느님이 항상 함께 하시기를 …"의 뜻을 가진 "O Theos mazi sou."라는 인사를 한다.

　정교회는 단순히 그리스인들의 언어뿐만 아니라 행동에까지도 깊숙이 영향을 끼쳤다. 아직도 많은 그리스인들은 아침 기도로 하루를 시작하고 식사 전후에 반드시 감사 기도를 올리며 자기 전의 기도로서 하루를 마친다. 이런 종교적 보수성을 이해한다면 그리스의 대문호인 카잔자키스가 정교회 신앙에 대해 의심 어린 작품을 썼다고 파문 당한 사건과 그 파문 결정에 대해 그리스 지식인들이 1998년 카잔자키스에 대한 교회의 파문이 풀릴 때까지 이렇다 할 조직적 항의나 복권운동을 전개하지 않는 사실에 대해서도 이해가 될 것이다. 모든 학교의 입학식과 졸업식은 물론 개학식과 종료식도 모두 정교회 사제의 기도와 축복으로 일관되며, 대통령이나 수상의 취임식을 비롯한 모든 정부의 공식행사도 정교회 사제의 축복과 기도로 이루어진다. 최근 들어 젊은이들이 교회를 외면하고 정교회의 전통이 적어도 외관상으로는 많이 약화되고 있는 것이 사실이지만, 아직도 그리스인들의 내면 세계에는 정교회의 가르침과 전통이 굳건히 자리 잡고 있다. 정교회 신앙이 싫다고 말하는 공산주의자들도 부활절을 못 지내게 하는 외적이 있다면 부활절을 즐길 권리만은 목숨을 걸고 지키겠다는 것이 그리스인이다. 이와 같이 정교회는 그리스인들의 생활을 요람에서 무덤까지 지배하고 있다. 그리스인들의 의식 구조 구석구석까지 정교회의 전통이 스며들어 있기 때문에 우리가 현대 그리스인들의 의식 구조를 알기 위해서는 그리스 정교회의 교리와 전통을 이해해야 한다. 특히 한 개인의 일생에 중요한 단계를 결정하는 통과의례와 일년의 생활을 정하는 세시풍속은 모두 정교회의 교회력에 의거하고 있기 때문에 정교회 교회력에 대한 이해는 그리스인들의 문화를 이해하는 데에 매우 중요하다.

3. 정교회의 성사와 통과의례

1) 정교회의 일곱 가지 성사

정교회는 가톨릭 교회와 마찬가지로 일곱 가지 '성사'(聖事, Sacrament)를 가지고 있다. 이 일곱 가지 성사는 모두 하느님의 신비스러운 기적에 의해 이루어진다고 믿기 때문에 '신비'라 불리기도 한다. 모든 교회의 성사는 주교나 신부에 의해 행해진다. 정교회의 일곱 성사는 다음과 같다.

1. 세례 성사
2. 견진 성사
3. 성체성혈 성사, 또는 신성한 감사의 성사
4. 고백 성사
5. 결혼 성사
6. 신품 성사
7. 성유 성사

이 가운데 세례 성사와 견진 성사, 신성한 감사의 성사, 고백 성사 네 가지는 모든 교인이 반드시 받아야 하며, 결혼 성사, 신품 성사, 성유 성사는 경우에 따라서 행해진다. 또 세례 성사, 견진 성사, 신품 성사는 일생에 한 번만 받으며, 나머지 성사는 일생을 통해 반복된다. 단, 결혼 성사는 일생에 세 번까지만 받을 수 있다.

(1) 세례 성사

그리스인은 태어나서 3개월에서 6개월 사이에 세례를 받는데, 세례를 받는 아이에게 더 많은 성령이 임하도록 하고자 하는 배려에서 보통 부활절이나 성모 축일과 같은 큰 종교적 축제 때에 맞춰 세례 성사를 베푼다. 세례 성사에서는 대부와 대모가 어린아이를 대신해 성사를 받는데 대부모는 이후 생활에서 어린아이에게 교리를 가르침은 물론 영적 생활을 지도하고 책임지게 된다. 그리스에서 대부모와 영적인 자식 사이의 관계는 평생 지속되며 그리스 사회의 독특한 인간 관계를 형성한다. 세례명은 남자아이는 할아버지의 이름을, 여자아이는 할머니의 이름을 따르는 것이 보통이다.

(2) 견진 성사

견진 성사는 몸의 각 부분에 십자가 모양으로 기름을 바르는 의식이다. 이 성사는 세례 성사를 받은 사람만이 받을 수 있으며, 세례 성사에 곧바로 이어 행해진다. 견진 성사에 쓰이는 기름을 거룩한 '미로'라 하는데 이 미로는 올리브 기름에다 마흔 가지 향료를 섞어 만든다. 각 향료는 사랑, 인내, 믿음, 기쁨, 순결과 같은 성신의 여러 가지 선물을 상징한다. 미로는 '성목요일'(부활절 전 목요일)에 정교회 총대주교의 축성에 의해 만들어진다. 정교인들은 견진 성사를 통하여 영적인 생활을 위한 거룩한 힘을 얻을 수 있다고 믿는다. 정교회는 인간은 세례와 견진 성사를 받아야만 비로소 진정한 그리스도교인으로 새로운 생명을 얻게 된다고 가르친다.

(3) 성체성혈 성사, 또는 신성한 감사의 성사

정교회에서는 매주 일요일과 큰 종교 축일에 주교나 사제가 집전하는 예배를 '리투르기아'라 부른다. 리투르기아는 정교인의 신앙생활의 중심을 이루고 있다. 지금 세계 정교회에서 행해지는 리투르기아의 형식은 4세기 때 '성 요한

크리소스토모스' 콘스탄티노플 총대주교에 의해 체계화된 것이다. 리투르기아의
가장 신성하고 중요한 부분은 예수가 십자가에 매달리기 직전에 다락방에서 제
자들과 가졌던 최후의 만찬을 본받아 신도들이 기적을 통해 그리스도의 살과
피로 변화한 빵과 포도주, 즉 '성체성혈'을 받아먹는 의식인데, 이 의식을 '성체
성혈 성사', 또는 '신성한 감사의 성사'라 한다. 그리스 정교회에서는 가톨릭과
는 달리 일반 교인들에게도 포도주와 발효된 빵을 나누어준다. 세례를 받은 교
인은 원칙적으로는 평생 동안 매주 일요일에 교회에 가서 예배를 보고 신성한
감사의 성사를 받아야 한다.

(4) 고백 성사

정교인들은 평생 동안 주기적으로 사제에게 자신이 지은 죄를 고백하고 그
죄를 용서받아야 하는데, 이를 고백 성사라 한다. 특히 신성한 감사의 성사를
받기 위해서는 고백 성사는 필수적이다. 고백 성사는 세례를 받은 교인만 받을
수 있는 성사이나 세례를 받으려는 예비 교인은 세례 성사 직전에 고백 성사
를 한다. 정교인은 원칙적으로 일주일에 한 번 이상 고백 성사를 하게 되어 있
으나 현대에 들어 그렇게 철저하게 이루어지지는 않고 있다. 오늘날의 그리스
인들은 보통 부활절이나 성탄절과 같은 중요 종교 축제 기간에 집중적으로 고
백 성사를 한다.

(5) 결혼 성사

정교회의 혼례식은 약혼과 결혼의 두 부분으로 되어 있다. 약혼에서 사제는
신랑, 신부를 축복하고 서로 반지를 교환하게 하여 두 사람이 자신들의 의사로
결합함을 확인한다. 결혼에서는 줄로 이어진 한 쌍의 화환을 신랑, 신부에게 세
번씩 번갈아 씌움으로써 새 가정을 이루는 데에 대한 성신의 축복을 나타낸다.
결혼 성사는 고난의 시기인 사순절 기간을 피해 행하는 것이 보통이다. 결혼
성사는 원칙적으로 일생에 단 한 번만 허용되나 배우자가 죽거나 합당한 이혼

을 한 경우에 한해서 재혼이 가능하다. 이혼은 원칙적으로는 인정되지 않으나 배우자의 어느 한 쪽이 부정을 저지르거나 또는 다른 특수한 이유로 결혼 생활을 계속할 수 없는 경우와 7년 이상 별거한 것이 증명되는 경우에는 가능하다. 배우자의 부정에 의한 이혼의 경우에도 교회는 우선 부부가 다시 합칠 수 있도록 최대한 중재하며 그래도 피해자측이 헤어지기를 원하면 이혼을 허락한다. 그러나 정교회는 한 사람에게 세 번까지만 결혼 성사를 허락하며 그 이상은 금하고 있다. 1981년 이후에는 교회에서 결혼하지 않고 지방 자치 단체장의 대리인 앞에서 하는 세속적 결혼도 합법적인 것으로 인정 받기에 이르렀다. 따라서 세 번 이상 합법적 결혼을 하는 것도 가능하게 되었으나 대부분의 그리스인들은, 심지어 사회주의를 신봉하는 좌파 사람들까지도 교회에서 하는 결혼을 더 선호한다. 또 그리스에서는 간통죄는 성립되지 않으나 간통한 남녀는 교회법에 의하여 결혼 성사를 받을 수 없다.

(6) 신품 성사

신품성사는 교인 가운데 하느님을 위해 성직자로 살아가기를 원하는 성인 남자에게만 허락되며 여자에게는 절대로 허락되지 않는다. 이 성사는 주교만이 주관할 수 있으며, 세 명 이상의 주교가 집전하는 리투르기아 중에 이루어진다. 정교회의 성직자는 보제, 사제, 주교 세 계급으로 구성되어 있다. 신품 성사는 후보자에게 내려지는 신품에 따라 보제 신품, 사제 신품, 주교 신품의 세 가지로 구분된다. 보제는 혼자서는 성사를 올릴 수 없고 사제와 주교를 보좌하는 구실을 한다. 사제는 신품 성사를 제외한 모든 성사를 주관할 수 있으며 설교와 신도들의 영적 지도를 맡는다. 주교는 신학대학원 졸업 이상의 학력을 가진 독신 사제 가운데에서 주교들의 선거에 의해 뽑히며 주교구라는 관할 지역을 갖는다. 주교는 주교구 안의 모든 교회 행정, 의식 집전에 대한 운영과 지시 감독의 권한을 갖는다. 결혼 성사를 받은 뒤에도 신품 성사를 받을 수 있기 때문에 그리스 정교회에서는 결혼한 사제가 가능하다. 그러나 신품 성사를 받은 성직자에게는 결혼 성사가 행해질 수 없다. 즉, 성직자의 결혼이나 재혼은 금지되어 있다.

(7) 성유 성사

성유 성사는 사제가 병든 신자에게 성유를 발라 주고 하느님의 은총으로 병이 낳기를 기도 드리는 성사이다. 제대로 격식을 갖춰 이 성사를 행하려면 일곱 명의 사제가 집전해야 하나 보통은 이보다 적은 수의 사제에 의해 이루어진다. 성 수요일(부활절 바로 전 수요일)에는 건강한 사람들에게도 성유 성사를 베풀어 이들이 지은 죄를 용서받도록 해 준다.

2) 준성사

정교회에서는 위의 일곱 성사 이외에 사람이나 물질을 축복하는 각종 축성식을 행하는데, 이런 축성식들을 일곱 성사에 버금가는 것으로 보아 '준성사'(準聖事)라 한다. 중요한 준성사로는 물을 축성하는 성수식과 출산을 위한 기도식과 장례식, 추도식들이 있다.

(1) 성수식

성수식은 하느님의 은혜로 물을 거룩하게 하는 신비의 성사이다. 정교회에서 성수식은 인류가 원죄를 저질렀을 때 함께 타락한 자연을 다시 원상 회복하여 인류의 구원을 완성하는 상징적 행위이다. 성수식은 매달 첫째 날에 행해진다. 그러나 1월에는 예수가 세례를 받은 날을 기념하는 '신현축일'(1월 6일)에 성수식을 하는데 이 성수식을 '대성수식'이라 한다.

(2) 출산을 위한 기도식

그리스에서는 임산부가 9개월이 되면 특별히 고백 성사와 성체성혈 성사를 받는다. 성사가 끝나면 사제는 순산을 위한 축복 기도를 해 준다. 출산 후 8일째가 되는 날, 사제는 산모와 아기를 방문하여 아이의 이름을 지어 주고 축복한다. 아이의 이름은 큰아들이면 할아버지 이름을, 딸이면 할머니 이름을 물려받는다. 둘째 아들이나 딸은 외할아버지나 외할머니 이름을 물려받는 일이 많다. 아이가 태어난 지 40일이 되는 날, 산모는 아이를 안고 처음으로 성당에 간다. 이때 사제는 성당 입구에서 아이에게 성호를 그어주고 축복의 기도를 해 준다.

(3) 장례식

사제는 신도의 사망 소식을 들으면 즉시 상가로 찾아가 빈소에서 간략한 예식을 행한다. 빈소에는 촛불과 향을 꺼뜨려서는 안 된다. 장례 기간 내내 교우들과 친지들은 교대로 복음경과 시편을 봉독한다. 죽은이의 관은 영결식을 치르기 위해 당일 성당으로 옮겨진다. 상여 행렬은 사제가 인도한다. 영결식이 끝나면 관은 묘지로 옮겨져 매장된다. 정교인들은 내세의 부활을 믿기 때문에 시신을 태우는 화장은 하지 않는다. 매장한 지 3년이 지나면 관을 열어 유골을 정리한 뒤 납골당에 모신다. 3년이 지났는데도 시신이 충분히 부패하지 않았을 경우, 2년을 더 매장한 뒤 유골을 수습한다. 묘지는 모두 교회에 속해 있으며 관리도 교회가 한다. 묘지는 임대제로 매매하지 않는다. 납골당은 보통 가족 단위로 만들어진다.

(4) 추도식

추도식은 사망 후 3일, 9일, 40일과 매년 기일에 거행된다. 또 사순절 바로 전 토요일과 오순절 전 토요일은 모든 죽은 사람들을 위한 추도의 기도가 이루어진다. 추도식에는 밀로 만든 케이크를 성당 안의 제단에 놓고 분향하며 고인을 기리는 기도를 드린다. 추도식 뒤에는 가족과 친지들끼리 모여 조촐한 다과회를 갖는다.

3) 그밖의 성사들

그리스에서는 교회에서 행해지는 일곱 성사나 준성사 이외에도 일상생활과 관계되는 많은 성사가 이루어진다. 대통령이나 수상의 취임식이나 학교의 입학식, 졸업식도 사제의 축복 기도로 시작되고 기도로 끝난다. 또 새집으로 이사하거나 자동차를 새로 샀을 때에도 성수식을 거행한다. 이와 같이 정교회는 그리스인들의 신앙생활뿐 아니라 통과의례를 비롯한 일상생활의 구석구석에도 영향력을 행사한다.

한국의 그리스 정교 본당 성 니콜라스 대성당의 내부 정면(서울 아현동)

4. 정교회의 교회력과 세시 풍속

1) 정교회의 교회력

그리스 정교회의 교회력은 부활절을 중심으로 일년 내내 예수 그리스도의 일생에서 중요한 사건들을 기념하는 종교적 행사와 그 행사 사이를 메우는 중요 성인들의 날들로 채워진다. 종교 축일은 날짜가 정해져 있는 '고정 축일'과 매해 날짜가 바뀌는 '비고정 축일'로 구분된다. 부활절을 비롯한 비고정 축일은 정교회가 초기 그리스도교 전통에 따라 율리우스력을 그대로 사용하고 있기 때문에 그레고리우스력을 사용하는 서방 교회의 종교 축일과 날짜가 일치하지 않는 경우가 많다.

2) 비고정 축일

가톨릭을 비롯한 서방 교회의 가장 큰 축제는 크리스마스이지만 그리스 정교의 가장 큰 축제는 부활절이다. 따라서 정교회의 비고정 축일은 부활절을 중심으로 이루어져 있다. 정교회의 중요한 비고정 축일은 아래와 같다.

⑴ 부활절과 성대주간

정교회의 부활절은 춘분 이후의 첫 보름날이 지난 첫 일요일로 정해져 있다. 정교회가 율리우스력을 따르기 때문에 정교회의 부활절은 가톨릭 교회의 부활절과 4주까지 차이가 나기도 한다. 부활절은 그리스인들에게 우리의 추석과 구정을 합쳐 놓은 것과 맞먹는 큰 축제이다. '성지 주일'(부활절 전 주일)부터 부활절까지를 '성대주간'이라 하는데 이 기간 동안 모든 학교와 관공서가 휴가로 들어가고 시장도 거의 문을 닫는다. 성대주간 동안 교회에서는 매일 예수의 마지막 일주일의 삶을 재현하는 종교 의식이 치러진다.

① 성 목요일

예수 그리스도가 십자가에 못 박히는 사건을 기념하여 고난 받는 예수를 그린 성화를 십자가에 매다는 의식을 행한다. 그리스인들은 이 날 절대로 못을 박지 않는다.

② 성 금요일

젊은이들이 아침부터 들판에 나가 꽃을 꺾어 예수의 관을 장식한다. 저녁에는 돌아가신 예수의 장례식이 거행된다. 이 장례 행렬을 '에피타피온'이라 부른다. 에피타피온의 분위기는 장중하고 아름답다. 평소에 교회에 가지 않는 그리스인들도 성 금요일에 벌어지는 에피타피온에는 참가하는 것이 보통이다.

③ 성 토요일과 부활주일

그리스도가 죽어 무덤에 있다는 부활절 바로 전날인 성 토요일에는 장송곡을 제외한 일체의 음악이 금지된다. 텔레비전과 라디오는 그리스도의 죽음을 애도하는 비잔틴 성가만 방송한다. 사람들은 하루 종일 슬픔에 잠긴 목소리로 속삭이며 웃지도 않고 농담도 하지 않는다. 성대주간에도 금식을 않던 교인들도 이날 하루만은 철저하게 금식한다. 모든 교회에서는 청소년들이 종각에 앉아 매 15분마다 제종을 울린다. 나라 전체가 엄숙한 애도의 분위기에 잠긴다. 자정 12시 15분전부터 예수의 부활을 기념하는 예배가 시작된다. 자정이 되기 직전에 교회와 가정, 길거리의 모든 불은 꺼진다. 이 순간부터 예수의 부활을 알리기까지 약 1분 동안 모두 침묵을 지킨다. 오직 사제의 애절한 기도 소리만 들릴 뿐 아무 다른 소리도 들리지 않는다.

이윽고 자정이 되면 사제는 "예수께서 부활하셨습니다."라고 외치며 예수의 부활을 알린다. 모든 교회는 축제의 종을 요란하게 울리고, 아이들은 축포를 터뜨린다. 마치 예수가 정말 부활한 듯 온 국민이 축제 분위기에 빠져들어 간다.

부활 예배는 자정에 시작하여 약 한 시간 남짓 계속되나 대부분의 교인들은 곧바로 집으로 가서 일가 친척들과 함께 그 동안 금식 때문에 못 먹던 고기와 달걀, 기름기 있는 음식들과 포도주를 마음껏 먹고 마시며 즐긴다.

부활절 만찬은 밤 12시 이후에 시작된다. 이때 가장 먼저 내놓는 음식은 양의 내장을 고아서 만든 '마기리차'라는 수프이다. 금식 기간 중에 고기를 먹지 않은 소화기관에 갑작스레 고기가 들어가 탈이 나는 것을 막으려는 민간의 지혜가 깃든 음식이다. 부활절 음식은 주로 양고기를 재료로 한다. 빨갛게 물들인 달걀 역시 부활절 기간에만 먹는 음식이다. 이때 서로 달걀을 부딪혀 상대방 달걀을 깨는 놀이를 하는데 마지막까지 깨지지 않은 달걀을 가진 사람은 일년 내내 운수가 좋다고 믿는다.

부활절 당일에는 교회에서 '사랑의 만과'(저녁 기도)를 행하고 성직자를 비롯한 교인들이 모여 앉아 점심을 먹는다. 그러나 교회에 특별한 직책을 맡지 않은 대부분의 사람들은 들판으로 나가 숯불에 양을 통째로 구워 먹으며 포도주를 마신다. 부활절은 그리스인들에게 있어 정말로 기쁜 봄의 축제이다. 원래 부활절은 그리스도교가 들어오기 전부터 행해지던 고대의 봄 축제가 그리스도교에 흡수, 전승된 것으로 특히 성 금요일에 나가는 꽃상여 장례식은 고대 아도니스 축제 때부터 내려오는 풍습을 그대로 이어받은 것이라 한다.

(2) 트리오디온 기간

부활절 10주 전부터 7주 전까지의 4주간의 기간을 '트리오디온' 기간이라 한다. 이 기간의 마지막 주일, 즉 부활절 7주 전의 일요일이 바로 사육제이다. 사육제에는 사람들이 가면을 쓰고 가장행렬을 벌이며, 그 다음날부터 시작되는 6주간의 금식 기간에 대비하여 고기와 술을 마음껏 먹고 마신다. 특히 금식에 포함되는 고기류와 달걀, 기름이 들어간 음식들은 모두 남김없이 먹어 치운다. 그러나 그리스의 사육제는 브라질의 카니발과는 달리 흥겹기는 하지만 광란으로 치닫거나 야단스럽지 않다. 사육제 일요일 다음날은 '청결한 월요일'(Kathara Deftera)인데 이 날은 불을 지피면 안 되기 때문에 음식을 요리할 수 없다. 따

라서 사육제에서 남은 음식들로 간단히 식사한다. 이미 금식 기간인 사순절이
시작된 까닭이다.

(3) 사순절

부활절 전 6주 전부터 성대주간 사이의 5주간은 사순절이다. 사순절에는 철
저한 금식이 요구된다. 그리스인들은 아직까지도 사순절 기간 동안에 금식을
비교적 잘 지키는 편이며, 특히 부활절 바로 앞에 오는 성대주간 일주일 동안
에는 푸줏간과 식당이 아예 문을 닫는다. 금식 기간에 피해야 하는 음식에는
고기류와 생선, 유제품, 달걀, 기름이 포함되며, 식물성 음식과 묽은 피를 갖지
않는 문어나 오징어, 조개 같은 연체 동물과 새우나 바닷가재와 같은 갑각류는
허락된다. 관광객이나 외국인들도 이 기간 중에는 금식의 대상이 되는 음식을
먹기가 쉽지 않다. 몇몇 관광객을 위한 호텔이나 음식점만이 이런 음식을 팔
뿐이다. 사순절과 성대주간을 합하여 '고난 기간'이라 하는데 이 기간 중엔 결
혼식이나 '이름 축일'과 같은 축하할 만한 행사들은 피하고 부활절 후의 적당한
날로 옮긴다.

(4) 부활절 기간과 그리스도 승천 축일 기간

부활주일부터 40일은 부활절 주간이다. 이 기간 동안 정교회는 그리스도 부
활의 의미를 되새기며 죽음에 대한 승리를 기념한다. 부활절 기간에 이어서 곧
바로 '그리스도 승천 축일 기간'이 시작된다. 부활주일 후 여섯 번째 주간의 수
요일이 그리스도가 승천한 날이다. 이 날을 맞아 교회는 큰 종교 축제를 벌인다.

(5) 오순절

부활주일 후 50일째가 되는 날이 오순절이다. 이 날은 예수의 제자들에게 성
령이 내린 날이다. 교회에서는 이날 성대한 예배를 거행한다.

3) 고정 축일

고정 축일은 다시 그리스도의 일생에 일어난 중요 사건을 기념하는 '그리스도의 축일'과 성모 마리아를 기념하는 '성모 축일', 그리고 큰 성인의 기일을 기념하는 '성인 축일'로 나누어진다. 정교회의 중요한 고정 축일은 아래와 같다.

(1) 그리스도의 축일

① 크리스마스(12월 25일)

정교회의 크리스마스는 조용하다. 서방 교회와 달리 크리스마스는 엄숙한 예배로 기념하며 떠들썩한 축제 분위기는 찾아볼 수 없다. 정교회의 가장 큰 축일은 부활절이기 때문이다. 예전에 비해 서구의 영향이 커진 지금은 백화점을 비롯한 중심가에서 서방 교회의 화려한 축제 분위기가 조금씩 나타나기는 하지만 전반적으로 그리스의 크리스마스는 아직 가족들끼리 모여 지내는 조촐한 축일이다. 크리스마스 이전 40일 동안 금식이 행해진다. 그리스인들은 크리스마스 트리 대신 찬란한 조명을 한 돛단배로 크리스마스 장식을 대신한다. 해양민족다운 장식이다.

② 그리스도 할례 축일(1월 1일)

유태인의 관습에 따라 태어난 날로부터 8일째 되는 날 그리스도가 할례를 받은 것을 기념하는 날로 새해 첫날과 일치한다. 따라서 일가 친척들은 전날부터 모여 망년회를 겸한 잔치를 벌인다. 특히 해가 바뀌는 자정에는 동전 하나를 넣은 '바실리코피타'라는 케이크를 자르는데 그 동전을 발견한 사람에게는 일년 내내 행운이 있다고 믿는다.

③ 신현 축일(1월 6일)

그리스도가 세례를 받은 것을 기념하는 날이다. 정교회는 이 날 성부와 성자, 성신의 성삼위가 함께 나타난 날이라 하여 큰 종교 축제를 벌인다. 신현 축일에는 세상의 모든 물을 정화하는 의식인 대성수식이 행해지며 관공서와 학교는 이 날을 기점으로 새해의 시무식을 거행한다. 크리스마스로부터 신현 축일인 1

월 6일까지는 크리스마스 휴가이다.

④ 그리스도 입당 축일(2월 2일)

유태인 율법에 따라 그리스도가 생후 40일 되는 날 회당에 가서 하느님께 바쳐진 사건을 기념하는 축일이다. 교회에서는 특별 예식이 거행되지만 일반 교인들은 특별한 축제 없이 지낸다.

⑤ 성모 회보 축일(3월 25일)

성모 마리아가 천사장 가브리엘에게서 하느님인 예수를 잉태한 소식을 전해 들은 날이다. 크리스마스와 꼭 9개월 차이가 난다. 여자의 임신 기간이 만 구 개월이라 믿는 서양의 계산법에서 역산된 날짜이다. 또 3월 25일은 1821년 그리스가 터키로부터 독립을 선언한 날이기도 하다. 따라서 이 날에는 대규모 군대 행진이 거행된다. 우리나라의 삼일절과 국군의 날을 겸한 축일이기도 하다.

⑥ 그리스도 변모 축일(8월 6일)

그리스도가 다볼산에서 신의 모습으로 변모한 사건을 기념하는 축일로 교회에서 특별 예배를 행한다. 일반 교인들은 별다른 축제 없이 지낸다.

⑦ 십자가 현양 축일(9월 14일)

그리스도가 못 박혀 죽었다는 십자가를 발견한 날을 기념하는 축제이다. 이 날 교회에서는 십자가를 앞세운 행렬이 교회 주변을 세 번 돈다. 일반 교인들은 별다른 축제 없이 지낸다.

(2) 성모 축일

① 성모 탄생 축일(9월 8일)

성모 마리아의 탄생을 기념하는 축일로 일반 교인들은 별다른 축제 없이 지낸다.

② 성모 입당 축일(11월 21일)

성모 마리아를 성전에 바친 날을 기념하는 축일로 일반 교인들은 별다른 축제 없이 지낸다.

③ 성모 안식 축일(8월 15일)

성모 마리아가 승천한 날을 기념하는 축일로 교회에서는 특별 예배를 드린다. 이 날은 공휴일로 많은 사람들이 교회에 가서 예배에 참가한다.

(3) 성인 축일

위에서 언급한 축일 이외의 모든 날은 모두 성인(聖人)에게 바쳐진 축일들이다. 성인 축일은 보통 그 성인이 죽은 날을 기념하고 있지만 몇몇 성인의 경우에는 생일이나 기적을 일으킨 날을 기념하여 정하기도 한다. 그리스인들은 보통 성인의 이름을 따서 자신의 이름으로 삼고 있는데 자신의 이름과 같은 성인의 축일을 자신의 '명명 축일'이라 하여 친척과 친구들을 불러 자축하는 풍습이 있다. 따라서 마리아나 콘스탄티노스, 요한, 게오르기오스, 엘레니, 니코스와 같은 큰 성인들의 축일은 많은 그리스인들의 명명 축일로 자축하는 사람과 축하해 주는 사람들로 백화점이 붐빈다. 그리스에서 중요한 성인들의 축일은 아래와 같다.

① 세 성인의 날(1월 30일)
초기 그리스도교 시대의 위대한 스승인 성 바실리오스, 성 그레고리스, 크리소스토모스 세 성인을 기리는 축일이다. 이 날 학교는 모두 쉬며 교회에서는 학생들을 위한 특별 예배를 올린다.
② 성 요르고스 축일(4월 23일)
3세기 말과 4세기 초에 카파도키아 지방에서 순교한 성인 요르고스를 기념하는 축일이다.
③ 성 콘스탄티노스와 성 엘레니 축일
그리스도교를 공인한 로마의 황제 콘스탄티노스와 그의 어머니 엘레니를 기념하는 축일이다.
④ 성 베드로와 성 바울 축일(6월 29일)
예수의 제자 베드로와 위대한 전도자였던 성 바울을 기념하는 축일이다.
⑤ 성 안나 축일(9월 9일)

성모 마리아의 어머니 성 안나를 기념하는 축일이다.

⑥ 성 디미트리오스 축일(10월 26일)

성 디미트리오스는 그리스 제 2의 도시 테살로니카의 수호신이다. 이 성인은 외적의 침입으로부터 그리스를 수호해 주는 성인으로 추앙받고 있다.

⑦ 천사들의 축일(11월 8일)

이 날은 특정 성인의 축일이 아니고 모든 천사들을 기리는 날이다. 그러나 많은 그리스인들이 앙겔로스(천사)나 가브리엘, 헤루빔, 세라핌과 같은 천사들의 이름을 갖고 있기 때문에 큰 성인들의 축일과 마찬가지로 성인 축일로 취급되고 있다.

⑧ 성 안드레아스 축일(11월 30일)

그리스도의 첫 사도였던 안드레아스 성인을 기념하는 날이다.

⑨ 성 니콜라오스 축일(12월 6일)

성 니콜라오스는 흔히 산타클로스로 알려져 있는 성인이다. 이 성인은 나그네와 뱃사람의 보호자로서 옛부터 선원이 많은 그리스인들의 사랑과 존경을 받고 있다.

5. 그리스인과 그리스 정교회

1) 그리스인과 그리스 정교회는 공동 운명체이다

고대 그리스 문명의 가장 큰 특징은 다양성이었다. 그러나 이 다양성이 사상의 분열을 가져와 고대 그리스의 도시 국가들은 하나의 강력한 정치적 통일을 이루지 못하고 끝내 군사적 강국인 로마의 지배를 받게 되었다. 사도 바울과 그의 제자들의 정열적인 전도의 결과 그리스인들은 유럽에서 최초로 그리스도교로 개종한 민족이 되었다. 그리스인들은 그리스도교를 받아들임으로써 고대 말기에 겪었던 사상적 혼란과 사회적 불안에서 비로소 벗어나게 되었고, 또 처음으로 민족적 일체감을 느꼈다. 비잔틴 제국 시대에 그리스 정교회는 그리스인들의 민족종교가 되었다. 그 후 정교회는 그리스인들의 민족적 구심점이었다. 그리스인들은 정교회에서 그들의 정체성을 찾았다. 비잔틴 제국이 15세기에 오스만 터키에게 망한 뒤에도 정교회는 '밀라' 제도를 통해 그리스인들에게 계속적으로 영향을 끼쳤다. 그 결과 그리스 정교회의 전통은 그리스인들의 일상 생활 구석구석까지 스며들게 되었다. 고대 이교도 문명에서 그리스도교로 개종한 이래 그리스인들과 그리스 정교회는 공동운명체로 발전해 온 것이다.

2) 현대 그리스의 정교회는 비잔틴 제국의 후신이다

서방 교회와 분리된 뒤, 그리스인들은 정교회 전통에 바탕을 둔 자신들의 고유한 문명을 이루어 나갔다. 그 결과 그리스는 외부인들이 고대문명을 통해 이해하고 기대했던 그리스와는 본질적으로 다른 문화를 갖게 되었다. 현대 그리스인들은 그리스 신화보다도 성경을 더 많이 알고 더 잘 이해한다. 현대 아테네 거리에서 제우스나 헤라클레스, 소크라테스나 에우리피데스를 만나기보다는 예수나 사도 바울을 만나게 된다. 현대 그리스인들의 이상향은 찬란한 문명을 이룩했던 고대 그리스의 이교도 세계가 아니다. 오히려 정교회의 이상을 가장 잘 표현했던 비잔틴 제국이 그리스인들의 이상향이다. 따라서 현대 그리스에서 제우스나 소크라테스를 비난하거나 모욕해도 좋다. 그러나 예수에 대해 비난하는 일은 지극히 불경스럽고 무례한 일이다. 현대 그리스인들이 가장 듣기 싫어하는 것 가운데 하나가 바로 그리스인들을 고대 이교도 문명의 후예로 보고 정교회 가르침에 맹목적일 정도로 충실한 그들을 비난하는 일이다. 그리스인들은 지중해 민족이기에 다혈질이고, 그래서 겉보기에는 모래알처럼 단결력이 없어 보이지만 해마다 반복되는 부활절을 통해 그들이 느끼는 일체감은 우리가 상상하기 힘들 정도로 크다. 이 점을 가벼이 여겼던 무솔리니나 히틀러는 2차 대전 때 그리스 전선에서 큰 낭패를 당했다. 공산당원까지도 부활절 축제를 위해서라면 목숨을 바치는 나라가 그리스다. 그리스인에게 정교회는 신앙이 아니라, 삶 그 자체이다. 그리스인과 그리스 정교회는 한 몸이다.

참고문헌

권언건. 《간략한 정교회 입문》. 1998. 서울, 한국정교회.

김대성. 《오스만 제국 근대사》. 1990. 서울, 동원문화사.

김정위. 《이슬람 문화사》. 1981. 서울, 문학예술사.

_____. 《중동사》. 1987. 서울, 대한교과서주식회사.

박성수 옮김. 《서양 현대사》. 1986. 서울, 종로서적. Hughes, H. H., 1976. *Contemporary Europe: A History.* Englewood Cliffs, N. J.: Prentice-Hall.

양병우 외 옮김. 《세계 문화사》 1-3. 1963. 서울, 을유문화사. Brinton, C., Christopher, J. B., Wolff. R. L. *A History of Civilization* Vol. 2. 1960. Englewood Cliffs, N. J. : Prentice-Hall).

유재원. 《그리스어. 세계 주요 언어》(변광수 편저). 631-654. 1993. 서울, 한국외국어대학교 출판부.

_____. 〈그리스인의 의식 구조〉. 《세계인의 의식 구조》 1. 291-318. 1997. 한국외국어대학교 외국학종합연구센터 편. 서울, 한국외국어대학교 출판부.

_____. 《그리스 신화의 세계 1: 올림포스의 신들》. 1998. 서울, 한국 현대문학사.

이연규 옮김. 《서양 중세사》. Tiemey. B, & Painter, S. 1978. *Western Europe in the Middle Ages. 300-1475.* 1988. 서울, 집문당.

이우석 옮김. 《서양 고대사》. Boren, H. C., 1976. *The Ancient World; An Historical Perspective.* Englewood Cliffs, N. J.: Prentice-Hall. 1983. 서울, 탐구당.

이희수. 《터키사》. 1993. 서울, 대한교과서주식회사.

지동식 외 옮김. 《서양 고대사 개론》. Cheilik, M., 1969. *Ancient History.* 1984. 서울, 고려대학교 출판부.

_____. 《서양 고대 세계사》. Rostovtzeff, M. I., 1960. Rome., 1963. Greece. Oxford, Oxford University Press. 1986. 서울, 고려대학교 출판부.

차하순. 《서양사 총론》. 1976. 서울, 탐구당.

한국 정교회. 《정교회 기초 교리》. 1978. 서울, 한국정교회.

Kakridis, I., et al.(Edt.) *Elliniki Mythologia.* 1986. Athens: Ekdotiki Athenon.

Trapelas, P., *Dogmatiki.* Vol.1. 1959. Athens.

Theodoakopoulos, I., et al.(Edt.) *Istoria tou Ellenikou Ethnous.* Vol. 7. 1970-1978. Athens,

Ekdotiki Athenon.

Thriskeftiki kai ithiki enkiklopedia. 1962. Athens.

2. 불가리아인의 종교와 종교 의식

최권진 / 불가리아 소피아대학 한국학과 교수

1. 종교 현황

불가리아는 전통적으로 기독교의 한 분파인 동방정교(東方正敎, Eastern Orthodox) 국가로, 동방정교는 불가리아 국민에게 가장 영향력을 강하게 미치는 종교이다. 1992년 12월에 이루어진 인구조사 통계에 의하면 불가리아 사람들의 종교 분포는 다음과 같다.[1]

* 총인구: 8,487,317명.
* 기독교 신자(총 7,349,544명, 총인구의 약 86%).
  > 1. 정교회 신자 – 개신교·가톨릭 신자를 제외한 나머지 인구 (총인구의 약 85%).
  > 2. 개신교 신자 – 약 10만 명.
  > 3. 가톨릭 신자 – 약 6만 명.
* 이슬람교 신자(총 1,110,295 명, 총인구의 약 13%).[2]
  > 1. 터키계 주민.
  > 2. 이슬람화 된 불가리아인(일명 포마크 pomak라고 불림).
  > 3. 집시.[3]
  > 4. 타타르인.

---

1) Milcho Lalkov, *A History of Bulgaria: an Outline.* St. Kliment Ohridski University Press (1988). 한편 전체 인구를 인종별로 보면 불가리아인이 85.8%를 차지하며, 터키계가 9.7%, 집시가 3.4%. 기타 1.1%이다.
2) 이슬람교를 믿는 사람들은 대개 특정지역에 밀집되어 사는데, 주로 터키 국경 근처의 지방과 산악지역(로도피 산맥)에 많이 있다. 불가리아 무슬림은 수니파로 코란은 라틴문자로 전사된 것을 주로 사용하며, 아랍 지역의 이슬람교에 비해 신앙형태가 아주 자유롭다.
3) 공식통계에 의하면 (1996년) 집시는 총 313,396명인데, 38%가 동방정교, 40%가 이슬람, 3%가 개신교를 믿는다.

* 아르메니아 - 그레고리안교 신자(총 13,677명).

　　　　불가리아에 사는 모든 아르메니아인.
* 유대교 신자(총 3,461명).

　　　　불가리아에 사는 유대인.4)

　이와는 달리 실제 신앙활동을 토대로 한 사회조사(1994년)에 의하면, 전체 국민의 70%가 종교를 갖고 있다고 했다. 1996년 조사에 의하면, 불가리아인의 37%, 불가리아에 사는 터키인의 73%, 이슬람화 된 불가리아인(포마크)의 66%, 집시들 중 59%가 종교를 믿고 있다고 대답했다.5)

　이외에 다른 유사 종교단체와 사이비 종교집단이 불가리아에서 활동을 하고 있는데, 이들은 기독교 계통의 경우 주로 개신교 단체이며, 이슬람교, 힌두교, 힌두교 - 기독교에 기반을 둔 단체도 있다. 특히 불가리아의 종교생활에 있어서 '백색형제회'(Byalobratstvo)는 특별한 위치를 차지하고 있다.6)

　불가리아에는 공식적으로 29개의 종교가 등록되어 있으며, 37개의 협회와 재단이 등록되어 종교와 종교 - 교육활동을 하고 있다. 하지만 공식적으로 등록을 하지 않고 종교활동을 하는 단체도 많다.

---

4) 불가리아는 2차 세계대전시 히틀러의 나치편에 섰으나, 유태인 학살에는 참여하지 않았으며, 당시 불가리아에 사는 유태인들을 보호하여 주었다.

5) Boncho Asenov. *Religiite i sektite v Bulgariya.* Sofiya (1998).

6) 1차 세계대전 이후에 불가리아에서 자생한 종교로 창시자인 페터르 더노프(Petur Dunov, 1855~1944)의 이름을 따서 더노비즘(더노프주의)라고도 불린다. 정교회에 반대해 창시되었으며, 그 이념 속에는 기계론적인(mechanical) 기독교 요소와 불교사상과 고대 인도의 종교사상이 결합되어 있다. 신자들은 윤회(환생)를 믿으며, 모든 물체에 영혼이 있다(animism)고 하며, 동틀 무렵에 이슬을 밟고 걷는 의식을 하며, 노래와 음악, 그리고 체조로 아침해를 맞이하며, 자연을 숭배한다. 최고의 경지에 도달하면 천리안(千里眼)을 갖게 된다고 한다.

2. 가족의례를 통해 본 신앙형태

총체적으로 볼 때, 현재 불가리아는 기독교(동방정교) 신앙을 믿는 슬라브 문화권에 속한다. 하지만 그 이면에는 서로 다른 이질성의 신앙형태가 다양하게 공존한다. 불가리아는 동유럽에서 가장 일찍 중앙집권의 국가형태를 갖추었지만, 현 불가리아인이 형성될 때 중앙아시아에서 건너온 황인종인 원 불가리아인(Proto-Bulgarian)의 전래신앙(무속), 트라키아인(Thracian)들의 전래신앙 및 슬라브인들의 고유신앙 등이 서로 합쳐서 만들어졌다. 이렇게 서로 다른 문화적 배경을 가진 여러 민족을 국가의 틀 안에 융화를 시킬 목적으로 제 1 불가리아 왕국(679~1081)의 보리스 1세 공후(재위; 853~889)가 기독교를 864년에 정식으로 공인하고 자신도 세례를 받았다. 하지만 기독교를 공식으로 받아들이면서, 전래신앙을 버리지 않고 그것들을 새로운 종교인 불가리아 정교의 틀 안에 흡수했다.[7] 이러한 이유로 현재도 불가리아 상층문화는 기독교(정교)문화이면서, 한편으로 그 속에 많은 토속신앙의 요소가 존재한다.

실제로 불가리아인들의 삶에 있어서 이러한 신앙형태가 어떻게 이루어지고 있는지, 불가리아인들의 일상의례와 풍습을 통해 살펴보고자 한다. 자료는 불가리아의 수도인 소피아 근교 지방을 대상으로 하였다.[8]

---

7) 불가리아 민족형성과 정교회 역사에 대해서는 졸고 〈불가리아 정교회와 민족주의〉《소련과 동유럽의 종교와 민족주의》(임영상, 황영삼 공편). 한국외국어대학교 출판부(1996) 참조.
8) 여기에 인용된 자료는 필자의 개인적 경험과 Sofiyski Kray - Etnografski prouchvaniya na Bulgaria. Bulgarska akademiya na naykite, Sofia(1993)에서 참고한 것이다.

1) 출산 및 양육

가족 내에서 이루어지는 풍습과 의례의 주목적은 건강, 행복, 다산을 위한 것으로, 여자들이 주요역할을 담당하며, 기독교적 요소보다는 비기독교적인 전통신앙에서 내려온 요소가 훨씬 더 많이 들어있다.

(1) 출산 전

임신과 관련된 의식은 예방의 성격을 띠고 있으며, 주목적은 정상적인 임신과 건강한 아기의 출산에 있다. 임산부의 행동과 주위의 사람들이 임산부에게 지켜야 할 행동과 관련이 있는 이 의식들은 불가리아인들의 전통적인 세계관과 연관된 것이다.

임신은 여성에게 아주 자연스러운 것으로 여기며, 여성이 결혼 후 일년 내에 임신을 해야 하는 것으로 생각한다. 유산은 해서는 안되는 것으로, 자연유산은 불행한 것이며, 인공유산은 죄라고 생각한다.

자식이 없는 것은 지은 죄에 대한 벌로 인식되며, 그에 대한 잘못은 여자에게 있다. 불임치료는 주로 민속 의학자에게 의뢰하며, 이는 의사에게 가면 진료비를 내야하고 또한 불임에 대한 소문이 날까봐서이다. 그래서 민속 의학자에게 가더라도 다른 마을에 사는 민속 의학자에게 간다. 자식을 낳게 해달라고 교회나 수도원에 시주를 하기도 한다.

소피아 지역에서는 임신이 더러운 것이라고 생각하지 않으며[9] 오히려 임신부를 존대한다. 산모는 힘든 농사일 같은 것은 하지 않지만, 출산 순간까지 가사일을 한다. 이유는 태어나는 아이가 부지런하기 위해서는 산모가 일을 해야 한다고 믿기 때문이다.

전통적으로 임신부가 꼭 지켜야 할 금기들은 '문지방에 앉지 말 것, 수레의

---

9) 불가리아에 사는 집시들은 임신이 더럽다고 생각하는데, 불가리아 집시들의 문화에 대해서는 졸고 〈집시문화 이해 - 불가리아 집시를 중심으로〉《유럽연구 제 6권》, 한국외국어대학교 동유럽발칸연구소(1997) 참고

끌채에 앉지 말 것, 다리를 꼬고 앉지 말 것.'이다. 또한 임신부는 특정 음식을 먹어서는 안되는데, 생선을 먹으면 코가 막혀 코를 고는 아이가 태어나며, 토끼고기를 먹으면 잘 때 아이가 눈을 뜨고 자며, 늑대가 죽인 짐승고기를 먹으면 털이 무성한 아이가 태어난다고 하여 이런 음식을 먹으면 안된다. 또한 털이 무성한 아이가 태어난다고 믿어서 털이 있는 짐승을 임신부가 발로 차서도 안된다. 한편 아이가 탯줄에 목이 감긴다고 생각해, 임신부는 낚싯줄, 체인, 벨트 등을 넘어다니면 안된다. 또한 아이가 침을 질질 흘리게 된다고 믿어 임신부는 물을 문지방을 통해 버려서도 안된다.

임신부는 또한 절대로 도둑질을 해서는 안되는데, 남의 과일 한 개라도 몰래 따서는 안된다. 왜냐하면 도둑질한 손으로 자신의 몸을 만지면, 아이가 똑같은 부위에 훔친 물건 모양의 자국을 가지고 태어나기 때문이다.

한편 임신부가 아프거나 유산의 염려가 있기 때문에 임신부는 보는 음식은 모두 맛을 보아야 하며, 또한 모든 사람들은 임신부에게 음식을 맛을 보도록 권유해야 한다. 임신부가 놀라면 그 놀랜 것(짐승, 사람, 물건)을 닮은 아이가 태어난다고 믿는다. 임신부는 또 죽은 사람에게 가서는 안되는데, 이는 죽은 사람을 보고 놀라서 유산을 하거나 얼굴색이 죽은 사람처럼 노란 아이를 낳을지도 모르기 때문이다. 임신부가 장례식에 꼭 참석해야 될 경우에는 액운을 막기 위해 손가락에 붉은 색 실을 묶고 가야 한다.

부모가 알기 전에 다른 사람이 임신한 사실을 먼저 알게 되면 아이가 벙어리가 되거나 말을 잘 못하는 아이가 태어난다고 믿어 임신한 사실을 아이가 태어나는 순간까지 가능하면 숨긴다.

가족 내에서는 전통적으로 남자들은 임신에 관해 이야기를 하지 않으며, 임신한 것에 조심하며 일부러 못 본 척한다. 여자들은 임신한 것에 자세히 이야기를 하며 미리 아이의 성을 알아보려고 노력한다. 보통 임신부의 얼굴과 배에 점이 생기지 않고 깨끗하면 아들이고, 그 반대면 딸이다. 한편 임신부가 모르게 머리에 소금을 약간 뿌려놓고, 어떻게 하는지 관찰을 하는데, 만약에 임신부가 허리 아랫부분(또는 입)을 만지면 딸이고, 허리 윗부분(또는 코)를 만지면 아들을 낳을 것이라고 생각한다.

과거에는 더욱 그러했고, 현대에 와서도 정도는 약하지만 아들을 선호한다. 이유는 전통적으로 아버지는 자기의 가문을 잇고 싶어하고, 할아버지는 자신의 이름을 손자에게 주고 싶어하고[10], 어머니는 남자가 세상을 더 쉽게 산다고 믿기 때문이다.

(2) 출산

출산은 여성의 몫으로 남자와 처녀는 접근이 금지된다. 출산의 주요역할을 하는 사람은 산파로, 산파는 나이든 노파로 혼자 사는 사람(성관계가 없는 깨끗한 사람을 상징)이어야 한다. 출산은 더 적은 사람이 알면 그만큼 더 쉽고 빨리 끝난다고 믿는다.

난산일 경우 산파는 그릇에 물을 담아와 출산에 관해 아는 사람들 모두에게 손을 씻으라고 한 후, 그 물을 산모에게 뿌리고 마시게 한 후 문들의 열쇠 구멍에 붓는다. 또는 계란이나 베틀북을 산모의 윗도리 아래로 굴려 빼기도 하는데, 계란이 바닥에 떨어지면 산파는 오른발로 밟아 깬다.

순산을 하고 아이가 건강하도록 산파는 성수를 사용하며, 성모 마리아에게 기도를 하며, 난산일 경우 성모 마리아에게 헌금을 약속한다. 성모 마리아는 모성의 보호자로 출산에 참여하여 도움을 준다고 믿는다.

태반은 약효가 있다고 생각하지 않으며, 대개 그냥 버리지만, 사람들이 밟지 않는 깨끗한 곳에 묻기도 한다. 유산이나 사산의 경우에도 이런 곳에 묻는다.

산파는 아이의 탯줄을 자르고 실로 묶는다. 실은 검정색이 아니어야 하며, 어머니의 머리카락으로 묶기도 한다. 과거에는 탯줄을 자를 때는 낫을 사용했는데, 보통 아버지가 농작물을 수확을 할 때 쓰는 낫을 사용했다.

한편 아이가 태어난 시간이 아이의 장래에 영향을 미친다고 생각을 하는데, 오전에 태어난 아이는 활동적이고, 아침에 일찍 일어나고, 부지런하며, 초승달이나 보름달에 태어난 아이는 행복하고 일에서 성공을 이룬다고 생각한다. 요

---

10) 불가리아 사람들이 아이의 이름을 지을 때, 대개 아들이면 친할아버지나 외할아버지 이름을 따서 지으며, 딸이면 친할머니나 외할머니의 이름을 따서 짓는다.

일에 따라 장래가 정해지는데, 아이가 월요일이나 수요일에 태어나는 것은 좋은 날에 태어났다고 믿으며, 가장 나쁜 것은 화요일에 태어나는 것이며, 토요일에 태어나는 아이들은 보통 사람들 눈에 보이지 않는 좋지 못한 것(마귀 등)을 볼 수 있는 능력이 있어 흡혈귀를 죽일 수 있는 특별한 능력이 있다고 생각한다.

출산과 관련된 의식은 빵을 만들어 먹는 것으로 끝나는데, 아이가 홍역을 앓지 말라고 빵에 아무런 장식을 하지 않는다. 이 빵은 출산시 집에 있는 사람들 모두가 먹는다. 이 빵을 만드는 이유는 모든 출산에 성모 마리아가 와서 도와주는데, 성모 마리아가 이 빵을 먹어야 떠난다고 믿는다. 성모 마리아가 다른 출산을 도와주러 가야하기 때문에 빨리 빵을 빚어야 한다고 한다.

(3) 출산 후

산모와 관련된 의례는 출산 후 40일 동안에 집중되어 있다. 오래된 전통과 기독교 신앙에 의하면 이 기간 동안 산모는 깨끗하지 못하다고 생각된다. 바로 이러한 이유로 이 기간 동안 모두가 산모를 멀리한다.

산모는 3일에서 7일간 건초나 밀짚을 바닥에 깐 낡은 양탄자에 누워 있는다. 보통 산모는 화로 가까이나 따뜻한 곳에 있는다. 최대한 사람의 접근을 차단한다. 산모와 아이 옆에 철기구(낫, 도끼, 칼), 빗자루나 타르 등 역겨운 냄새가 강하게 나는 물질을 놓는데, 이는 병을 예방하고 마귀를 쫓아내는 역할을 한다. 마찬가지 이유로 산모는 빨간 실, 파란 구슬, 흰 동전을 40일 동안 가지고 다닌다. 이는 불운으로부터 산모를 막아주며, 동시에 타인에게 자신이 산모라는 것을 보여준다.

한편 악마가 와서 산모의 젖을 말리는 것을 방지하기 위해 산모는 해가 진 뒤에 외출을 해서는 안되며, 굳이 외출을 할 경우는 머리에 수건을 두르고 쇠붙이, 불을 가지고 나가야 하며, 해가 진 뒤에는 산모의 옷이나 아이의 기저귀를 밖에 두어서는 안된다. 산모는 들판을 바라보아서는 안되며(그러면 우박이 내리고, 흉작이 든다), 공동우물에서 물을 떠도 안되며(공동우물이 망쳐진다), 빵

을 빚어서도 안되며(밀가루에 벌레가 생기게 된다), 다른 사람이 먹을 음식에
손을 대서도 안된다. 하지만 대개 산모는 가사일을 해야 하기 때문에 금기를
엄격하게 지키지 못한다. 대신 성수로 손을 깨끗하게 씻는 예방조치를 취한
다음에 산후 3∼7일 후부터는 일을 하기 시작한다. 이 기간 동안 엄격하게 지
켜지는 것은 성생활을 하지 않는 것이다.

　전통적으로 산모는 40일 동안 이방인과의 접촉을 피하며, 특히 다른 산모와
만나면 두 사람 중에 한 사람의 젖이 마른다고 생각해 절대로 피한다. 집안
식구뿐만 아니라 마을의 모든 사람들이 산모가 이러한 금기사항을 지킬 수 있
도록 배려한다. 산모가 본 음식은 모두가 조금씩 산모에게 맛보게 해야 하는데,
이는 산모의 젖이 마르지 않고 산모가 아프지 않게 하기 위해서이다.

　산모를 청결하게 하는 의식은 6주 후에 이루어진다. 두 단계로 이루어지는
데, 첫 단계는 기독교식으로 행해진다. 산모와 아이가 산파와 함께 교회에 가
서 기도문을 외운다. 두 번째 단계는 통속적인 의식으로 산모는 교회에서 기
도문을 외운 다음에 남의 집 - 친정, 대모, 또는 다른 가까운 여자친척 - 에 간
다. 이때 손님을 맞는 여자 주인은 산모가 집안으로 들어올 때 산모의 발에
성수를 뿌린 다음 점심을 대접한다. 두 차례 몸을 정화한 후부터 산모는 주부
의 역할로 복귀하지만, 모유를 지키기 위해 조심한다.

　아이의 장래 운명을 예언하는 운명의 세 여신(orisnitsite, the Weird Sisters)
이 불가리아 민속에 자주 등장하는데, 이들은 첫날밤 또는 셋째날 밤에 나타
난다. 이들의 소리는 아이의 엄마만이 들을 수 있는데, 셋째 여신의 말이 아이
의 운명에 절대적이라고 한다.

　산모와 아이에게 오는 첫 손님치레도 아이의 운명에 간접적인 영향을 미친
다고 생각한다. 대개 생후 40일 이내에 치러지는 이 행사에는 아이가 있는 여
자들이 초대된다. 산모는 장식이 없는 빵과 철에 맞는 약간의 음식을 준비한
다. 산파는 아이가 건강하게 잘 자라라고 덕담을 하면서 빵을 머리위로 높이
들어 쪼개어 참석한 여자 손님들에게 나누어준다. 손님들도 빵을 가지고 와서
나누어 먹으며, 거의 대부분 양파를 가지고 온다. 이 양파는 젖이 많이 나오라
는 의미로 산모에게 준다. 아이에게는 돈을 주는데 아껴 쓰는 사람이 되라고

손수건에 꼭꼭 싸매어 준다. 그리고 집안의 재산이 밖으로 흘러나가지 말라는
의미로 손님들은 음식을 담아온 그릇들을 그냥 놔두고 돌아간다. 다음날 그릇
에 밀을 조금씩 담아서 돌려준다.

그리고 손님치레가 아직 산모가 깨끗하지 못하고 아이는 외부영향을 쉽게
받을 수 있는 기간에 이루어지기 때문에, 그 예방조치로 쇠붙이와 검정색 실
을 문지방에 놓고 외부 손님들이 건너다니게 한다. 모든 여자손님들은 돌아가
기 전에 치마끝 오른쪽을 뒤집어 실밥을 뜯어 아이에게 남겨 놓고 간다. 아이
에게 나쁜 일이 일어나지 않도록 하는 의미가 있다.

다음으로 가장 중요한 의식은 아이에게 세례를 주면서 이름을 지어주는 것
이다. 세례식은 종교적인 의미와 토속적인 의미 두 가지를 가지고 있다. 종교
적 성격의 결과로 대부와 정신적인 혈통이 생성된다.[11]

세례식은 보통 일요일에 행해지는데, 대부는 부모의 결혼식에 증인을 섰던
사람이 된다. 이 사람이 세례에 참석을 거절할 경우에만 다른 사람이 대부를
할 수 있다. 세례는 교회에서 신부님의 주관 하에 하는 것이 원칙이지만 가까
이 교회가 없을 경우 집에서도 할 수 있다. 세례를 함으로써 대부가 아이에게
공식적으로 이름을 지어주는데, 이름은 친조부모의 이름, 외조부모의 이름, 대
부의 이름순으로 우선권이 있다. 집에 돌아와 문지방에서 대부가 아이를 어머
니에게 건네주면서 "유대인을 데리고 갔다가 지금은 기독교인(또는 불가리아
인)을 만들어 건네줍니다."라고 말한다.

전통적으로 세례식이 끝난 후 음식상이 차려지며, 가까운 친척들만 참석한
다. 대부는 아이에게 옷감 또는 와이셔츠를 선물로 주며, 아이 부모는 대부에
게 속옷이나 와이셔츠를 간단하게 선물한다.

아이가 걸어다니기 시작하면 간단한 잔치를 한다. 엄마가 빵을 만들어 굴려
아이에게 가서 잡으라고 한다. 아이가 빵을 잡으러 걸어갈 때 물이 흐르듯이
삶이 막힘 없이 굴러가라고 물을 뿌린다. 아이가 넘어지지 않고 빵을 잡으면

---

11) 과거에는 세례를 함으로써 아이가 이름을 갖게 되었는데, 현대에 와서는 부모들이 대개 미리
정하고, 후에 하는 세례식에서는 그 이름을 그대로 추인한다. 세례식은 보통 아이가 어렸을
때 하지만 꼭 그러한 것은 아니고 경우에 따라 어른이 된 후에도 한다.

재주가 있고 활동적인 사람이 될 것이라고 생각한다. 또한 이때 빵 위에 물건을 올려놓고 아이에게 집게 하여 아이가 장래 어떤 직업을 갖게 될 것인지를 예견하기도 한다. 이는 한국의 돌잔치와 비슷한데, 빵 위에 놓는 물건을 다양한 직업을 상징하는 물건들로 제일 먼저 집는 물건이 장래 아이의 직업일 것이라고 생각한다.

아이의 배꼽이 떨어지면 좋은 운명을 가지라고 좋은 장소에 던진다.[12] 아이가 이를 갈기 시작하면 첫 번째로 빠진 이를 지붕 위에 던지면서 '곰아, 곰아, 너에게 뼈로 만든 이를 주니, 나에게 쇠로 만든(튼튼한) 이를 다오.'라고 말한다.

아이 양육에 있어서 아주 재미있는 의식은 '생일이 같은 달인 사람'(ednomesetsi)이라는 것으로, 이것은 태어난 해는 다르지만 같은 달에 태어난 형제나 자매들은 같은 운명을 가지고 있기 때문에 죽을 때도 같은 달에 죽는다는 믿음에서 연유한 것으로 서로 운명을 갈라놓는 의식이다. 점성술에서 기원한 이 믿음은 쌍둥이들 사이, 그리고 부모와 자식 간에도 운명이 서로 연결되어 있다고 한다. 그래서 갓난아이가 성장하면 운명을 갈라놓는 의식을 치른다. 만약에 아이가 어른과 생일이 같은 달이면, 어른을 장례 치를 때 이 의식이 행해진다.[13]

이 의식은 두 사람 사이에 담장을 쌓는 것으로 운명을 서로 떼어놓는데, 예를 들면 나무를 심는다든가 또는 온전한 것을 둘로 갈라 나누어 서로 반쪽씩 갖는 것이다.

---

12) 이 글을 쓰면서 불가리아의 재미있는 풍습을 한국 것과 비교하면서 소피아 대학교에서 한국학을 전공하는 학생들과 이야기를 나누었다. 한 여학생이 결혼하여 아이를 낳은 자기 친구들 중에는 아이의 배꼽을 가지고 있다가, 외국(프랑스)에 나가서 버린 친구가 있다고 말했다.

13) 2000년 2월에 불가리아 친구의 이모가 돌아가셨는데, 어머니와 생일이 같은 달이었다고 한다. 그래서 소피아 시립 공동묘지에 이모를 매장할 때, 저승사자가 어머니를 데려가지 않도록 하기 위해 어머니께서 관 위에 장미꽃 한 송이를 던지며, '이것이 나이니까, 이것을 데려가라.'고 말했다고 한다. 이것을 보고 장례식을 집전한 정교회 신부가 '당신들 기독교인이요, 뭐요?'라고 농담을 했다고 한다.

2) 혼례

(1) 결혼 전

과거에는 불가리아에서도 중매쟁이를 통한 중매결혼이 많았다. 지금은 중매 결혼은 찾아보기 힘들고 거의 연애결혼을 한다. 중매결혼이든 연애결혼이든 일 단 혼사를 하기로 양쪽 가족이 정했으면, 먼저 신랑의 중요 식구들이 처녀집 을 방문한다. 이를 작은 약혼이라고 부르는데, 총각쪽에서 라키야(불가리아 전 통 과실주), 빵, 브로치를 가지고 간다. 브로치는 붉은 실에 동전을 달아 만든 것이다.

총각 식구들은 처녀집에 들어가서 불을 헤집고 들추면서 더욱 잘 불이 피어 오르게 한다. 불이 훨훨 타듯이 총각을 향한 처녀의 가슴도 그렇게 훨훨 타라 는 의미로 한다. 그러면서 처녀를 달라고 한다. 신랑측 식구들은 가지고온 라 키야를 처녀 아버지에게 주면서 마시라고 한다. 처녀 아버지는 술을 곧 마시 지 않고, 형식적으로 딸에게 결혼하겠냐고 묻는다. 손님들은 처녀 아버지가 술 을 마실 때까지 기다린다. 일단 처녀 아버지가 술잔을 다 비우면, 결혼허락이 난 것으로 간주되며 이때부터 모두 술을 마신다. 처녀는 브로치를 차며, 정표 를 건네주는데, 손님들은 모두 '와' 하고 환호성을 지른다. 구체적인 혼담 일정 이 정해진다. 가져온 빵은 식탁 위에 놓아두는데, 한 잔씩 하고 난 후에 빵 가 운데에 소금을 조금 놓은 다음 처녀 총각을 위해 덕담을 하면서 쪼갠다. 이 경우에 혼담이 깨질 경우 혼담을 깬 쪽이 받은 선물을 돌려주기만 하면 된다.

정식 약혼식은 처녀집에서 이루어지는데, 모든 준비를 신랑쪽이 해야한다. 좀 더 많은 친척들이 참석하며, 라키야 이외에 포도주가 있어야 하며, 꼭 고기 음식(양, 돼지, 소)이 있어야 한다. 이때 처녀의 아버지에게 부권(父權)를 포기 한 대가를 지불한다. 양가의 아버지들이 액수를 홍정하는데, 서로 부담이 되지 않는 선에서 액수가 결정되며 일종의 놀이이다. 총각의 부모는 돈을 빵 위에 조금씩 조금씩 놓는데, 이때 처녀쪽 식구들은 처녀가 아주 부지런하고 건강하 고 예쁘다고 자랑을 하고, 신랑쪽은 신랑의 좋은 점과 신랑쪽 가문이 부자이고 명망이 있다고 응수를 한다. 처녀 아버지가 이제 그만하면 되었다고 하면 빵 위에 쌓인 돈을 모아 처녀 아버지에게 주며, 두 사돈들이 손에 서로 입맞춤을 한다. 약혼식이 끝나면 처녀는 총각을 따라가 살 수도 있으며, 아니면 결혼식 때까지 그냥 친정에 머물 수도 있다. 이때 받은 돈은 과거에는 전적으로 처녀 아버지 것이었으나, 최근에는 결혼식 후 신랑 신부가 인사를 하러 오면 두 사람에게 준다.

(2) 결혼식

결혼식은 대개 일요일에 열린다. 미리 신랑 아버지는 초대할 손님들에게 알리고, 대부(결혼 증인)를 물색한다. 결혼식 전날과 당일에는 결혼식에 필요한 물품들을 준비하는데, 결혼을 알리는 깃발, 결혼식에 쓰일 빵, 결혼식 주요 하객들이 찰 브로치, 신랑 신부가 머리에 쓸 관 등이다.

결혼식 깃발은 결혼식이 있다는 것을 알리기 위해 집에 잘 보이는 곳에 다는 것으로 생나무 막대기에 흰색 천 하나와 붉은색 천 하나를 붉은 실로 막대기의 손잡이 쪽에 매달고, 윗쪽에는 사과를 매단 브로치(또는 종)를 단다. 이 모든 것을 금박지로 감싼다. 여기에 흰콩을 꿰어맨 줄과 빨간 고추로 장식을 한다. 이 깃발은 처녀들이나 나이든 여자들이 만드는데, 완성되면 신랑의 남동생에게 판다. 이때 모두 즐겁게 장난을 하며 춤을 춘다. 현대에 와서는 불가리아의 삼색국기를 결혼식 깃발로 대신 사용하기도 한다.

결혼식 깃발을 만들 때 중요 하객임을 표시하는 브로치도 만들며, 처녀를 실어오기 위해 떠날 우마차도 멋있게 장식을(금박을 한 브로치에 붉은색 실로 사과를 달고, 손수건도 실으며, 우마차 주인에게 주는 선물도 싣는다) 한다. 과거에는 결혼식 행렬을 할 때 소가 끄는 우마차를 선호했는데, 현대에 와서는 아주 멋진 자동차를 이용한다.

과거에는 나무껍질과 얇게 쪼갠 나무판을 기초로 하여 그 위에 꽃 등으로 장식하여 신랑 신부가 쓸 둥그런 왕관을 만들었다. 하지만 교회에 결혼식에 쓰이는 특별한 관이 등장한 이후부터는 이런 관습이 사라졌다. 결혼식 증인(후에 아이가 생기면 세례식에서 대부가 됨)은 사과나무 가지를 준비해 갖춘다. 이 나무에는 세 개의 가지가 있어 가지에 각각 꽃, 회향목, 붉은 실을 단다. 각 가지에는 또 금색을 입힌 사과를 꽂아 단다. 이 전통은 현대에 와서는 완전히 없어졌다.

대부가 신랑의 면도를 하는데, 이는 총각이 이제 완전한 성인 남자가 되며, 바로 이 수염에는 마력이 있다고 생각하여 이 의식을 아주 중요하게 생각한다. 신랑의 어머니는 깎인 수염을 모아 두었다가 나중에 며느리에게 주면서 잘 숨기라고 한다. 한편, 대모는 신부의 머리를 따준다. 이때 머리를 다듬기 위해 신부가 사용하는 물 속에는 꽃(건강을 상징)과 보리(다산을 상징)를 넣는다. 이 두 의식이 진행될 때는 모두들 음악에 맞추어 노래를 부르며 춤을 춘다.

결혼식이 있는 당일 제일 먼저 신랑은 식구들과 함께 대부를 모시러 간다. 대부집에서 음악을 연주하며, 간단히 술을 대접하여 흥을 돋군 다음에 신랑집으로 대부를 모시고 온다. 신랑집에서 흥을 돋군 후 신부를 데리러 신부집으로 간다. 이후부터는 대부가 결혼식을 주도한다. 신랑과 대부가 제일 앞에 가며, 그 뒤를 나머지 가족들이 뒤따른다.

신부집에 들어가기 전에 신랑이 못 들어오게 장난을 한다. 신랑측 손님들은 일단 신부집으로 들어가면 귀한 손님 대접을 받는다. 이때부터 음악이 연주되며 모두 춤을 춘다. 대모는 신부를 치장한다. 신부는 부모들과 포옹과 입맞춤을 하며 서로 헤어진다.

이어 결혼식을 하기 위해 모두 교회로 간다. 교회로 가는 길에서 신부는 들판이나 자신의 손을 바라보아서는 안되는데, 신부의 시야가 미치는 곳까지 우박이 내리고 손에 병이 날것이라고 생각해서이다. 신부는 신발끈을 묶지 않고 양말도 느슨하게 신는데, 이는 신부가 마귀에 걸리지 않고 순산을 하라는 의미이다. 또한 결혼식 할 때 관이 떨어지면 아주 나쁜 것으로 생각해 신랑 신부 중 누가 하나 죽는다고 여긴다. 결혼식의 주례를 본 성직자가 깔아 놓은 수건을 누가 먼저 밟느냐에 따라 그 집안의 주도권을 누가 잡을지 결정이 된다고 생각해 신랑 신부가 결혼식이 끝나면 서로 밟으려고 한다.14) 교회에서

---

14) 현대에 와서는 이것이 변해 결혼식이 끝나면 서로 상대방의 발을 먼저 밟으려고 한다.

나오면서 신랑 신부는 젊은 사람들에게 밀알, 마른 과일, 사탕, 동전 등을 던진다. 이는 다산과 풍요를 기원하는 것이다.

신부가 시댁으로 들어가는 것도 결혼식의 중요한 부분을 차지하는 의식이다. 신랑의 집에 도착하면, 하객들이 집 앞에 모두 멈추어 선다. 흥겨운 음악이 연주되며, 며느리의 장점을 강조하는 노래를 부른다. 그리고 며느리가 시어머니를 도와주려고 왔으니 어서 시어머니가 나와서 맞아들이라고 재촉하는 노래를 부른다. 과거에는 신랑 신부가 집으로 들어갈 때 밟고 가라고 흰 천을 깔았으나, 지금은 이 의식은 거의 없어졌다.

일단 신부가 집안으로 들어오면 다음과 같은 의식이 뒤따른다. 시어머니가 신랑 신부에게 빵과 포도주를 마시게 한다. 시어머니가 신부에게 체를 주면 신부(며느리)는 체질을 한다. 신랑은 의자에 앉아 오른쪽 무릎에 소금 한 주먹을 놓는다. 신부는 몸을 숙여 그 소금을 혀로 핥은 후, 손에 소금을 집어 신랑이 먹게 한다. 신랑은 일어나 화를 내며 의자를 발로 차 다리 하나를 부러트린다. 시어머니는 며느리의 겨드랑이에 빵과 양모를 끼워주고, 물그릇 두 개를 준다. 며느리는 집안으로 들어가 이것들을 빵을 담아 놓는 상자에 넣는다. 신부는 꼬마(사내아이) 한 명을 안아 높이 들어 키스를 한 후 선물을 준다. 신부는 방문의 세 귀퉁이에 꿀을 바른다. 신랑 신부는 동시에 오른발로 문지방을 밟지 않고 뛰어 넘어 방으로 들어간다. 대부 대모는 신랑의 허리춤에 들어있는 빵을 꺼내 신부에게 먹게 하며, 신부의 허리춤에 들어있는 빵을 꺼내 신부가 먹게 한다. 시어머니는 '발칸 산맥처럼 하얗게 될 때까지 오래 해로하라.'는 덕담을 하면서 며느리에게 선물을 준다.

결혼식 축제의 중심은 피로연을 위한 식탁이다. 식탁 한가운데에 대부가 들고 다니던 나뭇가지를 놓는데, 사과를 갖는 것을 영광으로 생각하여 서로 나뭇가지에 꽂힌 사과를 훔쳐가려고 한다. 식탁에 앉아 음식과 술을 먹고 마시면서 불가리아의 전통춤인 '호로'(서로 손을 잡고 둥그렇게 추는 원형춤)를 흥겨운 음악에 맞추어 추는데, 과거에는 춤을 출 때마다 결혼식을 알리는 깃발을 들고 춤을 추었는데, 현대에 와서는 간소화 되어 신부가 제일 앞에서 손에 흰 손수건을 들어 돌리면서 춘다. 하객들은 신부에게 선물로 돈을 주는데, 신부는 아무말 없이 고개를 숙인 다음 손에 입을 맞춘다. 이 피로연의 중심 인물은 모든 진행 과정을 주도하는 대부이다.

선물을 주는 것도 중요한 부분을 차지하는데, 결혼할 때 신부는 시댁식구들에게만 선물을 한다. 가장 큰 선물은 대부(결혼 증인)에게 하는데 보통 속옷을 선물하며, 나머지 가족에게는 장갑과 수건을 선물한다. 가족들도 신부에게 비교적 큰 선물들을 한다. 과거에는 짐승을 선물하기도 했는데, 암탉은 '뒤로 둥지에 들기' 때문에 젊은 가족에게 불행을 가져올 수 있다고 믿어 선물하지 않았다.

결혼식의 마지막 의식은 신부의 면사포를 벗기는 것이다. 면사포를 벗기는 의식은 결혼식이 있던 당일(일요일)이나 다음날(월요일)에 하는데, 보통 대부가 밀방망이로 면사포를 벗긴다. 그 다음 즉시 신부의 머리를 손수건으로 묶는데, 이는 이제 신부가 혼인한 여자(유부녀)임을 보여주는 것이다. 그 다음 신부는 양동이 두 개를 가지고 마을 공동우물에 가서 물을 길러온다. 물을 가지고 오면서 길에 조금씩 흘리고 집에 오며, 와서는 손님과 시어머니에게 물을 마시게 한 후 아궁이 옆에 놓는다. 그러나 이 의식은 수도(水道)가 생기면서 없어졌다.

손님들이 가기 전에 대부는 결혼식 나뭇가지에 걸려 있던 사과를 신랑 신부에게 주며, 결혼식 깃발에 있던 사과와 수건은 신부에게 준다.

지금은 사라졌지만, 과거에는 신랑 신부가 신혼방에 들어가 첫 합궁을 마치기를 기다려, 대모가 혈흔을 손님들에게 보여 주어 신부가 숫처녀임을 확인하는 절차가 있었다. 1930년대까지 지켜졌던 이 절차는 현대적인 시각으로 보면 여권을 무시하는 것으로 보이지만, 당시에는 성과 관련된 사회 도덕을 유지하는 역할을 했다. 또한 숫처녀가 아닌 며느리를 맞이하면 식구 중에 누가 죽는 등, 집안에 큰 불행이 닥치며, 농사를 망치게 된다는 믿음에 연유한다.

뜨거운 라키야를 마시는 것으로 결혼식이 무사히 끝났음을 알리는데, 이제는 아무 것도 이 새로운 가정과 행복과 사업의 성공을 위협하는 것이 없다고 생각하며 아주 흥겹게 즐긴다.

공산주의 시절에는 종교를 부정하였기 때문에, 교회에서보다는 시가 운영하는 예식장에서 시청 직원의 주례로 결혼식을 많이 했다. 공산주의가 무너진 이후로 다시 교회에서 결혼식을 하는 것이 활성화되었다. 현재 소피아에서는 같은 날, 처음에는 예식장에서 종교적 색채가 없이 하며, 이어 장소를 옮겨 교회에서 정교회 성직자의 인도로, 결혼식을 두 번 올리는 것이 일반화가 되었다.

(3) 결혼 후

결혼식을 올린 후 첫 일요일에 신부는 시부모와 신랑과 함께 친정을 방문한다. 이때 신부의 친척들도 참석을 한다. 한편 대부가 초대를 할 때 신랑 신부는 대부의 집도 방문하여 인사를 나눈다.

이바노브덴에는[15] 신부들이 목욕을 하는 전통이 있으며, 토도로프덴에는[16] 빵을 만들고 옥수수를 삶아 며느리가 시어머니와 함께 교회에 가서 기도를 한다. 며느리는 허리를 깊숙이 숙이고 큰 수건을 걸친 팔을 이마에 대고 서서 가지고 온 음식을 참석자에게 조금씩 나누어준다. 이것을 하는 이유는 며느리가 아이를 순산하고 열 달이 넘어서 아이를 낳는 것을 예방하기 위해서이다. 결혼 후 일 년이 지나면 이제 결혼한 여자들 축에 끼게 된다. 하지만 첫 아이를 낳은 후에야 비로소 완전한 정식 구성원이 된다.

3) 사망

사망과 관련된 모든 의식과 절차들은 아주 복잡하며, 통속사상과 아주 밀접한 관계가 있다. 사망과 장례와 관련된 의식의 기저에는 사람이 편안히 죽음을 맞이하고, 망자가 저승으로 편안하게 옮겨가며, 망자가 살아 있는 사람들에게 보호자가 되게 하는 데 있다.

---

15) 이바노브덴은 1월 7일로, 기독교의 큰 명절 중의 하나로 대모와 대부에게 존경을 표시하기 위해 음식을 마련하여 방문을 한다. 또한 이름이 '이반'인 사람이 있으면 그 사람 집을 방문해 이름을 축하해 준다. 특히 이 날은 건강과 다산을 위해 목욕을 한다.
16) 3월 18일인 이 날은 원래 농사를 지을 때 중요한 동물인 말이 튼튼하게 자라라는 의미로 축제를 하며 말을 타고 경주를 하는 날이다.

(1) 사망의 징후

이상한 꿈을 꾸는 것 또는 별이 떨어지는 것은 사망을 미리 알려 주는 것으
로 생각하며, 한 집에 초상이 두 번 나면 세 번째로 죽는 사람이 곧 있을 것
으로 받아들인다. 또한 집에 금이 가면 불행으로 생각해 곧 집에 사는 사람
중에 누가 죽는다는 징후로 믿는다. 집에 금이 가면 무너져 건물이 희생물을
요구한다는 옛날 토속신앙에서 유래한 이러한 생각은 후에 기독교화 과정을
거쳤다. 집에 금이 가면 신성하지 않아서 그렇다고 생각해 신부님를 집에 모
셔와 성수를 뿌리며 신성화하는 의식을 치른다. 한편 마당 안에, 특히 집안에
뱀이 나타나면 그 뱀은 조상의 현신(現身)인 터줏신으로 그 뱀을 죽여서는 안
된다고 믿는다.

개나 암탉이 특이한 행동을 보이는 것도 불행의 징조로 여겨 곧 누가 죽을
것이라고 한다. 개가 고개를 집쪽으로 하고 오랫동안 '우우'하고 우는 것은 곧
집안에 상이 있을 징조로 생각하여, 개를 내쫓거나 또는 '개가 자기 죽으려고
우는구나.'라고 말하여 그 액운을 개에게 돌려준다. 암탉이 수탉처럼 우는 것도
곧 상이 날 징조로 생각한다. 수탉처럼 우는 암탉은 집에 기르지도 않으며, 직
접 잡아먹지도 않는다. 대신 교회에 바치거나 팔아 버린다. 부엉이, 올빼미, 까
마귀가 우는 것은 집안이 망하거나 폐허가 될 징조로 나쁘게 생각하여 쫓아
버린다.

(2) 임종

임종이 다가오면 모두 말을 삼가며, '죽음(사망)'이라는 말을 사용하지 않는
다. 한편 깨끗하지 못한 것과 접촉을 가진 사람들은 죄가 많아 어렵게 죽는다
고 한다. 이렇게 죽는 사람은 산 사람들에게 큰 위험을 남기는데, 죽어서 흡혈
귀가 된다고 생각한다. 바로 이러한 이유로 집안에서 소음을 일으키지 않으며,
초를 켜고, 죽음을 맞이하는 사람을 혼자 있게 하지 않는다. 죽음의 고통을 완
화시키기 위해, 친지들을 불러 서로 잘못을 용서하게 하며, 성직자를 불러 기

도문을 읽게 부탁한다. 가족들은 모두 다 죽음의 고통을 줄이기 위해 노력하며, 보통 그러한 맥락으로 초가 타는 동안 고통 없이 쉽게 숨을 거두라는 뜻으로 촛불을 켜 놓는다.

죽음은 숨기지 않는다. 대신 '돌아가셨다.', '신에게 혼을 바쳤다.'라는 완곡한 표현을 쓴다. 대천사 미가일이 와서 혼을 가져가서 죽음이 왔다고 생각한다. 불가리아 민속에서는 죽음은 보통 흑사병과 같은 무서운 전염병이 의인화된 여자로 상징되며, 혼은 눈에 보이지 않으나 육체에 생명을 주는 것이라고 생각하며, 민속에서는 새나 꽃 등으로 환생한다. 혼이 나가라고 문과 창문을 열어 놓으며, 혼은 40일 동안 이승에 머문다고 믿는다. 그래서 죽은 사람의 혼이 보이지는 않지만 집에 머물기 때문에 망자에게 음식을 차려 놓는다. 죽은 사람은 후원자와 파괴자의 상반된 두 가지 속성을 가지고 있다고 생각해, 산 사람들에게 해악을 끼치지 않도록 하기 위해 망자를 편하게 해 주려고 노력한다.

낮에 숨이 끊어지면 바로 집 앞으로 나가 크게 곡을 한다. 만약 밤에 숨이 끊어지면 해뜰 무렵에 곡을 한다. 시신 앞에서 곡을 할 수도 있다. 임종시 망자가 눈을 뜨고 죽었으면 바로 눈을 감기고 집안에 있는 물은 모두 쏟아 버린다. 이웃사람들도 곡소리를 듣고 물을 쏟아 버린다. 이는 물이 깨끗하지 못하기 때문에 병을 유발한다고 믿어서이다. 집안의 문과 창문을 모두 열어 놓으며, 거울 등 반짝이는 물건은 모두 가리며, 라디오와 텔레비전도 끄며, 시계도 멈춘다. 이는 집안의 다른 사람이 곧 죽는 것을 막기 위해서이다.

장례식 준비의 핵심은 망자이다. 제일 먼저 목욕을 시킨다. 보통 집밖에서 목욕을 시키는데, 나무판자와 밀짚 위에 시신을 놓고 목욕을 시키며 목욕을 시킨 후 판자와 밀짚은 태운다. 다른 물건을 놓고 목욕을 시켰으면, 그 물건을 집안으로 가지고 들어오지 않는다. 목욕은 죽은 사람과 동성(同性)의 나이든 사람이 시킨다. 시신을 목욕시킬 때 사용된 비누, 빗, 수건은 시신과 함께 관에 넣으며, 목욕물은 사람의 발길이 닿지 않는 곳에 버린다.

망자에게는 나이에 어울리는 옷을 입힌다. 이때 입을 옷은 생전에 망자가 미리 준비한다. 새 옷이 아니면, 기워서 깨끗하게 빤 옷을 입힌다. 결혼식 때 입은 옷을 입히기도 하는데, 이는 이승에서 입은 옷을 통해 부부가 저승에서 서로 알아보고 다시 합친다고 생각해서이다. 관에 시신을 넣을 때는 얼굴을 항상 동쪽으로 향하게 한다. 손은 서로 엇갈리게 가슴위에 모으며, 필요하면 면도도 시킨다.

시신을 준비를 하면서 관, 나무로 만든 십자가, 집모양을 한 등잔을 마련한다. 이 일은 죽은 사람의 친척들이 하지 않고, 이웃사람들이 만들거나 구매를 한다. 무덤을 파는 일은 발인하는 당일 파는데, 이 일도 죽은 사람의 친척들이 해서는 안되는 것이다.

입관을 하고 시체 주위를 꽃(항상 차조기과의 풀 스위트 바실, 겨울에 피는 회향목가지)으로 장식한다. 입던 옷이나 꽃, 또는 평소에 사용하던 화장품 등을 넣어 베개를 만들어 넣는다. 시체 옆에 망자가 쓰던 일상용품(담뱃대, 안경, 면도칼 등을, 여자인 경우에는 바늘과 실 등)을 넣는다. 또 빵과 마른 과일 등 약간의 음식도 넣는다. 포갠 손이나 품, 또는 호주머니에 돈을 꼭 넣어야 한다. 이는 죽은 사람도 산 사람들과 똑같이 필요한 것이 있다는 믿음에 유래한 것으로, 저승으로 가는 길의 노잣돈이라는 생각보다는 혹시 누구에게 진 빚이 있으면 이 돈으로 갚으라는 의미이다.

한편 이전에 죽은 사람들에게 전해 달라고 음식, 옷, 조그마한 생활용품 등을 관에 넣기도 하는데, 꿈에 죽은 사람이 나타나 무엇이 필요한지를 암시한 물건을 넣는다. 장례식에 꼭 있어야 될 음식은 삶은 밀과 빵이다. 장례식 때에 준비한 음식은 모든 사람들이 건강하고, 행운이 죽은 사람과 함께 떠나지 말고 살아 있는 사람들에게 남아 있으라는 의미로 모두가 나누어 먹는다.

장례를 준비하는데 있어서 중요한 부분을 차지하는 것은 망자가 어떠한 이유로 저승으로 가지 못하고 이승에 남아 떠돌며 흡혈귀가 되어 산사람들에게 해를 끼치는 것을 방지하는 것이다. 보통 아주 나이가 많거나 사악한 것과 관계를 맺었던 사람들이 죽어서 흡혈귀가 된다고 생각하는데, 그것을 방지하기 위해 신체를 바늘로 찌른다. 이는 흡혈귀는 살갗과 피를 빨아먹는 부위만을 가지고 있어서, 살갗에 구멍이 나면 죽는다고 생각해서이다. 또한 고양이나 암탉이 시체를 넘어가거나, 시체위로 물건을 건네주면 흡혈귀가 된다고 믿는다. 그래서 망자가 집에 있을 때는 고양이와 암탉을 가두고, 불빛 없이 혼자 있게 하지 않으며, 항상 촛불이나 등잔불을 켜 놓는다. 촛불과 등잔불을 켜는 것은 악귀를 몰아낸다는 기독교적 신앙이 접목된 것으로, 촛불과 등잔불이 사악한 것이 망자에게 접근하는 것을 막는다고 생각한다. 따라서 자유롭고 비물질적인 영혼보다는 망자의 시신에 더 많은 관심을 기울인다.

(3) 매장

입관을 마친 후와 매장을 할 때 곡을 하지 않으면 장례식이 제대로 치러진 것으로 생각하지 않는다. 곡을 하는 것은 망자에 대한 존경심의 표현으로, 이별의 슬픔과 망자의 좋은 점을 말하며 망자가 후손(살아있는 사람)에게 해를 끼치지 않고 은덕을 베풀어 달라고 곡을 한다. 곡을 하는 것은 여자들의 의무이다.

곡은 교회에서는 하지 않으며 하관을 할 때는 절정에 도달한다. 조문은 집과 교회에서 하는데, 죽은 사람의 손이나 이마에 입맞춤을 하고 촛불을 밝혀 손에 들며, 꽃을 관에 놓는다. 아픈 사람과 임신부는 조문을 하지 않는다. 조문은 망자와 죽음 자체, 그리고 살아 있는 가족에 대한 존경의 표시이다.

관이 집을 나가는 발인에는 성직자가 와서 성경을 읽는다. 장례식에는 꼭 성직자가 있어야 하는 것 여긴다.17) 집에서 교회까지, 그리고 교회에서 묘지까지 관은 차를 이용하거나 사람들이 손으로 메고 운반한다. 매장을 할 때는 성직자가 기도문을 외우고, 가까운 친척들이 흙을 한 줌씩 관 위에 뿌린다. 봉분이 없는 평장을 하며, 무덤 앞에 십자가를 세우며, 무덤 위에 성수와 포도주를 뿌리며, 꽃을 놓는다. 가지고 온 음식(빵, 삶은 밀 등)과 술을 나누어 먹으며 또한 무덤에도 음식을 놓아둔다.

매장이 끝난 후에 조문객들은 망자의 집으로 가서, 음식과 술을 먹는다. 집안에 시체가 눕혀져 있던 자리에는 못을 박고, 계란과 사기그릇을 깬다. 망자가 죽기 전에 오랫동안 고생을 했으면, 누워있던 방바닥에 십자가를 새기며, 그곳을 밟지 않는다. 집안을 청소하는데 빗자루질을 할 때는 바깥쪽으로 하지

---

17) 무신론자를 위해 소피아 시립 중앙공동묘지에는 교회 이외에 일반 장례식장이 따로 있다.

않고 집안쪽으로 한다. 빗자루를 포함한 쓰레기는 태우거나 흐르는 물에 버리
며, 등잔불은 혼이 이승에 있는 40일 동안 켜 놓는다.

(4) 매장 후

사망 후 3일, 9일, 40일, 3개월, 6개월, 1년 후에 의식이 치러진다. 9일과 40
일에는 매장시와 마찬가지로 삶은 밀과 빵을 만들어 무덤에 가며, 촛불을 켠
다. 40일이 되면 묘지를 평평하게 하고, 묘터에 돌을 쌓으며, 나무(주로 과실
수)를 심는다. 40일이 지나면 묘지석을 세울 수 있다. 묘지석에는 대개 십자가
를 새기지만, 과거에는 이데올로기를 상징하는 것(공산당을 상징하는 별 등)을
새기기도 했다.

상을 당하면 검정색 옷을 입으며[18], 흥겹고 즐겁게 노는 것을 삼간다. 식구
들은 탈상을 일 년 후에 하며, 친척들은 최소 40일 후에 해야 한다. 대문 위
에도 상을 당했다는 표시로 1년 동안 검정색 천을 달아 놓는다.

---

18) 소피아 대학교 동료 교수의 어린 딸이 교통사고로 죽었는데, 동료 교수가 1년 동안 항상 검
   정색 옷만 입고 다닌 것을 필자는 보았다. 그리고 마찬가지로 1년 동안 집안방 벽에 아이의
   흑백사진을 걸어 놓고 그 밑에 조그만 빨간색 전구를 항상 켜 놓았다. 도시에서 사회활동을
   하는 사람들은 대개 왼쪽 가슴에 검정색 리본을 달아 상중임을 표시한다.

3. 일반 종교생활

위에서 보았듯이 불가리아인들은 대부분이 기독교의 한 종파인 정교를 믿고 있다. 하지만 그들의 일상 종교생활 속에는 아주 오래 전부터 있었던 통속적이며 비기독교적인 요소가 사라지지 않고 정교신앙과 섞여서 수백 년 동안 존재하며 실현되고 있고, 앞으로도 계속 될 것이다. 이렇게 통속신앙과 정교신앙이 섞여서 존재하는 것은 각종 명절이나 절기를 축하하는 축제에도 그대로 들어있다.[19] 이러한 신앙형태는 불가리아 인접국으로 정교를 믿는 세르비아인과 마케도니아인에게서도 강하게 발견된다.

보통의 불가리아 사람들은 정교신앙이 강한 사람도 아침에 커피를 마신 후 그 커피잔을 거꾸로 엎어놓고 잠시 후 커피잔이 마르면 커피가 흘러내린 흔적을 보고 그 날의 운수를 점치며, 또한 일이나 사업이 잘 풀리지 않으면 마법에 걸려서 그렇다고 생각해 점쟁이나 예언가들에게 찾아가 마법을 푸는 것을 쉽게 볼 수 있다. 또한 기독교를 믿는 나라이면서도 불가리아에는 점쟁이와 예언가들이 많이 있으며, 이들이 카드와 숫자 등으로 점을 보며, 또한 마법을 풀어준다고 일간신문에 광고를 내는 것을 쉽게 접할 수 있다. 또한 거의 모든 일간지에는 점성술에 따라 그 날의 운세를 보여주는 난이 따로 있다.

미래를 예견하는 능력이 뛰어났던 '반가 할머니'(Baba Vanga)는[20] 생전에 정교 신앙을 갖고 점치는 일을 했다. 그녀가 죽자 그녀의 도움을 받고 은혜를

---

19) 불가리아 전통 절기와 축제는 졸고 〈불가리아의 음식문화〉≪음식으로 본 서양문화≫(임영상, 최영수, 노명환 편), 대한교과서(1997) 참고.

20) 본명은 Vangeliya Pandova Gushterova로 현재 마케도니아에 있는 도시인 Strumitsa에서 1911년 10월 3일 태어나 1996년 8월 11일에 사망했다. 미아를 찾아 주는 일, 병을 고쳐주는 일, 사업상담 등에 관한 문제를 해결해 주었는데, 미리 약속시간을 예약해야만 받아 줄 정도로 많은 사람들이 찾아 왔으며, 보통 사람들로부터 저명 예술가, 학자, 문필가, 정치가 등 다양한 사람들이 인생을 상담하기 위해 그녀를 찾았다.

입었던 사람들이 그녀를 기념해 정교 교회를 루피테라는 곳에 지었다. 정교 성직자도 아니었는데 사후인 지금 일반 국민들로부터 정교 성인에 상당하는 대접을 받고 있다. 이는 일반 불가리아 사람들의 종교관에 정교신앙과 통속신 앙(비기독교 신앙)이 서로 같이 공존하는 것을 잘 보여준다.

보통 마을이 있으면, 마을 한가운데에 정교 교회가 있다. 일반적으로 불가리 아 사람들은 특별한 명절이나 절기 등, 특별한 일(세례식 등)이 아니면 교회에 정기적으로 나가지는 않는다. 일반 불가리아 사람들은 자신의 종교를 남에게 강요하지도 않으며, 남의 종교를 비방하지도 않으며, 다른 종교에 대해 아주 관대하다.[21] 따라서 불가리아에서는 인종간 및 종교간의 갈등은 없다. 어떻게 보면 불가리아 전통이 그렇기 때문에 정교회를 그냥 자신의 종교로 여기는 것 같다. 공산주의 시절에 종교를 부정했기 때문에, 발전과 선교를 활발하게 하지 못한 정교회가 개방된 사회 속에서 다시 전통을 재건하고 새로운 발전을 이룩 하기 위해 노력하고 있다.

도로 개통, 건물 준공 등의 공식행사가 있으면 항상 정교회 성직자가 초대 되어 기도문을 외우고 성수를 뿌리며, 성탄절, 부활절 등의 행사가 열리면 대 통령과 수상 등 정부의 고위 공직자가 미사에 참석한다.

정교회는 이종교인 이슬람교의 오스만제국에 의한 지배를 받은 5세기(1396 ~1908)에 걸친 기나긴 세월 동안 불가리아인들이 자신들의 정체성을 지킬 수 있는 중심역할을 했다. 바로 이러한 이유로 비록 정기적으로 교회를 가는 등 의 정교회 신앙생활을 하지는 않지만 불가리아인들은 자신이 정교회 신자라고 생각하는 것이다. 소피아 시내 한복판에는 발칸 반도에서 제일 큰 지은 지 백 년에 넘은 알렉산더르 넵스키 성당이 우뚝 솟아 불가리아가 정교회 국가임을 상징적으로 보여주며, 릴라 산 깊숙한 골짜기에 9세기 경부터 존재하는 '릴라' 수도원[22]은 불가리아인의 정신적인 지주 역할을 하고 있다.

---

21) 일반인들의 종교에 대한 태도는 아주 관대하지만, 불가리아 정부는 기존에 불가리아에 들어 와 있는 종교와 교파 이외의 것에 대해서는 행정적으로 제재를 한다. 예를 들면 공산주의가 무너진 후에 선교하러 들어오는 많은 개신교 교파와 선교사들을 이단이라고 하면서 인정해 주지 않고 있다.

22) 릴라 수도원(소피아에서 약 150km 남쪽에 위치)은 불가리아가 오스만 터키 지배하(1396~ 1879)에 있을 때 불가리아인들의 정체성과 불가리아 문화와 언어를 지키는 보루였다.

3. 러시아의 종교와 러시아인의 의식구조

김현택 / 한국외국어대학교 노어과 교수

1. 머리말

　러시아는 뭐라고 쉽게 규정하기 힘든 나라이다. 유라시아 대륙에 걸쳐 있으면서 서로 모순되는 수많은 요소들을 간직하고 있기 때문이다. 러시아는 유럽인가? 아니면 아시아인가? 10세기 말 비잔티움에서 정교회를 도입한 후 한때 제 3의 로마를 자처하던 기독교의 중심지 모스크바가 세계 공산주의 운동의 중심지로 변했던 까닭은 무엇일까? 언론 매체들의 보도에 따르면 제때 월급을 받지 못하는 사람들 수가 적지 않은데, 스탈린 시대에 파괴된 대규모 사원을 재건축하기 위한 모금운동에 그들이 앞다투어 참가하는 현상을 우리는 어떻게 이해해야 할까?

　이처럼 수수께끼 같은 러시아의 모습을 파악하는데 중요한 열쇠가 되는 것은, 러시아 고유의 지리적, 역사적, 그리고 문화적 환경이다. 유라시아 대륙에 펼쳐진 광대한 영토는 러시아인 특유의 정신적 성격을 형성시킨 무대가 되었다. 거의 산이 없이 평지가 끝없이 열려있는 러시아 대지와 기나긴 겨울밤은 그들에게 서두르지 않고 문제의 근본적 해결을 탐색하는 태도를 길러주었다. 하늘과 땅이 맞닿은 끝없는 지평선을 사방으로 보면서 살아온 러시아인들은 세세한 질문보다는 삶의 근본적인 문제들, 이를테면 "나는 누구일까?", "신 앞에 선 나는 과연 누구인가?", "러시아가 인류 역사에서 갖는 사명은 무엇일까?" 등과 같은 근본적인 문제에 더 큰 관심을 갖고 있었다. 러시아인들 역시 자신들이 세계 어느 민족보다 종교적인 성향이 강하다고 생각하고 있으며, 이는 초월적 존재나 신비로운 힘에 의존하여 정신적 안정이나 건강을 얻을 수 있다는 선전이나 광고를 쉽게 믿는[1] 현대 러시아인들의 태도에서도 알 수 있

---

1) 90년대 초 러시아 여행 중에 필자는, 수백 킬로미터 떨어진 곳에 있는 어떤 사람이 최면술을 걸면 환자가 통증을 느끼지 않고 외과수술을 받을 수 있다는 것을 실제로 TV 화면을 통해 보여주는 장면을 본 적이 있다. 나중에 최면상태에서 수술을 받은 사람은 실제로는 통증을 느

다. 자연적 경계선이 없는 러시아의 이 같은 지리적 특징은 다양한 외래문화와 종교가 유입되어 고유의 전통과 융합될 수 있는 환경을 마련해 주었다. 베르쟈에프 같은 종교사상가도 러시아의 자연환경과 민족성 사이의 상호관계에 대해 언급하면서, "러시아적 영혼의 내면 풍경은 무한대로 펼쳐져 있는, 형체가 불분명한 러시아 대지와 흡사한 면이 있다."[2]고 말한 바 있다.

오랜 세월을 두고 광활한 유라시아 대륙 평원 위에 형성된 러시아 문화의 두 가지 원천은 기독교 도입 이전부터 존재하고 있던 토착 민간신앙과 988년 키예프 공국의 공후 블라지미르가 국교로 도입한 그리스 정교회 전통이었다. 자연적인 경계와 장애물이 거의 없을 뿐만 아니라 유럽과 아시아, 그리고 남부의 이슬람 문화권과 북부의 바이킹 문화가 서로 교류하는 통로 역할을 하던 러시아에는 〈표1〉과 같이 다양한 종교들이 널리 분포되어 있다.

19세기 말 당시, 정교회 다음으로 신자수가 많았던 것은 이슬람교, 가톨릭, 유대교, 개신교 순이었으며, 〈표2〉에서 보는 것과 같이 구소련 시대에 영토가 확장되면서 그루지아 및 아르메니아 교회의 신도수가 크게 증가하였다. 발틱 3국이 소련으로 병합되면서 루터교 신자가 늘어난 것도 중요한 변화 가운데 하나이다. 하지만 소련 체제의 붕괴 이후 이들 지역은 독립국가로 분리되어 나갔기 때문에, 이 통계에서 특히 주목할 것은 침례교의 위상이 크게 강화되었다는 점이다.

겪음에도 돈을 받고 아프지 않은 것처럼 가장했었노라고 폭로했다. 물론 이 같은 일이 다른 나라에서도 있을 수 있겠지만, 그런 것을 공식 언론매체인 TV에서 직접 실황중계하는 것은 러시아 아니고는 불가능한 일이다. 또 러시아 신문 광고란을 보면 최면술, 무당의 굿 등을 통해 당신이 현재 갖고 있는 문제를 해결할 수 있다는 광고가 심심치 않게 눈에 들어오는데, 이것 역시 필자는 러시아적 현상이라고 본다.

2) N. A. Berdiaev, "Dusha Possii", M. A. Maslin 편, *Russkaia ideia,* Moskva, 《Respublika》, 1992, 296-297쪽.

〈표1〉 1897년 당시 러시아의 종교 분포 3)

종교	신자수(명)	전체 인구 대 비율
정교회	8,740만	69.5%
고의식파 교회	220만	1.7%
가톨릭	1,140만	9.1%
개신교	370만	3.0%
기타 기독교	120만	0.97%
이슬람교	1,390만	11.0%
유대교	520만	4.1%
기타	60만	0.5%

〈표2〉 1980년대 중반 구 소연방의 종교 분포 4)

종교	신자수(명)
정교회	5,000만 ~ 7,000만
이슬람교	3,500만 ~ 4,300만
동방 가톨릭	300만
그루지아 정교회	300만
가톨릭	200만
아르메니아 교회	200만
침례교	50만 ~ 200만
고의식파 교회	100만
루터교	60만
불교	50만
유대교	50만

---

3) *Bol'shaia entsiklopediia,* St. Peterburg, 1900～1905, vol. 16, 457쪽.

4) Paul D. Steeves, *Keeping the Faith: Religion and Ideology in the Soviet Union,* New York: Holmes & Meier, 1989, 126쪽.

여러 종교 가운데 가장 중요한 위치를 차지하고 있는 것은, 현재 신앙을 갖고 있는 러시아인 전체 숫자의 75%를 차지하는 러시아 정교회이다. 러시아 전역에 골고루 분포되어 있는 정교회의 교세가 가장 강한 곳은 모스크바를 중심으로 한 유럽 지역 러시아이며, 구소련에 통합되어 있었던 우크라이나, 백러시아, 몰다비아, 라트비아, 그리고 리투아니아 등지에 상당수의 신자들이 있다. 가톨릭은 우크라이나와 백러시아 등 러시아 남부 및 서부 지역에 많은 신자를 갖고 있었으며, 17세기 후반 러시아 정교회에서 단행된 예배의식 개혁에 반대하여 이단으로 몰리게 된 고의식파 교회 교도들은 유럽 지역 러시아의 최북단이나 교통이 불편한 시베리아의 외딴 지역에 자리잡게 되었다.

한편, 9세기부터 12세기 사이에 카프카즈 지역을 통해 러시아로 전파된 이슬람교는 구 소연방에 속하던 6개 공화국 즉, 카자흐, 키르키즈, 투르크멘, 우즈벡, 타직, 아제르바이잔 등에서 사실상 국교의 위치를 누리고 있다. 하지만 이들 공화국들이 구소련으로부터 각각 분리되어 떨어져 나간 지금 현재 러시아의 이슬람교도들은 볼가강의 중하류 및 일부 시베리아 지방에 집중적으로 분포되어 있다. 불교가 러시아에 진출한 것은 몽골과 티벳의 승려들이 러시아 지역에서 활동하기 시작한, 지금으로부터 약 400여 년 전의 일이다. 1741년 여제 엘리자베타가 법령을 공포함으로써 공식적인 종교로서 인정받게 된 불교는 러시아 영토의 아시아 지역 즉, 시베리아의 부랴트, 칼믹, 투바, 이르쿠츠크 등지에 많은 신자를 갖고 있다.

발틱 지역을 중심으로 16세기 후반부터 유입되기 시작한 루터교와 다양한 개신교 교회들은 유럽 지역 러시아의 대도시 지역에 널리 분포되어 있다. 특히 소비에트 시대 동안 심한 박해를 받으면서도 꾸준히 교세를 확장한 침례교는 구 소연방의 우크라이나 지역에서 많은 신자를 확보하고 있다.

이와 같이 다양한 종교 분포를 갖고 있는 러시아에서 그들의 사고와 생활양식, 그리고 러시아 국가의 운명을 결정하는데 가장 중요한 의미를 갖는 것은 다름 아닌 러시아 정교회이다. 하지만 공산체제의 수립과 함께 러시아인들은 신에 대한 믿음을 포기하도록 강요받았으며, 그 결과 약 70여 년 동안의 공산통치기간 동안 러시아의 정신문화는 피폐해지고 러시아인들의 도덕의식 또한 크게 약화되었다. 그럼에도 불구하고 천여 년의 전통을 가진 러시아 정교회 신앙이 러시아인들의 삶과 의식 속에서 완전히 사라질 수는 없었다. 그렇다면 종교적 전통이 러시아인들의 정신세계와 삶에 어떤 영향을 미쳐왔으며, 또 그들이 종교의 자유를 되찾은 지금 현재 종교적인 요소들은 어떤 형태로 남아있는 것일까.

성당의 벽화를 들여다보고 있는 노파의 모습.
소련 당국의 통제와 간섭에도 불구하고 많은 시민에게
종교는 일상생활의 중요한 부분이었다.

2. 민간신앙과 기독교의 융합

기독교 전래 이전 러시아인들은 자연계를 지배하는 능력을 지닌 여러 신을 섬기고 있었으며, 풍성한 수확을 거두기 위해 이들 신에게 제사를 지내는 풍습을 갖고 있었다. 이 같은 민간신앙과 농경문화에 뿌리를 두고 있는 민속명절은 기독교가 도입된 이후 상호 융합되었다. 즉, 러시아인들의 삶 속에는 토착 농경문화에 기독교적 요소가 가미된 독특한 형태의 풍속과 관습이 자리잡게 되었던 것이다.

슬라브인들은 기독교로 개종하기 이전에 이미 여러 신을 섬기고 있었다. 그 중에서도 동슬라브족은 벼락을 내리는 페룬을 으뜸으로 하여, 가축의 신 벨레스, 태양신 다지보그와 호르스, 불의 신 스바로그, 바람의 신 스트리보그, 여성 노동의 신 모코시 등을 모시고 있었다. 이와 같이 여러 명의 신을 섬기고 있던 키에프 사람들이 10세기 말 공후 블라지미르의 기독교 도입 결정에 큰 저항 없이 따를 수 있었던 것은, 민간신앙에서 페룬이 나머지 모든 신들 위에 군림하는 일종의 단일신 체계를 형성하고 있었기 때문이었다. 과거 페룬이 차지하고 있던 위치를 유일신인 하느님이 대신하게 되는 변화가 러시아인들에게 충격적인 사건은 아니었던 것이다.

그밖에도 러시아인들은 여러 모습의 자연의 정령들을 믿고 있었다. 그들이 자연 속에 여러 가지 정령들이 살고 있다고 믿게 된 것은 러시아의 자연적, 지리적 조건에서 기인한 것이었다. 한낮에도 어두컴컴하여 그 속에 들어가 버섯 따는 일에 열중하다 보면 길을 잃기 십상인 울창한 숲, 여기저기 널려 있는 넓은 강과 호수, 겨울의 혹한 등은 러시아인들에게 자연에 대한 외경심과 두려움을 갖게 했으며, 그 결과 그들의 상상력 속에는 다양한 이미지의 정령들이 탄생하게 되었다. 물의 정령 보쟈노이, 숲의 정령 레시, 집귀신 도모보이,

물과 숲의 정령 루살카 등이 바로 그 대표적인 예들이다.

또한 러시아 정교회는 예로부터 러시아인들을 지켜오던 민간신앙과 민속명절을 부분적으로 채택 수용했으며, 동시에 러시아인들은 자신들이 이전부터 갖고 있던 민간신앙과 농경축제들에 기독교적인 요소들을 가미하게 되었다. 예를 들어, 일년에 두 차례 즉, 5월 9일과 12월 6일에 각각 축일을 맞는 성 니콜라이 기념일 중에서 12월의 축제는 농촌에서 노인과 가장을 위로하는 명절이 되어 크리스마스 축제와 연결되었으며, 5월의 축일은 성 니콜라이가 가축을 수호하고 목초지를 기름지게 해주는 날이라고 해서 야간 방목을 시작하는 날로 자리잡게 되었다. 이처럼 농민들은 정교회 전래와 함께 유입된 성자의 축일을 종교적인 의미뿐만 아니라 농사일이나 목축업과 관련지어 수용했던 것이다.

기독교와 민간신앙이 결합된 대표적인 명절로는 〈표3〉에 제시되어 있는 크리스마스 주간, 마슬레니차, 세믹, 이반 쿠팔로의 날 등을 들 수 있다.

〈표3〉 러시아의 전통 민속 명절 5)

날짜	명칭
성탄절부터 1월 6일 주현절까지	크리스마스 주간
부활절 7주 전, 대제(velikij post)에 앞서는 주간	마슬레니차
오순절 바로 전 주의 목요일	세믹
6월 24일	이반 쿠팔로의 날

5) Genevra Gerhart, *The Russian's World: Life and Language,* New York, Harcourt Brace Jovanovich, Inc., 1974, 102-103쪽.

때로는 '콜랴다'라고 불리기도 하는 '크리스마스 주간 축제'(sviatki)[6]는 조상에 대한 숭배를 통해서 새로운 삶의 약속을 얻어내기 위한, 마을 전체가 참여하는 공동체 축제였다. 러시아인들은 이 축제 기간을 살아있는 사람과 죽은 자가 함께 모여 얼어붙은 땅에서 새로운 생명의 탄생을 서로 약속하는 시간으로 생각했다. 크리스마스 전야에 시작해서 주현절까지 2주 동안 열리는 이 축제 때가 되면 노래와 춤이 함께 하는 파티가 여러 차례 열린다. 그리고 성탄전야가 되면 마을의 어린아이들과 젊은이들은 풍년과 부를 기원하는 내용을 담은 노래를 부르면서 마을의 가가호호를 방문한다. 어두움 속에서 위험한 여행을 하고 있는 태양에게 갈 길을 비추어준다는 뜻에서 횃불 켜는 행사로 막을 올리는 크리스마스 축제는, 페치카 안에서 통나무를 태우는 상징적인 의식으로 막을 내린다. 조상들의 영혼과 집의 귀신 도모보이가 머물고 있는 페치카에 통나무를 태우는 이 의식은 살아있는 후손들과 저승에 있는 조상신을 서로 연결해주는 기능을 한다. 통나무가 불타는 동안 가족들은 '곡식이 잘 자라고 가족과 자손이 번성하기를' 기원한다. 돌아오는 해의 풍요로운 수확을 조상신께 기원하는 민속명절로 시작한 크리스마스 축제 스뱌트키는 점차 종교적인 축제로 변화되어 축제가 끝날 때는 아이들이 막대기 끝에 베들레헴의 큰 별을 달고 구세주의 탄생을 축하하는 노래를 부르며 마을을 순회하는 것으로 막을 내린다.

부활절 7주 전에 치러지는 '마슬레니차'는 다가올 봄을 준비하면서 겨울 과 작별하는 축제이다. 마슬레니차 축제의 가장 큰 의미는 잠자는 대지를 깨우는 것이다. 지역에 따라 차이가 있기는 하지만, 밀짚으로 마슬레니차 인형을 만들거나 또는 그 인형 역할을 대신할 수 있는 여자를 한 명 선택한 다음, 나무한 그루를 골라 여러 가지 장식품을 매다는 것은 이 축제의 공통점이다. 그리고 죽은 자들을 추모하고 공양한다는 뜻에서 블린이라고 불리는 둥근 모양의 전병을 준비한다. 마슬레니차 행사는 눈을 쌓아 만든 언덕에서 신혼부부들이

---

6) 여기서 언급하고 있는 네 가지의 전통 민속명절, 즉 스뱌트키, 마슬레니차, 세믹, 그리고 이반 쿠팔로의 날의 행사 내용과 그것이 갖는 의미는 Joanna Hubbs의 *Mother Russia: The Feminine Myth in Russian Culture*, Bloomington, Indiana Univ. Press, 1988, 64-89쪽의 내용을 정리한 것.

미끄럼을 타고 내려오는 행사로 그 절정에 달한다. 떠오르는 해를 상징하는 말에 올라 탄 사내아이와 젊은 여자들을 앞세운 다음, 남자들은 마슬레니차 인형을 이끌고 마을을 순회한다. 자신의 아들 태양을 앞세우고 마을을 찾아온 봄의 여신 마슬레니차에게 마을 사람들은 갖가지 음식을 제물로 바친다. 마슬레니차에 대한 마을사람들의 이 같은 대대적 환대가 끝나고 나면 일종의 생명의 잉태 및 출산의식이 행해진다. 마을사람들의 환대로 몸이 뚱뚱해진 마슬레니차 인형은 마을 밖 들판으로 끌려나가 임신한 아이를 출산하게 된다. 들판에서 마슬레니차 인형이 해체되고, 인형 속에 넣어둔 음식들이 쏟아져 나오는 과정이 바로 그것이다. 해체된 밀짚인형은 곧 불에 태워지고 그 재는 들판에 뿌린다. 마슬레니차 인형이 타고 남은 재는 마귀의 모습으로 밭에 숨어있는 겨울을 쫓아내는 힘을 갖고 있다고 믿었기 때문이다. 동시에 마슬레니차 인형은 자신의 영양분으로 자식을 양육하는 어머니를 뜻하기도 했다.

러시아의 민간신앙에서는 부활절부터 오순절 사이의 기간 동안에 죽은 영혼들이 나무나 들판 혹은 정원에 머물면서 생명과 활력을 다시 가져다준다고 믿고 있었다. 따라서 따스함이 느껴지는 봄날이 오면 농민들은 "조상님들이 잠에서 깨어나셨군."하고 말하곤 했다. 그 무렵이 되면 아가씨들은 숲 속에 들어가 자작나무 가지를 꺾어오곤 했다. 물의 정령 루살카가 나무 위에 올라가 있는 때라고 해서 '루살리야 주간'이라고 불리는 이 시기의 가장 큰 축제는 부활절 후 7번째 목요일에 거행되는 '세믹' 축제이다. '씨앗' 혹은 '가족'의 의미를 갖고 있는 어근 '셈'에서 파생한 세믹 축제는 여성들만 참여하는 민속명절이다. 이 축제날 밤에 소녀들은 숲 속에 들어가 자작나무 가지를 꺾고 그것에 표시를 해둔다. 소녀들이 표시해 둔 자작나무는 그 지역의 농토와 소녀들이 살고 있는 마을에 삶의 활력을 불어넣는 능력을 갖고 있다고 생각되었다. 다음날 아침 소녀들은 계란과 맥주 등의 음식을 자작나무에게 바친다. 이 의식은 죽은 자들에게 제사를 올리는 것과 똑같은 의미를 갖고 있다. 그리고 리본과 수건으로 자작나무를 장식하고 옷을 입히는 의식을 치른 다음 우정과 의자매 관계를 서약하며 자작나무에 입맞춤을 한다. 장식한 자작나무에 입맞춤을 함으로써 여자들은 대지의 생산 능력을 전달받을 수 있으며, 또 조상의 영혼들과도 교류할 수 있다고 믿고 있었다. 그리고 마을의 여러 농가와 교회는 성스러운 자작나무로 장식됨으로써 숲의 정기를 향유하며 축제 분위기에 휩싸이게 된다.

민간신앙과 기독교 전통이 결합된 또 하나의 러시아 명절은 하지 직후인 6월 24일에 찾아오는 '이반 쿠팔로의 날'이다. 이때가 되면 마을의 나이 많은 어른들이 지펴놓은 모닥불 위를 사람들이 뛰어넘는 의식이 치러진다. 또 어떤 이들은 강물에 뛰어들어 멱을 감으며 물장구를 치기도 한다. 물 속으로 들어가는 의식과 관련이 있다고 해서 세례 요한의 날로 알려져 있는 이반 쿠팔로의 날은, 물과 불을 통해 자연의 힘을 받아들이고 가축을 보호한다는 민속명절이었다.

러시아의 대표적인 민속명절인 스뱌트키, 마슬레니차, 세믹 그리고 이반 쿠팔로의 날들은 이처럼 원래는 자연계의 순환주기에 맞추어 풍년과 부, 그리고 건강을 기원하는 민속축제였다. 이때 러시아인들의 숭배 대상이 되었던 것은 태양, 대지 등으로 표현되는 자연의 원시적 힘들과 숲의 정령(leshij), 물의 요정(rusalka), 집 귀신(domovoj)과 같은 신비적 존재, 그리고 세상을 떠난 조상신 등이었다. 다신론적 세계관에 의존하던 러시아인들의 종교 의식을 하나의 통합체계로 융화시킨 것은 기독교였다. 따라서 러시아에 정교회가 도입되면서부터 이 같은 민속명절은 종교 축제적 의미가 추가되어, 상호 배타적일 수 있는 두 전통이 하나로 융합되었던 것이다.

앞서 언급한 네 가지 명절 이외에도 민간신앙과 정교신앙이 혼합된 축일은 여럿 있다. 예를 들어, 4월 23일에 찾아오는 '성 게오르기 날'은 농사일을 시작하고 또 말을 목초지로 몰고 나가는 첫 날이며, 6월 29일의 '사도 베드로와 바울 기념일'은 건초를 베기 시작하는 날이다. 7월 20일의 '엘리야 날'은 가을 추수를 시작하는 날이고 8월 15일의 '성모승천일'은 추수를 마치는 날이다. 그리고 10월 1일의 '성모제 날'이 되면 타작을 하고 농기구를 수리하며 겨울맞이 준비를 한다. 요컨대 러시아 농민들은 원래 자신들의 전통적인 민간 축제일에 맞추어 농사일의 주기를 측정했었는데, 기독교 도입 이후 교회 축일이 민간 축제일과 결합되면서 이 두 명절 사이의 경계가 무너지고 하나로 통합되어 갔던 것이다.

　러시아인들의 정신세계와 종교관에서 중요한 위치를 차지하는 또 하나의 요소는 어머니 숭배 전통이다. 정교회의 성화에서 가장 자주 등장하는 것이 성모의 모습이며, 또한 러시아의 대표적인 강 이름 앞에 '어머니'라는 수식어가 붙어있는 데서도 우리는 그 중요성을 미루어 짐작할 수 있다. 뿐만 아니라 소비에트 시대에 제작된 수많은 대규모 조각작품들에서도 조국을 수호하는 강한 힘을 소유한 여성이나 어머니의 이미지는 뚜렷하게 나타나 있다.

　그리고 〈표4〉와 〈표5〉에서 보는 것처럼 성모와 관련된 날들은 러시아 정교회의 축일에서 중심적 위치를 차지하고 있다. 모두 열두 축일 가운데 네 개의 축일이 성모와 직접적으로 연관된 날들이기 때문이다. 러시아 정교회 신앙에서 성모가 이처럼 중요한 위치를 차지하게 된 것은 민간신앙 전통과도 긴밀히 연결되어 있다. 러시아를 대표하는 돈강, 드네프르강 앞에 사람들은 '어머니'(mat')라는 수식어를 붙여 '어머니 돈강', '어머니 드네프르강'이라고 부르며, 특히 러시아의 중심 지역을 북쪽에서 남쪽으로 관통하는 볼가강은 모든 사람들에 의해 '어머니 볼가강', 또는 '나를 낳아준 어머니'라고 불린다. 키에프나 모스크바 같은 유서 깊은 도시의 이름에도 때로 어머니라는 명칭이 붙기도 하는데, 일례로 키에프의 별명은 '러시아 도시들의 어머니'이다. 요컨대 러시아인들의 삶의 기저에는 모든 것을 잉태하고 출산하는 생명의 근원으로서 어머니의 신화가 자리잡고 있었던 것이다. 그리하여 러시아인들은 자신들이 살고 있는 땅을 '어머니 러시아'라고 생각했으며, 무한한 생명의 에너지와 생산력을 가진 광활한 대지를 가리켜 '촉촉한 어머니 대지'라고 불렀다.

〈표4〉 러시아 정교회 12 대축일 [7]

날짜	축일명	내용
1월 6일	주 세례일	예수가 세례 요한에게 세례받음
2월 2일	주 봉헌일	예수 부모가 아기 예수를 성전에 바침
3월 25일	성모 수태고지일	천사가 성모께 예수의 잉태를 알려줌
부활절 직전 일요일 ·	주 예루살렘 입성일	일명 버드나무 주일(러시아에는 종려나무가 없기 때문)
부활절 후 40일째 목요일	주 승천일	
부활절 후 50일째 일요일	오순절	일명 성령강림절 또는 성 삼위일체일
8월 6일	주 변용일	예수가 지상생활 중 잠시 신성을 보임
8월 15일	성모 승천일	성모의 기일
9월 8일	성모 탄생일	
9월 14일	십자가 헌양일	십자가 찬양
11월 21일	성모 입당일	성모의 성전 입당
12월 25일	성탄절	예수의 탄생

표시된 모든 날짜는 러시아 정교회에서 사용하는 구력에 따른 것이기 때문에, 우리가 현재 사용하고 있는 달력과는 13일의 차이가 있음. 예를 들어 1월 6일 주 세례일은 우리 달력으로는 1월 19일에 해당됨.

〈표5〉 러시아 정교회의 12 대축일 이외의 5개 대축일 [8]

날짜	축일명
1월 1일	주 할례일
6월 24일	세례 요한 탄생일
6월 29일	사도 베드로와 바울 기념일
8월 29일	세례 요한 참수일
10월 1일	성모제

---

7) 러시아의 모든 종교 축일을 상세히 다루고 있는 책으로는 E. O. Bondarenko, *Prazdnik khristianskoj rusi*, Kaliningrad, Knizhnoe izdatel'stvo, 1993이 있다.
8) 본다렌코, 〈러시아 정교회 축일〉, 전혜진 역, 《러시아 문화 세미나》, 장실 편역, 서울, 도서 출판 미크로, 1998, 198쪽.

　　민간신앙 체계에서 여성 신화는 두 가지 모습으로 나타난다. 하나는 물의 요정 '루살카'이며, 다른 하나는 '마귀할멈 야가'이다. 루살카가 남성의 지배로부터 자유로운 삶을 사는 처녀의 생명력을 내포하고 있다면, 숲속 깊은 곳에 살고 있는 마귀할멈 야가는 출산 능력을 상실한 노파를 상징하는 존재이다. 절구를 타고 하늘을 날면서 빗자루로 그 자국을 쓸어내는 야가 할멈은 숲속에 사는 동물들을 지배하는 동시에, 인간이 저승으로 떠나는 과정에서 매개자 역할을 하는 인물로 생각되었다. 어머니 대지, 루살카, 마귀할멈 야가 등을 중심으로 형성된 러시아의 여성 신화는 기독교가 도입되면서부터 점차 새로운 의미를 추가하기 시작했다.

　　블라지미르가 988년 기독교를 도입하기 이전, 그의 할머니 올가는 이미 기독교로 개종했었다. 키에프 공국 최초의 기독교인이었던 올가를 연대기는 '러시아 땅의 할머니'라고 일컬었고, 키에프에는 비잔틴 양식의 성 소피아 사원이 건축되었다. 그리이스어로 '지혜'를 뜻하는 소피아는 신의 여성적 측면을 암시하는 것이었으며, 그 이후 '성모' 또는 '소피아'라는 명칭이 붙은 교회들이 러시아 각지에 세워졌다. 이처럼 성모 마리아와 소피아는 러시아 민간신앙 속에 이미 존재하고 있던 여러 여성 신들의 이미지와 융합될 수 있었기 때문에 러시아인들의 정서 속으로 쉽게 스며들 수 있었다.

　　러시아 정교회 예배의식에서 가장 중심을 이루는 것은 그리스도, 성모, 성인들의 모습을 그린 성상화 즉, '이코나'(ikona)이다. 원래 '초상', '닮은 모습', '마음에 그리는 상' 등의 의미를 갖는 성상화를 러시아인들은 교회 안에는 물론 집안에도 모셔놓고 숭배하는 전통을 갖고 있었다. 여러 성상화 가운데 러시아인들에게 특별한 의미를 갖는 것은 성모를 그린 성상화였다. 자비와 동정심으로 가득찬 성모의 모습을 담은 성상화는 11세기 이후부터 널리 확산되었다. 러시아 정교회 신앙에서 성모상이 이처럼 특별한 위치를 차지하게 된 것은, 기독교 도입 이전부터 러시아 땅에 존재하고 있던 여성 숭배 신화와 긴밀하게 연결되어 있다. 따라서 기독교의 전래와 함께 성모 마리아의 위상이 러시아인들의 정신세계에서 큰 위치를 차지하게 된 것은 당연한 결과였다. 위기에 처한 국가의 운명을 기적을 통해 구해준 성모의 성상화, 고통받고 있는 죄인들

의 구원을 그리스도에게 간청하는 중개자로서의 성모의 이미지는, 그리하여 러
시아인들의 정신세계와 문화 속에 깊이 뿌리내리게 되었다.

블라지미르 성모상

3. 정교회 신앙과 러시아인의 정신세계

　어느 국민의 민족성 또는 정신세계를 일반화하는 것은 쉽지 않지만, '독일인은 정확하다.', '미국인은 실리적이다.', '프랑스인은 예술적 기질이 강하다.', '이탈리아인은 열정적이다.' 등과 같은 견해는 많은 사람들의 공감하고 있는 것 또한 사실이다. 대체로 러시아 민족은 이성적이라기보다는 감정적이며 스케일이 크다는 등의 얘기를 자주 한다. 또 위대한 문화유산을 남기고, 세계적으로 유명한 예술가와 학자들을 무수히 배출했다고 해서 러시아 민족을 창의성이 뛰어난 민족이라고 말하기도 한다.

　참을성 많고 우직하며, 선한 마음의 소유자로 운명에 순종하는 러시아인의 정신적인 특징은 정교회에서 성자로 서품된 인물들의 삶에 잘 나타나 있다. 러시아인들이 가장 존경하는 네 명의 성인은 보리스와 글렙, 알렉산드르 넵스키, 그리고 세르게이 라도네쥐이다. 그 중에서도 최초의 성인으로 서품된 보리스와 글렙이 러시아인들의 정신세계에 미친 영향은 아주 각별하다. 원래 기독교 전통에서 성인은 복음을 전파하거나, 남을 위해서 낮은 자세로 봉사하거나, 아니면 철저한 자기수양을 하면서 믿음을 위해 순교한 사람들 중에서 정하는 것이 일반적 전통이었다. 그러나 러시아 최초의 성자가 된 보리스와 글렙 두 형제의 삶은 전통적인 기독교 성자의 이미지와는 다르다. 아버지 블라지미르 대공이 사망한 후, 이 두 형제는 권력욕에 가득 차 있던 장자 스뱌토폴크가 보낸 자객에 의해 차례로 살해당했다. 음모를 미리 인지하고 있었음에도 두 형제는 부도덕한 형의 음모에 저항하지 않고 마지막 순간까지 하느님에게 기도하면서 자객이 도착할 때를 오히려 기다리고 있었다. 이들 두 형제의 행동이 자신들의 사사로운 마음을 완전히 비우고 신의 부름에 순종하는 믿음의 전형이라고 생각한 야로슬라브 대공은, 나중에 이복형 스뱌토폴크를 추방한 후

두 사람의 유골을 한데 모아 러시아 교회의 최초 성인으로 추대하였다. 이 두 형제가 존경받게 된 가장 큰 이유는 부도덕한 형의 악행에 저항하지 않고 운명에 순종함으로써 조국이 내란으로 피에 물드는 것을 미연에 방지할 수 있었기 때문이다. 이들이 받은 박해와 고통은 죄 없이 십자가에 못 박힌 예수 그리스도의 희생을 연상케 하는 것이었다. 이처럼 보리스와 글렙은 러시아인들에게 불의에 맞서 싸우기보다는 고통을 감내하고 운명에 순종하는 본보기가 되었다. 소련 체제가 붕괴된 이후 식량난과 물가폭등의 혼란 속에서 외국의 언론인들이 '지금 모스크바는 혁명 전야'라고 임박한 위기상황을 여러 차례 예고했지만, 그때마다 그들의 예측이 성급한 속단으로 끝나고 만 것도 실은 고통과 어려움을 참고 견디며 자기수양을 계속하는 러시아인들의 인내심을 제대로 파악하지 못한 데서 나온 것이다.

러시아인들이 갖고 있는 그리스도의 이미지 역시 다른 서구 민족들의 그것과는 상당히 차이가 있었다. 러시아인들에게 그리스도는 왕관을 쓴 승리자 예수가 아니라 자신의 모습을 남 앞에서 한없이 낮추는 가장 고통받는 러시아 민중의 모습을 닮은 인간 예수였다. 19세기 후반의 유명한 화가 크람스코이의 대작 《황야의 그리스도》(1871)나 같은 시기에 민중의 애환과 슬픔을 노래한 네크라소프의 시에 등장하는 예수 그리스도의 모습 역시 그러했다. 이처럼 겸손과 순종, 그리고 금욕적인 생활을 소중히 하는 러시아 정교신앙은 외관상으로는 바보 같아 보이지만 보통 사람이 갖고 있지 못한 혜안의 소유자인 '성자 바보'를 많이 배출했다. 러시아어로 유로지브이[9]라고 불리는 이들은 기이한 행적을 수행의 한 방법으로 삼는 수도자들이었다. 그 결과 정교회에서는 그리스도의 사랑을 배우고 전파하기 위해 상식에서 벗어난 기묘한 생활태도를 취하거나 미치광이 행세를 하는 수도사들이 많이 등장했다. 전제군주의 폭정과 옳지 못한 행동들에 대해 모두 다 침묵하고 있을 때, 사람들 모두가 두려워서 감히 표현하지 못하는 진실을 외치던 유로지브이 형상은 푸시킨을 비롯한 러

---

9) 기행을 일삼으면서 보통 사람들이 결여하고 있는 혜안을 통해 진리를 통찰하는 능력을 가진 '성자 바보'에 대한 대표적인 연구로는 Ewa M. Thompson의 *Understanding Russia : The Holy Fool in Russian Culture*, Lanham, MD, University Press of America, 1987이 있다.

시아 여러 작가들의 문학작품과 수리코프 같은 러시아 화가의 그림에도 등장한다.

유로지브이 형상은 가난한 하층민과 걸인들을 대하는 러시아인들의 특별한 태도에도 적지 않은 영향을 미쳤다. 정교회 신자가 병을 치료하거나 소원성취를 빌기 위해서 러시아 각처의 교회와 수도원을 순례하는(stranstvie) 전통은 오래 전부터 시작되었다. 러시아에서 순례자들이 가장 많이 찾는 곳은 키에프 페체르스카야 수도원, 세르기에프 성 삼위일체 수도원, 페테르부르그의 알렉산드르 넵스키 수도원, 백해의 솔로베츠키 수도원 등이었다. 걸인이나 불구자를 세상의 평화를 위해 순례하는 그리스도의 형제들로 보았던 러시아인들은 예로부터 그들을 보호하고 먹을 양식을 제공하는 데 인색하지 않았다. 특히 과거에 러시아 정교회는 그들이 머물 공간과 필요한 물건을 제공하는 제도도 마련하고 있었다. 오늘날도 러시아의 교회나 수도원 앞을 가면 즐비하게 앉아서 동냥을 구하는 이들과, 또 그들을 그냥 지나치지 않고 자선을 베푸는 장면을 흔히 목격할 수 있는데, 이 같은 현상도 알고 보면 오래 전부터 러시아 정교회에서 이어져오던 순례자와 불구자들을 각별히 배려하던 전통에서 나온 것이다.

러시아인들의 사유양식과 정신세계에 중요한 영향을 미친 종교적 사건으로는 17세기 중반 정교회의 예배의식 개혁 문제가 원인이 되어 일어난 교회의 분열(raskol)을 들 수 있다. 모스크바의 총대주교로 임명된 니콘은 전례의식 개혁에 착수했다. 비잔티움에서 정교회를 도입하면서 잘못 전래된 부분을 수정해야 한다는데 대해서는 니콘과 후에 그의 반대파가 된 아바쿰 둘 다 동의하고 있었다. 쟁점이 된 것은 올바른 전례의식을 1453년 콘스탄티노플 붕괴 이전 비잔티움의 전례서적을 고대 교회 슬라브어로 번역한 것을 기준으로 할 것인지, 아니면 콘스탄티노플 붕괴 이후 이전의 잘못을 바로잡아 수정된 그리스어 텍스트를 기준으로 할 것인지의 문제였다. 이 두 가지 안 중에서 니콘은 그리스어로 된 텍스트를 기준으로 할 것을 지시했다. 그 결과 이 전례서의 내용이 그때까지 러시아에서 행해지고 있던 예배의식과 일치하지 않는다는 것이 밝혀지면서, 교회 내부에서 개혁에 찬성하는 측과 반대하는 측 사이의 심한 갈등이 시작되었다.

니콘이 개혁 내용을 발표하자, 러시아인들은 당시에 유행하던 묵시론이 전하는 대로 곧 세상의 종말이 온다고 믿고 있었다. 모스크바가 이전의 정교회 전통과 결별하면 말세가 온다고 주장하던 이들은 적그리스도(antikhrist)가 등장한다는 묵시론적 숫자와 일치하는 1666년에 세상의 끝이 온다[10]고 생각하고 있었다. 따라서 이전의 전례의식 고수를 주장하는 아바쿰과 그 추종자들은 개혁을 주장하는 니콘 일파를 적그리스도로 규정하고 개혁에 격렬히 반대했다. 아바쿰을 중심으로 한 고의식파 교도(starover)들이 러시아 교회에서 분열되어 나감으로써 여러 세기 동안 지속되어 오던 러시아 정교회의 통일성은 붕괴되기 시작했다. 이는 블라지미르가 기독교를 도입한 이래 6백여 년 동안 정교회를 매개체로 하여 통합되어 있던 러시아인들이 정통세력과 이단세력의 둘로 분열되어 화합하지 못하고 계속 갈등하게 된 계기가 되었다.

종교분열이 러시아적 사유양식에 미친 영향으로는 진짜와 가짜, 양자 사이의 대립구도 형성을 들 수 있다. 니콘의 개혁에 반대하던 구교도들은 자신들의 신앙만이 진정한 믿음이자 진리이며, 니콘 일파의 믿음은 거짓된 것이라고 확신하고 있었다. 이 같은 진짜와 가짜를 가리기 위한 혼란스런 논쟁은 러시아 역사에서 그 전부터 존재하고 있었다. 17세기 초에 이반 4세의 막내아들 드미트리의 이름을 사칭한 두 명의 가짜 드미트리가 등장했던 일이 바로 그것이다. 귀족들의 세력 다툼에 의해 살해된 드미트리를 사칭하는 가짜 드미트리가 폴란드와 러시아 양국의 일부 지지자들을 확보한 후 1604년 가을 모스크바 영토를 침입하는 사건이 발생했다. 궁정내의 정변이 계속되던, 이른바 혼란의 시대(smutnoe vremia)에 제위에 오르기까지 했던 첫 번째 가짜 드미트리는 곧 살해당했지만, 그 후에 두 번째의 가짜 드미트리가 등장하여 폴란드에서 모스크바로 진격해 들어오는 희대의 해프닝이 일어났다. 이 가짜 드미트리 사건은, 무엇이 진짜이며 무엇이 가짜인지를 분명히 가려내지 못하고 갈등의 골만 더욱 깊어지게 한 종교분열 사건과 일맥상통하는 면이 있다. 이렇게 해서 나타나게 된 것이 이른바 러시아의 참칭(samozvanstvo)문화였다. 이 같은 사건은

10) James H. Billington, *The Icon and the Axe: An Interpretive History of Russian Culture*, New York, Random House, 1970, 153쪽.

20세기에 들어와서도 반복되었다. 붉은 광장의 레닌묘에 안치되어 있는 레닌의 시신을 두고, 그것이 레닌의 진짜 시체라는 주장과 원래의 시체는 다른 곳에 묻혀있고 정교하게 만든 밀랍인형이 대신 유리관 속에 들어있다는 소문이 퍼졌던 것도 이 같은 맥락에서 이해할 수 있다. 몇 년 전 갖가지 와병설이 끊임없이 제기되었던 옐친을 둘러싼 소문의 성격도 이와 유사하다. 여러 차례 수술을 받은 옐친은 몸을 가누지 못해 어딘가에 누워있고, TV 화면에 얼굴을 내밀고 있는 인물은 대신 내세운 가짜 옐친일지도 모른다는 허무맹랑한 유언비어가 만들어지고 또 일부 사람들이 이같이 터무니없는 소문에 솔깃해했던 곳이 바로 러시아이다.

종교분열 이후 탄압을 받게 된 구교도들, 특히 혹독한 박해를 받다가 시베리아에서 화형에 처해진 사제 아바쿰은 이후 러시아 역사를 통해 반복적으로 등장하는 반체제 저항운동의 효시를 이루었다. 자신이 옳다고 생각하는 믿음을 지키기 위해 목숨을 아끼지 않고 불 속에 몸을 던진 고의식파 교도들은 수없이 많았다. 러시아 농노제의 비참상을 격렬히 비난한 자신의 책 《페테르부르그에서 모스크바까지의 여행》 때문에 사형선고를 받았다가 나중에 시베리아 유형을 가게 된 자유사상가 라지시체프는 정치적 반체제운동의 선두격 인물이었다. 세계적인 핵물리학자로 소비에트 시대 민주화운동의 상징이었던 사하로프 박사의 경우도 마찬가지였다.

정교회가 러시아인들의 사유와 정신세계에 미친 또 다른 영향으로는 종말론적 세계관을 들 수 있다. 끝없이 펼쳐진 대지와 기나긴 밤과 같은 자연환경 때문에 근본적인 질문들에 대한 깊이 있고 철저한 탐구에 관심을 갖게 되었던 러시아인들에게 중요한 또 하나의 질문은 세상의 종말, 혹은 천년 왕국의 도래와 관련된 묵시론적 질문이었다. 종교적 독단론이 지배하던 정신문화 속에서, 러시아인들은 정교회 신도이건 고의식파 교도이건 간에 모두 다 묵시론적 세계관을 갖고 있었다. 니콘의 종교개혁을 보면서 적그리스도의 도래와 세계의 종말을 예견했던 17세기의 고의식파 교도들은 전설 속에 등장하는 이상향을 찾아 러시아의 극북지방과 시베리아로 이주해갔다. 고의식파 교도들이 종교적 이상주의자들이었다면, 19세기 중반 이후 러시아 사회의 근본적인 개혁을 부르

짖으며 이성적 세계관에 입각하여 이상사회 건설을 추구하던 급진 혁명운동가
들은 정치적 이상주의자들이었다. 러시아인들이 이처럼 세계의 종말과 천년 왕
국의 도래에 대해 커다란 관심을 갖게 된 또 하나의 배경은 비잔틴 제국의 붕
괴 이후 러시아인들 사이에서 나타나기 시작한, 정통 기독교의 유일한 수호자
로서 러시아가 맡아야 할 전 세계적 사명감이었다. 로마와 콘스탄티노플의 붕
괴 이후 제 3의 로마가 된 모스크바가 세계 기독교 운동의 중심이라는 생각은
러시아 메시아주의로 발전되었으며, 그 결과 역사를 통해서 러시아인들은 끊임
없이 정의롭고 이상적인 왕국 건설을 기대하게 되었다. 1917년의 혁명도 이와
같은 러시아 구세주의가 공산주의라는 의상을 입고 나타난 것으로 이해할 수
있다.

스파소 - 에프미에프 성당(수즈달. 16～17세기)

4. 러시아인의 삶에 투영된 종교 의식

　역사를 통해서 종교, 특히 정교회 신앙이 러시아인들의 일상생활에 미친 영향은 실로 지대했다. 정교회 신앙은 제정 러시아 시대는 물론 종교가 공식적으로 금지되던 70여 년 동안의 소비에트 체제에서도 러시아인의 삶과 항상 긴밀하게 연결되어 있었다. 그리고 오랜 탄압과 박해에서 벗어나 종교의 자유를 누리게 된 오늘 현재 러시아인들의 삶도 종교적인 측면을 배제하고는 제대로 이해하기 힘든 것이 사실이다.

　정교회가 러시아인들의 삶에 미친 영향은 몇 가지 측면에서 살펴볼 수 있다. 정교회는 러시아인들의 정신적 안식처였을 뿐만 아니라 사회 경제생활의 모델 역할을 하기도 했다. 교구청, 정교회 성당, 그리고 수도원 등은 그것이 위치하고 있는 지역 주민들의 경제활동을 조직하고 활성화시키는 데도 적지 않은 역할을 했다. 유능하고 근면한 정교회 사제나 수도승의 주도 아래 벽지의 척박한 땅이 옥토로 개간된 예는 수없이 많았으며, 수도승들이 농사를 짓고 수도원을 건설하는 과정에서 새로운 영농방법이나 건축술들이 개발되기도 했다. 또 수도원에 속한 경작지에서 생산되는 농산물이나 생선, 소금 등을 체계적인 유통구조를 통해 판매하는 방법도 창안되었다. 이 같은 예로 러시아 북부 라도가 호수의 발라암섬에 자리잡고 있는 수도원의 발전 역사를 들 수 있다. 러시아 북단의 외딴 이 섬의 수도승들은 피땀 흘려 땅을 개간한 다음, 수도원을 건설하고, 농산물 판매를 통해서 경제적으로 풍요로운 하나의 생활권을 탄생시켰다. 수도승들이 농사를 짓고 수도원을 건설하는 과정에서 부차적으로 얻게 된 새로운 기술들은 당시로서는 가장 앞선 영농법과 건축술로 명성이 자자했다. 이렇게 부강해진 수도원이나 정교회 사원은 사회봉사 활동에도 적극적이어서, 노인과 환자들을 수용하고 치료하는 복지시설과 걸인들을 위한 숙박

시설과 식당 등을 운영하는데도 앞장을 섰다.

그밖에도 정교회는 국가와 협력하여, 영토를 확장하고 또 외세의 침략을 물리치는데 적극 참여하는 애국운동의 보루 역할도 담당했다. 이는 러시아 정교회가 외세의 침입으로부터 조국을 수호한 용맹스런 군사 지도자를 성자로 서품한 전통에서도 알 수 있다. 그 대표적인 예가 알렉산드르 넵스키이다. 러시아 영토의 대부분이 몽골의 지배하에 있던 13세기 중반 경, 노브고로드의 공후였던 알렉산드르는 스웨덴과 독일로부터의 공격을 격퇴시킴으로써 러시아 민족의 영웅으로 추앙받고 있다. 때로는 도시나 영토의 외곽 지역에 자리잡은 수도원이 직접 요새기능을 하기도 했다. 모스크바의 동북쪽에 위치해 있는 러시아 정교회의 총 본산 성 삼위일체 수도원이나 백해에 있는 솔로베츠키 수도원 등은 17세기에 요새로 사용되었다. 국가에 대한 러시아 교회의 이와 같은 애국주의적 봉사 전통은 종교가 탄압 받던 소비에트 시대에도 나타났다. 제 2차 세계대전 당시, 정교회 지도자 세르기 대주교가 신도들에게 소비에트 군대를 지원하기 위한 모금운동에 동참할 것을 호소하자 당시로서는 엄청난 액수인 3억 루블의 특별헌금이 모아졌다. 이 금액으로 T-34형 탱크 40대를 제작하여 결성한 드미트리 돈스코이 탱크 부대가 전선에 투입되었고, 또한 전투기를 제작하여 알렉산드르 넵스키 비행중대도 편성11) 배치되었다.

이와 같이 러시아인들의 삶과 밀접한 관계를 맺고 있던 정교회 전통에 큰 변화가 일기 시작한 것은 1917년 혁명 이후였다. 혁명 직후 내란과 경제위기 등의 시급한 문제 때문에 종교문제에 제대로 관심을 기울일 수 없었던 소련 당국은 20년대 말, 30년대 초에 들어서면서 대대적인 탄압을 가하기 시작했다. 정교회 신자들은 반혁명 세력으로 비판받기 시작했으며 교회에는 많은 세금이 부과되었고, 종교관련 내용의 교육도 금지되었다. 그 결과 1914년에는 5만여 개에 달하던 정교회 예배당이 1930년대에는 5천 개 이하로 줄어들었다. 제 2차 세계대전 직후 일시적으로 그 숫자가 증가한 적이 있지만, 흐루시초프의 등장과 함께 교회의 수는 다시 크게 줄었다. 브레즈네프 시대와 1980년대 전반에는 교회 숫자가 6,500여 개 수준에 도달했다.12) 문을 닫은 교회 건물의

---

11) *Entsiklopediia dlia detej: Istoriia Rossii, chast' III*, Moskva, Avant +, 1995, 437쪽.

상당수는 정부 재산으로 몰수되어 창고, 극장, 고아원, 박물관 등으로 용도가 변경되었다. 이 기간 동안 러시아 정교회의 수도원 역시 탄압의 손길을 피할 수 없었다. 과거 천 개 이상을 헤아리던 정교회 수도원들은 1929년에는 완전히 폐쇄 조치되었다. 그 후 다시 문을 열도록 허용된 성 삼위일체 수도원과 러시아 서부지역의 10여 개 수도원을 제외하고는 거의 모든 수도원이 사실상 문을 닫았기 때문에 수도원은 명목상으로만 존재하고 있었다.13)

문을 열고 있던 교회도 건물 안에서 겨우 예배의식만 치를 수 있을 뿐, 그밖의 어떤 형태의 자선사업이나 포교활동도 금지되어 있었다. 교회 안에서의 예배는 허용되었다고 하지만, 거기에도 많은 규제와 간섭이 있었음은 말할 나위가 없다. 예배를 볼 수 있는 교회를 구성하려면 우선 그 지역에 살고 있는 18세 이상의 성인이 최소 20명은 등록해야 했다. 그러한 요건을 갖춘 다음에도 현지 행정기관과 종교문제에 대해 최고 권한을 행사하고 있던 '종교문제협의회'의 승인을 받아야만 했다.14) 이러한 규제와 적극적인 무신론 교육으로 인하여 소련 사회에서 정교회 신자들의 수는 격감하고 교회의 영향력은 크게 위축될 수밖에 없었다.

1930년대에 러시아 정교회가 공산체제 아래서 겪었던 수난은 유례가 없는 것이었다. 교회에 대한 탄압을 가장 상징적으로 보여준 사건은 모스크바 강변에 있는 구세주사원 폭파사건이었다. 1812년 프랑스의 나폴레옹군에 대한 러시아의 승리를 기념하기 위해 오랜 준비 끝에 46년 동안의 공사를 마치고 1883년 준공된 이 사원은, 러시아인들이 자발적으로 모은 상당액의 기부금이 투입된 높이 103미터의 웅장한 건물이었다. 스탈린의 명령에 따라 그 자리에 당시 세계에서 가장 높은 415미터 짜리 소비에트 궁전을 세우기 위해 이 유서 깊은 사원을 폭파한 것은 러시아 정교회 역사상 가장 고통스러운 시대가 도래 했음을 알리는 신호였다. 과거 모스크바에 1,600여 개의 교회가 있던 시절, 각 교회의 종소리가 이 도시의 공간 위로 연출해 내던 독특한 '소리의 풍경'

---

12) Jane Ellis, *The Russian Orthodox Church: A Contemporary History*, Bloomington, Indiana Univ. Press, 1986, 14-17쪽.
13) 같은 책, 124 쪽.
14) 같은 책, 43 쪽.

(soundscape)도 자취를 감추게 되었다. 1930년 초 종탑 위의 종을 치는 것이 금지된 이후 러시아인들은 대표적인 교회 축일인 부활절과 성탄절에도 더 이상 종소리를 들을 수 없게 되었다.15) 그렇다고 성경을 자유롭게 접할 수 있는 것도 아니었다. 금서로 분류된 성경책은 희귀도서가 되어 암시장에서 아주 고가로 유통되었다. 그 결과 종교서적에 굶주려 있던 러시아인들이 즐겨 찾는 것은 아이러니컬하게도 과학적 사회주의의 입장에서 기독교를 비판하는 무신론 선전책자나 잡지였다. 이러한 책들에서 읽을 수 있는 몇 줄의 성경 귀절이 그들이 접할 수 있는 복음의 전부였다. 또한 기독교 신자라는 사실이 밝혀지면 사회 활동하는데 제약과 불이익을 당했기 때문에, 사람들은 정교회식으로 결혼식이나 장례식을 치르는 것을 극히 꺼릴 수밖에 없었다. 당시 소비에트 당국이 정한 절차대로 결혼식을 치른 다음, 결혼반지를 사제에게 들고가 다시 축성 받음으로써16), 마음의 위안을 얻는 신자들도 적지 않았다. 상황이 이렇다 보니 러시아 정교회 신자들의 대다수는 노파들17)일 수밖에 없었고, 정교회 신앙은 점차 지하로 숨어들게 되었다.

이 같은 상황이 변하게 된 것은 러시아에 기독교가 전래된 지 천 년이 되는 1988년 무렵부터였다. 같은 해 4월, 정교회 지도자들과 자리를 함께 한 고르바초프는 과거 국가가 교회에 대해 저지른 잘못들을 언급하면서, 정부와 교회 사이의 새로운 관계 정립의 필요성을 역설했다.18) 러시아 사회개혁의 필요성을 인식하고 있던 고르바초프의 입장에서 정교회를 이전처럼 적대시할 수는 없는 노릇이었고, 또 이미 힘을 상실해버린 공산주의 사회 건설이라는 신화를 대체할 수 있는 도덕적, 정신적 가치관을 정립하는데 기여할 수 있는 것이 바로

---

15) 도시 이외의 농촌지역에서는 종을 울릴 수도 있었지만, 그러한 가능성은 실제로는 극히 제한되어 있었다. 1943년 소련 당국과 정교회 사이의 관계가 호전되면서 교회의 종소리는 다시 울려퍼졌지만, 1961년 반종교운동의 일환으로 완전히 금지되었다. *Entsiklopediia dlia detej: Istoriia Rossii, chast' III*, 436쪽.

16) William C. Fletcher, *The Russian Orthodox Church Underground, 1917~1970*, London, Oxford, 1971, 93쪽.

17) Dana L. Robert, "Grandmothers and the millennium of Russian Christianity", *Christian Century* Dec. 24-31, 1986, 1175쪽.

18) *Izvestiia* 1 maia, 1988.

정교회였기 때문이다. 1990년에 '양심의 자유와 종교단체에 관한 법'[19])이 제정
되면서 전에 상실했던 권리의 상당부분을 되찾게 된 러시아 정교회는 소련 체
제가 붕괴된 후인 1995년 새 헌법이 제정되면서 사실상 완전한 자유를 회복하
게 되었다.

러시아는 현재 종교적 부흥기를 맞이하고 있다. 그리고 여러 종교들은 경쟁
적으로 교세를 확장해가고 있다. 한 통계에 따르면 1991년부터 1996년 사이에
각 종교의 교회 숫자는 정교회가 2배, 이슬람교가 3배, 불교가 5~6배, 가톨릭
이 6배, 그리고 개신교가 평균 3배 가량 증가한 것으로 되어 있다. 또 하나
주목할 것은 러시아 연방 전체 인구 중에서 최대 53%, 최소 49.6%가 어떤
형태로든 종교에 소속감을 느끼고 있다는 것이다. 소비에트 시대에는 신자들의
대다수가 연금을 받는 노파들이었던데 비해, 현재는 16세에서 19세 사이의 젊
은 층이 노인들 수를 능가하고 있다는 것 또한 특기할 만하다.[20])

오늘날까지 러시아인들의 삶 속에 남아있는 종교적 전통 가운데 가장 중요
한 것은 성상화(ikona) 숭배 문화이다. 정교회 신자 가정의 밝고 아늑한 장소
에는 모두 성상화가 걸려 있으며, 집안에서 가장 성스러운 장소인 성상화 앞
에서 욕설을 퍼붓거나 불경스런 행위를 하는 것은 금기시 되고 있다. 이사를
갈 때에도 성상화는 사람이 직접 두 손으로 안고 가는 것이 원칙이었으며, 또
성상화가 낡았다고 해서 그대로 내버리는 것은 절대로 용납되지 않았다. 성상
화를 없앨 필요가 있을 때는 반드시 모의 장례식을 치른 후에 땅에 묻어야 한
다. 성상화를 대하는 이러한 태도는 종교를 금지했던 소비에트 시대를 거치면
서도 변함없이 유지되었다.

한편 민간신앙 가운데 아직까지 두루 남아있는 것은 집 귀신 도모보이이다.
주로 페치카 속에 산다고 믿어지는 이 도모보이는 러시아인들의 의식 속에 털
외투처럼 따뜻하고 부드러운 이미지로 자리잡고 있다. 그리고 이 도모보이는
이사갈 때 반드시 함께 데리고 가야할 대상이었다. 농촌 지역에서 이사를 하

19) A. S. Loviniukov, "Zakon SSSR 1990 g. O svobode sovesti i religioznykh
   organizatsiiakh", *Sovetskoe gosudarstvo i pravo*, 1991, tom 4, 23-35쪽.
20) *Religioznye ob'edineniia v sovremennoj Rossii*, Moskva, 1996, 5쪽, 93-94쪽.

는 경우 전에 살던 집의 페치카에서 가져온 불씨를 새로 이사온 집 난로에 넣으면서 '도모보이 어르신, 자 여기 썰매가 준비되어 있으니 우리와 함께 가시지요.'[21]라는 말을 되풀이하곤 한다. 불씨를 통해 도모보이가 가족과 함께 이사를 왔다고 믿었기 때문이다. 오늘날까지도 러시아에서 엄격히 지켜지고 있는 한 가지 금기사항, 즉 문턱을 사이에 두고 두 사람이 인사하면 안된다는 불문율도 실은 도모보이의 존재를 믿고 있는 민간신앙에 뿌리를 두고 있다. 문턱을 사이에 두고 악수를 할 경우, 도모보이가 밖으로부터 들어오는 부정한 힘을 싫어한다고 사람들이 믿기 때문이다.

이밖에도 일상생활에서 민간신앙은 여러 형태로 존재한다. 그 중에 하나가 집으로 들어오는 잡귀를 막기 위해 출입문에 말의 편자 또는 말발굽 모양의 장식을 달아놓는 풍습이다. 농촌 지역의 부자 집에서는 아예 대문 자체를 말발굽 모양으로 만들어놓은 경우도 있다. 널리 퍼져있는 또 하나의 미신은, 검은 고양이가 앞길을 가로질러 가면 그 길을 반드시 우회해야 한다는 것이다. 이는 색깔이 러시아인의 정서 속에서 갖는 의미와 연관된 것으로, 검은 색은 곧 죽음을 의미하기 때문이다. 그리고 종교적인 전통에서 유래하여 민간신앙 형태로 자리잡게 된 것으로는 방향과 숫자의 개념을 들 수 있다. 러시아 정교회 전통에서 오른쪽(pravo: 밑줄은 필자의 강조)은 항상 수호천사(angel-khranitel')가 위치한 자리였으며, 왼쪽(levo)은 우리를 유혹하는 사탄이 있던 곳이었다. 따라서 오른쪽은 올바른 것을 의미하게 되었고, 왼쪽은 그릇된 것, 부정한 것을 뜻하였다. 진실(pravda), 법(pravo), 올바르게(pravil'no), 러시아 정교회(pravoslavie) 등이 모두 오른쪽이라는 어근에서 나온 것도 이 같은 이유에서이다. 한편, 부정하고 정당치 못한 방법으로 일을 처리하는 것을 러시아어로 '왼쪽으로 행한다(nalevo).'고 표현하고 있다. 숫자의 경우, 홀수는 생명력을 가진 좋은 숫자이며 짝수는 생명력을 상실한 죽음의 숫자이다. 따라서 생일을 축하하는 꽃다발은 당연히 3, 5, 7, 9 등과 같은 홀수의 꽃송이로 된 것이어야 하며, 짝수의 꽃송이로 만든 화환은 장례식에서만 사용된다.

종교적인 요소는 러시아인들의 일상적인 언어습관에도 배어있다. 아이들끼리

---

21) 메리 메토시안, 〈러시아 민중의 생활방식〉, 김상현 역, 《러시아 문화 세미나》, 35쪽.

술래잡기 놀이를 하면서 사용하는 표현인 "나를 잡지 마세요."(Chur, okhrani menia)는 문자 그대로 번역하면 "추르 귀신님, 나를 보호해 주세요."이다. 추르는 고대 슬라브족의 조상신인 동시에 공동체의 보호신인데, 예로부터 내려오는 민간신앙적 요소가 그 의미는 상실한 채 형태만 남아있는 예이다. 무슨 재앙이 일어났다는 얘기를 들으면, 러시아인들은 왼쪽 어깨 너머로 세 차례 가볍게 침을 뱉거나, '푸푸푸'하며 침 뱉는 시늉을 하는데, 이는 부정한 힘이 자신에게 달라붙지 못하도록 미리 경계하는 방법이다. 누가 갑자기 횡사했다는 등과 같은 불의의 사고소식을 들으면, 하나같이 '아이구, 하느님 맙소사.' (Gospodi, pomiluj!)라고 말하는데, 이 표현도 원래 의미를 그대로 옮기면 "하느님, 자비를 베푸소서!"가 된다. 러시아인들이 무의식적으로 사용하는 이러한 표현들은 그들 삶의 근저에 자리잡고 있는 정교신앙과 민간신앙이 시간이 흐르면서 형태만 남고 내용은 사실상 퇴화해 버린 경우라 할 수 있다.

고르바초프와 대주교 피멘의 만남 (1988년 4월)

5. 맺음말

러시아의 자연적, 지리적 환경은 그들의 삶과 정신세계를 형성하는 중요한 요인으로 작용했다. 사방으로 탁 트인 대지 위에 선 러시아인들은, 무한한 공간 속에 위치한 자신의 작은 모습을 보면서 영원한 절대적 존재를 갈망했다. 처음에 페룬을 비롯한 자연계를 다스리는 여러 신을 숭배하던 러시아인들의 민간신앙이 기독교 전통과 합류하게 된 것은, 10세기 말경이었다. 그때부터 민간신앙과 기독교는 서로를 배척하기보다는 상호 절충, 융합되어 러시아 고유의 종교 의식을 탄생시켰다. 예를 들어 원래 민간신앙에서 시작된 스뱌트키 축제는 기독교 도입 이후 종교적 성격을 추가하게 되었으며, 정교회 축일로 출발한 베드로와 바울 기념일은 시간이 지나면서 건초를 베기 시작하는 날로 농민들의 의식 속에 자리잡게 되었다.

정교회가 러시아인들의 정신세계와 가치관 형성에 미친 영향도 적지 않았다. 보리스와 글렙 두 형제의 삶에서 알 수 있듯이, 정교회 전통에서 소중히 여기던 것은 신에 대한 온순한 복종과 겸손이었다. 고행과 금욕생활을 통해 온전한 신앙에 도달하려는 은둔 수도자, 성자 바보, 순례하는 걸인 등이 러시아인들의 정신세계 속에서 각별한 의미를 갖고 있었던 것도 바로 이 때문이었다. 한편, 인류 역사 속에서 러시아 정교회의 사명감을 강조하는 러시아 구세주의 사상은 러시아 국가와 민족에 대한 자긍심을 불어 넣어주는데 기여했다. 또 정교회는 러시아인들의 정신적 가치의 보루이자 애국주의의 근원이었을 뿐만 아니라, 사회 경제적인 면에서도 많은 영향력을 행사했다. 수도원을 중심으로 형성된 농업 및 경제 생활권은 일반 사람들이 본받을 만한 모범이 되었으며, 축적한 부를 이용하여 수도원과 사원은 여러 가지 사회복지 사업도 실시했다.

이처럼 러시아인들의 삶과 정신세계에 중요한 영향을 미치던 종교적 전통이 갑작스런 단절을 경험한 것은 공산혁명 때문이었다. 혁명 이후, 특히 1930년부터 50여 년 이상 러시아에서 종교계가 받은 수난은 역사상 유례가 없는 혹독한 것이었다. 그 결과 러시아인들의 종교생활은 비공식적이고 개인적인 성격을 띨 수밖에 없었다. 교회가 폐쇄되자 예배는 집안의 성상화 앞에서 올리고, 교회에서 쫓겨나 정처 없이 떠돌던 사제는 농촌지역을 순회하며 몇 사람을 모아놓고 비밀리에 예배의식을 진행하기도 했다. 자연히 소비에트 체제하에서 정교회 활동은 외형상으로만 존재하는 공식적 정교회 조직과 은밀한 형태로 존재하는 개인의 내면적 신앙으로 나뉘어졌다. 또 러시아인들의 일상생활 속에 존재하던 종교적 요소들은 상당 부분 모습을 감추어 버렸거나, 아니면 새로 도입된 사회주의적 상징과 의식(儀式, ritual)으로 통합되는 세속화 과정을 겪게 되었다.

오늘 현재 러시아인들의 삶과 의식 속에서 종교적 전통이 갖는 의미를 구체적으로 논의하는 것은 용이한 일이 아니지만, 소련 체제 붕괴 이후 종교에 대한 정부와 일반인들의 관심이 크게 증대된 것은 분명하다. 이것을 종교가 오래 탄압 받던 배경에서 나온 하나의 복고적 경향으로만 보는데는 무리가 있다. 급격한 체제 변화의 소용돌이 속에서 가치관의 혼돈과 정신적 방황을 경험하고 있는 러시아인들에게 정교회 신앙은 정신적 가치의 보루로서 예전의 중요성을 되찾아가고 있다고 할 수 있다. 국가적 차원에서 보면, 러시아는 현재 심한 내분과 외국자본 및 문화의 강력한 도전에 직면해 있다. 러시아가 과거 몽골 지배하에서 내분을 극복하고 강력한 국가로 통합되는 과정에서 정교회 신앙이 중요한 역할을 했듯이, 오늘의 러시아인들에게 정교회는 애국주의의 구심점으로 작용하고 있다.

3부 서방교회 문화권 1 - 유럽

1. 이탈리아의 성인숭배문화

김정하 / 한국외국어대학교 외국학종합연구센터 책임연구원

1. 머리말

　2세기를 전후하여 게르만족의 출현과 서로마제국의 몰락(476년)은 서양문명의 역사에 일대 전환점을 마련하였다. 이들의 등장은 한편으로는 로마문화의 일보후퇴를 초래하였지만, 그럼에도 다양한 문화적 요인들을 제공함으로써 서유럽 기독교사회의 터전을 닦았다. 즉, 로마제국 황제들의 오랜 숙원이었던 전 유럽의 정복이 로마제국의 몰락을 통해서 실현되었고, 이로써 단일한 문화적 터전에 기초한 유럽사회가 잉태되었다. 그러나 이러한 대변혁의 회오리도 새로운 종교문화 없이는 별다른 성과를 거두지 못하였을 것이다. 반대로, 기독교문화는 거대한 영토의 로마제국이 전제되지 않았다면, 오늘날 유럽문화에서 차지하는 지배적인 위치에는 오르지 못하였을 것이다.

　게르만의 전통신앙과 위로부터 부과된 로마-기독교의 문화적 융합현상은, 겉보기와는 다르게, 후자의 일방적인 공세와 승리를 이끌어내지는 않았다. 오히려 두 요인들의 개체적인 독자성이 존중되는 방향으로 진행되었다. 다시 말해 서유럽은 두 문화를 녹여 새로운 문화를 만들어내는 용광로라고 할 수도 있겠지만, 한편으로는 일종의 '형식적인 덮어쓰기'를 위한 시험공간이었다는 것이 보다 적절하다.

　게르만문화가 대거 유입되면서 이교신앙이 농촌을 중심으로 뿌리를 내려가고 있던 이탈리아의 북부지방에서는 가톨릭 신앙을 전파하는 과정에서 우상의 필요성이 강하게 대두되었다. 초기의 선교사들은 야만족의 문화가 초자연적이거나 인식의 한계를 초월하는 현상들에 대해 구체적이고 가시적인 대상을 선호한다는 점을 간파하였다. 따라서 로마교회는, 비록 우상숭배를 금지하는 기본방침에도 불구하고, 십자가와 예수의 성상들 이외에도 선교활동 중에 피살당한 신부나 주교들을 성인으로 추대하여 선교활동에 이용했다. 특히 평범한 인간이기보다는 신에 가까운 존재로 등장하는 성인들은 기독교의 유일신이 야만족들의 신들보다 더 우월하다는 사실을 설득하기 위한 효과적인 수단으로 활용되었다.

성인은 무(ex nihilo)에서 창조된 개념은 아니다. 이미 고대 말기에 개인을 보호하는 정령(악마, 수호신, 천사 등)이 존재한다는 믿음이 광범위하게 확산되어 있었다. 4세기 말에 가톨릭 주교들은 강한 신앙으로 무장한 남녀 성인들이 이교시대의 인간과 정령들의 관계를 계승한 새로운 '수호자' 또는 '중재자'라는 사실을 기독교 공동체의 신자들에게 설교하였다. 이처럼 서유럽에 성인이 등장한 것은 서로마제국의 몰락으로 야기된 정치-문화적인 혼란을 수습하고 게르만문화와 로마문화의 공존 및 융화에 대한 기독교적 노력에 따른 결과였다. 따라서 기독교 성인의 문화는 인간과 계절 및 시간의 관계로부터 시작해서, 때로는 미신에 가깝게, 때로는 기독교 신앙에 접근하여 민간생활의 전반적인 분야들에까지 깊숙이 침투하였다.

물론 성인숭배는 성인의 유골숭배의 경우처럼 미신숭배와 구별된다. 유골숭배는 신에 대한 믿음의 가시적인 형태이지만, 미신은 흔히 신이 정해준 운명을 바꾸려는 행위로서 처벌의 대상이었다. 또한 죽음이라는 측면에서도 숭배대상으로서의 성인과 그리스-로마의 영웅 간에는 차이가 있었다. 고전시대의 죽음은 인간과 신의 분명한 한계로 인식되고 있었던 반면에, 기독교 성인의 죽음은 예수와 그의 추종자들이 설파하는 교훈에 복종하는 한 인간의 세속적 삶의 마지막을 의미할 뿐이었다. 그러므로 성인은 오히려 죽음을 통해서 신자들에게 천국의 영광과 영원한 삶을 개척하며 하늘과 지상간의 중간자적인 '영원한 인간'이 될 수 있었다.

이처럼 민중은 성인을 통해 신을 인식하고 성인의 축일을 기념하는 축제에서 신앙을 고백한다. 사실 기독교 축일은 대부분이 이교축제의 기념일을 대신하거나 교체하는 방식으로 형성되었다. 크리스마스의 축일에 장식나무나 산타클로스 그리고 동방박사의 등장은 기독교 복음서에 근거하지 않은 관습으로서 기독교 이전시대의 풍속을 계승한 것이었다. 이와 같이 기독교 축제는 형식적으로는 미사, 십자가나 성인의 형상을 앞세우는 종교행렬, 성직자의 축복의식과 같은 기독교 예식들을 갖추고 있지만, 내용적으로는 카니발, 사순절, 성 안토니우스의 축일, 그리고 실질적으로 '남녀의 자유분방한 만남을 위한 면죄부'를 제공하는 여러 축일 등에서 찾아볼 수 있는 것처럼 민간전통문화의 요소들을 적지 않게 포함하고 있다. 따라서 성인숭배문화 역시 민간인들의 일상생활 속에서는 기독교적인 종교성과 민간전통에 따른 역사성 혹은 지역성이라는 이중적인 구조로 구성되어 있다.

따라서 필자는 서유럽 기독교사회가 오늘날 단일하고 공고한 공동체를 형성하기까지 그 저변에 깔려 있는 일상의 종교생활을 살펴보고자 한다. 특히 오늘날 서유럽 기독교인들의 종교성과 믿음의 문제를 거론하기 위한 전제로서 성인숭배문화를 통해 기독교적 생활문화의 실체를 알아보고자 한다. 또한 성인숭배에 관한 연구는 과연 어떤 역사적 매개요인을 통해 이교문화와 기독교문화가 공존 및 융합의 과정을 수행해왔는가를 설명해줄 것이다. 이러한 본인의 의도는 가능하다면 서양문화의 형성과정에 대한 보다 다양하고 폭넓은 연구 주제를 모색하는데 새로운 계기를 마련하고자 하는 것이다.

2. 성인숭배: 구원의 역사와 그 변천과정

1) 순교자 숭배

초기 기독교시대의 순교록에는 성경의 인물들(성모 마리아, 세례 요한, 12사도 등) 이외에도, Martys 또는 Marturos, 즉 '증인'이라는 의미의 순교자들이 기록되어 있었다. 최초의 순교자는 '촛대 사이의 인자'(요한계시록 1장 13절)로 묘사된 그리스도 자신이었다. 콘스탄티누스 황제가 기독교를 공인하기 이전까지 박해로 인한 육신의 고통과 죽음의 공포를 인내하고 믿음을 고백했던 순교자들은, 십자가에 처형된 후 그리스도의 전례에 따라 그 죽음의 가치를 인정받았다. 당시 순교의 전형은 죽음을 가져오는 공개적인 신앙고백을 통해 공개적으로 신성을 드러내는 것이었다.

영국의 역사학자 브라운(P. Brown)은 순교자들에 대한 숭배가 초기에는 개인 차원, 즉 세력 있는 귀족가문들이 가족묘지에 대한 종교적 애착을 지나치게 과시하려는 과정에서 형성되었다고 하였다.[1] 그러나 이를 기독교에 대한 위협으로 판단한 지역교회의 주교들은 순교자숭배를 자신들의 성스러운 임무로 수용하고 숭배예식에 종교적 기능을 첨가함으로서 숭배이념에 대한 통제권을 강화하였다. 로마의 카타콤베(지하 공동묘지)들이 교황 다마스쿠스의 관리하에 있었음은 이와 같은 맥락이라고 하겠다.

박해를 당해 다른 지역이나 도시에서 죽어간 성인의 육신이나 뼈 또는 해골을 안치하는 것은 또 다른 순교자숭배 의식이다. 특히 성인의 유골을 안치한 지역교회나 도시는 유명세를 얻게 되었고, 성인은 성당과 도시의 수호성인이

---

1) A. Vauchez, *Il Santo, cap. IX, p. 356 in J. Le Goff, L'uomo medievale*, Editori La Terza, Bari 1988.

되면서 기독교 세계의 대표성을 강화하였다. 특히 성인은 달력에 표시된 축제
와 유골의 이전의식을 통해 도시공동체에게는 상징성을 과시하고 소외된 자들
과 농민 또는 야만인들에게는 기독교적 공동체로의 통합의 기회를 제공하였다.
385년 밀라노의 주교 암브로시우스는 제르바시우스와 프로타시우스의 성인유골
을 성당에 안치하여 각각 교회와 도시의 수호성인으로 선포한 일이 있었다.[2]
이를 계기로 4세기 말부터 계속해서 이탈리아의 도시들에서는 순교자들의 유골
발굴의식(inventiones)과 유골을 성당이나 예배당으로 이전하는 의식(translationes)
으로 발전하였을 뿐만 아니라, 저명한 성인의 유골을 차지하기 위한 군사원정
으로 이어지기도 하였다. 이탈리아 남부도시 바리(Bari)의 수호성인 성 니콜라
의 유골은 시민들의 신앙심이 군사원정으로 표출된 대표적인 예이다.[3]

성인의 육신은 숭배의식과 전설이 형성되는 과정에서, 신자들과의 유일한 접
촉점으로서 중요한 의미를 가진다. 성인의 육신은 살인과 이교도의 박해 그리
고 금욕주의 수도승들의 자학적인 열정으로 수난을 받지만, 사후에는 '신의 선
택'을 의미하는 신비의 재통합과정을 보장받았다. 이처럼 중세의 신성은 '무감
각한 육신'을 통해 우선적으로 표현되었다. 바로 이 권능은 핍박을 받는 육신의
일부를 상징하는 성인의 유골숭배에 있어서 기본골격을 형성하며 예수의 경우
와 마찬가지로 삶의 활력과 부활의 약속을 유지하였다.

이러한 배경 하에서, 중세의 전 기간에 걸쳐 계속되었던 유골 절도는 민간
신앙차원의 종교생활에서 중요한 의미를 가지게 되었다. 성인유골을 소유하는
것은 세속인이나 종교인 모두에게 있어서 절대적으로 필요한 것으로서, 사기행

2) Alfredo Cattabiani, *Santi d'Italia, Vite leggende iconografia, feste patronati culto*, Rizzoli, Milano 1993. pp. 55-59(San Ambrosius).
3) 니콜라(Nicola)는 기원후 3세기 중반에 소아시아의 남서부에 위치한 파타라(Patara)에서 출생하였으며 성직자의 신분이 아니면서도 성 암브로시우스와 성 세베루스의 경우에 앞서서, 당시의 관행에 따라 해양도시인 미라의 주교가 되었다. 니콜라는 325년 니케아종교회의 직후의 어느 해 12월 6일에 사망하였다. 그의 유골에 대한 숭배는 가장 먼저 비잔틴세계에 알려짐으로서 중부유럽과 슬라브인들의 거주지역에서 '치유자'로서의 명성을 획득하였다. 이후 11세기에 그의 출생지역이 터키인들에 의해서 점령되자, 이탈리아의 베네치아인들에 앞서 바리(Bari)의 주민들이 니콜라의 유골을 차지하였다(1087년 5월 9일). 이후 성 니콜라는 이탈리아의 성인으로 자리잡았다. 그의 이름(Nikolaos)은 그리스어로 nikan(승리하다)과 laos(민중)의 합성어로서, '민중 사이에서 승리하리라.'를 의미한다(*ibid.*, pp.734-737).

위와 폭력을 동반할 만큼, 당시의 사회에서 중요한 의미를 가지고 있었다. 성인들도 이러한 사실에 민감하게 반응하였다. 때문에 죽음을 맞이하기에 앞서, 가능하다면 자신의 출생지나 자신의 유골이 영향력을 발휘할 수 있는 지역을 죽음의 장소로 선택하였다. 중세의 전설에서도 알 수 있듯이 성인들은 원하지 않은 장소로 자신의 유골이 이전되는 것에 상당한 거부감을 나타냈다. 유골의 이전이나 절도행위는, 신의 봉사자, 즉 성인의 의지에 반하여 불명예스러운 장소에 보관될 경우 정당화되었으며 오히려 성스럽고 자비로운 행위로 간주되었다.

　지역사회의 순교자숭배와 성인의 유골숭배는 아직 로마교회의 구체적인 규정이 마련되어 있지 않은 당시의 성인선포식 때문에 대부분 지역교회들의 독자적인 결정으로 이루어졌다. 중세 초기에 이 의식은 성인의 무덤 앞에서 하나님에게 기도를 올리는 절차로 거행되었지만, 후기에는 '신의 중계자'로 정의된 성인에 대한 기도의식으로 전환되었다.

세례 요한의 팔(두오모 성당 소재)

2) 동방교회[4]. 중세의 금욕주의 성인

서방에서 기독교인들에 대한 박해가 종식되자, 박해로 인한 순교자숭배는 주로 이들의 유골을 보존하고 숭배의식을 주관하는 주교들에 대한 숭배로 전환되었다. 반면에 동방교회에서는 이와는 다른 매우 독특한 방식의 성인숭배의식이 발전하고 있었다.

동로마지역에서는 콘스탄티누스 황제 이후 '금욕주의자들'을 중심으로 성인숭배 문화가 형성되었다. 동로마지역의 이른바 '신앙의 고백자'들은 표면적으로 기독교화된 사회를 벗어나서 신앙의 완전함에 도달하려는 경향을 가지고 있었다. 테바이데의 영웅, 성 안토니우스 등과 같은 이집트사막의 고행자들과 시리아의 고행자들은 권력, 부, 돈 그리고 도시생활을 거부하고 신의 인간(vir Dei)으로서 영원한 세계를 약속 받으려고 하였다. 이들은 철저한 종교적 생활에 의지하며 회계와 고행을 반복하였다. 고대의 성인전기들을 통해서도 알 수 있듯이 (Vitae patrum), 신의 종, 즉 사막의 고행자는 모든 종류의 유혹을 극복하고 나면 인간들에게 축복을 가져다 줄 수 있는 특별한 능력을 보상받았다. 이들은 자연세계를 위해 문명세계를 포기하고 풀과 야생의 것을 날 것으로 먹으면서 말 그대로 인간으로서의 한계를 초월하는 생활을 하였다. 그러나 신과의 친밀한 관계를 위한 끊임없는 기도로 점철된 이들의 삶은 사람들의 눈에는 초자연적인 현상으로 비추어지기에 충분했다.

예수의 사막고행을 모방하여 고행의 어려운 삶을 선택한 동방의 성인들은 4세기 후반에 서로마지역에도 소개되었다. 이후 술피치우스 세베루스의 덕분으로 5세기에는 성인전기 *Vita Martini*(Tours의 성 마르티누스에 대한 생애, 397년 사망)를 통해서 중세 서유럽의 성인전기문화에 지대한 영향을 주었다. 그 결과, 성 안토니우스는 갈리아-로마세계의 금욕주의를 대표하는 성인으로 등장하였다.

그러나 순교자들의 숭배시대에 이어서 등장한 동로마 전통의 금욕주의 성인 숭배는 서유럽의 보편적인 성인문화로 계승되지는 않았다. 476년 동유럽과 서유럽의 운명이 엇갈린 이후, 전자의 지역에서는 황제의 신성권력과 개인의 고

---

4) *Il Santo,* p. 357.

행주의가 병행하여 발전하였지만, 후자의 지역에서는 교회의 계급화 경향이 대두되면서 고독하고 가난한 회개자들이 극히 제한적인 수도원 생활을 통해서 신앙의 전통을 유지하였을 뿐이었다.

3) 고백자 숭배

순교자들의 신성은 별다른 문제없이 증명될 수 있었다. 순교자의 죽음 그 자체가 신성을 입증하는 증거로 작용했기 때문이었다. 그러나 기독교에 대한 박해가 종식되면서, 대략 5세기부터는 '피흘림'(effusio sanguinis) 없는 탄압을 인내하면서 신앙을 고수하는 '고백자'들이 새로운 숭배의 대상으로 등장하였다. 새로운 유형의 신성, 즉 '그리스도의 증인'들은 신앙을 지키고 신자들의 존경을 받는 인물들 가운데서 선택되었으며, 점차 그 대상은 금욕주의자(동방교회의 영향), 처녀, 과부, 수도원 창설자 그리고 주교로 확대되었다. 기원후 5세기 경부터 순교록에는 순교자의 이름과 고백자의 명단이 공존하였다. 그러나 '고백자'가 성인으로 숭배되기 위해서는 생애에 대한 증언 이외에도, 또 다른 입증자료로서 '기적'(Miraculum)이 필요하였다. 이와 관련하여 성 아우구스티누스는, '기적은 성인들을 통해서 주님이 세상에 역사하는 증거'라고 언급한 바 있었다.

고대 말기의 성인들이 대체로 수동적이고 고립적인 삶을 추구하면서 완전한 상태에 이르려고 노력하였다면, 5세기와 9세기 사이의 성인들은 소렌토의 성 안토니누스처럼, 생전에는 능동적이고 적극적으로 현실에 참여하여 복음을 전파하고 사후에는 기적을 행하는 '도시의 수호자'(defensorcivitatis) 로서 새로운 차원의 신성을 성립시켰다. 이와 관련하여 안드레바케즈는 자신의 저서인 《중세의 신성》에서 "도시를 대상으로 하는 주교의 'patronatus'는 로마시대의 'patrocinium'의 연장이었다."[5]라고 하였다.[6] 도시의 주교들은 왕과 그 신하들

---

5) 'patronatus'는 해방된 노예에 대한 전 주인의 권리(ius)를 의미하는 반면에 'patrocinium'은 로마시대 귀족의 평민 비호(庇護) 또는 속령(屬領)에 대한 로마 귀족의 보호를 상징한다.

6) A. Vauchez, *La santita' nel medioevo*, Bologna 1989, pp. 29-30.

또는 봉건영주를 비롯한 기득권 계층의 탄압에 대항하여 시민(populus)을 보호하면서 이단적이고 사악한 세속사회에서 자비의 신을 대표하였다. 성인은 약자를 보호하고 신의 재앙을 경고하는데 주저하지 않았다. 이러한 제도, 즉 성인정치(Agiocrazia)는 후에 도망자들이 성인의 유골이 안치된 지성소로 피신하면 안전을 보장받을 수 있었던 -현대적인 의미에서- 일종의 사회봉사 개념을 성립시켰다. 이런 의미에서 고백자들의 유골은 여전히 숭배자들에게 절대적인 의미를 갖게 되었다.

민중신앙에서 유골은 궁극적으로 그리스도, 성모 마리아, 성인들이 지상에서 행사하였던 신성하고 성스러운 힘이 유골을 통해서 유지되는 만큼, 내적인 힘을 소유하고 있었다. 순교자의 유골은 이를 소유한 도시에게는 일종의 부적과 같았다. 그러므로 유골은 도시공동체의 구성원들 사이에서 구체적인 결속력과 보호 그리고 치유권능을 의미하였다. 피렌체가 성 제노비와 성 레파라타를 성인으로 숭배하는 이유들 중의 하나는, 빌라니(G. Villani)의 증언에 따르면, 고트족과 이들의 간섭으로부터 도시가 보호될 것이라는 믿음이었다.

4) 그리스도에 대한 모방으로서의 성인

11세기 이후 이탈리아의 성인개념은, 베네딕트 교단의 생활방식에 대한 비판이 고개를 드는 가운데, 유럽의 전반적인 문화-종교적 발전과 시대변화에 따른 새로운 요구들에 편승하였다.

신성의 성격도 자연히 변화되어졌다. 12세기에도 여전히 수도원이 성인이 되기 위한 최선의 지름길이기는 하였지만, 신성은 더 이상 신에 대한 명상의 결실은 아니었다. 오히려 '보이지 않는 신의 가시적인 이미지'인 그리스도의 생애를 모방하는 것에서 비롯되었다. 10~11세기에 숭배되었던 성인들에게 중요했던 기준은 자신에게 주어진 정치-사회적인 의무들을 완벽하게 수행하는 것이었다(특히 왕, 왕비, 권력가문 출신의 성인). 반면에 12~13세기에는 개인의 사적인 임무(?)의 필요성이 강조되었으며, 그리스도를 자발적으로 모방하려는 사람들에게도 신성이 보장되었다. 새로운 성인들은 가난한 자와 문둥병환자를 돌보고 창녀를 회개의 길로 인도하며 고행과 궁핍의 생활을 인내하였다. 이러한 변화는 13세기 초반 신의 봉사자들의 덕행과 기적에 관한 제도적인 통제권을 장악하려는 교황들의 노력에 힘입어 더욱 가속화되었다(아씨시의 성 프란체스코: 1226년 사망, 1228년 성인추대, 축일은 그의 출생일인 10월 4일이다). 이로써 서양 기독교세계에는 로마교회가 공식적으로 숭배의식을 기념하는 성인과 단순한 지역적 숭배차원에 머물고 있는 성인의 두 부류가 존재하게 되었다.

한편, 성인의 출신 성분에 있어서 알프스이북 지역과 이탈리아를 중심으로 하는 지중해지역 사이에는 많은 차이가 존재하고 있었다. '천상의 질서'와 '지상의 질서'는 알프스이북의 경우에 과거 중세 초기부터 거의 완벽한 일치감을 보이고 있었던 반면에, 이탈리아에서는 귀족출신인 성인들의 수가 상대적으로 적게 배출되었다. 이탈리아의 경우, 주교 출신의 성인들은 남부 유럽의 자치적인 특성의 영향으로 격감하였으며, 그 빈자리는 민간신앙, 즉 대중신앙이 확대되는 과정에 비례하여 순례자, 회개자(마리아 막달레나, 타이데, 펠라지아), 사막의 고행자(성 안토니우스), 그리고 여러 교단의 남녀 평신도들로 채워졌다. 평신도 출신으로서 처음으로 성인이 된 인물은 성 오모보노 다 크레모나(1197년 사망, 1199년 성인으로 추대, 축일은 11월 3일)였다.

이제 성인은 단순히 특별한 권능과 기적을 일으키는 냄새 나는 유골의 주체('신의 종'으로서의 순교자들에 대한 숭배) 이외에도 살아있는 존재이기도 하였다. 이들 중에는 비잔틴과 동방교회의 성인 모델에 속하는 인물들도 적지 않았다. 이들 대부분은 종교적인 고행에 방해가 된다는 이유로 결혼, 가족관계를 포기한 미혼자들이었으며 심지어는 부부관계를 포기한 성인들도 있었다. 또한 예외적이기는 하지만, 카테리나 다 제노바의 경우처럼, 병원 내에서 남편과 함께 생활하면서 신의 사랑과 인간의 사랑을 병행하던 성녀도 있었다.[7]

---

7) 카테리나 다 제노바는 제노바의 귀족가문인 피에스키(i Fieschi) 가문 출신으로서, 병원에서 남편과 함께 살면서도 신에 대한 사랑을 확실하게 증거하였다(*Santi d'Italia*, pp. 225-229).

5) 신비주의자, 예언자, 설교가에 대한 숭배

한편, 아비뇽시대에 교황청은 교회의 교권주의와 세속적인 권력기구로의 전환을 모색하였다. 자연히 세속권력을 강화하려는 교황의 의지는 이를 비판하는 자들과 마찰을 가져왔으며 새로운 이단논쟁을 불러일으켰다. 이러한 상황을 배경으로 13세기 중반에는 독일과 이탈리아를 중심으로 신비주의적이고 예언적인 성격을 가진 성인들이 출현하였다. 이들은 1378년 교회의 대분열을 전후한 기간에 전성기를 맞이하였으며, 이들의 가장 큰 특징은 평신도 출신의 여성들이 대거 등장하였다는 사실이다. 이들은 비록 중세에 성녀로 추대되지는 않았지만, 마르게리타 다 코르토나(1297년 2월 22일 사망, 1728년 교황 베네딕트 13세에 의해서 성녀로 선포됨), 클라라 다 몬테활코 그리고 안젤라 다 휠리뇨(1309년 1월 4일 휠리뇨에서 사망, 1701년 클레멘스 11세에 의해서 성녀로 선포되었으나 이미 1547년 파올루스 3세에 의해서 그리고 파우스 11세에 의해서 교회의 공식적인 숭배대상으로 인정되었다)의 경우처럼, 신의 소명에 의지하여 사후에도 신성의 핵심적인 위치를 차지하고 있었다. 그러나 이들이 전하는 메시지는 종종, 민중을 향한 것이 아니라 위로부터의 개혁에 초점을 맞추고 있었다. 성녀들은 때로는 성 카테리나 다 시에나(1461년 교황 피우스 2세에 의해서 성녀로 선포됨)의 경우처럼, 신의 분노와 하나님의 끝없는 사랑을 호소하면서, 수많은 전쟁으로 약화된 기독교세계의 저력을 하나로 모으고 교회의 개혁이 필요함을 역설하였다.

한편 14세기 말과 15세기를 넘기면서 교회를 중심으로 예언자적인 이미지의 성인들에 집중된 민중의 관심을 다시 교회로 돌리려는 경향이 등장하였다. 그 수단으로 등장한 사제들은, 사회적인 비중의 증가에도 불구하고 지성세계에서는 여전히 제외되어 있던 대중들을 상대로 신의 사랑과 채찍을 설교하였다. 물론 이들은 새로운 유형의 성인들은 아니었다. 이미 13세기에 교회는 프란체스코 수도회 소속의 성 안토니오 다 파도바(그레고리우스 9세에 의해 1228년의 사순절 설교가로 임명됨)와 같은 교회 연설가들을 성인으로 추대한 바 있었다.

그러나 15세기는 일상생활 속에서 찾을 수 있는 선악의 주제들로 구성된 설

교를 통해서 민중들을 회개의 길로 인도한 설교가들의 시대였다. 이들은 특정
교회의 성직자들이 아니었다. 오히려 여러 교단들에 소속되어 있으면서 서유럽
의 각 지역과 도시들을 순회하고 설교활동을 전개하여 대중성을 확보하였으며,
그들의 삶 속으로 들어가 함께 고민하며 해결책을 제시하는 문명사회의 선교사
들이었다. 실제로 이들의 활동은 설교라기보다는 차라리 잘 조직된 일종의 대
단한 구경거리였다. 특히 여성들은 늦은 오후에 시작되는 설교를 듣기 위해 저
녁준비를 잊어버리고 있다가, 남편에게 쫓겨 광장의 이곳저곳으로 도망 다니는
웃지 못할 광경을 연출하였다. 이들은 개방된 장소, 특히 도시의 광장에서 나무
로 제작된 단상에 올라 주변에 모인 대중들에게 신의 교훈을 전달하였다. 설교
내용은 교리가 아니라, 도덕적인 측면에 집중되어 있었으며 가능한 한 좀 더
많은 청중에게 감동을 주어 죄에 대한 인식을 일깨우고 회개시키는데 역점을
두었다. 그러나 이들의 궁극적인 목적은 사회생활에 복음을 적용하고 비기독교
적인 풍속이 지배하는 사회에서 살고 있는 현실을 깨우치는 것이었다. 그러므
로 이들은 평화의 중재자로서 적대 가문들의 화해를 주선하고 소외된 자들의
고통을 치유하는 데 주력하였다. 뿐만 아니라 병든 자들을 돌보고 고리대금업
을 추방하며 필요할 경우에는 권력에 호소하여 기독교 윤리에 합당한 새로운
법령과 규정을 마련하고, 부자들의 지나친 사치와 부르주아들의 정당하지 못한
상업활동을 저지하려고 하였다.[8] 이러한 시대흐름을 반영이나 하듯이, 중세 말
의 성인 명단에는 이 시대의 위대한 설교가들이 거의 대부분 포함되어 있었다
(베르나르디노 다 시에나: 1444년 사망, 성령강림대축일 즉 오순절인 1450년 5
월 24일에 교황 니콜로 5세에 의해서 성인으로 선포됨, 축일은 사망일은 5월
20일. 자코모 델레 마르케: 1476년 사망).

　성인의 선택에 있어서 교회의 강력한 통제에도 불구하고, 중세 말 근대 초에
는 교회와 신자들간에 심각한 견해 차이가 여전히 존재하고 있었다. 교황청은
성인의 선택범위를 축소함으로써 교회의 영광과 특권을 보존하려고 하였던 반
면에 민중은 자발적으로 남녀, 심지어는 피나 디 산 지미냐노의 경우처럼,[9] 어

---

8) 베르나르디노 다 시에나의 설교에 관한 내용에 관해서는 Benardino da Siena(Carlo Delcorno
　감수), *Prediche volgari sul Campo di Siena 1427*, voll. 2, Rusconi, Milano 1989.

린아이들까지 숭배하려고 하였다. 그러나 교회는 민간신앙 차원에서 순례와 치
유의 성인으로 숭배되고 있는 인물들에 무관심한 태도로 일관하였다.

로마교황청의 성인 명단에는 아직도 포함되어 있지 않지만, 성인 못지 않게
대중적인 숭배를 받고 있는 로코라는 인물이 있다(로코의 축일인 8월 16일은,
로마의 공식적인 예식 달력에 따르면, 헝가리 출신의 성 스테파노의 축일로 기
념되고 있다). 로코는 3천여 개의 교회나 성당에서 숭배되고 있으며 그의 이름
으로 명명된 도시가 28개이며 마을은 36개나 된다. 그의 명성은 특히 17세기까
지 빈번하게 흑사병으로부터 주민들을 지켜주었다는 사실에서 기인하였다. 역
사적으로 그의 수호개념은 성 세바스찬, 성 안토니우스 그리고 성 크리스토휘
로의 숭배를 계승하였다. 흑사병이 사라진 오늘날에는, 이탈리아 남부와 시칠리
아의 농촌을 중심으로 전염병이나 자연재해로부터 짐승들을 지켜준다고 믿기
때문에 축사에 로코의 이미지를 걸어 놓기도 한다. 그리고 팔미에서는 로코에
대한 전통적인 숭배의식이 계속되고 있다.[10]

이와 같이 중세 말기에는 성례화에 대한 성직자들의 통제가 지속적으로 강
화되어짐에도 불구하고 민중은 민간신앙 차원에서 자신들의 성인에 대한 숭배
행위를 계속하였다.

6) 복지성인에 대한 숭배

수호성인이 오늘날에도 선택되는 배경에는 숭배 대상이 특정한 분야에서 보
여준 관심과 열정, 능력, 업적 그리고 사건들이 시대변화에 따른 새로운 요구에
부흥하였기 때문이었다. 근대의 산업혁명기는 새로운 부의 개념과 계층구조의
형성과정에 편승하여 종교적인 차원에서도 위기 또는 과도기의 혼란스러운 상

9) 피나 디 산 지미냐노(본명은 요세피나, Iosefina)는 1238년 산 지미냐노의 몰락한 귀족가문인
치아르디의 집안에서 출생하였으나 심각한 병으로 5년간 침대에서 고통에 시달렸다고 한다.
15살의 어린 나이에 사망한 그녀의 축일은 사망일인 3월 12일이다. 성 피나는 산 지미냐노
의 수호성녀로서 조각가와 화가에게 많은 소재와 주제를 제공하였다.
10) *Santi d'Italia*, pp. 819-823.

황을 필연적으로 초래하였다. 가톨릭도 사회변화의 흐름에 동참하고 그 속에서 구원의 가능성을 극대화하는 문제에 직면하였다. 이러한 고민의 흔적은 구원의 성격변화와 더불어 성인문화의 영역설정에 변화를 가져왔다. 이탈리아의 경우, 18~20세기의 성인 대부분은 산업사회의 소외계층들에 대한 사회복지 차원의 구원활동에 종사하던 인물들이었다. 19세기 조반니 보스코는 교육자로서 미천한 계층의 권익을 옹호하는데 앞장섰던 인물이었으며,11) 프란체스코 화 디 부르노12)는 19세기 토리노의 위대한 종교지도자로서 산업혁명기에 심신을 착취당하는 주부나 여성노동자들을 돕는데 헌신하였다.

---

11) 조반니 보스코(Giovanni Bosco)는 살레시아니(Salesiani) 교단의 창설자로서, 19세기 이후 토리노의 대중적인 수호성인이며 동시에 이탈리아 근대사에 있어서 산업혁명 시대에 미천한 계층의 권익을 옹호하던 교육자로 유명하였다(*ibid.*, pp. 511-517).

12) 19세기 토리노의 위대한 사도들 중의 한 사람인 프란체스코 화 디 부르노는 국제적인 명성의 학자였으며 동시에 위대한 발명가였다. 산업혁명 초기에 말년의 삶을 사제로서 불우한 가정부들과 착취당하는 소녀들을 위해 살았다(*ibid.*, pp. 405-410).

3. 성례화의식의 역사 [13]

1) 중세의 성례화의식

기독교 박해시대의 성인들이 주로 순교자들이었다면, 5세기 이후의 성인들은 고백자들이었다. 이교시대에 교회는 사망한 주교의 업적과 가치에 대한 판단과는 상관없이 일반적인 명예칭호로서 특별한 이의가 없다면 이들을 성인으로 불렀다. 그리고 7세기를 전환점으로 sanctus, 즉 '성인'의 칭호는 순교자 이외에도 고백자들에게도 공통적으로 적용되었다. 그 결과로 진정한 의미의 성인과 명예 칭호로서의 성인을 구별하는데 적지 않은 어려움이 발생하였을 뿐만 아니라, 도시와 공동체를 대상으로 정신적이고 종교적인 영향력을 발휘하던 인물들과 이들의 유골을 숭배대상으로 추대하려는 움직임이 활발하게 전개되었다.

그러나 민간신앙 차원에서 성인의 수가 무절제하게 증가하자, 8세기에 접어들어 주교들 사이에서는 성인화의 인플레이션 현상을 방지하려는 움직임이 나타났다. 주교들은 제한규정들을 제정하여 공식적인 숭배를 승인하기 전에는 유골숭배를 금지하였으며 주교회나 군주에게 성인유골의 이전허가권을 위임하였다. 이러한 절차는 사망인의 신성에 대한 공식적인 인정을 의미하였다. 이후 수많은 성인들의 축제일은 디에스 나탈리스, 즉 성인들의 출생일이 아니라 성인의 유골을 이전하는 날에 기념되었다.

전통을 고수하려는 수많은 지역교회들의 저항에도 불구하고, 10세기 이후 교황은 성인에 대한 권한을 강화하려는 움직임을 보여주었다. 이러한 노력의 일환으로 1171년(또는 1172년) 교황 알렉산드로 3세에 의해서, 로마교회의 승인을

---

13) 성례화의식의 내용에 관해서는 일관성 있는 서술을 목적으로 주로 Alfredo Cattabiani, *Santi d'Italia*의 서문을 참고하였다.

전제로 하여 성인숭배를 허가하는 문서가 정식으로 작성되었다 〈Aeterna et incommutabilis〉. 1215년 제 4차 라테란 종교회의는 조항 제 62조에서, 새로 발굴된 유골에 대한 숭배를 위해서는 교황의 공식적인 승인이 필요하다는 내용을 재확인하였으며, 1234년에는 교황 그레고리우스 9세가 알렉산드로 3세의 입장을 재확인하였다. 이러한 문서들의 내용에 따르면 성례화 절차는 다음과 같았다.

성인으로 추천된 인물에 대한 심의요청문이 등록되면, 우선 후보자에 대한 공식적인 조사를 실시하였다. 조사는 이전에 일으킨 기적들과 덕행을 증언해주는 증인들에 대한 심의로 구성되었으며 교황의 대리인 자격으로 구성된 구역재판소는 추천된 인물에 대한 신빙성 있는 내용을 통해 성례화가 결정된 경우, 공식적인 예식에 사용될 성인전기를 작성하는 임무를 맡았다. 구역재판소의 심의가 종식되면, 작성된 기록문들은 로마로 보내져 한 명 이상의 추기경으로부터 조사를 받았다. 이 조사과정은 며칠만에 끝날 수도 있지만, 오늘날에 이르러서는 여러 해가 소요될 만큼 많은 시간이 걸리기도 한다.

추기경의 심의가 끝나면, 교황은 비밀추기경회의를 소집하고 그 동안의 조사된 내용을 낭독하고 의견을 발표하는 순서로 검증작업을 주재하였으며, 계속해서 쿠리아(Curia)에 모인 추기경들의 최종적인 견해를 경청한 후에 세 번째의 비밀추기경회의를 끝으로 자신의 견해를 피력하였다. 승인된 경우, 성인의 성례화의식은 이로부터 수일내에 거행되었다.

이러한 복잡하고 엄격한 심의규정에도 불구하고, 많은 구역교회들은 로마교황청의 엄중한 경고를 무시하고 자신들의 전통과 이해관계를 고수하면서 위로부터 검증되지 않은 인물들을 계속해서 성인으로 숭배했다. 14세기, 교황청은 지역이나 구역교회들의 뿌리깊은 전통을 정리하려는 첫 단계로서 성인의 칭호 [(Sanctus(a)] 이외에도 복된자[Beatus(a)]라는 칭호를 도입하여, 전자를 로마교회로부터 검증된 인물에게, 그리고 후자를 주교들이 허가했거나 전통적으로 숭배되던 인물을 위해 사용하도록 했다.

로마교회의 규정에도 불구하고, 당시의 지역교회들은 보편적으로 인정되지 않은 인물들에 대한 숭배를 계속했다. 이는 신앙심이 아직도 전통적인 지역정서에 뿌리를 두고 있다는 명백한 증거였다. 따라서 성례화되지 않은 성인이면 서도 보편적으로 숭배되고 있던 성 로코와 같은 성인의 경우가 적지 않았다.

2) 르네상스 시대의 성례화의식

1517년 종교개혁은 성인과 사제의 역할을 동일한 것으로 인정하지 않음으로 서, 가톨릭의 성례화에 상당한 영향을 주었다. 신교의 교리적인 압박에도 불구 하고, 로마교회는 가톨릭세계에 대한 기존의 영향력을 유지하기 위해서 성인의 유골숭배에 대한 기존의 입장을 고수하였다. 교황 그리고리우스 13세는 1584년 성인들의 공식명단인 로마순교집을 발표하였으며, 시스투스 5세는 1588년 신성 예식위원회를 구성하여 복된자와 성인의 성례화에 관한 연구를 강화하였다 (1988년 신성예식위원회는 성인예식위원회로 개명되었다).

성례화에 대한 로마교회의 완전한 통제는 복된자들의 성례화와 성인의 성례 화를 분리해서 규정한 교황 우르바누스 8세(1623~1644)의 노력에 의해서 실현 되었다. 그리고 허가받지 않은 민간신앙 차원의 성인숭배를 예방할 목적으로 개인의 기적들에 관한 서적출판을 금지하는 조항이 함께 제정되었다. 그럼에도 '오랜 과거에 존재하였거나' 또는 '교부들이나 성인들이 교황청이나 주교들의 승인하에 작성한 기록'에 기초한 문서들의 경우에는 금지하지 않았다. 결국 이 모든 확정사항들은 베네딕투스 14세에 의해서 1734~1738년에 5권의 서적으로 출판된 *De servorum Dei beatificatione et beatorum canonizatione*로 집대성되었다.

3) 근 · 현대의 성례화의식

1917년에 로마교회법에 삽입되어 오늘날의 〈복된자와 성인의 성례화〉에 근 거를 마련한 절차들에 따르면, 성례화를 위한 조사는 대상인물의 사망일로부터 50년이 지난 이후에 가능하였다.

오늘날의 성례화 절차는 과거 중세의 그것에 비해서 현실적인 변화, 즉 시대의 변화를 인정하고 이에 따른 성스러운 자들의 유형변화에 대한 배려가 있었던 것으로 생각될 정도로 과거의 엄격성을 적지 않게 완화하였다. 중세의 성례식 전통과 마찬가지로 접수된 신청서가 정당하다고 판단될 경우 교황청은 조사위원회를 구성하고, 필요한 경우에는 추천된 자의 출신지역에 다른 조사위원회를 설치하였다. 그리고 이때부터 추천된 인물은 '하나님의 종'으로 정의되었다. 한편 주교가 주재하는 조사위원회는 이교적인 가르침이 없었는가를 파악하고 그 결과를 추천된 자의 모든 신상내용과 함께 교황청에 보고할 목적으로 관련 자료들을 수집하였다. 한편, 1940년부터는 기존의 절차들에 바티칸 문서보관소의 문서들 중에 성인으로 추천된 인물에 대한 반증자료가 없는가를 조사하는 새로운 절차를 첨가하였다(nihilobstat).

조사작업이 종결되면 다음 단계로서 심의과정이 시작되었다. 문서화된 안건은 추천자들을 대표하여 변호인을 임명하는 성직 신청자에게 위임되고 변호인은 추천된 인물의 성례화를 위해서, 집요한 반대심문을 계속하는 교황청 교리위원회의 공격에 대응해야 한다. 심각한 문제없이 심의가 끝나면 그 동안 축적된 모든 문서와 논쟁의 기록이 심의요항(positio)에 수록되었다.

교황청 교리위원회의 추기경들과 고위 성직자들은 제출된 심의요항을 조사하고 긍정적이라고 판단하면 성례화 절차에 충분한 근거가 있다는 사실을 인정하는 의미에서 판결문을 작성하였다. 이를 검토한 교황은 적절한 판단이라고 확신하면 교황청의 본격적인 심의를 위한 소개문을 승인하였다. 그러나 교황은 이러한 행위가 순수한 행정상의 승인이라는 사실을 강조하는 의미에서 법명이 아닌 자신의 이름으로 사인하며, 이로써 제 3의 단계, 즉 '교황청의 판결절차'가 시작된다.

교리위원회는 신의 종에 관한 보충자료를 수집할 목적으로 일련의 질의를 하고 그 내용을 추천된 자의 출신교구에 발송한다. 한편 이러한 절차와는 독립적으로 출신교구에서는 교황청이 직접 임명한 새로운 교황청재판소가 살아있는 증인들의 증언을 수집하였다. 이 절차는 다른 순서들에 비해서 상당히 세밀하고 조심스럽게 진행되었다. 교황청은 심각한 반론 없이 판결절차가 끝날 경우,

성례화의 적법성을 인정하는 칙령을 작성하였다.

마지막 절차는 추천된 인물의 변호인과 교황청의 교리위원회 간의 논쟁에 이어서 후자의 최종판단으로 마감한다. 또한 위원회의 판단에 따라, 신의 종은 영웅적인 방법으로 기독교의 덕목을 실천하였거나 순교자로서의 최후를 맞이하였다면, '존자'(尊者)로 불리운다.

그러나 존자에서 '복된자'로 승격되기 위해서는 신의 종이 두 가지의 기적을 일으켰다는 증거가 입증되어야만 한다. 기적행위에 관하여 구역주교가 수집한 증언들을 접수한 교황청은 교리위원회를 중심으로 관련자료들을 검토하면서, 의사들로 하여금 기적적인 치유사건이 자연적인 현상인가를 면밀하게 연구토록 하였다. 교리위원회가 기적행위를 긍정적으로 판단하면, 교황은 기적행위를 인정하는 공식적인 법령을 발표한다. 그리고 교리위원회가 전원이 출석한 가운데 복된자로서의 성례화가 적절하다고 결정한다면 또 다른 칙령을 발표하여 복된자 예식의 일자를 공고하였다. 그럼에도 복된자에 대한 숭배의 범위는 구역교회, 지역 또는 종교단체의 구성원들로 제한하였다.

복된자를 성인으로 승격시키기 위해서는 새로운 절차를 통해서 또 다른 두 가지의 기적행위가 입증되어야만 했다. 그러나 이와 관련하여 1983년 1월 25일 교황 파올루스 2세는 복된자와 성인의 성례화에 대한 개혁을 단행하여 그 과정을 좀더 간편하고 경제적으로 그리고 좀더 합의적인 내용으로 수정하였다. 개정된 법안에서는 추천된 자의 죽음으로부터 50년 이내에 영웅적인 덕행들에 대한 토의를 금지시킨 조항이 철폐되었으며 기적행위의 수도 복된자와 성인의 경우 각각 한 가지로 제한하였다. 반면에 순교자를 복된자로 성례화하는 경우에는 더 이상 기적행위를 요구하지 않았다. 뿐만 아니라 복된자와 성인의 모든 경우에 있어서, 두 가지의 초기절차, 즉 교구에서의 일반절차와 로마에서의 '교황청의 판결절차'는 새로운 법안에 의거해서 구역주교의 사법권 하에 하나의 절차로 통합되었으며 교리위원회와 추천된 자의 변호인 간의 대립상황을 생략하였다.

결론적으로 최근의 절차는 다음과 같은 내용으로 구성되었다. 먼저 추천된 자에 대한 조사와 증거자료를 수집하는 임무는 구역교회의 주교가 수행하였다.

그리고 이러한 순서와 병행하여, 역사적이고 비평적인 방법론들을 활용하는 전문가들은, 증인들을 확보하는 일 이외에도 '신의 종'의 생애와 역사적인 환경을 함께 연구하였다. 구역의 검열관들은 수집된 모든 자료를 검토하여 가톨릭의 종교성에 위배되는 내용이 있는가를 조사하였다. 교황청의 반대의사가 없는 것을 전제로, 구역의 주교는 긍정적인 판단 하에 모든 서류를 로마로 발송하고, 성직신청자와 예심판사를 임명한 로마교황청은 후자와 이를 보필하는 한 명의 학자를 통해서 심의요항의 작성근거를 검토하였다. 한편 기적의 내용에 관한 조사는 기존의 방식에 따라 진행되었다.

계속해서 심의요항의 내용은 일련의 신학자들에 의해서 검토되었다. 이들이 승인하면, 추기경들과 주교들로 구성된 위원회에 상정되고 이를 통과한 안건은 교황의 최종적인 판단에 위탁되었다.

4. 성인과 문화

1) 민간신앙과 성인숭배

성인숭배는 기독교문화의 범주 내에서 성장과 발전을 거듭하였다. 그럼에도 오늘날 성인숭배의 현주소는 기독교신앙보다는 민간신앙에 보다 가깝다고 할 수 있다. 이러한 이유로 지난 세기 중반부터 금세기 초반에 이르는 기간에 성인문화는 무가치하고 사회에 해악적인 것으로 간주되어, 학자들의 관심에서 멀어지는 수모를 겪기도 하였다. 다행히 종교성에 대한 전반적인 이해와 민간전통과 예술분야들에 대한 포괄적인 재평가작업의 필요성이 고조되면서, 성인문화의 본질을 올바로 이해하려는 노력이 강구되었다. 이러한 취지에서 시작된 '인명과 지명 등에 관련된 고유명사들의 기원과 역사에 관한 연구'(일명, 고유명사연구학)를 통해 확인된 내용에 따르면, 성인숭배문화가 이탈리아를 포함한 서유럽 문화의 물질-정신사적 변화에 지대한 영향을 주었다는 사실이 밝혀졌다. 그 한가지 실례로서, 알렉산드로 만초니는 《약혼자들》(I promessi sposi)에서 주인공인 렌조와 압본디오를 등장시켰는데, 이 성직자의 이름은 당시 코모시의 수호성인의 것이었다.

성인숭배는 민속문화와 밀접한 관계를 가지고 있다. 12～13세기에 속어로 쓰여진 성인전기들에 의하면, 성인은 처음부터 이미 완벽하였으며 신의 은총을 받은 불변의 영웅이었다.[14] 그리고 생전의 활동은 덕과 치유권능을 통해서 성인으로 인식되는데 필요한 것으로 묘사되었다. 몇 가지의 예외에도 불구하고, 성인은 시대를 초월하여 삶의 모든 즐거움을 멀리하고 금욕과 정결함을 지키면서 육체적으로는 지극히 청빈한 생활을 하였다. 이 때문에 적어도 13세기 민중

---

14) *L'uomo medievale*, p.377.

의 차원에서 성인의 전형은 스스로를 희생하여, 소원하는 자들을 보호하고 자비를 베풀며, 그 대가로 하나님의 택함을 받는 금욕주의적인 인간이었다. 이러한 상황에서 서유럽, 이탈리아의 민간신앙은 성인과 관련하여, 11～15세기를 거치면서 다음과 같은 특성들을 지속적으로 발전시켰다.[15]

첫째, 중세의 민간신앙은 외향적인 기독교의 형태 속에서 가시적이고 증거적인 상징물들이 필요한 종교로 발전하였다(십자가, 성인의 형상, 크리스마스 나무, 산타클로스, 마을의 모든 악을 상징하는 인물의 형상 등).

둘째, 기독교의 본질적인 의미가 상실되고 환상적인 취향이 강조되면서, 예수의 부활과 같은 기적을 초자연적이고 특별한 현상으로보다는 자연스럽고 보편적인 사실로 기대하고 수용하였다(기독교 축제의 경우, 이미 초기부터 세속적인 의미의 축제행사가 부각되었다).

셋째, 민간신앙은 유일신신앙을 인간중심적인 '행위' 종교로 수용하면서 신의 영광보다는 절대적인 구원을 염원하는 종교로 인식하였다(수호성인).

넷째, 민간신앙은 기독교적인 도덕과 윤리에서 분리되어 숭배차원으로 전환되었으며 선의 봉사로서의 역할을 수행하였다(설교와 자선활동).

2) 성인과 기적

성인은 자신의 삶과 본성을 미련 없이 희생하고 동물을 포함한 모든 것에 대한 초자연적인 힘을 가지게 되었다. 고행자들은 메마른 땅에 샘물을 흐르게 하고 땅에 박아놓은 나무막대에 꽃을 피우거나, 아무런 상처 없이 불 위를 걷고 종교 의식에 방해가 되는 새들의 울음소리를 한 번의 손짓으로 중단시켰다. 이러한 기적은 흔히 현세의 안락함을 포기한 결과로서 얻어진다고 믿었다.

이외에도 성인은 자신의 권능을 문화인류학적인 측면에서 유감없이 드러냄으

---

15) E. Delaruelle, *Devotion populaire et heresie au Moyen Age, in La piete popularie au Moyen Age,* p. 198; Pierre Antonetti, *La vita quotidiana a Firenze ai tempi di Dante,* Biblioteca Universale Rizzoli, Milano 1994, p. 222.

로서, 악마를 추방하고 병을 치유하며 소외된 자들을 본래의 자리로 복원시키
는 행동을 통해 화해와 조화의 균형을 실현하고 증오와 분열이 존재하는 곳에
평화를 정착시켰다. 신의 약속에 자신의 운명을 위탁한 성인은 심각한 위협과
위기의 순간에 자신을 필요로 하는 사람들에게 분명한 해답으로 작용하였다.
이와 같이 기적은 하나님의 섭리로 창조물의 운명이 변화될 수 있음을 보여주
는 신비이며 동시에 성인을 통해서 자연에 대한 두려움과 죽음으로부터 탈피하
려는 인간의 노력이었다.

시에나의 피나코테카에 소장된 마르티니의 작품인 <복된자 아고스티노 노벨
로의 기적>은 민간의 일상생활에서 성인의 기적행위가 얼마나 다양하게 실현
되고 있었는지를 보여주는 한 예이다. 그림의 중앙에 묘사된 복된자 아고스티
노 노벨로는 천사의 속삭임을 듣고 있어 마치 앞으로 닥칠 그의 기적행위에
신의 예시와 경고가 있어 더욱 성스러운 것으로 비추어지게 한다. 복된자는 늑
대에게 위협을 받고 있는 어린 소년을, 이층에서 떨어진 아이를, 계곡에서 말과
함께 떨어진 기사를, 그리고 마지막으로는 그물침대에서 떨어진 여인을 구하고
있다.16)

성인은 생사의 여부에 관계없이 성직자들의 간섭으로부터 자유롭고, 접근이
용이하였기에 신자들에게는 더욱 신성하고 친근한 존재로 생각되었다. 성인의
덕행을 추모하기 위해서는 그의 무덤이나 거처를 방문하는 것으로 충분하였다.
13세기부터는 단순한 소명의식과 봉헌의식이 확산됨으로서, 신자와 성자(또는
보호자) 간에는 후자의 중재로 전자가 축복을 받는 관계가 이루어졌다. 성자가
생존하고 있는 경우에는 지중해의 주변지역들에서 찾아볼 수 있듯이, 신자들은
성자에게 개종보다는 치유의 권능을 발휘해 줄 것을 집요하게 요구하였다. 그
러나 성자의 치유권능은 개인의 특권이 아니라 신의 선물이었다.

성인은 자신의 모범적인 삶과 기적의 행위를 수단으로, 인간생활의 수많은
분야에서 신의 의지를 대변한다. 그럼에도 서유럽의 역사에 나타난 수호성인의
흔적은, 오히려 신의 영광에 앞서, 민간신앙 차원에서 개인의 구원에 대한 불안

---

16) Judith Hook, Siena, *A City its History*(trad., in Italiano, *Siena, unacitta' e la sua storia,*
Nuova Immagine Editrice, Siena 1988), Hamish Hamilton Limites, London, 1979, 그림 n. 31.

감을 보다 확실하게 반영하고 있다. 성인의 기적행위는 그가 신의 대리인으로서 신과 인간의 현실을 중재한다는 명백한 증거라고 한다. 로마 가톨릭은 기적행위가 '신의 종'들에게 제공되는 선물이라고 하지만, 민중신앙에서는 이를 자연 앞에서 생존과 종족보존의 위협을 느끼는 나약한 인간들의 모진 삶을 치유하는 위안의 순간이며 인간들간의 평화공존에 필수적인 절대자의 은총으로 풀이하고 있다.

계급적인 질서차원에서 신성개념을 확립하려는 로마교회의 주도적인 역할에도 불구하고, 대부분의 신자들은 성인을 자신들에 대한 지배자로서 수용하기보다는, 친근감과 가족적인 분위기를 느끼게 하는 존재로서 생각하고 있었으며 이들과 일종의 애정적인 관계를 유지하려고 하였다.

시몬 마르티니 작 <복된자 아고스티노 노벨로의 기적>
(시에나 피에코테카 소장)

3) 수호성인

수호성인은 교회, 국가, 도시, 제도, 직업들에 대한 특별한 보호와 생명을 위협하는 수많은 질병들로부터 신자들을 보호하기 위해 특별히 선택된 성인이었다.

역사적으로 수호성인의 개념은 크게 다음의 두 가지 형태로 발전하였다. 첫째, 민간숭배 차원의 수호성인은 도시의 실질적인 자치권이 존재하는 상황에서 등장하였다. 예를 들어 11～12세기 밀라노의 부르주아 계층은 도시의 수호성인인 성 암브로시우스의 깃발 아래 모여 정신적인 자극과 보호를 받으며 전통지배귀족들에 대항하여 자신들의 이권을 지키려는 의지를 발산하였다. 그럼에도 이는 추상적인 민중 차원의 성인숭배가 아니라, 도시의 귀족화 된 시민들과 연관된 종교성을 반영하고 있었다. 이탈리아의 자치도시들에서는 수호성인에 대한 시민숭배가 시대적으로 멀지 않은 과거의 인물을 대상으로 하였으며, 자신들의 결정이 교황청에 의해 공식적인 인준을 받지 못한 상황에서도 도시의 번영과 시민들간의 화해에 필수적이라는 이유 때문에 숭배의지를 포기하지 않았다. 둘째, 왕조숭배 차원의 수호성인은 군주제적인 전통과 민족결집력이 강한 알프스이북 지역들에서 나타나는 현상이었다(예: 프랑스의 왕 성 루이지).[17]

결국 자신들만의 성인을 가지려는 희망은 "우리는 모든 성인들의 축제를 기념할 수 없다. 각 지역, 각 도시 그리고 각 교구들은 자신의 고유한 수호성인을 선택하고 특별한 숭배의식으로 기념하는 것이 좋을 것이다."[18]라는 한 주교의 말에서처럼, 당시의 민간신앙과 성인숭배의 심리적인 결합구조를 보여준다. 이와 같이 신에 대한 개인들의 중재자로서 등장한 성인들은 이제 공동체를 위해 '도시의 수호자'로서의 역할을 수행하였다. 로마의 수호성인이 성 베드로와 사도 바울이라면, 성 세례 요한은 피렌체에서, 성모 마리아는 시에나에서, 성 암부로시우스는 밀라노에서 그리고 돈 압본디오는 코모에서 대중을 보호하는 도시수호자로서의 역할을 하였다. 같은 논리에 따라 지역교회의 수장들도 죽음 후에 자신의 유골숭배를 통해 그 지역의 수호성인으로 등장하였다.

---

17) *ibid.*, p. 384.
18) *ibid.*, p. 384.

성인은 때로는 자신의 유골이 안치된 지성소가 있는 지역이나 도시에서, 때
로는 수많은 직업조합들에서(어부들의 수호성인 성 안드레아사도, 목수·항해
자·가구공·금은세공사의 수호성녀이며 성모 마리아의 모친인 성 안나, 화상
의 위험에 노출된 모든 직업인·신학자·작가·책방주인·인쇄기술자·화학
자의 수호성인 사도 요한, 산림감시원의 수호성인 조반니 구알베르토, 등대지기
들의 수호성인 성 베네리오), 인종관계(흑인노예의 수호성인 베네데토 일 모로)
와 정치관계에서 사람들을 보호하고(밀라노의 수호성인 암부로시우스), 때로는
짐승들의 수호성인(돼지의 수호성인 성 안토니우스)으로 정착하였다. 또한 성인
은 기적을 통해서 모든 병으로부터 인간을 보호하고(고아와 버려진 청소년들의
수호성인 지롤라모 미아노) 치유하였다.

빗토레 카르파치오 작, <수도원에 들어온 성 지롤라모와 사자>
(베네치아, 스쿠올레 디 성 조르지오 델리 스키아보니 소장)

　이탈리아를 포함한 유럽의 전반적인 민간문화에서 성인의 신성은 신자들과 이들의 삶을 위협하는 수많은 질병들과의 관계에서도 찾아볼 수 있다. 성 비아지오는 목병을, 성 크리스토훠로는 자신의 피로 눈병을, 에라스모 디 훠르미아는 임산부와 위장병환자들을, 도나토 디 아레초는 간질·발작증·편두통을, 피에르 다미아니는 모든 종류의 머리병을, 그리고 오르소는 류마치스·허리병·불임여성을 치유하는 수호성인이었다.[19]

　성인의 이미지는 회화와 조각에도 영향을 주었다. 기적을 행하는 성인의 회화적인 이미지는 화가의 손을 통해 당시 사람들의 신성에 대한 존경심을 나타내며, 주택의 대문 위에 조각된 성인의 모습은 그 성인에게 부여된 민간차원의 이미지에 대한 대외적인 표현으로서 간접적으로는 집주인의 문화주소에 관한 어느 정도의 정보를 제공하기도 하였다.

　성 세바스찬은 로마의 황제 디오클레치아누스의 기독교박해 당시에 화살을 맞고 순교한 육척장신의 군인으로 추측되던 인물이었다. 그는 14~16세기에 맹위를 떨치던 전염병들을 배경으로 교회의 벽화들을 통해서 등장하였다. 그의 모습은 나무에 묶인 채 옆구리에 박힌 화살로 고통을 받고 있는 건장한 청년의 것이었다. 세바스찬의 화살은 화살을 쏘아 전염병을 퍼트린 이교의 신 아폴로의 신화적인 의미에 대립되는 상징물이었다.[20] 반면에 성 비토는 무도병이 확산되던 시대에 수호성인으로 숭배되었다. 그는 농촌을 중심으로 광견병에 걸린 개에 물린 상처로부터 사람을 보호하였기 때문에 항상 두 마리 이상의 개들과 함께 성화에 등장하였다. 민간의학에서는 이러한 사실에 기초하여 미친개가 혀로 핥아주면 흑사병환자가 치유된다고 믿고 있었다.[21] 한편, 성 비아지오는 목병을 앓고 있는 환자들의 수호성인으로서, 그의 축일인 2월 3일에는 신부가 2개의 초로 십자가를 그으면서 신자들의 목을 성스러운 기름으로 축복하였다.[22] 오늘날과는 다르게 중세에는 음식의 공급이 충분하지 못하였기 때문에,

---

19) *ibid.*

20) *Santi d'Italia*, pp. 853-858; Alfonso M. Di Nola, *Lo specchio e l'olio, Le superstizioni degli italiani*, La Terza, Roma-Bari 1994, pp. 105-109.

21) *Santi d'Italia*, pp. 931-933; *Lo specchio e l'olio*, p. 107.

22) *Santi d'Italia*, pp. 180-184; *Lo specchio e l'olio*, pp. 107-108.

농민들 중에는 치질로 고생하는 사람들이 많았다. 이와 관련하여 성 휘아크레는 잘라낸 치질 부위들이 담긴 접시를 손에 들고 있는 모습으로 묘사되었다. 성 아가타는 신체부위 중에 특히 유방에 관련된 질병으로부터 신자들을 보호하는 수호성녀였다. 성녀는 성화에서 집게로 잘려진 유방이 담겨있는 접시를 손에 들고 있었다. 때문에 여성의 유방에 관련된 표현들 중에는 성 요셉과 관련하여 가슴이 빈약한 여성을 '성 요셉이 지나갔다.'고 표현하였다.[23]

베르나르디노 루이니작, <성 아가타>
(성 마우리치오 알 모나스테로 마지오레 소장)

23) *Lo specchio e l'olio*, p. 108.

타데오 디 바르톨로가 그린 벽화에서 우주를 한 손가락으로 받치고 있는 어린 예수를 어깨에 올려놓고 강을 건너고 있는 청년 성 크리스토훠로는 '예수를 옮기는 자'라는 별명 이외에도 나룻배 사공, 짐나르는 자, 순례자, 길을 가는 행인의 수호성인이였으며, 최근에는 자동차 운전수들을 보호하는 성인으로 정착하였다. 이러한 이유로 성 크리스토훠로의 이미지는 집과 망루의 정면에 그려지기도 하였는데, 아침에 성인의 모습을 쳐다보는 자는 저녁까지 생명의 안전을 보장받을 수 있다는 믿음 때문이었다. 그는 또한 자신의 피로 장님의 시력을 회복시키는 기적을 통해 눈에 생기는 모든 질병의 수호성인이 되기도 하였다.24) 중세에 세 가지 유형의 여성들을 상징하는 인물에는 성모 마리아와 에덴동산의 이브 이외에도 창녀 출신의 막달라 마리아가 있었다. 회계와 참회의 기나긴 고행을 통해서 성녀로 추대된 막달라 마리아는 나폴리와 그 주변지역들을 중심으로 자신의 직업이었던 매춘의 성녀로 기억되고 있다.

일반적으로 성인들 중에는 남성의 수가 상대적으로 많으며 아이들에 비해 어른의 경우가 절대적으로 우세하였다. 그러나 현대로 오면서 나이 어린 성인들도 탄생하였다. 성녀, 특히 소녀의 경우에는, 과거와 마찬가지로 오늘날에도 계속해서 심각한 사회문제로 등장하는 성폭력을 경고하려는 기독교적 사회관이 반영되기도 하였다. 그 한 예로서 마리아 고레티는 1902년 11살의 나이에 남자친구의 성폭력에 저항하다 살해된 후에 라티나(Latina)시의 성폭력 수호성녀로 선포되었다.25)

성인의 역사에서는 과거의 성인이 오늘날 새로운 필요성에 따라 새로운 대상의 수호성인으로 등장하기도 하였다. 아씨시의 성 프란체스코는 자연을 사랑하고 새들과 대화를 하였기에 환경보호자들의 수호성인이 되었으며, 성 크리스토훠로는 자동차 운전자들의 수호성인이 되었다. 그리고 병에 걸려 침대에서 일어나지 못하는 처지에 있었으나 크리스마스의 예배에 참석하기를 간절히 바라던 아씨시의 클라라는 기적적인 환영을 통해 자신의 소원을 해결함으로서 TV의 수호성녀가 되었다. 물론 천사들도 인간사회의 수호성인이 될 수 있었다.

---

24) *ibid.* pp. 108-109.
25) *Santi d'Italia*, pp. 690-693.

요한계시록의 미카엘 천사가 저울을 사용하는 사람들의 수호성인이었다면, 대천사장인 가브리엘은 성령에 의한 마리아의 예정된 잉태소식을 전하였기에 오늘날 방송매체들과 우편배달부(또는 전령들)의 수호성인으로 숭배되었다.

4) 달력과 성인

근대에 이르기까지 나무, 양피지, 종이로 제작되었던 달력에서 성인의 존재는 절대적인 위치를 차지하고 있었다. 그만큼 성인의 이미지와 상징물은 계절변화와 시간의 변화를 인식하는 기준이었으며 이를 통해서 사고와 행동의 방향을 설정하였다.

17세기에 제작된 지도와 달력에서는 종교축제, 특히 성인들의 축제일과 관련된 많은 상징물을 찾아볼 수 있다. 성 세바스티아누스 축일인 1월 14일에는 그의 순교를 상징하는 화살, 고문을 받고 순교한 성 마씨모의 축일인 4월 30일에는 배의 권양기, 8월 10일에는 성 로렌초의 순교를 상징하는 석쇠, 8월 24일에는 성 바르톨로메우스의 피부를 벗기는데 사용된 칼, 성 발렌타인의 축일인 2월 14일에는 새 그리고 성 어거스틴의 축일인 5월 28일에는 성인을 상징하는 심장이 등장한다.[26]

오늘날의 휴일 개념과는 다르게, 중세의 조합원들은 일요일보다는 토요일 그리고 주요 기독교 축일(부활절, 크리스마스 등)과 각 수호성인의 축일을 휴식의 날로 생각하였다. 그 결과 중세에는 일하는 날이 260일을 초과하지 않았다. 그리고 각 계절에 따른 낮시간의 장단에 맞추어 노동시간을 조종하거나 축제일에 따라 노동의 시작과 끝을 결정하였다. 조합들은 전통에 따라 자신들이 숭배하는 수호성인의 축일에 대표자를 선출하였다. 공증인들도 작성한 문서에 유효기간을 표시할 때, 숫자를 사용하기보다는 오히려 어느 성인의 이번 축일에서 다음 축일까지라는 방식을 선호하였다. 소작료를 지불하는 날도 크리스마스 다음

---

26) Francesco Maiello, *Storia del calendario, La misurazione del tempo 1450-1800*, Einaudi, Torino 1994, cap. II (in compagnia dei santi), pp. 38-58.

날 또는 성 세례 요한이 참수된 다음날 등과 같이 성인의 축일을 기준으로 결정하였다.[27]

　항해인들은 폭풍과 같은 절박한 순간에도 신이나 성모 마리아에게 구원을 요청하는 것보다는 오히려 그날의 성인에게 기도를 하였다. 또한 당시의 사람들은 '오늘이 몇일이지?' 라고 묻는 숫자 개념에 기초한 오늘날의 관습과는 다르게, 어느 성인의 날인가로 시간의 흐름을 파악하였다. 성인의 이름은 대양 탐험가들의 호기심을 통해 항해의 역사에도 그 흔적을 남겼다. 제노바의 크리스토훠 콜롬부스는 11월 24일에 발견한 지역을 그 날의 성인의 이름을 따서 푸에르토 산타 카테리나라고 불렀으며, 12월 6일에 도착한 섬을 성 니콜라로 이름지었다.[28]

　달력을 성인의 축일로 표기하는 전통은 지식인들 사이에서도 지켜져 오고 있었다. 달력의 제작에 적용된 원칙과 유사한 방식으로 성인들은 14 ～16세기에 전 유럽적으로 서적들과 성서를 화려하고 세부적으로 장식하는데 이용되었다. 책의 두꺼운 표지에서 성인들은 상징적인 의미로 표현되었다. 예를 들면 성처녀 바르바라는 탑, 성녀 카테리나는 수레바퀴, 성 로렌초는 석쇠 그리고 그리스도는 생전의 여러 모습으로 장식되었다.[29]

5) 계절과 성인

　성인으로서의 숭배와 축일의 행사내용이 보여주는 특징들은 그 성인의 생애와 기적을 포함한 수많은 일화들과 직접적인 관계를 갖고 있는 것이 보통이었다. 그럼에도 종종 성인에 대한 숭배는 그 축일과 계절변화에 따른 신자들의 요구에 부응하여 나타나기도 하였다. 그 예가 바로 성 발렌타인 축제이다. 실제로 성 발렌타인의 축일인 2월 14일은 슬라브족의 기독교화에 노력하였던 치릴

27) ibid., cap. II, pp. 52-53.
28) ibid., cap. II, pp. 48-49.
29) ibid., cap. II, pp. 43-44.

로 성인과 메토디오 성인의 추도일이지만(로마 교황청의 신 예식달력) 전 세계
는 이날을 계속해서 '발렌타인 데이'로 기념하고 있다.

성 발렌타인의 이미지가 대중화되는데 있어서 베네딕트 교단의 역할은 결정
적이었다. 교단은 프랑스와 영국에 세워진 수도원들을 중심으로 성 발렌타인에
대한 숭배를 확산시키고, 이곳으로부터 시기적인 상황을 고려하여, 약혼자들을
위한 수호성인으로 추대하였다. 중세에 영국와 프랑스에서는 새들이 짝을 이루
는 2월의 14일을 젊은 남녀들의 사랑을 축복하는 날로 기념하고 있었다. 이러
한 과정을 통해서 '성 발렌타인의 날에 모든 남성 발렌타인은 자신의 짝으로
여성 발렌타인을 선택한다.'는 말이 생겼다. 성 발렌타인의 축일은 일년 중에
매우 특별한 시기에 해당된다. 즉 2월 중순은 겨울의 오랜 동면상태에서 깨어
나는 순간으로서 태양이 얼었던 대지를 녹이고 제비꽃, 아몬드나무, 호두나무의
꽃을 피우는 계절이었다. 그러므로 성 발렌타인은 시간이 가면서 봄의 시작을
알리는 상징으로 전환되었다. 회화에서는 태양을 손에 들고 있는 모습으로 묘
사되기도 하였다. 성인과 계절의 관계를 의미하는 것으로서 '성 발렌타인을 위
해 봄은 가까이 있다.'라는 속담까지 유행하였다.[30]

같은 맥락에서, 농업사회를 배경으로 성인에 관련된 격언이 형성되기도 하였
다. 8월 24일, 성 바르톨로메우스의 축일은 일기예보와 관련한 수많은 속담을
제공하였다. 이스트리아 지방에서는 이 성인의 축일 전에 비가 오지 않으면 포
도재배에 아무런 도움이 안된다는 의미에서 '성 바르톨로메우스의 비는 한푼의
가치도 없다.'는 속담이 성립되었다.[31]

성인의 축일이 달력에 기록되면서 농민들은 9월, 즉 가을이 다가오고 있음을
암시하는 의미에서 '로코의 날인 8월 16일에는 제비들이 강남으로 떠날 준비를
한다.'고 했다. 그리고 이 날과 관련하여 로마냐 지방에서는 로코의 축일에 닭
의 생식기를 거세했다. '성 로코의 날이 오면 닭을 거세합시다.' 왜냐하면 농민
들은 이 성인의 날에, 가을이나 겨울의 축제에 사용할 닭의 살을 찌우기 위해
서 닭을 거세하는 일을 시작했기 때문이었다.[32]

---

30) *Santi d'Italia*, pp. 907-911.
31) *ibid.*

베네토 지방에서는 '성 조반니의 축일 전날에는 매년 비가 온다.'라고 하지만, 만약 '성 주아네, 즉 세례 요한의 축일에 비가 오면, 수수의 수확량이 줄고 먹을 것이 궁해진다.'라고 믿고 있었다. 또한 볼로냐에서는 '성 조반니의 날에는 양파와 마늘을 수확하거나 구입해야 한다.'라는 말이 농민들 사이에서 전해오고 있는데, 마늘을 사지 않을 경우 일년 내내 궁핍한 생활을 면할 수 없다고 한다. 실제로 마늘은 행운을 가져오는 식물로서 성 조반니의 축일에 수집하는 다른 식물들처럼, 마녀를 멀리 쫓아버리는 힘을 가지고 있다고 한다. 성 세례 요한의 축일은 6월 24일이다. 계절적으로 이 날은 하지에 해당하는데 민속에서는 이 날을 '요한이 우는 날'이라고 표현하였다. 한편 세례 요한의 날에 대한 계절적인 특징은 요한복음 3장 22-30절, 특히 30절의 "그는 흥하여야 하겠고 나는 쇠하여야 하리라 하니라."에 비유되었다. 반면에 사도 요한의 축일인 12월 27일은 동지로서 '요한이 웃는 날'이라고 하였다. 아부르초와 몰리세 지방에서는 세례 요한의 축일 아침에 젊은이들이 동쪽하늘에 떠오르는 둥근달 속에서 머리가 잘린 세례 요한의 얼굴을 보면 1년 안에 혼인을 하게 될 것이라고 믿었다. 베네토에서는 성 세례 요한의 이미지가 마술이나 점성술과 연관하여 발전한 경우도 찾아볼 수 있다. 이 지방의 주민들은 성 요한의 날에 출생한 아이들을 '마녀를 보지 않고 환상에 시달리지 않는다.'고 축복하였다. 뿐만 아니라, 이 날 밤이 수확의 정도와 결혼을 결정한다고 생각하여 젊은 처자들의 마음을 설레게 만들었다. 결국 이러한 민속은 기독교 이전의 고대 민간풍속과 계절적인 기독교 축제가 결합되어 성립된 생활문화라고 할 수 있을 것이다.[33]

6) 시민생활과 성인

중세와 르네상스 시기에 성인의 실체와 이름이 민간생활의 어떤 차원에서 그리고 어떻게 반영되었는가를 살피는 것으로도 성인문화의 영향을 알 수 있을

---

32) *ibid.*
33) *ibid.*

것이다.

민속학 연구에 따르면, 사람들은 신생아의 출생이 그 집안의 멀지 않은 과거에 죽은 조상의 영혼이 신생아의 육신을 빌어 환생하는 것이라고 해석하였다.[34] 이 때문에 적어도 18~19세기까지 이탈리아에서는 작명권을 행사하던 대모나 대부가 아이에게 그 집안 선조의 이름을 대물림으로 사용하는 전통이 유지되고 있었다. 아이의 이름들 중에는 보석, 꽃, 색상 이외에도 중세적 전통에 따라 성인의 이름이 반복적으로 이용되었다.[35]

자식을 위해 성인의 이름을 선택할 때에는 그 성인의 삶과 알려진 신성의 특성이 절대적인 기준으로 작용하였다. 그러므로 자식에게 바라는 미래의 삶에 있어서 가장 모범이 된다고 판단되는 성인의 이름이 선택되었다. 따라서 가능하다면 가문이나 집의 생활공간으로서 구역이나 도시 또는 직업을 보호하는 수호성인이나 보편적인 명성을 가지고 있는 성인의 이름이 선호되었다(조반니(나), 피에트로, 프란체스코(카), 도메니코 등).

한편, 르네상스 시기에 작명의 또 다른 기준은 신생아가 어느 성인의 축일에 출생하였는가를 살펴보는 것이었다. 예를 들어 1월 28일에 출생한 남아는 발레리오, 여아는 발레리아, 3월 17일의 아이는 파트리치오(아), 5월 11의 아이는 화비오, 8월 15일의 아이는 마리오(아)로 불리우는 경우가 대부분이었다. 이러한 경향은 다양한 신분의 차이와는 무관하였으며, 그 성인의 축일에 자식이 태어났다는 사실은 그 나름대로 신성한 의미와 역사가 함께 한다는 믿음에 근거하였다. 그 결과 한정된 성인의 수로 인해서 동일한 이름을 가진 아이들이 여러 명 존재하는 동네나 마을의 경우도 빈번하였다. 그러므로 범위를 도시로 확대할 경우에 전화번호부에서도 나타나듯이, 성을 모를 경우에는 원하는 사람의 전화번호를 찾는 일이 거의 불가능해지는 경우도 종종 발생하였다.

이외에도 성인숭배는 시민들의 언어생활에도 적지 않은 흔적을 남겨 농촌을 중심으로 성인의 이름과 연관된 속담이나 격언이 등장하는 것은 오히려 당연한

---

34) Eraldo Baldini, *Riti del nascere, Gravidanza, parto e battesimo nella cultura popolare romagnola*, *Longo Editore*, Ravenna 1991, cap. I, pp. 7-37; L Ercolani, *Mamme e bambini nelle tradizioni popolari romagnole*, Longo Editore, Ravenna 1975, p. 9.

35) *La vita quotidiana a Firenze ai tempi di Dante*, cap. Ⅱ, p.62.

현상으로 생각되었다. 민중들 사이에서 성인으로 숭배되고있는 로코는 1409년 프랑스 군인들에 의해 이탈리아에 소개된 이후 베네치아에서 대중적인 성인으로 정착하였다. 때문에 이 도시의 시민들은 로코의 치유권능과 관련하여 심각한 병을 앓는 사람을 보거나 어려움에 직면할 때마다 '성 로코가 필요해.'라고 말하였다.[36] 또한 생전에 수많은 자선활동을 펼쳤던 성 오모보노는 후에 지나치게 많은 돈을 요구하는 사람이나 상황으로부터 자유롭고 싶은 사람이 '성 오모보노의 가방조차 가지고 있지 않습니다.'라는 표현을 사용함으로써 민중들의 기억속에서 환생하였다.[37]

7) 성문화와 성인

기독교사회에서도 민간생활의 심각한 문제들 중의 하나는 남성의 무기력한 성과 여성의 불임을 극복하고 성의 궁극적인 목적인 종족의 보존과 번영을 보장하는 것이었다. 이러한 차원에서 성인의 적극적인 개입은 민중의 기독교에 대한 해석과 수용의 범위를 보여준다. 이세르니아의 수호성인들인 코스마와 다미아노의 지성소에는 적어도 지난 세기의 중반까지 수많은 신자들과 순례자들이 모여들었다. 이들 대부분은 자신의 성적인 능력을 보장받으려는 남성들이었다. 1781년 12월 30일, 영국대사였던 윌리엄 해밀턴 경은 친구들에게 보내는 서한에서 몰리에세와 아부르초 지방의 농민들이 교회에서 거행되는 신기한 축복의식에 참가하는 것을 언급하였다. 그 내용에 의하면 주민들은 교회의 입구에서 성직자들이 판매하는 거대한 남근모양의 초를 구입한 다음, 미사를 마치고 여성들이 돌아간 후에 이를 제단 위에 올려놓았다. 그리고 제단 옆에 있는 신부들로부터 자신들의 남근을 드러낸 상태에서 성능력의 강화를 위한 축복을 받았다. 반면에 굽비오의 주교였던 성 우발도는 불임으로부터 여성을 보호하는 수호성인으로서, 전설에 따르면 이 도시의 몬테펠트로 디 오르비노 가문의 한

---

36) *Santi d'Italia*, pp. 819-823.
37) *ibid.*, pp. 750-752.

봉건귀족이 성인의 도움으로 자식을 얻었다고 한다.[38]

이와 관련하여 굽비오의 마돈나 델 벨베데레 교회의 벽에는 1452년 옥타비아노 넬리가 그린 그림이 있다. 이 그림의 한쪽에는 성처녀가 두 쌍의 남녀성인을 대동하고 있는 반면에 그림의 중앙에는 두 개의 타원형기둥이 있는데 그 표면에는 11개의 성체위가 사실적으로 묘사되어 있다.[39]

남부 유럽의 성에 관한 상징주의는 상당히 원색적이었다. 나폴리의 경우, 여성들은 다산을 위해 성 라파엘레 대천사에게 의지하였는데, 이 성인은 관련 성화들을 통해서 -남근을 상징하는- 거대한 생선을 밟고 있는 모습으로 묘사되었다. 이 도시의 여성들은 성화의 생선에 엉덩이를 문지르면서 다산의 결혼생활을 기원하였다.

대체로 농촌가정의 모친들은 자식들의 성기가 남보다 크게 자라기를 기원하는 마음에서 인위적으로 성 마차리엘로와 같은 성인의 존재를 만들어 내기도 하였다.

8) 역사와 성인

성인의 이름은 역사적인 사건을 정의하는 용도로도 이용되었다. 1572년 8월 23일 저녁, 왕비인 카테리나 데 메디치의 개입으로 프랑스의 칼 5세는 신교도에 대한 대대적인 탄압의 필요성을 인식하였다. 그리고 자정이 지나, 콜리니의 침실에 침입하여 해군제독을 암살하고 그 시신을 창밖으로 던져 버리는 것을 신호로 루브르의 거리에서는 새벽의 찬공기를 가르고 대대적인 신교도학살의 서막이 올랐다. 이 사건은 오늘날, 성 바르톨로메우스의 대학살이라고 부르는데, 그 이유는 이 성인의 축일이 바로 8월 24일이었기 때문이었다.[40]

---

38) *Lo specchio e l'olio*, p. 106.
39) *ibid.*
40) *Storia del calendario*, cap. II, p. 38.

5. 맺음말

오늘날 유럽의 시작이자 동시에 유럽역사의 복사판이라고 할 수 있는 이탈리아는 신의 종교로서의 기독교와 인간중심적인 민간신앙으로서의 기독교가 존재하는 이원화된 사회이다. 반도의 어디를 가든지, 그리고 어느 순간이든지, 이 나라를 방문하는 우리는 항상 숭배의 현장을 취재하는 기자들처럼 카메라에 성상의 모습을 담고 있는 자신을 발견한다. 그리고 교회와 성당의 공간에는 이름을 알 수 없는 성인들의 동상이 자리하고 있다.

그러나 거리에 선 우리는 위대한 종교문화 유적들을 쳐다보는 관광객의 호기심 어린 눈빛과 그 옆을 지나가는 무표정한 현지 사람들의 표정이 교차하고 있는 것을 본다. 얼핏 보면 주민들의 종교성에 문제가 있는 것처럼 보일 수도 있겠지만, 인내심을 가지고 관찰해 보면, 어느 저택의 대문 위에 조각되어 있는 성상의 모습처럼 삶의 구석구석에서 깊은 신앙의 흔적들을 발견하게 된다. 오랜 세월의 흐름 속에서 코가 잘려나간 성인의 모습 앞에서 십자가를 긋는 한 노인의 낡은 가방 속에는 항상 십자가와 묵주가 들어있다. 이들은 교회출석에 인색하지만 마치 교회가 집안에 옮겨진 것처럼 집안 내부에서 성인의 모습을 쉽게 찾아볼 수 있다. 따라서 이탈리아인의 종교심은 성령의 공간인 교회 이외에 세속의 공간에서 더 잘 드러나고 있다고 할 것이다.

이러한 일상의 사람들을 구원의 길로 인도하는 매개자로 등장하는 것이 바로 성인인 것이다. 성인은 단테가 표현하였듯이, 비정한 세속사회의 어두운 정글(selva oscura) 속에서 구원을 갈구하는 인간의 나약한 마음에 항상 희망을 주는 존재로 상징된다. 뿐만 아니라 성인은 세속의 공간, 때로는 상상을 초월하는 사막의 고행길을 가면서, 예수가 베드로의 허약한 믿음을 탓하며 바다의 사나운 풍랑을 가라앉게 하였듯이, 기적의 행위를 통해서 유일신의 존재를 부정하는 자들의 마음을 바꾸어 구원의 공간인 교회로 돌아오도록 유도하고 있다. 민간신앙 차원에서 이들의 참된 모습은 휴식을 제공하는 축일에서도 잘 드러난다. 축일문화의 진정한 의미는 종교성 속에 감추어진 세속문화로서, 시간과 계절의 변화와 반복에 관련한 기독교 이전시대의 오랜 전통들이다. 성인은 인간의 생로병사에 관계된 모든 분야에서(축제, 속담, 회화, 조각, 성당건축, 그리고 문학과 음악 등) 수많은 위험으로부터 자신을 숭배하는 사람들을 보호한다. 국가와 도시 그리고 마을 공동체의 수호성인으로서 이들을 지켜주며, 시에나의 팔리오 축제에서와 같이 대립과 경쟁 그리고 축제의 승리자에 대한 환호와 축제 마지막 날에 벌어지는 구역만찬들을 통해서 구성원들간의 결속력을 강화하는 구심점으로 작용한다.

결국 성인은 개인으로부터 국가와 대륙(유럽의 수호성인은 베네딕트)에 이르기까지 기독교문화권의 모든 영토에서 구원의 역사를 전제로 현세의 삶과 내세의 삶을 이어주는 교량인 것이다. 즉 성인은 우리가 그의 삶을 추구할 때, 그리고 신에 대한 성인의 중재기도를 요청할 때 우리를 도와준다. 따라서 중세의 성인숭배의식을 이해하는 것은 오늘날 서유럽 기독교사회의 전반적인 문화가 민간신앙으로서의 성인숭배에 기초하고 있다는 결론에 도달하는 중요한 지침으로 작용한다.

2. 프랑스인의 종교와 종교 의식

김복래 / 한국외국어대학교 불어과/사학과 강사

1. 머리말

　자타가 공인하는 '관광의 나라' 프랑스를 찾는 외국 방문객들은 어디를 가나 기독교 유적의 거대한 발자취와 그 고요한 숨결을 피부로 생생하게 느낄 수 있다. 프랑스의 심장부라고 할 수 있는 수도 파리의 혼을 상징하는 불후의 걸작품은 단연 노트르담 대성당이다. - 대문호 빅토르 위고의 기이한 상상력에 의해 탄생한 - 꼽추 콰지모도 때문에 후세에 더욱 유명해진 이 중세풍의 고딕 사원 외에도, 우리는 대표적인 기독교 건축양식으로 몽마르트 언덕에 시원스레 우뚝 선 새하얀 석조 건축물 사크레 쾨르 성당과 보스의 평원을 유유히 굽어보고 있는 '돌의 성서'라는 의미심장한 별명이 붙은 샤르트르 성당 등을 수없이 열거할 수 있다.

　참고로 파리의 회색 하늘을 마치 든든한 기둥인 양 떠받치고 있는 돔 형식의 사크레쾨르 성당은 보불전쟁에 패한 다음에 프랑스 정부가 기독교적 차원에서 국치(國恥)를 극복하고, 또 위대한 프랑스 국민의 정신과 사기를 진작시킨다는 의도하에 지어진 것이다.

　또 위대한 순례성지로는 모르비앙의 오레 지역에 위치한 성녀 안느를 위한 바실리카(법정 교회 따위로 사용된 장방형의 성당) 양식의 교회당, 성녀 테레사를 기리는 리지유의 대성당, 또 '성모 마리아의 발현'이라는 믿기 어려운 기적이 행해진 이후로 전 세계적인 영성의 중심지이며 가톨릭 신도들과 병든 이들의 최고 집결지가 된 루르드를 들 수 있다. 해마다 이 루르드 성지를 찾아오는 동·서양의 방문객들의 숫자는 무려 5백만 명을 헤아린다.

　그러나 파리를 비롯하여 전 국토를 둘러싸고 있는 기독교적 유적과 성지에도 불구하고, 오늘날 프랑스에서 전통적인 종교는 과거의 위력을 상실했다. 거대한 양대 운동, 즉 1789년 프랑스 혁명 이래 본격적으로 진행된 비(非) 또는 탈(脫) 기독교화 현상과 근대 산업사회의 기본적 특징이라고 할 수 있는 개인의 종교적 심성의 약체 내지 신성성의 소멸현상으로 말미암아, 이제 외견상 종교는 단지 과거의 유산일 뿐이며 부차적인 현상이 되어버린 것처럼 보인다. 주느비에브, 레이몽, 세바스티앙, 폴, 마티유 등 프랑스 젊은이들의 이름은 아직도 대부분이 가톨릭 세례명이다. 그러나 정작 그들 중에서 교회에 충실히 다니는 신자들은 매우 드물다.

적어도 서구에서는 전통적인 기존 종교들의 지성소 - 성당, 절, 유태교회당, 이슬람사원 - 등은 거의 텅 빈 상태이며, 단지 소수의 극단적인 교권 지상주의자들이 비정상적으로 활개를 치며 신흥종교의 이단종파들이 일부 유행하고 있는 실정이다. 또 한편으로 이성적인 합리주의자 데카르트의 '나는 생각한다.'(je pense) 대신에 '나는 믿는다.'(je crois)라는 신조어가 유행할 정도로, 신비주의가 대중매체를 통해 새로운 각광을 받고 있다. 최근 한국에서 민속 또는 무속신앙이 떠오르는 것과 거의 유사한 현상이라고 하겠다.

그러나 전통적인 종교의 쇠퇴가 근본적인 신앙심의 소멸을 의미하지는 않는다. 플로랑스 보쥬는 현재 프랑스인들의 이 같은 종교적 심성을 '신이 없는 종교심'이라고까지 표현한다.[1] 적어도 80년대 초까지 만해도 프랑스인들은 정치개혁이 일상생활은 물론이고, 사회의 변혁을 가져올 수 있다고 믿었다. 그러나 경제위기, 마스트리히트 조약, 세계화, 이혼 증가, 가족의 해체현상 등에 직면하여 사회 전반에 공허감이 팽배하게 되었다. 그리하여 사회학자 프랑소와즈 샹피옹의 표현에 따르면, 현대인들은 싫든 좋든 '선택된 독립성과 체험된 불안정'을 겪게 되는 것이다. 이러한 의미에서 작고한 고 미테랑 대통령 시대는 모든 '일반적 사상의 묘지' 또는 '폐허시대'로 지칭되기도 한다.

이른바 '자기책임시대'의 도래에 직면한 프랑스인들은 여러 가지 시행착오를 통해, 아니면 단순한 흥미본위로 자기 고유의 가치를 선별한다. 사회학자 자크 메트르에 의하면, 우리는 각자 마음에 드는 종교를 고르는 '종교의 수퍼마켓' 시대에 있다고 해도 결코 과언이 아니다. 중세 천 년 이래 인간의 영육을 지배·독점했던 로마 가톨릭 교회가 신도들에 대한 통제력을 거의 상실한 지금,

---

1) Florence Beauge, *Ver une religiosité sans Dieu, Le monde diplomatique.* sep. 1997.

사람들은 각기 자기 마음에 드는 종교개념을 자의적으로 선택한다. 그래서 갑은 기독교의 부활신앙과 불교의 전생이나 환생 개념을 동일시하기도 하고, 을은 일종의 상승가치로서 천사의 존재를 믿으며, 또 병은 종종 핵전쟁이나 생태계 파괴와 혼동되는 지옥의 개념에 대해서 자기 나름대로 존재의 유·무를 결정한다. 텔레파시, 꿈의 전조, 또 미래를 점치는 점성술 역시 이러한 잡동사니 종교시장에 버젓이 자리를 잡고 있으며, 아무도 이런 다원주의적이고 편리한 종교적 사고방식에 대해서 개의치 않는다. 그러나 물론 그렇다고 해서, 오늘날 현대인들의 진지한 종교적 관심이 완전히 소멸된 것은 아니다. 왜냐하면 종교가 제기하는 문제는 - 신도 또는 비신도임을 불문하고 - 인간의 본질적이고 영구적인 삶(또는 죽음)의 문제에 관한 것이기 때문이다.

1945년~1988년 프랑스 사상의 동향을 논하면서, 피에르 노라는 인간사회에서 종교가 근본적인 유인력을 지니고 있으며, 또 한 사회의 운명을 심오하게 이해하는 데 없어서는 안 될 필요불가결한 요소임을 극구 강조한 바 있다.[2] 왜냐하면 인간은 사회적인 동물인 동시에, '종교적인 동물'이기 때문이다. 그러므로 프랑스인의 종교생활과 종교문화에 대한 고찰은 그들의 섬세한 예술적·문학적 세습 재산의 총체를 이해하고, 또 오늘날 그들이 당면하고 있는 현실(언어, 상징 등)과 사회문제를 심층적으로 분석하는데 가장 중요한 관건이다.

본론에 들어가기에 앞서, 프랑스인의 종교 분포도를 간략히 서술하기로 한다. 프랑스는 매우 유서 깊은 구교국가이다. 그리하여 비록 주일미사나 성체배령식에 의무적으로 꼭 참여하지 않더라도, 오늘날에도 여전히 프랑스 국민은 80% 이상이 로마 가톨릭교도이다. 그리고 그 다음에는 아이러니하게도 - 이슬람교도들의 많은 이주현상으로 인해 - 이슬람교가 신교를 제치고 프랑스의 '제 2종교'가 되었다(프랑스 인구의 대략 7%). 사실상 프랑스에 거주하는 비기독교도들의 문제는 오늘날 사회적 핫 이슈가 되고 있는 외국인 노동자나 이민문제와 밀접한 연관이 있다. 프랑스의 소수 유태교도들은 전체 인구의 1% 미만이며, 이는 3위를 차지하고 있는 신교도들(95만 명)에 거의 육박하는 숫자이다. 여기서 한 가지 특기할 만한 사항으로, 프랑스는 유럽국가 중에서 불교가 가장 인

---

2) Pierre Nora, *Les idées en France 1945~1988*, *Le Débat*, Gallimard, 1989.

기 있는 나라라는 점이다. 그리하여 불교는 현재 프랑스의 '다섯 번째 종교'가
되었다.

　이제부터 프랑스인들의 5대 종교를 중요한 순서별로 간략히 정리한 다음,
그들의 일상생활 속에 가장 깊숙이 자리하고 있는 기독교를 중심으로 프랑스
의 전통적인 종교 의식을 항목별로 설명하기로 한다.

사크레 쾨르 대성당

2. 프랑스인의 종교

1) 로마 가톨릭교

프랑스인들의 전통종교인 로마 가톨릭에 대한 연구는 그 동안 두 가지 차원에서 이루어졌다. 첫째, 국가와 교회간의 대립에 관한 연구이다. 교회재산의 몰수와 매각(1789년 11월), 수도원 해체, 또 성직자민사기본법(1790년 7월) 등 일련의 과격한 개혁조치를 단행했던 프랑스 혁명으로 인해 거의 만신창이 된 교회는 - 자유·평등·우애를 표시하는 삼색기 아래 - 혁명정신을 구현했던 세속적인 공화국과 오랫동안 화해하기가 어려웠다.[3]

1789년의 혁명을 기점으로, 프랑스에서 자유주의(libéralisme)를 표방하는 '정치적 근대성'(modernité politique)은 모두 프랑스의 지배종교인 로마 가톨릭에 대항하여 이루어졌다. 그래서 프랑스에서 진행된 모든 세속화(laïcisation) 운동은 교회의 보호나 감독에 대한 일종의 해방을 의미했다. 1792년에 교회 성직자들은 교구민들의 호적(l'état civil)을 기록하는 그들의 전통적인 권한을 모두 민간 시당국에 넘겨주게 되었다. 1882년에 종교수업은 공립초등학교의 교과목에서 제외되었다. - 특히 유태인 드레퓌스 사건 때, 왕당파와 군부의 입장을 지지했던 가톨릭 교회는 큰 타격을 받았다 - 1901년의 결사법은 교육과 사회에 대한 교회세력을 제거하는 반면, 1905년에는 정교분리법으로 '1801년의 종교화약'을 폐기하고 가톨릭 교회의 특권을 박탈하는 동시에,[4] 성직자에 대한 국

---

3) Adrien Dansette, *Histoire religieuse de la France contemporaine*, 1948〜1951.

4) 1801년에 나폴레옹은 교황 피우스 7세와 종교협약(Concordat)을 맺고, 로마 가톨릭교와 화해하였다. 이 협약은 로마 가톨릭이 프랑스 국민의 대다수 신앙임을 인정하고 성직자를 선출하는 대신, 주교는 정부가 지명하고 교황이 서임하며, 또 교구 신부는 주교가 임명하기로 하였다. 그러나 교회는 10분의 1세와 혁명 중에 몰수된 재산을 포기했고, 그 대신 성직자에 대해

가의 봉급 지불을 중지했다. 오늘날 프랑스 종교의 기본적인 입장은 '1905년 법'의 - 공화적 통일, 철학·종교적 전통의 다원성, 양심의 자유라는 - 3대 원리하에 근거하고 있다.

둘째로는 프랑스에서 비교적 조기에 진행된 비기독교화 과정에 대한 연구이다.[5] 그러나 프랑스라는 단일국가의 차원을 넘어서, 거대하고 완만한 장기 지속의 사회운동으로서의 이 비기독교화 현상은 막스 웨버가 진단한대로 근대 서구산업사회의 발달·진행과정을 그대로 특징 지우고 있다. 개인주의 또는 신 대신에 인간중심의 인문주의를 표방했던 르네상스, 17세기 데카르트의 합리주의, 신앙을 대치한 이성 중심의 18세기 계몽주의, 프랑스 혁명, 또 19세기 '의심의 대가들'인 포이에르바하, 마르크스, 니체, 프로이드 등은 모두 기독교의 세력을 약화시킨 주범들이었다. 근대 과학의 눈부신 발달과 19세기를 온통 지배했던 정치적 이데올로기의 등장 역시, 전통종교에 대한 신빙성을 뿌리째 흔들어 놓았다.

이미 혁명 전부터 도시는 물론이고 프랑스 농촌 지역에서 서서히 진행되었던 비기독교화 현상은 혁명을 기점으로 더욱 가속화되었다. 그러나 로마 가톨릭교가 결정적인 쇠운을 맞이했던 시기는 프랑스가 나치 점령으로부터 해방된 이후부터이다. 불과 50년 전만해도 매년 천 명의 사제들이 배출되었으나, 오늘날은 불과 백 명 정도밖에 되지 않는다. 그래서 사제들의 일반적인 노령화 현상이 두드러진다. 현재 가톨릭 사제들의 평균연령은 70세이다. 1945년에는 전체인구의 1/3이 정기적으로 미사에 참가했으나, 오늘날은 단지 10% 미만밖에 되지 않는다. 또 신생아들의 거의 92%가 유아세례를 받았으나, 이제는 50%도 못 미친다. 만일 세례를 받지 않았다면, 그 아이가 장차 교리문답을 배울 가능성은 더욱 희박하다. 그리하여 기존적 종교의 퇴장은 이미 기정사실화 되고, '무종교'를 선언하는 이들의 숫자가 날로 증가하는 추세이다.

그러나 과거와는 달리 프랑스 해방 이후에 진행된 종교의 약화현상은 다음 두 가지 또 다른 특징을 지니고 있다. 첫째, 그것은 어떤 소음이나 열정도 없

서는 국가가 봉급을 지급하게 되었다.

5) Gérard Cholvy, *La religion en France de la fin du XVIIIe à nos jours*, Hachette Paris, 1991, p 3.

이 조용히 진행되고 있다는 점이다. 예전에는 '무신앙'이라고 이야기하면 흔히 무신론자이거나 반종교주의자라는 사회적 낙인이 찍혔지만, 오늘날은 상대주의나 종교적 무관심 때문에 이러한 논의 자체가 시대착오적인 것이 되어버렸다. 둘째, 선진산업국에서 팽배한 이러한 종교적 무관심은 비단 기독교뿐만 아니라 모든 기존 종교들에 해당되는 사항이라는 점이다.

그 동안 사람들은 종교제도의 위기를 목격해왔으나, 일반적인 정치·사회제도들도 역시 정체적인 위기를 맞이하였다. 극도로 원자화된 시대에 살고 있는 현대인, 특히 개인주의적 성향이 강한 프랑스인들은 모든 권위적인 도그마를 싫어한다. 그들은 '이즘'(ism), 즉 사회주의, 자본주의, 공산주의, 자유주의 등을 혐오한다.

이제 사람들이 추구하는 것은 오직 자기에게 유익하다고 여겨지는 것이다. 그래서 기도를 올리는 경우에도, 기도의 주관적인 효과가 기도의 목적이 된다. 그러나 여기서 우리가 한 가지 유의해야 할 사항은 이러한 전통종교의 쇠퇴가 반드시 신앙심의 종말을 고하는 것은 아니라는 점이다. 이미 언급한 대로 오늘날 프랑스인의 종교는 '신 없는 종교심'의 방향으로 나아가는 것이 일반적인 추세이다. 그리하여 종교가 없다고 주장하는 사람들도 신의 존재를 완전히 부정하는 것은 아니다. 그들은 사후에 무언가 존재한다는 것을 막연히 느끼고 있다. 그래서 신에 대한 직접적인 믿음은 사양길에 접어든 반면, 무언가 초자연적인 힘이나 사후 저승의 존재에 대한 신심은 날로 증가하는 것이다. 그리하여 90년대 초에 프랑스 젊은이들 중 31%가 환생을 믿는다고 응답했으며, 그들 중에는 환생의 개념을 부활과 거의 동일시하거나 혼동하는 사람들이 많았다. 결국 오늘날 프랑스에서는 신도와 비신도의 구분이 과거처럼 명확하지 않다.

그러나 전통종교의 일반적인 하향추세에도 불구하고, 이를 천편일률적으로 취급하는 것은 약간 자제할 필요가 있다. 왜냐하면 현재 프랑스인의 종교적 감수성은 전반적으로 하락세를 보이다가도, 다시 완만한 상승곡선을 보여주기 때문이다. 예를 들면, 1974년에 정기적으로 미사에 참여하는 충실한 가톨릭 신도의 수치는 24%였는데, 1985년에는 12%로 뚝 떨어졌다. 그러나 그 이후로는 더 이상 추락(?)하는 일 없이, 오히려 임시적인 신도들의 숫자를 늘려가며 줄곧 안정선을 유지하고 있다. 또 1997년 8월에는 수천 명의 청소년 가톨릭교도들이 그들의 신앙심을 노래하기 위해 교황 주변에 집결하여, 그야말로 종교적인 열기가 충만하였다. 대중매체를 통해 대대적으로 보도된 이 사건은, 당시 세인들의 눈을 무척 놀라게 했다.6)

프랑스의 종교관행 분포도 7)

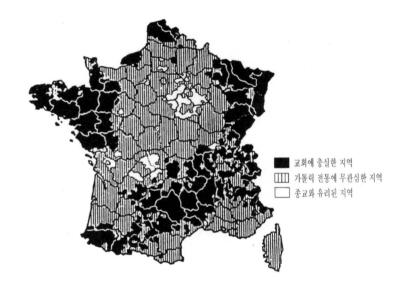

■ 교회에 충실한 지역
IIII 가톨릭 전통에 무관심한 지역
□ 종교와 유리된 지역

---

6) 그러나 이와 거의 같은 시기에 행해진 한 여론조사는 종교신앙, 특히 젊은이들의 신앙심이 매우 약화되었음을 잘 보여주고 있다. 이 문제의 조사에 따르면 30년 전에는 무려 80% 이상의 젊은층(18~24세)이 신을 믿는다고 응답했으나, 지금은 불과 반도 채 안되는 인원이 긍정적인 답변을 보였다.
7) 수도 참사회원 불라르(Boulard)가 작성한 지도. Gérard Cholvy, op. cit., p. 124.

또한 프랑스인의 종교생활은 - 원래 개성과 자아가 강한 민족성을 지닌 만큼 - 지역에 따라 매우 다양하기 때문에, 한마디로 정의를 내리기가 어렵다. 프랑스 서부지방의 브레타뉴 지역과 북서지방의 로렌과 알자스 지역에서는 아직도 종교가 매우 중요한 삶의 비중을 차지하고 있다. 그러나 인구가 집중된 대도시에서는 종교의 영향력이 거의 사라지고 있는 실정이다.

현재 프랑스인들은 세례, 영성체, 견진, 또는 결혼성사 같은 통과의례(rites des passages) 중에서, 유독 장례식만을 선호한다. - 가톨릭 신도든지 비가톨릭 신도든지 이를 불문하고 - 프랑스에서는 '인간을 마치 개처럼 매장시킬 수는 없다.'는 전제하에, 거의 70% 이상이 종교 의식에 따라 성대하고 엄숙한 장례식을 치른다. 그러나 장차 다가올 21세기에는 이 종교 장례식조차도 잊혀진 관례가 되리라고 전문가들은 추정하고 있다. 그것은 미래의 프랑스인들이 자기 신체(또는 시체)를 신성하게 여기지 않아서가 아니라, 현재 전체인구의 10%가 선호하고 있는 화장식이 21세기에는 더욱 보편화, 일반화 되리라고 관측하기 때문이다. 그러면 이미 90년대 말의 특징이 되어버린 종교인과 비종교인의 애매모호한 구분마저도 완전 상실되거나, 아예 자취를 감추게 될 것이다.

2) 이슬람교

1996년 1월 요르단을 공식 방문한 프랑스 하원의장 필립 스갱은 프랑스가 요르단보다 훨씬 더 큰 이슬람교국임을 강조하면서, 프랑스와 이슬람교국들 간의 긴밀한 유대의 중요성을 극구 강조하였다. 사실상 현재 프랑스 영토에 거주하는 이슬람교도는 대략 4백만 명 정도이며(1991년 통계에 따르면, 요르단의 전체인구는 410만 명이다), 이는 전체인구의 대략 7%를 차지하고 있다. 모로코, 튀니지, 알제리를 포함하는 북아프리카 지방의 마그렙인이 가장 수적으로 우세하며, 이 중에서도 알제리 출신이 압도적이다. 만일 이들 중에 3/4이 외국인이라면, 적어도 백만 명은 프랑스 국적을 소지하고 있다. 이슬람교도의 38%가 일-드-프랑스 지역에 거주하고 있으며, 13%는 프로방스-알프스-코트 다쥐르

지역에 살고 있다. 바로 그러한 이유 때문에, 이슬람교는 프랑스에서 '제 2종교'로 분류된다. 그러나 그들은 프랑스 국가 속의 또 다른 이슬람교국이라고 해도 과언이 아닐 정도로, 프랑스 사회에 좀처럼 동화되지 않는다.

1996년 초에 이슬람교국 출신의 이민자들을 대상으로 한 조사에 따르면, 조사 응답자의 85%가 스스로 이슬람교도임을 밝혔다. 또 27%는 충실한 신자이며, '라마단'(이슬람력의 9월)에 60%가 전 기간 동안 단식 등 종교율을 철저히 지키며, 21%는 단지 며칠 동안만 지킨다고 응답했다. 31%는 매일 기도를 올리고, 16%가 매주 금요일마다 이슬람사원에 간다고 응답했다. 상기한 조사결과에서도 알 수 있듯이, 로마 가톨릭 신도들에 비해 이슬람교도들의 종교적 열정은 식을 줄 모른다. 그러나 프랑스를 비롯한 다른 서구의 젊은이들과 마찬가지로, 젊은 이슬람교 세대들도 역시 과거에 비해 종교에 대한 관심이나 열정이 점점 사라지고 있는 실정이다.

프랑스에는 8개의 대 이슬람교 사원이 있다. 그 중에서 가장 오래된 사원은 제 1차 세계대전에 참여한 이슬람교 병사들을 기리기 위해 1922년에 지어진 파리의 대 이슬람교 사원이다. 프랑스에 있는 이슬람교 사원들의 숫자는 수천을 헤아린다. 90%는 대개 40석 이하의 좌석을 갖추고 있으며, 단 8개의 큰 사원만이 천 명 이상의 인원을 한꺼번에 수용할 수 있다.

프랑스에 거주하는 이슬람교도의 대다수는 순낫(마호메트의 언행록)을 코란과 동등한 경전으로 따르는 정통 이슬람교파들이다. 그러나 여러 개의 파로 갈라진 이슬람교 공동체를 전체적으로 대표하는 강력한 종교 지도자나 중앙기관은 따로 존재하지 않는다. 오직 파리의 대 이슬람교 사원이 미미하나마 그래도 대외적으로 다수의 이슬람교도들과 다양한 기관들을 통합하는 구심점의 역할을 하고 있다. 또한 대이슬람교 협회들이 80%의 이슬람교 사원과 기도원을 장악하고 있다. 그러나 프랑스에는 이슬람교 사제들을 양성하는 대학 차원의 기관이 없기 때문에, 사실상 마그렙이나 이집트 지역에서 사제들을 충원하고 있는 실정이다.

3) 개신교

프랑스에서 신교도는 숫자상으로 볼 때 비록 소수파이지만 유력한 종교에 속한다. 프랑스판 '30년전쟁'이라고 할 수 있는 위그노 전쟁(1562～1598), 즉 성 바르텔레미의 학살사건으로 절정에 달했던 과거의 피비린내 나는 종교동란을 한 차례 겪은 후, 프랑스의 개신교도들은 왕국에서 내내 열세를 면치 못하였다. 그러나 혁명 이후 부르주아 계급의 득세와 더불어, 프로테스탄트 신도들은 사회적인 신분상승을 이룩했다.

혁명 이후의 정권들은 로마 가톨릭교의 반대나 저항에 부딪힐 때마다 구제도 전통과의 결별을 의미하는 소수 종파들, 특히 프로테스탄트 교도들에게 원조를 청했다. 나폴레옹 1세 시대나 왕정복고 말기(1828년), 7월 왕정, 나폴레옹 3세(1860～1867), 제 3공화국(1870～1871), 또 1879년 이후에도 이러한 역사적 선례들을 종종 발견할 수 있다. 특히 루이 필립 치세기에 오랫동안 장기집권했던 신교도 기조 수상은, 과거에 앙리 4세를 보좌했던 쉴리공을 연상시켰다. 그것은 프로테스탄트 교도들이 어떠한 정치적 고려 없이, 1789년의 혁명사상과 자유주의를 수용했기 때문이다. 또한 그들이 프랑스 사회에서 차지하고 있는 사회 경제적인 중요성도, 결코 무시할 수 없는 상승요소로 작용했다.

현재 프랑스에서 신교도 인구는 대략 백만 명 정도이다. 이들은 알자스 지방이나 북쪽의 쥐라 지방, 남동쪽의 마시프 상트랄 지역에 가장 많이 몰려 있다. 특히 스트라스부르그의 동부지역, 라로셸의 서쪽지방은 프로테스탄트의 종교·문화 중심지다. 과거에 많은 신교도들이 이 라로셸 항구를 통해 북유럽으로 망명한 사례가 있다. 파리에는 종교개혁이 시작된 생-제르멩-데-프레 수도원이 있다.

오늘날 프랑스 신교도들의 숫자는 전반적인 출생률 감소와 이농현상으로 인해 급격히 감소하는 추세이다. 그러나 과거에 총리를 지낸 미셸 로카르, 또 전 총리인 사회주의자 리오넬 조스팽 등을 비롯하여 신교도들은 여전히 고위공직이나 국가교육면에서 중요한 역할을 차지하고 있다. 그러나 프랑스 신교도들이 이른바 국민적 공동자산에 진정으로 기여한 부문은 정치보다는 바로 교육과 사상적인 측면이다. 자유-시험제도, 개인의 역할과 실력주의, 기업에 대한 강조, 다원주의 등을 표방하는 프로테스탄트 사상에 있다. 특별히 신교의 영향력이 강한 부문은 바로 1947년 젊은 여성들의 운동에 입각한 페미니즘(성교육과 피임 강조)이다. 또한 '종교상의 관용'을 주장하는 신교도들은 프랑스 최초의 종교관용령인 '낭트 칙령 400주년제'를 대대적으로 기념했다. 그러나 프랑스 혁명의 정신을 대표하는 보편적 관용정신과 다원주의는 프랑스에 거주하는 이슬람교도를 위시한 비기독교계 이주민들에게는 일관성 있게 적용되고 있지 않다.

4) 유태교

오랜 기간 동안 박해를 받아온 유태교도들에게 프랑스 혁명은 매우 다행스런 사건이었다. 유태교도들은 1791년에 법적 평등을 획득했고, 그 이후 프랑스는 유럽 국가들의 선구적인 모델이 되었다. 1808년에 유태교 제식이 공식적으로 인정되었고, 또 1831년에는 유태교 제사장들도 급여를 받게 되었다. '1846년법'은 유태교도들에 대한 모든 법적 차별을 종식시켰다. 특히 나폴레옹 3세는 유태교도들에게 매우 호의를 표시했고, 이러한 친 유태교도 정책은 북아프리카나 루마니아에 거주하는 유태교도들에게도 널리 확대 적용되었다.

1860년에 유태교도들을 옹호하기 위해 창설된 '이스라엘 동맹'은 그들이 모로코나 오토만 제국 등지에 세운 학교들을 통해, 프랑스 문화를 전파시키는 데 공헌했다. 1870년의 크레미유 법령은 알제리에 거주하는 3만 4천 명의 유태교도들에게 프랑스 국적을 허용했다. 그러나 국가적 위기시(1815년, 특히 1848년)마다, 유태교도들은 특별히 '눈의 가시'처럼 미움의 대상이 되었다.

이러한 전통적 '반 유태인주의'(l'antisémitisme)는 제 3공화국의 정통성 문제를 뒤흔들었던 '드레퓌스 사건' 때 절정을 이루었다가, 그 후 경제위기와 새로운 이주민들의 유입으로 인해 1930년대에 다시 기승을 부렸다. 1918년에 프랑스의 유태교도들은 15만 명이었는데, 1940년에는 35만 명으로 대폭 증가했다. 1936년 레옹 블룸의 집권시에는, 유태인들의 정치적 영향력을 고발하는 언론

들의 성화가 극심했다. 특히 2차 대전 중 나치 점령기에 임시 수립된 괴뢰정
권 비시 정부 하에서, 프랑스 국적을 지닌 유태인과 외국 유태인들에 대한 탄
압이 대대적으로 이루어졌다. 1995년까지만 해도 프랑스에서는 비시정부를 -
평등과 존엄성 추구와 영구적으로 동일시되는 제도 - 프랑스 공화국과는 전혀
별개의 이물질(?!)로 취급하는 것이 일반적인 정설이었다. 그러나 비시 정권에
이어, 공화국의 정통성을 자랑하는 드골 정권 하에서도 고위관리직을 계속 역
임했던 모리스 파퐁(87세)의 재판을 통해, 이러한 과거의 신화는 그만 보기 좋
게 깨지고 말았다. 이 문제의 모리스 파퐁이라는 사람은 비시 정권 하에서 수
천 명의 무고한 유태인들을 죽음의 강제수용소에 보내는 총 책임을 맡았던 장
본인이었다.

그리하여 사회학자 미셸 뤼소가 '위대한 매저키즘의 순간'이라고 평가했을
정도로, 현재 프랑스의 일반여론은 잔인한 사디즘의 희생자 유태인들에 대하여
자성하는 분위기가 지배적이다. 프랑스에는 대략 65만 명 정도의 유태교도가
있다. 이들은 주로 파리 지역에 거주하고 있으며, 4/1 정도가 마르세이유, 알
자스나 동쪽의 대도시에 살고 있다.

5) 불교

현재 미국에는 5백만 명의 불교도가 있으며, 구대륙 유럽에는 - 미국의 거의
1/2에 해당하는 - 2백 50만 명의 불교도들이 있다. 현재 가장 많은 티벳 사원
의 수를 헤아리는 프랑스에서는 1976~1986년에 불교도가 20만 명에서 40만
명으로 무려 2배나 증가했고, 1997년에는 60만 명을 헤아린다.[8] 그리하여 불
교는 이제 프랑스의 '제 5종교'가 되었으며, 프랑스인들이 세 번째로 좋아하는
정신적 영성철학이 되었다.

초기에 불교는 단지 일부 학자들의 학문적 관심이나 이국적 호기심의 대상
에 불과했다. 사회학자 프레데릭 르노와르에 의하면, 프랑스에서 불교가 본격

---

8) Alain Renon, *La tentation bouddiste en France*, Le Monde diplomatique, déc. 1997.

적으로 유행하기 시작한 것은 선종(zen)이나 라마 교주들이 당도한 바로 60년
대부터이다. 그리고 곧이어 베트남이나 캄보디아 출신의 피난민들이 대거 이주
했다. 사실상 프랑스 불교도의 2/3는 이 아시아계 이주민들이다. 그러나 토박
이 프랑스인들의 숫자도 날로 증가하는 추세이다. 이들은 노동에서 제외된 실
업자에서 대기업의 고위급 간부에 이르기까지, 전 사회계층을 총망라하고 있
다. 브뤼노 에티엔느와 라파엘 리오지에의 조사에 따르면, 불교에 귀의한 프랑
스인들은 의사, 연구원, 예술가, 교육자나 기자, 기업 간부 등 주로 도시의 중
산층이 압도적인 비율을 차지하고 있으며, 또한 이 중에서 60%가 여성이다.9)

불교의 무상무념 철학은 - 현재 프랑스의 만성실업이나 사회적인 낙오현상
등 - 실존적인 고뇌와 심오한 개인적 위기에 대한 일종의 정신적 해결사로 등
장하고 있다. 또 일부 종교사회학자들은 현행 정치에 대한 불만 역시, 프랑스
인들과 불교의 첫 번째 조우의 주요 동인으로 손꼽고 있다. 이 불교사상은 -
그동안 인류 행복의 보증수표임을 자처해 온 - 사회주의/자본주의, 이 양자택
일에서 탈피하고 싶어하는 자들에게 또 다른 탈출구를 제시하였다. 그리하여
대표적인 예로 명석한 분자생물학자였던 마티유 리카르란 인물은 갑자기 라마
교를 위해 자기 경력을 포기하고, 이제는 걸출한 달라이-라마교의 전문가가 되
었다.

또한 이 같은 불교의 놀라운 성공은 서구사회의 기독교의 위기를 반영하고
있다. 프랑스 불교도의 90%가 거의 기독교, 즉 로마 가톨릭교도에서 개종한
사람들이다. 자기들의 예전 종교에 실망한 그들은 이제 동양의 신비한 철학종
교인 불교에서 정신적 위안을 구하는 것이다. 한편 서구적 가치에 실망하고
또 경제적 위기로 인해 프랑스 사회에 통합되는데 실패한 쓰라린 경험을 지닌
아시아계 젊은이들 역시, 그들 부모들의 종교로 다시 귀의하는 경향이 높다.

그리하여 현대사회에서 이른바 전통종교를 약화시킨 주범인 '근대성'과 더불
어, 전문적인 종교인의 사명이 사라진 것은 결코 아니다. 그것은 단지 시대에
맞도록 개조·변형되었을 뿐이다. 현대사회에서 종교인의 역할은 서구에서 불
교승들이 최근에 보여준 것과 마찬가지로, 근대성이 야기시킨 심각한 문제점과

---

9) Bruno Etienne, *Etre bouddhiste en France aujourd'hui,* Hachette Paris, 1997.

고뇌들에 대하여 매우 우직하고 현명한 해답을 제공하는 것이다. 그래서 요즈음 프랑스인들의 종교적 심성을 가장 잘 대변해주는 '선택식의 종교'에서 가장 인기항목 중의 하나인 불교는 현대인의 정신적 위기를 반영하는 동시에, 다시 그 공백을 채우기 위해 유행하는 영성주의(또는 신비주의)의 중요한 맥을 이루고 있다.

3. 종교 의식과 축제

제 2장에서 이미 살펴본 대로 프랑스인의 대다수 종교인 로마 가톨릭교는 이미 사양길에 접어든지 오래이다. 그러나 이 같은 탈 기독교화 또는 탈 종교화 현상에도 불구하고, '요람에서 무덤, 그리고 사후까지' 인간의 영육을 지배했던 교회의 오랜 전통과 관습에 따라 기독교적 종교 의식과 축제는 아직도 프랑스인들의 생활을 지배하고 있다.

1) 개인적인 의식

(1) 유아세례식(le baptême)

프랑스인들의 65%가 자녀가 출생하게 되면, 교회에서 유아세례를 받도록 한다. 또 세례식이 끝나면 이를 기념하기 위해, 가까운 친척들과 대부 또는 대모를 식사에 초대하는 관습이 있다. 이때 초대받은 모든 친지들에게, 아몬드나 호두에 당의를 입힌 당과(dragée)를 나누어준다.

(2) 첫 성체배령(la communion solenelle)

상기한 종교 의식은 대도시에서는 점점 사라지는 추세를 보이고 있으나, 아직도 여전히 프랑스에서 행해지는 의식이다. 교리문답 강의를 마친 아이들은 대개 12살 경에, 그들 교구에 있는 교회에서 첫 성체배령식을 한다. 이 성사는 그들이 가톨릭 공동체에 속해 있다는 것을 의미한다. 첫 성체배령의 식사는

종종 결혼 피로연에서 베푸는 식사만큼이나 성대하다. 아이들은 초대된 회식자
들에게 당과를 나누어주며, 또 이에 대한 답례로 푸짐한 선물을 받는다.

(3) 교회 결혼식(le mariage religieux)

프랑스에서 공식적인 약혼식은 이제 더 이상 거행되지 않으며, 결혼식은 대
개 토요일에 올리는 경우가 많다. 결혼에는 '민법상의 결혼식"과 '교회에서 올
리는 결혼식' 두 가지가 있는데, 전자의 경우에는 결혼 당사자들이 선택한 증
인과 친척들이 참석한 가운데 시청에서 식을 올린다. 60년대 프랑스에서는 로
마 가톨릭 교회에서 식을 올리는 쌍이 80%를 훨씬 넘었으나, 80년대에 이르
면 겨우 60%밖에 되지 않는다. 교회 결혼식인 경우에 반드시 지참해야 할 서
류는 출생신고와 세례증명서이다. 만일 부부 중에 하나가 세례를 받지 않았다
면, 주교의 '적용 면제'가 필요하다.

전통에 따르면 신부는 하얀 드레스, 신랑은 어두운 복장을 입어야만 한다.
그러나 대도시에서 이러한 전통은 점점 사라지고 있다. 결혼식에는 성대한 피
로연이 벌어지는데, 특히 시골에서는 친척들과 친지들을 모두 한자리에 초대하
여, 오랫동안 흥겹게 마시고 먹고 춤을 춘다. 신랑과 신부는 선물을 받고, 식
이 끝난 후에 신혼여행을 떠난다.

(4) 장례식

장례식은 가톨릭 의식에서 매우 중대한 비중을 차지하고 있다. 전통적으로
죽은 사람은 자기집 침대 위에 깨끗한 수의를 걸치고 누워 있다. 가족들은 밤
을 새워가며 - 반(半) 어두운 조명과 침묵 속에서 - 고인의 옆을 지키며, 또 찾
아온 문상객들을 접대한다. 장례식이 거행되는 날, 시체를 입관한 후에 하나의
행렬이 - 교회에서 묘지까지 - 꽃이 가득 덮인 영구차를 조용히 뒤따른다. 가족
들은 모두 검은 상복을 걸치게 되어 있다. 그러나 요즈음은 사람들이 대부분
병원에서 숨을 거두기 때문에, 죽은 환자를 다시 집으로 데려가는 경우는 드

물다. 그리하여 병원측이 촛불을 켜놓은 작은 빈소를 마련한다.

　가족이나 친지들은 - 설령 고인이 생전에 충실한 가톨릭 신자가 아니었을지라도 - 고인을 알고 있는 모든 사람들이 참석한 가운데, 엄숙한 가톨릭 장례식을 지낸다. 대부분의 프랑스인들은 민법상의 장례식(1/3)이 너무 빠르게 진행되며, 별로 근엄하지 않다고 생각한다. 사람들은 교회나 묘지에서 유족들에게 조의를 표하고, 묘지 위에 생화와 조화를 바친다. 가족들은 장례식이 끝난 후에도 묘소를 정기적으로 방문하며, 특히 만성절(Toussaint: 11월 1일)이면 꼭 묘지를 참배한다.

2) 기독교의 의식과 축제

(1) 부활절(Pâques)

　　　이제 겨울도 가고 비 또한 그쳤다오. 산과 들에 꽃이 피고 새들이 지저귀니 산비둘기 우는
　　　소리 아름답게 들려 온다오. 무화과 열매 맺히고 포도덩굴에는 꽃이 피어 향내가 코를 찌른
　　　다오(아가 *Cantique des Cantiques* 5 : 10-12).

　부활절은 해에 따라 날짜가 바뀌는 대표적인 축제일(fête mobile)이다(3월 22일~4월 25일). 참고로 유태교도들에게 부활절은 '사해의 통과'를 기념하는 종교축제이며, 기독교도들에게는 예수의 부활을 기리는 날이다. 또한 부활절은 봄의 시작을 알리는 이교축제이기도 하다.

　부활절에 다양한 색깔을 입힌 달걀을 선물하는 관습은, 10~11세기 콥트파(이집트 기독교도)에게서 최초로 나타난다. 그러나 유럽에서 부활절의 이러한 유서 깊은 전통을 언급하는 문헌은 15~16세기 알자스 지방에서 발견된다. 한편 부활절에 달걀을 나누어주는 관습은 사순절(carême)의 성립과 밀접한 연관성이 있다. 4세기부터 교회는 '40일 동안의 금욕기간' 중에 달걀의 사용을 엄격히 금했다. 그리하여 많은 양의 달걀이 식량창고에 그대로 비축되었다. 이를 처리하는 가장 손쉬운 방법은 아이들에게 달걀을 골고루 나누어주는 것이었다.

그리하여 달걀을 채색하거나, 좋은 명구 내지는 작은 인형을 그려넣은 다음에 선물하는 것이 하나의 관례로 서서히 정착되었다.

프랑스에서는 특히 신생아들에게 달걀을 주는 전통이 있는데, 그것은 '빵처럼 맛 좋고, 소금처럼 신성하며, 달걀처럼 축복과 생명, 은총이 충만'하라는 간절한 기원에서 나온 것이다. 성 목요일부터 아이들은 부지런히 달걀을 모으기 시작한다. 아이들은 그룹을 지어 다니면서 성가를 부르고, 이에 대한 답례로 어른들로부터 받은 달걀을 한 아이의 손에 들린 바구니 속에 차곡차곡 담는다. 베아른(18세기 중엽 이스파니아에 인접한 프랑스의 옛 지방) 지방에서는 이러한 풍습이 부활절 전야에 행해진다. 그래서 이 날은 '달걀의 토요일'이라는 명칭이 붙게 되었다. 그리고 부활절 당일에, 사람들은 달걀들을 모두 오믈렛 요리를 만들어 먹는다.

그러나 상기한 부활절 달걀에 대한 최초의 역사적 전례는 16세기 프랑스 왕들의 궁정에서만 확인되고 있다. 왜냐하면 17~18세기, 혁명 전까지도 달걀은 궁정과 귀족계급의 전유물이었기 때문이다. 특히 성주간(부활절 전의 한 주간) 동안에, 왕국에서 낳은 가장 큰 달걀을 차지하는 권한은 당연히 왕에게 속했다. 루이 14세는 커다란 바구니 속에 든 금빛 달걀로 부활절을 축성하였고, 그것을 측근들에게 골고루 나누어주었다. 루이 15세의 딸인 빅토와르 부인은 랑크레나 와토에 의해 장식되고 그려진 부활절 달걀을 두 개 선물받았다.

만인을 위한 평등을 설파했던 혁명 이후, 이 같은 프랑스 궁정의 사치스런 관습은 종식되었으나, 러시아 궁정에서는 몹시 환영을 받았다. 그리하여 동토의 나라 러시아에서, 따뜻한 봄을 찬미하는 부활절 의식의 절정은 파베르제라는 유명한 보석 세공인에 의해 구현되었다. 1884년 알렉산드르 3세는 부활절의 달걀을 그에게 주문했다. 흰색 법랑을 칠한 이 금달걀에는 섬세한 닭의 소형화가 그려져 있었는데, 이후로 파베르제는 러시아 궁정의 공식적인 달걀 제조인이 되었다. 파베르제는 알렉산드르 3세와 그의 아들 니콜라스 2세를 위해, 무려 44개의 달걀을 제작하였다. 거기에는 짜리와 그의 아이들, 황제의 요트와 표트르 대제의 기마상 등이 새겨져 있었다. 이 같은 달걀 장식미술은 우크라이나 지방이나 동쪽 지방에서 특히 발달했고, 톨스토이나 고골리, 도스토예프스키 같은 위대한 러시아 문호들은 주인공의 운명이 바뀌는 극적인 순간을 대개 이 부활절 밤으로 택하였다.

오늘날 부활절 달걀은 먹을 수 있는 색칠한 달걀과 단지 사랑과 우정의 표시로 가족이나 친구들에게 선물하거나, 보존하기 위한 장식용 달걀 두 가지로 구분할 수 있다. 그렇다면 누가 과연 재생과 부활을 상징하는 봄에, 생명의 근원인 달걀을 갖다 주는가? 부활절에는 으레 다산과 생명의 상징인 토끼가 등장한다. 프랑스 아이들이 놀이에서 술래를 정할 때 부르는 노래(comptine) 중에 다음과 같은 구절이 있다.

> 나는 빵을 가지러 가는 길에 세 마리 토끼를 만났네. 나는 그들을 내 바구니 속에 냉큼 집어넣었지. 그러자 토끼들은 마구 갉아대기 시작했어. 나는 그들을 다시 벽장 속에 가두었지. 그랬더니 토끼들은 나의 라드(돼지비계)를 모두 먹어치웠어. 나는 하는 수 없이 그들을 불옆에 두었더니, 이번에는 모두 행복하게 꾸벅 조는 게 아니겠어.

부활절 토끼와 달걀

부활절 일요일 전야에 프랑스인들은 정원에 아담한 둥지를 마련하고, 거기에 홍당무를 한 개 갖다 놓는다. 그것은 바로 부활절 토끼에게 주는 일종의 선물이다. 모두가 잠든 한밤중에 이 부활절 토끼는 초콜릿으로 된 달걀과 당과를 둥지 속에 넣기 위해 집안을 한바퀴 빙 돈다. 그 이튿날 달콤한 잠에서 깨어난 아이들은, 둥지 속에 든 달걀을 찾는(chasse aux oeufs) 더할 나위 없는 기쁨을 누린다. 또한 부활절 일요일에 사람들은 새 옷을 입는다. 한편 뉴욕에서는 부활절에 5번가에서 거리행진이 있다.

(2) 예수승천일(Jeudi de l'Ascension)

예수 승천일은 5월이며, 부활절 40일 후이다. 문자 그대로 예수의 승천을 기념하는 날이다.

(3) 성신강림축일(Pentecôte)

부활절로부터 일곱 번째 일요일이며, 대개 5월이나 6월에 열린다.

(4) 성 요한 축일(la Saint-Jean)

성 요한 축일은 6월 24일에 열리며, 한 해 중에 가장 밤이 긴 여름 축제이다. 성 요한제는 본시 성자숭배와 밀접한 연관이 있으나, 오뉴월의 제식들은 대개 농업적이고 성적인 요소가 강했다. 시골에서는 '성 요한의 불'이라는 커다란 모닥불을 피우고, 밤새도록 마을 사람들이 모여 춤을 추었으며 짝짓기를 했다. 그러나 오늘날 성 요한제는 거의 사라진 전통에 속한다.

(5) 몽소승천일(Assomption)

8월 15일이며, 예수의 어머니인 성모마리아의 승천을 기리는 축제이다.

(6) 만성절(La Toussaint)

11월 1일은 사자들의 축제이다. 중세 샹파뉴 지역에서는 사람들이 일제히 목 매달린 거위를 향해, 몽둥이를 던지는 잔인한 유희를 행했다. 오늘날 사람들은 만성절에, 죽은 친지들의 묘소 위에 국화를 바친다.

(7) 성 카트린느(Saitne-Catherine) 축일

성 카트린느의 무도회(11월 25일)는 오늘날 사라지는 전통에 속한다. 미혼으로 만 25세가 된 처녀(catherinette)들은 화려한 '성 카트린느의 머리쓰개'를 쓰고, 미래의 남편을 찾으러 무도회에 간다.

(8) 성탄절(Noël)

초기 기독교 시대에는 원래 성탄절이란 것이 없었으며, 오직 부활절만이 존재하였다. 성탄절이 등장한 것은 - 기독교가 최대 다수의 종교가 된 - 바로 4세기 경부터였다. 로마 가톨릭 교회가 이처럼 성탄절을 대대적으로 기념하게 된 본질적 요인은, 민간축제와 또 12월에 행해진 기독교 이전의 이교도 숭배의식을 명실공히 '기독교화'시키기 위함이었다. 기독교가 도래하기 전에, 이미 12월 25일 경에 거행된 이교 축제들이 많았다. 그 중 대표적인 것이 12월 25일에 행해진 '미트라신 숭배식'과 12월 17~24일에 행해진 농경의 신을 기리는 '사투르누스제'이다.

먼저 페르시아에서 전래된 미트라 종교는 세례식이나 성체의 빵, 안식일 등 기독교 의식과 많은 유사성을 갖고 있다. 12월 25일에 미트라 신도들은 신생아의 형태로 바위나 동굴에서 나타나는 젊은 태양신의 탄생을 기념하기 위해, 커다란 황소를 잡아 불요불굴의 태양을 찬미하는 의식을 거행하였다. 사실상 예수는 12월 25일에 태어나지 않았으며, 그 시각이 자정이었다는 정확한 기록도 없다. 대부분의 종교학자들은 로마 가톨릭 교회가 예수의 탄생시기를 특별

히 12월 25일 0시로 잡은 것을, 동지에 태양의 탄생을 기리는 미트라 축제에 깊은 영향력을 받은 것으로 보고 있다.

둘째 사투르누스제는 파종과 농업의 신 사투르누스의 통치를 찬미하는 종교 축제이며, 자유와 해방을 의미하는 축제였다. 일시적인 노예해방의 날로, 적어도 이 날 하루만큼은 세상이 뒤바뀌어 노예가 버젓이 주인행세를 하고, 주인은 노예를 고분이 섬겨야만 했다. 이 사투르누스제는 민간에 계속 전승되어, 중세에 상당히 유행했던 '미친 사람들의 축제'에도 많은 영향을 미쳤다. 참고로 이 미친 사람들의 축제는 '12일제 주기'(성탄절에서 주현절까지)에 거행되었는데, 다음 해의 다산과 결혼을 기원하는 일종의 마술적인 제식이었다. 로마의 사투르누스제처럼 거의 전라의 젊은 남성들이 여성들을 쫓아가면서 음란한 제스처를 하고, 재나 기타 다른 물체 등을 관객들에게 던지는 의식을 행하였다. 이 또한 역시 자유의 축제로서 하인이 주인이 되고, 주인이 하인이 되었다. 기존가치가 전도되어 사회체계가 온통 뒤죽박죽이 되며, 아무리 신성한 종교일지라도 이 날에는 예외없이 조롱감이 되었다. 섬나라 영국에서는 심지어 창녀를 주교좌에 앉히기까지 하였다.

또한 중세에는 성탄절 전야나 성탄의 두 번째 만과(晩課), 즉 저녁기도를 드릴 때 - 아기 예수를 품에 안은 채 당나귀를 타고 급히 피신한 - 성모 마리아의 이집트 도주를 기리기 위해 '당나귀 축제'라는 것이 있었다. 그리하여 이 날 미사 도중에 행해지는 모든 기도는 '히힝'이라는 당나귀 울음소리로 끝났다. 교회는 이를 외설적이라고 보고, 그만 당장에 중지시켰다. 북부 프랑스에서는 당나귀 축제시에 모의미사의 향로에 구두를 태우는 일도 있었다. 이런 축제시에는 대개 장이 서고, 장이 설 때는 으레 축제가 뒤따른다.[10] 민중들은 폭음폭식하고 광란한 춤을 추고, 곰놀리기나 숫소놀리기, 힘겨루기나 곤봉싸움, 그리고 도박 등을 즐겼다. 이렇듯 중세인들의 종교생활은 매우 종교적이었음에도 불구하고, 또 다른 한편으로는 세속적인 측면을 함께 지니고 있어 양자가 매

---

10) 가장 오래된 크리스마스 장은 바로 스트라스부르그의 장이다. 이처럼 매년 성탄절에 열리는 장은 16세기에 아기예수를 새긴 조각상이 등장하면서부터 더욱 성시를 이루었다. 또 다른 유명한 장은 - 성탄절에 구유에 놓는 - 장식용 채색인형(santon)을 파는 프로방스의 장이다.

우 기묘하게 어우러져 있었다. 그리하여 뮈샹블레 같은 사가는 이를 '기독교화 된 민속주의', 또는 '민속화 된 기독교'로 표현한다. 로마 가톨릭 교회는 민중들의 이처럼 세속적이며 이교적인 생활관습을 경건한 기독교 신앙으로 바꾸기 위해 노력했다.

성탄절에는 특별히 하루에 세 번 미사를 보게 된다. 이러한 관습은 7세기경에 성립되었는데, 이는 교황이 성탄기도를 로마의 여러 교회에서 수 차례 거행해야 할 필요성 때문에 생겨난 것이었다. 샤를마뉴 치세기에 이러한 관습은 왕국 전체에 널리 유포되었다. 그리고 나중에 19세기가 되서야, 연달아 세 번 미사를 보는 관습이 정착됐다. 로마의 미사 경본에 따르면 첫째 미사는 '천사들의 미사', 둘째 미사는 '목자들의 미사', 셋째 미사는 '숭고한 말씀의 미사'이다. 그러나 성탄 미사는 우리에게 '자정 미사', '새벽 미사', 또는 '낮 미사'로 더욱 많이 알려져 있다.

대개 성탄절 행사는 거의 한 달 동안 지속된다. 보통 축제는 성 마르틴 축일인 11월 11일부터 시작하여 주현절인 1월 6일에 대단원의 막을 내린다. 성탄절 전 4주간을 포함하는 시기인 대림절(Avent)은 문자 그대로 성탄을 기다리며 준비하는 기간이다. 예전에 대림절은 금식기간이었기 때문에, 고기나 치즈의 소비, 음주가 금지되었다. 이 기간 중에 사람들은 돼지를 도살하여 성탄절 음식을 푸짐하게 장만하고 맛있는 과자를 만들며, 또 집안을 깨끗이 청소하고 이를 아름답게 장식했다.

전통사회에서 성탄절의 음식은 항상 특별한 의미를 지니고 있다. 전통적인 크리스마스 정찬의 중심은 단연 칠면조 요리이다. 16세기 초에 스페인인들이 이 멕시코산 가금류를 유럽에 소개한 이래, 칠면조는 프랑스, 영국 등지로 널리 퍼져나갔다. 칠면조 외에도 다양한 종류의 고기와 햄, 소시지 따위의 돼지고기 제품 등을 먹는다. 집에서 손수 빚은 포도주와 맥주를 마시며, 항상 집에서 기르는 가금류가 낳은 달걀과 과수원의 과일로 만든 단 과자류(pâtisserie)가 모든 식사의 대미를 화려하게 장식했다. 이 과자류는 선물용이나 식탁이나 크리스마스 트리(전나무)를 꾸미는 장식용으로도 이용되었고, 또 사람들은 이 단 과자에 마치 호신용 마스코트처럼 악과 재난을 방지하는 신비한 효험이 있다고 믿었다. 프랑스에는 각 지방마다 특별한 성탄용 과자가 있다.

프로방스 지방에서는 '대야찬'(le gros super) 때에 무려 13종류의 성탄절 과자를 먹는다. 13이라는 숫자는 상징적으로 예수와 12제자를 가리킨다. 대개 과자나 과일로 된 이 13개의 디저트는 동시에 나오며, 초대된 회식자들은 모두 의무적으로 이를 시식해야만 한다. 이때 특기할 만한 사항으로 탁발수도회를 상징하는 네 종류의 건과류가 나오는데, 건포도는 성 도미니크회, 마른 무화과는 성 프란시스코회, 헤이즐넛은 성 아우그스티누스회, 아몬드는 성 카르멜회를 각기 지칭한다.

보다 일반적인 성탄용 디저트로는 플럼 푸딩(크리스마스 푸딩), 과일 케이크, 또 장작모양의 케이크(bûche de Noël)가 있다. 플럼 푸딩이라는 말은 대략 17세기 경에 생겨난 것이다. 보통 성탄절 아침에 준비하며, 브렌디를 많이 섞은 이 과자는 식탁에 가져갈 때, 보기 좋게 불을 붙인다. 과일 케이크는 대개 플럼 푸딩의 파생물이다. 한편 장작 모양의 케이크는 성탄 전야제의 오랜 관습에서 비롯된 것이다. 성탄 전야에 사람들은 미리 집안에 나무장작을 구해 놓는다. 그 집의 가장이 아궁이에 나무를 갖다 놓고, 기름과 소금, (포도즙을 농축하여 만든) 아페리티프용 포도주를 가지에 뿌리면서 헌주를 한다. 그리고 때맞춘 기도문을 낭송하는 것이다. 또 어떤 가정에서는 가장이 아닌 어린 딸들이나 또는 어머니가 한 해 동안 소중히 보관해 둔 작년에 쓴 나무장작의 깜부기불로 올해의 장작에 정성스럽게 불을 붙인다. 사람들은 이 크리스마스 장작이 타고남은 재가 집안의 화재나 재난을 방지하는 힘이 있다고 믿었다. 이러한 관습은 12세기 경까지 거슬러 올라가며, 유럽 국가 중에서도 프랑스와 이탈리아에서 가장 많이 유행하였다. 이 풍습이 사라진 것은 19세기 후반 경이며, 이는 커다란 아궁이가 보다 편리한 현대식의 주철제 난로로 바뀐 것과 거의 시기적으로 일치하고 있다. 그리하여 오늘날 크리스마스 장작은 설탕으로 만든 장미와 호랑가시나무 잎새로 장식된 달디 단 초콜릿, 또는 커피크림의 둥근 아이스 케이크의 형태로 바뀌었다.

성탄절을 상징하는 두 가지 식물로 겨우살이(gui)와 호랑가시나무가 있는데, 그것들은 이미 기독교가 도래하기 전부터 존재하던 것이었다. 먼저 겨우살이는 현재 프랑스인의 조상으로 알려진 골족들이 매우 신성시하던 식물이었다. 골 시대에 종교, 교육, 사법 기능을 담당했던 드루이드교 신관들은 이 식물이 해 독작용이 있으며 못된 병을 치유하고 악과 재난을 막으며, 또 다산과 풍요를 가져오는 힘이 있다고 믿었다. 또한 두 적이 겨우살이 나무 밑에서 마주쳤을 때에는, 당장에 그 자리에서 무기를 내려놓고 그 이튿날까지 휴전을 하지 않 으면 안되었다. 그리하여 겨우살이는 평화와 환대의 상징이 되었고, 천장에 이 를 매달아 놓는 습관까지 생겼다. 사람들은 바로 그 밑에서 상대방의 장수와 행복을 기원하며, 친절과 우정의 표시로 서로 입맞춤을 교환하였다(le baiser sous le gui). 특히 사랑하는 두 남녀의 입맞춤인 경우에는 장차 결혼 약속을 의미했다. 또한 운명을 극복하는 힘이 있다고 믿어졌던 호랑가시나무 역시, 가 정의 평화와 행복을 상징했다.

프랑스에서는 성탄절에 '경이의 밤'이라는 전설이 있다. 사실상 성탄의 고요 한 밤, 거룩한 밤은 우리 인간들의 무한한 상상력을 자극하기에 충분하다. 자 정이 되면, 농장의 동물들에게 말하는 권능이 주어져 소, 암소, 말, 돼지, 양, 가금들이 서로 말을 하기 시작하고 그들 주인에 대한 속내 이야기를 털어놓는 다는 것이다. 만일 감히 이를 엿보는 자가 있다면, 그는 필경 벙어리가 되거나 보다 극단적인 경우에는 목숨을 잃는다고 믿었다. 또 다른 전승에 의하면, 자정 에 농장의 동물들이 아기 예수를 경배하기 위해 무릎을 꿇는다는 얘기도 있다.

19세기 프랑스 농촌사회에서는 성탄을 기리는 축제일의 기한이 점점 좁혀져, 성탄절로부터 주현절에 이르는 '12일제 주기'를 중심으로 조직되기 시작했다.[11] 19세기까지만 해도 성탄절은 단연 으뜸가는 종교행사였다. 그러나 1차대전 후 성탄절은 하나의 전환점을 이룩했다. 이제 성탄절은 단지 종교축일뿐만 아니 라, 속화된 즐거운 민간 행사가 되었다. 또 성탄절은 자타가 공인하는 어린이 를 위한 축제이다. 아이들에게 선물을 가져다주는 산타클로스의 급작스런 유행 이, 이러한 변환을 상징적으로 잘 대변해준다.

---

11) 이 12일제 주기를 가리키는 용어는 지방마다 약간 다른데, 프로방스 지방에서는 칼랑도 (Calendo), 도피네 지방에서는 샬랑드(Chalende), 랑그독 지방은 나달(Nadal), 앙주, 푸와투, 샤랑트 지방에서는 낭(Nan), 그러나 만인에게 가장 잘 알려진 명칭은 노엘(Noël), 즉 성탄절 이다.

고대에는 동지(12월 21·22일)에 서로 선물을 교환하는 습관이 있었다. 스칸디나비아 국가에서는 오딘(북유럽 신화의 주신, 싸움의 아버지)이 아이들에게 행동에 따라 상벌을 내린다는 전설이 있다. 오늘날 우리가 알고 있는 산타클로스 할아버지(père Noël)는 대략 1세기 전에 미국에서 탄생하였다. 그러나 추운 북극에 산다는 전설적 인물인 이 산타클로스의 가장 오래된 전신은 바로 성인 니콜라(270~310년)이다.

원래 성인 니콜라는 소아시아 지방에 위치한 미라라는 도시의 주교였는데, 12월 6일에 사망했다. 기독교 초기 시대에 성인 니콜라는 그를 기리는 축일(12월 6일)에, 선행을 한 아이들에게 시혜(grande générosité)를 베푸는 중대한 사명을 띠고 있었다. 이처럼 성인 니콜라는 오랫동안 어린아이들, 그리고 초등학생들의 든든한 후원자였다. 중세부터 동부 프랑스에서는 이 성인 니콜라에 대한 숭배와 생-니콜라-뒤-포르 지역의 성지순례가 상당한 인기가 있었다. 그러나 16세기에 종교개혁자들은 민중들의 이 같은 열기를 돌리기 위해, 아기예수의 이미지에 특권을 부여했다. 그래서 종교개혁 이후 유럽의 몇몇 국가에서는 성인 니콜라의 축제가 폐지되었으나, 네덜란드에서는 여전히 이 유서 깊은 가톨릭 관습을 그대로 보존하고 있다.12) 그래서 네덜란드 아이들은 12월 6일밤에 성인 니콜라의 방문을 손꼽아 기다린다. 17세기 경에 미국으로 이민 간 네덜란드인들은 뉴 암스테르담(1664년에 뉴욕이 됨)이라는 새로운 식민지를 건설했다. 그 후 성인 니콜라(네덜란드어로 Sinter Klaas)를 기리는 네덜란드의 풍습이 미국 전역으로 확산되었고, 미국인들은 이를 산타클로스라 칭했다.

1차 세계대전 전까지 유럽에서는 전통적인 성인 니콜라와 아기예수가 성탄절 저녁에 아이들이 부푼 기대심으로 걸어놓은 양말에 선물을 가득 채워넣는 역할을 맡았으나, 미국에서 다시 물건너 온 이 산타클로스로 점점 대체된다. 초기에 산타클로스의 무한한 자비와 관대함은 부유한 부르주아 계급에게만 한정되어 있었으나, 1930년대부터는 빈한한 가정에도 널리 확대되었다. 그리하여 이 날에는 많은 교회와 자선단체들이 전통적인 성탄절 음식을 빈자들에게 무상으로 나누어준다. 1931년에 코카콜라 회사는 불룩 나온 뚱뚱한 배, 새하얀

---

12) 현재 네덜란드 주민의 약 40%는 신교도, 약 40%는 가톨릭교도이다.

수염을 눈바람에 씽씽 휘날리며 순록이나 사슴의 대열이 이끄는 썰매를 탄 낙
천적이고 명랑한 성격의 보다 인간적인 산타클로스를 대대적으로 선전 유행시
켰는데, 이것이 산타클로스의 고정적인 이미지가 되었다.

중세에도 '12일제 주기'에는 정기 장이나 시장이 서는 전통이 있어, 상인들
이 짭짤한 재미를 보았다. 그러나 오늘날은 이와 전혀 비교가 안 될 정도로
성탄절을 전후한 연말 연시에, - '소비의 메카'인 백화점을 무대로 - 현대인의
소비에 대한 열광은 실로 엄청나다. 또 한 가지 지적해야 할 사항은 프랑스를
비롯한 서구에서는 새해에 전통적으로 선물을 나누어주던 전통이, 점점 크리스
마스 선물로 대치 또는 통일되었다는 점이다. 우리의 풍습과는 정반대로, 프랑
스에서 성탄절은 뭐니뭐니해도 가족적인 명절이다. 그러나 망년을 보내는 새해
논 대부분 친구들과 함께 보낸다. 또 성탄절 전야에는 직계가족들이 모이고,
성탄절의 정찬에는 가까운 친척과 친구들을 모두 초대하는 것이 관례이다.

어린이를 좋아하는 성인 니콜라

(9) 주현절(la fête des rois)

1월 6일이며, 동방박사 세 사람이 아기 예수를 방문한 것을 기념하는 날이다. 프랑스에서는 이 주현절을 기리는 축제용 과자(la galette des Rois)를 먹는 관습이 있다. 이 전통적인 과자는 지방마다 약간 차이가 있지만, 항상 그 속에 잠두(fève, 조약돌만한 크기의 도기로 된 작은 사람)를 숨겨 놓는다. 자기 몫의 과자 속에서 잠두를 발견한 사람은 그 날의 왕이나 왕비가 되어, 종이로 만든 황금색 관을 머리에 쓰게 된다. 또한 이때 샴페인을 함께 마신다.

(10) 사육제(le carnaval)

사육제는 주현절에서 재의 수요일(사순절 첫 날, 사제가 신자의 이마에 십자가 모양으로 육체 소멸의 상징을 의미하는 재를 바르는 의식을 행하는 날)까지, 사순절 전에 펼쳐진다. 즉 가톨릭에서 요구하는 사순절(carême: 일요일을 제외한 부활절 전의 40일 동안의 금식 내지 고행 기간) 전에 장식수레를 탄 가장 행렬이 거리를 행진한다. 이를 구경하는 관객들도 역시 마스크와 짙은 화장, 또 기이한 옷차림으로 가장을 한다. 프랑스에서는 니스 지방의 사육제가 가장 유명하다.

(11) 참회 화요일(le Mardi-gras)

사육제의 마지막 날이며, 가장 무도회가 열린다.

(12) 성촉절(la Chandeleur)

예수의 봉헌축일 및 성모의 취결례를 기리는 성촉절은 2월 2일이며, 전통에 따라 이 날은 크레프 요리를 먹는다.

맺음말

 최근 프랑스에서 행해진 한 흥미로운 조사에 따르면, 요즘 프랑스 젊은이들 사이에서 가장 유행하는 단어는 '실업', '콘돔', '인터넷' 다음에, – 이른바 '진리는 다른 데 있다.'(La verité est ailleurs)라는 상징적인 문구로 모든 기이한 일화가 시작되는 – 미국의 선풍적인 인기 시리즈물 바로 'X-파일'이다.13) TV 방송매체 외에도 잡지, 안내서, 서적, 인터넷 사이트, 카세트 비디오 등을 통해 대대적으로 선전되었던 서적 'X-파일'은 지난 96년 성탄절에, 프랑스에서 무려 150만 부나 팔려나갔다. 한편 일간신문 〈라 스탐파〉는 '교황의 나라' 이탈리아에서도 인터넷의 850개 사이트가 이 문제의 'X-파일'에 할애되고 있다고 보도했다.

 20세기 말 전통종교의 전반적인 쇠퇴를 배경으로, 유럽 사회에서는 예의 상징적인 'X-파일'이나 신흥 이단종파 등으로 대표되는 새로운 신비주의와 마술 문화가 유행하고 있다. 이러한 현상은 사회적 유토피아에 대한 비전과 이성에 대한 신뢰감을 상실한 유럽인들의 어두운 심리와 갈등을 잘 반영해 주고 있다. 한 고대 그리스 철학자는 "만일 말(馬)들이 그들의 신을 가지고 있다면, 아마도 신들은 말의 형상을 하고 있을 것이다."라고 풍자적으로 비평한 적이 있다. 현 시대와 그 시대에 출몰하는 우상들에 대해 매우 비평적 견해를 지닌 수필가 시몽 레이는 "각 시대는 자기에 걸맞은 성상들(icônes)을 판테온(萬神殿)에 모셔놓는다."라고 신랄히 지적하면서, 우리 시대를 '가장과 건망증의 시대'로 혹평해 마지않았다.14)

 그러나 15~18세기 근대 프랑스의 '민중문화/엘리트 문화'를 심층적으로 연

---

13) Pierine Pira, *Fascinations pour un nouveau mysticisme*, Le Monde *diplomatique*, août 1997.

14) *Ecrivain magazine* de fév, mars 1997.

구했던 로베르 뮈샹블레의 주장에 따르면, 현재 유행하는 신비주의는 과거에 죽어버린 감성적인 민중문화의 부활을 의미한다. 그의 지론에 의하면 엘리트 문화는 문자문화·기독교문화인 반면, 민중문화는 구두문화·마술문화이다. 즉 구두로 전승되는 지나치게 '민중화' 된 토속적인 기독교 문화이다. 마치 우리나라에 전래된 불교나 후일의 기독교가 현세구복적인 무속신앙과 동화된 것과 마찬가지 현상이라 하겠다.

현재 프랑스인의 조상격인 골족은 기독교로 개종하기 전에 - 심지어 인간 제물까지 바쳤던 - 드루이드라는 토착신앙을 신봉하였다. 대외적으로 기독교국임을 상징하는 '파리의 대명사' 노트르담 사원의 옛 자리에는 원래 주피터 신전이, 또 기독교의 영험으로 민족정기를 살리기 위해 세워진 사크레 쾨르 성당의 자리 몽마르트 언덕에는 머큐리 신전이 있었다. 중세에도 과거의 이 같은 이교적 관습은 여전히 존속하였다. 성적인 요소가 강한 성 요한 축일이나 '12일제 주기'에 행해지는 '미친 사람들의 축제', '당나귀 축제' 등이 그것이다. 그리하여 16 ~ 17세기 경에 교회는 절대왕정과 결탁하여, - 이른바 '마녀사냥'으로 최고조에 달하게 되는 - 민중문화 억압정책을 실시하였다. 요즈음 우리나라의 자유주의적 경향의 언론사에서 곧잘 사용하는 '공룡의 마녀사냥'이란 말은 바로 여기서 유래한 것이다. 그러나 자생적인 민중문화의 불길은 완전히 사그라지지 않았다. 뮈샹블레의 지론에 의하면 절대국가/가톨릭 교회의 이중적 탄압으로 인해 지하로 숨어들었던 이 음성적인 마술문화는 혁명기에 다시 소생하며, 그 후 어둠의 세계 속으로 기어들었다가 20세기 말 다시 고개를 쳐드는 것이다. 요즈음 프랑스에서 놀라운 속도로 번져나가는 새로운 신비주의의 유행이 바로 그 증거다. 즉, 일부 이성적인 합리주의자들의 눈에는 그것이 세기말에 횡행하는 일종의 부정적인 '광기'로 비쳐지지만, 민속학자나 민중사가들의 눈에는 오랫동안 우리 인간의 의식 속에 내재해 있던 민간신앙의 긍정적인 부활로 비쳐지는 것이다.

그리하여 본인의 견해로는 - 비록 황혼기에 접어들었지만 여전히 건재하고 있는 - 기독교의 정통신앙과 기타 제 종파, 그리고 신비주의·마술신앙의 병렬적인 공존 현상은 현대인의 암울한 위기의식에 대한 반영이라기보다는, 오히려

민주주의 시대의 논리적 귀결인 현대 종교의 '관용정신'과 '다원주의'를 잘 반
영하고 있는 것처럼 여겨진다. 《로마인 이야기》의 작가 시오노 나나미는 로
마인들이 섬긴 신이 많을 때는 무려 30만을 헤아렸다고 언급하면서, - 물론
일신교를 믿는 사람이라면 눈살을 찌푸릴지도 모르겠지만 - 그들의 종교적 다
원주의를 매우 긍정적으로 평가하였다. 나나미의 지론에 의하면, 남의 신을 인
정하는 사람은 남의 생각도 존중한다는 것이다.

　한가지 프랑스인의 종교와 종교 의식을 논하면서 약간 아쉬웠던 점은, '자본
주의에는 성역이 없다.'라는 말이 가히 실감날 정도로 상업화된 기독교 유적
(관광)과 성탄절의 현주소이다.

3. 현대 스페인 사람들의 종교와 종교 의식

이은해 / 한국외국어대학교 서반아어과/사학과 강사

1. 머리말

　스페인의 이미지로 우리에게 언뜻 떠오르는 모습은 정열적으로 플라멩꼬를 추는 집시나, 원형 모래장에서 소와 홀로 맞서 긴 칼을 겨누고 있는 투우사일 것이다. 또 같은 유럽인들에게는 강렬히 내리쬐는 태양과 지중해안을 따라 길게 펼쳐져 있는 백사장, 밝고 친절한 사람들의 미소, 그리고 빠에야와 포도주일 것이다. 한편, 황량한 까스띠야 라 만차 고원에서 풍차를 향하여 어처구니없이 달려드는 돈 끼호떼는 오늘을 사는 우리에게 친근한 인물로 기억되고 있다.

　현대 스페인과 종교를 연관지어 생각해 볼 때, 우리는 자칫 무슬림의 침입과 지배라는 역사적 배경을 토대로 종교의 이슬람화를 연상하기 쉽다. 사실 8세기부터 1492년 이슬람 세력의 완전한 패배에 이르기까지 스페인 중세사는 이민족에 맞선 기독교인들의 재정복 전쟁(Reconquista)이었다고 해도 과언이 아니며, 또 실제로 지금까지도 이베리아 반도의 곳곳에 남아있는 찬란한 이슬람 문화의 흔적들은 스페인 역사에서 그들이 차지하는 비중을 말해주고 있다. 특히 마지막 항거의 본산지였던 그라나다의 알람브라 궁전은 독특한 이교문화의 진수를 유감없이 보여주는 곳으로 해마다 많은 관광객들을 불러모으고 있다.

　그럼에도 불구하고 오늘날 스페인 국민의 80% 이상이 가톨릭 신자이며, 또 스페인에서 종교는 의례껏 가톨릭교와 동일시하는 사회의 분위기는 무엇으로 설명될 수 있는가. 비록 1978년 헌법을 통하여 명백히 종교의 자유와 관용이라는 법적인 근거가 마련되었음에도 불구하고 스페인에서 가톨릭교는 단연 압도적인 위치를 차지하고 있으며, 기타 종교에 해당하는 개신교와 이단들은 각각 1%라는 극소수의 비율만을 점유하고 있을 뿐이다. 오히려 최근 들어 두드러진 종교 의식의 변화라고 한다면 무신론자의 비율이 13%에 이를 정도로 세속화가 빠르게 전개되어 왔다는 것이다. 이는 부분적으로 1982년 이후 장기집권을 해

왔던 사회당(PSOE) 정부의 이념과 정책에서 그 일차적인 원인을 찾아볼 수 있지 않을까 생각된다.

한편 앞서 언급한 가톨릭교 일색의 종교적 경향은 멀게는 근대의 반종교개혁에서, 그리고 가깝게는 현대 프랑코 장군의 독재체제에서 그 역사적인 원인을 찾아볼 수 있겠다. 13세기 기독교인들, 유대인들, 무슬림들간의 평화 공존의 시기는 1492년 이후 기독교 스페인으로 자리잡게 되고, 이는 다시금 17세기 초이슬람계 세대들의 대대적인 추방으로 매듭지어진다. 한편 펠리페 2세의 반종교개혁과 종교재판소(Inquisición)의 활동은 당시 유럽 대부분의 지역을 전쟁의 도가니로 몰아넣고 있었던 신교의 영향으로부터 이베리아 반도를 보호할 수 있었다. 또 현대에 들어서는 1939년부터 1975년까지 이어지는 프랑코 독재 기간 동안 신판 반종교개혁, 즉 국가 가톨릭교(Nacional-Catolicismo)[1]라는 용어가 시사하듯 국가와 교회간의 공식적인 제휴가 이루어지게 되었다. 이는 스페인 전체의 사회가 가톨릭 교리라는 체제의 기둥에 의해 유지되었음을 의미하며 민주화가 된 오늘날에 이르기까지도 그 영향력은 완전히 사라지지 않은 상태이다.

마드리드 스페인 광장에 있는 돈 끼호테와 산초 빤사의 동상

---

1) '국가 사회주의'라는 용어와 관련지어 당시의 상황을 격하시키려는 의도 아래 이와 같이 빗대어 말함. Pérez Díaz, Víctor, *The church and religion in contemporary Spain*. Madrid: Penínsular, 1991, p. 28.

2. 스페인의 종교

1) 가톨릭교

　사도 야고보의 전설과 관련되어 세워진 산띠아고 데 꼼뽀스뗄라 성당을 비롯하여 사후 성녀로까지 추앙된 산따 떼레사 데 헤수스의 고향인 아빌라, 그리고 스페인의 대표적인 성당들인 똘레도, 부르고스, 세비야의 성당 등, 가톨릭교의 위상은 아직도 그들이 간직하고 있는 유산들이 말해주고 있는 것 같기만 하다.

(1) 프랑코 체제에서 탈피하여

　일요일 아침마다 텔레비전 국영 채널에서 볼 수 있는 바티칸 성당 미사의 실황중계나 그 날 해당되는 스페인 교구 미사는 공식적인 종교 프로그램('주님의 날' el Día del Señor 이라 명명)이며, 이는 헌법에서 말하는 모든 종교의 자유라는 말이 무색할 정도로 가톨릭교의 독보적인 지위와 특권을 암암리에 보여주고 있는 실례가 된다. 또한 1978년 스페인과 교황청 간의 합의에 의해 종교수업(교리 문답 catequesis 포함)이 초·중등 교육기관에 선택과목으로 남은 것이나 국가예산 중 0.5%는 납세자의 의사 여부에 따라서 가톨릭 교회에 지급되도록 한 제도적인 장치2)는 이와 같은 사실들을 더욱 입증해 주고 있다. 한편 이러한 양상은 프랑코 총통의 집권 당시에 실시되던 가톨릭교 우선의 정책들이

---

2) 1988년부터 가톨릭 교회의 재정 체제는 프랑코 시대와 정치 이행기 때 실시 유지되던 국가예산의 직접적인 지원 대신, 이와 같은 할당제로 바뀌었다. 종교과목을 선택하는 경향이 1981년 95%에서 1991년 89%로 하락하였고 중등학교의 경우 80%에서 69%로 감소폭이 더 크게 나타났다. Andrés- Gallego, José, *Los españoles, entre la religión y la política,* Madrid: Unión Editorial, 1996, pp. 258-259.

민주화, 세속화의 커다란 변동을 겪고 난 이후에도 여전히 사라지지 않고 남은 잔재요, 변형된 산물임을 알 수 있다. 사실 내전 당시나, 직후의 프랑코 정권은 그 정통성 확립이 절실히 요구되는 상황이었고 보수 진영의 선두에서 전통 신앙을 대변하고 있었던 가톨릭 교회는 이 역할을 적절히 해낼 수 있는 대상으로 그들의 눈에는 비춰졌다. 교회 편에서 볼 때도, 이에 따른 보상은 내전 직전 제 2공화국 아래에서 그들이 겪어야 했던 공공연한 멸시와 증오, 탄압, 방화 그리고 그로 인한 상처를 망각하기에 충분한 것이었다.

대부분의 초·중등 교육은 전적으로 교회의 손에 맡겨졌고(특히 중·상층 자녀들), 가톨릭교는 스페인 공식 종교로써 선포되고 국민에게 주입되었다. 교회의 운영과 사제들의 봉급은 국가예산으로 충당되었으며, 교회와 관련된 건축물은 우선적으로 허가, 지원을 받기에 이르렀다. 이를 통하여 프랑코는 전후 조치에서 철저히 소외된 스페인 인구의 절반을 적으로 내몰았고 피비린내 나는 내전을 '성전'(la guerra santa)으로 격상시켰으며 그 자신 전통 가톨릭 신자로서 자처하며 통치 영역을 굳혀 나갔다. 스페인 교회가 이러한 독재정권으로부터 의도적으로 이탈, 어느 정도 독자 행보를 내딛기 시작한 것은 1970년대가 되어서였다. 교회 지도층 내의 보수 진영을 견제하며 따란꼰 신부의 영도 아래 개혁의 목소리를 높여간 신진 자유파 사제들은 마침내 스페인 전체 교회의 이름으로 내전에 대한 그들의 도덕적, 정치적 책임을 인정하기에 이르렀다. "우리는 죄를 지었습니다. … 여러분의 용서를 구합니다. … 왜냐하면 우리는 당시 전쟁으로 형제들이 갈라지는 와중에서 어떻게 하는 것이 진정으로 화해의 성직자가 해야하는 것인지 몰랐기 때문입니다."[3]

(2) 최근의 종교적 동향

근래에 들어 가톨릭 신자들의 종교성은 이러한 정치적, 사회적 변동을 반영하여 다양한 양상을 보여 주고 있다. 다른 유럽 국가들과 비교해 볼 때 스페인은 여전히 아일랜드 다음으로 가톨릭교의 우위를 보여 주고 있지만[4], 실상 신

3) Pérez Díaz, Víctor, *The church and religion in contemporary Spain*, P. 53.

자로서의 의무를 이행하는 사람들(católicos practicantes)은 전체 가톨릭 신자들 중 27%에 그치고 있다. 교회의 가르침을 따라 주일미사를 드리고, 고해성사를 하며, 여타 종교 의식에 정기적으로 참여하는 신자수는 계속 감소 추세에 있으며, 오히려 자기 식으로(a su manera) 세계와 인생을 해석하고 행동하는 가톨릭 신자들(católicos no practicantes)이 날로 증가해 가고 있는 실정이다(53%). 한편 비종교인에 속하는 사람들은 19%에 이르러 80년대 이래 꾸준히 진행되고 있는 세속화 과정을 시사하고 있으며, 타종교는 1%에 그치고 있어 사실상 사회 전반에 대한 영향력은 아직 미미한 상태임을 보여주고 있다.

종교적 동향 5)

종교성의 단계	%	단순화 된 범주들
- 실천적인 가톨릭 교인들	27	실천적인 가톨릭 교인들
- 거의 실천하지 않는, 혹은 전혀 실천하지 않는 가톨릭 교인들	49	실천적이지 않은 가톨릭 교인들
- 특정한 종교가 없는 신자들	4	실천적이지 않은 가톨릭 교인들
- 무관심한 사람들	8	
- 불가지론자들	6	비종교인들
- 무신론자들	5	
- 타종교	1	타종교

정치적인 이행이 진행되는 것과 때를 같이하여 나타나는 종교적인 양상의 변화는 다음 표에서 좀 더 명확하게 살펴볼 수 있다.

4) Instituto de Sociología Aplicada de Madrid, *Catolicismo en España*, Madrid: BAC, 1985, p. 45. 아일랜드는 유럽에서도 가톨릭교가 가장 강세를 보이는 나라로 밝혀지고 있다. Andrés Orizo, Francisco, *Los nuevos valores de los españoles*, Madrid: Fundación Santa María, 1991, p.116
5) Miguel, Amando de, *La Sociedad Española 1996-97*, Madrid: Editorial Complutense, p. 219.

종교적인 위치(1995, 단위: %, 대상: 모든 사람들) 6)

연도	실천적인 가톨릭 신자	비실천적인 가톨릭 신자	비종교인	타종교인
1970	64	32	3	–
1976	56	36	7	–
1979	37	48	14	1
1983	31	47	20	1
1989	27	45	26	1
1992	26	53	19	2
1993	30	54	15	1
1994	27	50	21	1
1995	27	53	19	1

 종교성을 연령별, 성별로 비추어 볼 때, 장년의 나이로 접어들수록 신앙으로 돌아오고 회복하는 경향이 두드러지며, 한편 여성이 남성과 비교할 때 종교적으로 보다 신실함을 보여 주고 있다.

종교적인 위치(1995년, 단위: %, 대상: 모든 사람들) 7)

각 집단의 연령	실천적인 가톨릭 신자	비실천적인 가톨릭 신자	비종교인	타종교인
청년(18-29)	11	60	28	2
성년(30-44)	16	60	22	2
중년(45-64)	40	50	9	1
노년(65세 이상)	52	40	7	1
남자	19	54	25	1
여자	34	53	10	1
전체	27	53	19	1

 청소년의 경우, 대부분 신앙의 위기를 맞이하는데 이는 이 기간이 중등, 상급학교의 교육과 시기적으로 일치하면서 신앙에 의해서보다는 이성에 기초한

---

6) *Ibid.*, P. 220.
7) *Ibid.*, p. 222.

사고에 더 익숙해지고 더 나아가서 이를 신앙의 대체물로까지 여기게 되기 때문이다. 또한 연령상 정신적으로 부모로부터 독립해 나가는 시기이기에 기성세대, 권위주의의 대변자로 그들에게 비쳐지는 모든 전통과 종교와는 연계를 끊고자 하게 된다. 무엇보다 이 시기 겪게 되는 성적 호기심과 분출 욕구는 가톨릭 교리의 가르침과 기준들을 구시대의 유산 내지는 시대착오적인 것으로 간주, 의도적인 기피를 한다.

사회 계층과 신앙을 연관지어 생각해 볼 때, 이전에 존재하였던 계층별 구분, 즉 하층으로 갈수록 가톨릭 신앙과 멀어지는 경향이 있다는 기존의 인식은 최근에 이르러 설득력이 없는 것이 되었고, 오히려 정치적인 입장에 따라 종교적 성향이 나뉘어지고 있음을 보여준다. 즉 우익에 가까울수록 친 가톨릭 태도를 고수하고 있으며, 좌익으로 나아갈수록 이러한 모습은 희박해진다는 것이다. 일례로 현 집권당(우익 PP)의 전 부통령이었던 프란시스꼬 알바레스 까스꼬스가 교회에 의해서가 아니라 시당국의 주재 아래 재혼을 했을 때, 이 사실은 한동안 신문지상을 떠들썩하게 하는 논란거리가 되었으며 교회 당국은 이 일에 대해 공공연히 그들의 반대입장을 표명하기까지 하였다. 또한 현 수상으로 재직 중인 호세 마리아 아스나르를 비롯하여 여타 우익 정치 인사들이 자기 자신을 신실한 가톨릭 신자로 인식, 소개하고 있는 것 또한 그들을 향한 사회적 요구를 반영한다고 할 수 있겠다.

실천적인 가톨릭 신자들(1995년, 단위 %, 대상: 모든 사람들) [8]

각 집단의 %	남자			여자		
정치적인 입장	- 45세	+ 45세	전체	- 45세	+ 45세	전체
우익	17	50	33	33	73	54
중도	16	41	30	22	54	42
좌익	7	18	11	10	37	20
무소속	9	35	17	15	53	31
전체	10	33	19	17	54	34

8) *Ibid.,* p. 228.

(3) 문화화 된 가톨릭교 성사들

자기 나름대로 하나님을 믿는 명목상의 가톨릭 신자들이 계속 증가[9]하고 있음에도 불구하고 아직도 많은 젊은이들이 교회를 통해 결혼하는(matrimonio por la iglesia) 것을 선호하고 있으며 이러한 경향은 근래에 들어 계속 증가하고 있는 추세이다.

물론 자유로운 결합 내지, 일정한 서류상의 승인 없이 이루어지는 동거가 점차 눈에 띄고 있기는 하지만(경제적인 요인이 무엇보다도 크다), 그럼에도 불구하고 결혼 적령기의 대다수 남녀들은 여전히 가족과 친지, 친구들의 축복 아래 전통 의상을 입고 거행하는 교회식의 결혼을 원하고 있다. 이는 조부모와 부모의 기대를 저버리지 않고자 하는 의지의 발로이기도 하고 또한 전통 가톨릭 의식이 가지고 있는 고유의 아름다움을 인정하고 있기 때문이기도 하다.[10]

한편 결혼과 같이 일종에 문화화된 형태로 사회 전반에서 실시되고 있는 가톨릭교 성사들 중의 하나는 첫 성체배령(la primera comunión)이다. 4월 말, 5월이 되면 대형 백화점들은 말할 것도 없고, 거리거리의 상점들은 8~9세의 남녀 의상들을 내놓기에 분주하다. 이 시기에 음식점들은 일반적으로 첫 성체배령을 축하하기 위하여 몰려드는 수많은 가족, 친지들로 장사진을 이룬다.[11] 첫 성체배령을 받기 위해 요구되는 조건으로는 2년 동안 교회나 학교의 교리문답 공부에 참여하는 것인데, 이는 마치 세례(bautismo)가 부모의 주도로, 사회적인 분위기에 이끌려 자연스럽게 행해지듯, 관례적으로 처러지고 있다. 한편, 같은 맥락에서 사망자를 위한 가톨릭식의 매장과 일주일 뒤 갖는 장례미사도 이해할 수 있다. 미사는 보통 사망자가 속한 교구에서 실시되는데 그 날 담당 사제는 고인의 성품과 아름다운 삶을 상기시키며 하늘나라에 대한 소망을 강조하는 설교를 한다. 그 후 유가족은 조문객들의 위로를 받는데, 유가족은 때에 따라서 조문객들에게 고인을 기억하게 하는 작은 카드를 나누어주기도 한다.

9) Ibid., pp. 209-221; Andrés Orizo, Francisco, *Dinámica intergeneracional en los sistemas de valores de los españoles(opiniones y actitudes)*, Madrid: CIS, 1995, pp. 91-92.
10) Miguel, Amando de, *La Sociedad Española 1996-1997*, p. 221.
11) Andrés-Gallego, José, *Los españoles, entre la religión y la política*, p. 255.

이와 같이 가톨릭 문화의 전통은 세례, 첫 성체배령, 결혼, 장례라는 기본 성
사들을 중심으로 스페인 사회 내부 깊숙이 뿌리 박고 있다.

(4) 오푸스 데이의 성장 [12]

1928년 아라곤 신부 출신인 호세마리아 에스끄리바에 의해 창설된 오푸스
데이(Opus Dei)는 가톨릭 교리를 고수하면서도 세속적인 종파로써 사회의 다
양한 분야에 침투하여 활동하는 모임으로 등장하였다. 효율성과 확실성을 특징
으로 내세우는 이 기구의 임원수는 1950년 2,954명에서 1993년 8만 명에 이르
기까지 증가하게 되었고, 범위는 비단 스페인뿐만 아니라 전 세계로 확대되고
있다.

'우정과 신뢰의 사도직'이라는 설립자의 이상을 따라 개별적으로, 개인을 대
상으로 신중히 활동할 것을 강조해 왔던 초기의 금욕적인 방향은 점차 공개적
으로, 눈에 띄는 활동으로 전환을 했다. 이러한 취지에서 〈기독교 세계〉나
〈말씀〉과 같은 잡지들이 창간되고 전자의 경우에는 1965~67년 18만 6천 부
가 인쇄되어 판매될 정도로 성공을 거두게 되었다. 한편 설립자 자신도 1970년
부터 그가 사망하는 1975년 직전까지 아메리카와 유럽을 끊임없이 오가며 대
중 교화사업에 힘쓰기도 했다. 또한 1963년부터는 교육기관조합이라는 이름으
로, 학부모들에 의해 구성된 조합을 통하여 수십 개의 학교를 스페인 전역에
설립했는데 비싼 수업료를 감수하면서까지 앵글로 색슨식의 개별수업 방식을
도입하기도 했다. 그 외에도 오푸스 데이 회원들은 점차로 사업계, 금융계를 비
롯한 여러 세속적인 영역에 침투하기 시작했다.

1947년 바티칸에 의해 세속기구로 승인되고 난 이후에도 이 모임의 행로는
그다지 탄탄하지 않았다. 1970년부터 1973년까지 설립자인 호세 마리아 에스끄
리바와 교황 빠블로 6세 간에는 사실상 직접적이고도 개인적인 교류가 단절된
상태였고, 교황청 내 반대 인사들 중 한 사람은 이 모임이 사물의 자연적인 발
전을 앞질러 가려 한다고 비난하기도 하였다. 이러한 적대적인 분위기는 비단

---

12) *Ibid.*, pp. 281-292.

로마에서 뿐 아니라 스페인에서도 찾아볼 수 있는데, 1940년에 이미 스페인 내에서는 오푸스 데이를 가리켜 종교적인 질서를 파괴하려 드는 이단이며 무엇보다도 기존의 성직제나 종교인들에게 의존하기보다는 세속적인 것으로써 완전의 길을 꾀하려 든다는 지탄의 소리가 나왔다. 이러한 문제들 앞에서 에스끄리바는 1946년부터 로마로 이주, 해결점을 찾아 힘겨운 노력을 계속하였는데, 마침내 1982년 '교황청 법령'을 통하여 지금의 오푸스 데이로 인정을 받게 되었고 곧이어 발표된 조항에 의하여 특별히 지성인의 사업에 전념하는 모임으로 승격되었다. 현재 스페인 내에서는 전문 엘리트층 사이에 그 세력이 확장되어 있는데 이 모임에 대한 일반 대중의 인식은 일부 특권계층의 배타적인 모임이라는 부정적인 시각에서 여전히 벗어나지 못하고 있다.

2) 그밖의 종교들

1990년 개신교와 유대교는 국가와 새 헌법에 해당되는 합의들에 이르렀음에도 불구하고 스페인 사회에서는 여전히 작은 수치로 남아 있다. 14개의 유대교 공동체는 15,000명의 신도들을 보유하고 있다. 1960년대 이래 상승세를 보이고 있는 개신교 역시 스페인 복음단체협회 소속의 13개 교회들과 6만 명의 구성원에 그치고 있다. 한편, 60년대 이래 북미에서 대부분 유입된 46개의 이단들은 8만 7천명에 이르고 있는데, 이 가운데서 '여호와의 증인'[13]과 '몰몬교'[14]는 주요 교파로써 그 세력을 계속 확장시키고 있다. 앞의 표에서 살펴본 것과 같이 이전과 비교하여 볼 때 비록 점차적인 증가세를 보이고 있지만 스페인에서 가톨릭교 이외의 타종교들은 여전히 소수에 불과함을 알 수 있다.

---

13) 스페인에서는 1925년에 첫 사무실을 개설했으며, 1947년에 활동을 재개하다가, 1970년에 마침내 합법화되었다. 78,000명의 구성원들을 두고 있는데 최근 통계에 의하면 9만 명 가까이에 이르고 있다. 이 가운데 3.389명은 감독자로 있음이 조사결과 밝혀졌다. Guerra Gómez, Manuel, *Los nuevos movimientos religiosos (sectas)*, Pamplona: EUNSA, 1996, p. 189.

14) 스페인에서는 1969년에 인가를 받았는데, 17,000명의 신도들을 두고 있고 약 1천 명의 선교사들이 이곳에서 활동을 하고 있다. *Ibid.*, p. 168.

3) 스페인의 종교적 축제들

남유럽 스페인이 관광의 나라로써 각광을 받는 데에는 부분적이나마 거의 연중 특정 지역을 중심으로 볼 수 있는 축제들에 기인할 것이다. 또한 이 축일들의 대부분은 가톨릭교와 관련된 것이 많아서 대개 일정한 종교적 행사들이 축제 기간 중에 국가적, 혹은 지역적 차원으로 치러지곤 한다. 여기에서는 대표적인 축제들만을 간략하게 살펴보는 것으로 이 글의 범위를 한정짓고자 한다.

(1) 성탄절(Navidad)

성탄절은 이미 12월 초가 되면 스페인 전체가 축제 분위기로 접어들면서 그 시작을 알리곤 한다. 번화가를 비롯하여 모든 거리에는 화려한 장식의 네온사인이 번쩍이고 각종 상품광고는 대중매체를 통하여, 혹은 가가호호 뿌려지는 광고책자를 통하여 대중의 구매욕구를 한층 부추긴다. 한편 이 날은 헤어져 있던 가족도 모두 한 자리에 모여 대화하며 식사하는 것으로 여겨지므로 '성탄절 전야'가 되면 모든 대중 교통수단은 물론이고 서비스업마저도 기능이 정지된다. 또 그날 밤 텔레비전에서는 일제히 국왕의 축하 메시지가 방영되는데, 그 내용은 대개 한 해 일어난 중요 사건들과 각 가정의 평안, 국가의 번영에 대한 기원을 담고 있다.

성탄절에 빼놓을 수 없는 전통 중의 하나는 작은 아기 예수와 그 가족을 인형으로 꾸며 놓는 것이다. '벨렌'(Belén, 베들레헴)이라고 불리는 이 장식물은 산타클로스나 성탄나무보다 스페인 일반 가정에서는 더 많이 볼 수 있는 것이다. 예수 탄생 당시의 모습을 마치 재현이나 하듯이 말 구유 위에 놓여있는 아기 예수를 비롯하여 성모 마리아와 요셉, 동방박사들, 그리고 더 나아가서 유대 동네 풍경에 이르기까지, 다양한 재료를 사용하여 만들어 놓는다.[15] 비단 성탄절에만 볼 수 있는 것이 아니라 연말, 연시 축제 기간 내내 웬만한 스페인 가정이라면 어디에서건 어렵지 않게 볼 수 있는 장식물이다. 역사적으로는 1223

---

15) Arco, Eduardo del, *España:Fiesta y rito*, Madrid: Merino, 1994, pp. 75.

년 성탄 전야에 성 프란시스코 데 아시스가 아기 예수의 탄생을 나타내는 무대를 만들었던 것에 기원하며, 이러한 요람 위의 예수상은 프란시스코파 수도원을 통하여 번져 나가기 시작했다. 특별히 프란시스코 교단과 관련되어 있는 클라라 수녀들의 노력이 '벨렌주의'의 전파에 크게 기여했다.16) 반종교개혁 시기에는 조각가들이 벨렌의 무대를 통해 성탄절을 더욱 강조하였으며 17세기 바로크 시기가 도래했을 때에는 예술적, 문화적인 표현으로써 '벨렌'의 발전이 있게 된다. 그리고 18세기에 들어서는 성탄절 때 가정마다 이러한 장식물을 만들어 놓는 것이 일반적인 풍습으로 정착하게 되었다. '벨렌주의'는 특히 지중해 연안에 널리 퍼지게 되었는데 그 가운데서 나폴리, 무르시아, 그리고 까딸루냐가 대표적인 도시들이라고 할 수 있다.17)

한편 크리스마스 캐롤에 해당하는 전통 대중 노래로는 비얀시꼬가 있는데 종교적인 내용이 압도적이며18) 여기에 풍자적이고 익살스러운 요소가 첨가되어, 부를 때 흥을 돋군다. 역사적으로는 이미 1595년에 스페인의 똘레도 지역에서 성탄절에 부르는 비얀시꼬 모음집이 출판되기도 하였다. 이 노래들을 동반하는 악기로는 주로 기타가 사용되고 그 외에 작은 북, 탬버린 등이 곁들여 연주되기도 한다.

성탄 시기에 맛볼 수 있는 특별한 음식이라 한다면 식사 전후 간식으로 즐겨 먹는 '뚜론'(단맛의 초콜릿류)이다. 스페인 동부 해안에 위치한 몇몇 지역에서 대개 전통가업으로 계승, 생산되는 뚜론은 전 스페인을 대상으로 일년 내내 제조되어 이 시기에만 판매된다. 그 지역의 독특한 맛을 자랑할 뿐 아니라, '성탄절은 가정에서'라는 표어와 연관되어 이때쯤 되면 어김없이 나타나는 제품이다.

---

16) Serra y Boldú, Valerio, "Costumbres religiosas" en Carrera y Candi, F.(dir), *Folklore y costumbre de España,* Tomo III, Madrid: Merino, 1988, p. 509.

17) Arco, Eduardo del, *España: fiesta y rito,* p. 74.

18) Serra y Boldú, Valerio, *Costumbres religiosas,* pp. 510-513.

(2) 주현절(Epifanía)

1월 6일은 아기 예수께 동방박사들이 경배한 것이 성육신의 예수가 처음으로 인간에게 자기 자신을 나타낸 것이라고 하여 기념하는 날이다. 일반 대중에게는 '주현절'이라는 명칭보다는 '동방박사, 왕들의 날'이라는 이름이 더 친숙해져 있으며, 이들 주인공들에 대하여는 5세기 교황 성 레온의 가르침 이래로 연령과 출신지역을 달리하는 세 사람이라고 알려지게 된 것 같다. 또 7세기 '존경자' 베다는 그의 저서 *Excepciones*에서 아예 멜초르는 노인이며 가스빠르는 청년이고 발따사르는 흑인이라고 단언하였고 그 이후 지금에 이르기까지 스페인 사람들은 위의 이름을 가진 세 사람으로 기억하고 이 날을 맞이한다.[19)

연례 행사로는 전날밤 왕들이 하는 기마행렬인데 박사들로 변장한 세 사람은 말이나 마차를 타고 그들의 수행원을 거느린 채 거리를 행진한다. 그때 이들을 둘러싸고 모여든 군중, 특히 어린아이들은 왕들이 뿌리는 사탕세례를 받으며 오후 반나절을 부모와 함께 축제 분위기 속에서 보내는데 이 흥분과 기쁨은 다음날 선물들로 계속 이어진다. 아이들은 산타클로스 할아버지가 아닌 동방박사들을 믿고 일년 내내 기다리는데, 1월 6일이 되기 전 그들은 자기들이 원하는 선물을 받기 위하여 편지를 보내기도 한다. 선물은 비단 부모가 자녀들에게 하는 것으로만 국한되지 않고, 그 외에도 전체 가족, 친지, 친구들 사이에서 광범위하게 교환된다.

이 날에는 큰 원형으로 된 반지 모양의 빵 로스꼰을 먹는데 군데군데 설탕물에 절여진 마른 과일 조각들이 박혀 있고 또 빵 어디엔가에는 행운을 뜻하는 작은 선물이 감추어져 있어 '깜짝쇼'(sorpresa)를 즐기는 스페인 사람들의 취향을 잘 살려놓았다. 로스꼰을 사기 위하여 전날 동네 빵가게 앞에 길게 늘어서 있는 주민들의 모습은 이맘때 예사롭게 볼 수 있는 풍경 중의 하나이다.

---

19) Arco, Eduardo del, *España: fiesta y rito*, pp. 121-122.

(3) 사육제(Carnaval)

시작일이나, 기간 그리고 끝나는 날은 지역에 따라 다양하다. 그러나 일반적으로 그 시작일을 추정할 때는 사순절(Cuaresma)이 시작되기 3일 전으로 보며 '재의 수요일날'에 끝나는 것으로 알려져 있다. 이 축제는 가톨릭교와 관련된 것이라기보다는 고행기에 들어가기 앞서서 며칠씩 먹고 마시며 마음껏 즐기고자 하는 욕구와 이교적인 기원을 가진 축제의 결합물이라고 볼 수 있다. 그래서 성경에서는 금기시하고 있는 행동들, 비이성적인 행위들이 공공연하게 행해지는데, 남·녀가 자기의 성과 다른 모습으로 가장하고 다니는 것이나, 사악한 존재로 인식되는 마녀, 악마, 유령, 괴물 등으로 분장하는 것 등이 그렇다. 한편, 사회에서 비난을 받고 있는 공적 인물이나 여러 동물들이 가장의 대상으로 자주 등장하기도 한다. 개인적, 혹은 집단적으로 행해지는 가장은 모두가 평소의 자기 모습을 감추고 다른 존재로 변신을 한다는 점에서 그 공통점을 가지고 있다.[20]

스페인의 경우 대표적인 사육제로 알려진 곳은 남부 까디스와 북아프리카 근방에 있는 떼네리페섬이며, 보통 축제는 일주일에 걸쳐서 전 주민의 참여 가운데 화려하게 치러진다. 사육제의 끝을 알리는 행사로, 마드리드에서는 전통적으로 정어리를 땅에 묻으며(Entierro de la Sardina), 이로써 웃음과 만신창의 시간들은 끝나고 회개와 금식의 기간, 즉 예수의 수난과 부활을 준비하기 위한 사순절이 시작된다.[21]

(4) 성 주간(la Semana Santa)의 행렬(procesión)

성 주간은 예수의 예루살렘 입성 이후부터 부활에 이르기까지의 일주일을 가리키며 이 가운데 특히 예수의 체포와 수난, 십자가 처형에 관련된 목요일과 금요일은 '성스러운 날들'이라고 하여 국정공휴일로 삼고 있다.

---

20) *Ibid.*, pp. 302-306.
21) *Ibid.*, p. 281.

또한 이 시기에는 이를 기념하기 위하여 전국에 걸쳐서 종교행렬이 거행되는데, 대개 특정 신도단이 그들의 어깨 위에 예수 당시의 상황을 재현한 큰 조각상들(고난받는 예수, 성모 마리아 등)을 짊어지고 회개와 고행의 길을 가듯 목적지를 향하여 느린 템포로 행진한다. 집단 예배의 형식으로 믿음 쇄신을 위해 조직되고 훈련되는 신도단은 대중적인 성격과 함께 지역마다 그 수를 달리한다. 복장으로는 얼굴을 가리는 끝이 뾰족한 복면, 온 몸을 감싸는 긴 옷, 그리고 밧줄로 질끈 묶는 허리띠, 또 경우에 따라서는 가슴에 형제단의 문장을 다는 것으로 한다.22) 한편 종교적인 의미에서 뿐 아니라 예술적인 측면에서도 종교행렬은 많은 사람들의 눈길을 끄는데, 이 날 등장하는 조각상들이 대개는 유명인들의 작품인 경우가 많고 또 한번 사용되고 버려지는 것이 아니라 몇 해를 거듭하여 사용되며, 또 평소에는 각 지역의 대표적인 교회에 소중히 보관되다가 이때에만 나타나기 때문이다. 행렬이 진행됨에 따라 때때로 들리는 구슬픈 노래는 온 몸을 가린 신도단의 무거운 발걸음과 그들이 운반하는 슬프고 고통받는 성상들과 어우러져, 사방을 온통 침울하고 엄숙한 분위기로 몰아 넣는다. 최근 들어 이 기간을 부활절 휴가라 하여 여행을 떠나는 젊은 층도 늘고 있지만 역시 스페인 전역을 휩쓸고 있는 것은 수요일부터 서서히 시작되어 본격적으로 지역을 달리하며 시행되는 종교행렬과 이를 따르는 수많은 군중들이라고 할 수 있다. 한편 눈에 보이는 이러한 외적인 형식을 빌어서 평소에 거리를 두고 있었던 믿음과 구원의 문제를 한번쯤 생각하고 집단적으로 이를 해결받고자 하는 시도는 스페인 사람들의 종교적인 특성으로써 생각해 볼 수 있는 면이기도 하다.

(5) 그리스도 성체절(Corpus Christi)23)

예수가 부활한 지 60일 뒤 목요일에, '성체화된 예수'를 운반하는 날로 교회

---

22) Serra y Boldú, Valerio, *Costumbres religiosas,* p. 516.
23) 이 명칭은 성만찬(Eucaristía)에 대한 특별한 예배와 관련하여 붙여짐. Caro Baroja, Julio, *El estío festivo,* Madrid: Taurus, 1984, p. 51.

에 의해 정해진 날이다. 영광의 주를 동행하기 위한 행렬은 저마다의 깃발을 가진 경건한 모임들과 교구 성직자, 수도 성직자로 구성되며 미리 정해진 광장에 이를 때에는 임시로 만들어 놓은 제단 위에 주 예수를 배치하고 모인 무리들은 경배를 한다. 역사적으로 볼 때 스페인에서 처음으로 이 날을 기념하고 축제로 삼은 때는 1280년으로써 도시 똘레도에서이다.24) 그 뒤, 1322년에는 모든 시민들이 성체화 된 예수를 동행하여 교회까지 가는 것이 의무화되었고, 오늘날에 이르러서도 이 날은 종교적인 축일로 중요한 비중을 가지고 기념행사가 실시된다.

4) 성모 마리아 숭배

예수의 어머니는 비록 한 사람이지만 개인, 가정, 마을, 지역에 따라서 그들이 선호하는 성모 마리아(la Virgen María)의 명칭은 다양하다. 그런 가운데서도 널리 알려지고 불려지는 이름으로는, '까르멘의 성모', '무오점의 잉태', '고통의 어머니' 그리고 '성스러운 로사리오의 여왕'이다.25)

(1) 까르멘의 성모

어부들의 수호신으로 경배받지만, 까르멘 성모의 영향력은 비단 그들에게만 국한되지 않는다. 이는 성모가 교황 요한 22세에게 했다는 약속에 기인하는데 그에 따르면 성모는 그때까지 그녀를 충실히 신봉해 온 어느 신도단이 그들의 사후, 연옥에서 자유롭게 되리라고 말했다는 것이다. 한편 위의 이야기는 다양한 층의 신도들 사이에 까르멘 성모에 대한 숭배를 확대시키는데 큰 기여를 하였으며, 또 많은 교구들이 영혼을 위한 예배로써 까르멘 성모의 성상을 소유하는 계기를 이루기도 하였다.26)

24) Serra y Boldú, Valerio, *Costumbres religiosas,* p. 556.
25) *Ibid.,* p. 573.

(2) 무오점의 잉태

이전에 성모의 순결을 기리며 사용되던 기도는 하나의 풍습을 낳았는데 이는 동냥을 하거나 집의 문을 두드릴 때 '아베 마리아' 혹은 '순결하신 아베 마리아'라고 불러야 했다는 것이다. 그 의미는 마리아는 순결하고 죄가 없다는 것으로 이를 통하여 자연스럽게 성모에 대한 신앙을 고백하고 선포하곤 하였다. 12세기부터 바르셀로나시는 순결한 성모를 기리는 축제를 영구한 서원으로 삼았으며 오늘날에 이르러서도 이 성모의 제단 앞에 도시의 안녕을 위한 기도를 한다.[27]

(3) 고통의 성모

이 성모에 대해 특별 예배를 드리지 않는 교회가 거의 없는데 이는 주로 '마리아의 종들의 회'라는 조직을 통하여 널리 퍼진 결과이다. 이 모임이 어디에 이식되었든 간에 여러 지방에서 성 주간 이전에 행하는 종교 행렬들은 대부분 이들의 주도하에 이루어지는 것으로 알려져 있다.[28]

(4) 성스러운 로사리오의 여왕

로사리오의 경건은 가톨릭교에서 논란의 여지가 없이 유지되고 있는 신앙형태로써, 주로 순례시에, 어촌의 축제에서 불려진다. 또한 어떤 지방에서는 동틀 때 불려지기도 하는데 그때 신자들은 중심 거리를 행렬식으로 돈다고 해서 '여명의 로사리오'라고 명명되기도 한다.[29]

위에서 열거한 명칭들 외에도 '성모 마리아의 승천', '이슬의 성모', '위로의 성모' 등 지역마다 고유한 이름을 보유하며 성모 마리아를 숭배한다.

---

26) *Ibid.,* pp. 573-574.
27) *Ibid.,* pp. 574-575.
28) *Ibid.,* pp. 575-576.
29) *Ibid.,* pp. 576-582.

5) 성인들 숭배 30)

스페인 사람들은 하나님과 성모에 대한 숭배 외에도, 성인들(Los Santos)을 중보자들로서 여기고 각별한 관심을 보내며 숭배를 한다.

이들 가운데서 첫 자리를 차지하는 성인으로는 성모 마리아의 남편인 성 요셉인데 그에 대한 헌신은 3월 내내 드려질 뿐 아니라, 특별히 3월 19일이 성 요셉의 날로 지정됨으로써 아버지의 날로 기념하고 보낸다. 목수들은 성 요셉을 그들의 수호신으로서 모시고 섬긴다.

미장이들의 수호신인 성 안또니오 데 빠두아는 사람들이 분실한 물건들을 찾고자 할 때에도 부름 받는 성인이다.

청년의 수호신인 성 루이스 곤사가에게는 여섯 번의 일요일들이 헌신으로 드려진다.

성 프란시스꼬 데 아시스에게는 다섯 번의 일요일들이 봉헌된다. '신성한 천사들'이며 인도자가 되는 가브리엘, 미겔, 라파엘도 중보자들로서 강조된다.

농부들은 성 갈데리꼬, 성 에메떼리오, 성 압돈, 성 세넨과 더불어 마드리드 태생인 성 이시드로를 그들의 수호신으로 모시고 있다.

또한 사도 성인들 모두는 숭배 대상으로서 널리 추앙 받고 있다. 예를 들면, 성 베드로는 다른 사도들과 비교할 때 단연 우위를 차지하는데, 사람들은 미친개에게 물려 상처가 남았을 때 이 성인을 찾는다.

각 도, 시, 마을 뿐 아니라, 학교들도 그 고유의 수호 성인을 두고 있는데 이날은 국정 휴일이 아님에도 불구하고 그들의 휴일로 삼고 기념행사를 갖는다. 참고로 스페인의 수호신은 성 야고보이며, 수호여신은 성모 델 삘라르이다.

---

30) *Ibid.*, pp. 642-662.

6) 산띠아고 데 꼼뽀스뗄라로 가는 길 31)

스페인 북서쪽에 자리잡고 있는 갈리시아 지방의 산띠아고 데 꼼뽀스뗄라 성당은 그곳을 찾는 순례자들의 행렬로 늘 붐비는 것이 일상적인 풍경이다. 스페인 사람들은 말할 것도 없고, 프랑스인들을 주로 한 타 유럽국들 출신의 방문자들은 순례라는 일차적인 종교적 목적 외에도, 요즈음 들어 점차적으로 증가하고 있는 호기심과 관광의 차원에서도 부쩍 이곳을 더 많이 찾고 있다. 그렇다면, 이러한 순례가 있게 된 배경은 무엇인가.

역사적인 사실로 알려진 것은 813년 알폰소 2세가 아스뚜리아스와 갈리시아 지방을 다스리고 있을 당시, 뻴라히오라고 하는 한 수도사가 지금의 빠드론 주교구 근처의 리베룸-도미눔에서 깜짝 놀랄 만한 기이한 빛을 보았다고 했다. 이 소식을 전해 들은 주교는 그곳을 파 보게 한 결과, 로마시대에 해당하는 대리석 무덤을 발견하였고, 그 유골은 사도 야고보의 것에 해당한다고 확신하기에 이르렀다. 마침 그때는 공교롭게도 7월 25일로써 당시 관례적으로 행하던 금식과 기도의 직후이기도 하였다.

위의 사실을 보충하여 지금까지도 생생하게 전해 내려오는 전설은 사도 야고보가 예루살렘에서 참수되고 난 후에, 그의 제자들이었던 아따나시오와 떼오도로가 그의 시체를 배에 싣고 길을 떠났으며, 그러던 중 갈리시아 해변 근처에까지 이르렀다는 것이다. 아로사 강어귀에 있는 빠드론에서 내려 내륙으로 들어가다가 리브레돈이라는 곳에서 로마식으로 납골실을 파고 스승의 무덤을 매장한 뒤에, 그 위에 작은 예배당을 세웠다는 것이다. 세월이 흐르고 이 제자들도 마침내 죽어, 나란히 스승의 좌우에 매장되었으며, 이곳의 소재지는 그 후 있게 된 야만족의 침입으로 오랫동안 알려지지 않은 상태로 있었다는 것이다.

사도의 무덤이 발견(혹은, 가설)되었다는 소식을 접한 알폰소왕은 곧 그 위에 작은 교회당과 베네딕트 수도원을 세우도록 하였으며, 이곳의 지명을 '캄푸스 스뗄라'(무덤의 발견을 가능하게 했던 빛들에 착안하여 붙여진 이름)에 연유하여

---

31) Enríquez de Salamanca, Cayetano, *El Camino de Santiago,* Madid: El País/Aguilar, 1993 pp. 11-34.

꼼뽀스뗄라라고 개칭하였다. 알폰소 3세에 이르러서는 이전의 교회당을 대신하는 더 크고 훌륭한 교회당을 15년에 걸친 긴 공사 끝에 세우도록 하였고 마침내 899년 5월 6일 사도 야고보에게 봉헌할 수 있었다. 또한 그에 앞서 알폰소 2세는 성모 마리아에 바치는 예배당을 세우고 또 야고보를 스페인의 수호자로 선포하였다. 이러한 종교적 헌신은 8세기가 지난 뒤인 1643년 7월 9일 펠리페 4세가 사도에게 드리는 국가적 봉납을 제정함으로써 일단락이 지어지게 되었다.

9세기, 처음 이곳을 찾은 신도들은 이베리아 반도 북쪽에 있던 기독교 소왕국들의 주민들에 한정되었는데 이는 당시 무슬림들과의 대치 상황과 노르만족의 잦은 침입이라는 정치적, 군사적 요인에 기인한 것이었다. 또한 이러한 이유로, 훗날 성지 순례에 가장 많은 참여를 보이게 되는 프랑스인들의 출현은 10세기가 되어서야 가능하게 되었고 이들의 대대적인 순례 행렬은 프랑스 남부로부터 스페인 북부 산띠아고에 이르기까지의 행로를 '프랑스의 길'이라고 명명하게 되는 계기가 되기도 하였다. 한편, 성지 순례가 성공할 수 있었던 요인들 가운데에는 클루니 교단의 활동이 적지 않은 위치를 차지하는데, 이는 이들이 스페인뿐 아니라 프랑스에도 순례길을 따라 곳곳에 수도원, 숙소, 병원 등을 세우며 순례의 노력을 장려하였기 때문이었다. 또한 1095년 우르바노 2세가 꼼뽀스뗄라를 로마의 교황청과 같은 범주의 주교구로 격상시킨 사실은 이러한 종교적인 움직임을 한층 부추기는 결과를 가져왔다. 스페인 내부에서도 1170년 도적이나 기타 위험들로부터 순례자들을 특별히 보호한다는 목적에서 산띠아고 기사단이 설립되기도 하였다.

성지 순례의 주요 동기는 단연 사도 야고보의 무덤을 숭배하는 것으로써, 순례자는 보통 순례를 시작하기 전에 그의 재산을 일정한 수도원에 맡기고 대신 그곳의 수도원장으로부터 나무 지팡이, 물통, 허리에 차는 돈주머니, 그리고 로사리오를 받았다고 한다. 그 여행은 몇 주, 몇 달, 혹은 몇 년이 걸릴 수도 있었으며 대개는 걸어서, 때때로 말을 탄 채로 이루어졌다고 한다. 순례자들은 당시 여행객들이 지불하던 통행세 및 도교세를 면제받는 등 당국의 법적인 보호를 받았는데, 이들이 지나는 행로를 따라서 점차로 보도, 다리, 병원, 숙박을 겸한 수도원, 심지어 순례자들의 묘지에 이르기까지 각종 편의 시설이 세워졌으

며 이 가운데서 아직도 많은 시설들이 남아 있어서 그 옛 모습을 보여 주고
있다. 한편, 세기를 거듭해 갈수록 순례자들은 왕국들로부터 사회적인 존경과
보호를 받았으며 이들이 순례를 마치고 산띠아고에 도착할 때면 의례껏 트로피
의 의미로 조개기장(Venera)을 받았다고 한다.

여기에서 우리가 한번 생각해 볼 수 있는 것은, 사실 여부와 크게 상관없이,
사도 야고보의 무덤설이 왜 그토록 거대한 영향력을 행사할 수 있게 되었는가
하는 것이다. 우선은 중세, 근대에 걸쳐서 전 기독교 세계에 팽배하고 있었던
유물숭배에 대한 집착이 그 원인 중의 하나가 될 수 있겠다. 이 시기에는 유물
들을 중심으로 수도원이나 교회, 암자가 세워지는 것이 예사였는데, 사도 야고
보에 봉헌된 교회의 경우만 해도 11, 12세기 스페인 밖에서 천 개 이상이 건립
될 정도였다. 둘째로 생각해 볼 수 있는 것은 당시 소왕국으로 있었던 아스뚜
리아 왕국이 처한 정치적, 군사적인 상황이 이러한 이야기에 긍정적인 요소로
작용하지 않았나 하는 것이다. 즉, 영토의 확장을 위하여 끊임없이 전투를 해야
만 했던 아스뚜리아 왕국으로서는 그들의 전사들에게 승리에 대한 확신을 심을
필요가 있었고, 그 적합한 해답은 종교적인 면에서 찾았다는 것이다. 또한 이것
과 관련하여 생각해 볼 수 있는 것은 당시 이슬람 세계가 메카를 중심으로 응
집되고 거대한 추진력을 모으고 있었던 반면에, 알폰소 왕의 백성들은 그들의
신앙심을 북돋을 성지도 가지고 있지 못했고 더군다나 그들의 성전과 유물들은
아예 적의 손아귀에 빼앗긴 상태에 있었던 것이다. 이러한 상황에서 꼼뽀스뗄
라의 부상은 당연히 응집의 효과뿐 아니라 그 동안 위축되어 있었던 종교적인
분위기를 쇄신시키는데 충분히 기여할 수 있었던 것이다.

유럽 전역에 걸쳐 고무된 사도 야고보의 숭배 분위기는 18, 19세기를 지나면
서 점차 쇠퇴, 소멸의 위기에까지 이르다가, 두 번째 전설을 계기로 다시금 고
조된다. 이 전설에 따르면, 1589년 영국의 유명한 해적 프란시스 드레이크 경
이 만 사천 명의 사람들을 이끌고 라 꼬루냐를 포위할 목적으로 왔는데 그가
먼저 하려고 했던 것은 꼼뽀스뗄라 성당 및 야고보 전설과 관련된 모든 것을
근절시키는 것이었다고 한다. 이러한 예기치 못한 사건 앞에서 당시의 대주교
구의 담임으로 있었던 돈 후안 산끌레멘떼는 승려회와 의견을 같이하여 사원의

깊숙한 곳에 신성한 유물들을 숨기기로 결정하였고 이를 너무나 교묘히 숨긴 나머지 결과적으로 그 이후 3세기가 지나도록 아무도 그 출처를 찾을 수 없게 되었다는 것이다.

이 전설에 근거하여 1879년 빠야 추기경의 제안 아래 현 꼼뽀스뗄라 성당 내부에서 발굴 작업이 시작되었는데 그 조사 결과 마침내 한 무더기의 뒤섞여 있는 뼈들이 발견되었다. 이것은 곧 산띠아고 대학 교수로 있는 세 사람에게 의뢰되어 연구되었고, 밝혀진 내용에 의하면 발견된 뼈들은 세 사람의 몸에 해당되는 것이며 그 중 하나는 수세기 동안 추종을 받아오던 사도의 것이 아닌가 추정된다는 것이었다. 이 발표와 함께 취해진 교황 레온 13세의 '데우스 옴니뽀뗀스'는 꼼뽀스뗄라의 위상을 다시 격상시키는 계기가 되었으며, 그 이후 따르는 순례의 급증하는 물결은 자연스런 결과라고 할 수 있었다. 무엇보다도 1989년 8월 19, 20일 현 교황으로 있는 후안 빠블로 2세의 주도하에 전 세계의 50만이 넘는 가톨릭 청년들이 이곳에 모였을 때 그 사실은 새삼 확인될 수 있었다.

3. 맺음말

"나는 하나님의 은혜로 무신론자다."라는 말은 스스로를 반 성직주의자와 동일시하는 사람에게서라도 스페인에서는 어렵지 않게 들을 수 있는 표현이다.[32] 세속화, 근대화라는 대격변의 과정 속에서도 스페인 사람들의 의식 저변에는 여전히 가톨릭교라는 전통과 문화가 적지 않은 비중을 차지하고 있고, 때때로 이들의 생각과 행동을 규정하고 있는 것을 보게 된다. 이러한 사회적인 분위기는 1981년 스페인과 유럽을 구분지어 설명한 한 글에서도 다시금 확인할 수 있다. 그에 따르면, 실용주의와 대중매체 문화로 특징지워지는 유럽에 비하여, 스페인은 외곽의 문화, 깊은 종교성으로 규정될 수 있으며 이는 마치 종교적 몰락의 길을 걷고 있는 유럽에게는 유일하게 남은 도덕적 은신처와 같다는 것이다.[33]

그러나 이러한 종교적 자긍심은 사실상 그들의 삶에서 보여지는 종교적 관용, 혹은 무관심으로 점차 유명무실한 것이 되어가고 있다. 이전에 존재하였던 종교적 대립은 사라진 반면, 종교적인 축제기간은 더 이상 그 본래적 의미로 사람들에게 다가가지 못한 채, 오히려 유혹적인 바캉스 시기로 변질되어 가고 있는 것이다. 실천적인 가톨릭 신자들의 비율은 도시에서뿐 아니라 가톨릭교가 전통적으로 강하다고 하는 까스띠야 이 레온의 농촌지대나 엘 빠이스 바스꼬 지역에서도 뚜렷하게 감퇴 경향을 보여주고 있다. 70년대 후반 이후 지금까지 나타난 종교적 쇠퇴 현상이 결코 일시적인 것만은 아님을 시사하고 있는 것이다.[34]

---

32) Miguel, Amando de, *Los Españoles:Sociología de la vida cotidiana,* Madrid: Ediciones temas de hoy, 1994, p. 243.
33) *Ibid.,* p. 244.
34) 1989년의 조사 결과에 의하면, 엘 빠이스 바스꼬 지역의 경우 미사 참석률은 평균 이하에

스페인 사람들은 여전히 세례를 받고 가톨릭 신자로 등록을 하며, 자녀들에게는 의례껏 첫 성체배령을 받게 한다. 또 일반적으로 교회에서 결혼하며, 최근 들어서는 젊은층도 이를 선호하고 있다. 임종시 사제를 부른다거나 사망 후 가톨릭식으로 장례를 치르는 일은 흔히 있는 일이다. 한편 종교적 축일이 되면 숭배하는 성인상, 성모상을 모시고 대대적인 종교행렬을 하며 기념미사를 드리는 모습은 스페인에서라면 어디에서건 볼 수 있는 친숙한 풍경이다. 이곳에서 가톨릭교 이외의 종교는 아직도 낯설은 것이며, 심지어 개신교마저도 사람들의 심리적인 배척에서 완전히 벗어나지 못하고 있다.

그러나 이미 표에서 살펴보았듯이, 이러한 시끌벅적한 외적 행위 뒤에는 사실상 내적 신앙이 수반되지 않는 경우가 많고, 교회가 가르치고 내세우는 교리적 입장도 충분히 수용되지 않는 상태이다.[35] 즉, 스페인 사람들에게는 구약에 계시된 공의의 하나님보다는 어느 때고 부담없이 찾을 수 있는 성모가 더 친근하며, 성경에 기초하기보다는 공동체적인 외적 행위가 더 그 신앙의 근거가 되고 있는 것이다. 한편 조직으로서의 가톨릭 교회는 여전히 교육과 대중 매체를 통하여 일반 여론에 적지 않은 영향력을 행사하고 있다.[36]

현재 스페인 사람들의 종교적 경향을 생각해 볼 때, 우리는 전통문화와 깊이 접목된 가톨릭교에, 어떠한 종교적 교리의 제약도 받지 않는 자기식의 신앙을 생각해 볼 수 있다. 사도 바울이 로마서에서 그 전도의 열망과 소망을 불태웠던 서반아는[37] 마침내 복음의 혜택을 받고 성녀 떼레사 데 헤수스와 성자 후안 데 라 끄루스와 같은 열매를 맺었지만, 사실상 오늘날에 이르러서는 그 신

이르고 또 결혼에 대해서도 교회에 의한 결혼보다는 동거나 시에 의한 결혼을 찬성하고 있음이 두드러지고 있다. 한편 미혼모에 대해서도 상당히 용인하는 입장을 보이고 있어 이 지역에서의 가톨릭교는 사실상 그 영향력을 상실해감을 볼 수 있다. *Ibid.*, p. 247.
35) 1988년 앙케이트 조사에 따르면, 유산에 대하여 30%만이 교회의 입장에 동의를 하고 있고 산아제한 방법에 대해서도 21%만이 긍정적인 반응을 보이고 있다. Miguel, Amando de, *Los españoles: Sociología de la vida cotidiana*, pp. 250-251.
36) 스페인에 있는 가톨릭계 대학들은 꼬미야스(Comillas)와 살라망까(Salamanca) 교황청 소속의 대학들과 데우스또(Deusto)와 나바라(Navarra) 대학들이며, 전국에 8개의 신학부를 두고 있다. Andrés- Gallego, José, *Los españoles, entre la religión y la política*, p. 272.
37) 유럽의 서남단에 위치한 이베리아 반도는 그 당시 '땅끝'의 개념을 가지고 있었고, 이는 부활한 예수의 지상명령(사도행전 1 : 8)과 부합되는 것이었다. 로마서 15 : 23 참고.

앙은 자취를 감추고 수백 년의 세월을 겪어온 거대한 성당들만이 퇴색된 모습으로 우리 앞에 우뚝 서 있음을 보게 된다.

산띠아고 데 꼼뽀스뗄라 대성당

4. 포르투갈의 종교와 종교 의식 - 포르투갈의 종교와 축제 -

조이환 / 한국외국어대학교 포르투갈어과 교수

1. 머리말

포르투갈은 1974년 사회주의 군사혁명[1]으로 48년간의 독재[2]가 종결되면서 종교의 자유와 여러 종교단체의 종교활동이 허락되었으나 아직도 전 국민의 97%가 로마 가톨릭교 신앙을 갖고 있다. 그 외의 종교는 개신교가 1%, 유태교, 이슬람교 같은 기타 종교가 2% 정도 된다. 가톨릭교 신자가 많은 이유는 12세기 포르투갈이 로마 교황의 승인을 받아 건국되었고, 이후 수세기 동안 수많은 가톨릭 교회가 세워졌고 국민생활에 절대적인 영향을 끼쳐왔기 때문이다. 유럽에서 종교개혁이 일어났을 때에 포르투갈은 종교재판제도로 엄히 다스려 개신교가 뿌리를 내릴 수 없었다. 그 결과 오늘날도 포르투갈 사람들은 로마 가톨릭 문화와 전통 속에서 살아가고 있다. 그들은 태어나서 세례성사를 받고, 결혼할 때 혼배성사를 통해 가정을 이루며, 임종시에 종부성사(병자 성사) 같은 의례를 받는다. 그래서 일생에 세 번, 즉 태어났을 때, 결혼할 때, 장사 지낼 때 성당에 가면 된다고 생각하는 포르투갈 사람이 많다. 로마 가톨릭 교회의 전통적인 교회 월력에 따른 행사와 축제에 참여하는 것이 신앙생활의 전부라고 해도 될 정도로 사실은 명목상의 로마 가톨릭교 신자들이 대부분이다.

국민들이 이렇게 형식적인 신앙생활을 하게 된 이유를 살펴보아야겠다. 오랫동안 로마 가톨릭 교회는 포르투갈 국민들과 호흡을 같이 했다기보다는 왕들과 결탁하여 자기들의 권위로 정치적 행사를 해왔다. 가톨릭 교회는 자신의 권력을 이용하여 많은 부를 축적했지만 일반 국민들은 가난한 사람들이 많았다. 특

---

1) 1974년 4월 25일 스피놀라(Spinola) 장군을 중심으로 카네이션 혁명(Revolução dos Cravos)을 일으켜 1933년부터 지속되어온 신국가 정치체제(Sistema Política de Estado Novo)를 종식시켰다.
2) 1926년 고메스 다 코스타(Gomes da Costa)가 군사혁명을 일으켜 대통령에 취임하면서 포르투갈의 독재가 시작되어 1974년까지 지속되었다.

히 대농장제도로 인하여 많은 주민들이 토지를 소유하지 못한 가난한 소작농이었기 때문에 부를 축적한 교회에 대해서 비판적이고 부정적인 성향을 가지게 되었다.

1917년 성모 마리아가 발현했다고 하여 파티마[3]를 로마 가톨릭 교회의 성지로 지정된 후에는 마리아를 많이 숭배하고 있다. 그들은 마리아는 신의 어머니이며 죄가 없으며 죽지 않고 승천하여 하늘의 여황으로 존재하고 있다고 믿는다. 이런 근거로 인해 포르투갈의 로마 가톨릭 교회에서는 요즘도 예배시에 신자들은 자신들을 마리아가 하나님께 대신 중보기도해 주기를 간구하기도 한다. 이들은 성인숭배 및 마리아 찬양과 경배를 당연한 것으로 받아들이고 있다.

포르투갈에는 전통 있고 웅장한 로마 가톨릭 교회들이 많으며 가톨릭적 전통이 많이 남아있다. 많은 지역사회 활동은 다양한 가톨릭 종교행사를 중심으로 이루어지고 있다. 포르투갈에는 6월에 종교행사가 많다. 6월 13일은 수호성인 산뚜 안또니오[4]축일, 6월 24일은 성 요한[5]축일, 6월 29일은 성 베드로[6]축일로 지내고 있다. 파티마 동정녀 마리아가 나타난 것을 기념해서 5월과 10월에는 두 개의 중요한 축제가 열린다. 4월 성 주일에는 축하행렬이 있고 부활절에 맞추어 포르투갈 투우 시즌이 개막된다. 어느 지방에나 그 지역에 수호성인이 있는데 그 수호성인의 축일에는 그 지역의 제사 지내는 날로서 성지참배와 함께 장터에 토속상품 시장이 서며 유흥 마당이 펼쳐지며 다른 모든 상점은 문을 닫는다. 이처럼 포르투갈은 가톨릭교와는 분리해서 생각할 수 없는 나라이다.

---

3) 파티마(Fátima)는 세계 3대 가톨릭 순례지로 널리 알려져 있다. 김용재, 이광윤, op. cit. p. 164.
4) 이태리에서 건너온 수도 신부로서 리스본에서 가난한 사람을 구제하는 일을 해서 성인으로 칭호를 받았다.
5) 예수님의 12제자 중의 한사람.
6) 예수님의 12제자 중 수제자이며 가톨릭교에서는 초대 교황으로 추대한다.

2. 포르투갈의 역사적 배경

1) 포르투갈 건국과 로마 가톨릭교

포르투갈의 독립 이전 시대에는 이베리아 반도의 루지타니아인들이 살았었다. B.C. 218년부터 정치, 경제, 사회 및 문화 모든 면에 걸쳐서 로마의 지배를 받아 그 영향을 많이 받게 되었다. 지금 사용하고 있는 포르투갈어도 로마인들이 사용하던 라틴어에 기원을 두고 있다. 그들은 처음에는 그리스 로마의 여러 신들을 섬겼었다. 그러나 A.D. 313년에 콘스탄티누스 황제가 밀라노 칙령으로 그리스도교를 공인하자 이베리아 반도에도 로마 가톨릭교 교회와 수도원이 설립되었다. 그 후 서로마제국이 멸망한 후 이베리아 반도에 수에브족과 서코트족 등 게르만족이 들어와 다스렸고, A.D. 711년부터 1249년까지 약 5세기 동안 무어인들이 지배했다. 그 때문에 모사라비[7]의 후손들이라고 멸시받기도 했었다. 그러나 이베리아 반도의 루지타니아인들은 그들의 언어인 포르투갈어와 그들의 종교인 가톨릭교를 지켜 내려왔다. 그 이후의 역사를 좀 더 살펴본다.

아퐁스 6세[8]의 호소로 이베리아 반도에서 무어인들을 몰아내기 위하여 서십자군[9] 원정대가 들어와서 도와주었다. 그들 중 가장 뛰어난 공훈을 세운 사람은 동 라이문두와 동 엔리케이다. 아퐁스 6세는 라이문두와 그의 큰딸 우라카

---

7) 이슬람교도들에 의해서 포르투갈이 지배를 받을 때 그들의 신앙인 기독교 신앙을 간직한 채 살아온 이베리아 반도 사람들, 이들은 이로 인하여 이슬람교들에게 많은 핍박과 박해를 받았다.
8) 레온과 카스티야 및 갈리시아 왕국의 왕으로 이베리아 반도에서 무어인들을 쫓아내는데 앞장섰던 왕이다.
9) 일반적으로 십자군 전쟁은 예루살렘을 탈환하기 위해 유럽의 기독교 왕국들이 이슬람교도에 대항하여 벌인 전쟁을 의미하나, 무어족의 지배를 받고 있던 이베리아 반도에서 이스람교도들을 물리치기 위해서 재정복운동이 시작되어 수많은 프랑크족 기사들이 참여하였기에 이 전쟁을 서십자군 전쟁이라고 지칭한다.

를 결혼시켜 갈리시아 지역10)의 통치권을 주었다. 그는 그녀의 둘째 딸인 테레사를 동 엔리케와 결혼시켜 포르투갈렌스 백작령을 다스리게 하였다. 엔리케는 무어인들과 계속 싸워서 정복하여 포르투갈 건국의 기초를 쌓았다. 그의 아들 동 아퐁스 엔리케가 마침내 1128년에 기마랑이스에 수도를 세우고 포르투갈을 건국하였다. 물론 국가를 세울 때 로마 교황의 승인을 받아야만 했다. 이를 위하여 브라가의 대주교였던 주앙 페쿨리아르가 정치적 외교적 역할을 했다. 그는 포르투갈 로마 가톨릭교 교회의 최고위 성직자였으며 왕실의 상담역을 맡았다. 그는 건국 초기부터 여러 지역에 수도원을 세웠으며 그 중의 대표적인 것이 1131년에 세워진 꼬임브라의 산타크루스 수도원이다. 마침내 1143년에 열린 자모라 회의에서 동 아퐁스 엔리케는 교황 이노센트 2세에게 금 4온스를 매년 지급할 것을 약속하고 교황청의 모든 명령을 철저히 준수하겠다고 맹세하였다.

그후 40년 후인 1179년에 교황청으로부터 포르투갈이 독립 왕국이 되었음을 정식으로 승인을 받았다. 이렇게 세워진 포르투갈은 이베리아 반도에서 이교도를 물리치고 성지를 회복하는 것이 십자군의 역할이라고 생각하고 무어인들과 계속 전투를 하였다. 마침내 1249년 아퐁스 3세 때 지금의 포르투갈 영토인 알가르브 지역까지 무어인들을 완전히 축출하여 이웃 스페인보다 150여 년 앞서서 완전한 독립을 쟁취하였다.

2) 종교재판제도

포르투갈은 로마 가톨릭교의 기반 위에 건국되었으며 가톨릭교를 국교로 하는 나라이다. 마르틴 루터와 칼뱅 등에 의해 개신교가 유럽의 여러 나라에 전파되었을 때 포르투갈은 개신교가 전파되지 못하도록 종교재판제도를 두었다. 이 제도는 동 쥬엉 3세 때인 1543년에 들어와 1684년 동 뻬드루 2세 때까지 지속되었다. 이 기간 동안 화형으로 처형된 사람이 약 1,379명이며 다른 형으

___
10) 포르투갈 북쪽 지역에 위치해 있으며 현재는 스페인에 속하지만 갈리시아어는 포르투갈어와 유사한 스페인어이다.

로 처형된 사람이 약 19,247명이다. 그 외에 수백 명이 감옥에 갇혔다.[11] 이 제
도는 로마 가톨릭교만이 유일한 종교이며 그 이외는 모두 이단으로 간주하여
사람들을 처형하였다. 처음에는 개신교를 믿는 사람들을 처형했고, 후에는 유태
교 및 다른 종교를 믿는 사람들을 처형했고 후에는 왕권 강화의 목적으로도 사
용되었다. 결국 포르투갈은 로마 가톨릭교 이외에 다른 종교들이 발을 붙이지 못
했으며 그 결과 오늘날까지 97%의 국민들이 로마 가톨릭교를 믿게 되었다.

3) 공화국 수립과 종교

1910년 공화국이 선포된 후 로마 가톨릭교가 왕권과 결탁되었다. 하여 공화
국 정부는 로마 가톨릭교회와 거리를 두었다. 그러나 로마 가톨릭교 교회의 지
원을 받지 못한 공화국은 뿌리를 내리지 못하고 1926년 군사 정부에 의해서
붕괴되었다. 물론 공화국 붕괴 원인은 다른 이유들도 있었지만 로마 가톨릭교
의 지원을 받지 못한 것이 중요한 이유 중의 하나였다. 이와 같이 포르투갈에
서는 로마 가톨릭교의 영향이 절대적이라고 할 수 있다.

그 후 군사 정부에 의해서 재무부 장관직을 맡게 된 살라자르는 군사정부의
두터운 신임을 받아 1932년에 수상에 올랐다. 그는 수상에 오르자 야심을 펴고
자 신국가 정치체제를 선포하고 1974년까지 40여 년 동안 독재정치를 했다. 그
가 장기간 독재를 할 수 있었던 중요한 이유 중 하나는 로마 가톨릭교회의 절
대적인 지원을 받았기 때문이다. 1910년 공화국이 수립되면서 국가와 종교를
분리하였지만 실질적인 분리는 1976년의 헌법에 의해서 이루어졌다.[12]

그럼에도 포르투갈은 건국 초기부터 지금까지 로마 가톨릭교와 분리해서는
생각할 수 없을 만큼 그들의 생활에 절대적인 영향을 주었다. 물론 지금도 다
른 종교의 자유를 보장하고는 있지만 가톨릭 교회가 매주 주일 국영방송에서

---

11) A.H. de Oliveira Marques, *História de Portugal Vol. I*(Lisboa: Palas Editores, 1978), pp.
    286-288.
12) 김용재・이광윤,《포르투갈・브라질의 역사문화의 기행》(부산: 부산외대 출판부, 2000), p. 94.

미사 현장을 생중계할 정도로 생활에 깊숙이 침투되어 있다. 그래서 포르투갈 문화와 그들의 의식구조를 이해하는데는 로마 가톨릭을 알지 못하고는 이해할 수 없다.

3. 포르투갈의 종교 의식

포르투갈의 종교 의식을 이해하기 위해서는 중요한 두 가지를 이해해야 된다. 첫째는 세바시티앙왕을 기리는 세바스티니즘(Sebastinismo)이요, 둘째는 1917년 성모 마리아가 발현했다고 해서 세계적으로 유명해진 가톨릭의 성지인 파티마에 대해서 아는 것이다.

1) 세바스티앙주의

세바스티앙주의란 무엇인가? 1558년 세바스티앙왕은 4세의 어린 나이로 왕위에 올라왔다. 포르투갈은 10년 동안 그의 어머니의 섭정에 의해서 통치되었다. 그의 어머니는 세바스티앙 어린 왕에게 알까세르 끼비르[13] 전투에 대해서 설명을 하며 세우따의 알까세르 끼비르를 반드시 탈환하도록 세뇌시켰다. 이유는 그 전투에서 그의 할아버지인 동 쥬앙 3세와 아버지와 삼촌 모두가 참전하여 전사했기 때문이다. 1568년 14세가 되어 직접 통치하게 된 세바스티앙왕은 이것을 복수하기 위해 결혼도 하지 않은 채 10년 동안 전쟁을 준비하였다. 마침내 1578년 모든 국민들의 기대를 받으며 세우따로 떠났다. 그러나 그는 전쟁에서 싸우다 죽었다. 포르투갈 국민들의 소망이었던 그가 죽었다는 사실은 포르투갈 국민에게 매우 절망적이었다.

이때 포르투갈 국민들에게 소망을 심어주기 위해서 포르투갈의 예언자라고 자처하는 반다라가 나타나 거짓 예언을 했다.[14] 즉, '세바스티앙 왕은 죽지 않

---

13) José Hermano Saraiva, *História Concisa de Portugal,* Lisboa: Publicações Europa-América, 1979, p. 161.

앉고 곧 돌아 올 것이다. 이스라엘 사람들이 메시아를 기다리는 메시아 사상처럼 반드시 세바스티앙 왕은 돌아와서 포르투갈을 재건할 것이다.'라고 예언했다. 이러한 사상을 '세바스티앙주의'라고 한다.

포르투갈은 2년 후인 1580년에 스페인에게 나라를 빼앗겼다. 이 세바스티앙주의는 더욱 확산되어 그가 돌아오면 반드시 포르투갈을 독립 시켜줄 것이라고 믿고 그를 정치적 메시아로 믿는 사람들이 늘어났다. 오늘날 일부 사람들을 제외하고는 대부분 사람들은 이 사실을 믿지 않지만 오랫동안 포르투갈 사람들에게 많은 영향을 주었다고 말할 수 있다.

2) 성지 파티마

파티마의 성모 발현은 세계사와 밀접하게 연관되어 있다. 제 1차 세계대전 (1914~1918) 중이던 1917년 4월 6일 미국은 독일에 선전포고를 하면서 서유럽의 역사에 개입하였다. 동유럽에서는 12월 7일 러시아가 볼셰비키 혁명으로 제 2의 이데올로기 세력을 계획하여 전 세계를 긴장시켰다. 한편 바티칸에서는 몬시뇰 파젤리(후에 교황 비오 12세)의 주교 서품식을 5월 13일 거행하고, 그를 독일 대사로 파견하여 평화를 위한 중재를 시도하였다. 오스트리아에서도 평화를 위한 시도가 있었으나 상황이 그리 좋은 편이 아니었다.

그 즈음 반 가톨릭 신도들의 단체인 프리메이슨 단원들은 성 베드로 광장에서 '사탄이 바티칸을 지배해야 한다. 교황은 사탄의 노예가 될 것이다.'라는 깃발과 루치페르가 미카엘 천사장을 내동댕이치는 그림을 나부끼며 창립 200주년 기념 시위를 벌였다. 반 가톨릭 시위를 목격한 당시 신학생이던 1982년 시성된 M. 콜베는 '성모의 기사회'를 창설하였다. 그러한 세계의 흐름 속에서 포르투갈의 '어린 목동들인 루시아, 프란시스코, 쟈신뚜는 성모 마리아가 발현하는 기적을 목격하였다.'고 하였다.15)

---

14) A. H. de Oliveira Marques, *História de Portugal vol. II,* Lisboa: Palas Editores, 1074, pp. 430-431.

다음 장면은 그들이 마리아를 목격한 장면들이다. 어린 목동들인 루시아(10세), 프란시스코(9세)와 쟈신뚜(7세)는 점심을 먹고 묵주의 기도를 끝내려 할 때 갑자기 하늘에서 번개가 번쩍 번쩍하였다. 폭풍우가 닥칠까봐 무서워 급히 양떼를 몰고 내려오던 어린 목동들은 더 강한 번개가 다시 내려치면서 밤나무 위에 '찬란한 빛을 발하는 여인'이 서 계시는 것을 목격하였다. 그녀는 부탁할 것이 있어서 천국에서 왔으니 무서워하지 말라는 말과 그밖의 여러 가지 이야기를 하였다. 그리고 5개월 동안 매월 13일 그 발현 장소에 오면 10월에 자기가 누구이며 무엇을 해야할지 가르쳐 주겠다는 말씀을 하였다. 군주정치에서 세계 혁명을 거쳐 민주정치로 발돋움하던 역사적 전환기 1917년의 5월 13일부터 10월 13일까지 성모 마리아는 여섯 번에 걸쳐 발현하여 세계평화를 위한 참으로 중요한 메시지들을 남겼다. 세계평화와 전쟁종식을 위하여 매일 묵주의 기도를 바칠 것을 당부한 부인은 세 번째 발현 때 "사람들이 나의 요청을 실천한다면 러시아는 회개하고 평화가 올 것이다. 그러나 만일 그렇게 하지 않는다면 러시아는 전 세계에 악을 행하고 전쟁을 할 것이며 교회에 대한 박해를 계속할 것이다. 하지만 마지막에는 나의 티없는 성심이 승리하리라. 교황은 러시아를 나에게 봉헌할 것이며, 얼마 동안 세계에는 평화가 깃들게 될 것이다." 라고 하였다. 10월 13일 마지막 발현 때는 7만여 군중들이 모였다고 한다. 그러나 그들은 성모 마리아의 모습을 보지 못했고 오직 세 명의 목동들에게만 나타났다. 성모 마리아는 기념 성당을 지을 것과 죄인의 회개 및 용서를 빌 것을 당부하고 두 팔을 펼치고 하늘로 오르셨다.

그 발현을 지켜보려고 모였던 7만 명의 군중은 때마침 퍼붓던 비가 그치고 구름이 사방으로 흩어지면서 태양이 활활 타는 수레바퀴처럼 돌며 색색의 빛줄기를 뿜다가 갑자기 곤두박질치는가 했더니, 멈춘 다음 그들을 향하여 떨어지려는 광경에 접하였다. 모두들 겁에 질려 "주 예수여, 저희들이 여기서 죽게 되었습니다."라고 부르짖자 태양이 정상으로 되돌아갔다고 한다. '한 여자가 태양을 입고 달을 밟고 별이 열두 개 달린 월계관을 머리에 쓰고 나타난 하늘의 큰 표징'(요한 계시록 12장)으로 종말론적 성격을 띠는 이러한 파티마의 발현을

---

15) 김용재・이광윤, op.cit. pp. 163-164.

통하여 평화의 성모 마리아는 악의 세력과 부단히 싸워야 하는 그리스도인들의 사명을 일깨우셨다.[16] 세 목동들에게 주신 세 가지 비밀 중 한 가지는 오랫동안 공개되어 있지 않았다가 최근에 공개되었다. 그 내용은 "세계 도처에 전쟁과 지진과 기근이 지속적으로 일어날 터인데 이것이 말세의 징조라는 것이다." 파티마의 성모 메시지는 후세 사람들이 언제나 시대의 정세를 분별하고 돌아볼 필요성을 일깨워 주었다.

이후 파티마의 기적을 기다리는 가톨릭 신자들의 발길로 인산인해를 이루는 순례가 시작되었고 1953년 성당이 완공되었을 때는 포르투갈 전국 각 지역뿐만 아니라 세계의 수많은 가톨릭 신자들과 관광객들이 몰려오고 있다. 1984년 교황 요한 바오로 2세는 전 세계를 다시 한번 평화의 성모 마리아께 봉헌하였다.

지금까지 모두 여섯 번에 걸친 성모 마리아의 현신이 있었다고 하며, 이를 최초로 목격한 목동 중 2명은 파티마 성당에 안치되어 있고 쟈신뚜만이 아직 생존했으나 누구와도 접촉하지 않고 은둔생활을 하고 있다. 이 기적 후 파티마는 포르투갈 가톨릭 신앙의 중심이자 상징이 되었으며, 현재는 세계 3대 가톨릭 순례지로 널리 알려져 있다. 포르투갈의 특징인 3F[17](Fado, Futebol, Fátima) 중의 하나인 파티마는 국민을 로마 가톨릭 종교에 열광하게 만들었다.

3) 종교 관습 및 축제일

포르투갈 사람들의 종교 관습을 보면 전통적 가톨릭교의 교리를 벗어난 모습을 발견할 수 있다. 종교축제와 성인 추모축제가 성행하고 있는 곳에서 이러한 현상들이 눈에 띈다. 그들은 종종 자신의 수호성인과 밀접하고도 개인적인 관계를 맺고자 한다. 이들은 신은 자신이 쉽게 근접할 수 없다고 생각하여 자

16) José Hermano Saraiva, op. cit. pp. 346-347.
17) 파두(Fado)는 운명이라는 뜻으로 포르투갈이 해양국가로 바다에 진출하여 많은 사람들이 바다에 빠져 수장되었지만 이를 알지 못하고 기약 없이 기다리며 한 맺힌 포르투갈 여인들이 부른 애조를 띤 포르투갈 민속음악이다. Futebol은 축구, Fátima는 가톨릭의 가장 중요한 성지 중의 하나이다.

신의 소원을 중개자인 수호성인에게 먼저 요청함으로써 신에게 상달된다고 믿고 있다. 즉, 그들은 신에게 소원을 빌기 위해서 우선 성인에게 서원하고 물질을 바치고 성인이 대신 신에게 간구하도록 하여 자신이 원하는 것을 성취하려는 것이다. 그래서 각 개인, 각 마을, 각 지방에서 수호 성인에 대한 숭배가 성행하고, 수호성인과 관련된 민속축제를 매년 화려하게 치르고 있다.

지금도 교육을 많이 받지 못한 사람들이나, 도시의 빈민층 사이에는 점성술이나 미신을 믿는 포르투갈 사람들이 있다. 이러한 이교도적인 신앙이 가톨릭교의 일부분이 되기도 한다.

또 다른 관습으로는 파티마에 나타난 성모 마리아의 영향으로 인하여 예수보다 더 숭배될 정도로 성모 마리아의 숭배가 크게 성행하고 있다. 그래서 포르투갈에 가보면 예수 그리스도상과 더불어 마리아상이 공공장소나 사무실에 걸려 있는 모습을 자주 볼 수 있다.

포르투갈 사람들의 공휴일을 알아보면 아래 표에서 보는 바와 같이 가톨릭교와 특히 성모 마리아와 관련되는 날이 많다는 것을 알 수 있다.

공휴일

1월 1일 신정(Ano Novo)
2월 11일 사육제(Carnaval) *
4월 13일 성 금요일(Santa Sexta-feira) *
4월 15일 부활절(Páscoa) *
4월 25일 혁명기념일 (Dia de Vinte e Cinco de Abril)
5월 1일 노동절(Dia de Trabalhadores)
6월 10일 포르투갈의 날(Dia de Portugal)
6월 17일 그리스도의 성체성혈 축일(Corpus Christi) *
8월 15일 성모 승천 대축일(Assунção)
10월 5일 공화정 선포일(Dia de Proclamação da Répulica)
11월 1일 모든 성인 대축일(Dia de Todos os Santos)
12월 1일 독립 기념일(Dia de Independencia)
12월 8일 원죄없이 잉태되신 복되신 동정 마리아 축일(Imaculada Conceição)
12월 25일 크리스마스(Natal)

* 해마다 날짜가 바뀜.

위의 공휴일 이외에 각 도시나 지역마다 그 지역의 수호신을 기리는 축제일이 있으며 그때는 그 도시나 지역은 공휴일로 쉰다. 이상에서 보는 바와 같이 포르투갈의 대부분 축제도 가톨릭교와 밀접한 관계가 있으며 공휴일까지도 그 영향을 받아서 정해진 날이 많다. 다음 장에서 포르투갈의 축제에 대해서 좀 더 자세히 알아보기로 한다.

파티마 성당

4. 포르투갈의 축제

　　로마 가톨릭교를 국교로 하는 포르투갈인들의 종교 의식에 관련되는 각종 축제의 성격과 특성을 살펴보면 그들 문화의 단면을 엿볼 수 있다. 포르투갈은 가톨릭의 영향을 받은 여러 가지의 축제가 있다. 지역마다 특징이 있으며 그 축제의 성격에 따라 의상도 매우 다양하다. 북부 지역과 남부 지역의 축제 때 입는 의상이 아주 다르다. 북부 지역에서는 주로 자주실과 금붙이가 붙은 화려한 옷을 입는 반면, 남부 지역에서는 수수한 옷을 입는다.

　　포르투갈의 축제는 각 지역의 특산품 위주의 박람회 형식으로 열리고 있다. 그 중에서 중요한 몇 가지를 소개하고자 한다

1) 산뚜 안또니오 축제(Festa de Santo António)

　　포르투갈에서의 가장 큰 축제로는 산뚜 안또니오를 기리는 축제이며 수도인 리스본에서 열린다. 우리나라의 구보다 작은 단위인 동(bairro)으로 이루어진 구역 시민들이 남녀노소 할 것 없이 의상을 준비하여 입고 춤을 추면서 시가행진을 한다. 6월 12일 밤과 13일에 걸쳐 열리는 축제로 대부분 리스본 시민들이 참여하며 즐기는 축제이다.

　　6월 12일 밤에 폭죽과 함께 시작되는 이 축제의 주요행사는 시내 중심에 위치한 에두아르두 7세 공원에서 출발하여 리스본에서 가장 넓은 도로인 리베르다드 거리까지 민속춤과 노래 경연행진을 한다. 거리 축제는 1755년 대지진 때 무너지지 않은 구 시가지인 알파마[18]의 성 조르지성[19]까지 이른다. 축제는 저

---

18) 리스본시는 1755년 대지진으로 인하여 많은 지역이 파괴되어 1775년 당시 재상이었던

녁 8~9시 경에 시작한다. 새벽 1시 경이면 리스본 시민들은 알파마의 성 조르지성으로 가서 포도주와 맥주를 곁들여 1년 중 이때가 제일 맛있다는 구운 정어리 요리(Sardinha Assada)를 먹는다. 그래서 그날 밤 이 지역에는 구운 정어리 냄새가 진동한다. 꼬불꼬불하고 좁은 길로 이루어진 알파마와 바이루 알뚜 지역에는 화려한 장식과 네온사인으로 장식되어 있다. 그리고 남녀노소 할 것 없이 수많은 리스본 시민이 밤새도록 돌아다니며 춤을 추고 노래를 부른다. 산뚜 안또니오는 리스본의 수호성인일 뿐만 아니라 결혼성인이기도 하다. 그래서 이 날에는 많은 젊은 연인들이 사랑의 성공을 비는 만제리꼬[20]라는 조그마한 향기 나는 화초를 연인들에게 선물하는 풍습이 있다. 이 날은 리스본 거리 도처에서 이 만제리꼬를 사고 파는 모습이나 손에 이 화초를 들고 다니는 연인들을 쉽게 볼 수 있다. 이 화초가 잘 자라면 사랑이 이루어진다고 한다.

2) 성 요한 축제

성 요한 축제(Festa de São João)는 매년 6월 23일 밤에 시작하여 25일까지 3일 동안 계속된다. 포르투갈 제 2도시인 뽀르뚜를 중심으로 브라가시 등 북부 지역 전역에 걸쳐 축제가 열린다. 이 시기가 되면 전국 각지에서 많은 순례자들이 브라가시를 방문하여 축제 마지막 날 새벽 무렵에 돌아간다. 왜냐하면 이 축제는 뽀르뚜에서도 열리지만 브라가의 축제가 더욱 화려하기 때문이다. 축제 기간 동안에 시내는 음악과 조명으로 활기에 넘치며 평소에는 일만 하던 이 지역 사람들이 이때는 열광적으로 노래하고 춤추며 축제를 즐긴다. 또한 이 지역의 사람들은 성 요한에 대한 절대적인 신앙심을 갖고 있어서 축제는 종교적

Marques Pombal에 의하여 근대 도시로 건설되었다. 그러나 알파마(Alfama) 지역은 지진으로 파괴되지 않았기 때문에 포르투갈의 전통 가옥들이 그대로 보존되어 있는 지역이다. 포르투갈의 토속적인 문화의 조화를 이룬다는 측면에서 이 지역에서 포르투갈의 전통 민속 음악인 Fado 공연을 많이 한다.

19) 포르투갈에 몇 개 남지 않은 로마 시대의 유적지로 이곳에 올라가면 리스본 시내를 한눈에 볼 수 있다.

20) 매우 강한 향기가 나는 박하과의 풀.

인 색채가 짙다. 다윗 왕의 춤,21) 양치기 춤 등 중세적 춤을 추며 가장행렬 수레가 시내를 행진한다.

뽀르뚜에서는 리스본과 마찬가지로 폭죽을 터트리며 노래부르고 밤새 춤을 춘다. 이곳 사람들은 전통적인 청포도주(Vinho Verde)로 재운 염소고기를 먹는다. 뽀르뚜 사람들은 플라스틱 망치와 마늘대를 갖고 밤새 다니면서 모르는 사람들까지도 서로 때리는 장난을 하면서 시내에서 포즈라는 바닷가까지 돌아다닌다. 새벽까지 플라스틱 망치 하나만 갖고 바닷가 근처에서 그렇게 즐겁게 보낼 수 있는 것은 이 축제만이 가지는 독특함이라고 할 수 있다.

3) 꼬임브라 축제

꼬임브라(Coimbra) 대학의 축제인 께이마다스 휘따스(Queima das Fitas) 축제는 대학축제라고 하지만 꼬임브라시의 온 시민이 참여하므로 꼬임브라시 축제라고도 말할 수 있다.

께이마다스 휘따스 축제는 대학 역사22)와 더불어 13세기부터 지금까지 이어지고 있다. 포르투갈에서 가장 전통적인 축제 중의 하나로 께이마다스 휘따스란 "매듭을 태운다."는 의미이다. 5월에 졸업 확정자가 발표되면 후배들이 축제를 준비한다. 졸업생을 축하해주기 위한 이 축제는 5~7일 정도 계속되고, 축제는 졸업하게 되는 학생들이 매듭을 태우면서 서막을 올린다. 매듭을 태우는 것은 복잡하고 힘든 과정을 모두 마쳤다는 것을 의미한다. 매듭은 색깔에 따라 각 단과대학을 상징한다. 빨강색은 법과대학, 노랑색은 의과대학, 옅은 청색은 자연과학대학, 진한 청색은 문과대학, 그리고 자주색은 약학대학을 나타낸다.

졸업생들을 축하해주는 많은 친구들과 후배들이 그 매듭에 서명을 해주기도 하며, 매듭을 태우는 행사가 끝나면 갖가지 종이꽃으로 화려하게 장식한 꽃수

---

21) 하나님의 법궤를 예루살렘으로 옮겨올 때 다윗왕이 너무 기뻐서 바지가 내려가는 것도 모르고 열심히 춤을 추었다는 성경 말씀에 근거하여 이 춤이 유래되었다.
22) 1280년에 D. Dinis 왕 때 세워졌다.

레나 꽃자동차에 졸업생들을 태우고 가장행렬을 시작한다. 제일 앞에는 고적대
가 힘찬 행진곡을 연주하며 나아간다. 그 뒤에 졸업하게 되는 학생들을 태운
꽃자동차의 긴 행렬이 이어진다. 중간 중간에 우스꽝스러운 의상, 모자와 지팡
이 등을 갖고 얼굴에 분장을 한 사람들이 춤을 추며, 우스꽝스러운 몸짓으로
구경하는 사람들을 즐겁게 해준다. 이 가장행렬은 여섯 시간 정도 계속되며 온
시내를 누비고 다닌다. 이 축제 때 졸업하게 되는 학생들은 그들의 오랜 전통
의 교복인 검정색 망토와 교모를 착용한다. 그 교복과 교모는 '까파 에 바띠나'
라고 한다.

축제 기간 동안 각종 체육행사 등으로 우의를 다지기도 하며, 미술 전시회,
영화, 연극 등 다양한 문화행사 프로그램을 진행한다. 마지막 날 밤에는 꼬임브
라 파두23)를 부르면서 '세레나드의 밤'을 장식한다.

4) 성 베드로 축제

성 베드로 축제(Festa de São Pedro) 축제는 광활한 남부 알레테쥬 지방의
도시인 에보라에서 6월 28일 밤과 29일에 걸쳐 거행된다. 이 축제에 맞춰 장
(Feira)이 서는데, 이 지역의 전통음식과 중요한 토속상품을 판매하고, 각종 전
시 및 전통 춤 공연이 행해진다.

5) 쟁반 축제

2년에 한번, 7월 첫 일요일에 또마르에서 열리는 쟁반 축제(Festa de Tabuleiro)
는 포르투갈의 가장 화려한 축제 중의 하나이다. 온통 형형색색의 꽃 융단과
아치로 거리를 장식하며, 평소에는 한적한 이 도시에 이때는 수많은 관광객들로

---

23) 파두는 매우 구슬픈 애조를 띤다. 그러나 꼬임브라 파두만은 다른 파두와 다르게 웅장하고
    힘찬 행진곡으로 되어있어 젊은이들에게 미래를 향하여 힘찬 전진을 고무시킨다.

활기가 넘친다.

화려함과 종교적 엄숙함이 곁들여진 이 쟁반 축제의 절정은 하얀 옷을 입고 머리에 쟁반을 얹은 4백 명의 젊은 아가씨들이 퍼레이드에 참가하는 것이다. 쟁반에는 꽃, 색종이 그리고 밀로 장식된 긴 꼬챙이에 빵이 꿰여져 있는 것들이 있다. 이를 통해서 볼 때 쟁반 축제는 일종의 추수감사제임을 알 수 있다. 일반적으로 남자친구들이 퍼레이드에 참가한 여자 옆에 함께 걸어가면서 여자들이 힘들어 할 때에는 도와주기도 한다.

이 축제는 14세기 한 수도원이 마을의 가난한 사람들에게 빵과 고기를 나누어 준 것에서 유래되었다고 한다. 그래서 지금도 축제 후에 빵을 사람들에게 나누어준다. 이를 통해 교회가 사회에 어떤 역할을 해야 하는가를 말해 주기도 한다.

6) 성모 아고니아 순례 축제

비안나 데 가스뗄루에서 열리는 성모 아고니아 순례 축제(Romaria da Nossa Senhora da Agonia)는 매년 8월 셋째 주에 열린다. 이것은 포르투갈 각지에서 모든 순례자들이 모인다. 축제 기간 동안 강가에서는 불꽃놀이, 소몰이, 민속의상을 입은 아가씨들의 민속무용이나 행렬이 펼쳐진다. 마지막 날에는 여자들이 전통적인 검은 의상을 몸에 감고, 손에는 꽃으로 화려하게 장식한 양초를 들고, 아고니아 교회로 행진한다.

5. 포르투갈의 종교 구성 비율

1) 주요 종교의 구성 비율

로마 가톨릭   97% (성장률 0.3%)
개신교   1% (성장률 5.7%)
이슬람교   0.2% (아랍인, 북아프리카인)
무종교, 기타   0.9%
개신교 이단 종파   0.9% (여호와의 증인, 몰몬교, 통일교 등)

2) 개신교의 현황

⑴ 구성 비율 및 선교사 현황

현재 포르투갈에서 활동중인 외국 선교단체 선교사는 60개 단체의 335명 (1:30,700명)이며, 포르투갈 개신교회에서 파송한 선교사는 18개 단체의 168명 (1,760 개신교 교인)이다.

개신교 교단의 교세 현황 (1994년 통계 자료)[24]

교단	교회	성인 교회	최대치 교인
하나님의 성회	497	25,000	33,300
만나기독교회	31	10,000	25,000
제칠일안식교회	100	7,000	16,000
기독교형제회	117	4,000	6,670
침례교총회	58	3,943	5,260
장로교회	35	1,700	5,000
감리교회	19	1,260	5,000
루시타니아교회	17	1,250	5,000
그리스도의 회중	102	3,000	5,000
기타 (46)	338	12,918	21,597
계 (55)	1,314	70,071	97,262

(2) 오순절 및 카리스마틱한 교회 상황(10개 그룹)

개신교 전체 인구의 약 70%(71,000명)으로 교회는 아래와 같다.

① 하나님의 성회(Assembly of God)

개신교 전체 교회의 33% 차지.

오순절/카리스마틱 전체 교회의 45% 차지.

〈Institute of International Correspondence〉 및 자체 신학교 운영. 미국의 General Council of Assembly of God 선교부 소속. 그 외에도 마약중독자 갱생을 위한 'Teen Challenge' 갱생원 및 전도 초청 모임 운영, 양로원, 고아원 사역, 교도소 전도 사역을 실시하고 있다.

② 만나 기독교 교회(Manna Church)

개신교 전체 교회의 25% 차지.

오순절/카리스마틱 전체 교회의 30% 차지.

③ Abundant Life Church - Full Carismatic pentecostal Church

---

24) 이 통계자료는 포르투갈에서 선교사역을 하는 강병호 선교사님을 통해 입수한 자료이다.

자체 신학교 운영. 아프리카 포어권 국가인 앙골라 선교에 힘쓰며 마약갱생
원을 자체 운영하고 있다.

④ Universal Church of the Kingdom of God(Igreja Universal do Reino de Deus)

이 교단은 약자로 IURD라고 하며 현재 포르투갈 내에 122개 교회를 설립
했다. 최근에 브라질에서 건너온 선교사들을 통해 능력 치유와 대규모 은사집
회 및 방송매체 및 공고 선전을 통해 급속히 성장하고 있는 그룹이다. 빈민구
제 사역도 많이 하고 있으며 빈민들에게, 특히 포어권 아프리카 국가들로부터
이주해 온 가난한 흑인들 부락에 헌옷 등을 나누어주며 마약촌에서도 매일 저
녁 노방 무료급식 사역을 하고 있다. 각 동네마다 전도팀을 보내어 전도에도
힘을 많이 쓰고 있다.

⑤ 기타 소규모 오순절 교회 그룹

Evangelica Pentecostal Church, Church of God, Apostolic Church, Church of
Deliverance, New Life Church, Maranata Evangelical Mission. Logos Church 등이 있다.

(3) 주요 개신교 교단의 상황

① 회중교회(Congregational Church)

개신교 전체 교회의 5% 차지. 포르투갈에 파송된 첫 개신교 선교사로서 마
데이라섬에서 의료 및 학원 선교를 했던 로버트 캘리 부부가 브라질에 건너가
서 세운 첫 회중교회와 '브라질 포르투갈 복음 전도자 선교회'의 영향으로 1880
년 경에 세워졌다.

② 기독교 형제회(Brethren Church)

개신교 전체 교회의 6% 차지. 영국의 성공회 교회와 관련을 갖고 일하던 헬
렌 루튼이 형제회 교회 교리의 기초를 놓았고, 브라질에서 스코틀랜드 감독교
회 대표로 일하던 홀든 부부가 영국의 형제회 교회주의자인 J. N. 다비의 영향
을 바탕으로 1877년에 처음으로 설립하였다.

③ 침례교 총회

전체 개신교 교회의 5% 차지. 영국 선교사 조셉 존스에 의해 1888년에 첫

침례교 신자들이 생겨나고 신학교들이 설립되었다. 현재 'The Baptist Convention', 'The Baptist Association and the Independent Baptist Churches' 및 'Society of Baptist Foreign Mission'(1946), 'Association of the Baptistes to the world evangelization'(1980) 교단이 있으며 전국에 1922～1969 사이에 3개의 신학교를 설립하였다. 고아원 및 양로원, 침례교 출판사, 서점을 운영하고 있다.

④ 장로교회

포르투갈 개신교 첫 선교사인 로버트 캘리가 1845년 마데이라섬에 첫 장로 교회를 설립하였다. 1866년에 스코틀랜드 장로교 선교사 로버트 스튜어트가 포르투갈 본토에서도 복음 전파 및 교회 설립을 시작하였다. 자체 신학교 및 출판사, 성 누가 병원 등을 운영하고 있다. 1970년에 수도 리스본에 독립 장로교회 교단이 설립되었다. 포르투갈 장로교회는 W.C.C에 속해 있고 자유주의 신학 노선을 따르고 있다. 보수적인 장로교회는 개혁주의 신학 노선을 따르는 장로교 선교사들에 의해 개척되어, 현재는 'Greater Europe Mission'에서 운영하는 초교파적인 보수주의 신학교 'Portugues Bible Institute' 졸업생들 가운데서도 장로교회를 개척하기도 한다.

⑤ 감리교회

전체 개신교 교회의 5% 차지. 감리교 선교사들에 의해 1835～1850에 걸쳐 포르투갈 성서공회가 설립되었다. 1871년에 제임스 카셀즈가 목회하던 교회는 루지타니아 감독교회와 합쳐졌다.

(4) 기타 개신교의 현황

① Bible Action 교단

스위스 제네바에 본부를 두고 있으며, 1921년 포르투갈 Bible Action 교단 선교사들인 사무엘 마디, 찰스 마테즈, 폴 밸론 등에 의해 시작되었다. 1970년대 초반에 새로운 선교사들이 많이 들어와 사역함에 따라 활기를 띠게 되었다. 어린이 성경캠프(1977년 시작)와 'The Bible House'를 운영하고 있다.

② 루터란 복음교회(Luteran Evangelical Church)

1958년 브라질 목사인 하스에 의해 소그룹 루터란 교회가 시작되었다. 양로원 성경공부 모임과 <Luteran Hour> 방송 전도 프로그램 운영이 주된 사역이다.

③ 복음주의 집시 교단

포르투갈 북부 지방의 중심지이며 두 번째 도시인 뽀르뚜에서 1966년에 공식적으로 시작되어 1967년에 첫 세례교인 28명이 생겨났다. 1972년부터 수도권 리스본 지역에도 교회가 설립되기 시작하였다. 스위스의 집시 교단교회에서 선교 지원금을 1973년 이후 보내기 시작하였다. 1972년 스페인의 복음주의 필라델피아 집시교단 교회들이 들어오면서 2개의 교단이 형성되어, 현재 포르투갈 국내에 살고 있는 6만여 명의 집시들에게 복음을 전하여 집시 거주 부락에 교회 개척사업을 주로 하고 있다.

④ 구세군 교회

1971년 두 사관에 의해 포르투갈 북부지방 Portodptj에서 처음 시작되어 칼 엘리센 선교사가 파송되면서 본격화되었다. 특히 1974년 이후에는 과거 포르투갈 식민지들이 연달아 독립하면서 식민지를 떠나 본국 포르투갈로 밀려들어온 수많은 피난민, 이주민들을 돕기도 했다. 주된 사역은 양로원 사역과 헐벗고 굶주린 자들을 위한 급식소 운영 등이다.

⑤ 나사렛 형제 교회(Nazarene Church)

포르투갈의 식민지 국가였던 까보 베르지에 최근 3~4세기에 걸쳐 나사렛 형제 교회가 설립되어 부흥했었는데 포르투갈에 이 교회가 들어온 것은 1973년이며 처음에는 형제단 교회 건물에서 집회를 가지기도 했다. 나사렛 형제 교회 소속 선교사들이 들어오기 전에는 포르투갈에 들어와 거주하고 있던 까보 베르지 사람들 가운데 교인들에 의해 개인전도 및 성경공부 등이 시행되기도 하였다. 1975년 얼, 글래디스 모슬러 두 선교사가 들어와 리스본 수도권 지역과 세 번째 도시인 꼬임브라 지역에 교회를 세웠으며 이 즈음에 미국과 영국 선교사들과 까보 베르지 신학교 졸업생들이 많이 들어와 사역하게 되었다.

(5) 개신교 이단 종파 교세 현황

① 여호와의 증인

교회수: 546, 성인 교인: 38,071명, 최대치 교인: 64,000명. 전 국민의 0.65%. 포르투갈 국민들은 '여호와의 증인'을 개신교 이단종파로 보지 않고 개신교 교단 중의 하나라고 일반적으로 알고 있다.

② 몰몬교

교회수: 105, 성인 교인: 11,500명, 최대치 교인: 23,000명, 전 국민의 0.23%. 포르투갈 내의 몰몬교 사역 선교사는 600명[25]이다.

---

25) 본 자료는 포르투갈에서 선교사역을 하는 강병호 선교사님을 통해 입수한 자료이다.

맺음말

이상에서 살펴본 바와 같이 포르투갈에 공식적인 국교는 없으며 종교의 자유가 헌법에 명시되어 있다. 그러나 로마 가톨릭교를 떠나서는 포르투갈을 생각할 수 없을 정도로 대부분의 포르투갈 사람들은 명목상으로나마 가톨릭 신자라고 말한다. 이는 포르투갈은 건국 자체가 이슬람 세력에 대한 십자군 전쟁의 일환으로 이루어졌고, 역대 왕들이 로마 가톨릭교를 바탕으로 나라를 통치해왔기 때문에 그들의 일상생활 속에 깊이 뿌리 박혀 있다. 종교개혁 이후에도 포르투갈은 종교재판제도를 통해서 개신교의 선교 활동을 엄격하게 규제했기 때문에 개신교의 복음이 전파되지 못하였다. 이러한 종교적 전통으로 인해 포르투갈에는 곳곳마다 고색 창연한 성당들이 많다. 주요 종교 축제일은 휴일로 정해져 있을 뿐만 아니라 국가의 도덕과 법, 일반 관습, 문화 등 모든 면에 걸쳐서 가톨릭교의 전통에 바탕을 두고 있다. 그래서 그들의 문화를 이해하려면 로마 가톨릭교를 알지 못하고는 불가능하다고 말할 수 있다.

1917년 성모 마리아의 파티마 출현 이후 포르투갈뿐만 아니라 세계 각지에서 순례자가 모여든다. 파티마 순례행사를 통해 그들의 신앙심을 엿볼 수 있다. 이러한 순례행사 이외 전국 각지에서 벌어지는 수많은 지역 사회의 행사를 통해 아직까지도 포르투갈 사회에 가톨릭 전통이 그대로 남아 있다는 것을 알 수 있다. 실제로 이 행사들은 다양한 종교적 의식과 민속행사를 중심으로 이루어지고 있어 가톨릭이 포르투갈 사회에서 어떠한 위치를 차지하고 있는가를 잘 알 수 있다.

물론 현재 포르투갈 사람 모두가 열심히 신앙생활을 하는 것은 아니다. 대략 인구의 1/3 정도만이 규칙적으로 미사에 참여하는 실질적인 신앙생활을 한다. 그것도 남자나 젊은이들은 신앙생활에 무관심하고 미사에 참여하는 사람들의 대부분은 여자, 어린이와 노인들이다.

비록 그들이 실제로 신앙생활은 열심히 하지 않지만 그들의 삶 가운데는 로마 가톨릭교의 정신이 배어 있음을 알 수 있다. 그들은 소외된 이웃들과, 병든 자들, 의지할 데 없는 노인들을 잘 돌본다. 평소의 삶 가운데에도 다른 사람들을 이해하려고 노력하며 다른 사람들이 입장을 배려하고 특별히 어려운 일을 당하였을 때 도와주려고 한다. 특히 그들의 인사말 "주님이 원하신다면 내일 만납시다."(Se Deus quiser, até amanhã)에서 보듯이 그들의 삶 가운데 은연중 주님을 의지하는 모습을 엿볼 수 있다.

최근에는 개신교들이 부분적으로나마 복음 전파에 노력하고 있지만 아직은 그 영향이 미미하며 오랫동안 로마 가톨릭교에 뿌리 박혀 있는 그들을 개종시키기는 쉽지 않다.

참고문헌

Albuquerque, Luis de, *Introdução à História dos Decobrimentos,* Lisboa: Pub. Europa-América, 1989.

Birmingham, David A., *Concise History of Portugal,* Cambridge: Cambridge Univ. press, 1993.

Boxer, C. R., *O Império Colonial Português(1415~1825),* Lisboa: Edições 70, 1981.

Cidade, Herâni, *Portugal Histórico-Cultural,* Lisboa: Presença, 1985.

Fernandes, Blasco H., *Portugal através de Alguns Números,* Lisboa: Prelo, 1976.

Ferreira, Eduardo de Sousa e Outros, *Portugal Hoje,* Lisboa: Instituto Nacional de Administração, 1995.

Garcia, José Manuel, *História de Portugal,* Lisboa: Presença, 1984.

Marques, A. H. de Oliveira, *História de Portugal vol. I-III,* Lisboa: Palas Editores, 1974.

Matos, Madalena Mendes de, *Arraial : Festa de um Povo,* Lisboa: Pub. Dom Quixote, 1992.

Saraiva, José hermano, *História Concisa de Portugal,* Lisboa: Pub. Europa-América, 1979.

------------------, *História de Portugal,* Lisboa: Pub. Europa-América, 1994.

Comissão Consultiva da Festas de 1990, *Festas de Lisboa,* Lisboa: Câmara Municipal, 1990.

강석영·최영수,《스페인·포르투갈사》, 서울: 대한 교과서 주식회사, 1990.

김용재·이광윤,《포르투갈·브라질 역사문화 기행》, 부산: 부산외국어대학교 출판부, 2000.

이원복,《이원복 교수의 진짜 유럽 이야기》, 서울: 두산동아, 1998.

주한 포르투갈 문화원,《포르투갈 - 국가, 역사, 문화》, CTMCDP, 1998.

5. 헝가리의 종교와 종교 의식

이상협 / 한국외국어대학교 헝가리어과 교수

1. 머리말

헝가리 민족은 이웃 민족들과는 그 계통이 다르고 언어 역시 완전히 별개의 어족으로부터 기원하고 있다. 이러한 차이는 역사의 전개과정에도 반영되어 중동부 유럽 지역에서의 민족 및 국가의 생존과 보존을 위한 노력을 부단히 지속시키도록 하였다. 헝가리의 종교와 종교 의식에 대한 이해는 바로 이러한 역사적 사실에 대한 이해를 필요로 한다.

중동부 유럽 지역의 혼란상의 문제는 종교와 국가간의 문제로 귀결시켜 볼 수 있다. 역사적으로는 이 지역에 있어서, 정상적인 경우에는 민족의 경계와 종교의 경계는 일치해 왔지만, 국가의 경계와는 일치하지 못하였다. 이러한 민족과 종교의 일치상은 민족과 문화적 동질성을 유지해주는 긍정적인 측면도 있었던 반면에 종교적 차이를 통해 상호 적대감을 불러일으키는 부정적 현상도 야기하였다. 중동부 유럽 지역의 여러 민족과 문화는 모두 이 지역에서 오랜 역사 전통을 가진 이 지역 고유의, 토착적인 성격을 지니고 있다. 이들 모두 천여 년 이상 서로 상호공존하며 평화적인 관계를 유지해 왔으나, 근대에 이르러 대두된 강력한 민족주의 조류는 이 지역의 평화공존 양상을 근본적으로 뒤바꾸는 결과를 초래하게 되었다. 자신들의 동질성을 고착화하고 강화시키기 위한 수단으로서 제 민족들은 자신들의 역사를 특히 강조하기 시작한 것이다. 생존을 위한 목적에서 출발한 이 시도는 곧이어 국수주의적 색채가 강하게 가미된 민족주의로 발전하며 19세기 말과 금세기 초반의 국제 정세에 편승하여 제 민족, 문화의 평화공존은 깨어지고 반목과 갈등이 심하게 나타난 것이다.

헝가리의 종교와 종교 의식에 관한 이 글 역시 이러한 인식을 바탕으로 하여 살펴볼 때 보다 쉽게 이해가 될 수 있을 것이다. 먼저 헝가리의 주요 역사 전개과정과 연관하여 종교 상황을 기술하고 현재의 전반적인 종교 상황에 관하여는 간략한 개괄을 하는 것으로 이 글을 끝맺도록 한다. 특히 현재의 종교 의식 부분에 있어서는 헝가리 역시 범세계적인 세속화의 과정 속에서 종교 의식과 종교의 역할이 많이 약화되어 헝가리만의 특유한 사항을 찾아보기는 어려운 것이다.

2. 종교와 국가 / 민족

1) 고대 신앙

헝가리 민족의 근간은 중부 우랄산맥에서부터 이동하여 현재의 카르파티아 분지에 정착하는 민족이동의 과정에서 핀-우그르어족/우랄어족을 기반으로 하여 남부 러시아의 초원지대에서 비친족 관계에 있는 수많은 여러 아시아계 기마유목민족인 고대 튀르크 민족들과 접하고 그 기마민족들이 용해되기도 하여 형성된 것으로 볼 수 있다. 이러한 접촉의 결과는 헝가리 민족의 설화와 고대 헝가리 문화에 - 일부는 현재에 이르기까지 - 반영되고 있다. 이 민족설화들은 고대 헝가리인들의 기마유목민족적인 문화와 생활방식을 보여주고 있을 뿐 아니라 그 속에 나타난 '토템' 신앙의 대상물 역시 고대 유라시아 대륙의 토템과 깊은 관련성을 갖고 있다. 헝가리 고대 설화에 나타나는 토템은 사슴과 함께 말이 있으며 특히 초원지대에 거주하는 종족들의 토템인 맹금류는 헝가리인들에게는 '투룰'이라는 상상의 새로 표현되어 민족주의가 팽배하던 19세기와 20세기 초에는 전국적으로 수많은 투룰상이 건립되기도 하였다.

2) 기독교 도입

유럽에 정착하게 된 헝가리인들은 민족의 생존과 독자성을 보존하기 위하여 주변 제 민족들의 문화조류와 정세를 따라 기독교를 수용하고 국가를 건설하여 유럽의 일원으로서 역사조류를 함께 하기 시작했다. A.D. 1000년에 기독교를 국교로 하여 헝가리 왕국이 건립되었다. 특히 기독교 수용에 있어서 동로마 교회가 아닌 서로마 교회를 받아들임으로서 이후 헝가리는 동유럽보다는 서유럽 지향적인 역사를 갖게 된 것이다.

헝가리 왕국은 봉건 신분질서를 확립하고 풍부한 자원을 바탕으로 하여 국력을 크게 신장시켜 나갔으나, 1241년 몽골군의 유럽 침공에 직면하여 유럽 기독교 국가의 일원으로서 최선봉에서 대적하게 되어 국가의 존립위기를 맞게 되었다. 또한 1418년 이후부터는 오스만-터키 제국은 유럽의 기독교 문명권을 제압하려는 야심을 가지고 계속적으로 유럽을 침공하였다. 헝가리는 그 지리적인 위치로 인하여 이 침공의 길목에 놓여 있음으로서 수백 년간의 대 오스만-터키 투쟁을 치러내게 되었다. 헝가리 민족이 기독교화 하여 유럽의 동쪽에서 이교도들의 침입을 막아내는 선봉자의 역할을 충실히 해 냄으로서 서유럽 기독교 국가들은 계속적인 역사발전을 이룰 수 있게 되었으나, 헝가리는 이 투쟁의 결과로 국력이 소모되어 국가발전이 뒤쳐지게 되는 결과를 초래하였다.

시골 도로변에 세워진 예수상

3) 종교개혁과 반종교개혁

이때까지는 헝가리에 가톨릭 교회조직이 전 지역을 총괄하고 있었으나, 15세기 초반부터 봉건권력에 불만을 가진 사람들에게 널리 퍼져나간 '후스주의'가 헝가리 남부 지역에도 전래되었다. 특히 봉건지주 및 귀족들의 과도한 지대 요구와 오스만-터키의 침입으로 인하여 엄청난 피해를 겪고 있던 트랜실바니아 지역 농민들 사이에 이 후스주의는 급격히 퍼져나갔다. 후에 이 후스주의는, 헝가리 왕국의 국왕을 승계하게 되어 헝가리 왕국을 지배하게 된 합스부르크 제국의 압제에 대항하여 민족의 자주성과 독립성을 쟁취하려는 헝가리 사회의 중간 및 소귀족 계층과 헝가리 농민들의 종교인 칼뱅교로 발전하여, 헝가리 왕국의 동부와 트랜실바니아 지역을 중심으로 하여 널리 전파되었다.

서유럽 기독교 국가의 도움 없이 홀로 오스만-터키 제국의 끊임없는 침략을 영웅적으로 방어해 내던 헝가리는 마침내 1526년의 '모하치' 패전으로 인하여 국가의 통일성이 단절되고 150여 년간의 국토 3분상태를 맞게 되었다. 서부 헝가리는 합스부르크 왕가의 직접적인 지배하에서 가톨릭 문화권에 속하게 되었고 중부 헝가리는 오스만-터키군의 관할하에 들어갔으며, 다만 동부 헝가리와 동남부의 트랜실바니아는 오스만-터키의 용인하에 '트랜실바니아 공국(公國)'으로서 종교적으로는 칼뱅교를 신봉하며 헝가리 민족의 역사와 문화전통을 승계하여 발전시켜 나가게 되었다.

1686년에 합스부르크 제국에 의해 다시 통일됨으로서 헝가리는 합스부르크의 계속적인 지배하에 빠져들었다. 합스부르크 제국은 보수 봉건적 사회질서를 계속 고수함으로써 헝가리 사회의 대다수를 차지하고 있던 농민과 농노들은 봉건적인 속박과 예속의 멍에를 짊어지고 고통받게 되었으며, 종교적으로도 가톨릭교 중심의 합스부르크 제국에 의해 대부분이 헝가리인들인 칼뱅교도들은 박해를 받게 되었다. 합스부르크의 강압적인 반종교개혁정책에 의해 상당수의 귀족들과 신교 신봉지역은 다시 가톨릭교로 개종하기도 하였다.

칼뱅교가 우세한 지역인 헝가리의 동부 지역과 트랜실바니아를 거점으로 하여 합스부르크로부터 독립하려는 노력이 17세기에 크게 일어났으나 결국은 실

패로 끝이 나게 되었으나, 17세기 중반 이후 헝가리에 유입되기 시작한 계몽
사상의 영향으로 헝가리 사회에도 변화의 바람이 불기 시작하였다. 계몽사상과
더불어 프랑스 혁명의 영향을 받아 헝가리에도 1848년에 헝가리 시민혁명이
일어나게 되었으며 시민혁명을 진압하려는 합스부르크의 시도에 헝가리 독립
전쟁이 1849년에 일어나게 되었다. 1848, 1849년을 기점으로 헝가리 사회는
근본적인 변화를 맞이하여 현대화하게 되는 계기가 마련된 것이다.

그러나 시민혁명과 독립전쟁의 실패로 헝가리는 합스부르크의 압제를 다시
받게 되었지만 곧 헝가리와 오스트리아는 서로 타협을 하여 1867년 '오스트리
아-헝가리 왕국'이라는 군합국(君合國) 형태를 가진 이중왕국을 성립시켰다. 그
러나 이 이중왕국은 오스트리아인과 헝가리인과의 타협의 결과로 형성된 것으
로서 제국내의 산적한 사회, 경제 문제를 제대로 해결할 수 없는 보수적인 성
격을 가지고 있었으며, 특히 최소한 11개의 서로 다른 커다란 민족들이 혼재
된 상태에서 제 민족의 자치성과 독립성 보장요구를 외면한 채 20세기를 맞게
된 것이다. 민족문제로 야기된 작은 문제가 열강의 이해에 얽혀 제 1차 세계
대전으로 비화하였으며, 이 결과 오스트리아-헝가리 왕국은 패전국으로서 해체
되고, 헝가리는 민족 최대의 비극을 맞게 되었다. 1920년의 트리아농 조약에
의해 헝가리는 패전국으로서 신생 독립국인 체코슬로바키아, 유고슬라비아를
비롯하여 소련에 영토를 할애하게 되었으며, 특히 루마니아에 헝가리 민족문화
와 유산, 그리고 역사 전통이 가장 많이 남아있는 트랜실바니아 지역을 넘겨
주어 국토가 하루아침에 1/3로, 주민의 수가 2/3로 축소되어 몸통만 남게 되
었다. 2차 대전에서도 역시 패함으로서 헝가리의 국경은 대체로 트리아농의
결과대로 고착되어, 주변 국가에 거주하고 있는 200만~300만의 헝가리인들은
유럽의 최대 소수민족의 운명을 겪게 되었다. 1920년 트리아농 조약의 결과로
헝가리는 영토와 인구의 커다란 손실을 입게 되어 역사상 민족 최대의 비극을
겪게 되었지만, 반면에 이 조약의 결과 종교적인 면과 민족 구성상의 면에서
는 상당히 통일된 사회로 변모하게 되었다.

4) 사회주의 시기의 국가와 종교

제 2차 세계대전이 끝난 후 정권을 잡은 공산주의자들은 헝가리의 종교적 힘이 체코슬로바키아보다는 강하나 폴란드보다는 훨씬 약하다는 사실을 알게 되었다. 헝가리의 종교는 동질성이 강하지 못하고 또 독립성도 그다지 높지 않았던 것이다. 중앙조직화가 덜 되어 있고 유기적 체계도 갖추지 못한 헝가리의 신교를 공산정권은 각종 압력을 행사하여 굴종시켜 1948년 가을에 먼저 정권에 타협하도록 하였다. 반면에 로마 가톨릭 교회는 공산정권의 압력에 굴하지 않고 계속 저항해 나갔다.

사회주의 이념에 입각한 공산정권은 1945년에 토지개혁을 통해 가톨릭 교회가 소유한 토지의 34.6%를 몰수하였으며, 청년조직을 포함하여 대부분의 교회 사회조직을 해체시켰다. 1947년에는 가톨릭 교회 계열의 언론기관을 폐쇄하고, 1948년까지의 일련의 조치를 통해 교회가 운영해 온 총 3,344개소의 각종 교육시설 중에서 재적 학생수가 60만 명에 달하는 3,153개소를 빼앗아 국유화하였으며, 또 1949∼50학년도부터는 필수과목으로서의 종교시간을 폐지하였다. 1949년 8월 18일부터는 공식적으로 국가와 종교는 완전 분리되었다. 1950년부터는 부다페스트, 페치, 데브레첸 소재 대학교의 가톨릭 신학과와 칼뱅교 신학과를 해당 대학의 조직에서 분리시키는 조치도 시행하였으며, 같은 해에는 3,820명의 수도사와 수녀들을 수도원과 수녀원에서 축출시키고 이 중의 상당수는 체포 구금하기도 하였다. 이렇게 하여 공산정권은 공공 사회생활에 있어서 교회의 역할을 거의 완전히 제거하였다. 그러나 헝가리 공산정권은 사회의 모든 조직을 와해시켜 공산당에 종속시키는 데에는 성공하였지만, 유일하게 당시 헝가리 가톨릭 교회의 수장으로서 정신적 지도자인 민센티 추기경은 공산정권의 이러한 모든 억압조치에도 굴하지 않고 타협을 거부하며 헝가리의 전통과 교회의 권리를 수호하기 위한 저항을 계속하자, 공산정권은 그를 1949년 초에 공개재판에 회부하여 투옥시켰다.

이후 정권은 가톨릭 교회의 주교들에게 헝가리 신교들과 맺은 타협안과 같은 내용의, 공산정권에 종속되어 충성을 맹세하는 내용을 담은 공개적 발표를 강요하였다. 이에 헝가리 주교단은 가톨릭 교리와 원칙에 위배되는 그와 같은 내용은 교황청의 허락이 있어야만 가능하다고 언급하며 이를 일단 거부하였다. 당시 헝가리 공산정권의 최고 실권자인 라코시는 이에 새로운 전략을 교묘히 사용하여 가톨릭 주교들에게 계속적으로 압력을 가해 나갔다. 먼저 1947년부터 존재하였던 '평화의 사제' 운동에 참여해오며 공산정권과의 타협과 협조에 긍정적인 성향을 갖고 있는 일부의 가톨릭 사제들로 하여금 1950년에 '헝가리 가톨릭 사제단 평화위원회'를 조직케 하여 공산정권의 슬로건을 외치도록 하고, 전통적 교회조직의 위계질서를 부정하게 하여 신자들을 혼란에 빠뜨림으로서, 가톨릭 교회의 단일 조직체를 크게 흔들어 놓았다. 결국 주교단은 굴복하여 1950년 8월 30일에 공산정권과 타협하는 합의서에 서명하게 되었다. 합의의 대가로 교회는 종교활동의 좀 더 자유로운 여지를 기대하였으나, 교회에 대한 각종 제약 상황은 더욱 악화되어 갔다. 1951년부터 정부의 공식기관으로서 '종교청'이 설립되어, 이 관청으로부터 파견된 정부 관원이 모든 교구에 상주하며 교회의 모든 활동을 일일이 감시하고 지도하게 되었다. 저항세력으로서의 가톨릭 교회가 허물어지자 이제 공산정권은 교회조직을 정권의 효과적인 홍보수단으로서 이용하기 시작하여, 성직자들로 하여금 그들의 강론을 통하여 소련 주도의 평화 캠페인을 주창하고, 반 서방 슬로건을 외치고, 정부의 국내외 정책을 찬양하도록 강요하였다.

　1956년 10월의 헝가리 민중혁명을 통해 민센티 추기경은 석방되었으나, 11월 4일 소련군의 헝가리 진입으로 인해 헝가리 민중혁명이 실패로 돌아가게 되자 민센티 추기경은 부다페스트의 미국 대사관 안으로 피신하였다. 민센티 추기경은 미국 대사관 안에 피신한 채, 1971년 9월까지 15년 동안 헝가리에 계속 머물고 있음으로서 공산정권에 저항하는 상징적 인물로 많은 국민의 추앙을 받게 되었다. 헝가리 민중혁명 이후 실권을 장악한 카다르는 헝가리를 혁명의 상처로부터 치유해 낸 뒤부터는 사회 모든 분야에 있어서 조금씩의 자유를 허용하며 유화적 정책을 펴나갔다. 1964년에는 헝가리 공산정부와 바티칸과의 대화가 이루어지고 또 부분적 합의가 도출되어 헝가리 교회조직이 조금씩 재정비되어 나갈 수 있게 되었다. 결국 교황 바오르 6세의 설득에 의해 민센티 추기경은 1971년에 미대사관에서 나와 로마를 잠깐 경유한 뒤에 비엔나에 체류하게 되었다. 1975년 민센티 추기경의 사망 후 헝가리와 바티칸과의 관계는 원만하게 유지되어 나갈 수 있게 되었다. 레커이 대주교가 헝가리 가톨릭 교회의 수장이 되고 곧 추기경으로 승품되었으며, 제 2차 세계대전 이후 처음으로 1976년에 들어서 헝가리 가톨릭 교회조직의 위계질서가 완전히 정상적으로 복구되었다. 바티칸과 헝가리 공산정권과의 관계는 동유럽 사회주의 국가들 중에서는 유례없을 정도로 긴밀해졌다. 레커이 추기경은 1986년 사망할 때까지 가톨릭교회의 수장으로서 공산정권과의 대결과 대치보다는 공존을 추구하는 전략을 펼쳐나감으로서 70년대 중반 이후부터는 가톨릭 교회와 정권과의 마찰을 피하게 되고 좋은 관계를 유지해 나갈 수 있었다. 이러한 과정을 통해 70년대 초반부터 헝가리어 성경 총 20만 부가 다시 간행되어졌으며, 1980년에는 중등학교에서 성경을 문학의 한 부문으로 간주하여 가르칠 수 있게 되었다.

사회주의 정권과 교회간에 긴장이 해소되고 상호공존 관계가 어느 정도 정립되었지만, 당시 정권은 헝가리 교회의 역할 및 교회의 영향력이 크게 감소되어 더 이상 사회주의 체제를 위협할 만한 힘을 갖지 못한 것으로까지 판단하지는 않았다. 헝가리 사회에는 아직까지도 맑스-레닌주의자보다 더 많은 종교 신자들이 존재하고 있었으며 칼뱅교 신자들의 숫자만 보더라도 당시 헝가리 공산당 당원 80만보다 더 많았던 것이다. 비록 전 세계적인 세속화 조류가 헝가리 땅에도 영향을 미쳐 로마 가톨릭 신자 수가 전체 인구 1천만 명 중에 500~600만 정도로 감소하고, 실생활에서도 가톨릭 신앙생활을 행하는 사람의 수가 인구의 15% 정도밖에 되지 않게 되었지만, 사회주의 이념에 입각한 당시 철학자나 사회학자들도 종교와 교회의 사회주의 체제하에서의 유용한 사회적 기능을 부정하지는 못하였다. 특히 인간관계와 가족관계에 있어서 도덕률을 유지 지탱하는 중요한 사회적 변수로서 교회와 종교가 지속적으로 힘을 발휘하고 있었던 것이다.

1970년대와 80년대 헝가리에서의 종교와 국가간의 유대관계는 헝가리 교회와 종교의 오랜 전통인 민족주의 측면에서도 파악해 볼 수도 있다. 헝가리는 주변의 수많은 이민족에 둘러싸인 상태에서 지정학적 요인으로 인한 외부 세력과 민족의 침략이 끊이지 않고 있어, 역사 및 사회 전체의 기저에는 민족 생존과 보전을 도모하기 위한 민족주의 흐름이 존재하고 있었다. 이러한 점은 헝가리의 종교와 교회에도 똑같이 해당되고 있는 것이다. 헝가리 교회의 민족주의는 폴란드의 경우와는 달리 역사적으로 정권의 후원자 역할을 해오며 국가와 민족 통일성의 붕괴를 막기 위해 노력해 왔던 것이다. 사회주의 시대 후반기에 해당하는 70~80년대에도 이러한 경향이 어느 정도는 표면에 나타나고 있었던 것이다. 교회는 생존을 위한 시도에 있어 새로운 실험을 해보기보다는 과거의 전통을 보전 계승하려는 노력을 먼저 하게 된 것이다. 당시 추기경인 레커이가 사회주의 시대 모든 사회조직 및 단체의 최상위 기구인 '애국인민전선'의장단에 취임하여 신자들에게 사회주의 건설을 위한 노력을 호소한 것이나, 여러 명의 가톨릭 및 칼뱅교 성직자들이 정치에 발을 들여놓아 장관이나 국회의원으로 참여한 사실 등은 이들을 서구식 의미의 진보적 좌파로 해석할 수 있는 것이 아니라, 교회와 그 성직자들에게 이어져 내려온 민족주의적 보수 성향에 의한 것이라고 해석할 수 있는 것이다.

80년대 중반부터 본격적으로 활동을 전개한 지식인 계층 중심의 반체제 움직임과 공산당 내에서의 개혁 공산주의자들의 입지 강화 등을 통한 평화적인 민주화 과정의 활발한 전개 과정과 함께 레커이 추기경의 사망 이후 가톨릭 교회의 수장이 된 뻐쉬꺼이 추기경은 보다 적극적으로 교회에 대한 국가의 통제와 제약을 해소시키려는 노력을 전개해 나갔다. 1987년에는 처음으로 공영 매체인 TV를 통해 크리스마스 미사가 생중계 되었으며, 이후에는 각종 TV와 라디오 매체를 통한 종교행사 관련 프로그램이 방송되고 또 가톨릭 주교, 성직자들, 칼뱅교 성직자들과의 대담, 강론, 토론 등이 전파를 타게 되었다. 1988년에는 헝가리 왕국의 건립자이자 기독교를 국교로 삼은 헝가리 민족의 영웅인 '성 이슈트반 1세' 사망 950주년을 맞아 전 국민적인 성대한 기념행사를 갖게 되었다. 헝가리 학술원 역시 대규모의 심포지움을 개최하여 지난 40여 년간의 사회주의 시대에 '봉건적 제후'로만 칭해졌던 이슈트반 1세를 공식적으로 성 이슈트반 1세로 칭하여 역사 기술을 하도록 하였으며, 이에 대해 맑스주의적 사관을 가진 역사가들도 동의하였다. 정부 당국도 지난 40여년 간 사회주의 헌법제정 기념일로서 '제헌절'로 정해졌던 8월 20일을 오랜 역사적 전통을 가진 '성 이슈트반' 축일로 개정하여 헝가리 최고 경축일로 삼게 되는 상징적인 행동을 취하게 되었다.

그러나 1988년과 89년에 걸쳐서 빠른 속도로 진행되어 곧바로 완결된 평화적인 헝가리 민주화 과정의 핵심적 역할은 공산당 내의 개혁주의자들과 지식인 계층 중심의 반체제 진영이 담당하였고, 종교 지도자들은 별달리 특기할 만한 역할을 거의 하지 못하였다.

3. 종교 현황과 종교 의식

1) 19세기 말과 20세기 초

헝가리의 전통 관습과 민속문화를 간직하고 있던 농민계층은 재산과 봉건제
도하의 신분적 위계질서에 따른 수직적인 구분뿐 아니라 종교에 따라 수평적
으로도 구분되어질 수 있었다. 19세기와 20세기에 헝가리 농민계층은 오랜 역
사 전통을 가진 기독교 계열의 5개 커다란 교회조직에 속하고 있었으며 이런
연유로 헝가리는 유럽 내에서 종교적으로 가장 다양한 국가였다. 로마 가톨릭
이 절대적인 다수를 차지하고 있고, 그 뒤를 이어 칼뱅교를 상당히 많은 수의
신자들이 신봉하고 있었으며, 일부 사람들이 동방정교와 루터교를 믿고 유니테
리언교는 극소수의 신도들을 가지고 있었다. 이 다섯 개의 교회는 상이한 역
사적 배경을 갖고 헝가리에 유입되었으며 또 서로 구별되는 문화적인 양태를
나타내고 있다.

또한 1918년 전까지는 신봉하는 종교에 따라 쉽게 헝가리 왕국 내에서의
민족적인 귀속성을 알아 볼 수도 있었다. 칼뱅교를 '헝가리인의 종교'라고 칭할
정도로 칼뱅교 신도들은 극소수의 예외를 제외하고는 거의 대부분이 헝가리인
이었으며, 정교회 신자는 헝가리인이 아니라 세르브인이나 루마니아인일 가능
성이 매우 높았다. 트랜실바니아의 일부 지방에 조직을 갖고 있던 유니테리언
교회는 모두 헝가리인들이 신자였다. 다만 가톨릭과 루터교는 독일인을 포함하
여 여러 다양한 민족 출신의 신도를 가지고 있었다.

종교적 차이는 재산과 신분상의 차이도 나타내 보일 경우가 있었다. 대부분
의 고위귀족과 중간귀족들은 가톨릭을 신봉하고 있었지만, 신교가 우세한 지역
에 이주해 온 가톨릭교도는 대체로 하인계층이었다. 반면 종교적으로 혼재된

마을의 경우에는 신교도들은 대체로 유복한 하위귀족이나 농부 출신으로 이루어져 있었다. 이러한 마을의 경우에는 종교가 문화적인 차이를 유발시켜 관습이나 의상, 주거문화의 차이를 나타내기도 했다.

종교의 차이에 따라 서로 다른 생활환경을 갖고 결혼도 동일 종교 신자들과만 행하던 전통적인 분리상은 사회의 발전에 따라 급속도로 증가한 도시 시민계층과 노동자층에게는 그 의미를 잃고 퇴색하게 되었다. 19세기에 헝가리가 시민사회화 하는 과정과 병행하여 농민층도 세속화하게 되었으며, 국가와 종교의 밀착관계를 단절시킨 계몽사상 역시 이 당시에 이미 사회의 가장 하층 부류에게까지 전파되어 교회의 사회적 역할이 급격히 쇠퇴하는 결과를 낳게 되었다. 이로써 일상생활에서 경건한 신앙심은 그 위력을 잃고 주로 축제와 사회적 도덕률에서나 종교적 성격을 찾아볼 수 있게 되었다. 또한 가정교육에서도 종교는 그 영향력을 상실하였으며, 19세기 후반기부터는 특히 도시나 규모가 큰 농촌마을 주민들의 정례적인 예배참석도 크게 감소하였다.

오스트리아-헝가리 이중왕국 시대의 헝가리 종교 현황(크로아티아 지역 제외)

종교	1868년	1910년
로마 가톨릭	45.8%	49.3%
그리스 가톨릭	11.7%	11.0%
동방정교	15.2%	12.8%
칼뱅교	14.9%	14.3%
루터교	8.0%	7.1%
유니테리언교	0.4%	0.4%
유태교	4.0%	5.0%

(출전: Gergely, J., Kardos, J., Rottler, F. 1997. p. 140)

2) 현재

헝가리 총 종교 신자 중 각 종교가 점유하는 비율

교단/교파	1930	1949	1992	1993
로마 가톨릭	67.1%	70.5%	67.8%	70.0%
칼뱅교	20.9%	21.9%	20.9%	20.0%
루터교	6.1%	5.2%	4.2%	5.0%
유태교	5.1%	1.5%	–	0.5%
기타	0.7%	0.7%	2.2%	4.5%
무소속	–	0.1%	4.8%	–

(출전: Molnár, É. 1995. p. 267)

위의 도표에서도 알 수 있듯이 종교를 가지고 있는 헝가리인 중에서의 각 교단/교파 별 신도의 비율은 1930년 이래 본질적인 큰 변화는 보이지 않고 있다. 각 종교/교파 별 신도의 점유비율이 커다란 변화를 보이지 않는 반면에 헝가리인들의 전반적인 종교 의식에는 상당한 변화가 나타나고 있는 것으로 밝혀졌다.

즉, 1992년 통계조사에 따르면 '그리스 가톨릭' 신자들은 50%가 교회조직의 틀 안에서 신앙생활을 하고 있는 것으로 나타났고, 로마 가톨릭 신자의 경우는 38%로, 루터교 신자의 경우는 32%, 그리고 칼뱅교 신자의 경우는 29%만이 교회조직의 범주 내에서 정규적인 신앙생활을 하고 있는 것으로 나타났다. 특히 무신론자를 포함하여 신봉하는 종교가 없다는 사람의 비율이 전체 인구의 24%에 달할 정도로 높게 나타났으며, 1990년대 중반의 통계에 의하면 이 수치는 26.3%로 높아졌다. 특히 헝가리의 경우 신앙을 가진 사람의 해당 연령층에서의 비율이 연령층에 따라 40세 이하의 경우는 29.6%인 반면에 60세 이상의 경우에는 71.3%로 매우 큰 격차를 나타내고 있어 40여 년간의 사회주의 시대 이후 헝가리 사회에서의 종교와 종교 의식에 커다란 변화를 겪게 된 사실을 알 수 있다.

이러한 종교 의식의 변화상은 로마 가톨릭 신자들을 대상으로 한 조사연구에서도 쉽게 찾아볼 수 있다. 로마 가톨릭 신자 중에서 세례를 받는 비율은 1945년 이후부터 1960년대 초반까지도 100%에 달하였으나 그 후에는 계속적으로 감소하여 1982~1983년 경의 73~75%로 최저치에 도달했고, 이후는 아주 조금씩 증가하는 추세이다. 로마 가톨릭 신자들을 대상으로 한 이 조사를 통해 보면 가톨릭 종교 의식에 따른 장례식을 거행하는 비율은 1945년 이후 현재까지 거의 변함없이 80~90% 사이를 유지하고 있지만, 결혼식은 85%의 정점에서 60% 이하로 감소하고 특히 일요일 미사 참여 비율은 70%의 최고치에서 70년대 말에 이르러서는 10% 정도로 크게 하락하였다. 사회주의의 전성기에도 헝가리 청년 계층의 맑스주의적 이념에 입각한 무신론자 비율은 10~15%를 넘지 못한 것으로 알려지고 있지만, 이와 함께 모든 여론조사 결과에도 거의 동일하게 현재까지 나타나고 있는 헝가리 젊은 계층의 종교 의식에 대한 수치도 커다란 변화를 겪은 것이다. 즉 어떤 종교, 종파에도 완전히 관심이 없다는 응답이 전체의 60% 이상을 차지하고 있는 것이다.

사회주의 계획경제 하에서의 산업화 정책으로 인하여 농촌지역으로부터 도시 주변지역으로의 대규모의 인구이동이 이루어졌으며, 정권에 의해 지속적으로 행해진 각종 탄압에 의한 종교와 교회조직의 사회에 대한 영향력 감소, 젊은이들에 대한 무신론적 시각의 교육, 그리고 전통 가족구조의 해체 등의 요인에 의해 헝가리 사회에 내재해 오던 전통적 종교 의식과 이에 기반을 둔 생활양식 등이 근본적인 변화를 겪게 되어 급격한 세속화 물결속에 빠져들게 되었다.

이 결과로 일반 대중들의 사고와 행동양식에 미치는 종교와 교회의 중요성과 영향력은 크게 축소되어 거의 무의미할 정도로 바뀌었다. 따라서 헝가리 역사를 통하여 헝가리 민족의 민족주의와 민족의식의 지주로서의 역할을 해오던 로마 가톨릭, 칼뱅교 등의 종교는 이제 그 힘을 거의 다 잃게 되었으며, 최근 헝가리에서 관찰할 수 있는 민족 자의식의 각성과 민족주의적 성향은 종교와 교회의 역할에 기인한 것이 아니라, 세속적 현상으로서 일부의 작가, 역사가, 예술가, 민속사가 등에 의해 주도되고 있는 현상인 것이다. 즉, 이웃 폴란드와는 달리 현재 헝가리의 민족주의 성향은 종교나 교회와는 거의 아무런 연관을 가지고 있지 못한 것이다.

다만 현재의 민족주의 조류에 있어서 종교와 교회가 아직도 크게 영향력을 행사하고 있는 부문이 있다면 그것은 주변 이웃 국가에 소수민족으로서 자신들 고유의 민족 정체와 민족 언어, 문화를 유지하려고 힘든 노력을 기울이고 있는 재외 헝가리인들에게 해당된다. 특히 루마니아의 트랜실바니아 지역에 거주하는 2백만에 달하는 로마 가톨릭과 칼뱅교를 신봉하는 헝가리인들에게는 루마니아 정교를 믿는 루마니아인들과 그 정권의 동화정책에 대항하여 종교가 민족 정체와 문화, 그리고 언어를 지킬 수 있는 유일한 보루가 되고 있는 것이다.

일찍부터 로마 가톨릭 교회와 칼뱅교 조직은 이들에 대해 지대한 관심을 보여왔으며, 또 모든 예배와 미사 그리고 어린이 주일학교 등의 교육에 있어서 모국어인 헝가리어를 사용해 왔던 것이다. 이 지역의 헝가리인들에게는 교회가 그들의 민족적 동질성을 보장하는 유일한 대안이 되고 있는 것이다. 현재 헝가리 내에서는 교회와 종교가 사회에 큰 의미를 가지고 있지 못한 것으로 나타나고 있지만, 전체 헝가리인의 1/3에 달하는 해외에 거주하는 헝가리인들에게는 지금도 교회와 종교는 민족 언어와 민족 동질성을 유지해 나가는데 핵심적인 역할을 하고 있다.

종교 의식에 관련된 가장 최근의 통계에 따르면 전체 인구의 15~17% 정도가 교회조직과 밀접한 관계를 유지하고 있는 신자로 간주되고 있고, 53%에 달하는 많은 사람들은 '자신의 방식에 따른' 즉 특정 교회조직과 밀접한 관계를 가지고 있지 않은 상태의 신자라고 밝히고 있다. 그리고 인구의 20% 정도는 무종교로 응답하고 있으며, 자신을 무신론자라고 답한 사람의 비율은 7~8% 정도이다. 현재의 헝가리 종교 의식에 관한 보다 더 자세한 통계자료는 톰카 1992와 1996에 나타나 있다.

(1) 로마 가톨릭(Roman Catholic Church)

헝가리 사회는 10세기 중반 이후부터 그들의 민족 존립을 위한 선택의 기로
에 서게 되었다. 당시 헝가리 사회의 지배층은 주변 민족과 국가들처럼 시대
에 맞는 유럽적인 국가를 건설하여 민족의 존립과 발전을 꾀하였다. 그 첫걸
음으로 기독교를 수용한 것이다. 기독교 수용에 있어서 동로마 교회가 아니고
서로마 교회로 방향을 설정한 이유는 여러 가지로 추정되고 있으나, 헝가리인
들이 정착 후에 행한 군사 원정활동이 서유럽의 기독교 세력에 의해 마감되게
된 심리적인 요인이 크게 작용한 것으로 알려지고 있다.

서로마 교회 수용은 헝가리 역사에 뿐만 아니라 유럽의 기독교 문화권의 역
사에도 큰 의미를 갖게 되었다. 유럽 기독교(로마 가톨릭) 문화를 수호하기 위
해 많은 희생을 감내하며 투쟁해 온 소명의식은 헝가리 민족문화에 있어 하나
의 주요한 요소로 자리잡고 있다. 헝가리 민족의 기독교 문화권 수호를 위한
공헌은 서유럽에서도 인정받고 있으며, 여러 차례에 걸쳐 교황으로부터 물질적
군사적 도움도 받기도 하였다. 특히 1456년의 '난도르훼헤르바르'(현재의 벨그
라드)에서 헝가리군이 오스만-터키의 대군을 물리친 승전 소식에 당시 교황 칼
릭투스 3세는 매일 정오에 모든 성당에서 종을 울려 이를 기리도록 하였다.
이 관례는 오늘날까지 전세계 모든 로마 가톨릭 성당에서 계속 유지되고 있다.

13세기 초부터는 헝가리 교회 내에서의 베네딕트 교단의 영향력이 약화되고
그 대신 도미니크 교단이 주를 이루어 이후 300여 년 동안 헝가리 문화 발전
에 주도적인 역할을 하였다. 봉건질서의 확립을 통해 형성된 귀족들은 계속적
으로 그들의 세력을 확대시켜 나갔으며 교회의 고위성직자들도 이에 편승하여
세속귀족들과 세력다툼을 벌리게 되고, 계속적인 오스만-터키 제국과의 전쟁으
로 인하여 중세 말기에 들어서는 헝가리 농민과 농노계층은 커다란 고통을 받
게 되었다. 이 무렵부터 프란체스코 수도회 수도사들은 종교적 신념에 따라
교회나 수도원에 머물지 않고 일반 민중들 속에서 활동함으로서 농민과 농노
계층의 불만을 이해하고, 은연중에 부의 평등에 바탕을 둔 농민 중심의 헝가
리 왕국에 대한 이상이 퍼져 나갈 수 있는 계기를 마련하게 되었다. 가톨릭에

반하여 신교를 추종하는 종교개혁 운동은 1510년대부터 헝가리에 유포되었으며 종교개혁의 법적인 금지에도 불구하고 폭넓게 확산되어 헝가리 국민의 거의 대부분이 신교로 개종하게 되었다.

가톨릭 교세를 다시 부흥시키려는 반종교개혁은 합스부르크의 주도로 17세기에 적극적으로 이루어졌으며, 특히 예수이트 교단의 노력으로 큰 성과를 거두어 서부 헝가리 지역을 기반으로 한 헝가리 왕국은 다시 대부분 가톨릭화하게 되었다. 17세기 중반에는 여러 고위귀족 가문과 많은 중간귀족들도 다시 가톨릭으로 개종하여 자신들 영지내의 주민들을 강제적으로 재가톨릭화시켰다. 중간 이상의 귀족들은 가톨릭교도가 되어 친 합스부르크 성향을 띠고 왕권강화를 바탕으로 한 절대주의에 기울어져 있는 데 반하여, 대다수가 신교도인 하위귀족들은 헝가리의 정치적 독립성을 강조하고 귀족의 권한강화를 추구하고 있어 귀족계층내의 신앙의 차이가 귀족 사회의 이해관계 대립으로 심화되기도 하였다.

합스부르크 제국은 고위귀족과 중간귀족들이 가톨릭으로 개종하고 난 뒤에는 헝가리내의 신교도들을 합스부르크에 대한 반역자로 간주하고 강압적인 제재를 가했다. 신교 교회는 폐쇄되고 그 재산은 몰수되었으며, 신도들은 강제로 개종되거나 추방되었으며, 신교 성직자들은 노예로 팔려가기도 하였다. 17세기 중반부터 헝가리 왕국에 꽃핀 바로크 문화는 합스부르크에 의해 주도된 반종교개혁과 밀접한 관계를 맺고 있었으며, 바로크 문화의 발원과 전파는 주로 예수이트 교단에 의해 행해졌다. 이 바로크 문화를 통하여 헝가리 내에 가톨릭의 권위가 강화되었고 봉건 신분질서도 더욱 고착되어 귀족문화와 귀족 자제의 교육은 모두 가톨릭 교회와 예수이트 교단에 의해 주도되었다.

헝가리를 재통일하여 지배하게 된 합스부르크는 종교정책면에서는 전혀 새로운 개선책을 내보이지 않고 로마 가톨릭 중심의 정책을 지속시켜 나갔다. 로마 가톨릭교도가 아닌 사람은 이등국민으로서 신앙활동의 제한을 받고 공직을 맡지 못하도록 제한하기도 하였다. 이후 계몽사상과 프랑스 혁명정신의 영향을 받아 전개된 헝가리의 개혁시대(1790~1848)와 곧 이어 일어난 헝가리 시민혁명 및 독립전쟁(1848~49)의 결과로 헝가리인들은 신분과 종교상의 차

별이 없는 평등권을 보장받게 되었다.

10세기부터 13세기까지는 헝가리에는 로마 가톨릭만이 유일한 종교로서 자리잡고 있었으나 13～14세기부터 서서히 동방정교를 신봉하는 루마니아인들이 트랜실바니아와 동부 헝가리 지역으로 이주해 오기 시작하였다. 그 후 종교개혁의 과정을 통해 칼뱅교와 루터교 신자들의 수도 크게 증가하여 17세기에 이르러서는 동방정교와 칼뱅교 신자가 각각 전체 인구의 1/5씩을 차지하고 루터교 신자의 수는 1/10이 채 못되는 정도로 알려지고 있다. 19세기에는 특히 러시아와 갈리치아 지역으로부터 많은 유태인들이 헝가리로 이주해 오고, 또 19세기 중반과 후반에 여러 작은 신흥 교파들도 헝가리에 발을 붙이기 시작하였다. 제 1차 세계대전이 끝난 직후의 통계에 따르면 유태인의 총인구 대비 비율은 5.9% 정도였으며, 각종 신흥 교파의 신도는 전체 인구의 0.1% 밖에 되지 않았다. 1920년 '트리아농 조약' 체결 후 칼뱅교, 루터교 그리고 동방정교 신도가 다수를 차지하고 있던 트랜실바니아 지역의 대부분이 루마니아 영토로 편입됨으로서 현재 헝가리 영토 내에서의 로마 가톨릭 신도 비율은 이전보다 더 높아졌고, 또 높은 출산율과 타 종교로부터의 개종 등에 힘입어 현재까지 로마 가톨릭의 비중은 지속적으로 증가하는 추세이다. 현재 인구의 2/3인 약 700만 정도가 가톨릭을 신봉하는 것으로 조사되고 있다. - 현재의 루마니아 내에서 로마 가톨릭 신자 수는 118만으로 알려져 있으며 이들 중 67만 명은 주로 트랜실바니아 지역에 거주하고 있는 헝가리계 사람들이다(루마니아계 37만).

민주화가 이루어진 1989년부터 로마 가톨릭 교회 역시 완전한 자유를 누리며 활동을 할 수 있게 되었다. 그러나 사회주의 시대 40여 년간에 걸친 각종 통제와 제약으로 인해 사제의 수는 1948년 5,040명에서 1993년에는 2,300명으로, 같은 기간 동안 수사는 1,780에서 300으로, 수녀의 수는 8,956에서 3,000으로 크게 축소된 현실에 직면하게 되었다. 1989년부터 다시 20개의 수사원과 51개의 수녀원이 활동을 시작하게 되었으나, 이들 구성원의 연령분포가 대체로 고령층에 속하고 있는 상황이어서 새로운 젊은 사제의 공급률에 비해 기존 성직자들의 사망률이 더 높은 형편이다. 사제 1인당 신도수도 벨기에의 228, 독일의 353, 프랑스의 433에 비해서 헝가리는 2,278에 달하고 있을 정도로 사제의 수가 절대적으로 부족한 현실에 처해 있다. 1992년 말에 로마 가톨릭 교회는 12개의 탁아소, 31개의 초등학교, 20개의 중등학교를 개설하였으며, 1993년에는 두 곳의 교원대학이 국가로부터 교회로 되돌려졌다. 종전까지 존속되어 온 7개의 신학교 외에도 1991학년도부터는 두 곳의 대학교가 가톨릭 신학을 전공으로 개설하기도 하였다. 현재 '신학 아카데미'를 정규 대학교의 자격과 위상을 갖도록 하는 제도개선 노력도 병행되고 있다.

1990년 2월 9일을 기하여 헝가리와 바티칸과의 외교관계는 완전히 회복되었으며, 1991년에는 교황의 헝가리 방문도 성사되었다. 1993년부터 천 년의 역사를 가진 로마 가톨릭 교회조직도 재정비되어 현재 헝가리에는 4개의 대주교좌(에스테르곰-부다페스트, 껄로처-께츠께메트, 에게르, 베스프렘)와 그 휘하에 8개의 주교구가 설치되어 있으며, 1개의 그리스 가톨릭 주교구가 허이두도록에 설치되어 있다. 펀논헐머의 베네딕트 대수도원은 교황청에 직접적으로 속하게 되었다. 현재의 헝가리 로마 가톨릭 중심은 초기 가톨릭 도입시부터 중심 역할을 행해 온 에스테르곰시이며 이곳에 헝가리 추기경이 - 1987년 이후 헝가리 가톨릭 교회의 수장은 뻐쉬꺼이 라슬로 추기경 - 거주하고 있다. 로마 가톨릭 교회조직에서 간행하고 있는 정기간행물로는 〈Magyar Kurír〉, 〈Új Ember〉 (주간지, 1945년부터 발행, 발행부수 9만), 〈Keresztény Élet〉, 〈Görögkatolikus Szemle〉 등이 일반인과 신도들을 위한 것들이며, 〈Vigília〉(월간지, 1935년부터 발행, 발행부수 12,000), 〈Teológia〉, 〈Mérleg〉, 〈Igen〉, 〈Távlatok〉 등은 수준 높은 정기간행물이다.

에스테르곰 대성당(헝가리 가톨릭의 본당)

(2) 칼뱅교(Reformed Church)

현재 국민의 약 20% 정도가 칼뱅교를 믿는 것으로 알려지고 있다. 칼뱅교
는 전통적으로 중동부 헝가리와 트랜실바니아 지역을 중심으로 하여 하위귀족
과 일반 민중들이 그 신도의 주류를 이루고 있었다. 역사적으로 반 합스부르
크적인 동시에 헝가리 민족 및 국가의 자주성과 독립을 추구하며, 봉건질서를
타파하고 사회개혁을 이루려는 계층의 사람들이 이 칼뱅교에 크게 공감하였다.
귀족들은 개인의 소명감과 책임을 강조하고 폭군에 대한 저항을 정당한 행위
로 간주하는 칼뱅 교리에 의해 자신들의 귀족적 신분의식이 더 강화된 것으로
느껴 칼뱅교도가 되었으며, 일반 평민들도 자신들의 영주나 지주와 함께 개종
하였다. 특히 농노계층을 위한 선교활동을 칼뱅교가 활발히 펼쳐나가서 헝가리
민중의 문화와 교육에 크게 기여하였다.

1510년대부터 헝가리에 유포되기 시작한 종교개혁은 모하치 패전 이후 국가의 중앙권력이 약해지며 종교개혁에 대한 통제가 제대로 이루어지지 못하자 국민의 거의 대부분이 신교로 개종하게 되었다. 1550년대와 60년대에 칼뱅교는 헝가리에 널리 확산되어 나갔다. 칼뱅교는 헝가리인들을 중심으로 퍼져 나갔으며, 이에 반해 루터교는 헝가리 내 독일인들과 슬로바키아인들을 중심으로 전파되었다.

종교개혁이 이처럼 급속히 확산될 수 있었던 이유는 앞에서 언급한 중앙권력의 약화와 함께 오스만-터키에 의해 점령된 지역에는 가톨릭 교회조직이 완전히 붕괴되었고, 터키가 기독교 내의 내부갈등에는 전혀 상관하지 않은 점과 헝가리의 지주, 귀족, 지방자치단위, 그리고 각 도시들이 마음대로 자신들의 성직자를 선택할 수 있는 권리를 가지고 있는 등의 이유로 신교가 헝가리 사회 전반에 쉽게 등장할 수 있었다.

당시 헝가리에서 가장 폭넓게 신도들을 포용하고 있던 프란체스코 교단의 많은 성직자들이 개종하며 이전의 가톨릭 신도들을 자연스럽게 새로운 신교로 개종시킨 사실이 또한 크게 작용하였다. 헝가리의 최초 칼뱅교 성직자나 당시의 유명한 칼뱅교 성직자 가운데는 상당수의 프란체스코 교단에서 개종한 사람들이 있었으며, 특히 헝가리에 처음으로 칼뱅교를 전하고 대부분의 헝가리인들을 루터교가 아닌 칼뱅교를 믿게 한 세게디 이슈트반 역시 이 교단에서 개종한 인물로 알려져 있다.

종교적인 대립상이 첨예화된 17세기는 헝가리 역사에 있어서 가장 어려운 시기였다. 17세기 중반부터 본격화 된 합스부르크의 강제적인 반종교개혁 정책과 함께 헝가리의 대주교인 파즈마니의 반종교개혁 노력이 서서히 결실을 맺어 중상위 귀족들은 다시 가톨릭으로 돌아가게 되었다. 칼뱅교는 일반 헝가리 민중들과 중하위 귀족들에게 합스부르크의 압제에 저항하는 이념적 배경을 제공하는 역할을 하였으며, 헝가리 역사에 있어서 합스부르크의 압제에 저항하여 투쟁하는 사람들을 총칭하는 개념으로 사용되고 있는 '쿠루츠' 집단에도 종교 박해를 피해 도피한 많은 도시민과 농민출신의 칼뱅교도들이 포함되어 있었다. 특히 1671~1681년 사이에 종교적 박해가 극심하였으며, 1674년에는 칼뱅교의 중심인 데브레첸시에서 41명의 칼뱅교 성직자들이 체포되어 지중해 노예선단에 팔려가게 되는 수난도 겪게 되었다. 이들 41명의 성직자들의 이름은 1895년에 데브레첸에 건립된 기념비에 새겨져 있으며, 1991년에 교황 바오르 2세는 속죄의 표시로 데브레첸 방문시 이곳에 화관을 바치기도 하였다.

신교 성직자들은 양심의 자유뿐만 아니라 사회적 평등도 추구하며, 특히 농노계층을 위하여 많은 활동을 하였다. 대부분이 농촌 출신인 신교 성직자들은 헝가리 사회의 하층을 구성하고 있는 농노계층과 연대하여 지주와 귀족의 횡포를 비판하며 농노제도에 대하여 정면으로 반기를 들기도 하였다.

칼뱅교는 그 신자가 다수를 이루고 있던 트랜실바니아와 동부 헝가리를 중심으로 하여 민족의식을 일깨워 문화와 국력을 유럽의 수준으로 끌어올리려는 노력의 일환으로 국민교육에 힘쓰기 시작하였다. 칼뱅교 신학교들이 설립되어 신학뿐 아니라 법학, 건축학 등도 교수하며 휴머니즘에 입각한 교육을 실천하여 고등교육 기관으로 발전되어 나갔다. 서유럽으로부터 전해진 시민정신은 칼뱅교와 밀접한 관계를 맺고 주로 동부 헝가리에 수용되어 칼뱅교 신학대학을 중심으로 널리 전파되었다.

18세기 합스부르크 제국의 종교정책은 가톨릭 중심의 정책이었으며, 특히 칼뱅교를 신봉하고 있는 헝가리인들의 반 합스부르크적 경향을 분쇄시키기 위해 동방정교나 루터교를 믿고 있는 비 헝가리계 민족들에게는 오히려 종교적인 자유를 허용해 주기도 하였다. 가톨릭이 귀족과 고등교육 기관에만 관심을 돌리고 있었고, 또 칼뱅교에는 고등교육 기관의 설립이 허용되지 않았으므로, 헝가리의 칼뱅교 교단은 농촌의 작은 마을로부터 시작한 소규모의 초등교육 및 비정규적인 민중교육에 관심을 기울이고 일반 민중들에게 쓰기, 읽기, 성경 등을 교육하였다. 이 연유로 헝가리의 민중교육과 민족문화의 발전 측면에는 칼뱅교가 커다란 역할을 하게 된 것이다. 18세기에는 이전처럼 강압적이고 무력을 사용한 종교적 박해는 없었지만 각종 행정적 규제를 통한 제약은 계속적으로 지속되어 나갔다. 1781년의 칙령에 의해 칼뱅교 신봉이 최소한 용인될 수 있는 길이 마련되기 전까지는 수백 군데의 칼뱅교 지역단위들은 그들의 성직자, 교회도 없이 믿음을 유지해 왔다.

칼뱅교는 19세기에 이르러서는 헝가리 사회가 봉건질서를 타파하고 시민사회로 전환하는데 크게 기여하게 되었다. 1848~49년의 시민혁명과 독립전쟁의 과정에 주요한 역할을 수행하였던 민족 지도자들 중에는 많은 칼뱅교 신자들이 존재하였으며, 또 칼뱅교를 신봉하는 수많은 민중들도 이에 동참하였던 것이다. 특히 독립전쟁의 와중에 합스부르크 왕실의 왕위승계권을 거부하고 헝가리의 자주독립을 표방하며 시민적 독립 헝가리 공화국을 선포한 역사적 사건도, 현재 헝가리뿐만 아니라 세계적으로도 칼뱅교의 총본산으로서의 역할을 담당하고 있는 데브레첸시의 칼뱅교 교회인 너지 뗌플롬에서 이루어졌다.

1848~49년의 시민혁명과 독립전쟁을 통하여 농노해방뿐만 아니라 종교적인 평등한 권리도 보장되었으나, 이후에 이어진 시민사회화 과정과 현대화 과정을 거치며 칼뱅교뿐만 아니라 여타의 종교도 정치, 사회 그리고 문화에 있어서 그 비중을 점점 상실하고 오늘날에 이르게 되었다. 19세기 초 헝가리 왕국에서의 칼뱅교 신자의 비율은 전체 인구의 14%에 이르고 있었으며, 이후 헝가리 민족역사의 최대 비극인 1920년 트리아농 조약의 결과로 인한 영토와 인구의 급격한 축소를 통해 전체 인구 대비 비율은 오히려 21%로 높아지게 되었다.

공산정권이 수립된 이후 칼뱅교는 헝가리의 여타 종교들보다 앞서서 제일 먼저 공산정권과 타협을 하였다. 이 결과 헝가리 칼뱅교는 이후 40여 년 동안 사회주의 정권의 휘하에서 명맥을 유지하기는 하였지만 더 이상 헝가리 민족사회의 발전에 별다른 역할을 담당하지 못하게 되었으며, 새로운 헝가리 젊은 세대들로부터 공감을 얻지 못하게 되었다. 공산정권과의 타협에도 불구하고 칼뱅교 역시 큰 피해를 보게 되었다. 칼뱅교 계열의 6개 중등학교 중에서 데브레첸에 소재하는 한 학교만 제외하고 모두 폐쇄당하게 되었으며, 칼뱅교 최고 지도자들도 정권에 의해 축출되었고, 여러 명의 목사들이 순교하기도 하였다. 1989년 이후 헝가리 칼뱅교는 사회주의 시대를 통해 야기된 분열상을 봉합하여 재조직화 하는 어려운 작업을 수행하고 있다.

칼뱅교는 초기부터 교육에 커다란 비중을 두고 활동하여 왔다. 이미 16세기부터 여러 곳에 당시로서는 매우 높은 수준의 교육을 담당하는 학교를 세워왔으며 - 1531년 샤로쉬뻐떠크와 빠뻐, 1536년 데브레첸, 1556년 너쥐에네드(현재 루마니아 영토), 1557년 머로쉬바샤르헤이(현재 루마니아 영토)에 각각 학교를 건립 – 이들 학교는 반종교개혁의 물결 속에서도 살아남아 오랫동안 유지되어 왔다. 이 학교의 졸업생들 중 다수가 서유럽의 신교지역 대학으로 유학을 하였으며, 이들을 통하여 유럽의 새로운 이상과 이념들이 계속해서 헝가리로 유입될 수 있었다. 1590년에 가스파르 까로이에 의해 처음으로 완역되어 발간된 헝가리어 성경은 현재까지 100여 판 이상 발행되었으며, 헝가리어 문어(文語)와 지성 사회의 발전에 커다란 역할을 하였다.

1993년 현재 칼뱅교는 대학을 포함한 각급학교 76개와 15개소의 사회복지 시설을 운영하고 있다. 주간지로 〈Református Lapja〉가 있으며, 그밖의 정기 간행물은 〈Református Egyház〉와 〈Confessio〉가 있다. 헝가리 칼뱅교는 '세계칼뱅교연맹', '세계교회협의회', '유럽교회협의회'에 가입하여 있다.

루마니아의 통계에 따르면 루마니아 내의 칼뱅교 신자의 수는 약 70만 명으로 집계되고 있으며, 이들은 거의 대부분이 헝가리계 사람들이며 또 주로 1920년 트리아농 조약 이후 루마니아 영토로 편입된 트랜실바니아 지역에 분포되어 있다.

너지 뗌플롬 교회(칼뱅교의 총본산. 데브레첸 소재)

시골의 칼뱅교 교회와 그 내부(17세기 후반 건축, 18세기 개축)

(3) 루터교(Lutheran Church)

1520년대에 헝가리 땅에 최초로 루터교 신봉자들이 등장했다. 헝가리 왕국
으로 이주해 와 봉건질서에 구애됨이 없이 자유를 누릴 수 있었던 독일인들을
중심으로 하여 루터교가 전파되어 나갔다. 북부 헝가리와 트랜실바니아의 광산
지대를 중심으로 하여 거주하며 자유권을 누리고 있던 독일인들과 북부 헝가
리 지역의 슬로바키아인들에 의하여 루터교는 헝가리 땅에서 서서히 입지를
넓혀 나갔다. 종교개혁의 과정을 통하여 헝가리에 거주하는 독일인들과 슬로바
키아인들은 루터교를 믿게 되었지만, 헝가리인들은 트랜실바니아의 일부 지역
에 국한된 소수의 유니테리언 교도를 제외하고는 대부분 칼뱅교를 믿게 되어,
당시에는 헝가리 왕국내의 구성 민족에 따라 신봉하는 종교도 다르게 나타나
게 되었다. 1523년의 칙령에 의해 루터교 신자 및 칼뱅교 신자들은 화형에 처
해지는 처벌을 받게 되었지만 종교개혁의 물결은 거세게 헝가리 전역을 휩쓸
어 주민의 다수가 신교도화 되었다.

지난 2세기 동안 루터교가 헝가리 문화에 끼친 영향은 루터교 신도 비율 5∼6%와는 비할 바 없이 지대하였다. 특히 학계와 예술계에서 많은 뛰어난 인물들이 배출되었다. 일부의 헝가리인을 제외하면 대부분이 독일인과 슬로바키아인들인 루터교 신자 구성 상황에 따라 헝가리 왕국에 휘몰아친 지난 세기의 민족의식 각성, 민족 갈등, 분규, 제 민족들의 민족주의화 과정을 거치며 루터교의 힘은 헝가리 내에서 서서히 약화되기 시작하였으며, 특히 금세기 초에 130만에 달하던 신자수가 1920년 트리아농 조약의 결과 현재의 헝가리 영토에 남아 있게 된 루터교 신자는 50만이하로 급격히 축소되었다 - 가톨릭 신자는 600만, 칼뱅교 신자는 200만에 육박 - 그러나 이러한 급격한 힘의 약화에도 불구하고 루터교 조직은 400개의 초등학교, 25개의 중등학교를 운영하고 있었다. 1948년 사회주의 시대가 본격적으로 전개되면서 루터교 청년조직과 각종 사회복지 및 자선단체는 해체되고, 교회가 운영하던 각급학교도 국유화되었다. 민주화 과정이 본격적으로 전개된 1980년대 말에 이르러 루터교는 교회조직을 다시 재건하기 시작하였다.

현재는 헝가리 인구의 4∼5%만이 스스로 루터교 신자라고 밝히고 있다. 통계에 따르면 루터교 신자들에 의해 들여지는 예배의 총수는 연간 약 5만 번으로 알려지고 있으며, 이 중에 2,200회는 슬로바키아어로, 그리고 770회는 독일어로 거행되고 있다. 450여 년간의 전통을 지닌 루터교 신학교는 1992년부터는 정규 대학으로 인정받게 되었다. '헝가리 루터교 청년연맹'(MEVISZ)의 활동이 현재 활발히 이루어지고 있으며, 7개의 루터교 계열 중등학교가 운영되고 있다. 정기간행물로는 〈Evangélikús élet〉(주간지)와 〈Lelkipásztor〉와 〈Evangélikús Szemle〉가 있으며 기타 많은 책자가 간행되고 있다. 그밖에도 노인, 병약자, 장애인을 위한 시설을 여러 개 운영하고 있다. 헝가리 루터교는 각종 국제 루터교 조직체와 긴밀한 관계를 맺고 있으며, 수십 년 전부터 '세계루터교연맹'과 '세계교회협의회'에 가입되어 있다.

(4) 유태교(Jewish Communities)

고고학적 자료에 의하면 3세기에 이미 유태인이 오늘날의 헝가리 땅인 카르파치아 분지에 거주하였던 흔적이 나타나고 있다. 그러나 유태인 공동체가 처음으로 헝가리 땅에 형성된 것은 헝가리 왕국이 성립된 이후인 11세기와 12세기부터이며, 대규모의 본격적인 이주는 17~18세기에 이루어져서 서유럽, 폴란드, 갈리치아, 우크라이나, 그리고 러시아로부터 많은 유태인들이 이주해 왔다. 유태인들은 1781년에야 일반 기독교인들과 같은 동등한 권리를 인정받게되었다. 19세기 말에는 헝가리 전체 인구의 5%를 점유하게 되었고, 1910년 경에는 그 수가 91만 1천 명에 달하게 되었다. 19세기 말에 이르러서는 유태인들은 헝가리 왕국 내에서 정치, 경제, 사회활동에 아무런 제약도 받지 않게되었으며, 유태교 종교활동도 완전한 자유를 보장받았다. 헝가리 사회의 시민화 과정에 이 유태인들은 크게 기여하였으며 또 자발적으로 헝가리 사회에 동화되어 나갔다. 특히 유태인들은 상업활동과 일반 사무직에 많이 종사하였으며 헝가리 사회의 산업과 문화 발전에 크게 기여하였다. 제 1차 세계대전과 트리아농 조약의 결과 헝가리 내 거주 유태인 수는 47만 3천 명으로 축소되었다. 헝가리의 영토 2/3를 빼앗기고 인구가 약 1/3로 축소되는 결과를 낳게 된 트리아농 조약 이후 유태인의 전체 헝가리 인구 내에서의 점유비율은 5.9%로 오히려 높아졌다. 이후 헝가리 내 유태인들의 거주지역은 헝가리 전 지역에 펼쳐지지 못하고 부다페스트를 중심으로 하여 좁은 지역에 한정되었다.

두 차례의 세계대전 사이에 전개된 국수주의와 극우정권, 그리고 제 2차 세계대전의 결과로 인하여 유태인들은 엄청난 피해를 겪게 되었다. 이후 1945년부터 1948년 사이에 생존 유태인과 잔류 유태인들은 헝가리에 유태인 공동체와 종교조직을 재건하는 노력을 전개하였다. 현재는 약 10만의 유태인이 헝가리 국민으로 거주하고 있다.

제 2차 세계대전 전에는 부다페스트에만도 110개의 유태교 회당(synagogue)이 있었으나, 현재는 부다페스트에 20개를 비롯하여 지방에 22개의 회당만이 운영되고 있다. 부다페스트 '도하니 거리'에 있는 유명한 유태교 회당은 1859

년 건립된 것으로 3,400석의 좌석을 가지고 있으며, 미국을 제외하면 세계적으로도 두 번째로 큰 유태교 회당이다. 부다페스트를 벗어난 타 지역에는 현재 유태인 주민이 매우 드물기 때문에 지방 여러 곳의 아름다운 유태교 회당들은 도서관이나 연주회장으로 사용되고 있기도 하다. 현재 17명의 유태교 랍비가 활동하고 있다.

지난 40여 년간의 사회주의 시대에는 유태교 계열 중등학교는 40~50명 정도의 재학생으로 단 한 군데만 운영되고 있었으나, 민주화 이후 해외 여러 재단의 도움에 힘입어 두 개가 새로 더 설립되어 3개의 학교에 총 1,300명의 학생이 공부하고 있다. '탈무드'와 '토라' 강좌와 유태계 탁아소는 전국적으로 많이 유지되고 있다. 1877년에 설립된 랍비 신학교는 역사적으로도 중동부 유럽 지역에서 유일한 기관이어서 동유럽 지역 여러 곳에서 랍비 지망생들이 유학하기 위해 헝가리로 오곤 하였다. 이 랍비 신학교의 도서관은 10만 권 이상의 서적과 함께, 상당수의 세계적으로도 유일한 11~12세기에서 유래하는 육필 원고들을 보유하고 있다. 1994년에 복원한 부다페스트 유태교 박물관의 풍부한 소장품들은 전 유럽을 통틀어서도 손꼽히고 있다.

유태교 계열에 속한 330개의 병상을 가진 병원과 3개소의 양로원, 그리고 1개의 휴양소가 현재 운영되고 있다. 출판물로는 격주간지 〈Új élet〉가 있으며 그밖에 자체적으로 유태교 연감과 카렌더를 제작하고 있다.

유태교 시나고그(부다페스트 소재. 19세기 중반 건축)

(5) 유니테리언교(Unitarian Church)

유니테리언교가 헝가리에 등장하게 된 것은 16세기부터이다. 이 유니테리언교는 특히 트랜실바니아 공국에서 1568년부터 로마 가톨릭, 칼뱅교, 루터교와 함께 종교의 자유를 인정받게 되어 신도수를 크게 확장시켜 나갈 수 있었다. 헝가리 왕국 전체에서의 최종적 공인은 1848년 헝가리 시민혁명의 과정을 통하여 이루어졌다. 그러나 트랜실바니아 지역을 주 거점으로 하여 세력을 펼쳐 나가고 있던 이 유니테리언교는 제 1차 세계대전의 결과로 맺어진 트리아농 조약에 의해 현재의 헝가리 영토 내에서는 소수의 신자만 보유하게 되었다. 최근의 통계에 의하면 헝가리의 유니테리언교 신자수는 12,000~13,000명 정도로 알려지고 있다. 루마니아의 통계에 나타난 루마니아 내의 유니테리언교 신자수는 약 7만 명이며, 이들의 대부분은 헝가리계 사람들이다.

(6) 동방정교(Eastern Orthodox Churches)

10세기에 헝가리인들은 동로마교회 대신 서로마교회를 받아들여 기독교로 개종하였지만, 10세기부터 13세기까지에도 헝가리 왕국 내에서는 동로마교회 소속의 소교구도 찾아볼 수 있었다. 동방정교는 1790년과 1848년의 법령에 의해 여타 기독교 계열 종교와 동등한 권리를 인정받기도 하였다. 역사적으로도 소수였던 동방정교 신도수는 1920년 이후는 더욱 크게 축소되었다. 현재는 약 4만 명 정도의 정교 신도가 존재하는 것으로 알려져 있으며, 이들은 각각 '세르브 정교회', '루마니아 정교회', 2개의 '불가리아 정교회', 그리고 '헝가리 정교회'의 교구에 소속되어 있다. '헝가리 정교회'는 1931년에 설립되어 '러시아 정교회' 조직에 편입되어 있으며, 신도수는 5~6천 명 정도이다.

(7) 기타

현재 헝가리에는 상기한 종교 외에도 50여 개가 넘는 여러 조그만 종교들이 활동하고 있다. 특히 1980년대 말부터 이러한 소수 종교들도 법적인 인정을 받게 되었으며, 총 신도수는 10만 정도로 추산되고 있다. 물론 이 중에는 신도수가 150여 명 정도에 불과한 것에서부터 1만 또는 2만 명을 넘는 종교도 있다. 헝가리에서의 소수종교들 일부는 다음과 같다.

① 침례교(Hungarian Baptist Church)

침례교는 독일을 통하여 헝가리에 1846년에 전래되었다. 1905년부터 공식으로 등록되어 왔으며, 침례교 신학교도 부다페스트에 설치하여 운영하였다. 현재 신도수는 1만 5천 명 정도이고, 부다페스트에만 20개의 침례교 교회가 있다. 헝가리의 침례교는 2개의 양로원, 3개의 휴양소, 그리고 알코올 중독과 마약 중독자들을 위한 3개의 재활원을 운영하고 있다.

② 감리교(Methodist Church of Hungary)

감리교는 1899년부터 헝가리에서 활동을 시작했다. 현재 헝가리의 감리교는 두 개의 교파로 분리되어 'Methodist Church of Hungary'는 국제 감리교 조직에 속하여 '중부 유럽 교구'에 소속되어 있고, "Evangelical Brotherly Fellowship of Hungary"는 독자적인 감리교 교파이다. 총 신도수는 6천 명 정도이다.

③ 구세군(Salvation Army Hungary)

구세군은 헝가리에서 1924년부터 활동을 시작하여 왔으나 1949년에 사회주의 정권에 의해 금지되었다. 민주화 이후 1990년부터 다시 활동을 인정받게 되었다.

④ 나사렛교(Church of the Nazarene)

1844년부터 헝가리에서 종교활동을 시작했다. 1978년부터 당시 사회주의 정권으로부터 이 교파의 젊은 남자 신자들은 병역의무 대신 사회 및 의료봉사 활동을 수행할 수 있도록 허가받았다. 3～4천 명에 달하는 나사렛교도들은 현재도 그들만의 폐쇄적인 집단조직 안에서 신앙생활을 하고 있다.

⑤ 제칠일안식일교(Seventh Day Adventist Church, Christian Advent Fellowship)

1890년부터 헝가리에 나타나기 시작하였으며, 현재의 총 4～5천 명 신도들은 두 개의 교파로 분리되어 있다. 1990년에 신학교를 설립하였다.

⑥ 오순절 교회(Evangelical Pentecostal Fellowship)

1923년부터 헝가리에서 활동을 시작하였으며, 현재 여러 개의 마약중독 재활원을 운영하고 있다. 미국의 해당 교단과 밀접한 관계를 맺고 있으며 총 신도수는 만 명 이상으로 알려지고 있다.

⑦ 몰몬교(Mormonism)

1988년부터 몰몬교는 헝가리에 공식 등록되었으며, 1992년의 신도수는 876명으로 집계되고 있다. 부다페스트, 죄르, 두너우이바로쉬의 세 도시를 중심으로 하여 활동하고 있다.

⑧ 여호와의 증인(The Jehovah's Witnesses)

20세기 초반에 헝가리에 나타나기 시작하였으며, 1989년에 공식 등록되어 현재 약 만 여명의 신도를 보유하고 있다.

⑨ 불교(Buddhism)

1960년부터 헝가리에 뿌리내리기 시작하였다. 특히 1992년에 달라이 라마의 헝가리 방문을 통하여 새로운 전기를 맞이하여 활발한 활동이 전개되고 있다. 부다페스트를 중심으로 하여 아직까지는 완전히 공인 받지 못하였지만 젊은 불교 신자들을 중심으로 하여 '불교대학' 프로그램을 운영하고 있기도 하며 우리나라의 사찰에서 정진수련 생활을 한 헝가리인 승려들도 있다.

그밖에도 '하레 크리슈나교'(Hare Krishna)는 1986년부터 헝가리에서 활동을 시작하게 되었다. 불교를 비롯한 기독교 계열의 여러 전통적인 종파들뿐만 아니라 '사이언톨러지'(Scientology) 등의 새로운 종파들도 헝가리에 계속적으로 유입되고 있어 소수의 신도를 보유한 종교들의 전체적 윤곽을 잡기는 매우 어렵다. 또 그밖의 여러 신흥 유사종교들도 조금씩 헝가리 사회에 발을 붙여나가고 있는 중이다.

참고문헌

Balog, Z. 1997. Religion und Gesellschaft in Ungarn, in Döpmann, H.- D.(hrsg.) *Religion und Gesellschaft in Südosteuropa*(Südosteuropa -Jahrbuch 28. Band), p. 287-298, Südosteuropa-Gesellschaft, München.

Gergely, J., Kardos, J., Rottler, F. 1997. *Az egyházak Magyarországon*, Korona Kiadó, Budapest.

Hoensch, J. K., 1996. *A history of modern Hungary 1867-1994*, Longman, London and New York.

Kósa, L.(szerk.) 1991. *A magyarságtudomány kézikönyve*. Akadémiai kiadó. Budapest.

Kurtán, S., Sándor,P., Vass, L., *Magyarország politikai évkönyve 1996- ról, Demokrácia Kutatások Magyar Központja Alapítvány,* Budapest.

László, L. 1989. Religion and Nationality in Hungary, in Ramet. P.(ed.) *Religion and Nationalism in Soviet and East European Politics,* p. 286-298, Duke Uni. Press, Durham and London,

_____ 1990. The Catholic Church in Hungary, in Ramet, P.(ed.) *Catholicism and Politics in Communists Societies,* p. 156-180, Duke Uni. Press, Durham and London.

Molnár, É. 1995/1997(Second edi.,). *Hungary.* MTI Media Data Bank. Budapest.

Ramet, P. 1987. Catholicism and National Culture in Poland, Czechoslovakia, and Hungary, in Ramet, P.(1987) *Cross and Commissar ‑* The Politics of Religion in Eastern Europe and the USSR, p. 55-79, Indiana Uni. Press, Bloomington and Indianapolis.

Tomka, M. 1992. Religion and Religiosity, in Andorka, R., Kolosi, T., Vukovich, Gy.(ed.) *Social Report,* p. 379-393, Tárki, Budapest.

_____ 1996. Vallás és vallásosság, in Andorka, R., Kolosi, T., Vukovich, Gy.(ed.) *Társadalmi Riport 1996,* p. 592-616, Tárki, Budapest.

이상협, 1996. 《헝가리사》, 대한교과서주식회사.

_____, 1997. 〈헝가리인의 전통관습과 신앙〉, 《세계인의 의식구조》, 제 1권, p. 463-498, 한국외대 외국학종합연구센터 편, 한국외대 출판부.

6. 체코의 종교와 종교 문화

김신규 / 한국외국어대학교 체코어과 강사

1. 머리말

흔히 체코인들은 이성(異性), 음식, 신을 숭배하고 점차 숭배대상의 우선순위가 음식, 이성, 신으로 바뀐다고 한다. 이러한 표현은 체코인들의 종교관과 종교문화를 나타내는 가장 단순하고도 적절한 표현이다. 체코는 1950년대 초까지도 전체 인구의 80% 이상이 종교를 가지고 있었고 신의 존재를 믿고 있었는데, 그 비율은 현재 40%에 불과하여 전 유럽에서 무신론자의 비율이 가장 높은 국가가 되었다.[1] 지난 수백 년 동안 가톨릭과 프로테스탄트 간의 끊임없는 대립과 반목의 역사, 공산정권 하에서의 반종교정책, 그리고 근대화와 세속화의 진행 등으로 체코인들은 점점 더 종교에 무관심해지고 있다.

탈공산주의 민주화 운동의 절정이었던 1989년 벨벳혁명(Sametová Revoluce) 이후 가톨릭 교회는 40여 년 동안 '길을 잃고 방황하던' 어린 양들이 드디어 구원의 손길을 찾아 교회로 몰려들 것이라 예측했었다. 공산화 이전 체코인 75% 이상이 가톨릭 신도였기 때문에 이 수치에는 미치지 못하겠지만 적어도 비슷한 정도로 회복될 수 있을 것으로 보았다. 그러나 이런 예측은 완전히 빗나갔고, 가톨릭 교회를 비롯한 종교단체에서는 비로소 사태의 심각성을 인식하게 되었다. 체코인들은 이제 종교가 자신들에게 '평안함'(pohoda)을 가져다 줄 수 없을 뿐더러, 교회는 그런 일에는 관심도 없으며 오로지 공산정권 시기에 몰수되었던 교회의 재산을 돌려받는 데에만 몰두한다고 생각하고 있다.

체코에서 종교의 영향력이 하락하고 신을 믿지 않는 사람의 비율이 높아지는 현실은 무엇보다도 17세기 강압적인 재가톨릭화 이후 체코인들의 정서 근저에 자리잡혀 있는 종교관을 배경으로 하고 있다. 대세에 순응하고, 불필요한 희

---

1) 2001년 통계에 따르면 체코에서 무신론자의 비율은 58%에 이른다. Nations in Transit 2002, p. 157.

생을 피하려는 '평안'이라는 삶의 방식은 이들의 삶의 지혜이자 종교관을 이해
하기 위한 중요한 개념이다.2) 한편 종교를 인간의 감정과 의지를 지배하는 신
념체계로 정의할 때,3) 체코인들의 종교관뿐만 아니라 사회 전 영역에 지속적인
영향을 끼쳤던 체코의 비극적인 종교사 역시 체코의 종교문화를 이해하고 현재
의 종교상황을 파악하는데 중요한 요소이다. 체코가 전 유럽에서 가장 이단적
인 지역이라는 불명예스런 명칭을 달게 되었던 것은 이미 15세기 후스주의 운
동부터였고, 가톨릭 교회와 프로테스탄트의 대립이 이후 체코인들의 심리상태
뿐만 아니라 모든 삶의 모습에서 반영되고 있기 때문이다. 또한 20세기에 들어
40여 년 동안의 공산주의 시기 동안 종교탄압 그리고 공산정권의 몰락 이후에
더욱 가속화된 탈종교 세속화 역시 체코인들의 종교관과 종교문화를 이해하기
위해 살펴보아야 할 측면이다.

　이런 사실에서 본 논문에서는 체코인들의 종교관과 생활방식, 가톨릭과 프로
테스탄트 간의 갈등의 종교사, 그리고 공산정권 시기와 1989년 민주화 이후에
진행되고 있는 세속화의 영향이라는 세 가지 요인을 중심으로 체코의 종교문화
를 파악하고자 한다. 이와 함께 본 논문에서는 체코인들의 일상생활 속에 종교,
특히 가톨릭의 전통과 민중전통 그리고 이교 전통이 함께 섞여 독특한 종교문
화가 형성되어 있음을 살펴볼 것이다.

2) Benjamin Kuras, *Czechs and Balances: A Nation's Survival Kit* (Praha: Baronet, 1998), p. 25.
3) Ninian Smart, 《현대종교학》, 강돈규 역, (서울: 청년사, 1993), p. 7.

2. 가톨릭과 프로테스탄트의 대립과 화해 : 바츨라프와 후스의 상징성

바츨라프(sv. Václav)와 후스(Jan Hus)는 각각 가톨릭의 성인과 프로테스탄트 교회의 순교자로 두 개의 대립되는 교회를 대표하고 있지만, 체코인들에게는 좀 더 특별한 의미가 있다. 바츨라프가 체코 국가의 상징이라면 후스는 체코 민족의 상징이며, 좀 더 정확히는 전자가 체코 국가의 세속적인 힘을 그리고 후자가 체코 민족의 영적인 위대성을 상징한다.4) 이들이 각각 국가와 민족을 상징하고 있을 뿐만 아니라, 각기 가톨릭과 프로테스탄트 신앙을 대표하고 있는데, 이것은 달리 말해 체코 종교가 지니고 있는 모순적인 양면성을 나타내는 것이다.5)

체코의 전설에 따르면 성 바츨라프는 외세의 압제를 벗어나 체코가 자유를 되찾기를 기다리며 중부 보헤미아의 브라닉산 밑에서 잠들어 있다고 한다. 전 체코인의 수호성인이자 체코 가톨릭 교회의 상징인 바츨라프의 지위는 체코인 들에게 있어 곧 국가 그 자체를 의미하고 있다. 따라서 1989년 11월 바츨라프 의 동상이 내려다보고 있는 바츨라프 광장에서 체코의 민주화를 위한 시위가 시작된 것은 우연만은 아니었다. 체코인들은 바츨라프라는 명칭 그 자체가 바 로 국가의 상징이며, 바츨라프의 성상이 놓여있는 광장을 국가의 영지로 여기 고 있다. 특히 비투스 성당에 있는 바츨라프의 유골과 그의 왕관은 체코 국가, 즉 보헤미아 왕국의 유구함을 상징하는 가장 중요한 유물이다.

---

4) 성 바츨라프는 프제미슬(Přemysl) 왕가 출신의 체코왕이자 체코 기독교를 상징하며 전 체코인 의 성인이다. 935년 형인 볼레슬라프에게 살해당했다. 10월 28일 체코의 독립기념일에 성 바 츨라프를 기념하는 식이 거행된다. Milan M. Buben, *Svatí Spojují Národy: Portréty Evropských Světců* (Praha: Pan Evropa, 1995), s. 52-57.

5) Ladislav Holy, *The Little Czech and the Great Czech Nation: National identity and the post-communist transformation of society* (Cambridge: Cambridge Univ. Press, 1996), p. 38.

구시가 광장은 체코인들에게 또 다른 상징적인 의미를 지니고 있는데, 이곳은 15세기 후스가 가톨릭의 부패상에 저항해 일반인들을 상대로 설교한 곳이며, 1620년 합스부르크에 대항해 봉기한 27명의 체코인 프로테스탄트 귀족, 기사, 상인들이 처형당한 곳이다. 1915년 이곳에 후스의 동상을 건립한 것은 체코인들의 민족적 열망을 상징하며, 민족의 자긍심을 표출하고자 하는 의지였다.

1918년 역사상 최초로 체코슬로바키아가 탄생되었을 때, 체코인들은 합스부르크의 억압을 상징하는 가톨릭 교회의 기념비와 수많은 동상을 허물어 버렸으며, 민족독립의 기치 아래 가톨릭을 국교에서 포기할 것을 선언했다. 국가독립 시기에 약 100만 명에 이르는 신도들과, 300여 명의 가톨릭 성직자들이 가톨릭 교회를 떠난 것으로 나타났다. 당시 대다수의 체코인들이 여전히 가톨릭 신도였음에도 불구하고, 국가 이데올로기와 상징이 후스적 의미를 띠게 되었다. "진리를 추구하고, 진리에 귀 기울이며, 진리를 배우고, 진리를 사랑하라. 진리만을 말하고, 삶이 다할 때까지 진리를 수호하라."는 후스의 유언은 "진리가 승리한다."라는 신생 체코슬로바키아 공화국 문장의 일부가 되었고, 보다 최근에 와서는 반체제운동의 상징인물이자 현 체코 대통령인 하벨(Václav Havel)이 반공산주의 운동의 일환으로 '진실 속에서의 삶'을 외쳤으며, 반공산주의를 표방한 1990년 최초선거에서 "진리와 사랑은 거짓과 증오를 이긴다."라는 후스의 가르침을 선거 표어로 사용하기도 했다.

많은 체코인들이 명목상으로는 가톨릭 신도였음에도 불구하고, 체코에서의 민족주의는 프로테스탄트를 통해 표현되어 왔다. 민족이 외세의 지배를 받았던 시기와 가톨릭이 강제된 시기가 동일했고, 외세적 요소와 가톨릭적 요소가 융합된 시기였기 때문에, 민족의지를 표출할 수 있는 매개체는 가톨릭이 아니라 프로테스탄트였다. 이로써 체코슬로바키아가 독립한 이후에는 국가 이데올로기와 삶의 방식에 프로테스탄트적 함의가 내포되기 시작했다.

결국 바츨라프과 후스는 국가와 민족을 상징하고 있어 체코인들에게 국가의 위상과 민족 정체성을 의미하고 있지만 동시에 각기 가톨릭과 프로테스탄트를 대표하는 인물로 체코 역사에서의 상반되고 이질적인 종교문화를 나타내는 상징이기도 하다. 체코의 수도 프라하에 있는 두 인물의 성상이 각기 바츨라프 광장과 구시가 광장에 놓여 있는데, 이것 또한 체코인들에게 있어 공간적, 시간적으로 분리된 두 개의 종교를 상징하는 것이다.

3. 체코의 종교사 : 가톨릭과 프로테스탄트의 대립과 갈등의 역사

1) 기독교 수용과 후스주의 전통

6세기 경, 현재의 체코 지역에 살고 있었던 켈트족과 슬라브어를 사용하는 모라비아인 그리고 약간의 독일인들이 켈트 기독교를 받아들였다. 현재 이에 대한 기록은 남아있지 않으나, 당시 켈트 기독교는 이교신 숭배와 함께 공존했던 것으로 보인다.[6) 체코에서의 본격적인 기독교 도입은 9세기 신·구교간의 포교 경쟁과 당시 체코의 정치적 상황과 함께 진행되었다. 863년 그리스 테살로니키 출신의 끼릴과 메토제이가 기독교 선교를 위해 대모라비아 제국에 파견되었다. 이들은 그리스-슬라브식이 혼합된 형태로 예배를 진행했으며, 특히 슬라브 예배서와 일부 성경을 번역했다. 최초의 체코왕인 보르지보이와 그의 부인인 류드밀라가 메토제이에게서 세례를 받았으며, 프제미슬 왕조시대에 고대 슬라브 교회어가 체코에서 교회어로 확대되기 시작했다. 그러나 슬라브 예식에 대한 독일계의 반발로 곧 라틴계 의식이 도입되었고, 이때부터 로마 가톨릭이 체코에 뿌리내리게 되었다. 10세기 초반 바츨라프가 독일 선교사들에 의해 로마 가톨릭으로 개종했으며, 973년 프라하에 최초의 주교좌가 설립되었다. 1063년에는 모라비아 올로모우츠에 두번째 주교좌가 설립되었고 1344년에는 프라하 주교좌가 대주교좌로 개편되었다.[7)

---

6) 최근에 켈트문화에 대한 기념행사가 많이 행해지고 있다. 특히 자다르 나드 사자바(Žadar nad Sazavou) 지방이나 쿠트나 호라(Kutná Hora) 등지에서는 켈트문화 행사가 정기적으로 거행된다. *Lidové Noviny* (Duben 30, 1996).

7) 현재 체코에는 두개의 대주교좌가 있다. 1344년 프라하에 설립된 대주교좌 이외에도, 1777년 올로모우츠에 대주교좌가 설립되었고, 리토메르지츠(1655), 흐라데츠 클라로베(1654), 브르노 (1777) 그리고 체스케 부제요비체(1785)에 각각 주교좌가 있다. Jitka Cvejnová, *O České*

14세기 말에 들어서면서, 가톨릭 교회는 가장 거대하고 부유한 사업체로 변모되었다. 교회가 가장 부유한 지주였고, 계속해서 갖가지 사안으로 신도들에게서 돈을 거두어 들였다. 보헤미아와 모라비아에서도 교구라는 이름으로 3,500여 개 이상의 이른바 '세금징수소'가 생겨났다. 이런 상황에서 1393년 교황은 체코인들에게 이른바 '자비의 여름'을 선언하기에 이르렀다. 이는 최소 15번 교회를 방문할 경우 지금까지의 모든 죄를 사한다는 내용으로, 매번의 고해 때마다 헌금을 해야 했고, 성지를 순례하는 맨 마지막 '죄 사함'은 지금까지 기부했던 돈에 상응하는 액수를 다시 헌금해야 한다는 것이었다. 그러나 무엇보다도 당시 후스를 비롯한 종교개혁가들에게 가장 신랄한 비판의 대상이 되었던 것은 면죄부 판매와 성직매매 등 교회의 세속화 문제였다. 교황은 각 주교좌나 대주교좌 그리고 각 교구에 성직자를 임명하면서 임명료를 받았는데, 많은 성직자들은 임명료를 내기 위해 신도들에게 더 많은 돈을 끌어 모아야 했고, 이들 중 잇속에 밝은 성직자들은 몇 개의 교구를 구입해서 되파는 등 성직을 부의 축적 수단으로 이용했다.[8]

이러한 종교적 부패상 속에서 교회가 자발적으로 세속의 부와 정치적 영향력을 포기하지 않을 것이라는 위클리프(J. Wyclif)의 논리와 가르침을 받아들인 후스는 가톨릭 교회에 정면으로 대응하면서, 교회가 본래의 모습으로 돌아가야 하고, 오직 성경만이 진실이라는 내용을 설교했다. 후스는 교회의 면죄부 판매와 교황-군주제를 비난하고, 교회를 구원자의 정신적 동료로서 설명했다. 독일 신학자들은 위클리프-후스주의를 이단으로 간주했지만, 체코인들은 바로 이것을 개혁으로 생각했다. 후스는 1412년 파문을 당한 이후에도 체코어로 종교서적을 저술해서 체코인들에게 사악한 교황에게 복종할 필요가 없으며, 교회는 금전적인 부를 경멸해야 한다고 주장했다. 결국 1415년 후스는 화형 당했다. 후스의 처형은 한 이단자에 대한 처형 이상의 의미를 지니고 있었다.[9] 후스의 처형으

Republice (Praha: Univerzita Karlova, 1997), s. 24.
8) 프라하의 대주교 푸흐닉(Puchnik)은 9개의 교구를 소유하고 있었다고 한다. Kuras, *op. cit.*, pp. 115-116.
9) 기록에 따르면 당시 최대의 이단이었던 후스의 재판과 화형을 보기 위해 모여든 군중은 일반 대중을 제외하고도 총대주교 3명, 23명의 추기경, 106명의 주교, 28명의 왕과 대공, 그리고

로 보헤미아와 모라비아의 귀족들이 가톨릭 교회에 맞서 대항하기 시작했고, 체코인들 역시 외국인들에 의한 후스의 처형을 민족적인 치욕으로 여겨 이에 강력히 저항하기 시작했다.10)

후스의 신학적 주장은 점차 체코어로 성경을 읽게 된 모든 이들에게 민족적인 의미를 지니게 되었다. 성직자들은 신도들과 함께 성찬식 포도주를 마시기 시작했고, 십자가를 후스주의의 상징인 성배로 바꾸었다. 후스의 처형 이후 후스파들은 서로의 연대를 강화시켰고, 가톨릭 교회의 부패상을 강도 높게 비난하기 시작했다. 이들은 특히 "모든 신도들에게 양성체가 허용되어야 하고, 모든 영적인 죄나 현실의 죄는 그 사람의 사회적 지위에 상관없이 공평하게 처벌되어야 하며, 신의 세계에 관해 자유롭게 설교할 수 있어야 하고, 모든 성직자는 세속적인 부를 포기해야 한다."라는 '프라하 4개항'을 선언해 가톨릭 교회와 교황의 권위에 정면으로 도전했다.11)

이런 상황에서 1419년 '프라하 1차 창문 투척사건'이 발생했다. 종교의 자유와 후스의 화형을 비난하며 시위를 벌이던 후스주의자들은 7명의 프라하 시의원을 시청 창문 밖으로 던져 버렸고 이에 지기스문트 황제는 '이단의 땅'에 십자군 원정을 결정했다. 그러나 체코를 침공한 다섯 차례의 십자군12)은 쥐슈카 (Jan Žižka)가 이끄는 체코 농민군에 의해 모두 격퇴되었다.

그렇지만 강력한 통일성을 유지하고 있던 후스주의 운동도 점차 분열되기 시작했다. 우트라크비스테(Utrakvisté: 양종주의) 혹은 칼리쉬니치(Kališnicí: 성배

수백 명의 귀족과 기사들이 참가했다.

10) 보헤미아와 모라비아 귀족들은 후스의 처형에 대해 다음과 같은 선언문을 발표했다. "여기서 우리는 모든 이들에게 후스는 신의 법률에 헌신한 정직한 인물이며, 우리에게 사랑과 평화를 가르쳐 주었고, 모든 기독교 신도들에게 가르침을 준 스승이었음을 입증한다. 또한 우리는 체코 땅에 이단이 있다는 그 누구의 주장도 거짓이며, 우리 왕국의 반역자이자 적이고 바로 그 자신이 이단자임을 확신하는 바이다. 우리는 그 어떤 두려움에도 상관없이 마지막 피 한 방울까지 그리스도의 법을 가르쳐 온 우리들의 스승을 보호할 준비가 되어있다." 이정희, 《동유럽사》 (서울: 대한교과서, 1986), pp. 143-144; Kuras, ibid., p. 118.

11) Petr Čornej a Jiří Pokorný, A Brief History of the Czech Lands to 2000 (Praha: Práh, 2000), pp. 22-23.

12) 1420년, 1421년, 1422년, 1427년 그리고 1437년에 각각 십자군과의 전투가 있었다. 마지막 전투에서는 "너 신의 법률을 지키는 신의 전사들이여, 신에게 구원을 청하고 믿어라. 그와 함께라면, 너는 언제나 승리하리라."라는 후스파의 찬송가만으로도 십자군을 무찌를 수 있었다.

주의)로 알려진 온건파는 가톨릭 교회가 성체식에서 빵만을 인정하는 것에 반대해, 빵과 포도주 모두를 받아들였다.[13] 양성체를 받아들이는 것은 후스의 원칙, 즉 신 앞에 모든 신도는 평등하다는 원칙을 받아들이는 것을 의미했다. 한편 중부 보헤미아의 타보르를 중심으로 결집된 급진적인 타보르파는 기본적인 입장에서는 우트라크비스테와 일치했다. 그러나 이들은 교회의 재산 문제에 강경한 입장을 고수하면서 온건파와 무력충돌을 벌이게 되었다. 결국 1434년 리파니 전투에서 온건파인 우트라크비스테가 승리했고, 가톨릭 측과의 협상을 통해 양성체를 공인받았으며 체코어로 설교할 수 있게 되었고 로마에 지불하는 세금이 면제되었다. 이제 체코인들에게는 가톨릭과 후스주의 중에서 종교를 선택할 수 있는 권리가 보장되었다. 그러나 교황은 이 협정을 인정하지 않았고, 급진파인 타보르파 역시 자체의 교회를 건립하고, 주교를 선출했으며, 대중들을 교육시켰고, 비밀리에 체코어로 된 '크랄리체 성경'을 배포했다.[14]

16세기 후반에 이르면 체코의 프로테스탄트는 세 갈래로 성장한다. 첫 번째는 이미 가톨릭 교회와 협상을 벌여 종교의 권리를 인정받은 우트라크비스테이며, 두 번째 그룹은 루터교의 영향을 받은 일부 후스파들이 주축이 되어 설립한 신성배주의(Novoutrkvisté)로 독일 프로테스탄트와 밀접한 관계를 유지했다. 마지막으로 좀 더 급진적 형태의 후스파인 형제단(Jednota Bratřská)이 있었다. 1457년 동부 체코에서 시작된 형제단은 헬치츠키의 주도하에 체코어와 교육 그리고 민족문화에 가장 열성적이었으며, 독일화의 위험을 인지하고, 독일 루터파보다는 네덜란드나 영국, 프랑스 등과 관계를 유지하고 있었다. 이들은 신약성경에 우선을 두고 상업활동을 거부했으며, 육체노동에 중요한 가치를 부여했다. 이들은 보다 평등한 관계를 유지하며 회원 전원이 주교 선출권을 갖고 있었다.[15]

16세기 말 합스부르크 왕이 체코의 왕위를 차지하면서, 곧 가톨릭 교회의 압박이 이어졌고 동시에 독일화가 진행되었다. 1527년 비엔나에 제국의 중앙정부

---

13) Cvejnova, c. d., s. 24.
14) http://www.czech.cz/religion
15) Cvejnova, c. d., s. 24-25.

가 들어서면서 재가톨릭화가 본격적으로 시작되었다. 체코 귀족들의 권한이 줄어들었고, 예수회가 조직된 교육망을 구축해 나가면서, 수많은 책과 필사본을 금서로 지정하거나 불태워 버렸다.16) 1576년에는 스페인에서 교육받은 황제 루돌프 2세가 수많은 스페인 사람들과 교황의 특사들, 그리고 가톨릭 신앙으로 무장한 요원들과 함께 프라하에 입성하면서 가톨릭의 압력은 더욱 거세졌다. 뒤이어 황제가 되는 페르디난트 2세는 "이교도가 있는 국가보다는 사막이 더 낫다."라며 체코 프로테스탄트를 혐오하고 체코에 가톨릭을 강제하기 시작했다.

1618년 '프라하 2차 창문 투척사건'을 시작으로 프로테스탄트가 결집하게 되었고, 귀족들은 반 합스부르크, 반 가톨릭 투쟁에 나섰다. 그러나 1620년 빌라호라에서의 패배로 인해 체코의 프로테스탄트 세력은 완전히 일소되었다. 체코는 독립을 상실했고, 향후 300년 동안의 암흑기에 빠져들었다.17) 1627년에 선포된 새로운 헌법(Obnovené zřizení zemské)에 따라 보헤미아와 모라비아에 거주하는 사람들은 6개월 이내에 가톨릭으로 개종하든지 아니면 체코를 떠나야 했다. 약 25만 명에 이르는 프로테스탄트 귀족들과 도시민들이 외국으로 이주했고 신민들과 농노들은 상업활동이 전면 금지되었으며, 가톨릭으로 개종해야 했다.18) 더군다나 1618년부터 시작된 30년전쟁으로 인해 체코의 폐해는 상당했고, 종교의 자유를 상실했을 뿐만 아니라, 후스주의를 지탱하던 체코인 귀족들이 추방됨에 따라 체코 땅은 완전한 가톨릭 국가로 변모되었다.19) 일부 비가톨릭적인 요소들은 다만 도트크루쉬노호로지(루터파)와 동부 보헤미아, 그리고 모라비아의 포드흐로스키 지역(체코 형제단)에만 남게 되었다. 빌라호라 전투 이전에 프로테스탄트 비율이 85%까지 이르렀지만, 강압적인 개종과 탄압으로 이

---

16) Joseph F. Zacek, "Nationalism in Czechoslovakia," in Peter F. Sugar and Ivo J. Lederer (eds.), *Nationalism in Eastern Europe* (Seattle and London: Univ. of Washington Press, 1994), p. 174.

17) Victor Mamatěy, "The Battle of the White Mountain as Myth in Czech History," *East European Quarterly*, Vol. 15, No. 3(Sep. 1981), p. 335.

18) Cvejnová, *c. d.*, s. 76.

19) 30년 전쟁의 패배로 인해 체코에서는 인구감소가 1/3에 달했으며, 보헤미아의 1/5, 모라비아의 1/4에 해당되는 영토가 황폐화되었다. 체코인 귀족과 인구의 1/3이 사라졌는데, 이는 체코와 체코 민족을 지탱해 줄 수 있는 엘리트와 정치가들의 상실을 의미하는 것이었다. 권재일, 《체코슬로바키아史》 (서울: 대한교과서, 1995), pp. 114-118.

비율은 이제 가톨릭 신도의 비율로 바뀌었다.

체코인들은 빌라호라 전투와 그 이후의 탄압을 통해 가톨릭 교회의 힘을 깨닫게 되었고, 더 이상 그들과의 마찰로 안락하고 편안하게 사는 삶의 방식을 깨고 싶지 않아 했다. 그렇지만 가톨릭으로 개종한 이들은 실제로 독실한 가톨릭 신도가 되기보다는 수많은 이교적 요소와 민중들의 전통을 뒤섞어 새로운 전통을 만들어 나갔다.

1781년 요셉 2세는 종교적 관용을 선언했지만, 가장 세력이 커져 있었던 체코 형제단은 여기에서 제외되었다. 이에 따라 프로테스탄트 신도들은 스스로를 칼뱅파나 루터파라고 선언해야 했으며, 체코 형제단은 1870년에 가서야 합법화되었다.

2) 1918년 국가독립 이후의 종교사

체코슬로바키아가 건국된 1918년에 새로운 교회 설립, 특히 후스파 교회의 설립이 인정되었으며, 이에 따라 체코슬로바키아 후스주의 교회가 설립되었다. 후스주의 교회는 설립 당시 신도의 수가 약 백만 명 정도였다. 또 다른 주요한 프로테스탄트 교회인 체코형제복음주의교단(Českobratrská církev evangelické)도 설립되었다. 독립을 쟁취한 체코인들에게 가톨릭 교회와 합스부르크 제국은 두 개의 얼굴을 가진 하나의 적에 다름 아니었다. 체코인들은 자신들의 국가를 되찾고 난 이후 민족의식과 민족의 정체성 그리고 국가에 대한 충성심을 유도하기 위해 후스식 프로테스탄트를 이용했다. 초대 대통령인 마사릭(T.G. Masaryk)은 체코 내의 이런 상황을 일컬어 '체코인과 가톨릭교회 간의 긴장관계'라고까지 언급한 바 있었다. 특히 1918년 체코슬로바키아 공화국이 건국된 이후 이른바 '탈 로마운동'이란 이름의 교회 내부운동이 전개되고 민족교회로 알려진 체코슬로바키아 후스 교회가 설립되면서 가톨릭 교회와 프로테스탄트간의 마찰이 표면화되기 시작했다.[20]

---

20) Pedro Ramet, "Catholicism and National Culture in Poland, Czchoslovakia and Hungary,"

체코인들은 자신들의 독립국가 형성을 1620년 빌라호라에서의 패배에 대한 보상으로 생각했다. 이에 따라 수백 개의 마리아 동상, 네포묵 동상21), 바츨라프 동상을 파괴했고, 약 300여 개에 이르는 가톨릭 교회의 재산을 몰수했으며, 가톨릭 교회를 공개적으로 비난했다. 체코슬로바키아 정부의 의식적인 반 가톨릭, 친 프로테스탄트 정책으로 인해 가톨릭 신도의 비율은 95%에서 75%까지 떨어졌다.22)

2차 대전 중에 체코인들이 가톨릭 교회, 특히 교황에 반감을 갖게 되는 사건이 발생했다. 가톨릭 교회는 나치 독일의 위협과 1939년 체코슬로바키아 국가 분리의 시기에 체코슬로바키아 역사에서 또 다른 오점을 남겼다. 히틀러가 전 슬라브 민족의 말살을 공공연히 주장했음에도 불구하고, 슬로바키아의 가톨릭 지도자들은 나치 독일이 체코슬로바키아를 침공하기 바로 전날인 1939년 3월 14일에 가톨릭 성직자 티소(J. Tiso)를 수반으로 하는 독립국가를 선포했다. 이 사건에 대해 바티칸측에서는 "성령은 슬로바키아 국가수반으로 가톨릭 성직자인 티소의 취임을 환영한다. 그는 그리스도의 계획에 따라 슬로바키아를 건국했다."라는 축전을 보냈으며 교황의 특사를 파견해 체코슬로바키아가 다시 독립을 되찾은 지 3개월이 지난 1945년 8월까지 슬로바키아 대사로 머물게 했다.23)

슬로바키아의 국가 분리가 나치의 후원을 받은 가톨릭계 인사들에 의해 주도되었다는 사실은 체코인들로 하여금 슬로바키아인들 뿐만 아니라 가톨릭 교회에 대해서도 더욱 실망하게 되고 더 나가 반감을 갖게 되는 계기가 되었다. 반면 슬로바키아인들은 가톨릭을 자신들의 국가뿐 아니라 민족 정체성을 유지

in Pedro Ramet (ed.), *Cross and Commissar: The Politics of Religion in Eastern Europe and the USSR* (Bloomington: Indiana Univ. Press, 1987), pp. 55-79.

21) 성 네포묵(sv. Nepomucký)은 1729년 시성되었는데, 1차 대전 이후 프로테스탄트 측에서는 이 성인을 시성한 것이 체코인들에게 후스의 영향을 감소시키기 위해 가톨릭 교회에서 의도적인 행한 것이라고 평가했다. 이들에 따르면 가톨릭 교회는 체코의 성인과 순교자 숭배를 퍼뜨림으로서 정치적으로 위험스런 의식을 억누르고자 했던 것이다. 그러나 1893년 성 네포묵 축일에 프라하 젊은이들이 오히려 후스를 기념했다는 기록도 있다.

22) Pedro Ramet, "Christianity and National Heritage among the Czechs and Slovaks," in Pedro Ramet (ed.), *Religion and Nationalism in Soviet and East European Politics* (Durham and London: Duke Univ. Press, 1989), pp. 264-285.

23) Milan Návrat, *Religion in Czechoslovakia* (Praha: Orbis, 1984), p. 28.

시키는 매개체로 인식했다. 이렇게 한 국가에서의 두 가지 종교관과 종교문화
는 1993년 체코와 슬로바키아가 두 개의 국가로 분리하게 되는 요인의 하나로
남게 되었다.[24]

〈표1. 1930년대 종교 비율〉

종교	절대치(1,000명)			구조(%)		
	ČZ	ČR	SLO	ČZ	ČR	SLO
로마 가톨릭	10,762	8,378	2,384	76.9	78.5	71.6
정교/그리스 가톨릭	259	36	223	1.8	0.3	6.7
개신교(전체)	1,056	500	556	7.5	4.7	16.7
체코 형제단	297	291	1	2.1	2.7	0.2
슬로바키아 아우구스트	406	6	400	2.9	0.1	12.0
슬로바키아 개혁주의	148	2	146	1.1	0.0	4.0
체코슬로바키아 교회	791	780	11	5.7	7.3	0.3
유태교	254	117	137	1.8	1.1	4.1
기타 등록되지 않은 종교	32	30	2	0.2	0.3	0.1
무신론자	350	333	17	6.1	7.8	0.5
전체	14,004	10,674	3,330	100.0	100.0	100.0

ČZ: 체코슬로바키아 전체, ČR: 체코 지역, SLO: 슬로바키아 지역
출처: Milan Kučera and Zdeněk Pavlík, "Czech and Slovak Demography," Jiří Musil
(ed.), *The End of Czechoslovakia* (Budapest: Centraleuropean Univ. Press, 1995), p. 27.

3) 공산정권 시기와 민주화 이후의 종교

1948년 이후 공산화가 진행되고 반종교정책이 시행되면서, 체코에서의 종교
성과 신도의 비율은 현저히 낮아졌다. 그러나 체코에서의 종교적 열정이 식은
원인이 공산정권의 억압정책에만 기인한다고 보는 것은 정확하지 않다. 그것은
오히려 체코인들에게서 나타나는 종교에 대한 근본적 회의와 가톨릭 교회와 프

---

24) 임영상·황영삼 편, 《소련과 동유럽의 종교와 민족주의》 (서울: 한국외대 출판부, 1996), pp.
222-245.

로테스탄트 교회 간의 이중적인 측면 그리고 이들이 개개 신도들에게 호소하는 측면이 너무나 상이했기 때문에 일반 대중들의 종교에 대한 의존이 점차 낮아졌다고 보는 편이 타당하다.25) 이와 아울러 근대화와 산업화에 따른 전 세계적인 세속화의 추세도 체코인들의 종교관에 큰 영향을 주었다.

어찌 되었든 공산화는 체코인들에게서 종교적 열정을 빼앗아 간 역할을 했다는 점은 사실이다. 여타 국가에서보다 더욱 빠르게 진행된 인위적이고 급진적인 사회적 변화 때문에 체코에서 종교의 영향력 하락은 다른 곳보다 더욱 빨랐다. 공산당이 집권하면서, 곧 각급 학교에서 십자가가 떼어졌고, 종교기관에 소속된 교육자들이 해직되었으며, 중등 교육기관에서 종교교과가 폐지되었고, 각종 종교단체가 불법화되거나 폐쇄되었다. 성직자와 교회가 경찰의 감시 대상이 되었고, 종교를 가지고 있는 사람들은 각종 직업에서 불이익을 당해야 했다. 또한 국가에서 성직자에게 봉급을 지급함으로서 이들의 경제적 상황을 통제했고, 성직자 임면권을 통해 종교에 대한 억압을 강화했다.26)

이러한 강압적인 반종교정책은 단기간에 뚜렷한 효과를 나타냈다. 1946년과 1980년 사이에 행해진 종교에 관한 조사에 따르면, 체코에서의 세속화는 상당히 빠른 속도로 진행되었다. 1945년 이후 체코인들 중에서 80%가 종교를 가지고 있었지만, 1969년에 이 수치는 55%로 그리고 1980년에는 다시 30%로 하락했다.27) 예배의식에 참여하는 수치나, 교회에서 결혼식을 올리는 수치에서의 변화도 두드러졌다. 1984년에 체코에서 태어난 아이 중 31.2%만이 세례를 받았으며, 교회에서 장례식을 거행하는 비율은 50.6% 그리고 교회에서 결혼식을 올리는 비율은 15.8%에 불과했다.28)

공산정권이 무너진 이후 1980년대 초반보다는 신도의 수가 증가했지만, 이것

---

25) Stuart Mews, *Religion in Politics: A World Guide* (UK: Longman International Reference, 1989), p. 53.

26) Milan J. Reban, "The Catholic Church in Czechoslovakia," in Pedro Ramet(ed.), *Catholicism and Politics in Communist Societies* (Durham and London, Duke Univ. Press, 1990), pp. 142-155.

27) Mews, *op. cit.*, p. 60.

28) Czechoslovakia/Situation Report, *Radio Free Europe* (March 1986)에 따르면 슬로바키아인들의 세례 비율은 76.6%이고, 결혼식의 53% 그리고 장례식의 80.5%를 교회에서 치른다.

역시 명목상의 신도수 증가에 불과했다. 스스로가 종교가 있다고 선언한 비율과 실제 예배의식에 참여하는 비율과는 다르며, 이를 정확히 분류한다는 것은 사실상 불가능하다. 그러나 최근 체코 정부가 밝힌 자료에 따르면, 체코인의 50% 이상이 무신론자이며, 특히 산업이 발달된 북부 보헤미아에서는 이 비율이 75% 이상이다. 스스로 종교가 있다고 선언한 비율은 43.9%이고, 세분화된 변화 양상은 <표 2. 종교 비율>에 나타난 바와 같다.

체코에서의 종교사는 가톨릭 교회와 프로테스탄트 교회 간의 갈등과 반목의 역사였다. 둘 사이에는 각기 국가와 민족이라는 두 개의 동일하지만 상이한 개념으로 연결되어 있고, 그것은 바츨라프와 후스로 대표되는 두 순교자의 역사이기도 했다. 체코에서는 아직까지도 가톨릭 신도가 많지만, 실제로 그들이 어느 정도까지 종교에 열중하고 있는지는 분명치 않다. 많은 이들이 그들이 원하는 '평안'이라는 삶의 지혜를 지키기 위해, 시기에 따라 그리고 공간에 따라 가톨릭과 프로테스탄트를 각기 취해왔기 때문이다. 그러나 동시에 그들은 오랜 역사 속에서 기독교 전통과 민간 전통 그리고 이교 전통을 혼합하여 그들만의 독특한 종교문화를 형성해 왔다. 이러한 측면은 종교 의식과 축일 속에 나타나 있는 수많은 이교 전통과 민간 전통을 통해 확인할 수 있다.

〈표2. 1950년과 1991년 종교 비율〉

종 교	체코			슬로바키아		
	1950	1991년		1950	1991년	
	%	1000명	%	%	1000명	%
종교 전체	94.1	4,524	43.8	99.7	3,841	72.8
로마 가톨릭	76.3	4,021	39.0	76.2	3,182	60.4
루터파 전체	5.7	225	2.5	16.3	420	8.0
체코슬로바키아 후스교회	10.6	178	1.7	0.1	1	0.0
그리스 가톨릭(우니아트)	0.4	7	0.1	6.6	179	3.4
무신론자 혹은 모름	5.9	5,778	56.1	0.3	1,433	27.2
전체	100.0	10,302	100.0	100.0	5,274	100.0

출처: http://www.czech.cz/czech/country.html

4. 종교 의식과 축일 : 기독교와 이교 전통의 혼합

일반적으로 한 사회의 전통은 민중들의 전통과 종교 전통 그리고 사회-정치적 전통으로 구분할 수 있다. 이 세 가지 전통은 각자의 역할을 수행하면서, 상호 얽혀있는 하나의 새로운 전통으로 융합되며, 산업화와 도시화가 진행되고 생산력과 생산관계가 발전됨에 따라 일상적인 전통과 제도가 내적인 의마를 상실해가고 그 일부는 새로운 상황에 적응해 새로운 관습의 형태로 자리잡기도 한다. 이런 측면에서 종교의 영향력이 계속 하락되고 있음에도 불구하고, 종교적 전통은 그 심리적인 영향력을 현재까지 유지해 오고 있다고 볼 수 있다. 그러나 세 가지 전통이 하나로 묶여짐에 따라 종교 본래의 의미는 상당부분 사라지고, 형식도 본래의 모습에서 많이 이탈되고 있다.

종교적 전통은 의식과 예배, 축일, 종교행사 따위들이 한데로 뭉쳐진 것이다. 특히 종교적 전통은 교회의 달력과 종교 의식을 통해 나타나는데, 교회는 교회 달력을 통해 과거의 중요했던 사건이나 인물들을 통제하고 이를 이용해 일반 대중들에게 영향력 확대를 꾀하며, 이때 예배와 축일 등은 종교 이데올로기 확대에 중요한 수단이다. 교회와 성당은 다양한 종교 의식을 통해 대중들과 초자연적인 힘을 연결시킴으로서 대중들의 종교에 대한 믿음을 강화시킨다.

객관적으로 종교행사는 종교와 교회에 종속되어 있는 신도들의 의식을 움직이는 조작된 형태이며, 주관적으로는 신도들에게 초자연적인 힘을 인식케 하여 이와 관계를 맺게 하는 매개역할을 한다. 동시에 종교행사는 정규성과 반복성에 기초해 일상 삶에서 하나의 관습으로 자리잡는다. 따라서 종교기구는 일반 대중들 사이에서 일체성을 확보할 수 있도록 하는 각종 행사를 만들고 이를 기념해 왔다. 특히 축일과 축제는 종교와 일반 대중들의 삶을 하나로 묶고 이를 종교적 숭배로 이어지게 하는 역할을 해왔다.

축일은 특정 인물, 사건, 장소 등을 기념하는 날이며 사회와 국가적 삶에서
의 어떤 특정한 사건을 기념하는 날이다. 축일을 기념하는 것은 하나의 일체된
전통이 되었고, 그것은 사람들 사이의 통일된 삶의 방식을 보여주는 것이다. 현
재 종교 축일은 종교적 행사일 뿐만 아니라, 일반적으로 한 사회의 문화적 행
사로 남아있다. 그러나 모든 기독교 축일이 기독교상에 나타나는 역사적 인물
이나 사건과 관련된 것만은 아니다. 여기에는 기독교 수용 이전의 오래된 의식
과 형태가 담겨 있으며, 이 때문에 교회는 기독교 이전부터 내려오던 일반 대
중들의 전통을 무시할 수 없었고 대중들의 농경 달력에 나타나 있는 여러 축
제 형태를 인정하지 않을 수 없었다.

농경사회에서는 종교 축일 모두를 받아들이지는 않았으며, 매번의 축일에 같
은 열정을 부여하지도 않았다. 이들이 열중하고 정성을 들인 축일은 천문학적
변화에 따른 그리고 자연의 변화에 따른 농경과 관련된 순간이었다.[29] 특히 겨
울에서 봄으로 이어지는 종교 축일은 이들에게 가장 중요한 날이었으며(성탄절
에서 부활절까지 이어지는 축일), 부분적으로는 가을 축일(성령강림제)도 중요
한 날에 속했다. 이런 축일들의 목적은 대체로는 경제적인 번영과 생활안정을
기원하는데 있었고, 생물학적 재생산과 건강을 소망하기 위한 것이었다.

1) 종교행렬

대규모 종교행렬은 가톨릭 신도가 아닌 사람들의 정서에도 오랫동안 영향을
끼쳐왔다. 특히 체코에서는 다른 기독교 국가들과는 달리 가톨릭의 전통적 상
징 이외의 상징, 즉 후스나 코멘스키(J. A. Komenský)의 초상이 종교행렬 속에
나타나기도 했다. 이는 가톨릭의 전통과 상징이 종교적 형태뿐만 아니라 장식
을 위한 형태로 바뀌어 공간을 차지했음을 의미한다. 봄에 행하는 대규모 종교
행사는 농경사회에서 중요한 의미를 지니는 것으로 농사에 적합한 날씨와 추수

---

29) Jan Pargač, *Tradice v kulturním a společenském životě nymburské vesnice* (Praha: Univerzita Karlova, 1988), s. 36.

를 기원하는 것이다. 특히 성 '마르카의 날'(4월 25일)에 시작되는 종교행사는 '땅 밟기'가 중요한 행사였는데, 이는 기독교 수용 이전부터 내려오던 농경과 관련된 민중들의 전통이었다. 또한 과실수가 많은 지역에서는 '성 보이테흐'의 날 땅 밟기 이외에도 교회와 분수 근처에서 행사를 거행하는데 이것은 과실수 재배에 필요한 비를 기원하는 의미를 지니고 있는 것이다.[30]

2) 성체절

성체절(Boží Tělo)은 성령강림제 일요일 이후 두 번째 목요일이며, 부활절 이후 열 번째 주에 해당된다. 미사를 올리고 신의 성상을 들고 빈 공터 등을 돌며 행렬한다. 행사 재단은 각각의 마을마다 따로 준비하며, 행렬을 위해서 가장 화려하게 마련한다. 흔히 재단은 화려한 자수를 놓아 아름답게 장식한 탁자를 이용하는데, 이렇게 준비한 재단 위에 성상과 십자가를 놓고, 재단 위에는 성인의 그림을 걸어둔다. 축연은 보통 오전에 행하며, 추수와 비를 기원하는 의미로 행렬에서 들러리를 서는 소녀들이 찬송가를 부른다. 교회에서는 꽃과 화환을 봉헌하고, 가장 중요한 장소에 꽃을 올려놓는다. 이때 봉헌된 화환은 초자연적인 힘에 대한 사랑을 의미하는 것이다. 교회에서 봉헌식이 끝난 뒤에는 꽃을 집으로 가져와 부엌에 있는 십자가와 함께 걸어 두거나, 호밀빵(흘렙)을 만들 때 그 잎을 조금 섞기도 한다. 화환과 꽃은 백리향과 도금양을 뿌리는데, 이런 행위는 가축들에게 파리가 꾀지 않게 하기 위함이며, 무엇보다도 집안(부엌)으로 해충이 들어오지 못하게 하기 위함이었다.[31]

30) *Tamtéž.*, s. 37.
31) *Tamtéž.*, s. 37-38.

3) 성탄절

성탄절 이전 4주간의 강림제 기간은 금식기간으로, 시끌벅적한 축하행사를 하지 않고 매일 아침에 그리스도에 대한 기억과 함께 강림예배를 드리고 죄 사함을 기원한다. 교회는 이 기간에 자신들의 영향력 확대를 위해 노력했다. 그 러나 이 시기동안 금식이 엄격하게 지켜진 것은 아니었는데, 미쿨라쉬의 날에 는 댄스 파티를 열기도 했다. 반면 농경사회에서는 새벽예배가 철저히 준수되 었다. 신도들은 성탄절에 교회에서 거행되는 미사나 예배에 참석하고 자정미사 에 참석했다. 일반적으로 성탄절 주간은 부활절과 더불어 연중 종교행사 중 최 대규모지만, 반면 일반 대중들 사이에서는 '관대한 날'(Štědrý den)로 알려진 크리스마스 이브가 더 중요한 날이었다. 이 날은 성 쉬테판의 날로 알려져 있 으며, 민중들 사이에서 관습과 미신으로 가득 차 있는 주간이기도 하다.

금식기간이 끝나고 나면, 온 가족이 저녁에 모여 식탁에 둘러앉아 저녁을 함 께 한다. 식탁에는 그 동안 경작했던 온갖 종류의 음식을 올려놓는다. 이 날 식탁에 깔아놓는 식탁보는 성 쉬테판의 날까지 그대로 둔다. 식탁보에는 돈을 조금 넣어 두는데 이는 다음 해의 경제적 번영을 기원하는 것이며, 이 날 넣어 둔 돈으로 성탄절에 요리할 잉어를 산다. 식탁의 다리를 체인으로 묶는데 이것 은 1년 동안 가족들의 화합을 기원하는 것이며, 간혹은 로프 등으로 식탁을 묶 기도 하는데 이런 행위 역시 1년 동안 가족들의 연대를 위한 것이다.

저녁식사 후에 사과와 견과를 준비해 사과를 반으로 자르고, 견과를 부순다. 만일 사과의 씨가 온전히 남아 있으며 모든 일이 잘 될 것이고 조금이라도 상 해 있다면 불행이 닥친다고 알려져 있다. 견과를 부수어서 견과가 비어 있다면 그것은 1년 내에 그 사람이 죽을 수 있음을 의미한다. 이런 미신은 식탁에서 다른 사람을 기다리지 않고 먼저 식사를 하거나 혹은 저녁을 빨리 먹고 자리 에서 일어나는 사람들에 대한 경고의 메시지를 담고 있는 것이기도 하다. 저녁 식사를 마친 뒤에 견과를 손가락으로 굴리는데, 이에 성공하면 1년 내내 가정 에 화목과 친목이 있을 것이고, 그 반대의 경우에는 불화가 생긴다고 믿었다.[32]

---

32) *Lidové Noviny* (Prosince 23, 1994), s. 9.

또한 관대한 날에 우물에 사과와 견과류를 던지는데, 이는 그 물이 깨끗해지기를 기원하는 것이며, 달콤한 우유를 기원하는 의미로 이 물을 염소에게 먹인다. 젖소에게도 견과류를 먹이는데 이것 역시 우유를 기원하는 것이다. 또한 농부들은 다음 해의 풍요를 기원하는 의미로 접시에 세 개의 견과를 담아 보관한다.

농경과 관련된 미신도 있다. 관대한 날 저녁식사 중 호밀빵인 흘렙과 크리스마스 과자를 얇게 자른다. 그 조각들 중간에 칼을 넣고 다시 붙여, 다음날 흘렙에 녹이 붙어 있으면 다음 해에는 호밀 수확을 할 수 없을 것이며, 과자에 녹이 붙어 있으면 밀을 수확하지 못한다고 한다. 또한 양파를 통해 내년의 날씨를 예측했는데, 양파를 벗겨 껍질이 말라 있으면 건조할 것이고, 그렇지 않으면 습할 것이라고 예측했다.

4) 사육제와 사순절

사순절 직전 1주일 동안의 사육제는 화요일에 절정에 이른다. 1차 대전 이전까지 사육제가 끝나는 화요일은 매우 중요했다. 축제가 화요일 오후에 시작되고 정확히 자정에 끝이 나는데, 이 자정이라는 시간을 어기는 행위는 커다란 죄악이었다. 바로 그 다음날이 엄격한 금식의 날, 즉 사순절의 첫 번째 날인 성회례 수요일이기 때문이다. 그러나 1차 대전 이후에는 화요일 자정까지가 아니라 토요일이나 일요일까지 사육제가 이어졌다. 사순절의 첫 번째 날인 성회례 수요일은 신도들에게 상당히 중요한 날이었다. 46일 동안 이어지는 사순절기간 동안 연회나 축제 등을 개최해서는 안되며, 사람들도 종교활동에 집중하기 때문에 화장이나 분장을 해서도 안된다. 금식기간 중에 흔히 성직자들은 신도들에게 "인간이여 기억하라, 너는 먼지이며 먼지 속으로 되돌아가리라."라는 인생의 덧없음을 설교하며 회개를 종용했다. 금식기간 중에는 육식이 허용되지 않았고 흡연도 금지되었으며, 부부관계도 맺지 못했다. 19세기 말과 20세기 초까지도 위의 규약을 어기고 성회례 수요일에 교회에 가는 사람들은 머리가 아프다는 미신적인 요소가 남아 있어서 이 내용은 비교적 잘 지켜졌다. 만일 이

날 규약을 모두 지킨다면, 1년 동안 건강을 유지할 수 있다고 믿었다.[33]

5) 부활절

부활절 주간은 성탄절과 더불어 가장 중요한 기간이다. 1차 대전 이후에도 교회-종교 행사에서 부활절 축일과 민간에서의 축제 그리고 민중 전통의 원형이 그대로 유지되었다. 교회뿐만 아니라 민중들 사이에서는 봄을 맞이하는데 상당한 주의를 기울였고, 이 속에 종교적 특성이 반영되었다.

교회에서는 봄에 돋아나는 첫 번째 새싹으로 예를 올렸다. 새싹이 예루살렘에 입성하는 그리스도를 기리는데 사용되었기 때문이라고 하지만, 봄에 피어나는 새싹을 기념하는 행위는 체코 역사뿐만 아니라 유럽 역사에서도 많이 나타나 있다. 일반적인 가톨릭의 관습과 함께 체코에 확대된 것은 버들가지에 관한 것이다. 교회에서 미사를 올리는 동안, 그 일부는 교회 주변을 버들가지를 들고 행진하면서 때리는 전통이 있다. 버들가지를 봉헌하는 것은 초자연적인 어떤 것에 대한 경외심을 표현하는 것이다. 따라서 사람들은 그것을 집안의 가장 중요한 장소에 놓아두곤 했다. 특히 십자가 뒤나, 성인들의 그림 뒤에 놓기도 했고, 꽃병에 꽂아 두기도 했다. 농부들은 이것을 들판(특히 밀밭)으로 가져가서, 귀퉁이에 십자가 모양으로 만들어 밝아 두었다.[34] 각 가정에서는 천둥이나 번개가 치기 전에 버들가지를 창문 위에 놓아두었고, 우박이 내릴 때는 사악한 힘을 막기 위해서 성인의 그림 뒤에 버들가지를 놓기도 했다. 버들가지가 집안에 행운을 가져다준다고 하며, 가족이나 가축들에게도 건강을 가져다준다고 믿었다.

부활절 이전 주는 수난주로 신도들이 교회에 참석했지만, 참여도가 높지는 않았다. 그러나 목요일(Želený Čtvrtek)에 이르면 교회 참석률이 높아지고, 신도들은 가정에서 이날을 준축일로 생각했다. 금요일(Velký Pátek)에는 농사일을

---

33) *Pargač*, c. d., s. 42-43.
34) *Tamtéž.*, s. 44-45.

금지하는 규약이 비교적 철저히 지켜졌고, 토요일에도 오전에만 일을 했다. 대부분의 미신과 전통적인 관습은 금요일과 관련된 것이다. 사람들은 금요일 새벽녘에 일어나 이슬로 세수를 하면 각종 질병에 걸리지 않을 것이라 믿었고, 여자들은 동이 트기 전에 집안을 청소하고, 빗자루를 뒷마당에 가져다 놓았다. 이것은 집안에 벌레가 꾀지 않게 하기 위함이었다.35) 아침에 집안에 성수를 뿌리고, 광과 마굿간, 닭장 등을 이로 청소했다. 이런 관습은 집안에 해충이 꾀지 않게 하기 위함이며, 동시에 집에 축복과 행운을 가져온다는 기대 때문이었다.

　토요일(Bílá Sobota)이 되면 금식이 끝나고 부활절이 본격적으로 시작된다. 일요일에는 구운 양고기 등으로 가장 훌륭한 식사를 준비하고, 아이들은 풍요와 번영 그리고 행운을 상징하는 부활절 달걀을 들고 다니고, 농부들은 이들을 위해 마늘빵이나 케익 등을 준비해야 했다. 슈마바 지방에서는 젊은이들이 차가운 물을 끼얹은 전통이 있는데, 이런 행위는 모든 죄악을 씻어 준다는 의미이며, 깨끗하고 정갈하게 봄을 맞이하라는 의미였다. 목요일에서 토요일에 이어지는 시기에, 아이들이 버들가지로 때리는 행위와 금요일 예배를 보는 두 가지 형태는 민간 전통과 종교가 섞인 대표적인 사례였다. 교회에서는 신도들에게 자신들의 영향력을 강화시키기 위해 부활절 행사를 가장 거창하게 준비했는데, 이런 기능을 위해서는 자연이 소생(부활)하는 시기가 최적이었던 것이다. 목요일에는 대금식이 시작되고, 금요일에는 주 제단 앞에 십자가를 놓았고, 토요일에는 새 성유를 채우며 부활절 초를 밝혔다. 일요일(Květná Neděle)에 여자들은 새옷을 입고 교회에 갔다. 다른 이들도 최소한 옷에 장식을 하는 방법으로 몸에 새로운 무엇인가를 지니고 있어야 했다. 이런 관습은 새로운 계절이 시작되면서 새옷을 준비한다는 당연한 의미의 내용과 종교행사가 결합된 형태였다.

6) 성령강림축일

　성령강림축일(Svatodůšni svatky)은 부활절이 지난 7번째 일요일로 대개는 5

---

35) *Lidové Noviny* (Květen 4, 1996), s. 24.

월 말이나 6월 초에 있다. 이 축일은 성탄절이나 부활절만큼의 중요도는 없다. 심지어 민간에서는 연중 가장 초라한 축일로 부르곤 했다. 그러나 농경사회에서는 부활절이 지난 후 첫 번째로 등장하는 중요한 날로 신도들은 교회에 가곤 했는데, 의무적인 사항은 아니었다. 버들가지를 봉헌하지도 않았고, 들판에 꽂아 두지도 않았다. 그러나 성령강림 주간의 첫째 날에는 일을 하지 않았다. 일반적으로 프로테스탄트 교회에서는 둘째 날까지도 일을 금지했다.36)

---

36) *Pargač*, c. d., s. 47.

5. 맺음말 : 새로운 종교관과 현실

　이미 전 세계적으로 인간의 근본적 질문에 명확한 해답을 제시해 주지 못하는 전통 종교는 그 영향력이 감소되고 있으며, 종교 - 사회간 관계 변화와 자연과학의 발전, 근대화, 도시화 등으로 탈종교 세속화가 가속화되고 있다. 그러나 체코에서의 탈종교 세속화의 진행은 여타 국가에서의 경우와는 상이했다. 서유럽에서의 세속화가 사회발전과 동시발생적인 것이었다면, 체코에서의 세속화는 역사적 경험에 기반하고 있으며, 가까이는 공산정권의 의도적인 목표였다. 특히 체코의 전통적인 반성직주의(anticlericalism) 유산은 세속화 과정이 다른 국가의 경우에 비해 훨씬 빠르게 진행된 주요한 요인의 하나였다.[37] 바츨라프와 후스로 대표되는 가톨릭과 프로테스탄트 간의 갈등의 역사는 체코인들에게 자신의 진짜 종교가 무엇인가라는 혼란스런 질문을 던졌고 그것은 결국 종교 자체에 대한 불신으로 이어졌다. 더군다나 민주화 이후에 진행되고 있는 재산권 반환을 둘러싼 교회와 국가와의 갈등은[38] 비신도들뿐만 아니라 신도들에게 교회의 영적이고 성스러움을 불신시키는 계기가 되고 있으며, 급기야는 교회로부터 등을 돌리게 하고 있다.[39]

---

37) Sabrina P. Ramet, "Religious change and new cult in Eastern Europe," in Sabrina P. Ramet (ed.), *Social Currents in Eastern Europe: The sources and meaning of the great transformation* (Durham and London: Duke Univ. Press, 1991), p. 135.

38) *Lidové Noviny* (Listopad 24, 1998), s. 3.

39) 다른 중·동유럽 국가들의 경우와 마찬가지로 체코에서도 전통 종교(특히 가톨릭)에서 이탈하는 비율이 높아지고 있는 반면, 신흥종교로 개종하는 비율 역시 높아지고 있다. 예를 들어 1989년 1월 체코 사도교(Czech Apostlic Church)가 공식 등록했고, 1992년 이후에는 여호와의 증인과 복음교가 설립되었다. 체코에서는 만 명 이상의 서명이 있으면 공식종교로 등록되는데 현재 이슬람교가 등록을 서두르고 있으며, 불교나 명상, 크리슈나 숭배 등 전통적인 동양종교나 신동양종교 뿐만 아니라 밀교 형태의 심령술이나 사탄 숭배까지 등장하고 있는 추세이다. Prague Post (July 8, 1998); http://www.praguepost.cz; Sabrina P. Ramet, op. cit., 151-152.

최근 종교 의식 준수에 관한 조사에 따르면, 세속화가 빠르게 진행되고 있는 도시와는 달리 농촌 지역에서는 여전히 종교의 중요성이 유지되고 있으며, 교회와 성당이 농촌 축일의 중심지로 남아있다. 그러나 성탄절이나 부활절을 제외하면 정규적인 예배에 참석하는 수가 줄어들고 있으며, 종교의 사회적 전통에 향수를 느끼거나 혹은 교회의 구호활동을 기대하는 노년층만이 종교행사에 규칙적으로 참석하고 있을 뿐이다.

종교행사는 점차 문화적 행사나 비종교 행사가 되고 있으며, 심지어는 반종교적 의미를 내포하기도 한다. 일반적으로 성탄절, 부활절 등에 화려한 '공연'이 펼쳐지기는 하지만 그것은 다만 종교의 형식과 형태만을 유지한 채, 내용에서는 비종교적 특성이 강화되고 있고, 사회 - 정치적인 축제나 문화적인 측면에서 의미를 지니는 형태로 변모되고 있다.

교회나 성당은 이미 관광명소로 바뀌어 외국인 관광객을 대상으로 입장수익을 올리는데 열중하거나, 갖가지 공연장소로 대관된다. 일반인들은 더 이상 성탄절에 교회나 성당에 가지 않고, 오히려 가족들과 시간을 보내거나 혹은 연인끼리 시간을 보내는 경우가 더욱 많아졌다. 19세기 중반에 체코에 들어온 크리스마스 트리를 꾸미는데 많은 시간을 할애하고, 종교적인 이유에서가 아니라 다만 관습에 따라 잉어를 요리할 뿐이다. 부활절에도 교회에 참석하기보다는 긴 연휴를 이용해 여행을 떠나거나 조용한 곳에 마련되어 있는 주말 별장(chata)에서 시간을 보내며, 버들가지는 본래의 의미가 사라진 채 다만 젊은이들이 서로의 엉덩이를 치며 웃고 즐기는 오락 도구로 변모되었다.

참고문헌

권재일. 《체코슬로바키아史》. 서울: 대한교과서, 1995.

이정희. 《동유럽사》. 서울: 대한교과서, 1986.

임영상·황영삼 편. 《소련과 동유럽의 종교와 민족주의》. 서울: 한국외대 출판부, 1996. pp. 222-246.

Buben, Milan M. *Svatí Spojují Národy: Portréty Evropských Světců.* Praha: Pan Evropa, 1995.

Cvejnová, Jitka. *O České Republice.* Praha: Univerzita Karlova, 1997.

Čornej, Petr a Pokorný, Jiří. *A Brief History of the Czech Lands to 2000.* Praha: Práh, 2000.

Holy, Ladislav. *The Little Czech and the Great Czech Nation: National identity and the post-communist transformation of society.* Cambridge: Cambridge Univ. Press, 1996.

Kučera, Milan and Pavlík, Zdeněk. "Czech and Slovak Demography." in Jiří Musil. ed. *The End of Czechoslovakia.* Budapest: Centraleuropean Univ. Press, 1995. pp. 15-39.

Kuras, Benjamin. *Czechs and Balances: A Nation's Survival Kit.* Praha: Baronet, 1998.

Mamatěy, Victor. "The Battle of the White Mountain as Myth in Czech History." *East European Quarterly.* Vol. 15, No. 3. Sep. 1981. pp. 330-351.

Mews, Stuart. *Religion in Politics: A World Guide.* UK: Longman International Reference, 1989.

Návrat, Milan. *Religion in Czechoslovakia.* Praha: Orbis, 1984.

Pargač, Jan. *Tradice v kulturním a společenském životě nymburské vesnice.* Praha: Univerzita Karlova, 1988.

Ramet, Pedro. "Catholicism and National Culture in Poland, Czchoslovakia and Hungary." in Pedro Ramet. ed. *Cross and Commissar: The Politics of Religion in Eastern Europe and the USSR.* Bloomington: Indiana Univ. Press, 1987. pp. 55-79.

_____. "Christianity and National Heritage among the Czechs and Slovaks." in Pedro Ramet. ed. *Religion and Nationalism in Soviet and East European Politics.* Durham and London: Duke Univ. Press, 1987. pp. 264-285.

Ramet, Sabrina P. "Religious change and new cult in Eastern Europe." in Sabrina P. Ramet. ed. *Social Currents in Eastern Europe: The Sources and meaning of the great transformation.* Durham and London: Duke Univ. Press, 1991. pp. 133-154.

Reban, Milan J. "The Catholic Church in Czechoslovakia." in Pedro Ramet. ed. *Catholicism and Politics in Communist Societies.* Durham and London: Duke Univ. Press, 1990. pp. 142-155.

Smart, Ninian. 《현대종교학》. 강돈규 역. 서울: 청년사, 1993.

Zacek, Joseph F. "Nationalism in Czechoslovakia." in Peter F. Sugar and Ivo J. Lederer. eds. *Nationalism in Eastern Europe.* Seattle and London: Univ. of Washington Press, 1994. pp. 166-206.

Lidové Noviny. (1994). Prosince 23. s. 9.

Lidové Noviny. (1996). Květen 4. s. 24.

Lidové Noviny. (1996). Duben 30. s. 24.

Lidové Noviny. (1998). Listopad 24. s. 3

Prague Post. (1998). July 8.

Czechoslovakia/Situation Report. (1986). *Radio Free Europe.* March.

CD-ROM. *LIDOVÉ NOVINY 1988-1996.*

Nations in Transit 2002.

http://www.czech.cz/czech/country.html

http://www.czech.cz/religion.html

http://www.praguepost.cz

4부 서방교회 문화권 2 - 아메리카

1. 미국인의 종교생활

성경준 / 한국외국어대학교 영어학부 교수

1. 전반적인 특징

현대 미국인의 종교 생활에 있어서 가장 두드러진 특징은 다양성이라고 할
수 있다. 대개 하나의 국가에서는 하나의 종교 또는 소수의 교파(denomination)
가 절대 다수 구성원의 종교로 자리잡고 있다.[1] 가령 중동국가들은 인구의 절
대 다수가 이슬람교도들이며 남유럽의 많은 국가들은 대다수의 가톨릭교도와
소수의 신교도들(Protestants)로 구성되어 있다. 이러한 모습은 미국과 국경을
접하고 있는 캐나다도 마찬가지이다. 캐나다의 경우 1990년 종교 인구의 90%
가 기독교인인데 그 절반은 가톨릭교도이고, 영국 국교도(Anglican Church)와
캐나다 연합교회(United Church of Canada)가 나머지 절반의 신도를 양분하고
있다. 미국의 경우도 종교 인구 중 기독교인이 절대다수인 90%를 차지하고 있
다. 하지만 가톨릭교도 28%를 제외하고는 어떤 교파도 종교 인구의 10% 이상
을 점유하지 않는다. 미국의 경우, 종교의 자유를 위하여 여론조사국에서 종교
나 교파에 속한 신도들의 숫자에 관해 조사하지 않는다. 그러나 사회학자나 여
론 조사기관이 낸 통계는 상당수 있다. 참고로 각 교파 간 종교 인구의 분포를
조사한 한 통계를 살펴보면 다음과 같다.

---

1) 여기에서 교파와 종파는 구분할 필요가 있다. 교파는 공식적인 그리고 잘 조직화된 성직자 조직
을 가지고 있는 사회에서 인정받는 종교 조직을 일컫는다. 종파는 기존 교파에서 만족을 하지
못하고 분리해 나온 신도로 구성되어 있으며 대개 사회에서 아직까지는 인정받지 못한 종교 조
직이다. 구성된 역사가 길지 못하기 때문에 성직자 조직도 제대로 되어 있지 않고 신도들에게
엄격한 헌신을 요구하는 경향이 있다. 종파는 대개 사라지나 많은 경우 교파로 발전하기도 한다.
따라서 현재 교파는 대개 종파에게 발전해 온 것이 대부분이다. 가령 감리교는 원래 가난한 사
람들의 자발적이고 비타협적인 기독교의 한 종파였으나 현재는 미국에서 가장 인정받는 교파로
성장했다. 몰몬교 역시 억압받는 종파였으나 현재는 미국 서북부 지역에서, 특히 유타에서 인정
을 받음으로써 종파에서 교파로 성장하고 있다.

미국의 종교 현황

종교	신도수(명)
로마 가톨릭교(Roman Catholic)	52,392,934
침례교(Baptist)	28,460,242
감리교(Methodist)	13,696,951
루터교(Lutheran)	8,382,610
유대교(Jewish)	5,728,075
오순절교(Pentecostal)	4,696,457
동방정교(Eastern Orthodox)	4,033,668
말일성도교(Latter-Day Saints, Mormon)	3,799,884
장로교(Presbyterian)	3,705,162
감독교회파(Episcopalian)	2,794,690
이슬람교(Muslim)	2,000,000
그리스도 연합교회(United Church of Christ)	1,701,513
그리스도 교회(Churches of Christ)	1,600,000
Christian Church(Disciples of Christ)	1,145,918
Christian Churches & Churches of Christ	1,043,642
Christian Methodist Episcopal	718,922
여호와의 증인(Jehovah's Witness)	649,697
제칠일교회(Seventh-Day Adventist)	623,563
칼뱅교(Reformed)	586,322
나자렛교회(Church of the Nazarene)	498,491
구세군(Savation Army)	419,475
독일 침례교(Brethern)	289,649
메노교(Mennonite)	286,226
폴란드 가톨릭(Polish National Catholic)	282,411
Churches of God	229,163
Christian & Missionary Alliance	204,713

출전: *Yearbook of American and Canadian Churches*, 1985.

위의 도표는 미국인의 종교가 얼마나 다양한지 잘 보여준다. 그렇다고 이 도표가 그들의 종교를 전체적으로 보여주는 것은 아니다. 1985년 통계에 의하면 미국에는 약 1,300여 개의 교파와 종파(sect), 그리고 분파(cult)가 있는데 그 중 구성원 수가 1만 명 이상인 것만 해도 약 200여 개가 되는 것으로 알려져 있다. 그 중에는 티벳 불교, 크리슈나 운동(Krishna Movement), 통일교(Unification

Church), 과학교(Scientology) 등 최근 미국에서 자리를 잡기 시작한 신흥종교와 외래종파들도 다수 있다.

위의 숫자는 종교 조직에 가입한 사람들의 통계이다. 종교 조직에 가입한 사람들의 통계 숫자를 어떻게 잡느냐에--정해진 절차를 거쳐 정식으로 가입한 성인으로 잡느냐, 아니면 우연히 한 번이라도 교회에 참석한 사람도 신도로 잡느냐-따라 다르기는 하지만 최근 갤럽 조사에 의하면 정기적으로 교회나 교당(Synagogue)에 나가는 사람은 미국 전체 인구 중 42% 밖에 되지 않는다.[2] 그리고 약간은 부풀린 종교 단체의 주장에 따르더라도 전체 인구 중 약 65%만이 종교 단체에 가입되어 있을 뿐이다. 나머지는 어떤 이유에서건 종교 단체와 거리를 두고 있다. 이렇게 종교 단체에 가입되지 않은 사람들까지 하나의 집단으로 분류한다면 미국은 전 세계의 어떤 사회보다도 종교적 다양성을 가지고 있다고 말할 수 있다.

이렇게 다양한 교파나 종파가 다른 사회와는 달리 충돌 없이 한 사회 속에서 공존하는 종교적 관용은 미국의 또 다른 특성이라고 말할 수 있다. 건국 초기인 1620년 경부터 17세기 말까지만 해도 미국 주류사회에서는 청교도 이외에 다른 교파나 종파가 인정되지 않았다. 그러나 타 종교를 가진 이민자들의 끊임없는 유입과 계몽정신, 그리고 종교적 관용을 주장한 사람[3]들의 영향으로 18세기 이후로는 종교적 관용이 널리 인정되었다. 특히 윌리엄 펜이 《정부의 형태》(The Frame of Government)라는 저서에서 주장한 국가 불간섭 원칙의 종교의 자유사상은 미국 헌법에 건국 정신으로 들어가게 되었다. 따라서 미국에는 공식적 종교는 없으며, 헌법은 특정 신념이나 신앙이 다른 것들보다 더 "진실하다."(true)는 어떤 공식적, 법적 전제를 금지하고 있다. 이러한 종교적 자유와

---

2) Robertson 420.
3) 17세기에 종교적 관용을 주장한 대표적인 사람으로는 로저 윌리암스(Roger Williams)와 윌리암 펜(William Penn)이 있다. 로저 윌리암스는 초기 매사추세츠주의 목사로서 정치와 종교의 분리, 그리고 양심의 자유를 주장하였다가 로드 아일랜드로 추방되었다. 당시가 엄격한 신정정치의 청교도 사회였다는 것을 고려하면 개인의 양심과 종교의 자유에 대한 그의 주장이 얼마나 진보적인가를 알 수 있다. 윌리암 펜은 퀘이커 교도로서 펜실바니아주를 건설하고 그 지역을 모든 종교의 자유지대로 만듦으로써 미국에서 종교 자유의 터전을 마련하였다. 그 이후 펜실바니아주는 종교적 억압을 받는 모든 종파들의 신도가 모이는 곳이 되었다.

관용 정신은 역사 속에서 굴곡은 있었지만 현재 미국인들의 일상생활을 지배하는 하나의 원리가 되고 있다. 따라서 미국에서는 일상 대화에서도 종교 문제를 주제로 하는 것을 피하고 있으며, 어떤 종교나 종파의 우위를 주장하는 일은 대화 예절에서 어긋난다. 교파들끼리도 서로 민감한 신학적 문제에 대해 공식적으로 논쟁하기를 피하며, 다른 교파의 사람들을 개종시키려 하는 일은 거의 없다. 그러한 종교의 관용정신은 아일랜드의 가톨릭 종교 축일인 '성 패트릭의 날'(St. Patrick Day)이나 유대교 종교 축일인 욤 키퍼(Yom Kippur) 등을 전 국민이 종교적 휴일로 같이 정해 놓은 데에서도 잘 드러난다.

그렇다고 하여 대다수 사람들이 마음 깊숙한 데까지 모든 교파나 종파에 대해 관용성을 가지고 있는 것 같지는 않다. 1983년의 갤럽 조사에 의하면 미국 국민 중 30% 사람들은 주요 교파가 아닌 소수 종파나 분파의 사람들이 자신의 이웃이 되는 것을 꺼리고 있으며, 11%의 사람들은 근본주의자(fundamentalist) 들이 이웃으로 오는 것을 꺼리고 있었다.[4] 그것은 단지 2% 사람들만이 유대인들을, 그리고 단지 1% 만이 가톨릭교도나 신교도들을 이웃으로 꺼리는 것과 비교하면 그들의 속마음을 조금이나마 보여주는 것 같다. 종교적 자유나 관용성이 있는 만큼 미국에서는 종교 역시 법의 테두리 안에서 움직여야 하며 법의 준수를 요구받는다. 미국에서는 종교적 이유로 현행법을 어기는 것, 가령 종교적인 교의에 따라 자식들에게 일반 교육을 거부하고 종교 교육만 시킨다든지, 예방접종이나 수혈 등 의과적 치료를 거부하는 것은 엄격한 제재를 받는다.

미국인들의 종교 의식에 있어서 또 하나 특이한 것은 종교에 대한 그들의 깊은 관심이다. 앞서 언급한 바와 같이 미국인들의 약 40% 만이 정기적으로 교회에 나가며, 65%만이 종교 조직에 속하고 있으나--유럽이나 다른 사회에 비하면 이것도 월등히 높은 수치라고 할 수 있다--전 국민의 95%는 신이나 어떤 보편적인 영(universal spirit)에 대한 믿음을 가지고 있다.[5] 이것은 영국의 75%, 그리고 프랑스의 60%, 그리고 일본의 40%에 비하면 매우 높은 수치라고 할 수 있다. 이런 의미에서 미국을 가르켜 '교회의 영혼을 가진 국가'라고 솔버그

---

4) Robertson 412.
5) Robertson 411.

가 지적한 것은 결코 지나치지 않다.6) 어쩌면 미국인들은 꼭 교회에 나가거나 종교를 가져서라기보다는 신에 대한 믿음을 갖고 종교적이어야 한다는 어떤 잠재적인 의식을 가지고 있는 듯이 보인다. 1985년 갤럽 조사에 의하면 80%가 넘은 수의 십대들이 십계명을 여전히 중요한 생활 지침으로 삼아야 한다고 여기고 있으나, 그 중 2/3를 넘는 숫자가 십계명의 절반도 알지 못하고 있었다. 같은 조사에서 미국인 중 90% 사람들이 자신의 믿음이 기독교라고 응답했으나 그들 중 대다수는 '산상교훈'을 예수가 했다는 사실조차 모르고 있었다.7) 종교적이어야 한다는 그들의 잠재의식은 1983년 갤럽 조사에서도 잘 나타난다. 그 조사에 의하면 미국인들의 42%만이 무신론자를 대통령으로 선출하겠다고 대답했다. 이것은 흑인을 선출하겠다는 수치가 77%, 그리고 여성을 선출하겠다는 수치가 80%, 그리고 가톨릭교도를 선출하겠다는 수치가 92%였다는 것과 비교하면 '종교적이어야 한다.'는 그들의 잠재의식을 잘 보여주고 있는 것 같다. 이런 측면에서 종교를 갖기만 하면 그것이 어떤 교파에 속하건 아무 상관도 없다고 말한 아이젠하워 대통령의 언급은 결코 빈말이 아닌 듯 싶다.

이러한 특이한 현상은 미국 역사 속에서 종교(여기에서 종교라면 기독교를 의미하는데 교파의 다양성에도 불구하고 미국은 그 근본이 기독교 국가이다)가 시민사회와 밀접한 연관을 맺고 성장한 것과 깊은 관련이 있다. 미국은 1620년 영국의 국교회에서 반발한--가톨릭을 포함한 기존의 모든 기독교 교파에 대한 반발을 포함하는데--칼뱅이즘의 일파인 청교도들이 메이 플라워호를 타고 플리머스 지역에 도착한 데에서 출발한다. 그들은 모국인 영국의 기존 교파들은 모두 타락한 것으로 파악하고 그들과의 일체의 타협을 거부한 분리주의자들이었다. 신세계에 도착한 그들과 그들보다 약간 늦은 1630년대에 매사추세츠(Massachusetts Bay Colony)에 도착한 청교도인들은 미국 땅에 새로운 예루살렘(New Jerusalem)을 건설한다는 선민의식을 갖고 청교도 교의를 중심으로 새로운 시민사회를 형성하였다. 새로운 이상사회의 건설이라는 그들의 목표는 그 속에 자유와 평등이라는 정치적 이념을 내포하고 있었으며 그러한 이유로 미국

---

6) Solberg 161.
7) Robertson 411.

기독교는 처음부터 건국이념의 성격을 갖고 있었다. 따라서 기독교는 처음부터 그들의 정체성과 그들의 자부심--왜냐하면 자유와 평등이 넘치는 위대한 이상 사회 건설은 사회 구성원에게 커다란 자부심을 심어주기 때문에--의 깊은 원천이었으며 미국 사회 발전에 있어서 중대한 역할을 할 수밖에 없었다. 사실 17세기 청교도 사회는 말할 것도 없고 그 이후 미국 사회에 있어서 종교는 사회변화와 그들의 역사적 사회적 정체성에 있어서 언제나 가장 중요한 한 축을 담당하였다. 종교적이어야 한다는 그들의 잠재의식은 이러한 미국 역사에서 나온 것이라 할 수 있다.

이러한 미국 기독교의 역사와 밀접히 연관된 또 다른 특성이 바로 그것의 낙관성이며 긍정적인 면에 대한 강조이다. 다른 나라의 경우 종교들이 고행과 자기 부정, 자기 희생, 그리고 지옥과 형벌 등을 강조하는 교리를 내세우는 경우가 많이 있다. 그러나 미국에서는 종교 생활의 긍정적인 면, 가령, 심리적 안정과 영적인 평화, 그리고 사후 세계에 대한 준비라는 측면을 더욱 강조한다. 물론 미국 청교도가 신세계의 건설이라는 낙관적 전망에 근거하고 있었기 때문에 미국 기독교는 처음부터 낙관성을 갖지 않을 수 없었다. 그리고 그것은 서부 개척과 눈부신 미국 사회의 발전을 거치면서 더욱 강화된 듯 싶다. 그러나 미국 종교가 긍정적인 측면을 강조하는 데에는 미국에서의 종교의 다양성도 한 몫 한 것이 분명하다. 피터 버거가 지적한 대로 많은 종교나 종파가 신도를 끌기 위해 경쟁하는 곳에서는 아무래도 교리가 '소비자'가 좋아하는 것을 강조하지 않을 수 없다.8) 중세에는 신도들의 대부분이 지옥의 불로 위협하면 쉽게 믿고 따르는 무지한 농노들이었다. 그러나 현대의 신도들은 매일 변해 가는 상품 정보 속에서 바삐 움직이는 도시의 직장인들이거나 주부들이다. 따라서 도시적이고 소비적인 그들의 기호에 맞게 종교 교리도 어느 정도 '팔 수 있게' 변화해야만 하는 것이다.

여기에서 또 하나 언급할 수 있는 것은 목회자에 대한 미국인의 의식이다. 봉건사회를 겪었거나 정치적으로 억압적인 국가에서는 사람들이 목회자에 대하여 불신하는 경우가 많이 있다. 그것은 그들이 억압자의 편에 서서 그 체제를

---

8) Popence 392.

옹호하고 많은 토지와 자산을 소유하는 데서 그 이유를 찾을 수 있을 것이다. 사실 봉건시대를 걸쳐 교회는 그 지배 체제의 중요한 축이었으며 종교 종사자들은 상류 계급의 일부로서 대중들을 억압하였다. 이러한 데에서 기인하는 반목회자적인 분위기가 미국에서는 거의 없다. 오히려 미국 사회는 초기 청교도 사회에서부터 목회자들이 중심적인 지도 세력으로서 사회 구성원의 지지 속에서 중대한 역할을 수행하였다. 그것은 다른 나라의 임명제의 목회자와는 달리 초기 청교도 사회의 목회자들이 회중(Congregation)들의 선거에 의해 뽑히는 민주적인 체제였던 것과 밀접히 관련되어 있는 듯하다. 이렇게 사회 구성원과 밀접하고 민주적인 목회자들과 평신도 간의 관계는 미국 역사에서 계속 되었다.

현재도 목회자들은 각 지방 공동체에서 교육 등 여러 가지 면에서 커다란 영향력을 발휘하고 있다. 현재 많은 목회자들, 가령 빌리 그래함, 제시 잭슨, 그리고 지미 스웨가트는 종교 지도자로서 연예계의 스타를 방불하는 인기를 누리고 있는데 그것 역시 목회자들에 대한 그들의 전통적인 태도와 관계가 있다.

미국인의 종교 생활에 있어서 또 하나 특징은 이른바 시민종교의 발달이다. 로버트 벨라가 지적했듯이 미국 사회가 시민종교를 가졌다는 것은 "미국인은 신의 민족이며 신은 미국을 선택하여 축복을 내렸다."는 개념에서 출발한다.9) 따라서 미국 사회에서는 세속적인 많은 것들이 종교를 통하여 축복을 받고 성스러움을 전달받으려는 경향이 있다. 물론 이것은 미국 사회가 청교도 이주에서 시작되었으며 미국 최초의 중심 사회가 뉴 잉글랜드10)에 형성된 청교도 사회였다는 데에서 출발한다.

앞서 지적한 바와 같이 미국은 헌법으로 엄격한 정교 분리의 원칙이 천명되어 있다. 하지만 대통령 등 공직자 취임시나 법정에서 성서 위에 손을 얹고 선서하며 국회도 기도로 개원한다. 그리고 동전의 뒷면에는 '우리는 신을 믿는다.'(In God We Trust)라는 글귀가 새겨져 있다. 대통령의 취임연설을 들어보면 그들이 하느님을 정치적인 행사를 비롯한 세속적인 행사에서 얼마나 자주

---

9) Robertson 414.
10) 청교도를 중심으로 최초로 형성된 미국 동부의 6개 주를 일컫는다. 매사추세츠주 (Massachusetts), 로드 아일랜드주(Rhode Island), 커네티컷주(Connecticut), 버몬트주(Vermont), 뉴 햄프셔주(New Hampshire), 그리고 메인주(Maine)가 속한다.

언급하는지 알 수 있다. 클린턴 등 거의 모든 대통령들의 취임 연설은--하느님을 믿는지 아닌지와는 상관없이--하느님에 대한 기원으로 시작하고 끝난다. 또한 위기의 극복은 하느님의 도움으로 가능함을 언제나 강조한다. 이러한 시민종교의 전통, 그리고 교회나 목회자들의 커다란 역할 등이 복합되어 미국에서는 종교가 정치, 경제, 사회, 문화, 복지, 가정 등 모든 부문에서 막강한 영향력을 행사한다.

그리고 교회는 집단적인 정치나 사회 운동에서 주도적 역할을 하는 경우가 많이 있다. 가령 감리교 계통을 중심으로 한 보수적인 종교 단체인 '도덕적 다수'(the Moral Majority)나 '남부 기독교 지도자 협의회'(Southern Christian Leader Conference)가 이끌었던 인종차별폐지운동 등은 그것을 잘 보여준다. 물론 정치에 대한 종교의 이러한 참여는 항상 인기가 있는 것은 아니었고 교파들끼리도 서로 의견이 엇갈리는 경우가 많이 있다. 가령 1960년대 민권운동에 대하여 많은 교파들이 지지했던 데에 반해 부흥주의 감리교파들이 반대한 것은 그것을 잘 보여준다.

최근 미국에서 정치와 종교가 얽힌 논쟁으로는 낙태와 학교 기도(school prayer)의 문제가 있다. 낙태에 대해서는 가톨릭과 일부 근본주의자들이 연합하여 격렬한 반대운동을 펴고 있다. 그리고 일부 주에서 낙태에 대한 제한이 강화되는 것을 보면 어느 정도 효과가 있는 듯하다. 학교 기도 문제는 1962년 대법원이 위헌이라는 판결을 내렸음에도 불구하고 여전히 기독교 교파들이 연합하여 그것을 관철시키려 노력하고 있다. 그러나 유대교와 소수 민족의 반대, 그리고 미국 헌법의 정신에 의해 성공하지 못하고 있다. 최근 여론 조사에 의하면 미국민의 약 70% 정도가 그것을 찬성하고 있는 것으로 나타나는데[11] 그것은 그들이 모든 종교의 평등이라는 헌법의 정신에 불구하고 기본적으로 기독교의 우세를 찬성하고 있음을 보여준다.

---

11) Robertson 416.

2. 인종 계층 지역에 따른 특성

 미국인의 종교 생활에 있어서 흥미로운 것 중의 하나는 인종, 지역, 그리고 계층에 따라 믿는 교파와 종교적인 특성이 다르다는 점이다. 먼저 인종과 종교 문제를 살펴보자. 그 관계에 있어서 두드러진 것 중의 하나는 유대인들은 유대교를 중심으로 뭉쳐 있다는 것이다. 유대교인들은 미국의 종교 인구 분포에서 2%를 차지한다. 하지만 그들은 자녀들을 유대인 학교인 예시바에--최근에는 그렇지 않은 경우도 많이 있지만--보내며 배우자도 2/3는(30년 전에는 90%) 같은 종교에서 찾는 등 강한 집단적 유대감을 형성하고 있다. 폴란드계 미국인들은 대다수가 가톨릭을 믿으며 불가리아계, 시리아계, 세르비안계, 그리고 러시아계 대부분은 동방 정교회(Eastern Orthodox)를 믿는다. 1880년 이전까지만 해도 미국에는 개신교도가 거의 대부분이었고 가톨릭 신도의 수는 아주 적었다. 그러나 19세기 중반과 후반 대이민이 시작되면서 아일랜드계나 폴란드계가 대거 이주해 와 오늘날과 같이 미국에서 가톨릭이 단일 교파로서는 최대를 형성하게 되었다. 흑인들은 개신교도가 대다수인데 침례교도가 절반이며, 나머지 30% 정도는 감리교를 믿고 있다. 특히 흑인들은 침례교가 되었건, 감리교가 되었건 모두 부흥주의적인 성격이 강한 기독교를 믿고 있다(열광적인 춤과 찬송이 섞여 있는 예배 분위기는 그런 부흥주의 모습을 잘 보여준다). 백인들은 75% 이상이 개신교도들인데 각 교파에 골고루 흩어져 있어 인종보다 계층적 지역적 특성이 더 강하다. 미국 교회처럼 인종적으로 분리된 곳은 없어서, 한 교회는 모두 흑인이 아니면 모두 백인으로 구성된 경우가 대다수이다.
 교회 신도의 성별로는 여자들이 남자보다 3% 더 많다. 특히 최근 조사에 의하면 어떤 종교도 갖지 않고 있다고 대답한 남자가 5% 내외인 반면 여자의 경우는 그 비율이 1.5%에 지나지 않았다.12)

　종교에 따라 정치적 사회적 태도가 다른데 유대교인, 가톨릭교도, 그리고 흑인 개신교도들은 전통적으로 민주당을 지지하고 있으며, 백인 신교도들의 경우 민주당과 공화당으로 절반씩 지지를 보내고 있다. 또한 전통적으로 유대교인들은 사회문제에 있어서 가장 자유주의적이며 가톨릭교도는 가장 보수적이다. 그러나 가톨릭교도의 경우는 최근 급격한 변화를 보이는데 1985년 갤럽조사에 의하면 혼전 성교에 대해 가톨릭교도 59%가 잘못된 것이 아니라고 대답했는데 개신교의 경우 그 비율은 46%였다.[13] 같은 조사에서 보면 미국에서는 종교를 가진 사람이 더 보수적이었으며 개인 생활에 있어서는 더 행복하다고 느끼는 경우가 많았다.

　수입, 교육, 그리고 직업과 종교와의 상관관계를 보면 더 흥미 있는 모습이 보인다. 수입과 교육의 평균이라는 측면에서 각 교파의 순위를 그려보면 다음과 같다.[14]

수입·교육에 대한 교파별 순위

순위	수입	교육
1	유대교	감독교회파
2	감독교회파	유대교
3	장로교파	장로교파
4	가톨릭	감리교파
5	루터교파	다른 개신교파
6	무종교	루터교파
7	감리교파	무종교
8	침례교파	가톨릭
9	다른 개신교파	침례교

12) Popence 395.
13) Robertson 412.
14) Popence 396.

앞의 도표에서 보면 유대교와 감독교회파 신도가 수입과 교육이라는 측면에서 함께 선두를 달리고 있다. 통계자료에 의하면 연 5만 달러 이상의 수입을 올리는 사람은 유대교인 중 69%, 감독교회파 신도 중 55%인 반면 감리교파는 42%, 침례교파는 26%을 차지하고 있다.[15] 그렇다면 이러한 심한 격차는 어디에서 기인하는 것일까. 쉽게 결론 내릴 수는 없지만 먼저 일에 대한 윤리문제, 즉 일에 대한 성실과 근면을 강조하는 칼뱅적인 윤리가 그들이 현실에서 높은 수입을 올리는데 큰 역할을 하고 있는 듯 싶다. 거기에 덧붙여 유대교인들의 자식 교육에 대한 투자는 열렬하며 그것에 힘입어 수위를 차지한 듯 싶다. 또한 감독교회파인들은 영국 국교회의 후손으로 처음 미국에 정착할 때부터 사회적으로 가장 높은 그룹의 위치를 차지하고 있었으며 그러한 위치가 수입과 교육에서 현재까지 큰 영향을 미치고 있다. 이것은 대개 가톨릭교도인 이탈리아계, 아일랜드계, 그리고 중부 유럽계 출신들이 낮은 인종적 위치 때문에 사회적으로 높은 수입을 올리는데 지장을 초래하는 것과 대조된다. 또한 이러한 수입의 격차는 그들이 사는 지역과도 연관을 맺고 있다. 즉, 대부분의 유대인과 감독교회파 신도들이 수입이 높은 미국 북동부의 지역, 그 중에서도 대도시 지역에 살며, 침례교 신도들은 남부, 또는 남서부의 농촌 지역에 살고 있다.

위의 도표에서 보면 교육과 수입은 밀접한 연관을 맺고 있음이 분명하다. 교육의 경우 수위를 차지하고 있는 것은 유대교인들인데 그들은 학계에서는 인구비율에 비해 막강한 위치를 차지하고 있지만 금융계와 영화계, 그리고 소매업계를 제외하고는 회사조직에서의 최고경영자는 별로 없다. 사실 미국에서 정치, 회사, 예술 등 많은 분야는 감독교회파와 장로교 신도인 앵글로 색슨 백인들이 장악하고 있다. 교육이라는 측면에서 흥미로운 것은 가톨릭의 낮은 순위이다. 렌스키의 연구에 의하면 미국 대학에서 중도 탈락자 중 39%가 개신교도인 반면 가톨릭교도는 52%가 된다. 이것은 어디에서 연유하는 것일까? 그것은 신교도에 있어서는 일과 학교에서 성취를 강조하는 정신이 큰 영향을 미친 것 같다. 다른 한편 가톨릭교도는 인공 산아제한의 금지 때문에 대가족 출신이 많은데 그것 때문에 재정적 교육환경적인 측면에서 열악한 상황에 놓이게 된 것과

---

15) Popence 398.

상관관계가 있다. 또한 가톨릭교도는 많은 경우 교구에서 운영하는 가톨릭 학교를 다니게 되는데 그 교육환경이 일반 교육을 강조하는 공공학교와는 달리 종교적인 내용에 강조점이 있는 것과 깊은 상관관계가 있다는 연구결과도 있다.[16]

위의 수입과 교육에 대한 도표에서 드러나듯이 개신교도들이 가톨릭교도보다 직업에서 성공하는 것은 분명하다. 그것은 대부분의 가톨릭교도가 직업적 성공 기회가 높은 도시에 살고 있음에도 실제 신교도들이 직업에서 훨씬 더 성공하는 데에서 잘 드러난다. 렌스키의 디트로이트 지역 조사에 의하면 신교도들은 가톨릭교도들보다 중상층으로 될 확률이 훨씬 높으며 가톨릭교도는 3/4이 낮은 노동계층에 속할 확률을 가지고 있었다.[17] 그것은 지역 등 다른 어떤 요소보다도 종교에서 출발하는 그들의 직업관이 직업에서의 성공여부에 밀접한 연관을 맺고 있음을 의미한다. 주지하다시피 신교도에서는 세속적으로 직업에서 성공하는 것이 하느님의 구원의 증거가 된다. 따라서 그들은 직업에서 성공하기 위해 큰 노력을 기울이게 된다. 일에 대한 중요성을 조사해 보면 신교도들을 52%가 일에 최고의 중요성을 둔 반면, 유대인들은 48%, 그리고 가톨릭교도는 44%를 보이고 있다.

또 하나 흥미로운 것은 사회 계층에 따라 교회에 대한 태도가 다르다는 점이다. 교회에 열성적으로 참석하는 신도들은 대개 중산층 중에서 중간, 또는 하류 쪽에 속하며 중산층 중에서도 상류에 속하는 사람들은 사회적인 이목 때문에 참석하는 사람이 대부분이다. 그리고 최상류층과 하류층은 교회에 대한 관심이 거의 없다. 그것이 어디에서 연유하는지 명확하지는 않지만 상류층은 현실적으로 교회 이외에도 관심을 가질 재미있는 것이 많다는 것과 하류층은 자신의 집과 직계가족 이외에는 별반 관심이 없는 사회적 태도와 깊은 연관이 있는 것 같다.

미국의 종교는 지역적으로도 특징적인 모습을 보인다. 미국 북부는 감독교회 파, 장로교, 회중교회, 유대교, 그리고 가톨릭교도들이 혼재한 채 자유로운 종교

16) Popence 399.
17) Popence 397.

적 분위기를 가지고 있다. 특히 장로교와 회중교회파는 미국 북동부에서만 강하다. 그리고 미국 남부와 남서부는 대부분 감리교와 침례교를 믿고 있다. 유대교인과 가톨릭교도들은 도시에 많이 살며 농촌 지역의 대부분의 인구는 개신교를 믿고 있다. 특히 뉴욕과 뉴저지의 대도시 지역에는 유대교도가 20%를 차지하고 있다. 지역별로 종교 분포를 보면 아래 지도와 같다.

여기에서 흥미로운 것은 남부와 남서부의 종교 생활이다. 이 지역은 강한 종교적 전통으로 '성경 지역'(Bible Belt)으로 불리는데 미국의 종교 인구가 1995년 현재 69%인데 이 지역의 종교 인구가 77%인 것을 보면 이 지역의 강한 종교적 성향을 알 수 있다. 특히 이 지역 종교는 선교를 통해 우리 한국에도 깊은 영향을 끼쳐 이 지역의 종교 성격을 알면 우리나라 기독교를 이해하는 데도 큰 도움이 된다. 이 지역의 종교는 근본주의적이고 부흥주의적 성격이 강한 감리교와 침례교의 영향력이 강하다. 종교 인구 중 교파별 인구 구성을 보면 침례교가 57%, 감리교가 30%, 가톨릭이 9%이고 나머지 교파는 극소수를 차지하고 있다. 남부의 근본주의적이고 부흥주의적 기독교는 성경의 역사적 해석을 거부하고 그것을 문자 그대로 받아들인다. 그것은 성경 무오류설을 바탕으로 예수님의 동정녀 마리아로부터의 탄생, 물위를 걸은 기적 등을 사실 그대로 받아들인다. 또한 신앙의 감성적인 면을 강조하여 이성적인 신학적 설명보다는 감정에 호소하여 신의 권능에 따를 것을 주장한다. 따라서 사회정의를 구현하는 기독교 윤리보다는 개인이 구원을 얻었다는 심리적 위안을 신앙생활의 기본으로 한다.[18] 미국 남부의 기독교가 노예제도나 인종 차별 등 사회적 불의를 정당화하고 눈감아 준 데에는 이러한 감정적이고 보수적인 면에도 큰 원인이 있다.

18) 김병서 236.

미국 내의 기독교 분포도

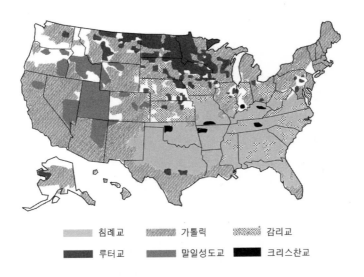

3. 종교적 축일과 축제

　미국 달력을 펴 보면 여러 가지 경축일이 있다. 그 중에서 국가의 경축일, 가령 링컨 탄생일, 워싱턴 탄생일, 그리고 독립기념일(American Independence Day) 등을 빼면 거의가 종교적 축일이다, 종교적 축일은 기독교 국가라는 이미지에 걸맞게 기독교 축일이 가장 중요한 몫을 차지한다. 미국 내 기독교 축일은 거의 모두가 유럽의 가톨릭에서 유래되며 청교도들이 미국에 처음 정착했을 때는 가톨릭에 대한 반감으로 그것을 시행하지 않았다. 그러나 시간이 지나면서 종교적 다양성을 인정해 줌에 따라 1800년 초기부터 미국 내에서도 기독교 축일로서 시행되게 되었다. 19세기 중반을 넘으면서 신교도에서도 가톨릭의 종교적 축일을 완전히 받아들이게 되고 20세기 들어와서는 전 국민이 기념하는 축일이 되었다. 기독교 축일 이외에도 최근에는 유대교 축일, 가령 로쉬 하샤나(Rosh Hashanah), 욤 키퍼(Yom Kippur), 그리고 하누카(Hanukkah) 등이 종교적 축일로 중요한 역할을 차지한다. 그것은 유대인들이 미국 내에서 최근 커다란 역할을 차지하게 된 것과 연관이 있다. 물론 기독교와 유대교 축일을 빼고도 미국 고유의 종교적 축일인 추수감사절(Thanksgiving Day)이 있다. 미국에서는 종교적 축일이 종교적 다양성만큼이나 많은 연원을 가지고 있으며 이렇게 서로 다른 축일을 같이 축하한다. 따라서 이러한 축일은 미국인들의 종교 의식을 나타내 줄 뿐만 아니라 그들이 가지고 있는 심층의식도 잘 보여준다. 여기에서는 그 종교적 축일 가운데 기독교와 유대교 중에서 중요한 몇 가지, 특히 이름은 알고 있지만 정확한 의미나 내용을 모르는 것을 중심으로 살펴보고자 한다.[19] 따라서 크리스마스같이 우리에게 잘 알려진 명절은 생략했으며 기독교

---

19) 종교적 축일 설명은 Maymie R. Krythe의 All About American Holidays를 많이 참조하였음. 더 자세한 설명을 위해서는 그 책의 41- 45, 59-65, 86-107, 187-191, 214-222, 232-244 참조.

축일인 재의 수요일(Ash Wednesday)이라든지 유대교 명절인 하누카 역시 중요성이 덜하여 생략하였다. 여기 설명되는 것들은--가령 발렌타인 데이나 다른 기독교 축일 등은--한국에서도 지켜지고 있으므로 우리나라의 기독교 축일을 이해하는 데에도 도움이 될 것이다.

1) 발렌타인 데이

우리나라 청소년들이 가장 즐기는 서양 축일인 발렌타인 데이(Valentine's Day: 2월 14일)의 근원에 대해서는 여러 설이 있다. 첫 번째는 로마시대 황제 크라디우스가 군대 징발을 위하여 혼인을 금지시켰는데 성직자인(기독교가 아닌 로마 종교의 성직자인) 발렌타인이 네 쌍을 비밀리에 맺어 주었다가 사형당한 것을 기념한 데서 발전되었다는 설이다. 또 하나는 같은 이름의 기독교 성인인 발렌타인이 감옥 속에서 자신이 좋아하는 감옥지기 딸의 눈을 뜨게 한 기적을 베풀다가 로마 황제의 분노로 살해당한 것을 기념한 데에서 나온 것이라는 설이 있다. 그 이외에도 동명이인의 여섯 사람--그 중에 몇 사람은 이교도들--이 이 날과 관련되어 나타나는데 그것은 이 기독교 축일이 기존에 있었던 이교도 축일을 기독교 형태로 바꾸어 시행했다는 것을 보여준다. 이러한 여러 가지 유래가 겹쳐져 성 발렌타인은 연인들의 수호신으로, 그리고 이 날은 서로 사랑하는 사람들끼리 선물이나 카드를 주고받은 명절로 자리를 잡게 되었다. 한국은 이 날 여자가 남자에게 캔디 등을 줌으로써 사랑을 고백하는 날로 되어있지만, 미국의 경우 남녀가 서로, 더 나아가 친구나 선생님에게도 선물과 카드를 준다. 미국은 1800년 이후 이 날이 축일로 자리를 잡게 되었는데 19세기에 한 때는 크리스마스 다음으로 큰 명절이 되기도 했다. 선물로는 꽃, 사탕, 그리고 향수 등이 주요 물품인데 시간이 지나면서 상업화되어 2차 세계대전 이후부터는 콜로라도의 러브랜드라는 지역까지 생겨 이 날 보내는 카드에 그 지역명을 소인으로 찍어 보내는 사업까지 생겨났다. 현재 미국에서는 이 날을 위한 선물과 카드 산업은 수십억 달러 규모로 커졌다.

2) 성 패트릭 데이

성 패트릭은 아일랜드의 전설적인 수호성인(patron saint)이다. 그는 아일랜드에 가톨릭을 선교하여 전통 종교인 드루이드교 대신 가톨릭이 그 나라에 뿌리를 내리게 한 인물이다. 성 패트릭 데이(St. Patrick's Day: 3월 17일)는 그가 태어난 날이 아니라 죽은 날인데, 그는 선교 도중 순교한 것은 아니지만 여러 기적을 행한 것으로 알려져 있다. 그 날은 원래 미국 내 아일랜드계 가톨릭교도들의 종교적 축일로 시작됐다. 하지만 최근에는 국가적 축일이 되어 많은 미국인들이 그 날 성 패트릭을 기념하기 위하여 블라우스, 스카프, 넥타이 등 녹색의 옷차림을 입은 것이 관습이다. 물론 그 녹색은 아일랜드 국가를 상징하는 색깔인데 성 패트릭을 기념하기 위하여 그 국가를 나타내는 색깔을 착용하는 것은 다양하고 관용적인 미국의 특성을 잘 보여준다.

그 날이 되면 뉴욕시나 태평양 연안 도시에서는 다양하고 재미있는 축제가 벌어진다. 그리고 많은 집들이 깃발이나 인형, 진흙 파이프나 하프로 장식한다. 그 장식에는 패트릭이 선교할 때 삼위일체를 상징하기 위하여 썼다는 잎이 세 개인 식물인 샴록도 들어간다. 특히 뉴욕에는 그 날을 기념하기 위하여 성대한 행진이 벌어지는데 매년 뉴욕 5번가에는 1백만 명이 넘는 사람들이 그것을 보기 위하여 몰린다. 행진에는 약 십만 명의 아일랜드계 미국인들이 녹색으로 된 웃옷 등을 입고 각양각색의 밴드를 앞세운 채 개리 오언 같은 아일랜드 고유의 음악에 맞춰 행진을 한다.

이렇게 성 패트릭 날이 미국 전체의 종교적 축일로 인정받게 된 것, 또한 그 떠들썩함은 미국 내에서 아일랜드계 주민들의 위치가 올라간 것과 깊은 관련이 있다. 1840년 모국의 굶주림을 피하여 미국으로 대량 이주해 올 당시만 해도 아일랜드계의 위치는 보잘것 없었다. 그러나 20세기 중반을 넘어서부터 그들이 미국 내에서 상당한 위치를 차지하게 되자 그 축일의 중요성도 커졌다. 이와 같이 미국 내에서 종교적 축일이 되는 것은 그 민족과 종교의 다양성 때문에 어느 정도 미국 사회 내에서 그 종교와 민족의 사회적 위치와 깊은 상관이 있다.

그러한 점은 미국 종교인구 중 2%만을 점하고 있는 유대교 축일이 미국의 중요한 종교적 축일이 된 것을 보아도 쉽게 알 수 있다. 아마 미국에서 중국계 등이 강력해지면 중국계의 종교적 축일이나 명절이 미국 달력에서 중요한 위치를 차지하리라는 것은 쉽게 추측할 수 있다. 물론 그렇다고 해서 그것을 전 국민이 지키는 것은 아니다. 유대인 축일만 해도 유대인이나 유대인들이 장악하고 있는 지역 내지 기관에서만 공휴일로 쉬는 경우가 많이 있다.

3) 성 일요일, 성 금요일(수난일) 그리고 부활절

(Palm Sunday, Holy Friday, Easter Sunday: 3월 21일이 Easter임. 만일 이 날이 보름달이 뜨는 날이 아니면 다음 보름달이 뜬 이후의 최초의 일요일이 Easter가 됨)

성 일요일은 예수가 예루살렘에 입성한 것을 기념하기 위하여 종려나무로 그 날을 축하하던 데에서 출발한 축일이다. 물론 가톨릭에서는 부활절, 크리스마스 등과 함께 가장 역사가 오래된 축일이며, 현재는 가톨릭뿐만 아니라 모든 개신교에서도 축일로 되어 있다. 종교적 의미가 강한 축일로 교회를 중심으로 여러 가지 행사가 있다. 하지만 많은 집들은 이 날부터 시작하여 부활절 전날인 성 토요일까지 버드나무가지 등 여러 가지 녹색의 나뭇가지들을 꺾어다가 집안을 장식한다.

그 날부터 시작하여 한 주는 종교적 축일이 많아 성 주간(Holy Week)으로 불린다. 그 중 성 목요일(Holy Thursday)은 예수가 제자들의 발을 몸소 씻고 성찬을 한 날을 기념하는 축일이다. 이 날 역시 종교적 의미가 강한 날로 신교도나 가톨릭교도 모두 교회에 모여 다가오는 성 금요일과 부활절의 의미를 되새기며 제자들의 발을 씻으신 예수의 겸허함을 생각하며 성찬에 참가한다.

성 목요일 다음날이 공식적인 종교적 축일로 지정된 수난의 금요일(Good Friday)이다. 이 날은 예수의 고난과 십자가에 못박힌 날을 기념하는 축일인데 성 금요일(Holy Friday), 또는 위대한 금요일(Great Friday)으로도 불리며 앵글로 색슨계 주민들은 예수가 십자가에서 고통받으신 긴 시간을 기리기 위해 긴 금요일(Long Friday)라고 부르기도 한다. 이 날은 영국이나 아일랜드에서는 공휴일로 되어 있는데 미국의 약 20개 주--커네티컷, 메릴랜드, 뉴저지주 등--에서도 법정 공휴일로 되어 있다. 이 날 미국의 신교도, 가톨릭교도들은 예수가 십자가에 달리신 세 시간 동안 교회에서 예배를 보는 경우가 많이 있다. 이 날에 관련해서는 여러 가지 전설과 미신, 그리고 관습이 많이 있다. 그 중 하나는 이 날 구운 빵을 일 년 내내 보관하면서 그 빵 부스러기를 물에 담가 병자에게 마시게 하면 병을 고친다는 것이다. 또 다른 하나는 미국을 여행하는 한국 사람들의 눈에도 금방 뜨이는 것인데 '뜨거운 십자가빵'에 관한 것이다. 이것은 올스파이스(몇가지 맛이 한꺼번에 나는 것 같은 서인도산의 향료)를 넣고 하얀 설탕으로 십자가 형태로 가운데를 장식한 달콤한 빵인데 원래는 수난의 금요일에만 먹었다. 그러나 최근에는 상업주의로 인해 미국의 많은 지역에서는 사순절(Lent) 내내 이 빵을 판다. 나이 먹은 사람들 중에는 수난의 금요일이 되면 이 빵을 집안에 매다는 사람들이 있다. 그렇게 하면 악귀를 몰아내고 화재를 막으며 집안 사람들의 병이 낫는다고 한다.

부활절 일요일(Easter Sunday)은 예수의 부활을 기념하기 위한 것으로 기독교에서는 크리스마스 다음으로 큰 명절이다. 이 명절도 청교도 시대에는 기독교의 어느 명절과 마찬가지로 축일로서 시행되지 않았다. 그러나 남북전쟁 동안 큰 인명 피해가 나면서 장로교 교회를 중심으로 이 축일이 시행되면서 현재는 국가에서 지정한 종교적 축일이 되었다. 이 날이 되면 많은 도시에서는 떠들썩한 시가행진이 있다. 부활절 하면 특징적인 것이 부활절 계란인데 이것은 재생과 영원한 생명을 상징한다. 많은 경우 계란에 색칠을 하는데 13세기에도 그것에 대해 기록이 있는 것을 보면 아주 오래된 관습인 것 같다. 그것은 예수님의 피와 재생을 나타낸다. 부활절이 다가오면 미국 전역의 슈퍼마켓이나 백화점은 가지각색의 계란을 선보이데 심지어는 어린이 장난감용으로 나온 플라스틱 계란도 많이 있다. 이 날 백악관 앞 잔디밭에서는 12살 미만 어린이들을 위한 부활절 계란 굴리기 시합이 있는데 많은 경우 대통령이 참석하여 같이 즐기고 때때로 TV에 중계까지 한다.

4) 로쉬 하샤나 및 욤 키퍼

히브리어로 '한 해의 시작'을 의미하는 로쉬 하샤나(Rosh Hashanah: 9월 22~23일)는 유대인 달력 티쉬리로 새해 첫날이다. 또한 욤 키퍼(Yom Kippur: 10월 2일)로 절정이 되는 '속죄의 날'(the Solemn Day of Atonement) 10일간의 시작일이기도 하다. 원래 이 날은 9월 6일부터 10월 5일까지 수시로 변동됐는데 1960년에 9월 23~24일로 정했다. 보통 새해 첫날은 다른 종교에서는 봄에 시작하는데 유대인 축일은 수확의 계절인 가을에 시작된다는 것이 아주 흥미롭다. 이 날이 시작되기 전 유대인 가정은 집을 청소하고 새 옷을 사며 축일을 위한 여러 가지 음식을 장만하고 새해 카드를 보낸다. 그리고 그 전날 저녁식사에는 가장 좋은 식탁보를 깔고 훌륭한 도자기에 음식을 담고 촛불을 켠 채 '새해에 당신이 쓰여지기를'(May you be inscribed for a Happy New Year) 하며 축복한다. 여기에서 쓰여진다는 것은 생명의 책(Book of Life: 유대 종교에 의하면 모든 사람의 행위가 신에 의하여 이 책에 쓰여지는데 신이 일 년에 한 번씩 살펴본다고 함)에 쓰여진다는 것을 의미한다. 새해 첫날이라고 해서 이 날이 결코 축제의 시간은 아니다. 유대인에게 이 날을 시작으로 욤 키퍼까지 10일 간은 묵상과 자기 반성, 그리고 참회의 시간을 보낸다. 이 날 아침이 되면 시나고그(유대교 교당)에 모여 예배를 보는데 주로 참회와 반성에 관한 랍비(유대인 성직자)의 설교를 듣는다.

욤 키퍼는 속죄의 날이라고 불리는 데 이 날은 유대인 축일 중에서 가장 경건하게 지내는 날이다. 이 날은 정확히 로쉬 하샤나로부터 10일 후이다. 욤 키퍼는 유대인 말로 '덮음'을 의미하는데 그것은 유대 국가의 여러 가지 죄를 없애고 더 이상 기억하지 말자는 의미에서 붙여졌다. 그래서 유대 시대에는 죄를 속죄하기 위해 이 날 염소 두 마리를 성전에 바쳤다. 그런 후 그 중에 하나는 신을 위해 제물로 죽이고 다른 하나는 산 채로 사제가 그 염소의 머리에 손을 얹은 채 회중의 여러 죄를 고백한 후 죄를 전가한 다음 황야에 놓아주었는데 거기에서 희생양(scapegoat)이라는 말이 나왔다. 그 전날 저녁부터 이 날 저녁까지 시나고그에 모인 유대교도들은 속죄의 기도를 올리며 죽은 이들을 추모한다. 그리고 유대인 학교나 기관에서는 속죄의 의미로 자선의 돈을 모은다. 또한 죽은 부모나 조상의 영생을 축원하기 위해 유대인 집안에는 이 날 하루 종일 촛불을 켜둔다.

5) 할로윈

할로윈(Halloween: 10월 31일)은 종교적 축일이 아니라 일종의 미국식 축제일이다. 원래 모든 성인의 날(All Saint's Day)인 11월 1일 하루 전 저녁이란 의미로 신성화된 저녁(hallowed evening)이란 말에서 나왔다. 이 축제일은 드루이드교를 믿고 있던 영국의 켈트족의 축제에서 출발한다. 원래 켈트족의 신년은 추수가 끝난 후 겨울이 시작되는 11월 1일이었다. 따라서 10월 31일은 신년 전날 밤이 되는데 그 날 신년의 태양신을 맞이하고 악귀를 쫓기 위하여 마을 언덕 위에 모닥불을 피우고 축제를 벌였다. 그때 부락민들이 그 모닥불을 중심으로 가면을 쓴 채 춤을 추며 마치 악귀에게 쫓기는 것처럼 불 위를 뛰어다녔다고 한다. 또한 사람들이 불을 중심으로 축제를 벌이면서 자신이 겪었던 유령과 마녀 이야기를 했다고 한다(이것이 오늘날 할로윈 유령 이야기의 시초이다). 마을 어린이들은 그 며칠 전부터 장작을 얻기 위하여 집집마다 돌아다녔는데 이 모든 형태가 기독교가 들어온 이후에도 살아남아 오늘날의 할로윈이 되었다. 이렇게 보면 이 축제일은 기독교적 입장에서는 이교적인 축일이라고 말할 수 있다. 미국에서는 이 날이 되면 많은 어린이들이 유령 복장을 하고 무섭거나 우스꽝스런 분장을 얼굴에 한 채 호박 등을 손을 들고 각 집을 돌아다니면서 사탕이나 과자를 얻는다. 요즘은 그렇게 점잖게 하지만 30년 전만해도 상당히 과격하였다. 그 당시에는 아이들이(물론 때로는 어른들도 참여하여) 떼지어 돌아다니면서 차나 창문에다 마녀의 박쥐나 십자가를 그어 놓는다든지, 집 문패나 도로표지판을 바꾸어 놓는다든지 소나 말을 놓아주는 등 못된 장난질(prank)을 하였다. 그러나 학부모회라든지 여러 사회기관의 노력으로 요즘은 아이들이 귀여운(?) 악마나 만화영화 인물의 복장을 한 채 각 집에 와서 "한번 당할래, 아니면 한턱 낼래."(Trick or Treat)를 외치면서 그 집에서 준비해놓은 사탕이나 과자를 받아간다. 이 외침은 고대 켈트족 시대 가난한 사람들이 부잣집을 돌아다니면서 영혼의 빵을 얻어먹었던 데에서 출발한다. 그리고 어른들은 아이들과 마찬가지로 재미있는 복장과 마스크를 한 채 따로 모여 파티를 벌이는 경우가 많이 있다. 최근 핵가족 시대에 자녀들이 중요해짐에 따라 할로윈은 미국에서 크리스마스와 추수감사절에 이어 세 번째로 큰 축제가 되었다. 그 날 복장과 과자를 위한 산업 규모는 수십억 달러가 넘는다. 1998년 할로윈에는 클린턴 대통령의 성 추문으로 인하여 클린턴 대통령과 르윈스키의 마스크와 복장만 수십억 달러 어치가 팔렸다고 한다. 미국에 처음 가는 한국 사람들에 있어서 가장 신기하게 보여지는 것이 바로 이 축제일 것이다.

할로윈 축제의 한 장면

6) 추수감사절

교회에 다니는 한국 사람들에게도 잘 알려진 추수감사절(Thanksgiving Day: 11월 네 번째 목요일)은 전통적인 기독교 축일이 아니며 미국 전통의 축제일이다. 추수가 끝나고 감사를 드리는 축제는 한국의 추석과 마찬가지로 각 나라마다 여러 가지 양태로 발전해 왔다. 미국에서의 추수감사절 역시 가을걷이를 축하하는 의미가 있지만 청교도들의 미국 건국과 깊은 연관이 있다. 1620년 종교의 자유를 찾아 플리머스에 첫 발을 내디딘 청교도 102명에게 그 해 겨울은 혹독한 시련이었다. 그 첫 겨울을 넘기면서 47명이 죽고 나머지만이 봄을 맞을 수 있었다. 살아남은 청교도들은 근처 인디언들의 도움을 받아 그 해 봄 옥수수와 콩, 보리 등을 심을 수 있었다. 그리고 그 해 가을 그 곡식은 제법 풍성한 추수를 할 수 있었는데 이에 인디언들에게 고마움을 표시하기 위해 도와주었던 그들을 초대하여 같이 식사를 하고 축하의 축제를 벌였다. 이것이 바로 미국에 있어서의 추수감사절의 시작이다. 그 후 그들을 도와주었던 인디언들이 백인들에 의하여 절멸된 운명을 생각하면 어찌 보면 아이러닉한 시작을 가진 축제일이라고 할 수 있다. 그 후 이 축일은 하느님께 추수와 함께 그 해 일어났던 많은 축복을 감사하는 명절이 되었다. 이 날에는 우리나라 추석처럼 멀리 떨어진 가족 구성원들이 함께 모여 저녁식사를 하는데 먹는 음식으로 대표적인 것은 구운 칠면조와 크렌베리 소스, 그리고 호박 파이가 있다. 가족의 중요성와 화합을 강조하는 미국 영화를 보면 커다란 구운 칠면조를 앞에 놓고 같이 기도하고 잘라먹은 모습이 나오는데 그것이 전형적인 추수감사절의 모습이다. 미국 건국과 청교도인들로부터 나온 명절이 되어 이 날에는 교회에 다니지 않는 사람들도 교회에 모여 예배하고 하느님께 감사를 올리는 경우가 많이 있다. 이 명절은 미국의 모든 주에서 법정 공휴일로 되어 있다.

4. 최근 부각되는 종교적 특성과 신흥 종교들

기존 기독교 교파가 지배하던 미국 종교계에는 최근 20년 간에 걸쳐 몇 가지 두드러진 특성이 나타나고 있다. 그 중 주목할 만한 것은 근본주의적 경향과 종파가 급속히 강해지고 있다는 점이다. 종교에 있어서 근본주의 (fundamentalism)란 교리와 제의를 엄격히 지킬 것을 요구하며 신앙과 삶의 방식에서 다른 것을 용납하지 않고 자파가 내세우는 것만을 옳다고 주장하는 것을 일컫는다.20) 근본주의는 미국에서는 기독교 복음주의(evangelism) 형태로 나타난다. 앞서 남부 기독교를 논의하면서 나온 것처럼 복음주의는 성경을 글자 그대로 믿으며 개인들은 오직 예수 그리스도와의 개인적 친교를 통해 '거듭남'으로써 구원을 받을 수 있다고 주장한다. 따라서 그들은 심오한 신학적 설명보다는 주관적 신앙으로써 하느님의 계시를 개인이 직접 받아들이고 체험하는 개인적 차원의 신앙생활을 중요시 여기며 개인의 감정과 열광에 호소한다. 가령 복음주의 교파중의 하나인 오순절 교회파는 신앙적인 경험에 있어서 열광적인 예배와 기도로써 성령이 임한다고 주장한다. 그들은 성령으로서 신유(병고침)나 방언(speaking in tongues)이 가능하다고 말한다. 미국 복음주의의 또 다른 특징은 개인적인 죄(sin)와 도덕(moral)에 대한 강조라고 할 수 있다. 따라서 그들은 개인의 도덕에 있어서 자유주의적인 태도를 단호히 반대한다. 이것은 로버트슨이 지적했다시피 남부 감리교와 침례교의 부흥주의적 경향에서 나왔다고 볼 수 있다.21) 남부의 기독교는 남북전쟁 이전 노예들에 대하여 주인에게 복종하는 것이 성경을 따르는 길이라고 가르치고 사회 정의나 인간의 평등 등 사회적인 문제에는 관심을 갖지 않는 채 개인적인 문제, 가령 음주, 노름, 성적인 방종

---

20) Kornblum 523.
21) Robertson 414.

등에 관심을 집중시켰다. 미국 남부의 이러한 경향이 역사적으로 그리고 최근 미국 전체 부흥주의의 견인차 역할을 하는 것을 볼 때 부흥주의의 개인적인 죄와 도덕에 대한 강조는 이해가 되는 일이다. 최근 들어서 그들은 낙태, 성적인 평등사상, 동성애, 마약, 그리고 음탕한 록이나 랩의 가사, 포르노 등에 대하여 반대하는 운동을 펴고 있다.

19세기 때부터 복음주의적 성향이 강했던 남부의 침례교나 감리교를 제외하고는 아직도 기존 교파에서 복음주의적 경향이 주류를 이루는 것은 아니다. 그러나 최근 들어 모든 개신교 교파 내에서 복음주의적 주장이 급격한 세력 확장을 하고 있다. 그리고 복음주의 종파, 가령 제 칠일 교회파, 몰몬교, 여호와의 증인, 신의 성도파, 나자렛 교회파 등도 급속한 성장을 보이고 있다(그것은 앞에서 제시한 종교 인구 도표에도 잘 나타나 있다). 이렇게 복음주의가 급격한 성장을 보이는 데에는 여러 가지 이유를 꼽을 수 있다. 가장 근본적인 이유는 기존 교파의 권위나 영향력이 급속히 떨어졌다는 데 있다. 앞의 도표에서 나타난 것처럼 기존 교파가 여전히 세력을 잡고 있지만 그 영향력은 눈에 띄게 줄고 있다. 가령 가톨릭교인 중에서 미사에 참석하는 사람의 숫자는 1954년에는 72%였으나 1990년 이르러서는 47%에 머물고 있다. 또 다른 이유는 성취를 강조하는 미국 사회 분위기에서 찾을 수 있다. 즉 사회적 지위나 돈, 권력 등의 추구 속에서 자신의 자아에 대해 허망함을 느끼게 된 미국인들은 더 강한 유대감을 찾게 되며 자신을 몰두시킬 수 있는 종교적 교리나 집단을 필요하게 된다.[22] 복음주의 교파는 이러한 정신적인 불안감과 황폐함에 대하여 훌륭한 위안이 되는 것이다.

현실적으로 이러한 복음주의의 가장 큰 전파자이며 또 그것의 모습을 가장 잘 볼 수 있는 것이 TV 교회이다. 미국에 간 한국인에게 가장 신기한 것 중 하나는 TV를 켜면 주말이나 주중을 가리지 않고 설교나 부흥회를 방영하는 채널이 많다는 것이다. 현재 미국에는 1천 개의 라디오 방송국과 80여 개의 기독교 채널이 있는데 그 대부분이 복음주의 교파나 종파의 것이다.[23] 감정과 열광

---

22) Kornblum 528.
23) Robertson 414.

에 호소하는 설교나 부흥회에 대하여 많은 사람들이 비판을 가하고 있지만 그
것은 점점 많은 사람들에게 영향력을 확장하고 있다. 거기에 출연하는 목사들,
가령 오랄 로버츠나 패트 로버츤 등은 국가적인 명사가 되었으며 거기에서 걷
히는 헌금은 상상을 초월할 정도로 엄청난 규모이다. 이런 TV 복음 채널은 감
정과 열광에 호소하는 내용으로 인해 커다란 사회적 물의를 일으키기도 한다.
가령 오럴 로버츠는 자신이 200미터 키의 예수와 대화를 했는데 그 분이 자신
이 세운 암센터가 암 치료법을 발견할 것이라고 예언했다고 주장하며 신도들에
게 돈을 기부하라고 설교하기도 하였다.

　이러한 복음주의 종파들은 개인생활에 대한 명쾌한 해답과 그 결집성으로
인해 복잡한 현대 미국사회 속에서 영향력이 계속 커질 것은 분명하다. 그리고
그것의 성장은 앞으로 미국 사회와 종교의 모습에 변화를 줄 가능성이 높다.
조사에 의하면 미국의 현대적인 발전과 다양성에 대하여 가장 거부감을 가진
것은 복음주의자이다. 가령 종교의 다양성에 대하여 복음주의자들은 온건한 기
독교 교인에 대비하여 약 10대 1의 비율로 반대하고 있다.24) 그것은 복음주의
의 성장이 미국 종교의 기본적 특징인 다양성에 대해서도 위협이 될 가능성이
충분히 있다는 것을 의미한다. 남부 침례교의 대학을 졸업한 블루 칼라 복음주
의자들은 그들이 받은 교육에도 불구하고 모더니티(Modernity)와 종교적 다양
성에 가장 반대하는 세력이라는 것이 조사결과로도 나와 있다.25) 1925년 테네
시주에서 있었던 진화론을 둘러싼 '원숭이재판'26)은 복음주의가 어떻게 현대적
변화와 종교성 다양성에 반대하고 있는지 역사적으로 잘 보여주는 사례라고 할
수 있다.

----

24) Kornblum 526.
25) Kornblum 526.
26) 1925년 테네시주의 생물학 교사인 스코프스(John Scopes)는 부흥주의자들이 반대했던 진화론을
　　학생들에게 가르쳤다는 죄목으로 그들에 의해 재판에 회부되었다. 당시 검사는 대통령후보까지
　　나섰던 부흥주의자 윌리엄 브라이언(William Jennings Bryan)이었는데 전 미국의 관심을 끄는
　　가운데 스코프스는 유죄판결을 받고 벌금을 내게 되었다. 이 사건은 미국 지식인들에게 부흥주
　　의가 어떤 것인가를 깨닫게 해준 사건으로 이후 많은 지식인들은 부흥주의로부터 등을 돌리게
　　되었다. 이 판결은 1955년에 다시 번복됐고 진화론을 가르치지 못하게 하는 테네시주법은 폐지
　　되었다. Kornblum 523-526 참조.

복음주의의 확장과 함께 최근 미국인의 종교 생활에 있어서 또 다른 특징의 하나는 기존 교파나 종파에 매이지 않고 자신만의 '비공식적인' 종교 생활을 하는 사람이 많아진다는 점이다. 이런 사람들은 기존의 종파에 소속되지 않고 홀로, 또는 뜻이 맞는 소수의 사람끼리 모여 종교생활을 즐긴다. 여러 종교의 책을 골고루 사 본다든지, 교파에 소속되지 않은 채 종교 프로그램에 참석한다든지, 점성술에 몰두한다든지, 요가나 초월명상, 선 불교를 한다든지, 또는 밀교의 제례를 하는 사람들이라든지 다양한 형태로 이런 사람들은 존재하고 있다. 최근 들어 종교 인구가 급속히 줄어들고 있음에도 종교에 관한 서적--기독교 서적뿐만 아니고 불교라든지, 명상 등 여러 종교나 수행에 관한 책--의 판매가 급속도로 증가하고 있는 것도 이런 인구의 증가와 밀접한 관계가 있다. 이런 종교 인구는 대도시 뉴욕, 로스앤젤레스, 샌프란시스코 등에서 빠른 속도로 늘고 있다.

최근 미국 종교의 또 다른 특징은 신흥종교나 종파의 급속한 성장이다. 많은 신흥종교들이 나왔다 곧 바로 사라지지만 최근 20~30년 사이에 끊임없이 급속한 성장을 보인 신흥 종파들도 꽤 있다. 그 중 대표적인 것은 블랙 무슬림(Black Muslims), 통일교(Unification Church), 크리슈나 종파(Krishna Movement), 과학교 등이 있다. 블랙 무슬림은 이슬람교를 미국 흑인들이 받아들여 자신들끼리 조직화한 것으로 반 기독교적이고 반 백인적이다. 또한 잘 훈련되어 있으며 호전적이고 미국 흑인들은 미국사회에서 어떤 특정 지역에 모여 독립적으로 거주해야 한다고 주장한다. 이 종파는 흑인들의 인권운동과 함께 성장해 왔는데 최근 흑인 백만인 행진운동을 주도한 바 있는 루이 페라칸의 이슬람 국가가 그들의 조직이다. 한국 출신의 문선명 목사가 만든 통일교 역시 최근 주목받은 신흥종파이다. 이 종파는 한국 사람들은 선택된 민족이며 문목사가 재림 예수임을 주장한다. 미국 내 신도는 대개 십대 후반 내지 이십대 초반의 중산층 백인들로 구성되어 있다고 알려져 있다. 우리가 미국 영화에서 자주 보는 주홍색 도포를 입고 둘러서서 춤추고 노래하는 크리슈나 종파 역시 주목을 받고 있다. 이 종파는 힌두교 성직자인 크리슈나의 가르침을 받아 금욕적인 독신 집단생활, 그리고 명상을 하도록 요구한다. 원래는 복장과 찬송이 중요시 되지 않았으나 미국에 들어오면서 그것들이 깨달음을 얻는데 더 중요한 수단으로 강조되어 오늘날 같은 형태가 되었다. 과학교는 사이언스 픽션 작가인 론 허바드에 의하여 만들어진 것으로 인간은 '테탄스'라는 영적인 존재가 환생을 거듭하며 태어난다고 주장한다. 이 교파에서 특이한 것은 신도가 되기 전에 비용이 수천 달러가 드는 정신요법(Dianetics)을 받아야 한다. 한때 큰 세력을 형성했으나 허바드가 죽은 이후 크게 세력이 약해졌다.

이러한 신흥종교는 추종자 이외에는 대다수 구성원에 의하여 많은 비난을 받았다. 그것을 공격하는 사람들은 이 신흥종파들이 사기이며 교주가 신도들을 착취하여 호화생활을 한다는 등의 여러 가지 비판을 한다. 더 나아가 이런 신흥종교의 규제를 주장하는 사람들도 있다. 그러나 미국의 헌법정신인 종교의 관용 정신에 의하여 이 종교들 역시 계속 법의 보호를 받을 것은 분명하다. 그리고 자체적으로 미국인의 마음을 끌지 못해 소멸하지 않은 한에서는 미국과 같은 다양성이 특징인 사회에서는 앞으로도 성장할 것이 분명하다. 사실 미국이 역사적으로 엄청난 수의 신흥종교의 출생지였다는 것은 앞의 종교 인구표에서도 잘 나타나 있다. 그 도표 중 절반 이상의 교파나 종파들이 19세기에서 20세기 초엽까지 미국에서 나온 것들이다. 가령 몰몬교파는 1830년 경에 창시되었으며, 오순절 교회파는 1899년, 영혼파(Spiritualist)는 1900년 경에, 여호와의 증인은 20세기 초엽에 생겨 현재와 같은 막강한 세력으로 성장했다.

참고문헌

Kornblum, William and Carolyn D. Smith. *Sociology in a Changing World.* Orlando: Harcourt Brace & Company, 1997.

Krythe, Maymie. *All about American Holidays.* New York: Harper & Brothers, 1962.

Landis, Benson. *Religion in the United States.* New York: Barnes & Noble, 1965.

Olmstead, Clifton. *Religion in America: Past and Present.* Englewood Cliffs, N. J.: Prentice-Hall, 1961.

Polishook, Irwin. *Roger Williams, John Cotton and Religious Freedom: A Controversy in New and Old England.* Englewood Cliffs, N. J.: Prentice-Hall, 1967.

Popence., David. *Sociology.* Eaglewood Cliffs, N. J.: Prentice-Hall, 1986.

Robertson, Ian. *Discovering Sociology: Study Guide to Accompany.* New York: Owrth, 1987.

Solberg, Winston. *A History of American Thought and Culture.* Tokyo: Kinseido, 1983.

Hudson, Winthrop. *Religion in America.* New York: Charles Scribner's Sons, 1965.

Ziff, Larzer. *Puritanism in America: New Culture in a New World.* New York: The Viking Press, 1973.

Ziff, Larzer. *The Career of John Cotton: Puritanism and the American Experience.* Princeton, N. J.: Princeton University Press, 1962.

김병서, 〈미국 남부의 종교 생활〉 《미국학 논집》 제 30집 1호, 1998 여름.

2. 멕시코 종교와 정체성 - 과달루페 신앙의 역사적 전개를 통하여 -

서성철 / 한국외국어대학교 서반아어과 강사/해외동포재단

1. 토난친 - 과달루페 숭배

1519년 에르난 코르테스의 정복으로 아스테카 제국이 멸망한 지 1세기 후 많은 인디오 원주민들은 어마어마한 좌절감을 맛보아야만 했다. 그들이 겪었던 고통의 주된 원인은 식민지 지배체제가 강요한 정치적 예속이나 경제적 착취에 분명 있었지만, 보다 근본적인 이유로서는 정복과 스페인의 식민과정에서 파괴되고 뿌리뽑힌 그들의 인종적, 문화적 정체감의 상실이었다. 그것은 바로 옥타비오 파스가 말한 멕시코인의 뿌리깊은 고아의식의 발현(Paz 1985: 65-88)에 다름 아니었다.

17세기 초 정치, 경제, 사회, 제 분야에서 스페인의 지배는 대단히 공고해, 그 체제에 의심을 품는 것은 생각할 수도 없었다. 이 시기는 동시에 인디오의 반란과 폭동으로 점철되었던 시기이기도 했다. 그러나 대농장주들의 횡포나 교회의 강제징세로부터 벗어나고자 했던 토착 원주민들의 운동은 언제나 실패로 돌아갔고 식민지 지배체제에 어떠한 타격도 줄 수 없었다. 왜냐하면 그 운동은 각 지역이나 종족간의 연대나 통합이 없는 철저하게 고립되고 개별적인 싸움으로 일관되었기 때문이었다(Florescano 1995: 391).

그럼에도 불구하고 인디오의 민족적, 정치적 정체성을 파괴했던 스페인의 정책에 못지 않게 원주민의 옛 종교 의식을 근절시켰던 행동이 인디오의 사회적, 문화적 정체성에 심각한 문제를 야기했다. 기존의 독립된 인디오 공동체가 지니고 있었던 거대한 정치체제가 소규모 수준의 인디오 농장공동체로 전환되면서, 그리고 광범위한 지역에 흩어져 있던 마을들을 통합시켜주었던 체제가 파괴되면서 영토, 민족, 경제 제 분야에서 인디오의 분리, 이탈현상은 더 일층 강화되었다. 그러나 이와 같은 정치, 경제적 변화보다도 더욱 심각했던 것은 기독교로의 개종을 통한 인디오의 문화적 정체성의 위기였다. 이제, 교회와 교회 속에 모셔진 성인들의 상이 옛 아스테카 공동체가 수행했던 제의나 의식, 축제를 대신했다. 이렇게 새로운 종교의 요소들을 받아들이기는 했지만 그것들은 공동체 구성원들 모두가 수용할 수 없는 낯설고 이상한 것들이었다. 표면적으로 기독교로 개종은 했지만 그들은 사라진 옛 신들을 여전히 숭배하고 있었다.

원주민들의 뿌리깊은 이런 의식은 정복자들에 의해 부과된 신들이나 성인들, 그리고 기독교 의식에 새로운 의미를 부여하게 되는 원인이 되었다. 그런데 이런 종교적 움직임에서 새로운 것은 정복 바로 후에 원주민들이 보여주었던 거부반응과는 달리, 그들이 취한 행동은 "옛 신들의 부활이나 이전의 전통적인 종교 의식으로의 회귀가 아니었다."(Florescano 1995: 392)라는 사실이다. 인디오들이 새로운 기독교의 신이나 종교 의식에 더 이상 이의를 제기하지 않았다는 사실은 스페인의 '정신적 정복'이 완전히 끝났다는 것을 보여주는 좋은 증거이다. 그것과는 반대로 그들은 기독교를 거부하는 대신 그것을 자기 식으로 변용, 수용하면서 그 새로운 종교의 의미나 가치들을 고양시켰다. 여기서 멕시코의 문화기반을 이루는 것 중의 하나가 되는, 기독교와 토착신앙의 혼합인 종교의 신크레티즘(syncretism; 혼합주의)이 이루어지게 된다. 그것의 대표적인 예가 바로 우리가 고구하고자 하는 원주민 인디오의 토난친 여신과 스페인의 과달루페 성모의 혼합인 것이다.

1) 토난친 - 과달루페 숭배의 기원

토난친의 정체나 속성에 대해서는 학자들마다 의견이 분분하다.[1] 사아군에 따르면 토난친은 뱀신의 아내이자 전쟁의 신으로 인간에게 고통과 죽음을 가져다주는 사악한 여신 시우아코아틀의 또 다른 이름이며, 이 여신을 위해 인디오들은 멕시코시 북쪽에 위치한 테페약 언덕에서 무시무시한 희생제의를 치렀다

---

[1] 사아군, 토르케마다 등은 토난친이 시우아코아틀과 동일한 여신이라고 기록하였는데 자크 라페도 이에 동조하고 있다. 18세기 예수회 신부 클라비헤로는 여신 센테오틀과 동일시 했고 자크 수스텔은 테테오이난, 또 다른 이들은 코아틀리코에와 동일시 하였다. Jacques Lafaye, *Quetzalcoatl and Guadalupe*, Chicago: Chicago University Press, 1976, pp. 211-217.

고 한다(Sahagún 1956: 33). 에나 켐벨에 의하면 토난친은 종교 의식을 위해 아스테카인들에게 선인장을 선물, 그 즙으로 인디오의 신성한 술 '풀케'를 제공한 신이다. 그러나 인신공양을 위해 바쳐진 포로가 이 술을 마시고 취하면 그는 이 여신의 저주를 받아 죽게 되듯이 그녀는 무서운 신으로도 이해되고 있다. 이런 맥락에서 그녀는 인디오에게 죽음과 공포를 가져다주는 대지모신 코아틀리쿠에와 동일시된다. 그러나 기독교가 도래하면서 이 여신은 기독교의 신에 대항해 그녀의 자식들을 보호하는 여신으로 바뀐다(Campbell 1982: 12). 인디오들의 관념에서 보자면 그녀는 이전의 대지모신이 지니고 있던 양면성 중에서 사악한 면은 제거된, 출산시 산파와 산모, 그리고 어린아이를 보호하는데서 보듯, 이제는 무시무시한 코아틀리쿠에와는 대조가 되는 보호자, 수호신으로서의 속성을 지닌 착한 여신으로 바뀌게 된다.

원래, 과달루페란 명칭은 스페인의 과달루페 성모에서 온 것이고, 과달루페는 스페인의 중서부 에스트레마두라 지방에 있는 한 산의 이름이다. 1322년 이곳에서 성모가 출현했으며, 이것을 기념하여 과달루페 성당이 세워졌다. 이 성당은 산티아고 데 콤포스텔라 대성당[2]과 함께 스페인인들의 최고의 성지가 되었다. 특히 스페인의 국토회복전쟁(Reconquista) 말기와 아메리카 대륙의 정복 기간 동안 스페인의 과달루페 성모는 절정에 이르렀다(Nebel 1996: 55-56).

스페인의 과달루페가 멕시코에 유입되는 것은 전적으로 정복자들에 기인한다. 코르테스를 비롯한 대부분의 정복자들은 바로 이 에스트레마두라 출신이었고[3] 과달루페 성모의 열렬한 신자들이었다. 이들은 과달루페 성모가 신대륙으로의 항해를 보살펴주며 무사히 스페인으로 귀국할 수 있는 가호를 주리라고 믿었던 사람들이었다. 인디오와의 전쟁에서 그들이 보호와 도움을 청했던 조그만 목각

---

[2] 산티아고 대성당 역시 11세기, 전설적인 성 야곱의 무덤을 발견한 것을 기념하여 세워졌다. 물론 이 발견은 사실이 아니다. 이 산티아고 역시 스페인의 국토회복전쟁 중 이슬람 무어족 군대에 공포를 불러 일으켰던 전사의 모습으로 나타나며, 신대륙 정복자들은 원주민들과 싸우면서 '산티아고'라는 구호를 외쳤다.

[3] 프란시스코 피사로(잉카 제국의 정복자), 페드로 발디비아(칠레 정복자), 프란시스코 데 오레야나(아마존강의 발견자), 에르난도 데 소토(미시시피강의 발견자), 세바스티안 벨랄카사르(지금의 콜롬비아의 발견자) 등이 바로 그들이다. Richard Nebel, *Santa María Tonantzin Virgen de Guadalupe*, México: FCE, 1996, pp. 75-76.

과달루페 인형이 뒤에 멕시코의 과달루페 상의 모델이 되는 것이다.

　멕시코의 과달루페 성모가 스페인에서 기원한다는 근거로는 우선, 스페인의 과달루페 또한 유럽의 백색 성모 마리아가 아닌 '검은 성모'(Black Madonna)이고 멕시코의 과달루페 성모 또한 갈색의 성모라는 유사점을 들 수 있겠고, 그리고 이 두 성모가 미천한 목자와 개종한 인디오에게 출현한 점, 또 기적의 전개 과정이 비슷하다는 점을 들 수 있겠다. 국토회복전쟁시 스페인의 과달루페가 이슬람 세력으로부터 스페인인들을 보호했다면 멕시코의 과달루페 성모는 독립전쟁 시기 멕시코인의 수호신 역할을 했던 것도 멕시코의 과달루페 성모가 스페인에서 유래했다는 근거가 된다. 한편, 축일의 날짜가 똑같다는 것도 그 이유가 된다. 16세기 말까지 과달루페 성모 축일은 9월 8일로 스페인의 그것과 동일하였다. 그러나 1660년 경 멕시코의 과달루페 축일은 9월 10일로, 또 그 후에는 오늘날의 축일 날짜인 12월 12일로 바뀌게 된다.[4]

　타 문화에서 형식적인 면보다 상징적, 관념적 요소를 받아들이는 것이 훨씬 어렵다는 것은 일반적으로 인정된 생각이다(Madson 1957: 111-112). 그렇다면 인디오는 어떻게 해서 그렇게도 쉽게 스페인의 과달루페를 받아들였는가? 어떻게 한 때 정복자들의 종교와 동일시되던 과달루페 상이 인디오와 스페인 양측 모두에게 수호신의 상징이 될 수 있었던가? 여기에 대한 답은 그리 어렵지 않다. 스페인인들과 성직자들은 멕시코에서 과달루페가 출현했을 때, 그녀를 스페인의 '검은 성모'와 동일시하였고 그리고 토난친 여신의 사당이 있던 곳에서 과달루페가 출현했고, 그녀의 작은 키와 갈색의 외모가 그들 자신의 얼굴과 비슷해 쉽게 받아들일 수 있었던 것이다. 인디오들은 그녀를 아스테카의 대지와 풍요의 여신 토난친이 기적으로 현현했다고 믿었다. 어찌됐든, 멕시코인들은 과달루페 성모의 출현을 기점으로 해서 그들 자신의 수호신을 갖게 되는 것이다.

　토난친 - 과달루페, 이렇게 두 여신이 지닌 '어머니, 보호자, 삶과 건강에 활력을 주고 행복을 가져다주는 여신'으로서의 공통의 특성을 한데 결합하여 우

---

4) 라페는 이를 멕시코인들이 멕시코의 과달루페 성모를 스페인의 과달루페와 분리시킬 필요성에서 나온 의도적인 행동으로 규정한다. 동시에 그는 이 시점에서부터 멕시코의 민족의식이 형성되기 시작했다고 보고 있다. Lafaye(1976)의 책 pp. 242-248 참조

시글리가 말했던, 멕시코의 모든 사회계층은 태어나면서부터, 아니면 그들의 종교적 믿음을 지킴으로서 멕시코의 주 상징으로 바뀌게 되었던 것이다(Usigli 1967: 1).

2) 여성성의 승리

과달루페 신앙이 인디오 세계에 전파되고 또 전 멕시코인들에게 열광을 불러일으킨 데에는 분명 강력한 정치적 동기가 깔려있음을 부인할 수 없다. 인디오가 과달루페 성모가 안치된 제단에 몰려가고 가톨릭 신앙을 받아들이자마자 교회나 식민지 당국은 과달루페 성모를 전 멕시코인들이 숭배해야만 할 대상으로 격상시켰다(Campbell 1982: 9). 물론 스페인 식민당국의 고위관리들이나 엘리트층까지도 과달루페 성모를 숭배했다는 말은 아니다. 그들은 초기 스페인 정복자들의 또 다른 수호신이었던 레메디오스 성모(Virgin of Remedios)를 여전히 숭배했다. 그러나 레메디오스 성모는 일련의 정치적 갈등, 투쟁의 결과로 인해 그녀가 점하고 있던 자리를 과달루페에게 물려준다. 과달루페가 최후의 승리를 얻게 되는 것은 바로 독립전쟁 시기이다. 그녀는 독립군의 최고 사령관의 자격으로서, 그녀가 이끄는 독립군이 레메디오스 성모가 이끄는 왕당군을 격파할 때 이루어졌다.5) 당시 교황은 과달루페가 멕시코인들의 문화에서 기여하는 역할에 대해서 공식적으로 인정했는데, 그것은 과달루페를 통해서 라틴 아메리카 복음화(ecumenism)시키려고 했던 의도와는 전혀 관계가 없다. 그것은 역사적으로 이미 콜럼버스의 항해시대에까지 거슬러 올라가는 것으로 멕시코의 정체성이 과달루페로부터 유래한다는 것에 대한 확인에 다름 아니다.6)

---

5) 당시의 싸움은 어떤 의미에서는 감정적인 싸움이라고 할 수 있다. 양군이 신봉한 성모는 서로 적의 이미지로 나타나고 있으며, 그것의 가장 극명한 예는 서로가 상대방이 치켜든 깃발에 총을 쏜 사실에 잘 드러난다. Margarita Zires, "Los mitos de la Virgen de Guadalupe. Su proceso de construcción y reintepretación en el México pasado y contemporáneo", *Mexican Studies*, Summer, 1994, p. 298.

6) 스페인의 과달루페 성모는 이미 콜럼버스의 항해와 관계가 있다. 당시 신대륙 발견에 참가했던 선원들은 만약 그들의 항해가 성공한다면 스페인에 돌아가 과달루페를 숭배할 것이라는 맹세를

과달루페 성모는 멕시코에 남아있던 모든 남성신들 또는 여성 신들을 흡수
하거나 사라지게 만들었다. 그 중에서도 가장 유명한 예가 '찰마의 주 예수 그
리스도'이다. 당시 아우구스틴 교단의 선교사들은 멕시코 근교 찰마 지방에서
출현한 예수를 숭배하고 있었다. 과달루페 성모가 출현한 기적처럼 '찰마의 예
수' 또한 오쿠일란이라는 지방의 한 동굴에서 고대 아스테카의 옛 신 오촉테아
틀의 사당이 있던 곳에서 출현했다. 처음 이 찰마의 그리스도 또한 과달루페
성모처럼 많은 기적을 행했고, 나라를 구했으며 또 인디오를 구원하는 수호신
의 역할을 수행했다고 전해진다. 이 그리스도 또한 병을 고치는 신으로도 잘
알려져 있다. 그러나 현재 찰마의 예수는 일개 성인으로 전락, 과달루페처럼 전
국민적인 숭앙을 받지 않고 있으며 단지 찰마 지방 사람들에 의해서만 숭배
받을 뿐이다(Cambell 1982: 10-11).

남성신들의 숭배에서 과달루페 여성신의 숭배로 바뀐 이유에는 당시의 사회,
문화적인 맥락이 있다. 우선 가톨릭의 성모에 대해 인디오들이 쉽게 복종했던
것은 스페인 정복시기, 아스테카 제국에 스며들던 새로운 신앙의 개념으로 설
명되어질 수 있다. 예를 들어, 스페인인들이 도래하기 전 테페약 언덕에 토난친
사당이 있었다는 것은 미래의 과달루페 신앙을 종교적으로 표현하는데 있어 이
미 방향을 제시해주는 증거가 되는 것이다. 아스테카의 군사독재와 희생제의에
염증을 내고 있었던 이웃 토토나카족은 희생제물로 인육보다는 새나 조그만 동
물들을 더 선호했던 토난친 여신을 숭배하기 시작했다. 토난친 여신을 위한 사
당을 세웠던 것은 아스테카족이 아닌 바로 그들이었다. 게다가 아스테카족 역
시 정복과 남성의 공격적 성향을 강조한 피에 굶주린 전쟁의 신 우이칠로포슈
틀리에 대해 염증을 내고 있었다. 비록 토난친 여신이 남성신 우이칠로포슈틀
리를 대체하여 주신(主神)의 지위에는 오르지 못했지만, 적어도 인간에게 공포
를 가져다주었던 사악한 대지모 신 코아틀리쿠에를 물리치고 아스테카 사람들
에 의해 숭배 받기 시작한 것은 의미심장한 일이다. 코아틀리쿠에는 이 우이칠
로포슈틀리가 더 이상 영향력을 발휘하지 못하게 됨에 따라 그의 자리에 들어

한 바 있다. 제 3차 항해에서 콜럼버스는 그가 발견한 섬에 스페인의 과달루페 섬이라고 명명한
바 있다.

서기는 하지만 인간의 피를 더 이상 요구하지는 않았다. 인디오의 입장에서 볼 때, 과달루페 성모는 상징적인 의미에서 이렇게 인디오의 모신을 대변하면서 인디오를 보호하고 그들에게 은총을 가져다주는 제 3의 여신(코아틀리쿠에 - 토난친 - 과달루페)으로 바뀌게 되는 것이다.

2. 과달루페 성모 / 허구와 진실의 논쟁

1) 전통신앙과 신크레티즘의 갈등

아스테카 제국을 무너뜨린 후, 스페인의 정복자들이나 선교사들이 최초로 행했던 것은 무엇보다도 아스테카 문화의 핵심을 파괴하는 일이었다. 그들은 우선 피정복민들의 인간 희생제의나 이교도적인 우상 숭배의식을 금지시켰다. 지역신들이 모셔진 신전과 종교적 숭배물들은 파괴됐고, 이전의 종교를 가르쳤던 학교는 폐쇄됐으며 또 아스테카의 옛 사제들은 사당으로부터 쫓겨나 그 자리를 스페인 사제들이 메웠다. 한마디로 한 문명의 총체적 활동 중의 주요부분 하나가 사라진 것이다. 이러한 상황하에서 1531년 12월 9일에서 12일, 4번에 걸쳐 옛 토난친 여신의 성소가 있던 테페약 언덕에서 과달루페 성모가 출현하게 되었다.[7]

과달루페의 성모가 1531년에 출현했다고 최초로 언급한 미겔 산체스의 기록은 지금, 역사적으로 확인할 수 없는 사실이다. 우선, 성모 마리아의 출현을 보았다고 하는 인디오 후안 디에고를 접견했던 멕시코 대주교 수마라가는 인디오

---

7) 1531년 12월 9일, 개종한 인디오 후안 디에고(Juan Diego)는 멕시코시 북쪽 외곽에 있는 테페약 언덕을 지날 때, 천상의 음악소리와 함께 그를 부르는 소리를 듣는다. 그는 거기서 태양처럼 빛나는 성모 마리아를 보게 된다. 그녀는 그에게 주교를 찾아가 자기의 출현 사실과 그곳에 교회를 세우도록 전하라고 명령한다. 그러나 주교는 후안 디에고의 말을 믿지 않고, 대신 성모의 출현을 증명할 수 있는 증거를 가지고 오라고 한다. 이 사실을 전해들은 성모는 다시 그에게 나타나 장미꽃이 피어 있는 곳을 가르쳐준다. 마침내 이 인디오 짐꾼이 주교를 재차 방문해 이 장미꽃(장미는 신대륙에는 존재하지 않았던 스페인의 꽃이었다)을 보여 성모의 출현 사실을 전하고자 할 때, 장미는 사라지고 그의 옷에 갈색의 성모가 장미꽃을 배경으로 각인되어 나타난다. 이것이 우리가 알고 있는 과달루페 성모의 기적이다. 과달루페 성모의 기적에 관해 상세한 내용을 알고자 하면 Francisco de Florence y Juan Antonio de Oviedo, *Zodiaco Mariano*, México: Consejo Nacional para la Cultura y las Artes, 1995, pp. 85-90 참조.

의 개종에 중대한 영향을 미칠지도 모를 이 사건을 전혀 다루고 있지 않으며, 오히려 그가 쓴 《기독교법》(*Regla Cristiana*)에서 이렇게 언급한다. "주님은 이제 기적이 행해지는 것을 더 이상 원치 않는다. 차라리 그것은 없는 편이 낫다. 왜냐하면 우리가 지닌 성스런 믿음은 신약, 구약 성경에서 보듯 수천 가지의 기적에 기반을 둔 것이 아니기 때문이다."(De la Maza 1995: 13). 한편, 16세기 당시, 인디오를 개종시키는데 헌신했고 인디오의 역사나 문화에 대해 많은 기록을 남겼던 프란시스코 교단의 신부들이자 편년 사가들, 즉 모톨리니아, 안드레스 데 올모스, 사아군, 멘디에타는 과달루페의 출현에 대해서 전혀 기록을 남기지 않고 있다(Nebel 1996: 141-143).[8] 또 당시 1556년 이전의 멕시코 종교회의나 성직자단 또는 부왕이 본국에 보내는 보고문에도 이 기적에 관한 기록은 보이지 않는다. 에드문도 오고르만은 이들이 과달루페 성모의 기적을 기록하지 않은 것은 당시 누에바 에스파냐에서 가장 교세가 강했던 프란시스코 교단의 수도사들과 멕시코 교구 신부들 사이의 갈등, 경쟁관계에서 나온 것으로 해석한다(O'Gorman 1991: 175-176). 당시 프란시스코 교단은 우상숭배를 배격했고 인디오의 교회 헌금을 받지 않았다. 반면 교구에 속한 신부들은 경제적 목적을 위해 인디오로부터 헌금이나 공납을 받아들였다. 오고르만은 당시 개종한 인디오의 일기, 원사료(codex), 연보, 그리고 다양한 자료들을 통해 1555년에서 1556년 사이 과달루페 신앙이 스페인인뿐만 아니라 인디오들 사이에서 널리 퍼져나갔다고 보고 있다. 그리고 거기에 덧붙여 현재 우리가 알고 있는 과달루페 성모의 기적 이야기는 후대에 조작된 것이라고 보고 있다.[9]

과달루페에 성모에 대한 논쟁이 최초로 기록된 것은 1556년 당시, 멕시코의 대주교였던 알론소 데 몬투바르의 《보고서》(Información)이다. 당시 프란시스코 교단의 부스타만테 신부는 과달루페 성모를 기념하여 몬투바르 대주교가 설교한 내용을 비판하였는데, 이것에 대해 반론으로 나온 글이 바로 이 몬투바르

8) 사아군은 단지 과달루페의 전신인 인디오의 토난친 여신숭배만을 언급하면서 그것을 '악마의 짓거리'(Treta del demonio)로 단정해 버렸다. 토난친 숭배에 대한 사아군의 기술에 관해서는 Bernardo de Sahagún, *Historia General de las cosas de la Nueva España*, México: Editorial Porrúa, 1956, pp. 84 참조
9) 여기에 대해서는 위에 언급한 Lafaye(1976)의 책 pp. 243-244 참조

의 《보고서》이다. 몬투바르 주교는 설교를 통해 과달루페 성모숭배를 고무,
찬양하는 발언을 했다. 그가 이런 식의 시도를 했던 것은 스페인인들이 이미
지니고 있는 본래의 과달루페 신앙을 견고히 하고 또 새롭게 개종해야 할 인
디오 대상들을 과달루페 숭배의식을 통해서 이루어보고자 했던 데에 있다. 그
는 스페인의 레메디오스 성모나 프랑스의 몽세라 성모, 그리고 이탈리아의 로
레토 성모처럼 과달루페 성모도 예수에 의해 탄생된 신앙임을 강조했다
(O'Gorman 1991: 69-72). 그러나 부스타만테는 당시 인디오들 사이에서 일기
시작했던 과달루페 성모 신앙의 성격에 대해 우려를 표하면서 그들의 신앙심은
하나님에 대한 진정한 믿음에서 비롯된 것이 아니라, 그들 자신이 만든 상(像)
에서 일어나는 기적에 기반하고 있다고 보았다. 그런 다음, 이와 같은 사실을
신중히 고려함이 없이 공식적으로 과달루페 신앙을 지지한 대주교의 오류를 비
판하였다. 그의 이런 행위로 인해 인디오는 잘못된 신앙의 길을 걸을 것이고
지금까지 해왔던 복음화 작업도 수포로 돌아갈 것이라는 것이 그의 생각이었
다.10) 그가 두려워했던 것은 성모 마리아 상이 일으키는 기적으로 인해 인디오
들 사이에서 되살아날 수 있는 우상숭배적이고 미신적인 인디오의 옛 관심이었
다. 그리고 한 인디오가 그린 상에서 기적이 행해진다는 소문을 듣고 전국에서
순례를 오고 헌금을 바치는 현상을 볼 때 이는 중대한 문제를 일으킬 소지가
다분하다고 보았다. 실제 그가 염려했던 것은 현실로 드러났다. 그는 구체적인
예를 들어 자신의 논리를 강조하고 있다. "그 상이 행한 기적이 알려져 한 절
름발이 인디오가 자신이 치유되길 희망하면서 그 교회에 갔을 때 더 심한 절
름발이가 되어서 돌아오게 되면 그 인디오는 하나님도 성모 마리아도 믿지 않

---

10) 부스타만테는 성모 마리아의 축일에 행해진 설교에서 몬투바르 대주교를 다음과 같이 비난했
    다. "과달루페라고 명명된 성모의 교회에서 행해지는 예배의식은 한 인디오가 그린 상의 기적
    이기 때문에 그것은 원주민들에게 크나큰 해를 입힌다. … 왜냐하면 기독교 신부는 그들이 개
    종한 이래 어떠한 상도 믿지 말고 오로지 하나님을 믿을 것이며 또 이 상들은 단지 신앙심을
    유발시키는 데만 유용하다고 설교해 왔기 때문이었다. … 그런데 이제 와서 과달루페 상이 기
    적을 행한다고 인정하는 것은 그들에게 커다란 혼란을 가져 올 것이며 그들에게 이미 심어진
    선한 덕목을 해치는 일일 것이다. … 과달루페 성모에 대한 숭배는 아무런 근거도 없이 시작되
    었던 것이다. …" Ernesto de la Torre Villar y Ramior Navarro de Anda, "Información de
    1556", *Testimonios históricos guadalupnos*, México: FCE, 1982. pp. 45-46.

을 것이며 이런 현상은 더욱 더 악화될 것이다."(De la Torre Villar y Navarro de Anda 1982: 46). 몬투바르 대주교는 사람들이 과달루페 상을 숭배하는 것은 그림 자체가 아닌, 그 그림이 표상하는 것에 대한 숭배라고 설명하면서, 교구의 신부들이 그 상을 이용하는 것은 마리아의 의미를 인디오들에게 쉽게 이해하기 위해서였다고 해명한다.

이 몬투바르 주교의 발언에서 우리들은 두 가지 사실을 발견하게 된다. 첫째, 초기 기독교 선교사들이 인디오들을 개종하기 위해서 원주민들의 기존 예배의식을 허용하면서, 멕시코 가톨릭의 특징이라고 할 수 있는 종교의 신크레티즘이 여기 과달루페 성모 숭배의식에도 그대로 드러나 있으며11) 또 프란시스코 교단과 교구 신부들 사이의 개종을 둘러싸고 벌어진 알력, 갈등이 보인다는 점이다. 오고르만은 과달루페 신앙이 정치적 목적에 이용되고 있음을 지적하고 있다. 프란시스코 교단이 우려했던 것은 과달루페 성모와 아스테카 토난친 여신과의 관련성이다. 스페인 에라스무스주의의 세례를 받은 이 교단이 기독교의 하나님만을 오로지 믿음의 대상으로 인정하고, 성모 마리아나 성인의 상이 미신적 구복의 대상으로 전락되는 것을 거부했던 것은 너무도 당연한 일이었다. 요약하면, 당시 과달루페를 둘러싸고 벌어진 몬투바르 대주교와 부스테만테 신부의 논쟁은 원주민의 기독교 복음화와 관련된 정통 신앙론자들과 실용주의자들의 싸움을 대변한 것에 지나지 않는다. 당시 인디오 마을들을 직접 돌아다니며 기독교 교리를 전파하는 과정에서 인디오의 종교 관행을 익히 알고, 또 그들의 사유체계를 접했던 부스타만테가 과달루페 숭배에 반기를 들었던 것은 당연했고, 반면, 원주민의 기독교 복음화 사업을 최고의 자리에서 지휘했던 몬투바르 대주교가 과달루페 신앙을 이용하거나, 아니면 그것을 고무, 환영했던 것은 충분히 이해할 수 있는 일이다. 그러나 프란시스코 교단의 뒤를 이어 예수

---

11) 과달루페 성모 축일에 인디오들은 깃털로 장식한 복장을 하고 손목과 발목에 나무종을 매달고 그들의 전통춤인 '미토테'(Mitote)를 춘다. 실내에서는 자그마한 진흙 꽃병에 향을 피우며 과달루페 성모상에는 옥수수 열매나 꽃을 바친다. 그리고 성호를 긋고 무릎을 꿇고 예배한다. 이 가톨릭적 예식을 제외하면 모든 의식은 인디오 전통에 따르고 있다. 상세한 내용은 Alan R. Sandstrom, "The Tonantsi Cult of Eastern Nahua", *Mother Worship*, edit. James Preston, Chapel Hill: The University of North Carolina Press, 1982, pp. 25-49 참조.

회가 인디오의 개종을 맡게 되면서 이와 같은 양상은 변하게 된다. 예수회는 우선 프란시스코 교단이 우상숭배로 배척했던 과달루페 성모의 기적적 출현을 종교적 현시로 받아들였고, 인디오의 개종을 위해 성모 마리아 신앙과 인디오의 민속의식을 교묘히 융합시킨다. 이런 식으로 과달루페 신앙은 서서히 확산되어 가는 것이다.

몬투바르 대주교의 《보고서》를 통해서 우리는 16세기 중반, 멕시코시를 중심으로 과달루페 성모에 대한 숭배가 새롭게 발전해 나가는 과정을 알 수 있다. 또 인디오는 성모의 상이 한 인디오에 의해 그려졌으며, 그 상이 기적을 행한다는 것을 믿었다는 것을 알 수 있다.12) 이 기적을 통해 이미 과달루페의 숭배자였던 스페인인들을 제외한 인디오들은 과달루페 성모 신앙에 쉽게 빠질 수 있었던 것이다. 당시 인디오의 상황은 우리가 잘 알고 있듯이 정복과 기독교의 개종으로 인해 모든 사회, 경제, 문화적 기반을 상실한 상태였다. 이들에게 있어서 과달루페 성모는 비록 스페인적 외형이 씌워져 있기는 했지만 그 성모는 자신들의 비참한 상황을 감싸주는 그들의 옛 여신 토난친의 부활에 다름 아니었다. 즉, 과달루페 성모가 그들과 비슷한 갈색의 얼굴 모습으로 나타났고, 그녀가 모셔져 있는 곳이 예전의 대지모신 토난친의 성소였으며, 다른 무엇보다도 과달루페가 기적을 행해서 그들을 돌본다는 사실은 그들이 왜 그렇게도 과달루페에 열광적이었는지에 대한 이유가 된다. 다시 말해, 과달루페는 어머니로서 인디오에게 삶에 희망을 주었고 토난친 여신의 부활로서는 그들에게 구원을 가져다주었던 것이다. 보다 중요한 사실은 과달루페 신앙으로 인해 원주민 인디오들의 기독교 개종은 용이해졌고, 이 개종을 통해 그들 또한 한 기독교인으로서 서구세계로 편입하게 되는 점이었다.

다분히 인디오적이었던 당시의 과달루페 성모 숭배신앙은 식민지 전 시대에

12) 《보고서》에 나오는 세 증인의 이야기는 당시 과달루페 숭배의 열기가 어떠했는지를 알 수 있다. 후안 살라사르는 수많은 인디오 여자들이 맨발로 과달루페 제단으로 향하고 있는 모습을 목격한 적이 있으며 그 자신도 그곳에 여러 번 갔었다고 증언하고 있으며, 또 다른 증인인 미르시알 데 콘트레라스는 스페인 백인들도 말을 타거나 걸어서 과달루페 사원으로 가고 있었으며, 사원으로 향하는 순례 길에는 사람들로 가득 차 있고, 심지어 아이들까지도 그곳으로 데려다 달라고 부모들에게 조르는 모습을 보았다고 증언하고 있다. Ernesto de la Torre Villar y Ramiro Navarro de Anda(1982)의 책 p. 58 참조.

걸쳐 서서히 멕시코시 주변에서 멕시코 전역으로, 그리고 인디오에게서 메스티소로 확산되기 시작한다. 그들이 믿던 신들로부터 버림받은 인디오들이나 출생자체부터 비극을 지니고 태어난 메스티소는 푸엔테스의 표현을 빌리자면 스페인인 아버지와 강간당한 어머니 사이에서 태어난 고아였다(푸엔테스 1997: 177). 이들, 자신들의 부모가 누군지도 모르고, 어느 세계에도 소속감을 갖지 못했던 메스티소에게 어머니를 찾아준 것이 바로 과달루페였다.

요약해 말하면 이제 과달루페 신앙은 인디오의 개종을 용이하게 했고, 기독교를 통해 인디오 세계를 서구세계로 편입시키고자 했던 스페인의 정책에 커다란 기여를 하였다. 그리고 인디오나 메스티소에게 그들의 잃어버린 어머니를 찾게 해주었다. 그러나 과달루페의 역할은 단지 여기에만 머무는 것은 아니었다. 과달루페의 숭배가 인디오, 메스티소, 크리오요 백인을 망라한 전 멕시코인들 사이에서 확산되어 갔을 때, 인디오는 이 성모 마리아의 출현에서 그들의 토난친 여신의 부활을 보았고, 크리오요 계급은 조국(patria)에 대한 의식이 싹트면서, 스페인의 마리아가 아닌 그들 자신만의 수호신을 가질 필요를 느꼈다. 여기에 멕시코 독립의 상징으로서 과달루페가 새롭게 등장하는 것이다.

2) 과달루페와 민족주의

스페인계 아메리카 전역을 통해서 국가의식을 선양시켰던 사건은 1767년, 스페인과 식민지로부터 예수회를 추방시킨 사건이었다. 스페인 국왕이 예수회를 추방한 이유가 어디에 있었던 그 조치는 신세계에서 결정적인 반발을 일으켰다. 당시 부르봉 왕조의 스페인은 근대화의 목적을 위해서 교회나 귀족 세력에 밀착했는데, 그 희생양으로 등장한 것이 예수회였다. 스페인은 이를 통해서 예수회의 굳건한 동맹자였던 교황청으로부터 독립된 입장을 취할 수 있으리라고 믿었다. 당시 스페인계 아메리카의 교육을 담당하고 있었던 그룹은 전적으로 예수회였다. 그들은 식민지를 지배하고 있었던 정치철학인 스콜라 철학이나 토미즘 대신, 데카르트나 라이프니츠와 같은 근대사상을 전파하고 가르쳤다. 당시

부르봉 왕조의 개혁정신을 스페인계 아메리카로 가져온 사람들 또한 예수회 신부들이었고, 교육에 대한 근대화를 추진했던 것도 예수회 수사들이었다. 당시 개혁주의 부르봉 왕가가 깨닫지 못했던 것은 '스페인계 아메리카의 근대화는 스페인계 아메리카의 자기동일성'이라는 의미였다. 또 훗날 크리오요의 독립의 맹아가 된 것은 예수회가 심어준 민족주의와 국가라는 개념이었다. 스페인계 아메리카에서 예수회 수사들이 스페인에 대해서 모반한 것은 바로 아메리카 독립이라는 대의와 동일시되었기 때문이었다. 그들이 스페인 왕정에 대항해서 최초로 시도했던 작업은 바로 식민지의 국사를 집필하는 것이었다.[13] 이런 책들은 스페인계 아메리카 나라들의 구성원들—백인 엘리트층인 크리오요나 점차 대두하고 있었던 메스티소—에게 거대한 정체성의 의식을 부여했다. 이제 메스티소는 그들이 태어났던 토지와 그들을 점점 동일시 할 수 있게 되었다. "그들은 아메리카의 현실, 아메리카의 역사, 아메리카의 지리를 통해서 자기 존재를 확인했다."(푸엔테스 1997: 290). 한편 스페인의 지배에 대해서 불만을 품었던 계층 중에는 하급성직자들이 있었다. 1805년 스페인에서 공포된 악법으로 최대의 타격을 입은 사람들은 바로 그들이었다. 이 법률로 인해 그들은 그나마 가지고 있었던 빈약한 특권을 박탈당했고 교회가 가지고 있었던 자산을 국왕에게 바쳐야만 했다.

크리오요는 혈통상 스페인인과 다름없었지만 식민지 멕시코에서 태어났다는 이유만으로 교회, 군대, 정치 등의 모든 분야에서 고위직으로의 상승에 제약을 받았다. 정치나 군대에서의 진출이 좌절되었던 크리오요는 17세기 당시만 하더라도 비교적 차별이 심하지 않았던 성직에 많이 입문하였다. 그래서 비록 하급성직자들이 주를 이루기는 했지만 종교계에서의 크리오요의 수는 반도인들을 훨씬 능가하고 있었다. 이런 종교계의 상황 속에서 크리오요의 불만은 점점 팽배해 갔으며 이에 대한 대응책으로 나온 것이 1572년에 등장하게 되는 '순환제도(Alternativa)'였다(Cosio Villegas 1987: 376). 이 제도에 의해 크리오요와 반도

---

13) 칠레의 예수회 수사였던 후안 이그나시오 몰리나는 《칠레의 민족과 시민사》 (Historia nacional y civil de Chile)를 썼고, 멕시코의 예수회 수사 프란시스코 하비에르 클라비혜로는 《고대 멕시코사》 (Historia antigua de Mexico)를 집필했다.

인은 한 해씩 번갈아 가며 수도원장직을 맡게 되었다. 당시, 성직 외에 크리오요가 많이 선택했던 길은 학문의 길이었다(Paz 1982: 66). 예수회가 운영하는 학교와 멕시코 대학에서 주로 양성되었던 크리오요 지식인들은 서서히 자신들의 주체성을 모색하기 시작했다.14)

흔히 사가들에 의해 17세기 멕시코는 중세의 암흑시대에 비유되지만 과달루페 성모의 역사라는 측면에서 볼 때 17세기는 중요한 시기이다. 이 시대에 성모의 초상화가 최초로 등장하고, 그녀에 관한 설교가 최초로 행해졌으며, 동시에 그녀를 찬미, 숭배하는 시들이 등장하게 된다. 16세기까지만 해도 단순히 신앙의 차원에 머물던 과달루페 신앙은 17세기 인쇄물의 등장으로 새로운 변화의 계기를 맞게 된다.

1648년 크리오요 사제이자 신학자였던 미겔 산체스는 처음으로 과달루페의 내용을 담은 저서를 출판하였다.15) 그가 이 책에서 언급하고 있는 과달루페 성모 출현의 기적은 그가 창작해 낸 것이 아니라 각지에 흩어져 있던 구비전승을 수집한 것이었다. 그는 교회의 언어를 통해 이러한 구전들을 신학적으로 정립했다. 또 하나 중요한 점으로 산체스는 성경의 요한계시록에서 과달루페 성모에 대한 묘사를 발견하게 되면서 과달루페 숭배에 대한 적법한 근거를 제시하고, 거기에 권위를 더해주고 있다.

요한계시록에는 "하늘에 큰 이적이 보이니 해를 입은 한 여자가 있는데 그 발 아래에는 달이 있고 그 머리에는 열 두별의 면류관을 썼더라."(요한계시록 12장 1절)라는 구절이 나온다. 여기서 묘사된 마리아의 모습과 과달루페상은 서로 일치한다. 실제로 19세기까지 멕시코의 과달루페상은 머리 위에 해가 있고, 그 발 아래에는 초승달이 있으며 별들로 만들어진 면류관을 쓴 모습으로 그려져 있었다. 한편 산체스는 "그 여자가 큰 독수리의 두 날개를 받아 광야 자기 곳으로 날아가 거기서 그 뱀의 낯을 피하여 한 때와 두 때와 반 때를 양

---

14) 17세기 라틴 아메리카 최고의 시인이라고 일컬어지는 수녀 소르 후아나와 예수회 신부였던 시구엔사 이 공고라의 저술 속에는 조국(Patria)이라는 단어가 많이 등장한다.

15) 제목은 《멕시코에 기적으로 출현한 과달루페 성모의 상》 (*Image de la Virgen María de Dios de Guadalupe milagrosamente aparecida en México. Celebrada en su historia, con la profecía del capítulo foce capítulo del Apocalipsis*).

육 받으매,"(요한계시록 12장 14절)라는 구절을 독수리가 뱀을 무찌르고 있는 옛 아스테카의 문장(紋章)과 유추시켰다. 여기서 우리들은 과달루페의 기적이 사실이라는 것을 증명하기 위해서 산체스가 성서의 권위를 이용하고 있음을 볼 수 있다. 산체스가 이렇게 과달루페의 기적에 진실성을 부여했던 것은 이제 멕시코는 스페인적인 것을 떠나 자기만의 길을 가고 있음은 보여주는 좋은 사례이다.16)

산체스가 이루어낸 공적은 과달루페 신앙을 당시의 합법적인 언어, 즉 교회의 언어로 옮김으로써 과달루페 신화에 영원성을 부여하고 동시에 그것을 제도권 안으로 편입시킨 데에 있다. 그가 부여한 과달루페 성모의 이런 성격으로 인해 유럽 종교전통에 의해 우상숭배로 몰렸던 인디오의 신화적 종교와 묵시적이고 메시아니즘적인 유럽 종교는 서로 합치하게 된 것이다. 즉, 당시 멕시코 사회를 구성하고 있었던 인디오, 메스티소, 그리고 크리오요의 정체성을 하나로 규정할 수 있는 강력한 근거가 마련되는 것이다. 동시에 서로 다른 민족 집단과 사회, 경제적 상황하에 있던 이들을 묶어주는 다리가 되는 것이다(Lafaye 1976: 248-253).

산체스가 기여한 바는 과달루페를 단순히 크리오요 정체성의 상징으로만 간주한 것이 아니라 그것을 넘어선 크리오요 애국주의의 상징으로 발전시킨 데에 있다. 자크 라페는 산체스가 다른 이들에 비해 성서에 능통한 과달루페 성모의 열렬한 신자였다기보다는 체제전복적인 잠재력을 인식하고 있었던 애국주의자였다고 보았다. 산체스의 이런 천명은 당시의 크리오요 지식인의 이상을 함축적으로 잘 대변해 준다. "나의 마음을 움직인 것은 명성이나 금전이 아닌 지식이었다. … 나의 조국, 나의 친구들과 동료들, 이 신세계의 사람들이 나의 마음을 움직였다."(Sanchez 1982: 257).

---

16) 산체스는 그의 책 속에서 과달루페 성모의 그림을 직접 그려 넣었는데 거기에는 성모가 천사가 아닌 선인장과 두 마리의 독수리에 의해 떠받쳐져 있다. 또 시편 47장을 근거로 테페약 언덕을 새로운 시온산으로 해석하고 있으며, 그 외에도 요한계시록에 나오는 많은 내용을 멕시코의 상황과 유추시키고 있다(Sanchez, pp. 157-159). 또 그는 성 아우구스틴이 말한 "이 세상에서 하나님의 가장 충실한 상은 성모 마리아이다."라는 대목에 주의하여 과달루페가 가장 완벽한 성모의 재현이라고 보았다.

산체스 이후 여러 크리오요 사제들이 과달루페 성모에 관해 글을 썼다. 루이스 라소 데 라 베가는 1649년 《하늘의 여왕, 성모 마리아의 출현에 관한 대사건》(*El gran acontecimiento con que se apareció la Señora Reina del cielo Santa María*)을 출판하는데[17] 중요한 것은 이 책이 원주민 나우아틀 언어로 기술되어 있다는 점이다. 저자는 책 서두에서 자기는 나우아틀어를 할 수 있으며 또 산체스의 책을 통해 크리오요가 과달루페 신앙을 갖게 되었듯이 인디오들 역시 자신의 책을 통해 과달루페의 이야기를 알게 되기를 바란다고 밝히고 있다. 그는 인디오들 사이에 널리 퍼진 풍부한 구전과 연극, 다양한 성상의 표현에 성모 출현의 기적 소식을 첨가하였다. 그가 과달루페 역사의 발전에 공헌한 것은 인디오 언어인 나우아틀어로 글을 씀으로서 언어의 영역을 확장시켰고, 그럼으로써 인디오들이 과달루페 신앙을 쉽게 접할 수 있도록 한 점이다(De la Maza 1995: 75-79). 또 소외된 인디오의 문화를 드러냄으로써 인디오가 포함된 멕시코 민족주의의 한 기틀을 마련했다는 점이다.

세 번째로 과달루페 신앙을 전파했던 사람은 루이스 베세라 탕코이다.[18] 그는 산체스나 라소의 이름을 직접적으로 언급하지는 않았지만 이전의 저서들을 비판하고 나섰다. 그에 따르면 그것들은 과달루페의 기적을 생생하게 묘사했을지는 몰라도, 그 기술이 정확하지 않고 오류가 많다는 것이다. 그가 원했던 것은 실제로 증명될 수 있는 진실이었다. 또 기적의 사실이 예전처럼 이야기거리나 신학적인 관점에 그저 머무르지 않고 역사적인 것으로 변화되어야 한다는 것이 그의 논지였다. 그리고 신의 언어나 인간의 언어로 화려하게 꾸밈이 없이 자신은 오로지 진실을 밝히기 위해, 또 미래의 조국의 후손들을 위해 책을 썼노라고 밝히고 있다. 역사인식, 크리오요 민족주의, 국가(nación)의 개념의 맹아는 이니 베세라 탕코의 저술 속에 다 들어가 있는 셈이다.

1세기 후, 1794년 12월 12일 도미니크 교단의 사제였던 세르반도 테레사 데

---

17) 이 책의 서두는 원주민 나우아틀어로 니칸 모포우아(Nican mopohua) 즉 '여기에 기술한다.'로 시작하는데 이를 따서 흔히 책 제목을 '니칸 모포우아'라고 부른다.
18) 그가 쓴 책 제목은 《멕시코의 행복과 과달루페 성모 마리아 제단이 지닌 기적의 기원》(*Felicidades de México en el principio y milagroso origen que tuvo el santuario de la Virgen María N. Señora de Guadalupe*).

미에르는 과달루페 성모 신화에 대한 또 다른 해석을 가하고 있다. 그의 주장에 따르면 스페인인이 신대륙에 오기 전에 인디오들은 이미 성 도마의 가르침을 받고 기독교의 기본 교리들을 이해하고 있었다고 했다. 그런데 스페인이 정복을 하면서 기독교를 전파한 것이 아니라, 오히려 잔존해 있던 원시 기독교만을 파괴했다는 것이다. 여기서 미에르가 이야기하고자 하는 핵심은 스페인의 정치적 지배가 이제는 더 이상 필요하지 않다는 것이다. 구체적으로 그는, 후안 디에고의 옷 위에 나타난 것으로 알려진 과달루페 성모상이 사실은 1세기 경, 성 도마의 망토 위에 그려진 것이었다고 주장하였다. 그리고 인디오들이 배교를 하자 성 도마는 이 상을 숨겼고, 후에 과달루페 성모가 후안 디에고 앞에 나타나 이 도마가 숨긴 상을 수마라가 대주교에게 보이고 교회를 세우도록 전하라고 했다는 것이다.[19] 그의 주장은 논리적으로 빈약하고 해석에 있어 자의적이기는 하지만, 과달루페 성모상을 반스페인주의의 상징으로 변모시키는데는 성공한다. 단순한 신앙의 대상이었을 과달루페 성모상에 이렇게 애국주의적인 성격을 부여했던 사람들은 대부분 미에르와 같은 하급 크리오요 사제들이었다. 이를 통해 볼 때, 크리오요 사제들에 의한 과달루페 성모 연구는 시초에 있어서는 식민지 크리오요 지식인의 정체성 추구의 차원에 머물렀으나 시간이 지나면서 여기에서 한 걸음 더 나아가 스페인 지배에 대한 사회적 불만에서 기원한, 본토 스페인으로부터 독립하고자 했던 이념에서 싹튼 것이라고 볼 수 있다.

---

19) 미에르가 행한 설교나 그의 사상에 대한 상세한 내용은 Servando Teresa de Mier, *El heterodoxo guadalupano*, México: UNAM, 1981. 참조.

3. 멕시코의 국민적 상징 / 과달루페와 독립전쟁

독립전쟁 기간 과달루페는 이전에는 볼 수 없었던 새로운 역할을 떠맡게 된다. 이제 이 성모는 멕시코에서 태어난 사람들의 '어머니' 또는 '여왕'으로서의 이미지를 강화하게 되고 '반란자의 상징'으로 변모하게 된다. 다시 말해, 그녀는 독립전쟁 중 반란군에 가담할 민중들을 끌어 모을 수 있었던 '카리스마적 자석'의 역할을 담당했고, 무엇보다도 이단 가추핀[20]에 대한 성전(聖戰)을 이끌어 갔던 최고의 상징이 되었다. 1799년에 일어난 이른바 '마체테 음모사건'[21]에서 과달루페 성모는 전사, 즉 '싸우는 과달루페'의 새로운 모습을 갖게 된다 (Florescano 1994: 213-214). 1816년 9월 16일, 이달고 신부가 그 유명한 '돌로레스의 외침'을 시작으로 스페인의 지배에 대항해 일어났을 때, 그가 부르짖은 "과달루페 성모 만세! 가추핀에게 죽음을!"이라는 구호와 반란군의 상징으로서 사용했던 과달루페 성모의 깃발은 하나로 만나게 된다. 여기서 이달고 군대가 최초로 사용했던 과달루페 깃발은 민중들을 끌어들이는 최고의 역할을 했다. 전쟁이 진행되면서 과달루페는 '반란의 상징'에서 독립군을 이끌었던 장군들의 계산된 전략으로 바뀌게 된다. 이달고는 과달루페에게 '최고 사령관'이라는 직위를 부여했고, 모렐로스는 '과달루페 성모'라는 말을 그의 군사암호로 썼다. 독립전쟁의 영웅 마누엘 펠릭스 페르난데스는 자신의 이름을 과달루페 빅토리아노(여기서 빅토리아노는 스페인어로 '승리'라는 뜻)로 바꿨다.

전쟁이 계속되면서 민족 계층간의 갈등, 정치, 경제, 사회 제 분야에서 불평등과 부정의에서 촉발된 독립전쟁은 '성전'(la Guerra Santa)의 개념을 띤 종교

---

20) 가추핀(gachupin)은 스페인 본토인을 경멸적으로 부를 때 쓰는 호칭이다.

21) 이 사건에 가담했던 수공업자들, 농민, 그리고 하층 계급의 사람들은 과달루페 성모의 구호를 외치며 스페인인들을 살해했고 그들의 재산을 탈취했었다. Daniel Cosio Villegas, *Historia General de México*, México: El colegio de México, 1987, p .617.

전쟁으로 바뀌어 갔다. 루이스 비요로에 의하면 혁명에 참가했던 무지한 대중들은 스페인인들과의 싸움에서 '자신들의 권리를 획득하는 것 이상의 어떤 것'을 보았다고 말했다(Villoro 1981: 105). 그는 이 전쟁을 불결하고 신성모독적인 자들로부터 그리스도의 종교를 지켜야 하는 선과 악의 싸움에 비유하면서, 한마디로 그 전쟁을 종말론적인 싸움이었다고 결론짓고 있다. 독립군과 왕당군이 상대방을 향해 이단자, 또는 사탄의 추종자로 서로 규정하면서 싸웠던 것은 좋은 예이다. 당시, 왕당파는 이달고 신부를 가리켜 '그리스도의 새로운 적(El nuevo anticristo), 소(小) 마호멧'으로 비난했고, 반란군은 왕당군을 일컬어 '이단자, 유태인 무리'라고 불렀는데, 이런 예는 우리로 하여금 스페인의 국토회복 전쟁 당시 스페인과 아랍 무어인의 종교전쟁을 상기시킨다. 당시 전쟁에 참가했던 하급성직자들은 설교를 통해, 기독교 종교의 수호자인 반란군에 가담하라고 촉구했고, 반대로 스페인 당국은 그들을 무신론자, 이단자, 신을 모독하는 자들로 불렀다. 이렇게 독립전쟁이 종교전쟁의 양상으로 번지게 된 데에는 독립군을 이끌었던 초기의 지도자들이 가톨릭 사제였던 것에 그 이유가 있다. 그들은 자신들을 신의 은총을 받는 전사로 여겼고, 또 민중들은 그들을 신의 대의를 구현하고 영원한 구원을 선포하는 메시아로 바라보았다. 이렇게 반란을 주도했던 사제들은 바로 그들이 민중들의 지도자이고, 군사전략가이며, 종교를 수호하는 자라는, 민중들이 전통적으로 생각해 왔던 카리스마적 지도자의 자질을 이용하게 되었다. 이달고는 "사제는 성인이다. 성모는 나에게 가추핀은 유태인이라는 사실을 하루에도 몇 번이나 전하고 있으며, 이 전쟁에서 죽거나 사형언도를 받는 사람은 순교자다."(Villoro 1981: 105)라고 하면서 지도자로서의 사제들의 이미지를 확산시켰다. 이런 메시아적 입장은 이달고를 추종하던 독립군 지도자들의 선언에서도 잘 나타난다. 사제는 아니었지만 이그나시오 아옌데 역시 종교적인 열정에 사로잡혔던 사람으로서, 그는 자신들이 지키려는 대의는 '종교의 수호'라고 밝혔다. 이 독립전쟁이 종교적 양상을 더욱 더 강하게 띠게 되는 것은 독립전쟁에 참가했던 대다수 인디오들의 믿음과도 관계가 있다. 플로레스카노에 의하면 그들 대부분은 종말론적인 사상으로 무장하고, 전통적인 과달루페 신앙과 가톨릭의 수호를 위해 전쟁에 참가했고, 또 이 지상에 새로운

왕국, 다시 말해, 종교적인 의미에서의 천년왕국을 염원했었다고 밝히고 있다
(Florescano 1995: 506). 그러나 그것은 또 다른 의미에서는 그들의 옛 신화적
세계나 잃어버린 옛 전통의 회복, 다시 말해 평등과 연대에 입각한 지상에서의
인디오 공동체의 부활이었다. 우리가 보았듯이 과달루페 신앙은 독립전쟁을 통
해서 수많은 노동자, 농민, 사제, 법률가, 학자, 도시 빈민층을 반란의 대열 속
으로 이끌어들였고, 그 전쟁이 종교적이고 과달루페적으로 동일시되는데 기여
했다. 그러나 이렇게 말한다고 해서 도시의 중산층이나 지식인층이 그 당시 대
부분의 민중들이 지니고 있었던 신화적 믿음을 공유했었다는 것을 의미하지는
않는다. 왜냐하면 그들은 프랑스 계몽주의의 세례를 받은 지식인들이었고 동시
에 크리오요 애국주의의 이상을 실천하고자 했던 사람들이었으며, 또 신성한
종교적 목적보다는 근대화나 정치의 민주화를 추구하는 세속적인 목적이나 계
획을 가지고 있었던 사람들이었기 때문이었다. 그럼에도 불구하고 크리오요 지
식인들 역시 과달루페 성모를 싸우는 전사로서 받아들였다. 1810년에서 1814년
사이, 후안 웬세슬라오 바르케라를 중심으로 법률가, 종교인, 그리고 도시의 상
층부 인사들과 중산층 사람들이 결성한 비밀결사단체 '로스 과달루페스'는 싸우
는 과달루페의 정신을 계승한 크리오요 지식인의 운동을 보여주는 전형적인 예
이다.22) 이렇게 해서 과달루페 성모는 독립의 최고의 상징, 애국적 운동의 중
심 역할을 담당하게 되는 것이다. 동시에, 독립시기, 즉 전통적인 신앙과 근대
적인 정치이념이 서로 얽혀 있던 혼란스런 시기에 과달루페는 인디오나 일반
민중들의 신화적이고 종말론적인 염원, 그리고 스페인에 반대한 크리오요 지식인
들의 자유주의 열망을 하나로 아우르는 '국민적 상징'으로 바뀌게 되는 것이다.
다시 말해, 과달루페 성모는 독립전쟁을 통해 이런 상이한 두 계층의 이중적
이해 관계를 하나로 통합하면서, 멕시코인들의 종교적, 정치적 정체성을 가장
잘 나타내 주는 최고의 상징의 지위를 얻게 되는 것이다.

---

22) 이 시기 '과달루페스' 그룹은 반란군의 선전활동을 도왔고, 무기를 매매, 공급했으며, 강력한 정
    보망을 구축하여, 여러 반란 그룹에게 정보, 군사자금, 약품 등을 제공했고, 전쟁에 참가한 사람
    들의 가족을 돕는 활동을 펼쳤다. '과달루페스' 운동에 대한 상세한 내용은 Wiber H. Timmons,
    "Los Guadalupanos: A Secret Society in the Mexican Revolution for Independence", *Hispanica
    American Historical Review*, 30, 1950, pp. 453-479 및 Ernesto de la Torre y Ramiro Navarro de
    Anda(1982)의 책 참조

참고문헌

김창완 편저, 《중남미사》, 서울: 송산출판사, 1980.

세르주 그뤼진스키, 《아즈텍 제국》, 서울: 시공사, 1996.

카를로스 푸엔테스, 《라틴 아메리카의 역사》, 서울: 까치, 1997.

Benitez, Agustin Basava, *México mestizo*, México: FCE, 1993.

Bethell, Leslie ed., *The Cambridge History of Latin America*, vol. Ⅰ, Ⅱ, Ⅲ, Cambridge: Cambridge University Press, 1984.

Caso, Alfonso, *El pueblo del sol*, México: FCE, 1996.

Clendinnen, Inga, *Aztec*, Cambridge: Cambridge University Press, 1991.

Cosio Villegas, Daniel, coord., *Historia General de México*, México: El Colegio de México, 1987.

De Florence, Francisco y De Oviedo, Juan Antonio, *Zodiaco Mariano*, México: Editorial Porrúa, 1956.

De la Maza, Francisco, *El guadaupanismo mexicano*, México: FCE, 1995.

De la Torre Villar, Ernesto y Navarro de Anda, Ramiro, *Tesimonios históricos guadalupanos*, México: FCE, 1982.

Duverger, Christian, *La conversión de los indios de Nueva España*, México; FCE, 1996.

Florescano, Enrique, *Memoria mexicana*, México: FCE, 1995.

_____, *Memory, Myth and Time in Mexico from the Aztecs to Independence*, Albert G. Bork(trans.), Austin: University of Texas Press, 1994.

Garcia Icalzbalceta, Joaquin, *Carta acerca del origen de la imagen de Nuestra Señora de Guadalupe de México*, México: Porrúa, 1982.

Gonzalo Aizpuri, Pilar, *Iglesia y religiosidad*, México: Colegio de México, 1992.

Gragales, Gloria, *Nacionalismo incipiente en los historiadores coloniales*, México: UNAM, 1961.

Greenleaf, Richard E., *Zumárraga y la inquisición mexicana*, 1536～1543, México: FCE.

Lafaye, Jacques, *Quetzalcoatl and Guadalupe*, Chicago: The University of Chicago Press, 1976.

Madsen, William, "Christo-Paganism", *Middle American Research Review*, Tulane

University, Publication no.19, 1957.

Mier Noriega y Guerra, Jose Servando Teresa de, *El heterodoxo guadalupano*, México: UNAM, 1981.

Nebel, Richard, *Santa María Tonantzin Virgen de Guadalupe*, México: FCE, 1996.

Noguez, Xavier, *Documentos guadalupanos*, México: UNAM, 1991.

O'Gorman, Edmundo, *Destierro de sombras*, Méxicoi: UNAM, 1991.

Pompa y Pompa, Antonio, *El gran acontecimiento guadalupano*, México: Editorial Jus, 1967.

Paz, Octavio, *The Labylinth of Solitude*, New York: Grove Weidenfeld, 1985.

_____, *Sor Juana Inés de la Cruz: Las trampas de la fe*, México: FCE, 1982.

Preston, James J. ed., *Mother Worship*, Chapel Hill, Chapel Hill: The University of North Carolina Press, 1982.

Ricard, Robert, *La conquista espiritual de México*, México: FEC, 1994.

Sahagún, Bernardino de, *Historia general de las cosas de la Nueva España*, 4 vols, México: Editorial Porrúa, 1956.

Schwaller, John Frederick, *Orígenes de la riqueza de la Iglesia en México*, México: FCE, 1990.

Soustelle, Jacques, *La vida cotidiana de los Aztecas en vísperas de la conquista*, México: FCE, 1994.

Timmons, Wilbert H., "Los Guadalupanos: A Secret Society in the Mexican Revolution for Independence", *Hispanic American Historial Review*, no. 30, 1950.

Usigli, Rodolfo, *Corona de la Luz: Pieza Anti-histórica en Tres Actos*, New York: Appleten Century Crofts, 1967.

Vaillant, Goerge C., *La civilización aztec a*, Samuel Vasconselos trad., México: FCE, 1960.

Villar, Ernesto de La Torre, *Los Guadalupanos y la Independencia*, México: Jus, 1966.

_____, *En torno al Guadalupanismo*, México: M. A. Porrúa, 1985.

Villoro, Luis, *El proceso ideológico de la revolución de independencia*, México: UNAM, 1981.

Wolf, Eric, "The Virgin of Guadalupe: A Mexican National Symbol", *Journal of America Folklore*, no. 71, 1958.

Zaires, Margarita, "Los mitos de la Virgen de Guadalupe. Su proceso de construcción y reinterpretación en el México pasado y contemporáneo", *Mexican Studies,* Summer, 1994.

3. 브라질인의 종교와 종교 의식

최영수 / 한국외국어대학교 포르투갈어과 교수

1. 머리말

"중남미에는 제단과 보좌가 분리될 수 없다."는 헤링의 말은 로만 가톨릭이 지난날 브라질에서 어떤 역할을 수행했던가를 잘 표현해 주고 있다. 16세기의 유럽이 절대 왕권의 강화로 교황의 지위를 상대적으로 위축시키자 가톨릭은 실추된 권위와 명예를 회복하기 위해 포르투갈과 스페인의 해외 식민지에서 많은 노력을 기울였다. 교황은 포르투갈 국왕에게 식민지에서 활동할 성직자를 임명하는 파드로아두 제도를 허용하였고 이를 계기로 브라질에서는 정·교일치의 양상이 제도화되었으며 교회는 특권을 할애받아 사회 전반에 걸쳐 막강한 영향력을 행사하며 하나의 국가적 기구로서 활동하였다.

오늘날 전체 인구의 93%가 가톨릭 신도인 브라질에서는 시대의 변천에 따라 다양한 종교적 진화도 이루어졌다. 1500년 카브랄이 브라질을 발견한 이래 식민시대부터 오늘에 이르기까지 다민족사회를 형성하는 과정에서 가톨릭을 비롯해서 개신교의 많은 교파와 아프리카에서 건너온 종교 의식은 브라질인들의 생활 속에 깊숙이 파고들었다.

브라질에서 종교의 역사적 진화는 크게 식민지시대(1500~1822), 제국시대(1822~1888) 그리고 공화주의시대(1889~1960)로 구분할 수 있다.

첫째로 식민시대에는 가톨릭이 유일한 종교로 간주되었고 유태교와 개신교는 비밀리에 신앙의 명맥을 유지하는 시기였다. 식민 초기부터 가톨릭 선교정신은 브라질 식민화의 특징이었고 원주민들의 개종은 정복을 정당화하는 목적이었다. 1549년 브라질에 도착하여 원주민들에게 영농기술과 공예품 제조술 등을 가르치며 미션 마을을 설립했던 예수회의 활동을 비롯하여 1581년의 베네딕트회, 1584년의 프란시스코회, 1640년의 메르세다리오, 1665년의 까르멜리따 수녀회와 1881년의 도미니카 수도회가 식민 당국의 허용 한도 내에서 개종과 교육

사업을 수행했다.

그러나 교회를 비롯한 이들 선교단체의 활동은 기독교의 역사적 사명을 충분히 수행하지 못했다. 그 이유는 권력과 결탁한 교회가 봉사의 의무보다 식민과 원주민 위에 군림하고 있었고 광활한 영토를 관장할 성직자의 수가 부족했으며 개종한 원주민들이 그들 고유의 신앙을 쉽게 포기하지 않았기 때문이었다.

식민시대에는 수많은 속인 단체도 등장했다. 이들 중에는 박애단(Irmandade)과 친교단(Confrarias)의 규모가 비교적 컸다. 교회 당국은 당시 사탕수수 농장들이 자리잡은 동북부 지역에 아프리카에서 온 노예들에 의해서 원시종교가 세력을 확산하는 것을 우려해서 민간 박애단체의 설립을 권장했다. 그러나 1817년 뻬르남부꾸 혁명시 포르투갈의 폭정에 불만을 품은 브라질인들로 구성된 박애단들이 독립을 위해 기여함으로서 많은 문제가 야기되었다. 브라질 교회는 1759년 예수회의 추방으로 큰 위기를 맞게 된다. 무엇보다도 교육 분야에서 예수회가 무상으로 운영했던 교육기관의 폐쇄는 심각한 문제로 대두되었다.

식민화 초기부터 많은 유태인 개종 기독교인들(Cristão-novos)들이 종교재판을 피해 브라질에 왔다. 그들은 사실상 이민이 금지되어 있었지만 16세기 말에는 동북부 설탕제분소 약 200여 개가 개종 유태인의 소유였다. 네덜란드가 이 지역을 장악하고 있을 때 유태인들은 그들의 종교로 돌아가 공개적인 예배도 행했다. 1642년 유명한 랍비 폰세카가 와서 1654년까지 머물며 설교하였지만 네덜란드인들이 패전한 후에는 시나고가(Sinagoga)가 폐쇄되고 유태인들에게는 3개월 이내에 브라질을 떠나도록 여유를 주었다.

한편 신교세력의 브라질 침투는 1532년부터 시작되었으나 지속적이지 못했고 1555년 프랑스 원정대도 칼뱅파 신도들을 정착시키려다 실패하고 말았다. 네덜란드의 신교도들 역시 1637~1644년에 원주민, 흑인과 백인 식민들의 개종에 나섰지만 패전으로 좌절되었고, 신교가 정식으로 브라질 땅에서 종교의 자유를 인정받은 것은 1808~1810년에 동 쥬앙 6세와 계약을 맺고 온 독일 과학자들과 영국 기술자들이 최초였다. 그러나 그들의 예배장소는 제한되어 있었고 일반 가정에서만 가능했으며 종의 사용도 금지되었다.

두 번째로 제국시대에는 가톨릭의 주도권이 유럽 자유주의 사상과 심령술

(Espiritismo), 프리메이슨(Maçonaria)과 실증주의(Positivismo)의 영향으로 크게 타격을 받았다. 브라질은 1822년 동 뻬드루의 "독립, 그것이 아니면 죽음이다."라는 외침으로 포르투갈로부터 독립을 선언했다. 비록 1824년의 헌법은 가톨릭을 국교로 인정하였지만 그 동안 교회가 향유했던 정치적, 문화적 특권은 축소되었다. 당시 브라질 교회가 겪은 최대의 사건은 종교문제(Questão Religiosa)였다. 이것은 리우 데 쟈네이루 주교 관구가 알메이다 마르틴스 신부의 자격정지를 함으로서 발생했다. 즉, 수많은 브라질의 저명인사들이 참여한 석상에서 그가 연설을 했다는 이유였다. 그러나 문제는 올린다의 주교 동 비딸과 빠라주의 동 안또니우 주교가 자신들의 교구에 속한 박애단과 친교단의 해체를 결정하자 더욱 확대되었다. 분노한 동 뻬드루 2세는 이 두 주교를 체포하여 리우로 압송하였다. 이 사건이 있은 후 교회와 왕실 사이는 공화 임시정부가 1890년 7월 1일 교회와 국가를 분리시키고 국가는 교회에 박해를 가하지 않겠다고 선언했을 때까지 갈등관계를 유지했다. 유태인들은 1810년 종교의 자유가 인정되면서 혜택을 입었다. 1812년 동유태교(Judeus Orientais)의 세파라딩이 아마존에 정착했다. 천국의 문(Shaar ha-Shamayim)이 1828년 벨렝에 설립되었고 1850년부터 모든 분파의 유태교가 전국에 확산되었다. 19세기 말엽에는 그리스, 터키, 레바논, 팔레스타인, 폴란드, 그리고 러시아에서 수많은 유태인들이 박해를 피해 브라질로 이주해왔다.

개신교는 1823~1824에 독일의 루터란 교회를 시작으로 집단 이주해 왔으며 노바 프리구와 성 레오폴두시를 세웠다. 아메리카의 첫 번째 선교단인 조합교회(Congrecional)는 캘리(Robert Reid Kalley)의 인솔하에 1855년 도착했다 그는 황제와 개인적으로 친분이 있었다. 또한 1867년에는 감리교(Metodista), 1882년에는 침례교(Batista), 1889년에는 장로교(Presbiteriano), 그리고 1890년에는 감독파(Episcopais)와 복음교회파(Evangélicos)가 선교활동을 활성화 하였다.

한편 1865년에는 살바도르에 유입된 정령숭배사상이 브라질에 또 하나의 종교로 자리잡았다. 또한 1881년 리우에 이그레쟈라는 이름으로 설립된 실증주의는 노예제도의 폐지와 공화정 선포에 커다란 영향력을 행사했다. 브라질인들의 삶에 새로운 변화를 갈망했던 군인, 교수, 지식인들은 콩트의 실증철학으로부터 나온 합리주의와 이성주의적 사고에 크게 심취하였다.

세 번째로 공화주의시대는 아프로 - 브라질인들의 제설혼합주의적 예배의식
이 확산되고 이주민들이 유입시킨 동양의 종교가 등장하기 시작했다. 1890년
제정된 공화국 헌법은 국가와 종교를 분리시킨다는 내용을 담고 있었다. 이로
서 가톨릭은 이제까지 향유했던 단일 종교의 특권을 상실하였다. 그러나 교회
활동 자체는 자유로워져서 많은 변화가 나타났다. 즉, 1889년 1개의 대주교 관
구(Arquidioces), 6개의 주교 관구(Dioces), 그리고 2개의 대주교와 주교 관할 감
독 교구인 쁘렐라지아였던 브라질의 교구 수는 36개의 대주교 관구, 183개의
주교 관구, 15개의 쁘렐라지아와 6,742개의 소교구(Paroquias)로 늘어났다. 또한
리우의 대주교인 동 쥬아낑이 추기경에 서품되었다.

1891년 헌법은 가톨릭이 군부를 종교적으로 보좌하거나 공립학교에서 신앙
과 성서이론 교육을 금지시키는 교육과 종교의 분리원칙(Laicismo)도 포함하고
있었다. 1872년 종교문제로 동 뻬드루 2세의 소환을 받았던 동 비딸 주교의 이
름을 따서 창건된 동 뻬딸 센터는 브라질 중산 지식인층을 중심으로 가톨릭의
국교화를 위해 노력을 기울였으나 별다른 효과를 얻지 못했고 1933년까지 이
헌법의 규정이 효력을 발생했다. 1929년 미국이 경제공황으로 브라질의 수출
주종상품인 커피의 수입을 중단하자 브라질에서는 사회, 경제적으로 불안감이
조성되었고 이로 인해 1930년의 혁명으로 바르가스가 집권하였다. 이때부터 가
톨릭도 권리회복운동을 활발히 전개해 나갔다.

1934년 헌장(Cartas) 헌법으로 국가와 교회가 다시 화해하고 공공교육에도 가
톨릭 강좌가 개설되었으며 교회 활동에 대한 국가의 재정지원도 보장되었다.
이 시기에는 국가와의 관계에서 교회가 유리한 입장을 확보하기 위한 수단으로
일종의 압력단체적 성격을 띤 노동자 단체(Círculo Operários)와 브라질 가톨릭
행동단(Ação Católica Brasileira, ACB)과 같은 단체가 구성되었다. 1937년 바르
가스 정권은 내란의 가능성을 시사하며 계엄을 선포하고 1934년 헌법을 무효
화하며 독재체제인 신국가(Estado Novo)를 발족시켰다. 브라질 교회는 또다시
세속정권에 협조하지 않으면 안되었다.

1945년 2차 세계대전 이후 브라질은 정치적 안정을 되찾고 민주화의 거센

운동에 편승하여 독재정권을 물리쳤다. 동년 초기에는 교황청의 낡은 교지에 반기를 들고 마우라의 주교 동 까를로스가 성직자의 독신생활(Celibato Sacerdotal), 체발식(Tonsura), 예배식 외의 법의 사용, 성찬세, 이혼 지지 등을 문제삼아 투쟁하였으나 까마라 추기경에게 경고를 받았다. 그러나 그는 이에 굴하지 않고 1945년 브라질 가톨릭 사도교회(Igreja Católica Apostólica Brasileira) 를 창건하여 많은 성직자들과 브라질인들의 지지를 받았으나 교황 삐우스 2세 에 의해 파문당했다.

1950년대는 브라질 교회가 구조적 재정비를 위해 힘쓴 시기였다. 그 결실로 1952년 브라질 주교협의회(Conferência Nacional dos Bispos do Brasil, CNBB) 가 설립되고 의장에는 까마라가 선출되었다. 동 협의회는 "그리스도인들은 그 어떤 시련 앞에서도 굳건한 신앙과 용기 있는 태도를 취하고 신의 말씀에 의지하고 살며, 비양심적인 사람들이 책임을 자각하도록 투쟁하는데 그 설립목적을 둔다."라고 선언하였다. 1954~1964년의 나딸 운동은 브라질 교회가 보여준 가장 적극적인 사회지원정책이었다. 살레스 주교가 주도했던 이 운동의 산하에는 농촌지원봉사단(Serviço de Assistência Rural, SAR)이 있었는데 이 단체는 농촌의 현실에 눈을 돌려 빈곤한 농민들에게 영농기술, 문맹퇴치, 영농자금지원 등의 활동을 했다.

개신교의 경우는 이 시기에 세계교회운동(Ecuménico) 성격의 선교단과 최초로 오순절(Pentecostal) 선교단이 들어와 그 세력을 확산시켜 나갔다. 특히 이 분파는 그 확산 속도가 매우 빨라 1930년에는 브라질 개신교 세력의 10%, 1958년에는 50% 이상 그리고 1964년에는 74%를 점유하였다.

본고에서는 이와 같은 브라질 종교의 진화과정에서 가장 두드러진 변화를 경험한 로만 가톨릭, 개신교 및 아프로-브라질 종교에 관해 살펴보고자 한다.

2. 브라질인의 종교

1) 가톨릭

가톨릭(Roman Catholicism) 고위 성직자들은 브라질에서 매우 불길한 출발을 하였다. 최초의 주교였던 사르딘냐는 총독과 심각한 갈등을 빚었다. 총독 아들의 죄악에 가득 찬 생활자세에 대한 주교의 질타가 그 주된 원인이 되었다. 1556년 포르투갈 국왕은 그가 냉정을 되찾도록 귀국을 종용하였고, 그가 승선한 리스본행 선박은 브라질 동북부 해안에서 좌초하여 결국 주교는 불행히도 식인 원주민에 붙잡혀 희생되고 말았다.

이처럼 가톨릭은 5세기 동안 사실상 엄청난 고난의 행군을 강행했다. 사르딘냐 주교뿐만 아니라 납치되고 고문당하고 1976년 노바 이구아수에서 우익정부군 자경단원들에 의해 붉은 페인트 세례를 받은 주교도 있었다. 뿐만 아니라 오직 하나의 믿음만을 보급하기 위해 헌신적으로 자신을 희생한 초기의 사제들과 신앙의 대중화에 기여했던 해방신학자들 그리고 도시 빈민굴과 농촌에서 봉사하는 사제들과 수녀들도 많았다.

오늘날 브라질의 교회는 위기에 처해 있다. 그들은 내외부로부터 많은 도전에 봉착하고 있다. 진보적인 주교들은 보수적인 그들의 동료들과 바티칸 교황청으로부터 전통적인 영혼구제의 과정으로 복귀하라는 압력을 받고 있고 반면에 복음주의 신교 분파들은 줄기차게 가톨릭 교도들을 개종하려 들고 있는 실정이다.

이처럼 위협받고 있는 가톨릭이지만 브라질에서 가톨릭은 단순히 한 종교가 갖는 의미 그 이상의 것이다. 가톨릭이 있기에 브라질인이 존재하고 브라질인이 있기에 가톨릭은 존재하는 것이다.

식민시대 브라질에서 가톨릭은 스페인령 아메리카에서의 가톨릭과 분명히 다르다. 포르투갈인들은 북아프리카에서 이슬람 세력과 투쟁했고 반도 내에서도 아랍의 지배에 맞서 투쟁했다. 또한 아시아와 아프리카를 개발하고 가는 곳마다 상업 전진기지를 건설하였을 때 그들의 신앙을 그곳에 전파하는 것을 임무로 알았기 때문에 교황청은 많은 특권을 그들에게 양여했던 것이다. 실제로 루시타니아인들의 운명이 종교개혁으로 큰 타격을 받은 가톨릭의 손실을 상쇄하는 것이라고 생각하는 사람들도 많았다. 따라서 교황청이 믿음직한 충복 포르투갈인들에게 지극히 타당한 보상을 내린 것이라고 말할 수 있다.

가톨릭시즘의 돌연변이였던 스페인인들의 준 광신주의(Quasi-Fanaticism)와 대조적으로 유순하고 관용과 적응성을 지닌 루시타니아적 가톨릭이 스페인 식민권의 바로 옆에서 성장하기 시작하였다. 브라질의 광활한 면적에 의해 강요된 고립, 열대 환경에 의해 더욱 심화된 육체의 유혹, 병들고 노약해졌을 때 자신을 돌볼 수 있는 유일한 방법으로 지방 사제들이 택한 가족 양육 등의 문제점으로 성직자들은 순결의 의무를 지키기 어려웠고 이로써 내연의 처를 갖거나 사생아의 아버지가 되는 성직자가 많았다.

식민 브라질은 무엇보다도 농촌 중심의 사회로 발전되었기 때문에 대부분 정착자들의 종교적 삶의 초점은 지역 교구보다 농장이었다. 이것이 또한 스페인령 아메리카와 구분되는 점이다. 즉, 스페인령 아메리카에는 대도시 중심으로 교회활동이 행해졌지만 브라질은 동북부의 대규모 설탕 농장들에서 사제들이 가부장격인 농장주들의 조수 역할을 수행했다. 실제로 어떤 경우에는 한 농촌에서 봉사하는 사제가 그곳 농장주의 아들인 경우도 있었다. 그는 농장주에게서 보수를 받았고 관습상 농장주의 대저택 근처에 위치한 예배당에서 미사를 집전했다.

브라질에서 가톨릭의 보다 폭 넓은 전망을 제공한 세력은 교황이 원주민 개종의 사명을 부여한 예수회 회원들이었다. 1549년 식민지 초대 총독이 살바도르에 도착했을 때 6명의 검은 성의를 입은 예수회원들이 그와 동행했다. 이어진 반세기 동안 122명의 회원들이 열정과 희생으로 식민지 주민들의 종교적 심성을 부추겼다. 그들은 원주민을 모아 마을을 건설하고 종교를 전파하고 영농기술, 공예 등을 지도하며 그들을 개화시켰다. 그러나 그들이 의도하는 바는 식민지 이주민들과 상충되는 것이었다. 예수회원들이 원주민을 노예화하고 강제노동을 시키는 농장주들과 정면으로 충돌하는 것은 피할 수 없는 일이었다. 예수회는 저항했지만 결국 그들이 이룩한 원주민 개화마을 미션은 짓밟히고 파괴되는 비참한 결과를 낳았다.

비록 예수회와 다른 성직자들은 원주민의 노예화를 반대하였지만, 아프리카 노예교역과 비자발적인 강제노동 인력의 브라질 정착은 받아들였다. 그것은 아마도 노예제도가 본국인 포르투갈에서는 일반적 현상이었기 때문이었다. 족쇄를 찬 아프리카인들은 식민지에 도착하자마자 세례를 받았다. 노예제도의 지나침을 강하게 비판한 사제들도 있었지만 교회는 실용주의적 태도를 취했다.

예수회 신부가 인디언을 교화하였던 산 미구엘 다스 미쏘스의 유적지

포르투갈 제 1의 식민지 브라질은 거의 대륙이나 다름없이 넓은 곳이었고, 이곳에서의 가톨릭은 대륙만큼 넓게 퍼졌지만 깊이는 1인치밖에 되지 않았다. 부루노는 브라질에서의 교회라는 논문에서 "국왕은 가톨릭 신자였다. 그래서 모든 그의 신하들도 그랬다."라고 기술한다. 이것은 제도적인 교회는 정치적 바람에 변화되기 쉽고 종교적 신념은 유혹에 민감하다는 의미를 뜻한다.

미온적인 가톨릭 신도였던 동 뻬드로 2세는 포르투갈 왕실이 전통적으로 브라질 교회에서 발휘했던 힘을 자신도 발휘해야 한다고 믿었고 교황청도 이를 소극적으로 동의했다. 그는 브라질 성직자들이 빠져있는 도덕적 부패의 상태를 애통해 했고 그런 이유로 유럽에서 수학할 사제 후보를 선발했다. 아울러 그는 바티칸과 거리를 유지했다. 로마가 라틴 아메리카 최초의 추기경 자리를 제안했을 때도 그는 이를 거절했다.

유럽에서 훈련된 사제들은 성직자의 지적, 도덕적 자질의 개선을 이루었지만 그것은 전혀 의도하지 않았던 결과를 나타냈다. 새 성직자들은 당시 교황청이 활발하게 촉진시켰던 교리인 모든 교회가 교황의 권위에 예속되어야 한다는 가르침을 충실히 따랐다. 이런 이유로 바티칸이 1864년 프리메이슨단을 비난했을 때 이 문제는 브라질 내에서도 심각한 교회와 국가간의 갈등으로 비화되었다. 이 비밀단체의 교권반대주의(Anticlericalism)에 동조한 황제는 주교들의 강한 반발에 격노하여 1874년 두 명의 주교를 감옥으로 보냈다.

이러한 긴장은 결국 브라질에서 교회와 국가의 분리를 야기시켰다. 1891년 공포된 신헌법은 브라질에서 교회가 누렸던 특별한 지위를 폐지했다. 종교의 자유는 보장되었지만 브라질인들은 자유롭게 교회의 통제를 받지 않고 결혼할 수 있었고 종교교육도 공립학교에서 추방되었다. 교회는 스스로를 부양하지 않으면 안되었다.

식민시대 브라질에서 형식적이고 피상적인 가톨릭의 활동은 교회를 국가와 분리하여 자율적으로 발전시켜 나가는 것을 막았고, 속세의 지배자들의 독단에 저항하는 힘마저 상실케 했다. 이와 같은 교회의 허약성으로 인해 브라질인들 사이에는 변질된 종교적 믿음과 다양한 의식에 몰두하는 경향이 나타났다. 예로서 동북부의 고립된 오지에는 미신, 신비주의 그리고 포르투갈, 원주민, 아프리카의 민속문화가 혼합된 특이한 믿음이 생성되었다.

　브라질에서 사제의 부족은 일반적 현상이었기 때문에 오지에 사는 브라질인들은 제도적 교회와의 접촉이 힘들어 일 년에 한두 번 성직자를 접할 수 있었다. 더욱이 오지인들의 정신적인 필요를 충족시켜야 하는 성직자들은 오지생활의 가혹함과 특히 정기적으로 찾아오는 가뭄을 신의 분노로 돌리고 인류의 죄에 대한 하나의 징벌로 여겼다. 여기에서는 다양한 이단의 종교 의식이 삶의 고난을 개선할 수 있다는 믿음이 더욱 확고해졌다.

　특히 메시아의 출현이라는 포르투갈의 오랜 대중신앙은 브라질 오지인들을 자극하기에 충분했다. 죽은 포르투갈 국왕 동 세바스띠앙이 어느 날 다시 환생하여 그를 믿는 자들에게 보상할 것이라는 와전된 이야기는 그들을 사로잡았다. 1836년 정신이상의 한 예언자가 뻬르남부꾸주의 내지에서 한 쌍의 기념주를 세웠다. 그 지주들 중 하나의 위에서 그는 추종자들을 이끌었고 쎄바스띠앙왕이 그를 믿는 사람들에게 보답하기 위해 돌아온다고 설교했다. 그는 그 기둥 중 하나의 밑이 피로 씻기우면 응답이 있을 것이라고 말했다. 사흘 동안 신도들의 광적인 희생극이 펼쳐졌고 결국 30명의 어린이, 12명의 성인 남자, 11명의 여자와 14마리의 개가 목숨을 잃었다.

　마씨엘은 바이아주의 오지 출신으로 어머니는 여섯 살 때 돌아가셨고 아버지는 주벽이 심한 사람이었다. 따라서 그의 유년기는 매우 불행했고 어릴 때부터 아버지의 가게일을 돌봐야만 했다. 그의 부친은 사업가적 재능도 없었고 늘상 빚에 찌들렸다. 빚만을 남기고 아버지가 돌아가시자 그는 온갖 뜨내기일을 하다가 15세의 사촌누이와 결혼하여 두 아이의 가장이 되었다. 1860년 그의 젊은 아내는 한 군인과 눈이 맞아 도망해 버렸다. 그 후 마씨엘은 오지를 배회하며 15년을 보냈다. 그리고 결국 고해자가 되었다. 그는 기도하고 정진하며 모든 육체적 고행을 경험했다. 동북부의 브라질들은 그를 성인으로 생각하고 추종했다. 그의 추종자들은 성당과 묘지를 수리하고 1877년 가뭄이 그 지역을 휩쓸었을 때 우물과 수조를 축조하여 농민들을 도왔다. 또한 그는 무지한 농민들의 조언자로 활동했다. 그래서 사람들은 그에게 조언자라는 새 이름을 붙여주고 조언자 안또니우라 불렀다.

안또니우는 동북부의 오지를 방랑하는 광적인 가톨릭교도였다. 그는 교구의 사제를 도왔고 성직을 받지는 않았지만 조언자의 신분으로 활동하였고 그의 충고와 간언은 결코 가톨릭 교리에 어긋나지 않았다. 그러나 그의 추종자들과 그를 모반으로 몰고 간 것은 새로운 브라질 공화국이 국가와 교회를 분리하였을 때 그들이 이를 수락하지 않았기 때문이었다. 교회는 새로운 정치적 기류에 적응하려고 노력했고 새로운 정부를 존중하도록 신자들을 교육시켰다. 또한 안또니우에게 많은 노동자들을 빼앗긴 농장주들은 생산과 소득 감소를 두려워했다. 그래서 그들은 정부가 안또니우와 추종자들을 일컫는 까누도들에게 군사적 조처를 취하기를 원했고 그 결과 1897년 그들은 완전히 섬멸되었다.

이 폭동 외에도 동북부의 오지에서 비슷한 양상의 극단적 종교활동이 전개되었다. 시쎄로 로망 바티스타라는 사제가 광신도들을 모아 정치적 세력으로 발전시킨 사건이 있었다. 그러나 교회는 그의 활동에 동의하지 않고 경고조치를 취했다. 교회가 그에게 내린 처벌은 이 풀뿌리 종교운동을 다시는 확산되지 못하도록 하는 것이었다.

시쎄로는 쎄아라의 수도인 포르딸레사의 한 교구 신학교에서 사제가 되기 위한 수업을 받았다. 1870년 성직을 허락 받은 그는 신학교에서 가르치고 싶었지만 1872년 쥬아제이루 두 노르띠를 방문하였을 때 예수님께서 빈곤한 농민을 위해 봉사하라는 꿈의 계시를 받았다. 지시에 복종할 것을 결심하고 그는 작은 농촌마을의 사제가 되었다. 그리고 수년간 고난과 역경 속에서 빈자와 함께 함으로 좋은 평판을 얻었다.

시쎄로를 유명하게 한 것은 광신도들 중의 한 명인 28세의 세탁부였다. 1889년 3월 그녀가 시쎄로 신부로부터 쥬아제이루의 예배당에서 영성체를 행하고 있을 때 입안에 넣었던 성찬식 빵이 피로 얼룩졌다. 이와 같은 현상은 두 달이나 되풀이되었다. 그와 인근 도시의 사제들은 이 여인의 입에 나타난 것이 예수님의 피라고 선언했다. 이곳에서 나타난 현상은 브라질 동북부 사람들의 상상에 불꽃을 당겼다. 수를 헤아릴 수 없이 많은 사람들이 이 작은 마을을 향해 몰려들었다.

포르딸레사의 주교는 시쎄로와 일부 신부들이 교회 내에서의 적절한 채널을

통하지 않고 발생한 현상을 기적이라 선언한데 대해 달갑지 않게 생각했다. 그
는 자신의 권위에 모독을 준 것으로 판단하고 그 가상의 기적은 가톨릭 교리
를 위반한 것이라고 주장하며 1894년 시쎄로의 사제직을 정지시켰다. 위축된
시쎄로는 1898년 로마 여행 때 자신의 입장을 해명하기 위해 교회의 절차를
따랐다. 로마 가톨릭 검사성청 상임위원회는 그를 사면하지 않았지만 진술 철
회를 강요하지도 않았다. 교황 레오 13세를 알현하고 귀국한 그에 대한 추종자
들의 열정은 조금도 식지 않았다. 오히려 그 동안의 과정에서 그가 보여준 태
도로 브라질인들은 그를 성인으로 간주하고 존경심을 나타냈다. 그들은 쥬아제
이루를 '새로운 예루살렘'으로 믿었고, 이 성스러운 장소는 예수 그리스도의 두
번째 오심을 위해 예비된 장소로 여겨졌다. 시쎄로에게 사제로서의 직분을 수
행할 자격이 제한되어 있음에도 불구하고 오지의 수많은 곳에서 몰려온 브라질
인들은 그의 개입을 통해서 빈자들이 겪는 불평등 또는 가뭄으로부터 구제될
수 있으리라는 희망을 가졌다.

새로운 세기의 20년대에 쥬아제이루는 급격히 성장하여 자치시의 신분으로
승격했다. 1911년 시쎄로는 이 시의 초대 시장에 임명되었다. 브라질 정부는
1913년 피신한 반도들을 색출한다는 이유로 이 도시를 공격했다. 시쎄로는 추
종자들에게 도시를 방어하도록 호소했고 그들의 정신적 지도자가 보호받지 못
함에 분노한 추종자들은 침입자들을 물리치고 혁명의 무드로 전환하여 포르딸
레사를 향해 행군하여 주정부를 정복했다.

시쎄로는 이제 이 주에서 가장 강력한 인물이 되었다. 1934년 그가 90세의
나이로 죽을 때까지 그는 교회와 화해하려고 노력했다. 그는 많은 추종자와 끊
임없이 몰려드는 순례자들에 에워싸여 생을 마감하였다. 쥬아제이루시는 오늘
날도 기적을 찾는 사람들의 성지로 남아 있고 시쎄로가 어느 날 다시 돌아올
것이라는 믿음을 간직하고 있다. 52피트, 500톤에 이르는 브라질 최고 높이의
하나인 그의 동상은 동북부 빈자들에게 영원한 존경의 대상이다.

브라질인들의 독실한 신앙심을 입증해 주는 또 하나의 사건은 아파레시다에
서 발생하였다. 1717년 세 사람의 어부가 파라이바강에서 성모 마리아의 검은
색 테라 - 코타상 두 조각을 찾았다. 그리고 나서 그들은 즉각 배가 갈아 앉을

정도로 많은 고기를 잡았다. 어부들 중의 한 명은 자신의 집에 성소를 꾸미고 마리아상을 보관했다. 소식을 들은 이웃 사람들이 몰려와 기도를 드렸고 브라질 전국 각지에서 순례자들의 발길이 끊기지 않았다. 동 뻬드루 1세는 브라질의 수호성인을 '성모 아파레시다'로 정할 것을 약속했다. 이 상의 인기가 폭발적이었던 것은 이곳이 리우와 사웅 빠울루 중간에 위치했기 때문이었다. 이후 이 검정색 마리아 상은 교황 삐우스 11세에 의해 브라질 수호성인이 되었고 포르투갈의 파티마 성모상과 프랑스의 루르드 성모상처럼 영원히 브라질을 수호하는 상이 되었다. 오늘날도 수많은 순례자들을 맞는 이 상은 가끔 여행이 불가능한 많은 사람들을 위해 다른 곳으로 운반되기도 한다.

브라질은 계속되는 사제 부족 현상으로 예배의식을 관장하기도 힘들었고 뿌리깊은 대중신앙의 확산에 속수무책이었다. 그런 이유로 교회 당국은 중산층 브라질인들의 신앙심을 보다 강화하기 위한 데에 큰 역점을 두었다. 구세계에서 브라질로 몰려드는 사제와 수녀들은 중산층 자녀들을 위한 학교를 설립하여 교육함으로서 모범적인 평신도를 위한 길을 예비하였고 국가와의 관계 개선에도 노력을 기울였다.

1920년대 초부터 30년 간 교회는 브라질 내에서 세속주의적 경향에 맞서 보다 강력한 가톨릭을 촉진시켰다. 가톨릭 지식인들은 속인 가톨릭 조직들을 통해 사회 각층에 파고 들어가 그들을 결집시키고 교회의 존재와 가르침을 확인시켜 나갔다. 스코트 메인워링은 저서 《브라질의 가톨릭 교회와 정치》(The Catholic Church and Politic in Brazil)에서 "브라질 교회는 국교제 폐지 이후 비공식적으로 우호적인 관계를 재정립하기를 원했다."고 지적했다.

정치적 면에서 교회는 교육과 가족에 영향을 미칠 수 있는 문제에서는 관망하는 자세를 보였다. 비록 교황 레오 13세가 1891년 발표한 강령은 노동과 자본간의 관계가 보다 공정하게 되기를 바라는 것으로서 교회 내부에 새로운 사회의식을 고무시켰지만 교회 고위성직자 계급은 여전히 보수적이었다. 러시아 혁명에 응답하여 교회는 공산주의가 본질적으로 악이라고 선언했다. 1937년 바르가스 정권은 내란의 가능성을 시사하며 정권교체를 거부하고 계엄을 선포하는 한편, 1934년의 헌장을 무효화하고 신국가체제를 발족시켰다. 이를 계기로 교회는 세속정권에 협조하면서 사회문제에 대한 교황의 교시를 실현하기 위해 노동조합의 전국적인 조직확대에 힘썼다.

그러나 바르가스 독재정권의 몰락과 2차대전 후 민주주의가 재정립되면서 브라질의 가톨릭은 새로운 도전에 직면했다. 노동자와 농민의 요구를 무시할 수 없는 현실에서 교회는 정치적 인기가 확산되고 있었던 공산당을 무시할 수 없었다.

교회는 많은 방법으로 정치적 대응을 하였다. 제도적으로는 브라질 주교협의회를 설립하였다. 이 기구는 교회와 교회 외적인 여러 가지 이슈를 논의하는 고위 성직자들의 포럼이었다. 교회는 브라질 내에 사회정의가 부재함을 신랄하게 비판하고 토지개혁을 지지하는 발언을 서슴지 않았으며 빈민문제에도 지대한 관심을 표명하였다.

1950년대 말과 1960년대 초에는 가톨릭 좌파로 알려진 집단의 운동이 확산되었다. 이 조직은 브라질 사회 내에 급진적 변화를 옹호하고 가톨릭의 사회교리를 새로운 방향으로 이끄는 지식인들과 가톨릭 학생들로 구성되었다. 그들은 대학, 공장, 도시 빈민굴 그리고 농촌의 젊은이들 속에서 풀뿌리 운동을 전개하였다. 그러나 그들의 이론적 배경에 막시즘적 요소가 발견됨으로 인하여 가톨릭 좌파와 교회 당국 간에 갈등이 생겼다. 1960년대 초 공산주의 정책을 추구했던 굴라르 정권과 좌파의 활동은 교회 내에 깊은 우려를 일으켰다. 교회 내부의 보수세력은 침묵을 지켰다. 극우 가톨릭 즉, 많은 보수파 주교들의 지원을 받은 그들은 브라질의 '전통, 가족 및 재산 옹호단'이라 부르는 조직을 구성하고 반개혁운동에 앞장서며 1964년 혁명시는 군부에 동조했다. 군부가 1964년 굴라르 정권을 무너뜨린 이후 CNBB는 조심스럽게 "우리나라에서 볼쉐비키 체제의 실행을 막는데 군부가 행한 일에 찬사를 보낸다"는 성명을 공표하였다.

군사정부 초기에 경찰과 군은 신속하게 가톨릭 좌파 세력을 섬멸하기 시작했다. 교회 고위 성직자들은 이러한 조처에 간접적으로 불평만 표명하였다. 그러나 군사독재 체제가 억압정책을 강화해 나가자 교회는 점차 정부의 정책을 비판하고 인권유린에 항의하기 시작했다. 가톨릭의 재부흥을 위해 군림하는 교회가 아닌 봉사하는 교회로 태어나자는 제 2차 바티칸 공의회의 정신은 브라질 교회에 많은 변화를 예고했다. 정부가 정치적 반대세력의 모든 탈출구를 봉쇄하자 교회는 브라질 내에서 개인의 인권을 대변하며 효과적인 제도적 목소리를 냈다.

자신의 희생을 두려워하지 않고 인권옹호를 위해 앞장선 교회지도자들 중에는 까마라와 아른스가 있었다. 그들은 전적으로 다른 개성의 소유자였다. 그러나 올린다와 레시페의 대주교와 사웅 빠울루의 추기경은 사회적, 경제적 정의의 실천을 위한 기독교적 관점에서의 몰두에는 유사점을 지닌다.

쎄아라주에서 1909년 출생한 까마라는 시쎄로의 활동기에 성장했다. 그는 포르딸레사에서 사제수업을 받는 동안에 전설적인 이 성직자를 만나는 기회도 있었다. 시쎄로는 이 젊은 신학도에게 깊은 인상을 심어주었다. 1931년 그는 사제 서품을 받았고 리우로 옮겨간 뒤 빠른 속도로 성직의 계단을 밟아나갔다. 대주교에 오른 그에게는 카리스마가 있었고 말이 없는 성격에 작은 키의 소유자였지만 사람을 끄는 힘이 있었다. 그는 리우의 빈자구호사업과 CNBB의 설립에서 큰 힘을 발휘하였고 이로서 브라질인들의 인기를 끌기 시작했다. 그는 1930년대에 보수적 우파였다. 그때 그는 브라질 파시즘의 변형인 '인테그랄이즘'과 연관되어 있었다. 리우 체제시 그는 사회의식을 표면화하고 빈민들의 거주지 파벨라의 환경개선에 노력을 기울였다. 비록 그는 '개발의 주교'나 '빈민의 주교'로 불렸지만 근본적으로는 보수적 사고의 소유자였다.

1960년 대통령 선거 캠페인 동안 까마라는 가톨릭교도들은 양심상 후보들 중의 한 명에게 투표할 수 없을 것이라고 선언했다. 그것은 그 후보가 이혼경력과 공산주의를 허용하는 입장을 취하였기 때문이었다. 그는 브랑꼬 정권시 가난과 불행, 사회적 불안을 야기시키는 부정과 불의에 대한 투쟁이 무엇보다 시급하다고 생각하며 빈민굴에서 가난하게 사는 사람들을 위해 봉사하는 캠페인을 벌렸다. 까마라가 빈자에 대한 관심을 동북부 지역에만 국한하지 않고 브라질 전역에서 발생한 정치, 경제적 불평등, 사회적 불만 등으로 시야를 넓히고 공개적인 비판의 자세로 전환한 것은 1964년 혁명 이후였다.

까마라는 동북부 지역의 주교들을 모아놓고 농민과 농촌 노동자들이 착취당하는 현실과 토지 불공정 분배를 비판하는 성명을 발표하도록 하였다. 그는 자신이 민주적 사회주의를 선호하고 있음을 숨기지 않았고 막시스트들과의 대화를 비밀로 하지도 않았다. 이와 같은 까마라의 투쟁은 군사정부의 위협과 공갈에도 수년간 지속되었다. 전화협박은 다반사였고 무장한 괴청년들이 대주교 관구 건물 앞을 차를 몰고 지나가며 총을 난사하기도 했다. 1969년 익명의 살인자들이 까마라와 함께 일하는 젊은 사제를 암살했다. 저명한 사회학자 프레이레도 군사정부의 열광적인 지지자가 되어 까마라의 평판을 실추시키는데 적극 가담했다. 까마라는 역경에 처했다. 그는 대주교 공관에서 옮겨 암살자가 쉽게 접근할 수 있는 레시페시에서 멀지 않은 곳의 한 교회를 주소로 하였다. 그러나 그는 살아남았다. 그가 브라질 밖에서는 유명인사로 변모해 있었고 교황 바오로 11세와 가까운 사이였기 때문이었다. 더욱이 이 대주교에 대한 물리적 박해는 결코 군사정부에 도움이 될 수 없었다. 그래서 군사정부는 까마라의 존재를 철저히 무시하는 방향으로 전환했고 언론이 그의 이름조차 언급하지 못하게 검열을 강화하였기 때문에 브라질 남부의 지지자들은 그가 죽은 것으로 착각하는 경우도 있었다.

그러나 까마라라는 존재는 1960~1970년대 브라질 사회의 정의구현에 앞장선 수많은 주교, 사제 그리고 수녀들의 우상이었다. 한 예로서 노바 이구아수의 주교인 이뽈리뚜는 리우시 인근에서 인권유린에 저항했다는 이유로 납치되어 붉은 페인트칠을 당한 다음 무수히 구타당했다. 아마존 개발을 위한 정부정책이 그 지역 토지 소유자들에 대한 폭력과 투쟁으로 비화했을 때 교회는 농민의 편에 섰다. 경찰과 민간 사설 무장병들은 토지소유자들의 사주를 받고 종교지도자들을 위협했다. 정부 또한 외국인 사제들을 선동자들로 간주하고 추방하였다. 이리하여 극우 고위 성직자들마저도 정부의 억압에 반발하고 나섰다.

개인적으로 교황 바오로 6세와 친분이 두터운 동 엘더 까마라는 "교황은 내가 행하는 것과 말하는 것을 완벽하게 아신다. 그리고 교황은 내가 행동하는 것이 그릇되다고 판단하시면 내게 멈추라고 하신다. 그러면 나는 그것을 멈출 뿐이다."고 말했다. 1964년 보수세력이 지배했던 CNBB는 침묵을 지켰지만 이 모임의 지방 지부들은 대담하게 빈자의 편에 섰다. CNBB가 1968년 진보파 주교들의 통제하에 놓이자 군사체제의 억압과 역행정책에 대항하는 목소리가 높아졌다. 그러나 1970년 사웅 빠울루 대주교 관구를 아른스가 맡고 나면서 교회는 군사정부의 독재에 맞서는 가장 영향력 있는 대변인을 맞이하게 되었다. 그는 표면에 나서지 않는 인물로 교황 바오로 6세는 1973년 세계 최대의 가톨릭 관구의 책임과 더불어 추기경에 임명했다.

아른스 추기경은 1922년 13명의 아이들 중 네 번째로 독일 이주민의 가정에서 태어났다. 그는 독일계 수도원 신학교에 입학했고 2차 대전 말기에 사제 서품을 받았다. 수도회는 그를 프랑스로 보내 소르본느에서 수학토록 했다. 귀국 후 페뜨로뽈리스의 프란시스코 수도회 신학교에서 교편을 잡았으나 이후 사웅빠울루에서 보좌주교, 4년 후에는 대주교 관구를 책임 맡았다. 이때까지만 해도 그는 교회에 관한 그의 급진사상과 사회에서 교회의 역할 등과 연관된 어떤 활동도 하지 않았다. 그는 매우 신중하게 처신했다. 비교적 중용의 자세를 보이며 1964년 혁명에도 주변의 동료들처럼 지지를 표명했다. 그러나 그의 사회를 보는 시각은 변했다. 수많은 군사독재 체제의 희생자들의 가족과 친구들이 그에게 도움을 요청했다. 그는 이를 거절할 수 없었다. 정보를 얻기 위한 그의 노력은 고문당한 죄수들과의 직접적인 접촉으로 연결되었다. 그는 접수된 수많은 요청을 다루기 위해 '대주교 관구 평화와 정의 위원회'을 출범시켰다. 그는 바오로 6세가 브라질에서 일어나는 일들을 자각하고 인권유린에 대한 어떤 결단을 내릴 것으로 확신했다.

1985년 그는 브라질에서 《고문》*(Torture in Brazil)*이란 책을 발간하였다. 이 책은 그와 그를 따르는 측근들의 협조로 5년만에 발간되었다. 이 책에서 그는 고문제도 폐지의 필요성을 강조함으로서 브라질인들의 신뢰를 얻었다. 죄수들에게 가해지는 육체적 학대뿐만 아니라 이른바 '브라질의 기적'으로 불리는 경제발전과 병행하여 그 반대급부로 발생하는 노동자들의 비참한 생활과 환경, 그리고 대도시 빈민집단의 생활상을 목격하고 그는 상황접근보다는 구조적 접근의 필요성을 느꼈다. 그는 노동자들의 자기표현을 억압하는 군사정권의 행동에 맞서 모든 교회 관구들이 교회를 집회장소로 제공하도록 허용했다. 그는 평신도들의 조직인 교회기반공동체(Ecxlesiastical Base Communities, CEB)의 풀뿌리 운동을 지원하고 해방신학을 옹호하였다.

CEB는 사제들이 일요미사를 집전하기 위해 방문하는 지역의 평신도들이 주동이 되었다. 참석자들은 성경을 토론하고 일상생활에 당면한 다양한 문제들을 논의하였고 빈민들의 생활환경 개선을 위해 집단행동을 하였다. 이것은 브라질 뿐만 아니라 라틴 아메리카 전역에 확산되었다.

해방신학은 그리스도가 영원한 구원의 길을 인도하심과 인류를 굶주림, 불행, 무지, 그리고 억압으로부터 자유롭게 하심을 위해 십자가에 못 박히셨다고 주장한다. 이러한 부류의 신학은 CEB와 공생의 관계를 갖게 했다. 양자는 교회 내의 전통주의자들에 반대하고 종교적 정체성에 도전하였다. 그러나 CEB는 부분적으로는 사제가 부족한 농촌지역에서 이에 대한 반응으로 발생했고, 부분적으로는 쿠바 혁명의 즉각적인 여파 속에서 브라질 농촌의 공산주의 침투에 대한 가톨릭의 우려가 표면화된 것이다. 그러나 이것은 풀뿌리 가톨리시즘의 진정한 표현으로도 받아들여져진다.

CEB는 1963년 브라질의 오지에서 등장하기 시작했다. 이 조직은 사제, 수녀, 지역 주교의 승인을 얻은 평신도로 구성되었다. 보수적 고위 성직자들은 CEB를 억제하려고 했지만 진보주의적 성직자들은 자유로운 역할을 수행하도록 지원하였다. 그들은 브라질 농촌에서 숫자면에서 보수주의자들을 압도하고있었다.

CNBB가 CEB에 대하여 관심을 갖기 시작한 것은 1965년 이후부터였다. 3년 후 콜럼비아의 메델린에서 열린 라틴 아메리카 주교회의는 CEB를 교회로부터 나타난 새로운 변화의 다짐으로 간주했다. 이 조직은 빈자들의 의식을 일깨우는 견인차로 역할을 하였다. 이 모임의 참가자들은 서로간에 하나의 공동체적 의식으로 뭉쳐 있었다.

군사독재 정부가 반대세력을 탄압하고 있을 때 이 조직은 더욱 활발한 활동을 하였다. 브라질이 점차 민주화로 선회할 무렵 이 조직은 정치적 이슈에도 관여하였다. 그들은 원하는 후보의 지지를 위해서 구성원들을 동원하기도 했다. 여기에 참여한 사제와 수녀들은 브라질의 빈자들 사이에서 함께 생활하며 그들의 거친 삶을 몸소 체험했다.

마이클 노바크는 "아메리카 발견 당시 스페인과 포르투갈은 세계에서 가장 활동적인 강대국이었다. 그러나 양국의 철학자들과 신학자들은 그들을 그렇게 되게 한 내적 비결을 파악하지 못했고 그것에 부주의한 나머지 그것을 잃어버렸다. 그들 본국뿐만 아니라 식민지에서도 가톨릭 지성들의 이러한 실패는 불행을 가져왔다."라고 말한다. 그러나 독립 이후 라틴 아메리카의 신구교 지도자들 간에는 빈곤과 억압으로부터의 해방이라는 사회적 요구가 절실함을 깨달았다. 그들은 해방운동을 신학적으로 합리화하기 위하여 출애굽기의 선택된 백성을 형성하는 근본적인 사건 즉, '외세의 지배와 노예생활로부터 벗어나는 해방'의 가능성을 찾았다. 또한 해방신학은 1962～1965년 바티칸 공의회로부터 표명된 자유화의 조류에 크게 고무되었다. 1968년 콜럼비아의 메델린에서 열린 라틴 아메리카 주교협의회는 고위 성직자들이 많은 지역환경을 개선하고 사회, 경제정의의 실현을 이룩할 것을 다짐하였다. 이 협의회는 '빈자들을 위한 우선적인 선택'을 약속하였다.

이와 같은 일련의 다짐과 발표는 브라질 교회에 커다란 반향을 일으켰고 교회내부의 개혁파들의 열망을 한층 더 강화시켜 주었다. 이 운동의 선구자는 레오나르도 보프 신부였다. 그는 아른스 추기경의 피보호자였다. 추기경이 그를 가르쳤고 뮌헨에 보내 박사과정을 이수하게 했다. 후일 보프가 그의 저서에 주장한 여러 가지 내용이 문제되어 바티칸이 침묵을 강요했을 때 아른스는 주요한 보호자가 되었다. 그가 세계적인 관심을 끌게 된 것은 1981년 발표한 《교화, 카리스마, 그리고 권력》 *(Igreja, Carisma e Poder)* 때문이었다. 그는 저서에서 목자의 의식과 교회의 모델이 새로워져야 한다고 주장했다. 보프는 절박한 상황에 처한 사람들을 구원하기 위해 지금이 교회로서는 새롭게 태어나야 할 때이며 그리스도교인의 사명을 수행할 때이라고 강조했다. 아울러 그는 교회 내부에서 권한의 분배문제, 인간의 권리가 침해되는 문제, 교회에서 제도와 권력의 변화 등을 설명하고 계급사회에서 교회의 특색에 관해서도 자신의 견해를 밝혔다. 보프는 "신앙은 또한 정치적일 뿐만 아니라 정치적인 것 이상이기도 하다."고 주장하였다. 브라질 교회의 보수세력은 이러한 경향이 자칫 교회로 하여금 정치적 문제에 연루될 수 있음을 우려했다. 리우의 권위주의적 추기경 살레스가 이끄는 보수세력은 브라질의 많은 주교, 사제, 수녀, 그리고 농촌 지도자들이 좌파정책의 추구자라고 생각하고 이를 강력하게 비판했다. 그들의 생각은 바티칸에도 전해졌고 CNBB 내부에서도 상충되는 일이 많이 발생하였다.

교황 요한 바오로 2세는 그의 조국이 막시즘의 수중에서 겪었던 쓰라린 경험을 간직하고 있었기 때문에 해방신학의 막시즘적 경향에 동조하지 않았다. 그 역시 비참한 제 3세계 빈민들의 현실과 착취적 자본주의의 행태에 가차없는 비판을 가했지만 교회는 정치활동 즉, 좌경화 된 정책에 연루되어서는 안 된다고 확고히 선언하였다. 그런 이유로 1980년대 중반 교황은 브라질 13개 도시의 17,500 마일의 여행을 통해서 브라질 빈민들의 참혹한 생활을 보고 '빈민을 위한 우선적 선택'을 확고히 하였다.

보프 신부는 마르크스주의 이념이 신학 안에 자리잡고 있는 것이 아니라 해방신학자들에 의해 사회의 분석적 측면에서 이용되고 있을 뿐이라고 항변했지만 교황청은 해방신학자들이 교회가 가난한 자, 불공정한 사회, 잘못된 경제구조 및, 법률에 희생된 사람들과 함께 하는 것은 지극히 당연한 일이지만 이것이 막시즘의 계급투쟁이론에 근거해서는 안 된다고 경고함으로서 일단락 지었다. 1992년 보프 신부는 그가 소속한 수도회와 사제직을 떠나겠다고 공언하였다. 바티칸에 의해 다섯 차례나 징계를 당하고 1984년에는 로마에 소환까지 당했던 그는 그 동안 버려두었던 세속명 제네시우 다르시로 돌아가 신학자로서의 길을 걷겠다고 심정을 토로했다.

우로 쁘레뚜의 성 프란시스코 아시스 성당

2) 개신교

이른 새벽 브라질 최대의 축구경기장 마라까나의 문이 열리고 몇 시간 지나자 브라질 최고의 축구선수들만이 뛰는 잔디 구장 주변에는 16만 명의 군중이 모여 있었다. 스탠드 한쪽에 설치된 연단 뒤에는 거대한 십자가가 세워졌고 6만 와트의 사운드 시스템이 가동되자 앰프에서는 찬송가가 울려 퍼졌고 '험한 바다에 다리가 되어'라는 팝송도 울려나왔다. 리우 주변의 빈민가에서 몰려나온 주민들과 전국 각지에서 온 사람들은 완전히 열광하고 있었다. 이들 중 많은 사람들이 휠체어 신세를 지고, 목발을 하거나 지체부자유자들이었다.

이들은 세계 하느님왕국 교회(Universal Church of the Kingdom of God)의 신도들로서 그 날 자칭 주교인 에디르 마쎄두의 설교를 들으려고 모인 것이다. 연단에 오른 그는 살아있는 그리스도임을 선언하고 추종자들에게 몸의 아픈 부분에 손을 얹도록 지시하였다. "신의 이름으로 이들 모두의 몸에서 마귀가 물러가게 하소서!" 이때 청중들은 외쳤다. "나가라! 나가라!" 그러자 곧 사람들은 비명을 지르고 경련을 일으키고 또는 혼절하였다. 이어서 장님들이 연단으로 올라오자 마쎄두는 보조자들을 시켜 그들을 배열시키고 "하느님께서 당신들의 눈을 뜨게 하실 것이다."고 외쳤다. 마지막으로 산뜻한 예복을 입은 사람들이 헌금자루를 들고 군중 사이를 돌았다. "많이 내면 낼수록 당신들은 많은 것을 얻을 것이다."

이 교회는 브라질에서 그 성장세에 있어서 선봉을 이루는 오순절 교회(Pentecostal)의 일파였다. 이와 같은 현상은 세계 최대의 가톨릭 국가로서의 위치를 위협하는 심각한 사건이었고 브라질 사회구조를 바꾸는 중대한 변화였다.

브라질 가톨릭 주교들의 연구에 따르면 가톨릭은 매년 개신교와 여타 종교 세력에게 60만 명의 신도를 빼앗기는 것으로 나타나고 있다. 더욱이 가장 빠른 속도로 확산되는 신교 집단은 '새로운 오순절교파'로서 성령으로부터 직접 영감을 요구할 뿐만 아니라 치료와 액막이 주문 엑소시즘을 행하기도 한다. 이 근본주의자들은 서로간에 독립적으로 일한다. 보다 큰 교회들은 라디오나 TV를 사용하여 설교하고 작은 교회들은 빈민굴을 파고든다.

그들은 아프로 - 브라질 종교 의식을 타켓으로 삼고 '오릭샤스'를 성령의 라이벌로 여긴다. 그래서 그 신도들을 공격하기도 한다. 이들의 외침은 19세기에 브라질에 정착한 비가톨릭교도들의 그것과는 달랐다.

브라질에 최초로 발을 내딛은 신교 세력은 위그노파였다. 그들은 1555년 프랑스군이 리우를 침공하였을 때 함께 왔다. 그러나 그들이나 17세기에 브라질 동북부를 점령하였던 네덜란드의 신교도들도 확고한 정착을 이루지 못했다.

19세기 초 독일 이주민들이 들어오면서 신교는 브라질 내에서 어느 정도 위치를 확보하였다. 독일인들은 브라질인들의 개종에 치중하기보다는 그들 자신 속에 루터교 신앙(Lutheran Faith)를 지켜나가는 쪽을 택했다.

스코틀랜드인 로버트 카키는 브라질에 최초로 선교사명을 띠고 온 신교도였다. 1855년 그들 부부는 리우에 조합교회를 설립하였다. 또한 1859년 미국으로부터 장로교회 선교사들이 들어와 개종사업의 일환으로 사웅 빠울루에 맥킨지 대학을 세웠다. 이어서 미국의 감리교, 침례교 그리고 감독교회파가 교회를 세우고 개종사업을 시작했다.

이러한 미국의 신교파들은 매우 다른 정치적, 사회적 관념을 지니고 왔다. 그들의 목표는 브라질에 새로운 종교신앙을 심는 것뿐만 아니라 새로운 문화를 소개하는 것이기도 했다. 그들은 아메리카 패턴의 행동양식을 가져왔다. 따라서 그들의 견지에서는 브라질인들이 즐기는 브라질 음악, 춤, 축제는 죄악에 가득 찬 것이었다.

일단 이러한 미국의 신교를 받아들인 브라질인들은 자신들의 토착문화를 배척하기 시작했다. 그들은 보다 합리적인 모습으로 변했다. 데이비드 마틴이 지적한 바처럼 브리질 초기의 신교도들은 '알코올, 남녀의 난교, 그리고 춤을 싫어하는 것으로, 그리고 일에 대한 애착과 사회적 기동성으로 특징지워진 특이한 사람들'이 되었다.

이러한 프로테스탄트 세력은 브라질 중류사회에서 많은 개종인구를 끌어들였다. 침례교는 비교적 사회 저계층에 파고들었는데 그 이유는 물속에 잠그는 침례교의 특이한 세례법과 연관된 드라마와 그 정서에 기인한 것이었다.

20세기에 새로운 유형의 신교가 브라질 사회에 전파되지 않았다면 신교도들은 가톨릭 우위의 나라에서 무의미한 소수의 존재로 전락할 수도 있었을 것이다.

첫 오순절파는 카리스마적인 교회운동을 통해 브라질 빈민들 사이로 파고들었다. 그들은 성령의 출현과 필적할 종교적 경험을 찾기 위해 신자들을 방문하였다. 오순절 교회는 성경을 충실히 해석하려고 노력하였고 신자들에게 엄격한 도덕률을 강조하였다. 예배는 종전의 신교에서처럼 형식적인 숭배가 아닌 감동적이고 자발적인 것이었다.

오순절 교회의 특색 중 하나는 자율과 개인주의의 강조였다. 그들에게 관료제도와 성직의 계급은 증오의 대상이었다. 최초의 브라질 오순절교파는 1910년 사웅 빠울루와 1911년 벨렝에서 출현하였다. 후자는 신의 성도파(Assembly of God)였고, 전자는 브라질 크리스찬 조합(Christian Congregation of Brazil)으로 불리웠다. 그들은 수십 년 동안 브라질 사회의 가장자리에 있었지만 가톨릭과 다른 신교 종파를 경멸했다.

1950∼1960년대에 이 교파는 급속한 성장을 거듭하였다. 이 같은 현상은 오늘날까지도 계속된다. 그들의 개종 성공은 브라질 산업혁명에 기인한다. 산업의 발달은 노동계층의 규모를 확대시켰고 도시 빈민들간의 소외와 분규를 조장시켰다. 이들 소외계층 속으로 깊숙이 파고들면서 오순절교는 그 세력을 확장시켰다.

오순절교파의 인기가 상승한 주요한 요인은 다른 신교세력이 했던 것과는 달리 브라질에 새로운 문화를 이식하려고 공개적인 노력을 기울이지 않았던 점에 있다. 사실상 그들의 자유분방한 예배 스타일은 브라질인들의 기질에 매우 알맞았다. 신자들은 노래하고, 박수치고 환호하며 교회 내에 악기를 가져갈 수 있었다. 더욱이 이 교회는 신도들의 일상사와 그들의 관심사를 토대로 설교하였다. 그들은 기적은 어느 때고 나타날 수 있다고 가르쳤다. 그리고 인간의 생활을 변화시킬 수 있다고 가르쳤다. 1930년 10명의 신교도 중 한 명은 오순절파였다. 그러나 그 비율은 1964년에는 8명 중 7명으로 성장하였다.

그들 중 가장 공격적인 세력은 신의 성도파였다. 브라질 동북부에서 보잘것없이 시작한 이 교회는 각 주로 퍼져 나갔다. 그들은 농촌에서 더욱 성공을 거두었다. 1930년 브라질 오순절 교회의 31%가 그들 종파였고 1970년대에는

53%로 증가하였다. 그들은 성장과 더불어 다른 종파보다 더욱 제도화되었다. 그들은 신학교를 세우고 총회도 설립하였으며 출판사도 설립했다. 이러한 기반이 그들을 탄탄한 교회로 성장시켰다.

그러나 새로운 오순절파의 등장으로 이 교파는 역사의 뒤안길로 자취를 감추었다. 최근 보다 자율적이고 규율에 얽매이지 않는 종파가 이 교회를 위협한 것이다. 이 새 교파는 교세 확장을 위해 현대적 매스 미디어를 이용했다. 그들은 적극적인 모금사업도 벌렸다. 이리하여 일부 교회는 엄청난 규모의 기금을 확보하였다. 그들은 세계교회주의를 거부하고 가톨릭, 브라질 내의 아프리카 종교, 그리고 전통적인 신교에 대해 공개적으로 적대감을 표시한다.

리우의 한 종교연구 단체가 수년 전 조사한 바에 의하면 복음운동(Evangelical Movement)은 강한 성장세를 나타내고 있다. 더욱 비대해진 리우시, 인구 1천만 명이 넘는 이 지역은 하루에도 하나씩 새로운 복음파 교회가 문을 연다. 열 개 중 아홉 개가 오순절파이다. 이 연구는 가장 인구밀도가 조밀한 플루미넨스 저지대의 거주민 20%가 신교도라고 밝힌다.

이러한 경향에 크게 놀란 브라질인들(가톨릭 고위 성직자들을 포함한)은 이것이 사악한 외국의 영향력, 특히 미국 선교사들의 도움, 다국적 기업과 CIA의 탓으로 돌린다. 이들의 주장은 CIA가 근본주의 개신교파를 공산주의 확산을 반대하는 가장 강력한 옹호자로 보고 있다는 것이다. 그리고 브라질 내에서 미국의 경제 주도권에 대한 위협이 해방신학이라고 생각했기에 이에 대한 방어수단으로 개입하였다고 생각한다. 가톨릭을 믿는 브라질인들은 다른 외부 세력의 도움 없이는 오순절교가 그토록 성장할 수 없었을 것이라고 말한다.

해방신학의 책임은 브라질에서 오순절파들의 운동 확산을 낳은 데에 있다고 주장하는 사람들이 많다. 진보적 가톨릭의 옹호자들은 오순절파는 단지 이름뿐이고 가톨릭의 개종자들이라고 말하며 교회가 이를 자각하지 못하면 앞으로 더욱 큰 문제에 봉착할 것이라고 주장한다.

해방신학의 기여가 어떠하든 간에 1980년대와 1990년대 초 브라질의 경제적 상황이 오순절 세력을 확장시키는 데 큰 기여를 한 것이 명백하다. 수백만 브라질인들은 생존을 위해서 끊임없이 투쟁한다. 또한 농민들과 도시 빈민굴의 노동자들은 그들이 낯선 적대적 환경 속에서 표류하고 있음을 안다. 새로운 오순절교파는 그들과 교감한다. 그들은 이들에게 개선책과 확고한 신념을 제공한다.

새로운 오순절 교파는 질병을 종교적 의식의 주요 요소로서 보지 않았던 예전과는 다르다. 목자들이 사탄의 액막이 의식으로 치료를 행한다. 브라질 땅에 빈자들을 위한 건강보험이 빈약한 것은 명백한 사실이다. 사람들은 일상생활의 어려움이 질병뿐만 아니라 노이로제를 배가시키는 상황에서 새로운 오순절교파가 제공하는 감동적 행위가 심신질환으로 고통받는 브라질인들에게 질병 호전의 효과를 줄 수 있다고 생각했다.

치료에는 개인의 성격과 행동을 부패시키는 마귀의 힘을 축출하기 위해 액막이 주문이 사용된다. 도시생활은 전통적 가치관을 뿌리째 뽑아버렸다. 도시 빈민굴의 빈민문화는 가족관계를 파괴하고 젊은 남자들을 범죄생활로 이끌었고 젊은 여자들을 매춘의 심연으로 떨어트렸다. 새로운 오순절교파는 이것을 사탄의 행위로 간주하고 치료방법으로 엑소시즘을 사용하게 된 것이다.

마지막으로 새로운 오순절교파는 자아발전과 개인의 진취적 정신에 관해 설교했다. 신자들은 보다 좋은 직업을 찾기 위해 노력했고 돈을 버는 것은 신의 축복의 증거라고 생각했다. 교회의 조직망은 고용정보와도 연결되고 있었다. 이처럼 오순절의 명성이 널리 퍼지자 고용주가 사람을 고용하거나 승진을 시킬 때 이 종교의 신봉자를 높게 평가하였다. 이 교회는 신도들에게 알코올 음료를 억제시키고 춤으로 보내는 여가활동을 자제하도록 요구하였기 때문에 많은 오순절 교인들이 저축생활을 할 수 있었다.

에디르는 의심의 여지 없이 가장 번창하는 오순절 교파였다. 그는 1945년 리우 다스 플로레스에서 태어났다. 그는 자신의 힘으로 대학에 진학했지만 학위는 얻지 못했다. 그러나 그의 야망은 보다 높은 위치에 오르는 것이었고 자신이 종교의 부름을 받았다고 확신했다.

가톨릭교도였던 그는 브라질의 많은 오순절파 중의 하나에서 목자가 되기 전에 아프리카인들의 종교 움반다에도 많은 관심을 가졌다. 그는 1977년 세계 하느님왕국 교회를 세우고 장례식장으로 사용되었던 집을 세 얻어서 첫 예배를 드렸다. 이후 15년만에 그는 브라질 최고의 성공적 교회 기업가로 변신했다.

그의 위대한 승리는 1991년 10월 이룩되었다. 그때 그는 리우, 사웅 빠울루, 살바도르 등지에서 같은 날 교황 바오로 2세가 브라질리아시에서 모은 군중 10만을 훨씬 능가하는 40만 청중을 동원했다. 정확한 통계는 없지만 50～200만의 신도가 850개 이상의 교회에서 그를 추종하고 있다. 더욱이 에디르 마쎄두는 아르헨티나, 우루과이, 포르투갈, 스페인과 미국에 지부를 두고 있고 자신의 신분에 어울리도록 주교라는 칭호를 사용한다. 이것은 가톨릭 교회의 경악을 자아내게 하는 사건이었다.

마쎄두의 카리스마적 선교 스타일이 이 교회의 급속한 신장과 연관이 있다. 축구장에 수만 명 군중 앞에 나타나거나 라디오나 텔레비전의 수백만 시청자 앞에 나타난 마쎄두는 사탄의 손아귀에 든 병자들을 영육적으로 자유롭게 치료한다는 약속으로 인기를 끌었다. 아울러 그는 기적은 믿음에 있고 교회에 대한 기부는 그 크기가 신자의 믿음의 척도라고 강조했다. 이 교회가 신자들에게 흡연, 춤, 그리고 음주를 포기하도록 요구하지 않는 사실은 다른 오순절파와 다른 점이고 그것도 브라질인들의 마음을 끄는 이유이기도 하다.

주교 마쎄두는 가장 성공적인 영적 사업을 창조하였다. 출판사, 교회 건설회사, 라디오 방송국 등을 소유하고 있고 그에 대한 대중의 비판이 최고조에 달했던 1989년에는 4,500만 달러 짜리 브라질에서 다섯 번째 규모의 TV사를 구입하였다. 브라질 신문기자들이 마쎄두에게 몰려들었다. 신문은 마쎄두의 세금 탈세, 불법해외송금 등을 대서특필했고 현금기부자들에 대한 병의 치료약속 등에 대한 죄목으로 그는 체포되었다. 마쎄두의 추종자들은 그들의 지도자가 이 교회의 성장을 시기하는 사람들의 부당한 박해대상이 되었다고 항의하였다. 이러한 의구심에는 약간의 진실된 요소도 발견된다. 그가 아프리카 - 브라질 종교에 대해 보였던 적대감과 극우정책에 대한 지지의 대가를 치르고 있다고 볼 수 있는 것이다.

그러나 브라질의 오순절파와 아프리카 - 브라질의 종교는 상상보다 상당히 가까운 면이 있다. 양자는 동일한 초자연적 관념을 공유한다. 단지 아프리카 - 브라질 종교의 오릭샤스는 신이지만 오순절에서는 악마이다. 그들은 성령이 오릭샤스보다 더 강하다고 설교한다. 그리고 그들은 깐돔블레 움반다에서의 엑소시즘 사용을 옹호한다. 마쎄두와 그의 추종자들은 그들이 이룩한 높은 수치의 개종률에 결코 만족하지 않는다.

1950년대 말과 1960년대 초 많은 농촌 노동자들은 신의 성도파에 소속되어 있었다. 그리고 좌파 노동당의 떠오르는 스타 중의 한 명인 베네디타 다 실바는 적극적인 오순절파의 신도였다.

사실상 전통 개신교는 브라질 문화에 영향을 미치지 못했다. 그것은 그들이 지역적 풍조와 연계되지 못했기 때문이었다. 그러나 새로운 근본주의자들은 브라질적인 요소에 자신들을 적응시켰다. 그리고 이것과 연계하여 개종사업을 시행했다. 그러나 동시에 행동적 개혁 즉 춤, 음주 등의 억제, 부의 축적과 직업 윤리 등의 방법으로 신도를 끌어 들였다.

미나스 제라이스주 보르다 다 마타에 세워진 가장 오래된 장로교회(1869년)

많은 사람들이 브라질 현대화의 필수적인 전제조건으로 이러한 변화를 지켜보고 있다. 〈포브스〉지의 한 기사는 다음과 같이 언급하고 있다. "브라질에서 개신교의 성장은 미래에 대한 확고한 실마리를 제공한다. 그것은 막시스트나 전통주의적 미래가 아닌 자본주의와 부르즈와지의 미래이다." 그러나 이 미래는 이 새로운 오순절을 추종하는 브라질 빈자들이 하층계급에서 중산층으로 변모될 수 있을지의 여부에 달려 있다.

3) 아프리카 기원의 종교 의식

1977년 8월 어느날 밤 48세의 신앙요법사(faith healer) 까씰다 디 아씨스는 리우의 한 방송국 음악프로에 참석하였다. 검은색과 빨간색으로 조화를 이룬 만또를 두르고 옆구리에는 지팡이, 입술에는 시가를 물고 까사샤 술 한병을 든 그녀는 '세우 세띠 다 리라'라 부르는 엑슈의 실체였다.

대부분의 브라질인들은 엑슈가 무엇인지를 안다. 아프리카 태생 자손들의 유산인 엑슈는 오릭샤스나 신, 그리고 인류 사이의 중재자일 뿐만 아니라 사원, 집 그리고 개개인의 수호신 역할을 하였다. 교활하고 허영심 있고 남성적인 그는 생활력의 에너지를 상징했다. 아프리카 신앙이 수세기 동안 진전되었기 때문에 엑슈는 다양한 형태를 취했고 기독교 전통의 악마의 그것과 밀접한 개성을 지닌 심술궂고 사악하고 죄악으로 가득 찬 모습으로 나타났다. 생방송 프로그램에 출현한 그녀를 엑슈가 점유하였을 때 그녀의 몸은 흔들리기 시작했고 이 TV프로의 진행자는 아기처럼 울기 시작했다. TV 튜피의 스튜디오에 모인 청중들은 병적인 홍분의 도가니에 사로잡혔다. 이것은 또한 도시 전역의 가정 가정에 확산되었다. 곧 수백 명의 사람들이 정신착란으로 소리소리 지르며 스튜디오 밖에 모여들었다. 기쁨에 찬 세우 세띠 다 리라는 축제의 노래를 부르고 있었다.

두 명의 목격자들이 세우 세띠가 여자인지 남자인지를 놓고 논쟁을 벌렸고 한 사람이 다른 사람을 살해하는 비극적 결과를 초래하였다. 또 다른 구경꾼은

머리에 총을 쏴 자살했다. 가톨릭 단체들은 세우 세띠를 TV에 출현시키는 것
은 대중의 정신적 안녕을 위협하고 브라질의 대외적 명성을 손상시킨다고 항의
하였다. 아프로 - 브라질리안 종교에 소속된 두 명의 하원의원은 이들의 비판에
강력하게 항의했다. 군사정부는 TV의 검열을 강화하는 조처를 취하였다.

아프리카 종교는 브라질인의 문화와 의식에 깊고도 영구적인 자취를 남겼다.
오릭샤스에 대한 문학, 예술, 영화, 음악, 그리고 TV 연속극에서의 인용은 매우
빈번하게 나타난다. 1930년대 아프로 - 브라질리안 종교에 대한 정부의 억압이
증명되는 사법기록에는 법관들이 이 종교의 예배에 연관된 용어들에 매우 친숙
해 있음을 확인할 수 있다. 그것은 법관들이 법적 단계를 거치는 동안 사용되
었던 단어들의 의미를 묻지 않을 수 없었기 때문이다.

아프리카 기원의 종교는 브라질 사회의 각 분야에 깊숙이 침투해 들어갔다.
이 신앙은 비포르투갈계 이민의 후손들까지도 끌어들였다. 브라질 최남단에서
는 독일계 또는 이탈리아계 이민사회에서 많은 신도들이 생겨났다. 사웅 빠울
루에서는 일본계 이민사회에서 많은 신도들을 확보하였다. 이 신앙은 주변국인
우루과이와 아르헨티나에도 확산되었다.

숭배자들을 보더라도 아프리카 종교는 다양한 계층을 확보하였다. 사업가들
은 중요한 거래에 앞서 숭배의식을 갖는다. 가난한 사람들도 이 예배의식에서
희망과 위안을 얻는다. 기술자, 변호사, 그리고 다양한 직업의 소유자들이 예배
에 참여한다. 많은 정부 관계자들도 자신과 이 종교와의 관계를 솔직하게 밝힌
다. 정치가들도 선거때가 되면 종교 지도자들의 환심을 사려고 노력한다. 조르
지 아마도와 가수 까따노 벨로주도 이 이교의 멤버임을 밝혔다.

매년 이브에 하얀 옷차림을 한 수많은 사람들이 꼬빠까바나를 비롯한 많은
해변에서 바다의 여신 이에만자에게 제물을 바치기 위해 모여든다. 1986년 92
세의 망이 메니닌냐가 살바도르에서 죽었을 때 두 명의 정부 각료, 주지사, 시
장이 최고의 존경을 받았던 이 여사제의 죽음 앞에서 명복을 빌었다. 한 통계
에 따르면 꼬빠까바나에서 보따포구까지 사이에만 아프로 - 브라질리안 종교
의식에 관계된 물건을 파는 상점이 매 블럭 당 한 개가 있음을 확인하였다. 이
처럼 이 종교에 대한 열기는 대단하다.

국민의 90%가 가톨릭교도로 등록되어 있는 국가에서 국민 3인 중 한 명 꼴로 이 이교의식에 한번쯤은 참여하고 있다.

오릭샤스는 노예제도에서 문화적 말살정책에도 살아남았다. 그들은 포르투갈인들이 신세계에 가져온 가톨릭의 생소한 신앙심과 브라질 원주민들의 애니미즘에 에워싸여서도 그 본질을 상실하지 않았다.

오릭샤스는 깐돔블레에서 중심적 인물이다. 아프리카 기원에 가장 가까운 것으로 잔존하는 숭배의식인 움반다에서는 신들이 초기 가톨릭과 프랑스의 강신술적 요소와 혼합된다. 사실상 아프리카의 종교 의식은 주문과 신비주의 성향을 브라질적으로 전환시켰다. 이러한 특징은 성자에 대한 포스트모더니즘적 숭배와 같은 현대의 다양한 이단을 만들어냈다. 예로서 산뚜 다이메의 신도들은 원주민들이 처음 발견했던 밀림의 식물에서 축출한 액체를 마시고 신들린 듯 비몽사몽의 지경에 달한다.

브라질 노예들의 고향인 아프리카는 지역간, 부족간의 사회, 정치, 그리고 경제적 발전의 획일화를 기대할 수 없었던 곳이다. 따라서 종교적 관습도 다양했다. 노예들이 소속되어 있었던 사하라 사막 남부에서 아프리카 서해안에 이르는 수단 문화권, 오늘날의 앙골라, 모잠비크, 쟈이레가 속한 반뚜 문화권, 그리고 니제르 계곡으로부터 확산된 이슬람권이 주된 문화권이다. 수단권은 오릭샤스가 중대한 역할을 맡는 다신교의 다양한 신앙이 우세했다. 이 신들은 외경심, 존경, 신뢰, 연정, 그리고 공포 등을 고무시켰다. 그들의 신비한 힘은 불임을 치료하고 수확을 증진시키고 적을 격퇴하고 좌절에 이르는 위기를 극복할 수 있었다. 이러한 종교의 사제들과 추종자들은 춤추고 기도하며 종교 의식을 행했다. 의식은 신비주의의 무아지경으로 몰입함으로서 절정에 달했다. 이윽고 신이 숭배자의 호소에 응답하면 오릭샤스는 신자를 위로하고 충고하고 미래를 예언하였다.

반뚜 문화권은 그들의 조상과 자연의 정령을 숭배하였다. 그들의 신앙과 의식은 주변 환경과 매우 깊게 연관되어 있었다. 이리하여 지리적인 이탈은 그들 종교에 잔존했던 기반을 매우 약화시켰다.

아프리카 무슬림은 그들이 가진 이전의 신앙을 완전히 버리지 않고 이슬람으로 개종된 애니미즘의 추종자들이다. 그들은 이슬람의 교훈에 철저하게 집착했다. 할례, 단식, 알코올 음료 금주, 코란 읽기 등이 그러한 예이지만 예전의 전통인 부적(Amulet)이나 영검 있는 물건을 즐겨 사용했다.

신대륙에 실려온 아프리카인들은 무차별하게 각 지역에 투입되었기 때문에 종교적 관습의 차이, 적대감, 심지어는 서로간의 유혈극까지도 벌렸다. 이 과정에서 다양한 종교 그룹이 자멸하지 않은 것은 매우 이상한 현상이다. 이들의 종교는 브라질에서 생존뿐만 아니라 진화를 겪게 되었다. 지난 4백 동안 아프리카인들의 종교는 포르투갈의 가톨릭과 원주민의 애니미즘 신앙과 서로 영향을 미쳤다. 그들은 결국 각기 다른 지역에서 다른 형태를 취했다. 그리고 그들은 예전보다 더 풍요로운 의식과 교리를 갖추게 되었다. 아프리카 종교의 확산을 도운 가장 큰 요인은 노예제도의 확산이다. 동북부의 대규모 설탕 생산지는 아프리카인들이 너무 많아서 세력을 재편하고 왕을 선출하고 다른 지역 출신들과 친교를 맺으면서 성장하였다. 이것이 가능한 이유는 백인 농장주들이 노동과 생산 외에는 일반적으로 무관심했던데 있었다.

오히려 농장주들은 흑인노예들의 아프리카 종교 의식을 장려하였다. 왜냐하면 그들이 그들 특유한 방식으로 즐기고 북을 연주하는 것을 허용할 때 노동력이 더욱 향상된다고 믿었기 때문이다. 덧붙여 노예들의 춤은 성적인 자극을 일깨워 노예들의 새로운 세대 창조에 도움이 되었다.

당시 사탕수수 농장은 하나의 농촌사회를 형성하고 있었다. 농장주의 저택, 노예들의 집단수용소(Casa Grande), 그리고 제분소 등으로 구성된 농장은 농장주를 정점으로 한 확고한 가부장제 사회였다. 이 거대한 집단의 영적인 접착제는 가톨릭이었다. 각 농장에는 작은 예배당이 있었다.

노예들은 아프리카의 항구에서 배에 실릴 때와 브라질에서 배에서 내릴 때 가톨릭 의식에 따른 세례를 강요당했다. 그들은 아무런 기본 지식도 갖추지 못했지만 가톨릭 의식에 참여해야만 했다. 백인들의 신의 마력은 그들 신의 것보다 훨씬 강했다. 왜냐하면 백인들이 브라질에서 절대적인 지배자였기 때문이었다. 그런고로 노예들은 백인들의 신에게 구원을 위한 기도를 드렸고 그것은 아프리카 방식과 언어의 사용을 통해 이루어졌다. 노예들은 의식을 진행하는데 있어 가톨릭과 아프리카 종교의 상징물을 나란히 놓았다. 그리고 자신들의 필요에 의해 두 개의 종교를 양립해 나갔다.

오릭샤스와 그밖의 신들은 가톨릭 성인들의 이면으로 사라졌다. 아프리카인들은 쉽게 자신의 수호성인을 채택하였고 수호천사의 관념도 받아들였다. 가톨릭 성인들이 인간과 신 사이에 중재인의 역할을 한 것과 오릭샤스가 인간과 올로룸 사이에 연관자로 행동한 것은 똑같은 이치였다. 올로룸은 아프리카의 신들 중 가장 우두머리였다. 가톨릭의 성인 조르지는 철과 전쟁의 신인 오굼과 동일시되고 바다와 다산의 여신 이에만자는 성모 마리아와 유사했다. 이와 같은 이유로 양 종교의 혼합화는 쉽게 이루어졌고 아프리카인들은 포르투갈의 가톨릭을 검게 물들였다. 백인들이 그들 자신의 신앙과 예배에 아프리카적 요소를 새겨 넣은 것이었다.

어선을 지켜주는 바다의 여신 이에만자

농장 주인들은 노예들의 영혼 구제에는 관심이 없었고 그들을 가르칠 사제의 수도 적었기 때문에 아프리카인들이 그들 자신의 관습적인 신앙의 렌즈를 통해 가톨릭을 바라볼 수 있도록 방임했다.

브라질 내에서는 아프리카 종교와 가톨릭의 혼합만 이루어진 것은 아니었다. 브라질 동북부와 아마존의 오지에서 살아가는 흑인들은 백인과 원주민의 혼혈인 까보끌로에 의해 실행되는 종교 의식을 발견했다. 까보끌로는 원주민 종교의식과 가톨릭을 혼합시켰던 것이다. 그들은 세례와 유사한 의식을 행하고 있었고 십자가도 사용했다. 그러나 일부다처제(Poligamia), 의식에 노래와 춤의 실행, 궐련의 흡연, 성스러운 약초의 섭취, 애니미즘 신앙, 최면상태로의 전입과 같은 원주민 관습이 합체되어 있었다. 이와 같은 의식과 접촉한 흑인노예들은 곧 자신들의 종교적 특징을 합체시켰다. 그들은 아프리카에서 가져온 환각제 마리화나의 사용도 병행했다.

비록 인종차별의 벽은 넘기 힘들었지만 도시 지역에 확산된 자유노예 세력의 아프리카 종교 전파는 괄목할 만한 것이었다. 더욱이 흑인들과 물라뚜 간의 동포의식은 이를 더욱 촉진시켰다. 그들은 자신들의 예배당을 세우고 고유의 의식을 행하였다. 가톨릭은 이들 세력간의 친교를 지원함으로서 고의 아니게 아프리카 - 브라질 종교의 지속된 성장을 도왔다. 흑인들은 그들 선조의 언어를 구사할 수 있었고 그들 자신의 음악, 무용, 검은 성모 마리아상, 성인들의 숭배가 허용되었다.

브라질 흑인 인구를 구성하는 3개 주요 문명권에서 파급된 의식은 신세계에서 심각한 문제에 봉착했다. 수단족의 다신교는 종족의 기반이었다. 각 신자들은 각기 사적인 오릭샤스가 있었다. 부모 대대로 내려오는 신이 있었던 것이다. 그러나 노예 막사에서의 성적인 무질서로 여자들은 하루저녁에도 수많은 남자들을 상대해야만 했다. 그래서 그녀가 낳은 아이가 누구의 아이인지 어머니 자신도 모르는 경우가 많았다. 만일 아버지를 모르는 경우는 아이의 오릭샤스도 확인할 수가 없었다. 이런 경우는 컬트의 지도자에게 신자들을 보호하는 오릭샤스를 찾아낼 수 있는 능력이 있다고 믿었기 때문에 그의 지시를 따랐다. 아프리카에서는 주요한 오릭샤스를 위한 사제들과 사원이 있었지만 브라질에서는 재원의 부족으로 이것이 불가능했다. 그래서 하나의 성전에서 많은 오릭샤스를 모셔야만 했다. 또한 아프리카에서 필요했던 신이 브라질에서는 무의미한 경우도 있었다. 예로서 농산물의 수확을 보호하는 신은 브라질에서는 섬길 이유가 없었다. 백인 농장주의 배를 채워줄 그러한 신은 노예들의 관심 밖에 있었고, 오직 그들에게는 노예제도의 공포로부터 그들을 보호해 줄 신이 필요할 뿐이었다.

반뚜족은 사망자의 장례에 문제점을 안고 있었다. 이국땅에서 전통의식의 유지가 어려웠고 일부 사람들은 죽은 후에 망자의 영혼이 그들의 모국으로 돌아간다고 믿었다. 그래서 그들은 자유로운 인간으로 재생하거나 그들 부족의 신격화된 선조가 된다고 믿었기에 자살을 부추기는 풍조도 만연했다.

노예로 브라질에 온 이슬람교도들은 그 흔적이 사라졌다. 자존심 강하고 퓨리턴적인 브라질의 흑인 무슬림들은 기독교의 잠식에 저항했고 다른 아프리카인들과 분리된 생활을 하였다. 그리고 단호히 개종을 거부하였다. 그들은 끈질기게 노예제도에 저항하였고 1813년 불발로 끝난 폭동 이후에는 대량 학살되거나 추방되었다.

다양한 아프리카 - 브라질 종교들은 점차 그 윤곽을 드러냈다. 바이아에서는 수단족 노예들이 우세했다. 그들은 깐돔블레로 알려진 종교 의식을 행하였다. 레시페에서 뿌리를 내린 깐돔블레의 변형은 상고였다. 또한 아프리카 종교와 까보끌로의 종교가 합체되어 나타난 종교 의식에는 까보끌로의 깐돔블레라는 이름이 붙는다. 흑인들의 주술신앙과 원주민의 이 깐돔블레와 결합한 마꿈바는 리우에서 많은 인기를 끌었다. 이와 같은 많은 의식들 중 깐돔블레와 움반다는 전자가 아프리카적 특징으로, 후자가 브라질적 특징으로 많은 관심이 집중된다.

깐돔불레는 1830년 살바도르 시내에서 첫 번째 의식을 행하였다. 흑인 친교회원들은 바로끤냐 교회의 뒷뜰에 있는 작은 집에서 조촐한 의식을 가졌다. 1888년 노예제도의 폐지 이후 깐돔불레 사원은 커다란 확산의 계기를 마련하였다. 이곳은 백인 지배사회에서 흑인들의 연대의식과 투쟁의 중심지로 변모하였다. 깐돔불레는 흑인들의 생활에 정신적인 지원자가 되었다. 이어서 비흑인계 신도들이 증가하기 시작하였다. 백인 중상류층 신도가 흑인 종교 지도자의 앞에서 순응하는 광경은 이 종교의 자아상을 한층 강화시켜준다.

비록 그들의 예배소는 도심에서 찾을 수 있지만 아프리카적 분위기를 연출하기 위해서는 교외의 숲속에도 설립되었다. 교회는 단순하지만 기능적이었다. 주요행사가 열리는 본당과 사제의 숙소가 있었다. 대부분의 의식은 염소, 닭, 비둘기 같은 살아있는 짐승으로 제물을 드리면서 시작되었다. 희생물의 피와 요리된 고기가 오릭샤스에게 먼저 바쳐지고 나머지는 신도들의 식사에 이용되었다. 회중들은 벤치에 앉고 고수가 한켠에 자리잡으면 빠이 혹은 망이 두 산뚜가 단상에 자리하였다. 개막 의식에는 초신자들이 각자의 신과 어울리는 복장과 장신구를 하고 나타난다. 오릭샤들이 각 신도들의 등위에 타면 신도들은 무아지경에 이른다. 오릭샤를 태운 신도들은 경련을 일으키고 괴성을 지르며 방안을 빙빙 돈다. 신들린 상태는 항상 노예를 괴롭히는 긴장감을 풀어주기 위한 방법이었다. 이 순간만은 적어도 그들이 신과의 결속력을 갖고 노예신분이나 인종차별에서 오는 열등감을 해소하게 된다. 백인들에게도 깐돔불레는 긴장완화를 위해 많은 도움을 주었다. 빈곤과의 투쟁뿐만 아니라 재정적 어려움이나 사생활의 다른 면에서 위협받고 사는 브라질 중산층에게 이 아프리카인들의 종교는 큰 도움을 주었다. 이 종교는 특히 죄와 벌의 관념이 결핍된 사람들에게 큰 호소력을 지닌다. 브라질인들은 심령술과 합리성 간의 모순을 쉽게 화해시킬 수 있을 만큼 초자연력을 좋아한다. 작가 조르지 아마두는 깐돔불레 신전에 가는 것이나 공산당원이 되는 것은 별로 큰 문제가 아니라고 말했다.

깐돔불레의 신도가 되기 위해서 그리고 오릭샤를 받아들이기 위한 자격을 얻으려면 몇 달간의 훈련을 거쳐야 한다. 예비신도는 떼헤이우의 숙소에서 거처하며 다양한 찬가, 춤, 신화, 그리고 금기사항을 익혀야 한다. 이 종교적 훈련은 어느 날 그들을 소유할 오릭샤들의 개성과 일치하여 행동하도록 준비시키는 과정이었다. 초신도는 이 종교계급의 최하층이고 최상층인 빠이(마이) 두 산뚜는 오릭샤가 지상에 파견한 일종의 대사요 고대 비밀의 전달자이며 미래를 예견하고 모든 종류의 고충을 위무하고 충고하는 사람이었다. 백인들은 이 아프리카 종교를 가톨릭과 양립하도록 허용하였지만 시간이 경과함에 따라 깐돔불레는 가톨릭이 그들을 활용한 것보다 가톨릭을 더 많이 활용하였다. 깐돔불레 최대의 축제는 동북부의 살바도르시에서 열린다. 매년 일월 하얀 옷을 입은 초

신자들은 오샬라에 대한 존경의 표시로 노쑤 쎄뇨르 두 봉 핑 교회 앞에 모여 계단을 닦는다. 가톨릭 관계자들은 신성을 더럽히는 교회의 사용을 더 이상 참을 수 없다고 경고하였다.

아프리카 종교는 브라질에서 대서양 반대편에 잔존하는 것과 매우 다르게 진전되었다. 그들은 가톨릭과 원주민들의 애니미즘을 받아들였다. 그러나 그들은 결코 그들의 전통을 망각하지는 않았다. 30년 넘게 브라질에서 생활하며 이 종교의 신도인 한 프랑스인은 이제는 아프리카보다 브라질이 종교 의식을 더 잘 보존하고 있어서 아프리카 종교의 메카는 브라질이라 해도 과언이 아니라고 말했다. 그러나 브라질도 예배의식이 차츰 아프리카화 하는 경향이 있다. 그 이유는 양 지역간의 교류가 활성화되고 있기 때문이다. 중산층 신도가 많은 교회의 사제들이 아프리카를 자주 방문하면서 종교관계 물건들도 많이 들어왔고 차츰 가톨릭적 요소들이 배제되고 있는 것이다.

이와는 반대로 움반다는 브라질적 요소 안에서 영광을 누리고 있다. 이 20세기의 종파는 브라질에서 태어났고 브라질의 신화와 상징을 농축적으로 합체시켰다. 그러나 여기에는 브라질 내의 아프리카 종교전통도 충분히 함유하고 있다. 움반다는 고통의 길을 걸었다. 1850년 알랭 카덱이라는 한 프랑스인이 새로운 영적 예배를 시작하였다. 이른바 카데시즘은 영적 존재에 대한 고도로 합리화된 신앙이었다. 박애와 우주애라는 기독교적 덕목 때문에 신도들에게 준엄한 도덕적 기준을 강요하였다. 19~20세기 초 이 종교는 브라질에서 많은 신도를 확보하였다. 그들은 아프로 - 브라질리안 종교와는 거리를 두고 있었다. 그들은 이들 종교를 낮은 형태의 강신술로 평가하고 있었다. 브라질의 중산층들은 심령뿐만 아니라 육신의 치유까지도 기대하며 이 종교의 추종자가 되었다. 1920년대에 리우, 니떼로이, 싸웅 빠울루 등지에서 새로운 형태의 카데시즘이 나타났다. 이들 역시 아프리카에서 온 종교들처럼 브라질 문화에 뿌리내린 영적 요소들과 합체되었고 1930년대의 민족주의 정신이 투영되어 움반다라는 종교를 탄생시켰다. 비록 움반다는 아프리카적 요소와는 완전히 별개라고 주장하지만 실제로는 리우에서 괄목할 만한 인기를 끌었던 깐돔블레의 변종인 마꿈바에서 크게 영향을 받았다. 마꿈바는 대도시 리우 주변의 흑인 거주지에서 나

타났다. 가톨릭과 원주민의 애니미즘에 약간의 아프리카적 요소가 혼합된 마꿈
바는 키데시즘을 쉽게 받아들였다. 움반다는 마꿈바의 요소에 카데시즘의 합리
성을 적용시켰던 것이다. 그러나 살아있는 짐승을 제물로 하거나 마꿈바의 무
아지경에 이르는 최면상태는 배제되었다. 오릭샤들은 이에만자를 영접하는
12월 31일의 의식에서 가장 경건하게 받아들여졌고 아프리카의 신들이 예배시
간에 등장하는 경우는 없었다. 움반다에서 가장 중요한 것은 신화적 인물들로
서 까보끌로나 흑인노인 쁘레뚜 벨류라는 두 개의 범주로 나뉜다. 까보끌로는
브라질 인디언의 신화와 자연의 낭만적인 관념을 상징한다. 그는 지나치게 활
동적이고 독립적이며, 항상 시가를 뻐끔대며 피운다. 그는 소리를 지르거나 자
신의 가슴을 치는 것을 좋아한다. 그는 정글 속의 진정한 군주이다. 그의 이름
은 그가 소속된 부족이나 장소와 연관되어 각기 다르게 나타난다. 쁘레뚜 벨류
는 파이프 담배를 피우고 수수밭을 서서히 걸으며 항상 밀짚모자를 쓰고 엉터
리 포르투갈어를 구사하는 인물이다. 나이가 들어 허리가 휜 그는 아버지나 할
아버지 같은 사람으로 친절하고 겸손하며 관대하고 순종한다. 그는 노예수용소
에서 주인과 가족들에게 충성하는 노예 출신으로 상징된다. 여성 쁘레뚜 벨랴
도 있는데 그녀는 항시 백인들을 위해 봉사하는 노예 출신으로 대리모, 아주머
니 또는 할머니와 같은 인물이다.

　아프리카의 전통에서 엑슈는 생명력을 상징하는 오릭샤였다. 깐돔블레에서는
그를 무질서를 퍼트리고 반은 신이라 할 수 있는 마술사나 요정으로 변모시켰
다. 그러나 움반다에서는 그를 기독교적 맥락에서 보고 있다. 그는 악마나 타락
한 천사였고 그의 이미지는 검은 망토와 악마의 웃음으로 나타난다. 움반다가
하류계층에 확산됨에 따라 엑슈는 새로운 모습으로 묘사된다. 그는 하얀 옷을
입고 하얀 신발을 신는다. 그는 철저히 자신의 생활철칙에 따라 살아가는 사기
꾼으로 재치가 넘치고 범죄 속에서 사회의 가장자리를 맴돈다. 그러나 그들 중
에는 말란드로의 복장을 하고 어려운 지경의 사람들을 돕는 역할을 맡는 엑슈
도 있다. 여성 엑슈인 뽐바 지라는 관능미를 지닌 창녀이다. 그녀는 검정과 붉
은색으로 옷을 입는다. 음란한 제스처와 음란한 언어를 구사하며 살지만 사람
들은 그녀에게서 사랑과 연관된 조언과 충고를 얻는다. 움반다의 사원은 역시

빠이(망이) 두 산뚜라는 고위사제가 있고 그들은 깐돔불레처럼 절대적 권력을 지닌다. 또한 움반다는 필류(필랴) 두 산뚜라는 신자들이 있는데 이들은 하얀 의상과 머리에 터번을 두르고 구슬 목거리를 두른다. 의식이 진행되는 동안 그들은 자신을 소유하는 다양한 신령을 받아들인다. 움반다의 신전은 센뜨루 에스삐리뚜 또는 뗀다라 부른다. 성전의 내부는 깐돔불레보다 세로가 긴 가톨릭 성전의 형태이다. 한쪽 끝에는 제단이 있고 그림, 꽃, 종려 잎과 초등으로 장식되어 있다.

움반다의 의식은 악마로부터 신전을 보호하려는 의도의 의식으로 시작된다. 향을 풍기는 허브를 태우는 것은 건물을 정화시키기 위함이다. 고위사제는 기도와 설교를 하고 영매들은 노래를 불러 신령들을 위무한다. 성전이 도심에 있는 경우는 북을 사용하지 않는다. 그래서 리듬은 손바닥 장단으로 행한다. 다양한 신령들이 하강하면 맨 먼저 고위사제들이 소유되고 이어서 영매들도 그들에게 사로잡힌다. 이윽고 신들린 상태가 된 예배자들은 자신에게 들어온 신령의 특징을 말하거나 그들의 말을 차용한다. 이리하여 완전히 까보끌로가 받아들여지면 영매는 궐련에 불을 부친다. 따라서 브라질 국내에서 생산되는 궐련의 70%가 움반다 성전으로 팔려나간다. 이 시점에서 신도들은 영매에게 다가가서 자신의 고민거리, 혼사, 건강 또는 사사로운 일들을 상의한다. 응답은 도덕적이기보다는 현실적인 경우가 많다.

움반다가 아프리카 - 브라질 종교라기보다는 브라질 민족종교임을 주장하는 사람들이 많지만 1930년대 정부가 흑인 문화의 탄압을 결정한 이래 박해를 피할 수 없었다. 그들은 당국과 화해를 원했다. 컬트의 지도자들이 신도들의 투표권을 통제할 수 있음을 확인한 정치인들은 민주주의가 회복되자 그들에게 접근했다.

1964년 군사혁명 이후 가톨릭 교회가 독재에 항거하는 입장에 서자 움반다는 민족주의와 브라질 정신을 내세우며 실력자들에게 접근했다. 일부 고위 사제들은 독재정권으로부터 훈장을 받았고 주 정부들도 행사 일정에 움반다의 축제일을 포함시키며 정부의 공공행사에 움반다 지도자들을 초대했다. 이로서 움반다는 갑자기 그 존재의 합법성을 확보하였다.

아프로 - 브라질 종교는 공통적 특징이 다양성이다. 도그마의 한정됨 역시 그 특징이다. 이러한 점은 움반다도 마찬가지이다. 리우에만도 10개의 움반다 연맹이 존재한다. 이 주에 있는 4만 개의 사원은 모두가 다른 연맹에 소속되어 있다. 이러한 다양성이 까실다 디 아씨쓰 같은 현상의 출현을 용이하게 했다. 그녀의 전성기에 리우의 엄청나게 큰 성전에는 수많은 신도들이 모여 세우 세띠를 환영하였다. 그가 까실다의 몸에 임하자 대중가요를 부르고 까샤샤 술을 뿌리고 병자와 장애자들의 치료가 행해졌다. 거액의 헌금수입이 있었다. 움반다는 까실다에게 눈살을 찌푸렸다.

깐돔블레와 움반다를 구분짓기란 쉽지가 않다. 깐돔블레 의식에 참여했지만 거기서 움반다적 요소를 발견하는 경우는 허다하고 그 반대의 경우도 많다. 그러나 두 종파는 서로가 반대방향으로 나아가는 추세가 강하게 엿보인다. 깐돔블레는 로만 가톨릭과 인디언 애니미즘의 특성을 배제하고 아프리카 기원으로 회귀하려는 경향이 입증되고 있고, 움반다는 브라질인들의 기대와 관심을 끌어들이려는 의도로 유연성과 실용주의적 측면을 보강하고 있다. 1970년대에 흑인 의식의 출현은 깐돔블레의 강력한 확산을 야기시켰지만 사회 하층의 움반다와 깐돔블레 숭배자들이 그들의 종교를 버리고 기독교 복음에 합류하는 현상 역시 브라질 국민의 새로운 종교 의식으로 이해되고 있다.

음악에 맞추어 영혼을 부르는 의식을 진행중인 여사제(mae-santo)

2. 브라질의 종교 의식과 축제

1) 종교 의식

브라질에는 수많은 종교 의식과 축제가 존재한다. 이들 중에는 가톨릭 신앙과 이교 신앙적 면모가 합체된 것들도 많다. 이러한 현상은 브라질 다민족사회가 지닌 특색이라 할 수 있다. 매년 브라질에서 행해지는 종교 의식들과 축제를 살펴보면 다음과 같은 것들이 있다.

(1) 아스 산따스 미쏭이스 (As Santas missões)

브라질 북부 주민들의 섬세한 영혼 속에는 기독교 신앙에 대한 특별한 심리적 특색이 강조된다. 야생의 원시림과 포효하는 폭포와 용솟음치는 강물의 신비로운 소리 앞에서 그들이 신앙심을 포기한다는 것은 불가능한 일이다. 북부 지역에 존재하는 대표적 관습 중에 산따 미싸옹보다 이곳 주민들의 삶을 잘 묘사해주는 것은 없을 것이다. 프란시스코회 수도사들은 매년 '구세주 십자군' 행사를 갖는다. 이때 머리 위에 무거운 물건을 들어올린 신도들은 죄값을 사함 받고 속죄하기 위하여 성전으로 향한다. 행사가 실시되는 사순절 기간의 금요일이나 일요일에는 많은 지역에서 신도들이 몰려오기 때문에 어떤 곳에서는 야외에 성소가 차려지고 그리스도상이 모셔지며 제단에 촛불이 밝혀진다. 신도들은 자연에서 꺾어온 꽃들과 천연의 방향제로 즉흥 성전을 만든다. 제단 옆에는 설교단과 고해실도 마련된다. 수많은 서민들이 이 성스러운 곳을 찾는다. 노예들은 무릎을 꿇고 자비를 간청하고 여자들은 성호를 긋고 기도를 드린다.

사순절의 애도는 그리스도 수난의 고통을 깨닫게 한다. 신도들은 조용히 신부의 설교를 듣고 기도를 드린 후 찬미가를 부른다. 이윽고 선교자는 쇠꼬챙이 체형기구를 들고 고함을 지르며 자신의 몸에 자해를 가한다. "용서하소서! 용서하소서!" 신도들은 일제히 예수그리스도의 상을 향해 엎드려 소리친다. "용서하소서! 용서하소서!" 이 순간 성전은 온통 울음, 탄식, 흐느낌과 고통의 외침이 구슬프고 애처로운 분위기를 형성한다. 그리고 난 후 참회의 행렬이 시작된다. 사람들은 노래하며 행진한다. "주여, 자비를! 우리의 죄를 사하여 주소서!" 그들의 목소리는 어두운 숲속에 울려퍼진다. 얼마 후 행진은 프란시스코 수도사의 지시로 멈추고 아녀자들이 잠시 쉬는 동안 남자들은 운반할 수 있는 크기의 돌을 고른다.

때로는 6백 명 이상이 되는 참회의 행렬은 무거운 돌에 눌려 이쪽에서 저쪽 어깨로 옮겨지며 땀으로 범벅이 된 채 계속된다. 그러나 그들은 전도사의 선창으로 찬송한다. "자비를, 주여! 우리 죄를 사하소서!" 이것이 오늘날은 거의 폐허가 된 그들의 성소를 세웠던 북부 주민들의 신앙의 힘이었다.

(2) 영광의 축제 (A Festa da Glória)

은자 안또니우 까민냐가 1671년 세운 영광의 성모 마리아 교회는 구름과 함께 하고 바다의 애가를 들으며 종려나무를 스치는 바람의 기도를 들을 수 있는 평화의 안식처요 천국으로 향하는 희망이 간직된 곳이다. 이 교회가 생긴 이래 브라질 왕실의 많은 사람들이 이곳에 들러 미사를 드렸다. 그리고 황제의 가족들은 금관, 성찬배, 금술장식의 만토와 은제 램프 등을 기증했다. 동 뻬드루 1세의 딸 도나 프란시스카는 1843년 결혼 후 이 교회에서 칸타타 미사를 위한 성가대원들의 제의를 기증하기도 했다.

동 뻬드루 1세 때 이 교회의 축제는 종교적 측면에서 화려함이 강조되고 위엄 있는 특색을 지녔다. 주교들이 제식을 집행하고 저명한 목자가 설교를 하였고 미사는 명성 높은 신부가 집전했다. 합창 역시 거세한 남성 소프라노 (castrado) 7인으로 구성된 유명한 이탈리아 대원들이 초빙되었다. 축제시 이 교회의 주택가는 화려하게 장식되고 불빛이 휘황찬란했다. 이 축제의 서막은 9일

기도(novenas)였다. 5일 아침 당시 가장 지체 높은 집안의 처녀들로 구성된 성모 마리아의 시녀들은 성상에 옷을 입혔다. 성상의 긴 머리털은 정성껏 빗질되었고 종이 울리면 신앙심 깊고 호기심 많은 귀족들의 마차행렬은 끝없이 이어졌다.

사회 모든 계층의 신자들이, 그리고 먼 곳에서 순례자들이 장식된 초를 들고 몰려왔다 10시쯤이면 흑인들로 구성된 악대의 행렬이 있고 글로리아의 축제는 절정에 달하게 된다.

(3) 우 까르나발 (O Carnaval)

브라질 최대의 축제는 세계적으로 널리 알려진 카니발이다. 이 축제는 공식적으로 사순절에 앞서는 일요일, 월요일, 그리고 화요일의 3일간 계속된다. 그러나 사실상 축제는 토요일 저녁에 시작하여 성회 수요일 아침에야 끝난다.

어떤 시인은 이렇게 노래했다. "사람들은 일년 내내 일하죠. 꿈과 같은 일순간을 통해 그들은 왕이 되고 해적이 되고, 정원사도 되죠 그리고 이 모든 것은 수요일이면 끝나버리죠."

카니발의 전통은 파라과이 전쟁 시대로부터 연유한다. 처음에 이것은 유럽에 기원을 둔 사육제 행사였다. 처음에는 농장주, 농민, 백인, 흑인 할 것 없이 모두가 참여했는데 장난을 위해 물, 밀가루 등이 사용되었다. 시간이 경과하면서 그 정도가 지나치자 사육제 행사는 일부 도시에서 금지되었고 무도장의 축제에서 거리의 축제로 바뀌었다. 그리고 그 최초의 행사는 1840년 리우 데 자네이루에서 있었다.

오늘날 우리가 아는 바와 같은 축제는 1846년 시작된 제 뻬레이라의 꼬르다웅이었다. 이 행사는 토요일 22시부터 사람들이 거리로 나와서 북을 울리며 행진하는 것으로 시작되었고 가장한 익살꾼과 색종이, 테이프로 장식된 마차행렬도 따랐다. 비록 다른 도시들에서도 가장한 사람들의 삼바춤이 행렬을 이끌기도 하지만 리우는 의심의 여지없이 최대의 축제가 행해지는 곳이다. 여인들은 바이아 여인들의 의상을 입고 사내들은 화려한 의상, 밀짚모자에 줄무늬 셔츠를 입는다. 이것은 전형적인 리우 건달들의 모습이다.

예전에는 산언덕 위에 있었던 삼바 학교들은 1952년에 언덕을 내려왔다. 그들은 수많은 관중 사이를 뚫고 대로를 통과했다. 바뚜끼 춤의 광란, 노동자, 상인, 늙은 요리사, 청소부, 학생, 침모 할 것 없이 삼바를 추면서 도심으로 침투한다. 그들은 왕, 왕비, 원주민, 장군, 옛 귀족부인이 되어 공단, 깃장식, 번쩍이는 금박조각의 화려한 의상으로 꾸미고 춤의 광란에 빠진다.

일년 동안 기다렸던 그들의 꿈은 관중들의 성원 속에 행렬을 계속한다. 리우시는 이 사흘간의 카니발을 살리기 위해 모든 것이 멈춘다. 수요일에는 단지 추억만이 남는다. 노동자들은 기계 앞으로 돌아가고, 요리사들은 주방 화덕 앞으로, 상인들은 좌판 앞으로 돌아간다. 그러나 축제의 결과를 기다리는 동안 그들은 이듬해에 있을 삼바 행렬을 생각하며 다시금 꿈을 꾼다.

(4) 성 베네디뚜의 행렬 (a Procissão de São Benedito)

쎄르지뻬의 라가르또에서 매년 1월 6일 행해지는 축제행렬은 자비의 성모 교회에서 거행된다. 이 축제에는 수많은 사람들이 전통의상으로 분장을 하고 참여하며 교회 앞 로자리우 광장에 성인에게 봉헌된 마스뜨로가 철거된다. 지난 해에 세워진 이 기둥은 성 베네디뚜의 판화가 있는 깃발이 꼭대기에서 휘날린다.

이 환락의 축제는 단연코 흑인들을 위한 것이다, 관습에 따라 의상을 차려입고 수호성인을 앞장세운 흑인들은 무겁고 거대한 연목을 끌고 교회 주변과 거리를 돌아다닌다.

하얀 옷을 착용한 흑인여자들과 흑백혼혈인 물라따의 패거리, 그리고 많은 사람들이 춤추고 어릿광질을 하며 콩고인들의 노래를 부른다. "나의 성 베네디뚜는 흑인들의 성자시네. 그 분은 사탕수수 즙을 마신다네. 그리고 힘차게 코를 고시네."

(5) 성 목요일의 의식 (Quinta - feira Santa)

긴다 훼이라 싼따는 속죄의 희생에 대해 헌신하는 브라질인들의 가장 엄숙한 축제이다. 이 행사가 진행되는 한 주일 동안 성전은 헌신하는 자들로 넘치고 본당 안의 황금빛 벽감 안에 장식된 성인상들은 사흘 동안 장밋빛 커튼 뒤에 감추어진다.

집안에서 사람들은 "왜 우리 주께서 고통을 겪으셨나?"를 생각하며 경건한 마음을 간직한다. 예전에 이 기간에 노예들은 일하지 않았다. 어린애들도 싸우거나 떠들지도 않았다. 노래도 춤도 추지 않았다. 사람들은 조용히 말하고 금식하고 기도에 열중했다.

교회당에는 정부의 고위관리로부터 노예에 이르기까지 각양각층의 사람들이 고해장을 찾았다. 단식은 의무였으나 병자, 임산부, 어린애, 노인과 젖먹이 부인에게는 제외되었다. 모든 종류의 오락과 유희도 자제되었다.

세마나 피날에서의 그리스도 수난의 제식은 황제, 귀족과 귀족부인들이 참여한 가운데 진행되었다. 쥬제 마우리시우의 음악이 연주되는 가운데 성찬식이 거행되었다. 그리스도가 제자들의 발을 씻은 것을 기념하는 성 목요일의 의식은 성당 안의 대리석 바닥에서 행해졌다. 12명의 신부들이 줄지어 앉으면 예수의 모방자는 겸양을 나타내며 제자들의 발을 차례로 씻었다.

그 동안 성당 합창대는 계속 쥬제 마우리시우의 음악을 노래했다. 노래가 끝나고 시동이 불을 끄면 성전 안에는 어둠이 내리고 오직 큰 초 하나만이 유일한 빛으로 남았다. 성가대원 한 명이 그 불마저 제단 뒤로 숨겼다. 그 빛은 돌아가신 주님을 상징하였다. 그리고 잠시 후 신비의 촛불은 다시 나타나고 침묵은 일순간 소동으로 변하였다. 다시 평정을 되찾은 성당 안에서는 한 사제와 11명의 빈자 앞에서 황제가 왕관 쓴 머리를 경건하게 수그렸다.

일반 서민들은 이 축제일에 6시부터 상복을 입고 아몬드를 가지고 교회당을 찾는다. 신도들은 적어도 7개의 성당을 방문해야 한다. 그들은 무릎을 꿇고 몸을 기울여 예수상의 발가락이나 손등에 입맞춘다. 그리고 일어나 헌금을 드린다. 가족이나 친지들은 서로가 인사한다. "저의 무례함을 용서하소서." 자정까지 이러한 방문은 계속되고 사람들은 거리를 가득 채운다. 아몬드 장사는 눈코 뜰새 없이 바쁘고 제과점도 문전성시를 이룬다. 그 누구도 축제의 선물을 구입 하는데 인색하지 않다. 유명 제과점들은 입구를 화려한 샨데리아로 장식한다. 사람들은 아몬드, 정향, 계피로 만든 과자와 파이 등을 리본과 색종이로 장식한 바구니에 사간다.

(6) 수난의 금요일 (장례행렬, Sexta‐feira da Paixão(a Procissão do Enterro)

하느님의 아들이 골고다에서 하신 말씀의 반향으로 황제는 죄진 자를 용서 하였다. 적대자는 화해하고, 분열된 가족들은 다시 모였고 도망한 노예는 주인 앞에 죄를 사면 받으러 나타났다. 평화와 관용이 있고 슬퍼하는 자에게 신의 가호가 있는 유일한 날이었다. 이 축제의 날, 사람들은 참회와 헌신을 위해 신 의 집으로 향했다. 예수 수난의 축제가 시작되는 것이다. 사제석 마루에 길게 눕혀진 십자가 장식 앞에서 주교와 성직자들은 엎드리고 성찬배령을 행한다.

이 행사에는 장례행렬이 선행되었다. 저녁 8~9시에 행렬은 까르무와 사웅 프란시스코 디 빠울라 거리를 통과하였다. 황제의 예배당에서 이 축제가 사라 지자 까르무에는 이 실감나는 연극을 보려고 많은 사람들이 몰려왔다. 까르무 의 장례행렬은 역사적 사실을 넘어서 더욱 많은 인물과 배경을 첨가하였다. 이 행렬이 시작되는 8시경에는 광장 주변에 빽빽이 들어찬 군중들은 그 움직임이 마치 파도처럼 요동한다. 검은 천으로 감싼 북, 조장용 비단천으로 싼 기, 장례 집전용 무기, 국가수비대가 장례행렬의 명예를 위해 광장 한 켠에 모인다. 그 순간 갑자기 한 가닥 섬광이 열린 교회문을 통해 흘러나온다. 성전 앞 빈터에 모인 사람들은 종루의 종치기를 향해 목을 길게 뺀다. 행렬이 시작되면 군중의 질서는 기마군인들이 칼을 반쯤 빼들고 유지한다. 검은 가운을 입은 운구인들 은 머리에 두건을 쓰고 눈과 입만 내놓은 마스크를 착용하고 있다. 그리고 인 간의 마지막 운명인 죽음, 심판, 지옥과 천국을 상징하는 트럼펫을 분다. 이어 서 친교단의 멤버들이 손에 횃불을 들고 지나가고 부유한 박애단을 상징하는 포르투갈 상인들이 국가가 수여한 훈장을 뽐내며 행군한다. 장례행렬은 가끔

피곤에 지친 아기천사들과 기수를 위해 멈춘다. 로마 경비대의 분견대는 번뜩
이는 창과 방패를 들고 백인대장의 지휘를 받는다. 그들의 위풍당당한 모습과
창이 땅에 부딪쳐 울리는 소리에 소년들은 박수를 치고 좋아한다.

가시면류관과 기둥을 운반하는 천사들이 지나가면 그리스도의 석관이 조만간
에 지나가리라는 것을 암시한다. 도미노 가장복의 마스크를 착용한 3명의 마리
아는 슬픔에 찬 목소리로 중얼거리면서 가벼운 목례를 한다. 이어서 합창대와
안주 - 깐또르가 지나간다. 안주 깐또르는 16～18세의 아름다운 소녀로서 화려
한 금관을 쓰고 있다. 길가의 건물에서는 꽃이 쏟아져내려 길을 덮는다.

그리고 주님의 관이 나타난다. 거대한 은제관은 까르무의 수사들이 운반한다.
대중을 지배하는 성스러운 침묵은 오직 북소리에 의해 깨질 뿐이다. 이어서 주
님의 초상을 실은 가마가 지나간다. 묘지에 심는 사삼속으로 에워싸인 대좌 위
의 주님 성상이 지나가고 11시간 후면 행렬은 출발지로 다시 돌아오고 사람들
에게 성상이 공개된다.

2) 월별로 행해지는 종교 축제

(1) 1월

① 항해자들의 예수 축제(Festa do Senhor Bom Jesus dos Navegantes)
알라고아주의 뻬네두에서는 매년 1월의 15일간, 바이아주의 살바도르에서는
1일날 성상이 화려하게 장식된 배에 실려 운반되고 바이아 디 또두스 우스 산
뚜스를 수백 척의 배들과 함께 횡단하여 보아 비아젱 해안까지 항해한다. 세르
지뻬주의 아라까쥬에서는 세르지뻬강 하구에서 정월 초에 이 행사가 거행된다.
② 봉핑의 축제(Festa do Bom Fim)
바이아의 살바도르시에서 동방박사 축제가 있은 후 목요일에서 일요일까지
진행된다. 바이아 여인들은 전형적인 토속의상을 입고 성모 마리아의 회태를
기념하는 교회를 출발하여 행렬을 이루고 봉핑 교회에 이르러 교회 계단을 씻

는 것이 이 축제의 주된 부분이다.

(2) 2월

① 이에만자의 축제(Festa de Iemanjá)
2월 2일 살바도르의 베르멜류강에서는 제물을 가득 실은 배들이 바다로 향한다. 그들은 아프리카 흑인 노예들이 고향에서 모셔온 그들 고유의 신인 풍요의 신이자 바다의 여왕인 이에만자에게 음식, 갖가지 보석과 향, 그리고 촛불을 띄워 보낸다.

(3) 3월

① 포가레우의 행렬(Procissão do Fogaréu)
고이아스에서 성 주간의 수요일 자정에 그리스도의 심문과 투옥을 상징하는 공연을 갖는다.

(4) 4월

① 브라질 발견의 축제(Festa do descobrimento do Brasil)
바이아의 뽀르뚜 세구루에서 22일 브라질 발견이 이루어진 역사적인 이정표에서 야외미사가 행해진다.
② 미까레따(Micareta)
바이아의 페이라 디 산따에는 사순절 이후 금요일에서 다음 화요일까지 거리나 클럽에서 카니발의 열기가 넘친다. 이것은 카니발이 비 때문에 열리지 못했던 1937년에 그 기원을 둔다.

(5) 5월

① 성 베네디뚜의 축제(Festa de São Benedito)

미나스 제라이스 주의 뽀수스 디 깔다스에서 1일~13일까지 행해진다. 이 축제는 브라질 내에 사는 흑인들의 단합을 시사해주는 행사로서 콩고왕의 즉위식이 노래와 춤 속에서 진행된다. 이 무도축제에는 흑인들의 보호성인의 깃발이 운반되고 까를로스 대제의 역사에 근거한 막극 '엥바이샤다'가 공연된다.

② 예수 성체일(Corpos Christi)

사웅 빠울루의 성 마누엘에서, 리우의 까보 푸리우에서, 그리고 그밖의 많은 도시들에서 성찬식을 비롯한 행사가 진행된다. 이 행사가 진행되는 도로변은 꽃, 나뭇잎, 모래, 커피가루, 소금 등으로 꾸며진다. 예수 성체일에는 동방박사 세 사람, 뱀, 쎄바스띠앙 성인, 돈젤라, 용, 미구엘 성인, 그리고 많은 순교자들의 상이 행렬에 참여한다. 1808년 포르투갈 왕실이 브라질로 천도한 이후 브라질에서는 이 행사에 포르투갈의 수호성인이 된 성 조르지의 상도 이 행사에 참여시켰다. 1850년에는 성 조르지 성당에서 종소리가 울리면 축제가 시작되었다. 예배당에 안치된 조르지 성인의 상에는 많은 사람들이 찾아와 경배를 드렸다. 9시경에는 수많은 구경꾼들로 교회 일대의 거리는 장사진을 이루고 장식된 창 밖으로 얼굴을 내민 수많은 사람들은 조르지상이 말에 실려 예수 성체일의 행렬에 참여하러 떠나는 광경을 주시하였다.

(6) 6월

① 6월의 축제(Festejos Junios)

6월에는 동북부 지방의 뻬르남부꾸주, 쎄르지뻬, 마라냐웅, 그리고 바이아주에서 많은 성인들의 축제가 행해진다. 13일의 성 안또니우, 24일의 성 쥬앙, 그리고 29일에 열리는 성 뻬드루 축제가 대표적이다. 그리고 뽀르딸레쟈의 꽈드릴랴 축제도 큰 볼거리다.

성 쥬앙의 축제날을 살펴보면 이날 밤은 많은 사람들이 모여 야외에 모닥불을 피우고 감자, 옥수수 등으로 음식을 만들고 꼬까다스를 비롯한 다양한 토속음식을 만들어 먹으며 파티를 연다. 풍선과 폭죽은 이 행사에 없어서는 안 될 것들이고 이 날을 위해 특별한 노래도 작곡되어 모닥불 주변에서 웃고 떠들며 즐기는 사람들의 마음을 한층 더 들뜨게 한다. 사람들은 이 축제에서 스퀘어댄스의 일종인 콰드릴랴를 춘다. 이 축제에는 두 가지 종류의 유명한 과자가 빠지지 않는다. 코코넛으로 만든 꼬까다스와 우유와 설탕으로 만든 우유과자 도씨 디 레이띠가 그것이다. 또한 음식으로는 갈아낸 옥수수, 설탕, 계피와 코코넛 우유로 만든 깐지까라는 음식이 잘 알려져 있다.

(7) 7월

① 신의 축제(Festa do Divino)

미나스 제라이스주의 디아만띠나에서 15일간 계속되는 가장 전통적인 종교행사이다. 미사, 불꽃놀이, 그리고 음악연주로 행사는 무르익는다. 이 행사에는 기부금 모집도 행해지고 보이 두 디비누라는 음식을 나누어 먹기도 한다.

② 사이레의 축제(Festa do Sairé)

빠라나주의 산따렝에서 열리는 이 축제에는 꽃과 과일로 장식된 마스트 세우기, 음악과 무용이 사흘 동안 계속된다. 축제의 말미에 마스트가 넘어지면서 종료된다.

(8) 8월

① 삐앙 보이아데이루의 축제(Festa do Peão Boiadeiro)

사웅 빠울루의 바헤뚜스에서 개최된다. 8월 20~24일까지 소치는 목동에 대한 경의의 표시로 열리며 이 도시의 생일 축제와 일치한다. 이 행사에서는 로데이우와 민속춤 공연이 행해진다.

(9) 9월

① 성 제나로의 축제(Festa de San Gennaro)
사웅 빠울루에서 10~29일까지 열린다. 이 축제는 이탈리아 식민들의 거주 구역인 무까의 산뚜 빠드로에이루에 대한 경의의 표시로 개최되며 종교적 면모 외에도 행렬과 미사와 함께 성 제나로의 종교집회가 실현되며 이탈리아의 전형 적인 음식, 음악 그리고 춤판이 벌어진다.

(10) 10월

① 뻰냐의 축제(Festa da Penha)
뻰냐의 라르구에서 한 달간 열리며 많은 대중들을 끌어들이는 흥미로운 작 은 행사가 계속된다.

(11) 11월

① 시쎄로 신부의 축제(Festa do Padre Cicero)
주아제이루 두 노르띠에서 1~2일에 시쎄로 신부에 대한 경의의 표시로 열 린다. 이 행사는 동북부의 종교행사 중 가장 활성화 된 종교제전이다.

(12) 12월

① 크리스마스 연극(Auto de Natal)
라빠의 아르꼬스에서 한 달간 열리며 그리스도의 탄생을 재현해 보이는 연 극 공연이 행해진다.

3. 맺음말

브라질 가톨릭 교회가 식민시대에 특권을 향유했던 현상은 일종의 '독이 든 선물'이라는 말로 표현된다. 즉, 교회가 누리는 특권이 종교 전파를 유리하게 하는 면도 있지만 반면에 많은 위험성도 내포한다는 의미이다.

실제로 브라질 식민사회에서 교회는 종전에 가졌던 것 이상의 현세적 권위를 누렸다. 물론 가톨릭 교회와 많은 선교단체들은 원주민 개종에 노력을 기울였다. 그러나 그들은 기독교적 사명을 충분히 수행하지 못했다. 봉사보다는 군림하는 태도로 임한 교회는 성직자 부족과 원주민들의 고유 신앙에 대한 집착으로 본연의 임무에 충실할 수 없었다.

아울러 원주민들의 노예화 문제를 두고 정착민들과 예수회 간의 갈등은 매우 심각했다. 1759년 예수회의 추방으로 교회는 위기에 처했다. 이와 같은 과정에서 원주민들과 식민들은 당국에 의한 정치적 억압과 경제적 착취 그리고 가톨릭 교회의 전제주의적 허위의식에 순종하며 살았다.

1822년 브라질 독립 이후 가톨릭은 여전히 국교로 인정되고 있었지만 보수적 전통교회의 양상에서 탈피하지 못하고 있었다. 그러나 1824년 에쿠아도르 혁명시 자유주의자인 수도사 까네까가 독립 이전의 전통적 가치관에 정주하려는 교회를 비판하며 사회변혁을 촉구한 이래 1872년 발생한 종교문제는 브라질 왕실과 교회의 관계를 악화시킨 결정적 계기였다. 정부가 옹호하는 민간 박애단과 친교단에 참여한 신부가 관할교구 주교에 의해 파문 당하자 황제는 신부의 행위를 옹호했고 이에 교황청은 깊은 유감의 뜻을 표명했다. 이 사건은 고위 성직자들로 하여금 군주제를 무너뜨리고 공화정을 수립하는 투쟁에 적극 참여하게 만들었다. 1890년 브라질 공화 임시정부가 수립되었을 때는 교회와 국가의 분리가 선언되었다. 그러나 교회에 대해 정부가 어떠한 부당한 박해도

가하지 않겠다는 다짐과 함께 원만한 관계가 회복되었다.

공화정 초기에 교회 활동은 자유로웠다. 전통적인 기독교 가치관과 문화를 보호하고 가톨릭의 권리 회복을 위한 운동이 활발히 전개되었다. 이 운동의 주창자는 신기독교주의의 창시자인 세바스띠앙 레미였다.

교회는 국가와의 관계 개선과 지원을 얻기 위해서도 부단한 노력을 기울이는 한편 구제도의 개혁을 촉구하였다. 1950년대 브라질 주교협의회의 창립은 교회 스스로가 변화를 시도한 최초의 사건이었다. 교회는 계속해서 사회지원을 위한 나딸운동, 농촌 지원봉사단, 기본 교육운동, 가톨릭 행동단 등의 활동으로 개혁의지를 표명하며 빈자들의 입장을 이해하려 했다.

이리하여 1960년대를 전후하여 가톨릭 교회는 그리스도교 사상과 윤리의 실천이라는 중대한 사명을 인식하고 역사적 전환기를 맞이하였다. 1962년 제 2차 바티칸 공의회와 회개와 해방을 주제로 했던 1968년 메델린 회의 결의문을 계기로 이론적 지원을 받으면서 새로운 신학 이론과 실천적 방법을 통해 이른바 해방신학이 탄생한 것이다.

보프 신부는 1979년 푸에블라에서 개최된 라틴 아메리카 주교단 회의의 성명을 통해 시작된 사회정의의 실현을 위한 투쟁의 긴박성을 강조하며 고통받는 자, 정의, 자유와 인간의 기본권을 호소하는 사람들의 절규에 응답하기 위해 교회가 새롭게 태어나야 한다고 주장했다. 해방신학자들의 이 같은 행동에 교황청은 깊은 우려를 표명하였고, 보프 신부는 마르크스적 분석에 대한 해명을 위해 소환되었다.

까마라 주교의 "빈민굴에 종식을 가하자!"는 캠페인이나 안또니우 멜로의 농가 보호와 토지분배의 불합리성에 대항한 행동적 실천 역시 해방신학 이론을 뒷받침해주고 있다.

1991년 교황 바오로 2세가 브라질 순방을 행하기 직전 조사한 자료에 의하면 브라질 가톨릭은 매년 프로테스탄트와 타종교 세력에 60만 명의 신도를 빼앗기고 있다고 한다. 특히 신교 세력은 19세기에 정착했던 비가톨릭 교파의 외침과는 달리 신자들을 직접 방문하고 자유와 개인주의를 강조하며 가톨릭의 권위주의에 도전했다. 이로 인해 브라질 중류사회에 프로테스탄트는 많은 개종

인구를 끌어들이고 있다.

가톨릭측은 이 같은 신교 세력의 급성장세를 우려하며 그 원인을 해방신학에 돌리려 한다. 브라질의 빈자들은 항상 정신적, 신비적, 그리고 마술적 요소에 매료된다. 그리고 이러한 요소들이 강조되지 않을 때는 도처에서 이것을 찾는다. 그들은 삶에 지쳐 인내심을 다 소모해버린 사람들이다. 해방신학이 사회, 정치적 개혁을 위해 집단행동의 필요성을 강조하지만 개신교는 개개인의 변화를 통한 구원을 강조한다.

근본주의 개신교는 브라질 빈자들과 서로 통하는 점이 있다. 따라서 그들은 진보적, 개혁적 가톨릭보다 더욱 성공적이었다. 한 브라질 성직자가 뉴욕 타임즈지 기자와의 인터뷰에서 말한 바처럼 "가톨릭은 빈자를 선택했고, 빈자는 복음주의를 선택했다."

신교가 지난 400년간 절대 우위에 있었던 가톨릭 세력을 위협하고 있는 동안 아프리카에서 건너온 흑인들의 종교 의식은 생존과 진화를 겪으며 꾸준히 성장했다. 이들의 존속은 브라질 농촌사회에서, 특히 사탕수수 농장에서, 농장주들이 노예들의 종교를 구태여 막으려 하지 않았기 때문에 가능했다. 우연히 노예선에 실려온 아프리카 종교의 사제나 귀족들은 적대적이고 이질적인 환경에서 그들의 아이덴티티를 찾기 위해 노력했다.

그러나 아프리카 종교는 백인들의 신과 자신들의 신을 함께 숭배하고 원주민 신앙과도 결합하여 다양한 형태로 발전되었다. 1888년 노예제도 폐지 이후 많은 혼합종교들은 백인 사회에 파고들어 중, 상류층에도 많은 신도를 확보하고 있다. 백인들이 이러한 혼합의식에 참여하는 이유는 현대생활에 쌓인 스트레스나 불안감을 해소하는 데 큰 도움을 주기 때문이다. 후일 가톨릭적 요소가 더 많은 비중을 차지하게 된 아프리카 기원의 이 종교 의식들은 최근 다시 아프리카적 특색을 되찾으며 회귀하려는 경향을 보이고 있다.

비록 개혁교회와 해방신학 사상의 출현으로 많은 진통과 갈등 요소를 간직하고 있지만 오늘날 브라질 사회는 여전히 가톨릭 우위에 있다. 그러나 신교 세력의 급성장과 복음주의 운동의 확산은 사뭇 위협적이다. 또한 백인 상류사회까지 깊숙이 파고든 아프로 - 브라질 종교 의식들 역시 가톨릭을 잠식하고 있다. 하지만 개신교 세력의 강력한 성장세에 밀려 아프리카 기원의 커트 신도들이 자신의 신앙을 버리고 이에 합류하려는 현상을 보이고 있는 것이 최근의 추세이다.

종교로 본 서양문화

2002년 12월 26일   초판 1쇄 인쇄
2002년 12월 30일   초판 1쇄 발행

지은이   최영수 · 임영상 · 노명환 외
만든이   최종수
만든곳   역민사
ⓒ 세계역사문화연구회 2002

등록   제 10 - 82호 (1979. 2. 23.)
주소   100-013 서울 중구 충무로 3가 59-23
영한빌딩 406호
전화   2274-9411
팩스   2268-3619
e-mail   ymsbp@yahoo.co.kr

ISBN   89-85154-28-1   93200

값 15,000원